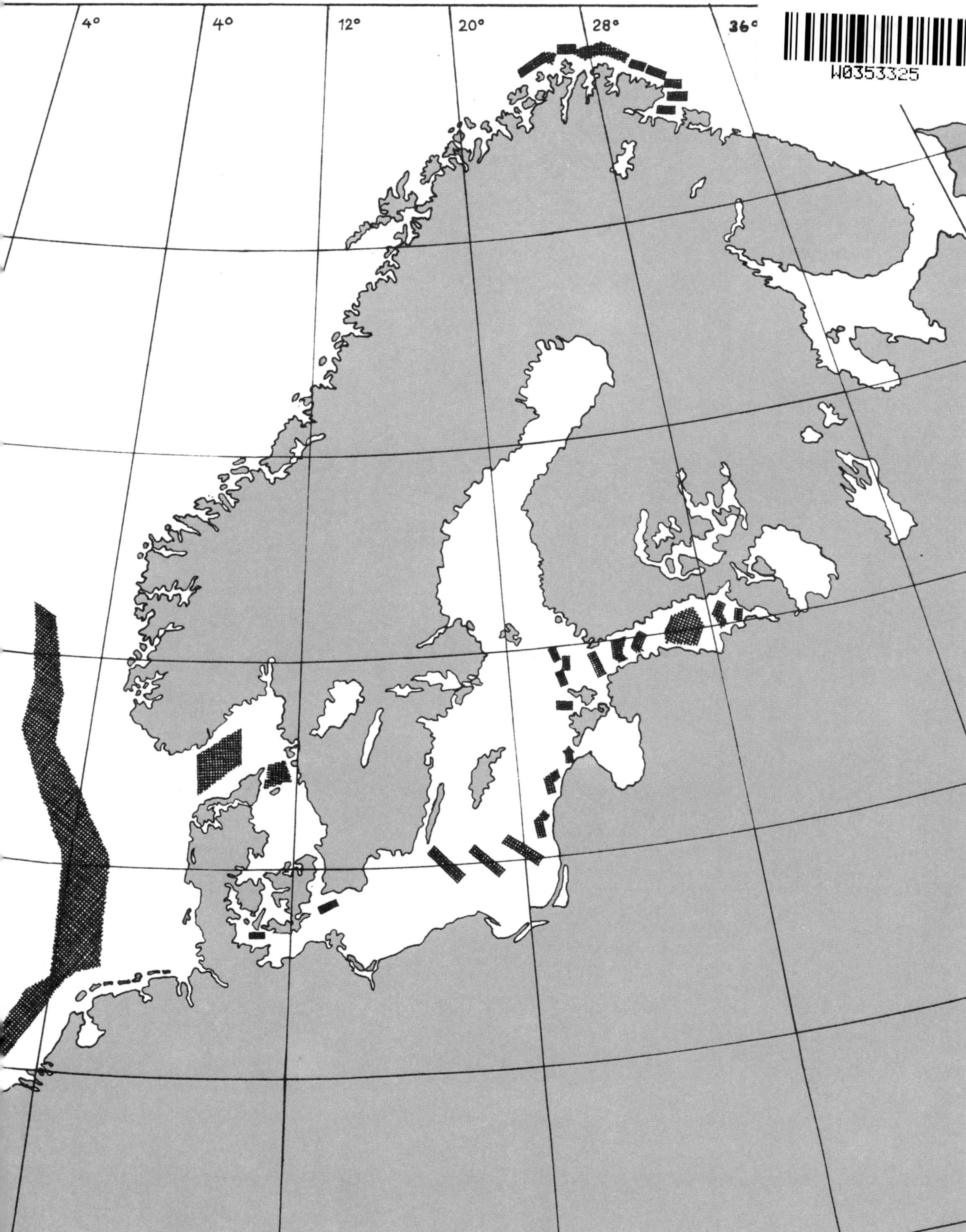
4°
4°
12°
20°
28°
36°

v. KUTZLEBEN · SCHROEDER · BRENNECKE · MINENSCHIFFE 1939–1945

Karl v. Kutzleben
Wilhelm Schroeder
Jochen Brennecke

MINENSCHIFFE 1939-1945

Die geheimnisumwitterten Einsätze
des »Mitternachtsgeschwaders«

KOEHLERS VERLAGSGESELLSCHAFT MBH · HAMBURG

Bildnachweis:

Schutzumschlag:
Das Titelbild zeigt das Minenschiff *Tannenberg* nach dem ersten Minentreffer, als der deutsche Verband in eine schwedische Minensperre geriet
Umschlagfoto: Archiv W. Schroeder, Dortmund

Fotos:
Foto Drüppel, Wilhelmshaven (16); Archiv Kaluza (14); Archiv W. Schroeder (Minenschiffsverband) und Archiv E. Fröhling, Witten (8); Archiv für Marine E. Gröner, Berlin (2); J. Brennecke, Düsseldorf (1)

Die meisten der Archiv-Bilder dürften ehemalige PK-Fotos sein, deren Urheber leider nicht mehr zu ermitteln sind. Der Verlag bittet freundlich um Kontaktaufnahme:
Verlagsgruppe Koehler/Mittler, Striepenweg 31, 21147 Hamburg.

Zeichnungen:
Rohskizzen Kapitän zur See a. D. Karl von Kutzleben, Kassel; die Reinzeichnungen besorgten Frau Dusanka Smoljan, Düsseldorf, und Ernst A. Eberhard, Bad Salzuflen (1)

Vorsatzkarten:
Ernst A. Eberhard, Bad Salzuflen

Ein Gesamtverzeichnis der lieferbaren Titel der Verlagsgruppe Koehler/Mittler schicken wir Ihnen gern zu. Sie Finden uns auch im Internet unter www.koehler-mittler.de

Die Deutsche Bibliothek – CIP-Einheitsaufnahme

Kutzleben, Karl/von:
Minenschiffe 1939–1945 / Karl von Kutzleben;
Wilhelm Schroeder; Jochen Brennecke. – Hamburg:
Koehler, 2002
ISBN 3-7822-0844-7

ISBN 3-7822-0844-7

Umschlaggestaltung: Bettina Schumacher
Druck: DZA Druckerei zu Altenburg GmbH, Altenburg
Printed in Germany

Inhaltsverzeichnis

4. Das Jahr 1941

5. Das Jahr 1942

6. Das Jahr 1943

7. Das Jahr 1944

8. Das Jahr 1945

9. Der Mineneinsatz im Südraum (Mittelmeer)

10. Die Hilfsminenschiffe in Übersee

11. „Unternehmen Rettung" der Kriegsmarine

Vorwort

Die Seemine als strategische Waffe von weitgehend kriegsentscheidender Bedeutung kommt in der Seekriegsliteratur zu kurz.

Im Zweiten Weltkrieg machte der deutsche „Westwall zur See“ in Gestalt ausgedehnter Flankenschutz-Minensperren in 60–70 Seemeilen Abstand von der Küste, ausgelegt von Terschelling bis zur Höhe des Skagerrak-Eingangs, der Royal Navy das Eindringen in die Deutsche Bucht unmöglich. Sofort nach dem Unternehmen „Weserübung“, der Besetzung von Dänemark und Norwegen, wurden die Westwall-Minensperren mit einem mehrfach gestaffelten System zwischen dem jütländischen Hanstholm und dem norwegischen Kristiansand so wirksam ergänzt, daß der deutsche Nachschubverkehr nach Norwegen von April 1940 bis Anfang 1945 im Umfang von 30,5 Millionen Bruttoregistertonnen Schiffsraum bei nur etwa 0,5% Verlusten möglich war.

Beim Unternehmen „Barbarossa“ fügten deutsche Minensperren der sowjetischen Rotbannerflotte schwere Verluste zu. Von 1941 bis 1944 waren die sowjetischen Seestreitkräfte im Finnenbusen praktisch eingeschlossen, keinem einzigen Überwasser-Kriegsschiff gelang der Ausbruch in die Ostsee, ab 1943 auch keinem sowjetischen Unterseeboot. Deutsche Minenschiffe und Netzleger hatten ganze Arbeit geleistet.

Die Kriegsmarine besaß vor der Mobilmachung im Spätsommer 1939 keinen einzigen Minenleger. Als Minenschiffe gingen, nach entsprechender Umrüstung, alle deutschen Helgoland-Bäderdampfer und alle Schiffe des „Seedienstes Ostpreußen“ an die Front, später ergänzt durch Beutefahrzeuge, die in den besetzten Gebieten beschlagnahmt wurden.

Die streng geheimzuhaltenden Positionen der ausgelegten Sperren und der mit Hilfe besonderer Lotsen zu passierenden Sperrlücken machten es notwendig, das Minenlegen im Schutz der Dunkelheit vorzunehmen. Das Können und die Opferbereitschaft der Besatzungen des „Mitternachtsgeschwaders“ können nicht hoch genug eingeschätzt werden. Daran erinnert dieses Buch, verfaßt von zwei Minenleger-Kommandanten, Kapitän zur See a. D. Karl von Kutzleben (Minenschiff ROLAND) und Korvettenkapitän d. R. a. D. Wilhelm Schroeder (Minenschiff HANSESTADT DANZIG). Sie wurden redaktionell und mitgestaltend unterstützt vom bekannten Marine Autor Jochen Brennecke und in Fragen der Sperrwaffentechnik von Fregattenkapitän a. D. Max Kaluza.

Abkürzungsverzeichnis

AT	Ankertau
AKB	Außer Kriegsbereitschaft
Asto	Admiralstabsoffizier
Bb.	Backbord
B-Dienst	Funkbeobachtungsdienst oder Entschlüsselungsdienst
BSN	Befehlshaber der Sicherung der Nordsee
BSO	Befehlshaber der Sicherung der Ostsee
d. R.	der Reserve
ES	Erkennungssignal
F. d. Minsch.	Führer der Minenschiffe
F. d. M.	Führer der Minensuchboote
F. d. S.	Führer der Sonderverbände
F. d. T.	Führer der Torpedoboote
F. d. V.	Führer der Vorpostenverbände
FlaMW	Flugzeugabwehr-Maschinen-Waffen
Flie-Meldung	Fliegermeldung
FS	Fernschreiben
FT	Funk-Telegraphie
FuMB	Funk-Meß- und Beobachtungsgerät
Gr.	Gruppe
Hapag	Hamburg-Amerikanische Packetfahrt-Actien-Gesellschaft
KFK	Kriegsfischkutter
KFRG	Kabel-Fern-Räum-Gerät
KM	Kriegsmarine
Kmdt.	Kommandant
Kr.Meldung	Kriegsmeldung (höchster Dringlichkeitsgrad)
KTB	Kriegstagebuch
LI	Leitender Ingenieur
NDL	Norddeutscher Lloyd
MES	magnet-elektrischer Selbstschutz gegen Grundminen
MOK	Marine-Oberkommando
MRS	Minenräumschiff
MS.-Flottille	Minensuchflottille
MTR	Minen-Transportschiff
OGG	Otter-Geleit-Gerät gegen Ankertauminen
OKM	Oberkommando der Kriegsmarine
PK	Propaganda-Kompanie
Qu.	Quadrat
R.-Flottille	Räumbootsflottille
rw.	rechtweisend (Kursangabe)
(S)	Sonderführer
SAS	Schiffsartillerieschule
S.-Flottille	Schnellbootsflottille
SDG	Scherdrachengerät gegen Ankertauminen
Skl.	Seekriegsleitung
sm	seamile = Seemeile (1 852 m)
Stb.	Steuerbord
T.-Flottille	Torpedobootsflottille
UJ.-Flottille	U-Jagd-Flottille
UKW	Ultrakurzwelle
VP.-Flottille	Vorpostenflottille
VES	vorauswirkender elektrischer Selbstschutz
z. V.	zur Verfügung

Hinweis:
Die Schreibweise ° C (statt, wie beim VDI üblich, °C) wurde nach dem Duden vorgenommen.

1. Einführung

1.1 Allgemeines über Minen, Minenschiffe und Minensperren

Minenschiffe sind Minenleger.
Minenschiffe suchen keine Minen, um sie zu vernichten. Das Gegenteil ist der Fall: Minenschiffe legen Minen, und sie legen sie fast ausnahmslos im Schutze der Nacht, eine Tätigkeit, die ihnen die geheimnisumwitterte Bezeichnung „Mitternachtsgeschwader" eingetragen hat.
Man unterscheidet zwei Arten von Minensperren:
die defensiven und
die offensiven Sperren,
das heißt

1. solche, die zwar heimlich gelegt, aber später offiziell als Minensperrgebiet erklärt werden und die in erster Linie dem Schutz der eigenen Küsten dienen, und
2. solche, die in feindlichen Gewässern – vornehmlich in feindlichen Küstengebieten – oder in zum Kriegsgebiet erklärten Seegebieten geworfen werden und deren Legen erst recht der strengsten Geheimhaltung obliegt. Ihre Wirkung ist zweifacher Art: Die minenlegende Partei erhofft und erwartet zunächst Erfolge durch Verluste beim Auflaufen gegnerischer Handels- oder Kriegsschiffe – oder beiden – und rechnet dann damit, daß das Gebiet – meist stark frequentierte Fahrwasser – für eine längere Zeit gesperrt oder gemieden wird, jedenfalls solange noch oder erneuter Verdacht auf Minen trotz der Minenräumaktionen besteht. So sind denn nicht nur die regulären und die bekanntgewordenen Minensperren wirksam, allein der bloße Verdacht auf eine Sperre läßt weite Seegebiete veröden. Auch hier kommt jeder reguläre Schiffsverkehr zum Erliegen.

Diese Erkenntnisse hatten im Ersten und behielten auch im Zweiten Weltkrieg ihre Gültigkeit, nachdem die Minenwaffe erstmals im großen Umfang im Russisch-Japanischen Krieg eingesetzt und Erfahrungen gewonnen worden waren, Erfahrungen im und beim Legen von Minen wie auch beim Räumen.
Da die deutsche Kriegsmarine bei Beginn des letzten Krieges, der am 1. IX. 1939 durch den Einmarsch in Polen eröffnet worden war und sich am 3. IX. mit dem Kriegseintritt von England und Frankreich zum Zweiten Weltkrieg auszuweiten begann, auf einen Krieg mit echten Seemächten nicht oder noch nicht[1] vorbereitet war, fiel der Minenwaffe von Anbeginn eine besondere Bedeutung zu, und zwar der defensiven wie der offensiven. Nunmehr, nach Kriegsbeginn, war es leichter und realisierbarer, bei Anspannung aller Kräfte Schiffe der Handelsmarine in Minenleger umzubauen, als die Zahl der für einen Krieg gegen England und Frankreich notwendigen Kriegsschiffeinheiten so zu vermehren, daß Aussicht bestand, die deutschen Interessen auch auf See wirksam zu vertreten.
Doch selbst Minenaktionen mit umgebauten Handelsschiffen setzten der deutschen Reichsregierung bzw. der deutschen Kriegsmarine potentielle Grenzen. Der Minenkrieg mit aus Handelsschiffen umgebauten Minenschiffen mußte sich (bis auf wenige Einzelaktionen mit Hilfskreuzern und deren Prisen in Übersee) auf die Ost- und die Nordsee und später auf Teile des Mittelmeeres beschränken. Wenn man von den Minenoperationen der Flotteneinheiten (insbesondere der Zerstörer und U-Boote) hauptsächlich gegen englische Häfen und Hafenzufahrten absieht, konnte auch der Minenkrieg mit Minenschiffen nicht an die Hauptzufuhrstraßen der Gegner herangetragen werden.

1.2 Erste Sperren in der Deutschen Bucht; Sperren durch die Flotte

Das wenige an Material und Personal, das für einen Minenkrieg zur Verfügung stand, trat sofort und mit Erfolg in Aktion. Als am 3. IX. 1939 der Minenkrieg in der Nordsee begann, waren allerdings vornehmlich Flotteneinheiten und nur wenig echte Minenschiffe beteiligt.
Danach – also unmittelbar nach dem Legen der Sperren – erklärte die Reichsregierung noch am gleichen Tage ein Minenwarngebiet von
53° 36′ N, 4° 25′ O über
56° 30′ N, 4° 25′ O über
56° 30′ N, 6° 02′ O nach
53° 36′ N, 6° 02′ O.
Der Form nach war dieses Gebiet ein auf seiner Schmalseite stehendes Rechteck von 60 sm Breite und 180 sm Länge. Seine rechte untere Ecke lag dicht westlich der Emsmündung. Von hier zog sich die südliche Schmalseite westwärts vor den Westfriesischen Inseln her. Nördlich davon erstreckte sich das Warngebiet parallel zur Halbinsel Jütland bis nahe an die Große Fischerbank, dem Seegebiet der Seeschlacht vor dem Skagerrak. Zwischen der Südseite des Warngebietes und der holländischen Küste blieb ein Schiffahrtsweg frei.
Das Warngebiet schirmte die Deutsche Bucht nach Westen ab und diente damit der Sicherung des davon ostwärts laufenden Schiffsverkehrs.
Die Skizze 1 gibt einen Überblick über die innerhalb des Warngebietes zunächst ausgelegten Sperren 1 bis 15. Sie zeigt auch die für eigene Streitkräfte offengehaltenen Wege I und II. Zur Tarnung wurde der Weg II mit einer dem Gegner erkennbaren Scheinsperre geschlossen.
Als nach längerer Kriegsdauer die Wirksamkeit der

Skizze 1: Sperren zwischen dem Warngebiet der Südwestspitze Norwegens und der Westküste Jütlands

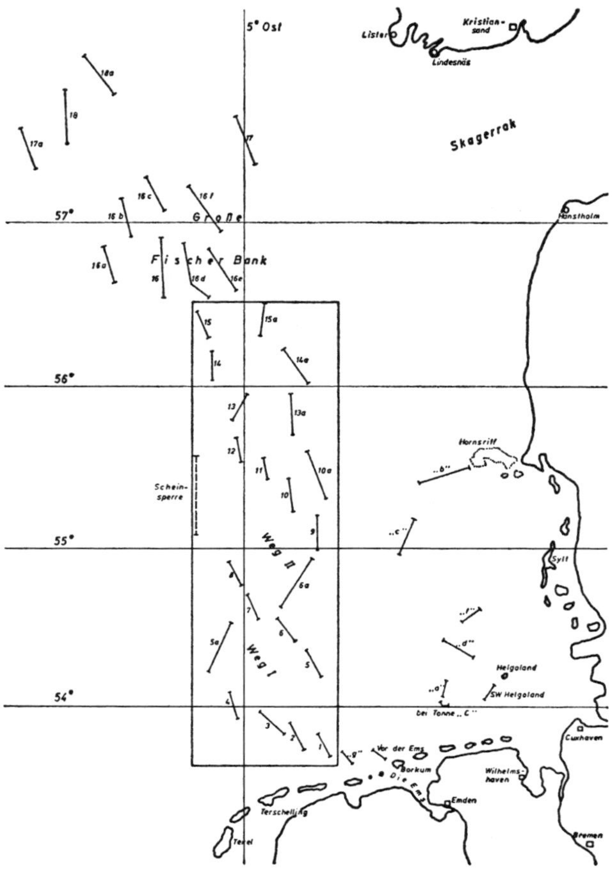

Sperren 1 bis 15 als so gut wie nicht mehr vorhanden angesehen werden mußte, erfolgten Neuauslegungen von Sperren, von denen einige in Skizze 1 mit 5 a, 6 a, 10 a und 13 a bis 15 a erkennbar sind. Wie ersichtlich, sind die Wege I und II nunmehr durch eigene Sperren verblockt.

Die Sperrlegungen 1 bis 15 innerhalb des Warngebietes waren, wie schon gesagt, Aufgabe der Flotte. Nur an den Sperren 1 und 2 waren Minenschiffe beteiligt, worüber noch berichtet wird. Die in Skizze 1 eingezeichneten Sperren zwischen dem Warngebiet und der jütländischen Küste wurden von Minenschiffen ausgelegt. Sie werden im folgenden behandelt. Es waren tiefstehende, gegen U-Boote ausgelegte Sperren, die von eigenen Schiffen überlaufen werden konnten.

Die im Norden außerhalb des Warngebietes liegenden Sperren stellen die spätere Fortsetzung der Minensicherung dar, die sich allmählich bis zur Höhe des Seegebietes zwischen den Shetlands und der norwegischen Küste erstreckte. Hier waren die Minenschiffe maßgeblich beteiligt. Auch seitens der britischen Regierung wurde ein Minenwarngebiet bekanntgegeben. Es lag zwischen 56° N und 6° O und umfaßte die ganze Deutsche Bucht. Beide Warngebiete überdeckten sich zum größten Teil. Somit mußte im eigenen Warngebiet auch mit Gegnerminen gerechnet werden.

In der Ostsee wurden von der Reichsregierung mehrere Warngebiete erklärt. U. a. erfolgten zwischen Öland und Brüster Ort, zwischen Gjedser und dem Darß, für den Kleinen und Großen Belt und auch südlich vom Sund die ersten Sperrlegungen durch Minenschiffe, nachdem am 1. IX. 1939 der Krieg mit dem deutschen Einmarsch in Polen eröffnet worden war und am 3. IX. durch die Kriegserklärung Englands und Frankreichs an Deutschland seine erste entscheidende Ausweitung zu einem Weltkrieg erfuhr.

Wie sich der Minenkrieg weiter entwickeln würde, war im voraus nicht zu übersehen. Vorsorglich wurden aber Minen verschiedener Art bereitgestellt und Schiffe ausgewählt, die sich nach geringem Umbau als Minenleger eigneten. Sie wurden unter der Bezeichnung „Minenschiffe" in die Kriegsmarine eingereiht.

1.3 Die (ersten) Minenschiffe bei Kriegsbeginn

Nach dieser kurzen, allgemein gehaltenen Darstellung bei Kriegsausbruch und einer Übersicht über die ersten von der Flotte wie auch von Minenschiffen zum Teil gemeinsam gelegten Sperren sei, was die eigentlichen Minenschiffe angeht, auf die Entwicklung vor und bei Kriegsbeginn verwiesen.

Laut Mobilmachungsorder waren als reine Minenleger sieben Minenschiffe vorgesehen, die dann auch in den ersten Kriegstagen aus der freien Fahrt der Handelsmarine herausgezogen, umgerüstet und von der Kriegsmarine als Minenleger in Dienst gestellt wurden. Die Schiffe waren dann auch kurz nach dem Beginn des Krieges wurfbereit.

Es waren dies:

1. in der Nordsee die ehemaligen Bäderdampfer
   Cobra, Eigner: Hapag, Hamburg,
   Kaiser, Eigner: Hapag, Hamburg,
   Königin Luise, Eigner: Hapag, Hamburg,
   Roland, Eigner: NDL, Bremen;
2. in der Ostsee die ehemaligen Seedienst-Ostpreußen-Schiffe
   Hansestadt Danzig, Eigner: Reichsverkehrsministerium, Stettin,
   Preußen, Eigner: Reichsverkehrsministerium, Stettin,
   Tannenberg, Eigner: Reichsverkehrsministerium, Stettin.

Unter diesen sieben Schiffen war die 1905 auf der A. G. „Vulcan", Stettin-Bredow, erbaute *Kaiser* ein alter Kämpe. Sie hatte schon 1914 als Minenschiff gedient und ihre gefährliche Fracht an die Ostküste Englands herangetragen. Das geschah zur gleichen Zeit, als der erste Bäderdampfer mit dem Namen *Königin Luise* (erbaut 1913 bei der A.G. „Vulcan", Stettin-Bredow) bei einer Unternehmung vor der Themse im Kampf verlorenging[2].

Zu den drei Ostseeschiffen war noch der Aviso *Grille* hinzuzuzählen. Er diente im Frieden dem Staatsoberhaupt zu repräsentativen Zwecken und war als Minenleger gebaut, eben das einzige Spezialschiff dieser Art in der Flotte. Die *Grille* hatte eine Wasserverdrängung von rund 3000 BRT, konnte 25 Knoten laufen und etwa 200 Minen an Bord nehmen. Infolge häufiger Zuteilung zur Schiffsartillerieschule und der Abkommandierung zu anderen Aufgaben wurde sie indessen zum Minenwerfen nur selten herangezogen. Später schied sie aus dem Verband der Minenschiffe ganz aus.

Die erfaßten Minenschiffe hatten – außer der bei den Stettiner Oderwerken 1935 erbauten und von Hindenburgs Enkelin getauften 5504 BRT großen *Tannenberg* – im Mittel eine Wasserverdrängung von etwa 2500 BRT. Gemeinsam war diesen entweder mit Dampfturbinen oder mit Dieselmotoren angetriebenen ehemaligen Bäderdampfern, daß es sich durchweg um Zweischraubenschiffe handelte. Sie verfügten daher über die beim punktgenauen Legen der Sperren notwendigen guten Manövriereigenschaften. Bei voller Ausrüstung erreichten die Schiffe eine Geschwindigkeit von 14 bis 18 kn. Kreiselkompaß, Funkpeiler und elektrische Lotanlagen gaben die Grundlage für eine sichere Navigation.

Für die Minenladung erhielten die ehemaligen Promenadendecks Minenschienen mit einer Spurweite von 80 cm eingebaut. Kräne an Land oder Ladebäume an Bord hoben die Minen aus Eisenbahnwaggons am Kai oder aus den Decks längsseit liegender Minentransportschiffe und setzten sie auf diese Minenschienen ab. Von hier wurden die Minen – eine nach der anderen –, von kräftigen Männern geschoben, ins Minendeck gerollt, bis nach stundenlanger Arbeit die ganze Ladung an Bord war. An einer solchen Minenübernahme war stets die ganze Besatzung beteiligt. Die Minenübernahme war immer ein Alle-Mann-Manöver. Die Einstellung der Minen zum Wurf war dagegen eine Spezialaufgabe des Sperrwaffenpersonals.

Waffen erhielten die Minenschiffe lediglich zu Verteidigungszwecken. Bei den ersten Minenschiffen waren es im allgemeinen zwei 8,8-cm-Fla-Kanonen, wovon je eine am Bug und eine am Heck montiert wurde. Nur die größere *Tannenberg* hatte in gleicher Aufstellung erst zwei, später drei 15-cm-Kanonen an Bord. Ergänzt wurde diese Bewaffnung durch 3,7-cm- und 2-cm-Waffen, deren Zahl im Laufe des Krieges wegen der stärker gewordenen Luftgefahr verdoppelt wurde. Aus gleichem Grunde erhielten das Ruder- und Kartenhaus einiger Schiffe auch eine leichte Panzerung. Zur U-Boot-Abwehr waren die Minenschiffe mit Wasserbomben ausgerüstet. Um sich gegebenenfalls der Sicht zu entziehen, hatten sie Nebelgefäße zum Nebeln an Bord. Gegen feindliche Ankertauminen bekamen sie ein Bugschutzgerät eingebaut. Als der Gegner auch Grundminen verwandte, wurden alle Schiffe mit einer MES-Anlage[3] versehen. An Rettungsmitteln waren zu den vorhandenen Beibooten noch Schwimmflöße an Bord gegeben worden, und jedermann hatte in See seine Schwimmweste anzulegen.

Die Friedensbesatzung der erfaßten Schiffe wurde dienstverpflichtet. Sie blieb nach Kriegsausbruch an Bord. Die Friedenskapitäne wurden zu Navigationsoffizieren ernannt. Soweit sie keine Reserveoffiziere der Kriegsmarine waren, taten sie Dienst als Sonderführer (S); ebenso wurden alle übrigen Schiffsoffiziere übernommen. Die Besatzung wurde mit Reservisten aus den Laufbahnen der Kriegsmarine aufgefüllt. Anfänglich wurden die militärischen Schlüsselstellungen, zu denen außer den Kommandanten auch die Artillerie und die FT zählten, noch mit aktivem Personal besetzt; vernünftigerweise wurden auch diese später fast durchweg gegen Reservisten ausgewechselt. Die Kommandanten waren nahezu alle ehemalige aktive Offiziere aus der Kaiserlichen Marine und Teilnehmer des Ersten Weltkrieges. Zwischen den beiden Kriegen hatten sie – im Zivilberufe stehend – Reserveübungen gemacht. Einige waren nun auch wieder aktiv geworden. Nur der Führer der Minenschiffe, für den es anfänglich allerdings keine Planstelle gab, war stets ein aktiver Offizier.

Der geringe militärische Ausbildungsstand der so zusammengesetzten Besatzungen machte es den jeweiligen, meist als Reserveoffizier aus der Laufbahn der Kaiserlichen Marine kommenden Kommandanten nicht leicht, die bevorstehenden Aufgaben als Minenschiff zu erfüllen. Im Gegensatz zu jedem neu in Dienst gestellten aktiven Schiff der KM blieb den Minenschiffen keine Zeit für die so wichtigen Einzel- und Verbandsübungen. Aber der gute Wille, der ohne Frage überall herrschte, war anerkennenswert gut. Er gab eine gute, beruhigende Grundlage dafür, daß allen Anforderungen entsprochen werden konnte.

Organisatorisch unterstanden die für die Ostsee vorgesehenen Minenschiffe *Hansestadt Danzig, Preußen* und *Tannenberg* dem Befehlshaber der Sicherung der Ostsee, dem BSO Vizeadmiral H. Mootz, der wiederum dem Marinegruppenkommando Ost, Generaladmiral C. Albrecht, verantwortlich war. In der Nordsee waren die Minenschiffe *Cobra, Kaiser, Königin Luise* und *Roland* dem Befehlshaber der Sicherung der Nordsee, dem BSN Vizeadmiral O. v. Schrader, unterstellt und dieser wiederum dem Marinegruppenkommando West,

Admiral A. Saalwächter. Beide Gruppenkommandos erhielten ihre Befehle von der Skl. im OKM unter Großadmiral Dr. h. c. E. Raeder.
Als erstes Minenschiff wurde am 24. VIII. 1939 die *Roland* in Dienst gestellt, und am 2. IX. 1939 folgte dann als die letzte Einheit die *Tannenberg*. Dazwischen sind die übrigen Einheiten nach und nach aus der Passagierfahrt herausgezogen worden. Drei Tage nach Beginn der Feindseligkeiten gegen Polen und nur einen Tag nach der Indienststellung des letzten der vorgesehenen Minenschiffe, am 3. IX. 1939, fielen vor dem Großen Belt und vor dem Sund die ersten scharfen Minen des Zweiten Weltkrieges.

1.4 Die verschiedenen Minentypen

Von den Minenschiffen sind im Verlauf des Krieges nur Ankertauminen geworfen worden. In der Art ihrer Verankerung wurde unterschieden in
- Minen mit Voreilanker und in
- Minen mit abgestecktem Ankertau.

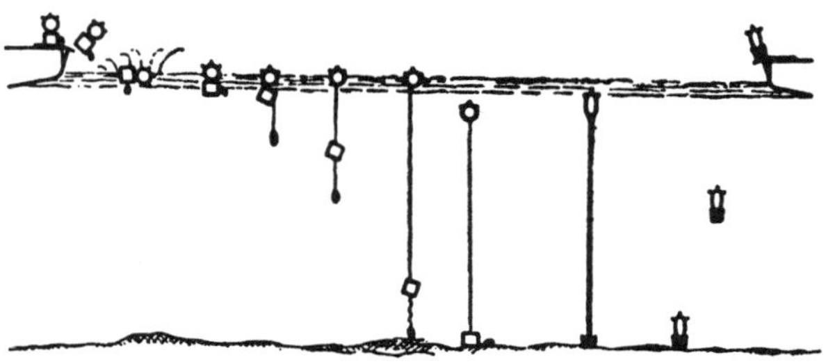

Wirkung des Voreilankers
Wirkung des Wasserdrucktiefstellers

Für die Sperrschutzmittel kam ebenfalls das abgesteckte Ankertau in Betracht.
Außer bei der Verankerung gab es bei den Minen Unterschiede beim Zündungsvorgang und bei der Ausrüstung mit Normal- und Sondergeräten, auf die der Vielzahl wegen nur zum Teil eingegangen werden kann. Die in Fachkreisen üblichen Abkürzungen für die in Wort und Schrift gängigen Bezeichnungen der Minen als EMC, EMD, UMA, UMB, EMF sind auch im folgenden Text übernommen und bedürfen hier einer Erklärung. Es bedeuten:

EMC Einheitsmine C
Kugelform, wie bei allen Minen, ⌀ 1120 mm, Sprengladung 250 kg, Gesamtgewicht 1150 kg, Berührungszündung: 5 Bleikappen oben, 2 auf der unteren Halbkugel, kastenförmiger Voreilanker mit innen liegender Ankertautrommel und außen angebrachter Trommel für die Tiefenleine mit Voreilgewicht.

EMC, Voreilgewichtsseite

EMD Einheitsmine D
wie EMC, nur kleiner, ⌀ 1000 mm, Ladung 150 kg, Gesamtgewicht 900 kg, Berührungszündung: nur 5 Bleikappen oben, Verankerung wie bei der EMC.

UMA U-Boot-Abwehrmine A
⌀ 800 mm, Ladung 30 kg, Gesamtgewicht 810 kg, Berührungszündung: 5 Bleikappen oben, 3 Stoßkappen auf der unteren Halbkugel, Anker mit absteckbarem Ankertau für die Tiefeneinstellung der Mine.

UMB U-Boot-Abwehrmine B
⌀ 840 mm, Ladung 40 kg, Gesamtgewicht etwa wie UMA, Berührungszündung: wie bei UMA, Voreilanker und Voreilgewicht wie bei EMC, nur kleiner.

EMF Einheitsmine mit Fernzündung
⌀ 1120 mm, Ladung 350 kg, Gesamtgewicht 1100 kg, Fernzündung, Voreilanker mit Voreilgewicht wie bei EMC.

UMA

UMB, mit Kette und Greifer, Voreilgewichtsseite

EMF (E-Plattenseite)

Um wirksam zu werden, müssen die Ankertauminen in einer ganz bestimmten Wassertiefe stehen. Hierfür haben sich zwei Tiefeneinstellsysteme als besonders brauchbar erwiesen, nämlich
das mit dem Voreilanker und
das mit abgestecktem Ankertau.
Zur Voreilankermine gehören die EMC, EMD, UMB, EMF. Das Minengefäß ist bei diesen Minen mit dem Voreilanker zunächst starr verbunden. Nach dem Wurf taucht die Mine wieder an der Wasseroberfläche auf und schwimmt. Wenig später fällt nun das Voreilgewicht und zieht die Tiefenleine nach, an der die Tiefeneinstellung für das Gefäß erfolgt ist. Währenddessen füllt sich der kastenförmige, allseitig geschlossene Voreilanker durch ein Sinkventil mit Wasser und beginnt zu sinken. Dabei trommelt sich das im Anker befindliche Ankertau ab. Sobald das vorauseilende Voreilgewicht auf dem Grund aufstößt, wird das Ankertau festgesetzt, und die noch schwimmende Mine wird um die Länge der eingestellten Tiefenleine unter Wasser gezogen. Die Mine ist damit auf der gewünschten Wassertiefe verankert.
Beim zweiten System, dem abgesteckten Antertau, wie es für die UMA vorgesehen ist, sinken Mine und An-

ker miteinander verbunden auf den Grund. Nach dem Schmelzen eines Salzstückes öffnet sich die Verbindungszange, und das Minengefäß steigt mit dem Ankertau bis zur eingestellten Tiefe empor. In flachen Gewässern muß die Wassertiefe für die Tiefeneinstellung bekannt sein; deshalb kann das Abstecken der Ankertaulänge erst nach vorheriger Lotung oder genau nach Karte und Tide erfolgen.
Die so verankerten Minen lauern nun zündbereit auf ihr Opfer. Bei der Mehrzahl der angegebenen Minentypen erfolgt die Zündung durch Berührung der Blei- und Stoßkappen oder einer angebrachten Antenne.
1. In jeder Bleikappe, die auf das Minengefäß aufgeschraubt wird, befindet sich ein Minenglas mit Zündwasser (ein sogenanntes Elektrolyt). Stößt ein Schiff gegen eine Mine und verbiegt dabei die weiche Bleikappe, bricht das Minenglas:
das Zündwasser fließt zum Zündelement; der dort erzeugte Strom geht zum Minenzünder und verursacht über die Sprengbüchse die Detonation der Mine.
2. Bei der Stoßkappenzündung sitzt ein etwa 25 cm langer Dorn zentrisch auf einer Kontakteinrichtung mit Leitungsdrähten, die zu einem Trockenelement und zum Minenzünder führen. Stößt ein Schiff gegen eine Stoßkappe und drückt dabei den Dorn aus seiner senkrechten Stellung, wird ein Kontakt ausgelöst:
der Strom vom Element fließt zum Minenzünder, die Sprengladung wird entzündet.
3. Die AN.Z. genannte Antennenzündung richtet sich in erster Linie gegen U-Boote. Über der Mine wird eine obere Antenne durch eine Schwimmboje steif gehalten. Ihre Länge beträgt 30 bzw. 40 m. Ohne Boje kann man sie auch mittels Korkschwimmer aufschwimmen lassen. Eine untere Antenne ist unter dem Minengefäß am Ankertau in einer Länge von 15 bzw. 20 m festgemacht. Durch den Einbau der AN.Z. wird der Zündbereich der Mine nach oben und unten beträchtlich erweitert. Dadurch läßt sich der große Aufwand bei verschieden tief eingestellten Minen, der sogenannten Treppensperren, wesentlich beschränken.
4. Das Prinzip der AN.Z. ist darin zu suchen, daß hier zwei Metalle – das Eisen vom Schiff und das Kupfer der Antenne – im Seewasser ein elektrisches Element bilden. Dieses Element wird zum Betätigen eines Relais und damit zum Zünden eines Minenzünders angeregt. Berührt also ein Schiff die obere oder untere Antenne, so entsteht ein Zündstrom, der zur Detonation der Mine führt.
5. Die Fernzündung arbeitet, ohne daß die Mine – es handelt sich um den Typ EMF – vom Schiff direkt berührt wird. Dazu gehört ein magnetisches Fernzündgerät. Das magnetische Prinzip beruht auf der Tatsache, daß sich das Feld des natürlichen Erdmagnetismus in der Umgebung eines eisernen Schiffes verändert. Nach der Verankerung der EMF und der Selbsteinstellung des Zündgerätes auf das örtliche Erdfeld ist die EMF zündbereit.
Überläuft ein aus Eisen oder Stahl gebautes Schiff die Magnetmine, sammeln sich die Kraftlinien des Erdfeldes und verstärken das Feld. Die Magnetnadel des Zündgerätes neigt sich zum Kontakt. Der Nadelstromkreis wird geschlossen und bringt letztlich die Mine zur Detonation. Auch bei einer Schwächung des Erdfeldes kann es zur Fernzündung kommen.
Die Anforderungen, die an die Wirksamkeit der Minen gestellt werden – und in gegebenen Fällen auch an deren Nichtwirksamkeit –, haben zu Einrichtungen geführt, die einzeln oder gemeinsam an die Minen angebaut oder in sie eingebaut werden können. Nachstehend wird auf einige dieser Einrichtungen mit den gebräuchlichen Abkürzungen in alphabetischer Reihenfolge hingewiesen:

EE	Entschärfer-Einrichtung Reißt sich die Mine von ihrer Verankerung oder wird sie bei Räumarbeiten geschnitten, dann schaltet die Mine durch die EE unscharf.
HV	Hochstand-Vernichter Steht die Mine nach dem Wurf flacher als beabsichtigt, dann wird durch den HV eine kleine Sprengladung zur Entzündung gebracht. Das Minengefäß wird leckgeschlagen und sinkt auf den Grund.
KA	Kontakt-Auslösevorrichtung Die KA soll die Detonation der Mine herbeiführen, wenn sie von Minenräumgeräten angelaufen und bewegt wird, insbesondere von Bugschutzgeräten.
KE	Kontakt-Einrichtung Die KE soll die Mine zur Detonation bringen, wenn der Zug des Ankertaus aufhört (Schnitt der Mine). Sie wird nur auf besondere Anordnung eingeschaltet.
Ob.Vern.	Oberflächenstand-Vernichter Der Ob.Vern. beseitigt die Mine, wenn sie durch Versagen der Tiefen-Einstellvorrichtung an die Oberfläche kommt. Durch eine Sprengbüchse wird das Gefäß leckgeschlagen.
RL	Reißleine Sie soll den Wirkungskreis der Mine vergrößern. Sie ist etwa 20 m lang und an den Blei- oder Stoßkappen befestigt. Sie wird z. B. durch Korkstücke schwimmend gehalten und soll sich vor den Bug vorbeifahrender Schiffe legen oder sich in deren Schraube vertörnen. Durch den dabei auftretenden Zug wird die Blei- oder Stoßkappe umgebogen, und die Mine kommt zur Entzündung.

SE Schärfer-Einrichtung
Nach Verankerung der Mine soll die SE den Zündstromkreis schließen und ihn unterbrechen, wenn der Ankertauzug aufhört.

UES Uhrwerk-Einsteller
Je nach Art des Zündapparates und der zusätzlichen Sondereinrichtungen leitet der UES nach Ablauf der eingestellten Zeit (nach Stunden oder Tagen) die erforderlichen Schaltvorgänge ein.

VE Versenk-Einrichtung
Die VE soll das Minengefäß leckschlagen, um es zum Sinken zu bringen. Sie wird in Verbindung mit dem HV und der ZE verwandt.

VW Verzögerungs-Werk
Das VW verzögert die Scharfwerdezeit der Mine. Sie ist einstellbar von 6 Stunden bis zu 6 Tagen und gestattet ein gefahrloses Überlaufen der Sperre innerhalb der eingestellten Zeit.

ZE Zeit-Einrichtung
Die ZE soll die Mine nach Ablauf der eingestellten Zeit, z. B. nach 30 Tagen, versenken, unscharf machen oder vernichten.

ZK Zähl-Kontakt
Der ZK dient zum Schutz gegen das Räumen der Minen. Die Räumanläufe führen nicht gleich zum Zünden der Mine. Je nach Einstellung zündet die Mine erst bei der Zahl des eingestellten Überlaufs, z. B. erst beim 12. Überlauf.

1.5 Sperrschutzmittel für den Minensperrenschutz

Minensperren, die dem Gegner lästig sind, versucht er zu räumen. Um dies zu verhindern oder wenigstens zu erschweren, werden Sperrschutzmittel vor oder in die Minenreihen geworfen. Hierbei haben sich besonders bewährt:

EMR Sperrschutzboje für große Wassertiefen

EMR/K Sperrschutzboje für das flache Küstenvorgelände
Die EMR ist eine der EMC nachgebildete *E*inheits*m*ine als *R*äumhindernis ohne Sprengladung. Der Auftriebskörper hat die Form und Größe des EMC-Gefäßes und ist mit fünf Bleikappen-Attrappen ausgerüstet. Der Anker, ein Voreilanker wie bei der EMC, stellt sich selbsttätig auf die befohlene Tiefe ein. Die Räumerschwerung wird erreicht durch einen unter dem Gefäß hängenden starken Kettenvorlauf von 50 m Länge.

Schematische Darstellung der verankerten EMR

RB Reißboje
Die RB wirkt ohne Sprengladung durch Reißgreifer, von denen die Räumleine ergriffen und zerrissen wird. Boje und Anker der RB sind starr miteinander verbunden und gehen nach dem Wurf zusammen auf den Grund. Nach dem Schmelzen eines Salzstückes steigt die Boje bis zur eingestellten Tiefe empor, wickelt das Ankertau ab und zieht die Reißgreifer dabei aus den Taschen. Die RB ist damit wirksam verankert.

Spr.B.D. Sprengboje „D“
Die Sprengboje „D“ ist ein mit Sprengstoff wirkendes Sperrschutzmittel. Die Tiefeneinstellung erfolgt durch Abstecken des Ankertaus vor dem Wurf. Die Boje trennt sich nach dem Wurf vom Anker und schwimmt so lange an der Oberfläche, bis sich das Ankertau abgewickelt hat. Dann zieht der Anker die Boje in die eingestellte Tiefe. Trifft eine Räumleine das Ankertau, dann gleitet sie daran empor bis zur Boje und betätigt die Schlagbolzeneinrichtung des dort eingesetzten Sprengers. Durch die Detonation der Sprengladung wird das Räumgerät zerstört.

Soviel über die Minen und Sperrschutzmittel, deren Einsatz in diesem Buch im Mittelpunkt steht.

Reißboje

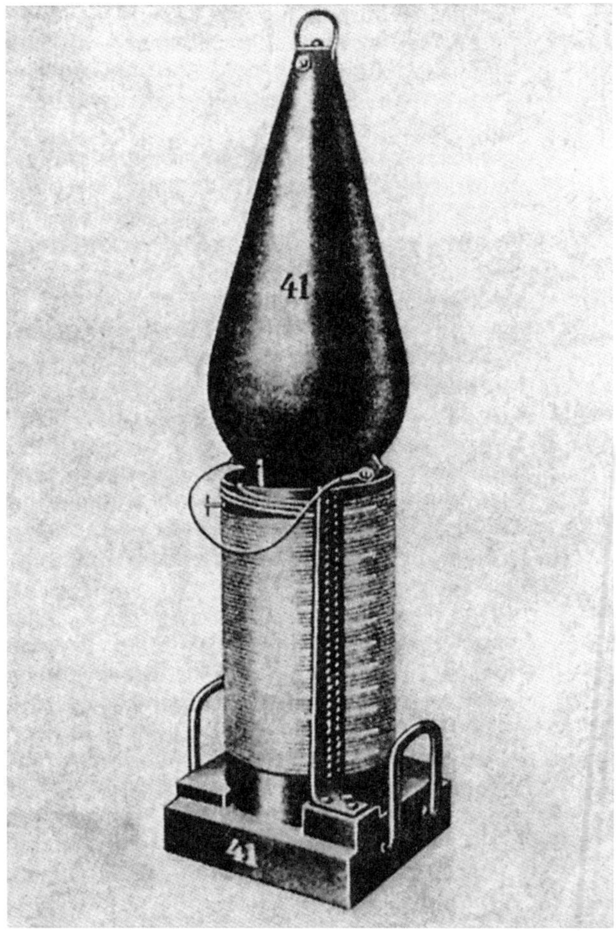

Sprengboje D

1.6 Die Einsatzgebiete der deutschen Minenschiffe 1939–1945

Bevor aber über den Einsatz und die sonstige Tätigkeit der Minenschiffe berichtet werden kann, ist ein kurzer Überblick über das gesamte Tätigkeitsgebiet der Minenschiffe von 1939 bis 1945 angezeigt. Dieses erstreckte sich von der südlichen Nordsee vor der belgisch-holländischen Küste nordwärts bis in den Raum zwischen den Orkney- und Shetland-Inseln und der norwegischen Küste. Schutz- und Flankensperren sicherten den Schiffsverkehr entlang der norwegischen Küste bis nach Kirkenes und Petsamo. Auch noch ostwärts der Fischerhalbinsel wurden Minen gelegt. Der Große Belt und der Sund als Hauptzugänge zur Ostsee wurden gleich bei Kriegsbeginn von den Minenschiffen geschlossen, späterhin wurden auch das Skagerrak und das Kattegat vermint. Mit Sperren im Finnischen Meerbusen wurde der größte Minenerfolg erzielt. Im Zuge der Absetzbewegungen des Heeres fielen auch Minen im Moonsund und Rigaischen Meerbusen.

Wenn in den oben genannten Bereichen keine Sperren zu werfen waren, hatten die Minenschiffe andere Aufgaben. Hierzu gehörten

- Handelskriegführung in der Ostsee,
- Bewachung von Engen und Sperren,
- Flakschutz an Schleusen,
- Minen- und Truppentransporte,
- Sicherungsgeleite,
- Erprobungen und Ausbildungsdienst einschließlich Zielschiffahren bei Inspektionen und Schulen und
- bei Kriegsende auch die Durchführung von Flüchtlingstransporten.

Im Mittelmeer wurden zur Abwehr überholender Landungsversuche des Gegners an der italienischen Küste entlang Flankensperren geworfen. Sie reichten von der Bucht von Salerno bis La Spezia, auch lagen sie in der Bucht von Genua und vor der südfranzösischen Küste. Entsprechende Sperren schützten die

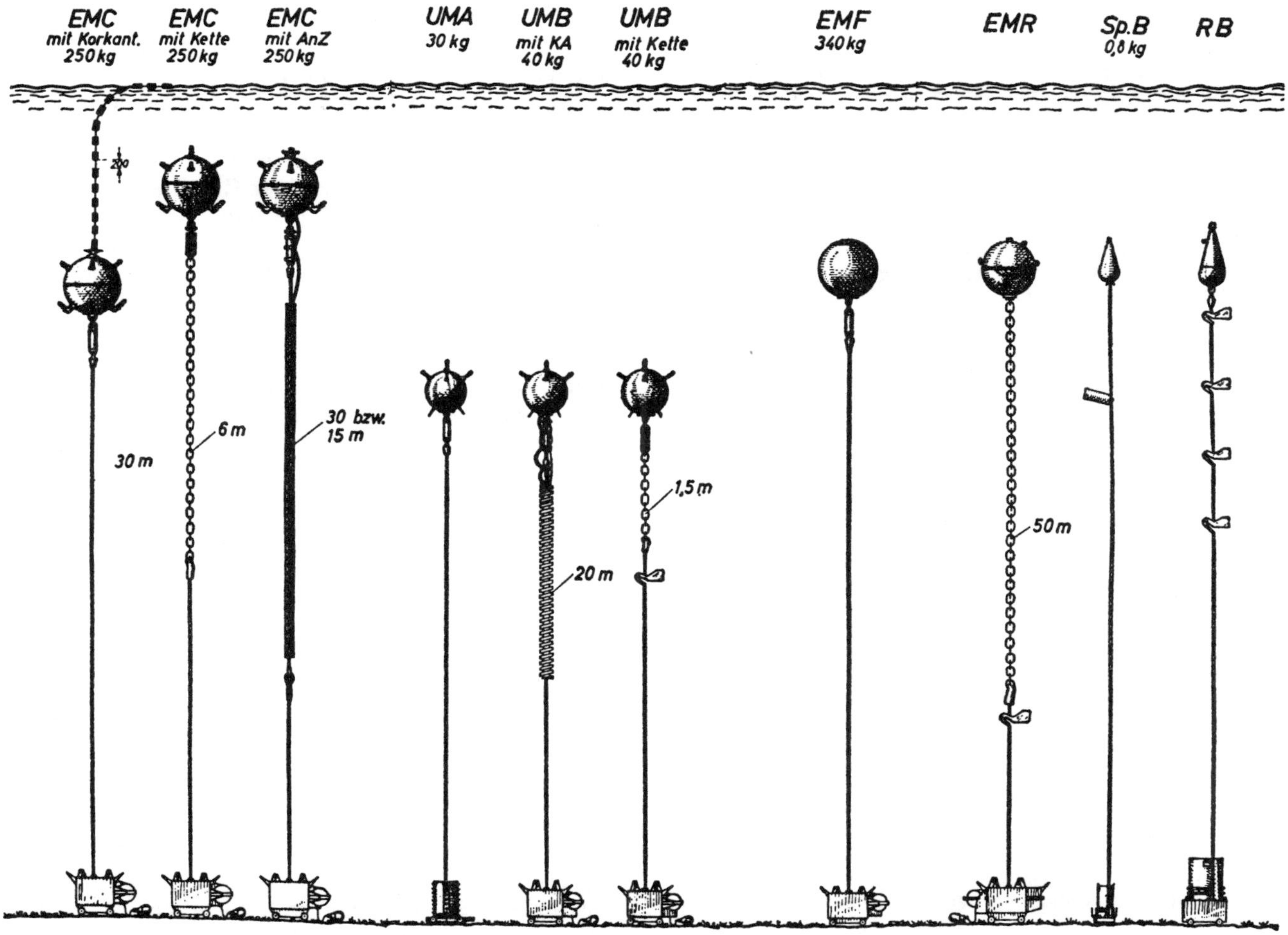

italienische Adriaküste bis in die Bucht von Triest. An den Küsten Sardiniens, Korsikas und in der Ägäis waren Minenschiffe am Werk.

Im Schwarzen Meer warfen rumänische Minenschiffe Sperren mit deutschem Spezialpersonal nach Plänen deutscher Dienststellen.

Von den in der Heimat und in besetzten Häfen in Dienst gestellten und zum Einsatz gekommenen 15 Minenschiffen gingen 11 durch Minentreffer, Fliegerbomben, Artillerie, Lufttorpedos, U-Boot- und Schnellboottorpedotreffer verloren.

Im italienischen Raum sanken 8 von 12, in der Ägäis alle 3 der dort eingesetzten Minenschiffe.

75% aller Minenschiffe sanken somit mit wehender Flagge. In jedem Falle waren schmerzliche Verluste zu beklagen. Die restlichen Schiffe wurden bei Kriegsende von den Besatzungen größtenteils versenkt. Nur wenige gerieten in Feindeshand.

In außereuropäischen Gewässern legten die in See zu Minenschiffen umgebauten beiden Hilfskreuzer-Pinguin-Prisen *Passat* ex *Storstad* und *Adjutant* ex *Pol IX* Minen vor Australien und im Raum Neuseelands und die später als Blockadebrecher eingesetzte Hilfskreuzer-Atlantis-Prise *Doggerbank* ex *Speybank* vor Südafrika.

[1] Z-Plan: siehe Brennecke: Schlachtschiff *Bismarck*. Höhepunkt und Ende einer Epoche. Koehlers Verlagsgesellschaft, Jugenheim 1960 (vergriffen), S. 99 bis 112.

[2] Dabei lief auf englischer Seite der Kreuzer *Amphion* auf eine der gelegten Minen und sank.

[3] MES = Magnetelektrische Selbstschutzanlage.

2. Das Jahr 1939

Zur Lage

Die deutsche Kriegsmarine war nach dem am 3. IX. erfolgten Eintritt der Seemächte England und Frankreich in das durch den deutschen Einmarsch in Polen am 1. IX. 1939 ausgelöste Kriegsgeschehen – an der Zahl der Einheiten gemessen – hoffnungslos unterlegen, denn die Bauausführung des sogenannten Z-Panes, der die Verbindlichkeiten zwischen dem deutsch-englischen Flottenvertrag abgelöst hatte, war gerade erst angelaufen. An großen Kriegsschiffen (Schlachtschiffe und Schlachtkreuzer) verfügten England (E) über 15, Frankreich (F) über 7 und Deutschland (D) über 2; an Flugzeugträgern: E: 6, F: 7 und D: 0; an Panzerschiffen: E: 0, F: 0 und D: 3 (später in Schwere Kreuzer umbenannt); an Schweren Kreuzern: E: 15, F: 7 und D: 2; an Leichten Kreuzern: E: 49, F: 12 und D: 6; an Zerstörern und Torpedobooten: E: 183, F: 72 und D: 34; an U-Booten: E: 57, F: 78 und D: 57. Ferner kamen im einzelnen hier nicht erfaßte Schnellboote, Minensuchboote, Kanonenboote, Schulschiffe (so die deutschen Exlinienschiffe *Schlesien* und *Schleswig-Holstein,* welche die polnische Westernplatte beschossen), Begleitboote, Tender und dergleichen hinzu. Hinzu traten nach Kriegsausbruch auf beiden Seiten die verschiedensten, aus Schiffen der Handelsflotten rekrutierten Hilfsfahrzeuge wie Hilfskreuzer, Vorpostenboote und – last, not least – Minenschiffe für die See- und die Flußverwendung. Obwohl unvorbereitet und unterlegen, beschränkte sich die deutsche Kriegsmarine nach Englands und Frankreichs Kriegseintritt nicht nur auf mögliche defensive Maßnahmen (Küstenschutz durch Vorpostenboote und Minensperren, Kontrolle der Ostseezugänge usw.), sondern wurde trotz der fast total zu nennenden Blockade, die den überseeischen Handelsschiffsverkehr praktisch zum Erliegen brachte, dennoch in außerheimischen Gewässern offensiv:

a) mit den dieselmotorbetriebenen Panzerschiffen als Handelsstörer im Atlantik und zum Teil auch im Südwestindik,
b) mit Vorstößen der beiden Schlachtkreuzer und
c) mit U-Booten kleinerer Typen im Handelskrieg und gegen gegnerische Kriegsschiffe im Küstenbereich und mit größeren Typen im Handelskrieg und gegen gegnerische Kriegsschiffe (als Beispiel *U 47,* Prien, Scapa Flow) bis in den Nordatlantik.

Immerhin werden die seemächtigen Alliierten gezwungen, ihre lebens- und kriegswichtige Nordatlantikschiffahrt in Konvois zusammenzufassen und ihre Seestreitkräfte zur Jagd auf die einsamen Handelsstörer und U-Boote zu verteilen.
Die Minenschiffe legten die ersten großen Sperren in der Ost- und Nordsee. Außerdem führten sie Handelskrieg in der Ostsee.

2.1 Die ersten Sperrlegungen durch Minenschiffe in der Ostsee

Am 1. IX. 1939, genau 04.45, erhält der Kommandant der *Hansestadt Danzig,* Fregattenkapitän z. V. Howaldt[4], einen Funkspruch vom BSO. Der Text lautet: „Beginn der Feindseligkeiten gegen Polen!"
Das ist auch für die Minenschiffe und deren Besatzungen der Anfang eines sechs Jahre dauernden Ringens, dessen Ende die *Hansestadt Danzig* ebensowenig wie die Mehrzahl aller zum Einsatz kommenden Minenschiffe erleben wird.
Die *Hansestadt Danzig* wurde am 30. VIII. 1939 in Stettin-Frauendorf als Minenschiff in Dienst gestellt, zunächst ohne Geschütze.
Nach einem gemeinsamen Marsch mit der *Preußen* von Stettin über Swinemünde nach Kiel hatten dort beide Einheiten EMD-Minen übernommen. Damit beladen, gingen die beiden Schiffe am 31. VIII. 1939 abends in der Strander Bucht vor Anker.
Der folgende Tag vergeht südlich vom Stollergrund in der Kieler Bucht mit einigen sehr notwendigen Wurfverbandsübungen. Am 2. IX. wird zusammen mit dem Artillerieschulschiff *Bremse* der Rückmarsch angetreten. Die Torpedoboote *T 111* und *T 107* sichern den Verband. Dabei sichtet *T 111* in der Gjedser Enge zwei Torpedolaufbahnen und wirft Wasserbomben. Die *Hansestadt Danzig* hat nur Wind- und Ölstriche beobachtet. Obschon die Torpedolaufbahnen strittig sind, werden von nun an Zickzackkurse gefahren.
Der 3. IX. bietet der *Hansestadt Danzig* erneut Gelegenheit zu einer Verbandsübung, die sie dieses Mal zusammen mit der jetzt unter dem Kommando von Korvettenkapitän d. R. v. Jagow stehenden *Tannenberg* in der Swinemünder Bucht fahren kann. Obwohl sehr notwendig, kommt es nicht zu weiteren Übungen. Der Einsatzbefehl liegt vor. Noch am Abend des 3. IX. geht der Marsch beider Minenschiffe von Swinemünde nach dem Sund, wo befehlsgemäß die erste Sperre zu werfen ist. Die Führung des Verbandes hat der Kommandant der *Hansestadt Danzig.* Die Sicherung stellt die Torpedoboots-Schulflottille.

2.1.1 Die Sperre UNDINE II

Südlich vom Sund fallen in dem öffentlich erklärten Warngebiet am 4. IX. 1939 von 05.05 bis 06.38 in der Sperre UNDINE II
die ersten scharfen Minen im Ostseeraum. Die *Hansestadt Danzig* ist an dieser Sperrlegung mit 181 EMD, und die *Tannenberg* ist mit 383 EMD beteiligt. Die Sperrlage wird gemeldet mit
55° 18,75′ N, 12° 54,7′ O über
55° 16,9′ N, 12° 54,7′ O nach
55° 11,3′ N, 12° 37,5′ O.

2.1.2 Die Sperre UNDINE III

Im gleichen Seegebiet und zur gleichen Zeit wirft das Artillerieschulschiff *Brummer*[5] mit den Minensuchbooten *M 75, M 84* und *M 85* die Sperre
UNDINE III.
Die Lage wird gemeldet von
55° 5,78′ N, 12° 22,1′ O nach
55° 7,65′ N, 12° 26,7′ O.

2.1.3 Die Sperre GROSSER BÄR

Südlich vom Großen Belt kommt die *Preußen* zum Einsatz. Sie wirft am 4. IX. 1939 von 06.29 bis 07.47 die

Sperre GROSSER BÄR mit 136 EMD in zwei Reihen von
54° 43,6′ N, 10° 57,3′ O nach
54° 43,8′ N, 10° 49,2′ O.
In jeder Reihe fallen 67 beziehungsweise 69 EMD. An dieser Sperrlegung ist auch das 550 ts große Sperrübungsfahrzeug *MT 1* mit 262 Sprengbojen D beteiligt. Die Sicherung stellen Boote der 5. R.-Flottille.
Wie das Übernehmen der Minen an Bord ein Alle-Mann-Manöver ist, trifft dies auch jetzt für das Minenwerfen zu. Alle verfügbaren Kräfte helfen im Minendeck. Notwendige Befehle gehen telefonisch von der Brücke bis zur Wurfbühne nach achtern. Die Tiefeneinstellungen an den Minen sind genauestens vorgenommen, und auf das Signal vom Führungsschiff beginnt das Werfen.
Eine Mine nach der anderen rollt, auf den Minenschienen achteraus geschoben, bis zum Heck. Hier, auf der Wurfbühne, stehen die letzten der Männer, die mit den Minen zu tun haben. Tüchtige Seeleute, die auch bei Seegang fest auf den Beinen bleiben. Je zwei packen von der Seite und zwei von hinten zu und schieben und stoßen die Mine mit nachhaltigem Schwung von Bord.
Mit dem Kopf voran taucht die hörnerbewehrte Kugel ins aufsprühende Naß. Auch – oder gerade – im Dunkel der Nacht ist das eigentlich ein packendes Bild. Der lange Anmarsch und alle Mühen haben sich gelohnt.
Weiter geht das Minenwerfen.
Ohne Unterbrechung.
Nach Befehl des Sperrwaffenoffiziers fallen die Minen abwechselnd mal an Backbord, mal an Steuerbord in zeitlichem, nach der Stoppuhr gemessenem Abstand, bis die letzte von Bord ist. Gähnend leer, einer vom Publikum verlassenen Halle gleich, wirkt das Minendeck. Nur die Minenschienen sind geblieben und warten auf neue Ladung.
Vor dem Befahren des Sperrgebietes war die internationale Schiffahrt öffentlich gewarnt worden, dennoch:
Noch während des Sperrelegens am Sund läuft ein Küstendampfer von 250 BRT bei Falsterboriff-Feuerschiff auf eine der Minen auf und sinkt. Ein aufkommender dänischer Passagierdampfer, ein mit Holz beladener Grieche und ein finnisches Schiff, die ebenfalls in Sicht kommen, werden mit Scheinwerfern angemorst:
„Warngebiet beachten – Achtung, Minen!"
Der dänische Passagierdampfer und der Finne gehen auf Gegenkurs, doch der Grieche – *Costis* ist sein Name – läuft nach anfänglichem Abdrehen wider Erwarten auf seinen alten Kurs zurück und mitten ins Minenfeld. Ein Minentreffer am Heck macht ihn manövrierunfähig.

2.1.4 **Personelle Probleme und Schwierigkeiten**

Für das Fahren und Minenlegen im Verbande war die Hilfe des zahlenmäßig nur geringen aktiven Personals auf den Minenschiffen entscheidend. Ohne dieses wäre das Sperrewerfen bei der kaum nennenswerten Ausbildung nur unter größter Eigengefährdung durchführbar gewesen. So urteilte später der Kommandant der *Hansestadt Danzig* in seiner Eigenschaft als Verbandschef.
Jedes Schiff hatte bis zum Einsatz seine eigenen Probleme und Schwierigkeiten zu überwinden. So war beispielsweise auf der *Hansestadt Danzig* das Maschinenpersonal bei der Mobilmachung gleich in annähernd doppelter Stärke an Bord gekommen. Der Kommandant bzw. in diesem Falle sein LI mußte entscheiden (und zwar schnell entscheiden), wer von den Männern besser und wer weniger für die gestellten Aufgaben geeignet war, um somit den überzähligen Rest wieder von Bord kommandieren zu können[6]. Es zeigte sich auch, daß ein hoher Prozentsatz der eingezogenen Reservisten überhaupt borddienstuntauglich war. Die Männer waren – was zweifelhaft erscheint – entweder inzwischen borddienstunfähig geworden, oder ihre Borddiensttauglichkeit stand vorerst nur auf dem Papier. Auch diese Männer mußten ausgetauscht und wieder von Bord gegeben werden. Das alles brachte zwangsläufig viel Unruhe und Störungen im gesamten Schiffsbetrieb mit sich.
Dennoch gelang es den Schiffen des ehemaligen Ostpreußendienstes, der *Hansestadt Danzig,* der *Tannenberg* und auch der *Preußen,* bald schon ebensogut im Verband zu fahren, wie es beim aktiven Kriegsschiff als selbstverständlich dazugehörte, und im Verband auch Minen zu werfen.
Es bedarf der Feststellung, daß ein derart schnelles Einfahren der Schiffe des Verbandes nicht zuletzt der seemännischen und der technischen Routine der Männer der übernommenen Stammbesatzungen zu danken war, die aus jahrelanger Seefahrtzeit in jeder Lage gewohnt waren, seemännische oder technische Befehle schnell und sicher auszuführen, und die auch wendig genug waren, militärtechnische Novitäten, wie sie hier durch die Handhabung der Minen gegeben waren, schnell zu begreifen und anzuwenden. Wenn natürlich nun in eine derart gemischt militärisch-seemännisch-technische Besatzung, die sich erst aufeinander einspielen muß – wozu die in manchen Dingen unterschiedlichen Fachausdrücke zu zählen sind –, durch hier nicht näher zu untersuchende Ursachen Nichtbefahrene, für die Seekrankheit anfällige Männer oder Vertreter falscher Laufbahnen an Bord kommandiert wurden, war das so schlimm wie Sand in einem feinmechanischen Getriebe. Daß man diese Schwierigkeiten so erstaunlich schnell überwand,

spricht doch für die Kommandanten der Schiffe ebenso wie für die Offiziere, Unteroffiziere und Männer aus der KM wie auch für jene Besatzungsmitglieder, die aus den Reihen der Handelsschiffahrt kamen, insbesondere für solche Männer, die auf diesen Schiffen zu Hause waren. Hierzu sind insbesondere die LIs zu zählen, die früher als Chiefs auf den Schiffen fuhren. Es ist ihr Verdienst, daß Maschinenpannen selten sind oder in den meisten Fällen mit Bordmitteln schnell behoben werden können.

2.1.5 **Die Sperre UNDINE I**

Südlich vom Sund ist am 5. IX. 1939 die dort am 4. IX. begonnene Sperrlegung der Sperre UNDINE I durch eine durch die *Tannenberg* zu legende Sperre zu verstärken. Damit soll der Südausgang des Sundes in seinem Hauptfahrwasser durch Minen gesperrt werden, so daß eine ungehinderte Durchfahrt nur im neutralen Hoheitsgebiet unter der schwedischen Küste möglich sein wird. Die Sperre wird von 05.56 bis 07.40 mit 188 EMD von
55° 5,25′ N, 12° 27,1′ O nach
55° 10,3′ N, 12° 39,9′ O
geworfen.

2.1.6 **Die Sperre JADE III**

Südlich vom Großen Belt wird die Sperrlegung ebenfalls verstärkt. Hier legt die *Preußen* am 7. IX. 1939 von 05.29 bis 06.01 mit 220 UMA die U-Boot-Sperre JADE III. In zwei Reihen fallen 99 bzw. 121 Minen von
54° 42,2′ N, 10° 34,7′ O nach
54° 40,8′ N, 10° 39,1′ O.

2.1.7 **Die Sperre JADE IV**

Die *Hansestadt Danzig* war der *Tannenberg* am 5. IX. 1939 auf ihrem Wege zur Sperrlegung vor dem Sund von Swinemünde aus bis Arkona gefolgt. Von hier ab ist sie zur Minenübernahme beim Sperrzeugamt Kiel-Dietrichsdorf allein weitermarschiert. Wegen gemeldeter U-Boot-Gefahr benutzt das Schiff den Weg durch den Fehmarnsund. Für ein so großes Schiff ist das eine schwierigere Strecke als durch den Fehmarnbelt. Nach der Minenübernahme von 247 UMA ankert das Minenschiff in der Strander Bucht, verlegt aber am 7. IX. 1939 auf Grund einer U-Boot-Warnung den Ankerplatz hinter die Kieler Hafensperre in die Heikendorfer Bucht. Hier geht der nächste Sperrbefehl zum Werfen der U-Boot-Sperre JADE IV ein, die südlich des Großen Belts eingeplant ist. Die *Hansestadt Danzig* lichtet am 8. IX. 1939, 02.26, den Anker und läuft aus. Die U-Boot-Sicherung stellt die 3. R.-Flottille.
Am Ort lotet das Schiff vor dem Minenwerfen den Sperrkurs ab. Nach dem Lotergebnis werden die Ankertaulängen bei den an Bord befindlichen UMA abgesteckt. Damit ist die absolute Gewähr dafür gegeben, daß sich die Minen auf der befohlenen Tiefe unter der Wasseroberfläche einstellen. Bei Abstecken der Ankertaulängen allein nach den Tiefenangaben der Seekarten können sich Unterschiede gegenüber der Wirklichkeit ergeben, die zu Hoch- oder Tiefständen der Minen führen. Diese würden der Sperrplanung zuwiderlaufen und die beabsichtigte Wirkung der Sperre herabsetzen.
Nach Ausloten des Sperrkurses wirft die *Hansestadt Danzig* am 8. IX. 1939 von 05.59 bis 06.31 die U-Boot-Sperre JADE IV mit 247 in zwei Reihen gelegten UMA.
Die Lage der Sperre ist von
54° 40,2′ N, 10° 49,7′ O nach
54° 40,9′ N, 10° 48,5′ O.
Die Sperre soll nur gegen U-Boote wirksam sein, von Überwasserschiffen dagegen gefahrlos überlaufen werden können. Um eventuell höher stehende Minen zu vernichten, erhält die 3. R.-Flottille den Befehl, die frisch gelegte Sperre auf den korrekten Stand der Minen zu kontrollieren.
Zahlreiche Meldungen über gesichtete U-Boote ließen übrigens die Anwesenheit mindestens eines, vielleicht aber auch mehrerer feindlicher U-Boote in der westlichen Ostsee vermuten. Deshalb gab der Kommandant der *Hansestadt Danzig* der 3. R.-Flottille vor dem Auslegen der Sperre JADE IV den Befehl, einige Wasserbomben zu werfen. Durch die weithin hörbaren Detonationen soll sich ein angreifendes U-Boot entdeckt fühlen und vom Angriff abhalten lassen.

2.1.8 **Die Sperre JADE VI**

Die letzte der Minenaufgaben südlich des Großen Beltes wird dem Minenschiff *Preußen* zugewiesen. Am 20. IX. 1939 legt es von 08.42 bis 09.18 mit 242 UMA die U-Boot-Sperre JADE VI. Auch diese Sperre wird in zwei Reihen zu je 121 Minen geworfen, und zwar von
54° 42,8′ N, 10° 58,4′ O nach
54° 41,4′ N, 11° 4,9′ O.
Damit ist auch der Große Belt, soweit es erforderlich erschien, für den regulären Schiffsverkehr geschlossen, der nunmehr hier (wie auch südlich vom Sund) durch Wachschiffe laufend kontrolliert wird.

2.2 **Die ersten Sperren in der Nordsee 1939**

In der Nordsee beginnen die hier zuständigen Minenschiffe am 4. IX. 1939 – etwa drei bis vier Stunden später als in der Ostsee – ihre erste Sperre zu werfen. Nach Beladen in Cuxhaven und Wilhelmshaven werden in sechs Minenunternehmungen sieben Sperren ausgelegt. Dazu sind die Minenschiffe *Cobra,* Kommandant Kapitänleutnant G. Bidlingmaier; *Kaiser,* Kommandant Kapitänleutnant C. Kircheiss; und *Roland,* Kommandant Korvettenkapitän F. Petzel, fast 14 Tage im Einsatz. Die Führung der Wurfverbände wird durch die Flotte bestimmt. Sie liegt in der Hauptsache bei den Chefs der 2. Zerstörerflottille, der 3. Zerstörerdivision und der 6. T.-Flottille, deren Einheiten ebenfalls zur Sicherung der Minenschiffe und zum Teil auch als Sperrmittelträger herangezogen werden.

2.2.1 **Die Sperre »f« MARTHA-HANS**

Die Minenschiffe *Cobra* und *Roland,* mit je 233 UMA beladen, und die Zerstörer *Erich Giese* und *Theodor Riedel,* mit je 100 UMA beladen, verlassen am 4. IX. 1939, 03.35, Cuxhaven. Fünf Stunden später stehen sie im Wurfgebiet. Die Führung hat der Chef der 2. Zerstörerflottille, Kapitän z. S. F. Bonte. Auf Kurs 45° wird von 09.04 bis 09.51 die U-Boot-Sperre „f" MARTHA-HANS von
54° 5′ N, 7° 24′ O nach
54° 35,1′ N, 7° 35,5′ O
geworfen.
Der Rückmarsch des Verbandes führt zur erneuten Beladung nach Cuxhaven.

2.2.2 **Die Sperre »a« MARTHA-IDA**

Die Minenübernahme für die Sperre „a" MARTHA-IDA ist am 5. IX. 1939, 01.35, beendet. Die *Cobra* und die *Roland* haben wieder je 233 UMA an Bord, die Zerstörer *Erich Giese* und *Theodor Riedel* je 100 UMA. Wieder unter der Führung des Chefs der 2. Zerstörerflottille, Kapitän z. S. F. Bonte, stehend, läuft der Verband am gleichen Tage, 14.18, aus Cuxhaven aus und wirft die Sperre in der Zeit von 21.54 bis 22.39. Die Sperrlage ist gemeldet von
54° 02′ N, 7° 13′ O nach
54° 10,4′ N, 7° 17′ O.
Der Rückmarsch führt wieder zur Elbe. Cuxhaven wird am 6. IX., 07.45, erreicht. Kaum fest, beginnen die Minenschiffe sofort wieder mit der Minenübernahme und werden anschließend auf Altenbruch-Reede aus dem Troßschiff *Karibisches Meer* mit Heizöl versorgt. Am 7. IX. 1939 wird 01.00 der Marsch nach Borkum-Reede, dem Ausgangspunkt für die nächste Sperrlegung, angetreten.

2.2.3 **Die Sperren 1 und 2 MARTHA-GUSTAV**

Es handelt sich um eine Sperrlegung im erklärten Minenwarngebiet. Als Sperrmittelträger sind beteiligt: die Minenschiffe *Cobra* und *Roland* sowie der Zerstörer *Friedrich Ihn.*
Die Führung des Verbandes hat der Chef der 3. Zerstörerdivision, Fregattenkapitän R. von Pufendorff. Die Minenschiffe sind für jede der beiden Sperren mit 87 EMC/EMD beladen, der Zerstörer hat für jede Sperre 202 Sprengbojen an Bord. Es sind zusammen 348 EMC/EMD und 404 Sprengbojen auszulegen.
Die Sperre 1 MARTHA-GUSTAV fällt am 8. IX. 1939 von 01.45 bis 02.34 von
53° 38,5′ N, 5° 58′ O nach
53° 48′ N, 5° 47,7′ O.
Die Sperre 2 MARTHA-GUSTAV folgt von 04.14 bis 05.04 von
53° 43′ N, 5° 40′ O nach
53° 53′ N, 5° 30′ O.
Der Rückmarsch führt zunächst nach Borkum-Reede, dann weiter nach Emden.
Am 12. IX. 1939 verlegen die Minenschiffe auf Befehl des BSN nach Wilhelmshaven. Sofort nach dem Einlaufen werden ab 19.00 UMA-Minen übernommen. Die Übernahme dauert bis kurz nach Mitternacht.

2.2.4 **Die Sperre »b« MARTHA EINS**

Kaum beladen, schleusen die Minenschiffe *Cobra, Kaiser* und *Roland* am 13. IX., 06.35, aus Wilhemshaven aus und ankern auf Schillig-Reede.
Die Einheiten des Verbandes sind mit je 240 UMA beladen. Neu beim Verband ist das am 11. IX. 1939 aus dem Ostseeeinsatz entlassene und dem BSN zugewiesene Minenschiff *Hansestadt Danzig.* Es hatte am 12. IX. 1939 in Cuxhaven ebenfalls 240 UMA übernommen, so daß nunmehr vier Minenschiffe mit 960 UMA für die nächste Sperrlegung bereitliegen. Die KE ist eingeschaltet. Die Tiefeneinstellung ist mit −10 und −15 m befohlen. Der Verband geht unter Führung des Chefs der 2. Zerstörerflottille, Kapitän z. S. F. Bonte, um 12.00 ankerauf. Unter Sicherung durch die Zerstörer *Theodor Riedel, Friedrich Eckolt* und *Bernd von Arnim* sowie von Booten der 6. T.-Flottille und der 1. S.-Flottille wird die Sperre am 13. IX. 1939 in der Zeit von 22.39 bis 00.23 von
55° 24,5′ N, 6° 52,5′ O nach
55° 29,5′ N, 7° 28′ O
ausgelegt.
Die letzte Schiffsortbestimmung nach einem Landobjekt hatte der Verband um 13.20 durch Peilung von Borkum. Bis zum Beginn des Minenwerfens und auch während der Sperrlegung bis kurz vor dem Ende der

Sperre gab es rund elf Stunden keine Möglichkeit, den Schiffsort genau zu bestimmen. Die Besteckvergleiche konnten nur auf Grund des gekoppelten Weges der Karte entnommen werden. Erst auf dem letzten Teil des Sperrkurses kam das noch unter der Kimm liegende Feuer von Blaavandshuk in Sicht. Hierbei stellte sich heraus, daß die Sperre etwa 4,5 sm südlicher als im Sperrbefehl vorgesehen gefallen war.
Der Kommandant der *Hansestadt Danzig* hatte bei der Kommandantensitzung vor dem Auslaufen vorgeschlagen, die Sperre nicht von See aus nach Land, sondern umgekehrt von Land nach See zu legen, um einen genauen Anfangspunkt zu erhalten. Auch sollte nach seinem Vorschlag auf dem Anfangspunkt unter Land ein Fahrzeug – ein Fischdampfer oder ein Schnellboot – als Positionsboot stationiert werden, was anscheinend wegen der Kürze der Zeit nicht erfolgt war.
Auf dem Rückmarsch teilt sich der Verband am 14. IX. 1939, 07.30, auf der Höhe von Helgoland. Die *Hansestadt Danzig* und die *Kaiser* werden zur Minenübernahme nach Cuxhaven entlassen. Dort übernimmt um 16.00 Korvettenkapitän d. R. W. Schroeder die *Hansestadt Danzig* als Kommandant. Die *Cobra* und die *Roland* laufen Wilhelmshaven an und übernehmen ab 13.55 bis 16.45 Minen. Kurz darauf kommt der BSN, Vizeadmiral O. v. Schrader, zur Begrüßung und Besichtigung des Schiffes an Bord.

2.2.5 **Die Sperre »c« MARTHA ZWEI**

Die Minenschiffe *Cobra* und *Roland* schleusen am 15. IX. 1939 aus Wilhelmshaven aus. Sie begeben sich nach Schillig-Reede, dem Sammelpunkt mit der *Hansestadt Danzig* und *Kaiser,* die hier, von Cuxhaven kommend, erwartet werden. Unterwegs zum Sammelpunkt bleibt die *Roland* wegen eines Schadens an ihrer Turbo-Anlage zurück. Das Schiff fällt für die geplante Unternehmung aus. Sollte die Sperre ursprünglich vierreihig gelegt werden, soll sie nunmehr dreireihig geworfen werden. Um 14.05 lichten die *Cobra,* die *Hansestadt Danzig* und die *Kaiser* die Anker und laufen – alle drei Minenschiffe sind mit je 185 UMA beladen – aus zum Sperrgebiet. Die Führung hat wieder der Chef der 2. Zerstörerflottille, Kapitän z. S. F. Bonte, auf dem Zerstörer *Erich Steinbrinck.* Weitere Zerstörer, Torpedoboote und Schnellboote bilden die Sicherung.
Die Sperrlegung „c" MARTHA ZWEI erfolgt am 15. IX. 1939 von 22.41 bis 23.50 von
55° 9,5′ N, 6° 53,8′ O nach
54° 57,7′ N, 6° 41,5′ O.
Auf dem Minenschiff *Cobra* fällt bei dieser Unternehmung die tausendste Mine seit Kriegsbeginn. Der Rückmarsch der Schiffe endet in Wilhelmshaven.
Als vorbereitende Maßnahme für diese Sperrlegung waren auf dem Anmarschwege zwei Ansteuerungsbojen ausgelegt worden. Dadurch ergab sich eine einwandfreie Navigation bis zum Beginn des Werfens. Auf dem Minenschiff *Hansestadt Danzig* wurden während des Werfens durch Loten erhebliche Unterschiede der Wassertiefen gegenüber den Kartenangaben festgestellt. Die Lotungen differierten bis zu 10 m, so daß die nach der Seekarte abgesteckten Ankertaulängen noch während des Minenwerfens umgesteckt werden mußten.
Nach dieser Feststellung erscheint es dem Kommandanten angebracht, beim Werfen von UMA den Sperrkurs in Zukunft vorher abloten zu lassen, um falsche Tiefenstände zu vermeiden. Außerdem ist das Umstecken der Minenankertaue kurz vor dem Wurf mit so erheblichen Schwierigkeiten verbunden, daß es nur eine Möglichkeit gibt, um Fehler bei der Tiefeneinstellung zu vermeiden: nämlich fortgesetztes Loten und Nichtwerfen einer Mine, wenn die Lotung der eingestellten Länge des Ankertaues nicht entspricht.

2.2.6 **Die Sperre »g« MARTHA DREI**

Am 17. IX. 1939 liegen die *Cobra* und die *Hansestadt Danzig* mit je 100 UMA und 40 EMC beladen auf Schillig-Reede vor Anker. Unter Führung des Chefs der 6. T.-Flottille, Fregattenkapitän Waue, ist die Sperre „g" MARTHA DREI zu werfen. Die Tiefeneinstellung beträgt für die EMC — 12 m, für die UMA — 14 m. Die KE ist eingeschaltet. Boote der 6. T.-Flottille bilden die Sicherung. Die Sperrlegung erfolgt noch am 17. IX. 1939 von 23.03 bis 23.33 von
53° 34,2′ N, 6° 9,8′ O nach
53° 39,2′ N, 6° 4,3′ O.
„Trotz Seegang und Dünung 4 bis 5 hat das Minenwerfen einwandfrei geklappt", urteilt der Kommandant der *Hansestadt Danzig.* Von allen bisher gestellten Aufgaben wickelte sich diese Unternehmung am reibungslosesten ab.
Die Schiffe laufen am 18. IX. 1939 wieder in Wilhelmshaven ein. Zwei Tage später scheidet die *Hansestadt Danzig,* die der BSN, Vizeadmiral O. v. Schrader, vorher besichtigt und belobigt hatte, aus seinem Befehlsbereich aus und tritt den Marsch in die Ostsee an. Hier untersteht sie wieder, wie zuvor, dem BSO.

2.2.7 **Die U-Boot-Sperre bei Tonne »C«**

Bei Kriegsbeginn war die der internationalen Schifffahrt dienende Friedensbetonnung eingezogen oder ihre Lage verändert worden. Auch wurden neue nichtinternationale Tonnen ausgelegt, so z. B. vor den Ostfriesischen Inseln die Tonnen „C" und „D". Sie dienten vorzugsweise Vorpostenbooten zur Ortsbestimmung, während diese dort tage- und wochenlang auf ihrer Position auf und ab standen. Anzeichen deuteten allmählich darauf hin, daß diese Tonnen auch von feindlichen U-Booten zur Ansteuerung benutzt wurden. Der BSN entschließt sich deshalb, in der Nähe dieser Tonnen U-Boot-Minen zu legen. Die Durchführung der ersten Sperrlegung bei der Tonne „C“ wird dem Minenschiff *Cobra* übertragen, das zu dieser Zeit „minenuntätig“ als Wachschiff an der Netzsperre der Jade auf Schillig-Reede liegt.

Die *Cobra* verlegt nach Cuxhaven zur Minenübernahme. Danach nimmt sie, jetzt in beladenem Zustand, ihre Wachposition auf der Jade wieder ein. Am 24. IX. 1939 kommt es in der Nähe der Tonne „C“ zur Sperrlegung von 94 UMA. Die Minen fallen von 05.30 bis 05.42 auf

54° 2,3′ N, 7° 10,2′ O über
54° 1,4′ N, 7° 10,8′ O nach
54° 1,4′ N, 7° 12,6′ O.

Anschließend läuft das Schiff in Wilhelmshaven ein. Es bekommt Zeit, seine Ausrüstung zu ergänzen. Eine kurze Werftüberholung in Hamburg schließt sich an.

2.3 Die allgemeine Lage nach den ersten Sperren in Nord- und Ostsee

Die Minenschiffe haben sofort mit Kriegsbeginn hart arbeiten müssen, um in kürzester Zeit die vorgesehenen Sperren zu werfen. Meist war es Nacht und stockdunkel, wenn das Minenlegen begann. In den Decks waren die hellen Birnen durch blaue ersetzt, um mit hellem Licht nicht nach außen aufzufallen. Das war ein Vorteil; ein Nachteil war es, daß durch das diffuse blaue Licht jede Tätigkeit erschwert wurde. Aber was an Übung anfangs fehlte, hat die Praxis schnell ersetzt: auch die Formationsänderungen im Verbande, auch das Einhalten von Richtung und Abständen mit oft schnell folgendem Wechsel von Fahrtstufen, auch alle seemännischen und technischen Manöver. Mit der Leistung wuchs die Liebe zur Waffe und mit den ersten Erfolgen die Einsatzfreudigkeit. Die gemeinsame Gefahr stärkte die Kameradschaft und schuf eine Gemeinschaft unter allen Besatzungsmitgliedern der Minenschiffe, insbesondere fühlten sich die Kommandanten brüderlich verbunden. Sie nannten sich „Amtsbrüder“.

Noch gab es keinen Minenschiffsverband. Er war mobilmachungsmäßig ja nicht vorgesehen. Die Führung der Wurfverbände lag entweder beim rangältesten Minenschiffkommandanten oder bei den Flottillenchefs der abgeteilten Sicherung. Sie wurde von Fall zu Fall geregelt. Das war auf die Dauer keine gute Lösung. Zudem konnten sich BSO und BSN, denen die Minenschiffe direkt unterstanden, bei der täglichen Stabsarbeit nicht um die einzelnen Schiffe kümmern. Sie wurden deshalb ab Januar 1940 in zwei Sonderverbänden zusammengefaßt. Die Ostseeminenschiffe gehörten zum Führer der Sonderverbände Ost (F. d. S. Ost), die Nordseeminenschiffe zum Führer der Sonderverbände West (F. d. S. West). Beide Dienststellen unterstanden dem BSO bzw. BSN, so daß die Minenschiffe unter neuen Führern im alten Befehlsbereich verblieben.

Alle Minenaufgaben waren in der Ostsee und Nordsee Gott sei Dank ohne Feindstörung planmäßig durchgeführt worden, denn erst nach Abschluß der Sperrlegungen beendeten die Schiffe ihre Ausrüstung. Sie ergänzten insbesondere ihre Armierung, denn sie hatten zum Teil, wie früher erwähnt, noch keine Geschütze an Bord.

Danach wurden sie anderen Aufgaben zugeführt.

2.4 Sperrlückenbewachung und Flakschutz

Das Eindringen des Kapitänleutnants G. Prien mit seinem U-Boot *U 48* in den Flottenstützpunkt Scapa Flow war eine außergewöhnliche Leistung, die auch der Gegner nicht verkannte. Sie war aber zugleich eine Warnung für die eigene Lage, konnte doch der Gegner den Deutschen gegenüber ebenso aktiv werden. Es kam deshalb zu einer verstärkten Bewachung der Netzsperren auf der Jade und der Elbe. Hierbei wurden auch Minenschiffe eingesetzt. Die *Cobra* und die *Roland* wurden für diese Aufgabe dem Küstenbefehlshaber Ostfriesland unterstellt. Ab 20. X. 1939 bezogen beide Einheiten ihre Wachpositionen hinter den Netzsperren auf Schillig- und Cuxhaven-Reede. Sie lösten sich in 8- bis 14tägigem Wechsel untereinander und mit dem dem Sonderverband West zugeteilten *Schiff 15* ab. Häufig gab es Alarm: Horchpeilungen ließen immer wieder feindliche U-Boote vermuten, oder Anflüge feindlicher Flugzeuge wurden gemeldet. Zur Feuereröffnung oder einem Wasserbombenabwurf kam es jedoch nicht. Beide Minenschiffe wechselten in dieser Zeit ihre Kommandanten. Am 18. XII. 1939 übernahm Korvettenkapitän K. v. Kutzleben das Minenschiff *Roland*; am 15. I. 1940 wurde Kapitänleutnant d. R. Dr.-Ing. K.-Fr. Brill Kommandant der *Cobra*.

Das Minenschiff *Kaiser* diente nach den Sperrlegungen als Flakschutz für die Brunsbütteler Schleuse. Auch hier hatte es einen Kommandantenwechsel gegeben. Neuer Kommandant war ab 19. IX. 1939 Kapitänleutnant d. R. H. Bohm. Gleich nach der Kommandoübernahme wurde das Schiff dem BSO zur Handelskriegführung in der Ostsee zur Verfügung gestellt. Es erhielt aber vor seinem Einsatz noch zwei 8,8-cm-Flak-Kanonen eingebaut, an denen es bisher zu seiner vollen Armierung gefehlt hatte. In dieser Zeit der Handelskriegführung wurde die *Kaiser* auch zu einer Sperrlegung herangezogen. Im Warngebiet südlich vom Sund wurde die Sperre UNDINE II mit 160 UMA östlich von Falsterbo-Rev. nach Norden bis unmittelbar an die schwedische Hoheitsgrenze verlängert, um das Fahrwasser unter der Küste weitmöglichst einzuschränken.

2.5 Handelskrieg in der Ostsee

2.5.1 Operationsgebiete und Aufgaben der Minenschiffe im Handelskrieg

Der Handelskrieg in der Ostsee sah die Überwachung und die Kontrolle des neutralen Schiffsverkehrs vor. Es sollte tunlichst verhindert werden, daß der Feind – also England und Frankreich – aus oder über die Ostsee Bannware auf neutralen Schiffen erhielt.
Bannwaren konnten sein: vor allem Zellulose, Holz, Erz, Lebensmittel usw.
Die Minenschiffe *Hansestadt Danzig, Kaiser, Königin Luise, Preußen, Schiff 23*[7] und die *Tannenberg* erhielten eine neue Aufgabe. Der Befehl lautete, neutrale Handelsschiffe, sofern diese außerhalb fremder Hoheitsgewässer gestellt werden konnten, auf Bannware zu untersuchen. Der Einsatz dieser Schiffe erfolgte nicht geschlossen, sondern es standen jeweils immer nur einige der Einheiten zu verschiedenen Zeiten in angewiesenen Seegebieten.
Schiffe, die Bannware an Bord hatten, wurden mit einem Prisenkommando besetzt und aufgebracht. Andere wurden nach der Untersuchung durch das Prisenkommando freigelassen, wenn sie keine Bannware geladen hatten. Diejenigen Schiffe, die verdächtig erschienen und aufgebracht wurden, erhielten ein Begleitkommando an Bord und Kursanweisung nach dem nächsten deutschen Hafen. Hierfür kamen innerhalb der Operationsgebiete entweder Swinemünde, Pillau oder Gotenhafen in Frage. Über die weitere Behandlung der Schiffe und ihrer Ladung entschied ein Prisengericht. Ein für alle Fälle zuständiger Prisengerichtshof war inzwischen in Swinemünde eingerichtet worden.
Das Operationsgebiet der deutschen Minenschiffe im Handelskrieg lag hauptsächlich bei den Inseln Öland und Gotland, insbesondere nördlich davon auf dem Dampferweg entlang der schwedischen Küste bis zum Feuerschiff Svenska Björn. Der 20. Längengrad durfte nach Osten nicht überschritten werden. Die Aalandssee und der südliche Teil des Bottnischen Meerbusens wurden ebenfalls zeitweilig überwacht. Von Oktober 1939 bis zum Februar 1940 waren meist 1 bis 2 Schiffe auf Position. Die Dauer ihres Einsatzes währte in der Regel 8 bis 14 Tage.

2.5.2 Schwierige Neutrale

Die Zahl der untersuchten neutralen Fahrzeuge geht in die Hunderte. Jedes Minenschiff hatte dabei seine besonderen Erlebnisse. Es würde zu weit führen, sie im einzelnen anzuführen. Aus dem Kriegstagebuch der *Hansestadt Danzig* stammen die später folgenden Beispiele. Sie mögen für alle sprechen. Dieses Schiff hat in der Zeit vom 7. X. 1939 bis 28. I. 1940 bei sieben Unternehmungen insgesamt 80 neutrale Schiffe angehalten und davon 40 mit Kursanweisung nach deutschen Häfen in Marsch gesetzt. Außerdem hat es drei Schiffe wegen geladener Bannware aufgebracht.
Durch die Abgabe von Prisenkommandos mußte manchmal mit halber Besatzung gefahren werden.
Unter Einbeziehung ihrer Tätigkeit als Minenleger hat die *Hansestadt Danzig* nach dem Maschinentagebuch des Schiffes in den ersten fünf Kriegsmonaten rund 22000 sm zurückgelegt, mithin eine Strecke von einmal um den Äquator. Das Schiff ist während dieser Zeit von 153 Kriegstagen an 95 Tagen in See gewesen.
Schon diese Angaben zeigen, welche hohen Anforderungen an Schiff und Besatzung gestellt worden sind. Noch deutlicher wird es, wenn man die Wetterverhältnisse berücksichtigt: Der Einsatz fand in der kalten Jahreszeit statt, dazu in einem Gebiet nördlicher Breite, wo der Winter früh einkehrt und meist sehr hart zu sein pflegt. Mit besonderer Anerkennung spricht das KTB der *Hansestadt Danzig* von der Kutterbesatzung, die sich in besonderen Fällen freiwillig meldete, um selbst bei großer Kälte und stürmischem Wetter mit hohem Seegang die Untersuchungskommandos überzusetzen.
Die *Tannenberg* hat vom 7. X. 1939 bis 16. XII. 1939 auf sechs Unternehmungen 64 Schiffe angehalten und 25 davon mit Begleitkommandos nach deutschen Häfen geschickt. Auch sie gibt ihre Fahrstrecke bis dahin mit 22000 sm an. Bei den Minenschiffen *Kaiser, Königin Luise* und *Preußen* und dem *Schiff 23* gab es weniger Einsätze und dementsprechend geringere Fahrstrekken.
Holz und Zellulose war die Bannware, die – typisch für den Ostseeraum – am meisten bei den Schiffsuntersuchungen festgestellt wurde. An dem Transport beteiligten sich neutrale Schiffe aus Finnland, Estland, Schweden, Dänemark und den Niederlanden. Das ergiebigste Operationsgebiet für die Minenschiffe lag in der nördlichen Ostsee zwischen Svenska-Björn-Feuerschiff und Bogskär-Leuchtturm. Auch Öland-Riff-Feuerschiff konnte als ein günstiger Punkt für die Handelskriegführung bezeichnet werden. Im Bottnischen Meerbusen war es die Strecke zwischen Grundkallen- und Finngrund-Feuerschiff, alles Punkte, bei denen sich der Schiffsverkehr bündelt.
Auf neutraler Seite wurde alles nur Mögliche versucht

und eingeleitet, um einer Untersuchung oder gar einer Aufbringung zu entgehen. So war in Kopenhagen eine Stelle für Besprechungen mit Kapitänen angehaltener Schiffe eingerichtet worden. Die sich hieraus ergebenden Erfahrungen wurden an die Kapitäne neutraler Dampfer weitergeleitet. Warnstationen an der schwedischen und finnischen Küste gaben Meldungen an alle Häfen über das Sichten deutscher Kriegsfahrzeuge mit Hinweisen auf den möglichen Aufenthaltsort dieser Schiffe in See. Es wurde unter den Neutralen üblich, daß auslaufende Schiffe vor dem Verlassen des Hafens solche Warnstationen telefonisch anriefen, um sich über die Lage unterrichten zu lassen. Als finnische Stationen wurden Nyhamn, Rödhamn und Lägskär ermittelt, in Schweden waren es Söderarne, Svenska-Björn-Feuerschiff und Svenska Högarne. Nach Aussage eines Dampferkapitäns sollen sogar Belohnungen ausgesetzt gewesen sein für Schiffe, die es fertigbrachten, der Einbringung zu entgehen oder durch ihr Verhalten die Internierung der Begleit- und Prisenkommandos in neutralen Häfen herbeizuführen. Damit dürfte ein Trick in Zusammenhang gestanden haben, die Reise mit möglichst wenig Kohle anzutreten, um gegebenenfalls mit dem Begleitkommando an Bord einen neutralen Hafen anlaufen zu müssen.
Die Beobachtung des Funkverkehrs ergab, daß neutrale Sender Nachrichten über die Tätigkeit deutscher Kriegsschiffe verbreiteten. Auch sonst gab es Neutralitätsverletzungen verschiedener Art und bei der Aufbringung auch Widerstand.

2.5.3 **Fünf Beispiele der »Hansestadt Danzig«**

Die folgenden Beispiele zeigen anschaulich, mit welchen Schwierigkeiten die Kommandanten der Minenschiffe zu rechnen hatten und wieviel Entschlußkraft ihnen in oft diffizilen Situationen abgefordert wurde.

2.5.31 **Der Fall des Finnendampfers »Verna H«**

Am 7. XI. steht die *Hansestadt Danzig* 8 sm südwestlich Svenska-Björn-Feuerschiff nahe der schwedischen Hoheitsgrenze auf Warteposition auf und ab. Um 13.07 wird der finnische Dampfer *Verna H* angehalten. Er gehört zur Reederei Werner Hacklin, Björneburg (Finnland). Die Firma steht in der Liste der neutralen, für den Feind tätigen Firmen. Das Schiff hat Zellulose für England geladen. Es wird aufgebracht, mit einem Prisenkommando besetzt und entlassen. Noch während der Untersuchung des Dampfers kam ein schwedisches Torpedoboot vom Typ V. P. 3 in Sicht. Es beobachtete den Vorgang, hielt sich aber noch 5 sm ab.

2.5.32 **Finnischer Dampfer »Airisto« wird Prise**

13.47 wird ein zweiter finnischer Dampfer gestellt. Er heißt *Airisto* und fährt unter der Hausflagge der finnischen Reederei Turun Laiv O. J., Turku. Das Schiff hat ebenfalls Zellulose geladen, die angeblich für Albany (USA) bestimmt ist. Es fehlen aber die entsprechenden Papiere. Auch ist der Kohlevorrat für eine solche, verhältnismäßig lange Reise ungenügend. Angeblich soll in Kopenhagen nachgebunkert werden. Die Aussagen des Kapitäns sind so verdächtig, daß man auf eine Bestimmung des Schiffes nach England schließen muß. Auffallend ist auch, daß die Reederei im Taschenbuch der Ostseeschiffahrt nicht verzeichnet ist. Nach dem gleichen Taschenbuch gibt es zwar einen solchen Dampfer in Turku, doch ist er Eigentum der Reederei Merino, Mainio E. Wegen dieser Ungereimtheiten erhält das Schiff ein Begleitkommando und Kursanweisung nach Swinemünde.

2.5.33 **Hartnäckiger Finnendampfer »Figgo«**

Das Anhalten auch der *Airisto* hatte das schwedische Torpedoboot beobachtet. Es nimmt Kurs nach dem Feuerschiff Svenska Björn, stoppt dort kurz und hält danach auf einen dritten finnischen Dampfer zu. Dieser war schon auf Gegenkurs gegangen, wahrscheinlich, weil er das Anhalten seiner Landsleute durch das deutsche Hilfskriegsschiff bemerkt hatte. Das schwedische Torpedoboot geht an den finnischen Dampfer auf Rufweite heran. Dieser macht nach einer Weile kehrt, dreht auf seinen alten Kurs und versucht, in die nahen schwedischen Hoheitsgewässer zu entkommen. Wie später festgestellt wurde, war er damit einer Empfehlung des schwedischen Torpedobootes gefolgt.
Die Absicht des Dampfers mißlingt. Er wird von der *Hansestadt Danzig* um 15.00 noch außerhalb des schwedischen Hoheitsgebietes gestoppt. Es handelt sich um den finnischen Dampfer *Figgo,* Reederei Merenei, Koivisto (Finnland). Seine Ladung besteht aus von Jacobstad nach Amsterdam bestimmtem Schnittholz, das angeblich für die holländische Regierung bestellt ist. Eine Bestätigung hierüber seitens des deutschen Generalkonsuls in Amsterdam mit notarieller Beurkundung liegt vor. Trotzdem wird der Dampfer mit Begleitkommando und Kursanweisung nach Swinemünde versehen. Nach Weisung des Prisengerichtshofes dürfen solche Schiffe nur dann freigelassen werden, wenn sie auch ordnungsgemäße Papiere ihrer eigenen Landesregierung besitzen, und solche Papiere hat die *Figgo* interessanterweise nicht an Bord.
Der Kommandant der *Hansestadt Danzig* sieht sich zu

dieser Maßnahme noch aus einem anderen Grunde veranlaßt. Durch Rundfunk war inzwischen bekanntgeworden, daß ein von der deutschen Kriegsmarine untersuchter und durch den Kaiser-Wilhelm-Kanal gegangener Dampfer, der angeblich nach Holland bestimmt war, nach dem Verlassen der Elbmündung Kurs auf England genommen hat.
Im vorliegenden Falle hatte auch der Kapitän der *Figgo* bemerkenswert schnell geäußert, daß er die Absicht habe, durch den Kaiser-Wilhelm-Kanal zu gehen. Es hat den Anschein, als habe es sich bei den Dampferkapitänen herumgesprochen, man könne mit einem Hinweis auf den Kaiser-Wilhelm-Kanal die Erlaubnis bekommen, die Fahrt ohne Behinderung fortzusetzen. Im übrigen machte der Kapitän dieses Schiffes keinen zuverlässigen Eindruck, auch wehrte er sich, wenn auch erfolglos, gegen die Einschiffung eines Begleitkommandos.
Die Warnung des finnischen Dampfers *Figgo* durch das schwedische Torpedoboot war eine echte Neutralitätsverletzung. Leider konnten Name oder Nummer des Bootes nicht festgestellt werden, da es sich alsbald in die schwedischen Hoheitsgewässer zurückgezogen hatte. In diesem Falle war es der *Hansestadt Danzig* immerhin noch möglich gewesen, ihre Aufgabe mit Erfolg durchzuführen. Im folgenden Fall verhindert ein schwedischer Zerstörer die Durchführung.

2.5.34 Zwischenfall mit Schwedenzerstörer beim Dampferkonvoy

Am 20. XI. 1939, morgens gegen 04.00, ist die *Hansestadt Danzig,* von Süden kommend, in die Aalandsee eingelaufen, um hier den Schiffsverkehr zu beobachten. Um 07.00 wird innerhalb der finnischen Hoheitsgewässer, eben nördlich der Breite von Mariehamn, ein aus vier Schiffen bestehender finnischer Geleitzug festgestellt, der unter Sicherung eines finnischen Bewachers nordwärts steuert. Die *Hansestadt Danzig* begleitet den Konvoy außerhalb des finnischen Hoheitsgebietes, um weitere Feststellungen zu treffen. Dabei wird sie mehrfach von dem finnischen Flugzeug O. H. - M. V. angeflogen, das zwischen dem Geleit und *Hansestadt Danzig* hin und her fliegt.
Gegen 10.00 sichtet das Minenschiff erst die Masten, dann die Schornsteine eines schwedischen Zerstörers, der sich langsam aus dem schwedischen in das finnische Hoheitsgebiet bewegt. Wie sich später herausstellt, handelt es sich um den schwedischen Zerstörer Nr. 8, *Munin* mit Namen, der einen in seiner Begleitung befindlichen dänischen Tanker aus den schwedischen in die finnischen Hoheitsgewässer bringt. Der Tanker wird 2 sm südlich Märket-Leuchtturm auf finnischem Hoheitsgebiet entlassen und steuert südwärts an dem entgegenlaufenden finnischen Geleitzug vorbei, auf dessen Ankunft der schwedische Zerstörer wartet. Der finnische Bewacher und *Munin* treten am Treffpunkt in Morseverkehr, dann macht der Bewacher kehrt und läuft nach Süden ab. Der schwedische Zerstörer übernimmt die Führung und steuert den Geleitzug noch etwa 3,5 sm in nördlicher Richtung weiter. Danach ist sein Austritt aus dem finnischen Hoheitsgebiet in die freie See zu erwarten, wobei die Absicht besteht, sie schnell zu durchqueren, um den Geleitzug in die nahen schwedischen Hoheitsgewässer zu bringen.
Schweden hatte seit langem ein Hoheitsgebiet von 4 sm vor seiner Küste beansprucht, im Gegensatz zur internationalen Gepflogenheit einer Dreiseemeilengrenze. Bei einer Vierseemeilengrenze überlappen sich die Hoheitsgebiete Finnlands und Schwedens am Nordausgang der Aalandsee, oder sie stoßen so eng zusammen, daß hier kein freier Seeraum verbleibt. Das hatte sich am 3. XI. 1939 insofern geändert, als nach einer Erklärung der Reichsregierung und einem entsprechenden Befehl an die Kriegsmarine von diesem Tage ab die Dreiseemeilenzone auch für Schweden zu gelten hatte. Dadurch war zwischen den Leuchttürmen von Märket und Understen, wo sich die finnischen und schwedischen Hoheitsgewässer am nächsten kommen, ein freier Seeraum von etwa einer ³/₄ sm Breite entstanden. Hier nun war für die *Hansestadt Danzig* der Ort gegeben und der Augenblick zum Eingreifen gekommen, denn ein Geleit neutraler Handelsschiffe durch ein Kriegsschiff eines anderen neutralen Staates im freien Seeraum war nicht zulässig.
Der Kommandant der *Hansestadt Danzig,* Korvettenkapitän d. R. W. Schroeder, entschließt sich, die Freigabe der finnischen Dampfer aus dem Geleit der *Munin* zu fordern, um sie auf Bannware zu untersuchen und gegebenenfalls aufzubringen. Er schiebt sich mit der *Hansestadt Danzig* deshalb außerhalb der finnischen und schwedischen Hoheitsgewässer in dem nur ³/₄ sm breiten freien Seeraum bei Märket und Understen zwischen den Zerstörer und nachfolgenden Geleitzug und verlangt durch Morsespruch an die *Munin* die Freigabe der Dampfer.
Für diesen Entschluß war auch ein Funkspruch des BSO vom 14. XI. 1939 maßgebend, in dem es hieß: „Neutralitätswidriges Verhalten der Neutralen wird diplomatisch verfolgt. Von rechtmäßigem Vorgehen nicht abhalten lassen. Energisch auftreten. Waffengebrauch erst, wenn Gegenseite damit beginnt, Zwischenfälle sofort mit FT melden."
Die *Munin* zeigt zwar „Verstanden", gibt aber die Dampfer dennoch nicht frei. Statt dessen läßt der Schwede seine Geschütze in Zurrstellung besetzen, woraufhin die *Hansestadt Danzig* ihre vorderen Geschütze in Zurrstellung ebenfalls klarmachen läßt.

Kurz darauf wedelt die *Munin,* die etwa 500 m von der *Hansestadt Danzig* entfernt steht, rot und dreht nach Backbord auf die *Hansestadt Danzig* zu. Gleichzeitig gibt sie einen kurzen Ton mit der Dampfpfeife, d. h., ich drehe nach Steuerbord, behält aber die Backborddrehung bei.
Das Signal war offenkundig für den Geleitzug bestimmt, denn alle 4 Dampfer wenden gleichzeitig um 90° nach Steuerbord und drehen damit in die finnischen Hoheitsgewässer zurück. Die Wendung hätte ein Kriegsschiffverband nicht besser ausführen können. Möglicherweise hatten die Dampfer Marinepersonal an Bord und Konterbande als Ladung.
Im weiteren Verlauf wird die *Hansestadt Danzig* von dem schwedischen Zerstörer am Anhalten des Geleitzuges dadurch gehindert, daß dessen Kommandant bei dem geringsten Annäherungsversuch bewußt und geschickt Kollisionsgefahren herbeiführt. Außerdem macht er darauf aufmerksam, daß sich der Konvoy in schwedischen Hoheitsgewässern befände.
Damit beanspruchte der Zerstörer die Vierseemeilengrenze als schwedisches Hoheitsgebiet. Sämtliche Behinderungsmanöver der *Munin,* die zum Entkommen der Dampfer führten, hatten sich auf engstem Raum bei Seegang 5 aus Nord abgespielt. Der Kommandant der *Hansestadt Danzig* hat davon absehen müssen, von der Waffe Gebrauch zu machen. Der Zerstörer hätte jeden für die Dampfer bestimmten Schuß auf sich beziehen können. Damit wäre ein Waffengebrauch von deutscher Seite eröffnet worden. Das aber war nach den gegebenen Richtlinien tunlichst zu vermeiden.
Das Marinegruppenkommando Ost hat später das behutsam-vorsichtige Vorgehen des Minenschiffkommandanten zwar im vollen Umfange gebilligt, hatte aber bereits am 22. XI. 1939 neue Richtlinien erlassen, nach denen in Zukunft schärfer gegen neutralitätswidriges Verhalten sowohl von Handels- wie auch von Kriegsschiffen, als auch von Luftfahrzeugen vorgegangen werden soll. Auch wurde der gelegentliche Einsatz der Linienschiffe *Schlesien* und *Schleswig-Holstein* im Rahmen ihrer Ausbildungsfahrten vorgesehen, um in diesen Gewässern die deutsche Flagge zu zeigen und um somit stärker auftreten zu können. Die Weiterbehandlung des Falles wurde der Diplomatie überlassen und schließlich durch einen Kompromiß geregelt. Angeblich war in der deutschen Seekarte ein etwa 900 m östlich der 3-sm-Zone liegender, meist von der See überspülter Felsbrocken nicht vermerkt.

2.5.35 **Die Aufbringung des Finnendampfers »Clio«**

Die fünf Beispiele für die Handelskriegführung der Minenschiffe in der Ostsee sollen abschließend noch durch einen Bericht über die Aufbringung des finnischen Dampfers *Clio* ergänzt werden.
Die *Hansestadt Danzig* hatte am 27. I. 1940 von 08.24 bis 12.44 zwischen Stora Karlsö und der Südspitze von Gotland vergeblich auf und ab gestanden und danach Kurs auf Ölands-Riff-Feuerschiff aufgenommen. Um 18.15 entdeckt sie einen Geleitzug von neun Schiffen, der sich nach Peilung und Messung an der Ostküste der langgestreckten Insel Öland innerhalb der schwedischen Hoheitsgewässer südwärts bewegt. Der Wind weht aus ONO in Stärken 5 bis 7, später in 7 bis 8, es herrscht Seegang 6. Der Himmel ist bedeckt. Die Sicht ist durch Schneetreiben teilweise stark behindert. Die Temperatur liegt bei − 1° C.
Der Kommandant entschließt sich, den Geleitzug außerhalb der Hoheitsgewässer zu überholen, dann heranzulaufen, um von vorn nach achtern festzustellen, ob sich außer schwedischen noch andere neutrale Schiffe in dem Geleitzug befänden. Ein Kriegsschiff ist nicht auszumachen.
Nach Passieren der Südspitze von Öland dreht der Geleitzug auf westlichen Kurs und befindet sich bald außerhalb der schwedischen Hoheitsgewässer. Da der ganze Südausgang des von der Insel Öland im Osten und dem schwedischen Festland im Westen gebildeten Kalmarsundes und die Gewässer davor seit dem 18. I. 1940 weithin zugefroren sind, scheint der Geleitzug nunmehr den Leuchtturm von Utklippan anzusteuern. Als die *Hansestadt Danzig* beim Aufdampfen das vierte Fahrzeug von vorn erreicht, beobachtet der Kommandant, daß sich der Geleitzug anschickt, auf einen etwas nördlicheren Kurs abzufallen. Nur das erste Fahrzeug behält den alten Kurs bei. Diese Gelegenheit benutzt Korvettenkapitän d. R. W. Schroeder, sich zwischen dem ersten und zweiten Fahrzeug in den Geleitzug einzuschieben. Es ist 19.36, als der erste Dampfer mit der Morselampe den Stoppbefehl erhält. Das Schneetreiben hat sich verstärkt. Die Sicht ist noch schlechter geworden, aber durch Anleuchten mit der lichtstarken Vartalampe wird am Heck festgestellt, daß es sich um den finnischen Dampfer *Clio* mit Heimathafen Helsingfors handelt.
Statt zu stoppen, löscht der Dampfer alle Lichter und zwingt damit die *Hansestadt Danzig,* ihn mit beiden Scheinwerfern anzuleuchten und ihm einen Schuß aus der 8,8 vor den Bug zu setzen. Der Dampfer stoppt nun sofort. Über die Morselampe bekommt er den mehrfach wiederholten, aber immer wieder ignorierten Befehl, Kurs Süd zu steuern. Endlich, nach einer halben Stunde zeigt er „Verstanden" und dreht auf den angewiesenen Kurs ein. Zweifellos hat man es mit einem hartnäckigen Gegner zu tun. Wäre dem nicht so, würde der Kommandant es trotz der groben See wagen, den Kutter auszusetzen, um ein Prisenkommando an Bord zu schicken. Er muß aber damit rech-

nen – und was liegt näher als das –, daß die *Clio* versuchen könnte, im Schneetreiben gerade in dem Augenblick zu entkommen, in dem der Kutter zu Wasser gebracht wird oder auf dem Wege zu ihr steht. Die *Hansestadt Danzig* hätte dann den eigenen Kutter suchen müssen, während die *Clio* mit Sicherheit entwischt.

Um 20.00 wird etwa 4 sm Steuerbord querab von der *Hansestadt Danzig* längeres Scheinwerferleuchten beobachtet, das sich um 20.30 wiederholt. Die dadurch offenkundig ermutigte *Clio* löscht wieder alle Lichter und versucht, mit Höchstfahrt abzulaufen. Sie bekommt einen weiteren Schuß vor den Bug und folgt daraufhin mit Kurs Süd im Kielwasser. 22.10 erhält die *Clio* Kursbefehl OSO. Sie behält jedoch ihren Südkurs bei und morst in fließendem Englisch, daß sie die Morsesprüche der *Hansestadt Danzig* nicht ablesen könne. Um 23.10 geht die *Hansestadt Danzig* auf Rufweite an die *Clio* heran und gibt ihr nochmals, diesmal in englischer Sprache, den Befehl, OSO zu steuern. Der Dampfer, der offenkundig die Schlechtwetterlage nutzen will, bleibt dennoch stur auf Südkurs liegen. Kurz darauf versucht er dann auch, in einer Schneebö mit Hartruderlage und Kurs WNW zu entkommen. Durch Beschuß mit den 2-cm-Fla-Waffen vor den Bug und über die Brücke hinweg wird er nunmehr energisch aufgefordert, den passiven Widerstand aufzugeben und auf den befohlenen OSO-Kurs einzudrehen. Nun, nach dem Beschuß mit dem 2-cm-MG C/30, kann man auf der *Clio* auch die deutschen Morsezeichen der *Hansestadt Danzig* verstehen. Der Wind ist inzwischen auf Sturmstärke 9 bis 10 angewachsen, und ein Übersetzen des Prisenkommandos in der immer gröber gewordenen See erweist sich als unmöglich. Bei zunehmender Unsichtigkeit muß mit einem erneuten Fluchtversuch des Dampfers gerechnet werden. Der Kommandant erbittet für diesen Fall durch FT vom BSO die Genehmigung zur Versenkung des Dampfers, was sonst nach den Richtlinien für den Handelskrieg nicht zulässig ist. Da er auf diesen Funkspruch keine Antwort erhält, nimmt er sich vor, dem Dampfer bei einem neuen Fluchtversuch in die Back zu schießen, ihn aber erst dann zu versenken, wenn die Wahrscheinlichkeit eines Entkommens gegeben ist.

Am nächsten Morgen, am 28. I. 1940, gibt die *Hansestadt Danzig* beim Hellwerden der *Clio* durch Flaggensignal bekannt: „Habe Sie aufgebracht. Kurs Pillau. Es ist verboten zu funken. Holen Sie die finnische Flagge nieder. Kurs OzS, andernfalls werde ich Sie versenken." Auf dem Dampfer holt man die finnische Flagge nieder und gehorcht nunmehr jedem weiteren Befehl. 15.20 wird ein Prisenkommando übergesetzt. Bei Windstärken 7 bis 8, Seegang 7 und einer Temperatur von − 5° C ist das eine bemerkenswerte Leistung der Kutterbesatzung, die unter der Führung von Kapitänleutnant d. R. Dyckerhoff steht. Es ist 15.45, als die *Clio* als Prise nach Pillau entlassen wird.

Der Finne hat 553 t Stückgut an Bord, hauptsächlich Zellulose, Papier und Schnittholz. Er war nach Hull bestimmt und befand sich auf seiner fünften Reise nach England während des Krieges. Der Geleitzug von neun Schiffen fuhr, auch das hat man inzwischen über das Prisenkommando erfahren, unter Bedeckung durch den 7160 ts großen schwedischen Küstenpanzer *Gustav V.* Zweifelsohne hatte der *Clio*-Kapitän gehofft, von dem schwedischen Kriegsschiff aus seiner mißlichen Lage befreit zu werden. Ein Geleit des finnischen Dampfers durch ein schwedisches Kriegsschiff außerhalb der Hoheitsgewässer wäre jedoch neutralitätswidrig gewesen. Es brauchte nicht anerkannt zu werden. Nach dem Anbordgehen des Prisenkommandos war das Verhalten des Kapitäns der *Clio* und seiner Besatzung einwandfrei.

Der Erfolg dieser Unternehmung ist nach dem Urteil des BSO der geschickten Führung und dem hartnäckigen Einsatz von Kommandant und Besatzung der *Hansestadt Danzig* zu verdanken. Auch das Marinegruppenkommando Ost zollt der umsichtigen und energischen Handelskriegführung des *Hansestadt-Danzig*-Kommandos volle Anerkennung, wobei es der Erwähnung bedarf, daß man es an Bord des deutschen Minenschiffes trotz der offenkundigen Befehlsverweigerung und der Fluchtversuche nur bei Warnschüssen beließ.

Der Winter 1939/40 verspricht sehr hart zu werden. Er bringt schon jetzt die Handelsschiffahrt wie auch die Handelskriegführung der Minenschiffe in der Ostsee in Schwierigkeiten und bald schon ganz zum Erliegen. Auch in der Nordsee (und vor allem in den Nordseehäfen) kommt es zu Behinderungen.

[4] H. war ein mit dem Pour le mérite ausgezeichneter U-Boot-Kommandant des Ersten Weltkrieges.

[5] Nicht zu verwechseln mit dem späteren Minenschiff *Brummer* ex (norw.) *Olav Tryggvason*.

[6] Zur Freude der Besatzung der *Hansestadt Danzig* blieb ein Opernsänger als Maschinistenmaat an Bord.

[7] Der spätere Hilfskreuzer *Stier*.

3. Das Jahr 1940

Zur Lage

Das Jahr wird bestimmt durch
- das Unternehmen „Weserübung" mit der Besetzung von Dänemark und Norwegen (Beginn 9. IV. 1940);
- den sogenannten Frankreichfeldzug (Beginn 10. V. 1940);
- die Kriegserklärung Italiens an Großbritannien (11. VI. 1940);
- die Vorbereitung zum Unternehmen „Seelöwe", der Invasion Großbritanniens (Beginn 2. VII. 1940, aufgegeben am 12. X. 1940) und
- die deutsche Erklärung der totalen Blockade der britischen Inseln (17. VIII. 1940).

Die Kriegsmarine hat die Hauptlast der „Weserübung" (mit relativ geringen Verlusten) wie auch die Vorbereitung zum Unternehmen „Seelöwe" zu tragen. Außerdem ergeben sich ihr eine Fülle neuer Aufgaben, nachdem die Küsten und Häfen Dänemarks und Norwegens einmal und zum anderen die Küsten und Häfen der besetzten Niederlande, Belgiens und Frankreichs unter deutscher Kontrolle stehen. Die Häfen an der französischen Atlantikküste eröffnen neue Basen für U-Boote wie auch für die im Zufuhrkrieg in Frage kommenden Überwassereinheiten, die alle bislang die Dänemark-Straße oder die Enge zwischen Island und Faröer wählen mußten, um in den freien atlantischen Seeraum zu gelangen. Außer den U-Booten, deren Zahl nunmehr durch das fast ausschließlich auf den Bau neuer Boote konzentrierte Werftprogramm ständig wächst, beteiligen sich an der Bekämpfung der gegnerischen Zufuhren durch nunmehr im Nordatlantik meist in Konvois zusammengefaßte Handelsschiffe auch zu Hilfskreuzern umgebaute ehemalige deutsche Frachtschiffe, die auf allen Meeren der Welt gegen Einzelfahrer operieren und die gegnerischen Kräfte teilen helfen.

Weiterhin sind im atlantischen Zufuhrkrieg auch die verfügbaren Schweren Kreuzer eingesetzt, wobei die ehemaligen Panzerschiffe mit ihrem Dieselantrieb begünstigt sind, während die turbinenbetriebenen Einheiten meist eine ganze Flotte von Heizölversorgern in See benötigen. Ein ganz bedeutend erweitertes Aufgabengebiet fällt den Vorpostenbooten und insbesondere den Minensuch- und den Räumbooten zu, um die Verkehrswege nach Norwegen und unter der kontinentalen Küste des Englischen Kanals von Minen freizuhalten. Auch die anderen Einheiten, wie die nach Narvik (große Verluste) verbliebenen Zerstörer, die Torpedoboote und vor allem die Schnellboote, sehen sich neuen Aufgaben gegenüber. Schließlich und endlich seien auch die Sperrbrecher nicht vergessen, die jetzt in größerer Zahl als zuvor benötigt werden, und auch nicht die MA, die Marineartillerie, im Dienst für den Küstenschutz. War die Marine schon zu Beginn des Krieges einheitenmäßig und personell überfordert, so steht sie jetzt – an Einheiten und Personal durch die Besetzung von Dänemark und Norwegen außerdem geschwächt – vor einem um ein Vielfaches vergrößerten Aufgabenbereich, mit dem sie fertig zu werden versucht bzw. fertig werden muß. Hierbei leisten auch die Minenschiffe Ungewöhnliches bis an die Grenze der Erschöpfung.

3.1 Sperren in der Deutschen Bucht

Ab Januar 1940 unterstehen die Ostseeminenschiffe dem Führer der Sonderverbände Ost (F. d. S. Ost), Kapitän zur See A. Bentlage, und die Nordseeminenschiffe dem F. d. S. West, Kapitän zur See K. Böhmer. Während die beiden Nordseeminenschiffe *Kaiser* und *Königin Luise* zur Handelskriegführung in der Ostsee eingesetzt sind, stehen die beiden anderen, die *Cobra* und die *Roland,* für Nordseeaufgaben zur Verfügung.

Wie bereits erwähnt, behindert der harte Winter mit langen Frostperioden die Einsatzmöglichkeiten.

Am 29. I. 1940 beabsichtigt der F. d. S. West mit den Minenschiffen *Roland* und *Cobra* von Wilhelmshaven aus Fahrübungen im Verbande durchzuführen. Obwohl fünf Monate seit der Mobilmachung vergangen sind, war es bisher nicht zu solchen Übungen gekommen. Die Praxis bei Durchführung von Minenaufgaben hat in gewissem Umfange eine Übungszeit ersetzt. 13.00 verlassen die Schiffe die Schleuse und finden die Jade völlig mit Treibeis bedeckt. Der F. d. S. West hat sich auf der *Roland* eingeschifft und die Führung des Verbandes übernommen. Die *Roland* hat den Führerstander gesetzt und gilt bis auf weiteres als Führerschiff des F. d. S. West. Beide Einheiten haben es schwer, sich in dem Eis einen Weg zu bahnen. Fortwährend sind Eisstauungen zu durchbrechen. Stundenlang geht es nur langsam weiter, man kommt auch mit äußerster Kraft nur wenig vom Fleck. Dicker Eisbrei verstopft auf der *Roland* die Seitenventile, durch die das Wasser zur Kühlung der Kondensatoren eingesogen wird. Die Kühlung wird ungenügend. Die Maschine muß gestoppt werden. Das Schiff liegt bewegungsunfähig im Eis und treibt mit dem Strom jadeabwärts.

Dem Minenschiff *Cobra* ergeht es besser. Hier befinden sich die Kühlwasserventile nicht an der Seite, sondern unten im Rumpfboden, der sich im eisfreien Wasser befindet. Das Schiff bleibt deshalb auch im Eis manövrierfähig, doch die Fahrübungen im Verbande müssen auf eine andere Wetterlage verschoben werden.

Der Verband läuft wieder ein. Dabei nimmt die *Cobra* die *Roland* in Schlepp. Allein hätte sie das Wendemanöver und das Durchfahren starker Eisfelder nicht geschafft. Da sich die *Cobra* auf Grund ihrer Konstruktion als einsatzfähiger erwiesen hat, bekommt sie bei gleichen Eisverhältnissen auch die nächste Minenaufgabe im Alleingang übertragen.

3.2 Die U-Boot-Sperre bei der Leuchttonne »D«

Hatte die Cobra am 24. XI. 1939 bei der Leuchttonne „C" eine U-Boot-Sperre geworfen, um die Ansteuerung durch feindliche U-Boote zu erschweren, so soll nun aus dem gleichen Grunde in der Nähe der Leuchttonne „D" im Seegebiet vor der Insel Borkum eine solche Sperre ausgelegt werden. Mit UMA beladen, verläßt Minenschiff *Cobra* am 6. II. 1940 Wilhelmshaven zur Durchführung der gestellten Aufgabe. Als Sicherung ist der U-Boot-Jäger *UJ 121* abgestellt, mit dem ein Treffen auf dem Anmarschweg vor der Jade vereinbart ist. Die Wetterlage laut KTB ist: NO bis OSO 2 bis 3, bedeckt, Temperatur − 4° C, schlechte Sicht.

Beim Passieren von Leuchtschiff „F“ vor der Außenjade meldet dieses, es sei 300 m nach Westen vertrieben. Die Sicht beträgt hier um 16.50 zwar noch 1 sm, beim Treffen mit *UJ 121* um 18.00 hat sie sich auf 0,5 sm vermindert. Bald geht sie herunter auf nur 100 m. Der Weg führt durch dichten Eisbrei, in dem vereinzelt auch stärkere Schollen schwimmen.
Ab 20.45 zieht dichter Nebel auf. Die Verbindung mit *UJ 121* geht verloren. Die Marschfahrt von 11 kn wird aber durchgehalten. Die Ortsbestimmung erfolgt durch Reihenlotungen, doch die grüne Wracktonne bei Punkt „E“ wird nicht gesichtet. Der Kommandant der *Cobra,* Kapitänleutnant d. R. Dr.-Ing. K.-F. Brill, sucht die Leuchttonne „D“ in drei spiralförmigen, von Mal zu Mal größer werdenden Kreisen. Als der Erfolg ausbleibt, entschließt er sich um Mitternacht, bei nur 50 m Sicht auf 20 m Wasser zu ankern.
Bei Sichtbesserung am 7. II. 1940 bis auf 300 m wird 12.30 ankerauf gegangen und mit 8 kn Fahrt und Reihenlotungen weiter gesucht. Gerade hat der Kommandant eine Belohnung für den Seemann ausgesetzt, der die Tonne „D“ zuerst sichtet, da meldet der Posten Ausguck um 14.29 die Tonne an Steuerbord voraus. Sie lag ganz in der Nähe des nächtlichen Ankerplatzes. Bei wechselnder Sichtweite zwischen 200 und 500 m wird nun die U-Boot-Sperre geworfen und anschließend der Rückmarsch nach Wilhelmshaven angetreten. Unterwegs verringert sich die Sicht erneut bis auf 50 m und behindert das Einlaufen in die Jade. Das Schiff ankert deshalb über Nacht auf 53° 49,3′ N, 7° 46′ O und läuft erst am 8. II. bei einer Sichtbesserung auf 2 sm in die Jade ein, auf der noch immer starkes Eistreiben mit Eisstauungen festgestellt wird.

3.3 Die U-Boot-Sperre vor der Ems

Am 28. II. 1940 haben *Roland* und *Cobra* Minenübernahme in Wilhelmshaven. Jedes Schiff bekommt 238 UMA. Es soll eine U-Boot-Sperre im Seegebiet vor der Ems geworfen werden. 14.37 verlassen die beiden Minenschiffe die Südschleuse der III. Einfahrt und steuern jadeabwärts. Die Führung hat der F. d. S. West auf *Roland.* Es weht aus SW in 3 bis 4. Auf der Jade treibt vereinzelt Scholleneis. 16.30 wird das Feuerschiff „F“ vor der Jade passiert. Ab 17.20 verschlechtert sich die Sicht, und es wird vom F. d. S. West Kurs rw. 257° bei 10 kn Fahrt befohlen.
Allmählich klart es wieder bis zu einer Sichtweite von 10 bis 12 sm auf. Der Verband wird durch die Minensuchboote *M 5* und *M 7* in vorlicher Staffel von der *Roland* gesichert. Um 22.30 kommt Weser-Ems-Süd an Steuerbord in Sicht. Auf den Schiffen ist man bei den letzten Vorbereitungen zum Minenwerfen.
Die Sperre soll in vier Reihen ausgebracht werden. Von 23.00 bis 23.57 werden die Reihen 1 und 2 geworfen. Der Verband dreht dann auf NO-Kurs und legt am 29. II. von 00.16 bis 00.58 die Reihen 3 und 4. Der Wind kommt in Stärken zwischen 1 bis 2 aus West. Das Legen der Minenreihen 3 und 4 wird durch zunehmende Unsichtigkeit und Nebel erschwert. Die gewöhnlichen Abstandslampen reichen nicht aus. Sie müssen erst durch die stärkeren Vartalampen und dann durch Scheinwerfer ersetzt werden. Nur so gelingt es, den Reihenabstand einzuhalten und die Sperre auf den befohlenen Platz zu legen.
Es folgt der Rückmarsch nach Wilhelmshaven bei aufklarendem Wetter. Die gute Durchführung der Aufgabe trotz der durch Nebel erschwerten Bedingungen wird vom BSN, Vizeadmiral O. v. Schrader, gelobt. Die Schiffe haben ihre Einsatzfähigkeit auch ohne vorherige Fahrübungen erneut bewiesen.

3.4 Die U-Boot-Sperre südwestlich von Helgoland

Im Seegebiet südwestlich von Helgoland ist eine längere, zweireihige U-Boot-Sperre auszulegen, wofür die Minen aus räumlichen Gründen nicht alle zugleich an Bord untergebracht werden können. Es sind dazu zwei Beladungen nötig, woraus sich wiederum zwei Unternehmungen ergeben. Die Minenübernahme erfolgt in Cuxhaven, dazu werden die *Roland* und die *Cobra* am 6. III. 1940 dorthin verlegt. Jedes Schiff erhält 244 UMA. Unter Führung des F. d. S. West auf der *Roland* marschieren die Schiffe am 7. III. zur Südreede von Helgoland und warten hier die Dunkelheit ab. 22.30 geht der Verband ankerauf und wirft bei sternenklarer Nacht und sehr guter Sicht den ersten Teil der Sperre, deren Ende durch Zeitsinkbojen mit Bojenleuchten besonders markiert wird. Anschließend fährt der Verband zur zweiten Beladung für diese Sperre nach Cuxhaven zurück.
Am 8. III. 1940 werden hier in der Zeit von 08.25 bis 12.45 von jedem Schiff wieder 244 UMA übernommen, und ab 13.00 marschiert der Verband unter gleicher Führung zum alten Ankerplatz nach Helgoland. 22.55 werden die Anker gelichtet, und das Sperrfeld wird angesteuert. Vom Ausgangspunkt mit Kurs auf die beleuchteten Zeitsinkbojen wird die am Vortage ausgelegte Sperre zu ihrer planmäßigen Länge vervollständigt. Dabei fällt von der *Cobra* die 2000. Mine. Nach dem Sperrewerfen geht die *Roland* nach Wilhelmshaven, die *Cobra* dagegen ist nach Cuxhaven detachiert.

3.5 Die Sperrlegungen im Skagerrak beim Unternehmen »Weserübung«

Das Minenschiff *Cobra* hat am 11. III. 1940 Minenübernahme in Cuxhaven und verlegt am 12. III. nach Wilhelmshaven. Das Minenschiff *Roland* hat zur gleichen Zeit in Wilhelmshaven Minen übernommen. Beide Einheiten warten nun, beladen am Pier liegend, auf den Einsatzbefehl. Zeitweilig liegen sie – mit etwa 400 Minen an Bord – sogar Seite an Seite an einem Liegeplatz dicht an der Kaiser-Wilhelm-Brücke. Nach Einspruch beim Hafenkapitän bekommt jedes Schiff einen eigenen Liegeplatz (s. Skizze 67a, S. 178).
Das Warten auf den Einsatz zieht sich über Wochen hin, desgleichen das Rätselraten über den möglichen Ort der Sperrlegung, denn die an Bord befindlichen Minen haben Ankertaulängen von 200 m und darüber. In der Nordsee gibt es aber solche Tiefen nicht.
Am 2. IV. 1940 erhalten die Kommandanten Klarheit. Sie bekommen an diesem Tage vom F. d. S. West versiegelte Befehle für den Einsatz im Skagerrak. Daß etwas Besonderes bevorsteht, beweist dem Sachkenner auch das Einsteigen eines PK-Trupps für „Wort, Bild, Film und Rundfunk", der auf der *Cobra* unter der Führung von Leutnant MA (S) J. Brennecke steht.
Am 7. IV. 1940 liegen die Schiffe auslaufbereit auf Schillig-Reede. Der Beginn des Unternehmens „Weserübung" gegen Dänemark und Norwegen steht kurz bevor.
In früher Morgenstunde des 8. IV. 1940 lichten die Minenschiffe *Roland* und *Cobra* auf Schillig-Reede die Anker zum Marsch nach dem Skagerrak. Bei Feuerschiff „F" vor den Flußmündungen gliedern sich, von der Ostsee kommend, die Minenschiffe *Preußen* und *Königin Luise* in den Verband ein, der unter Führung des F. d. S. West auf der *Roland* nach Norden weitermarschiert. Acht Boote der 2. MS.-Flottille übernehmen die U-Boot-Sicherung der in Dwarslinie fahrenden vier Minenschiffe. Vier Jagdflugzeuge sind, bis es dunkel wird, als Nahsicherung beim Verband. Die Fahrt beträgt 15 kn. Auf dem Marsch zum Sperrfeld werden die Besatzungen von den Kommandanten über die Minenaufgabe und die Operation „Weserübung" mündlich unterrichtet.
Beim Eintritt in das Skagerrak trennen sich die Schiffe: Die *Roland* mit dem F. d. S. West, Kapitän zur See K. Böhmer, an Bord und das Minenschiff *Cobra* haben die Sperre I zu werfen und marschieren mit sechs Minensuchbooten zum Wurfgebiet. Bei ruhiger See und einer Sichtweite von 2000 m wird die Sperre I bis 01.10 am 9. IV. 1940 von
57° 29′ N, 7° 47,5′ O nach
57° 49′ N, 7° 37′ O
planmäßig ausgelegt.
Das Minenschiff *Preußen* mit dem F. d. S. Ost, Kapitän zur See A. Bentlage, an Bord und das Minenschiff *Königin Luise* werfen die etwas östlicher gelegene Sperre II unter Sicherung von zwei Minensuchbooten von
57° 19′ N, 8° 22,8′ O nach
57° 53,8′ N, 8° 02′ O.
Während des Werfens dieser Sperre kommt dichter Nebel auf. Die beim Minenlegen neben der *Preußen* fahrende *Königin Luise* ist nur noch am Ventilatorengeräusch zu erkennen. Trotzdem gelingt es, die Sperrlegung nach Plan zu vollenden. Beim folgenden Abdrehen vom Sperrkurs entsteht allerdings doch eine Panne. Eines der sichernden Minensuchboote wird von der *Preußen* im Nebel gerammt. Zum Glück entsteht an beiden Einheiten nur geringer Schaden. Zwei über Bord gefallene Soldaten des Minensuchbootes werden wieder aufgefischt. Das Boot erreicht Kiel mit eigener Kraft.
Nach dem Minenlegen marschieren die beiden F. d. S.-Verbände getrennt um Skagen und weiter südwärts durch den Großen Belt. *Roland* und *Cobra* gehen zur Minenübernahme nach Kiel-Dietrichsdorf, *Preußen* und *Königin Luise* zum gleichen Zweck nach Swinemünde.
Es ist der 9. IV. 1940.

3.6 Truppentransport an Bord der »Hansestadt Danzig« zur Besetzung von Kopenhagen

Als an diesem 9. IV. 1940 mit dem Stichwort „Weserübung" die militärische Besetzung von Dänemark und Norwegen beginnt, kommt es außer Sperrlegungen im Skagerrak und Kattegat auch zu einem Truppentransport nach Kopenhagen durch die *Hansestadt Danzig.* Durch diesen Truppentransport, der nachfolgend ausführlich behandelt und beschrieben wird, ist die politische Führung Dänemarks entscheidend beeinflußt worden. Der Einmarsch des Heeres in Dänemark verlief fast ohne Blutvergießen. Die größte Überraschung war die sofortige, schlagartige Besetzung der dänischen Landeshauptstadt Kopenhagen durch deutsche Truppen. Sie wurden über See herangeführt und mitten im Hafen an der Langen Linie ausgeschifft. Es war für die Beteiligten bestimmt eine Aufgabe mit vielen Unbekannten. Sie wurde gelöst vom Minenschiff *Hansestadt Danzig* unter seinem Kommandanten Korvettenkapitän d. R. W. Schroeder. Er hat die Vorgeschichte des Auftrages, die verschiedenen Möglichkeiten seiner Durchführung und schließlich den Ablauf der Ereignisse im KTB der *Hansestadt Danzig* auch in Einzelheiten festgehalten. Die wortwörtliche Wiedergabe seiner Ausführungen in den wichtigsten Punkten läßt das Geschehen nacherleben.
Die *Hansestadt Danzig* lag Anfang 1940 nach einem

Minentransport von Pillau nach Swinemünde (vom 29. zum 30. I. 1940) nach dem Rückmarsch nach Pillau für fast zwei Monate wegen der Vereisung der Ostsee fest. Von hier wurde das Schiff im Rahmen der Vorbereitungen für die „Weserübung" nach Swinemünde befohlen, wo es nach einem beschwerlichen Marsch durch das Eis der östlichen Ostsee am 26. III. 1940 gegen 09.00 einlief.

Wenig später meldet sich der Kommandant, Korvettenkapitän W. Schroeder, beim BSO, Vizeadmiral H. Mootz. Durch ihn erhält er erstmals Kenntnis von dem Plan „Weserübung".

Er berichtet darüber in seinem Kriegstagebuch:

„Der BSO eröffnete mir, daß die Engländer eine Landung in Norwegen und ein Eindringen in die Ostsee beabsichtigen. Für den Fall dieses Übergriffes sei von uns ein Gegenschlag zum Schutz der Neutralität der nordischen Staaten geplant. Gleichzeitige, überraschende, überfallartige Besetzungen der wichtigsten Gebiete Dänemarks und Norwegens seien vorgesehen. Dieser Schlag sei von kriegsentscheidender Bedeutung.

Da das Unternehmen auf dem Heranwerfen der ersten Besatzungstruppen durch die Kriegsmarine beruhe, stelle es an jeden einzelnen Kommandanten Anforderungen von höchster Verantwortlichkeit und Entschlossenheit und verlange restlosen Einsatz von Schiff und Mann. Der *Hansestadt Danzig* falle im Rahmen des Gesamtunternehmens die Anbordnahme und Überführung eines Heerestransportes von Travemünde durch den Sund nach Kopenhagen zu. Das Bataillon sei an der Langen Linie zu landen. Falls die Eislage, über die er mich laufend unterrichten würde, die Fahrt durch den Sund nicht gestatte, soll ich durch den Großen Belt gehen. In Travemünde würden der MNO-Kopenhagen mit je zwei Funk- und Signaltrupps sowie der Hafenkapitän Kopenhagen mit einigen Soldaten zusteigen. Sofort nach der Einschiffung der Truppe des Heeres solle ich auslaufen und außer Sicht von Land ankern.

Ich müsse den Willen haben, Kopenhagen trotz aller Schwierigkeiten und bei jeder Wetterlage zu erreichen, habe mit größter Entschlossenheit einzulaufen und dürfe mich weder durch Anhalte- noch durch Abwehrmaßnahmen dänischer Seestreitkräfte oder durch Forts, die zwar zahlenmäßig stark bestückt, aber doch veraltet wären, abschrecken lassen. Jeder Widerstand sei mit Waffengewalt zu brechen. Mit dänischen Minensperren vor Kopenhagen müsse ich rechnen. Das Einlaufen habe unter der Kriegsflagge zu erfolgen. Am Besetzungstage, der mit Datum und Uhrzeit noch bekanntgegeben werde, da er vom Verhalten der Engländer abhängig sei, würden bei der dänischen Regierung diplomatische Schritte erfolgen, auch sei mit Eingreifen der Luftwaffe zu rechnen; beides jedoch erst nach meinem Einlaufen. Ich sei völlig auf mich allein gestellt. Lediglich zwei Boote der 13. VP.-Flottille sollten mir zugeteilt werden. Diese hätten aber nach mir in Kopenhagen zur Unterstützung beim Landen einzulaufen und sofort nach Klärung der Lage wieder in See zu gehen.

Auf der Fahrt nach Kopenhagen habe ich mit feindlichen Seestreitkräften und U-Booten zu rechnen. Mit eigenen U-Booten dagegen nicht, jedoch mit eigenen Lufttransportstaffeln, Kampf-, Zerstörer- und Jagdgruppen. Sicherer und schneller ES-Austausch, besonders mit Flugzeugen, sei deshalb von großer Bedeutung. Im übrigen habe ich jede Feindberührung vor dem Einlaufen möglichst zu vermeiden. Auch dürfe weder von Land noch von See erkannt werden, daß ich Truppen an Bord habe. Zur Aufrechterhaltung der Funkverbindung mit der Heimat durch den MNO habe ich bis zur Klärung der militärischen Lage in Kopenhagen zu bleiben.

Nachdem mich der Admiral zu strengster Verschwiegenheit Dritten gegenüber mit Ausnahme seiner Admiralstabsoffiziere verpflichtet hatte, entließ er mich mit dem Befehl, mir bei dem I. Asto die versiegelten Papiere für die ‚Weserübung' abzuholen, sie zu öffnen, alle Zweifelsfragen mit dem Chef des Stabes und den Astos zu klären, mich sorgfältig vorzubereiten und den Auslaufbefehl abzuwarten.

Der 27. und 28. März 1940 wurden zum genauen Studium der Befehle und zu Besprechungen mit dem Chef des Stabes, dem I. und III. Asto verwendet. Aus den Befehlen ist für mich besonders wichtig,

- daß gleichzeitig mit meinem Einlaufen in Kopenhagen motorisierte Heereskräfte in Jütland einrücken sollen,
- daß durch Landung bei Korsör und Gjedser Brükkenköpfe geschaffen werden,
- daß weitere Streitkräfte mittels Fähre nach Seeland zum Marsch nach Kopenhagen angesetzt werden.

Im Zusammenhang mit der Tatsache, daß die diplomatischen Verhandlungen erst nach vorstehendem Vorgehen und in Verbindung mit meinem Einlaufen erfolgen werden, ergibt sich für mich die eiserne Notwendigkeit, auf die Minute genau pünktlich in Kopenhagen zu sein, denn nichts kann eindrucksvoller für die dänische Regierung sein als die Tatsache, daß wir schon bei Beginn der Verhandlungen die dänische Hauptstadt in unserer Hand haben und dadurch ein Eingreifen der Luftwaffe verhindern. Aus den Befehlen ist weiter wichtig, daß ich nach den Beobachtungen der letzten Zeit nur mit folgenden dänischen Seestreitkräften in Kopenhagen zu rechnen habe:

dem Torpedoboot *Örnen,*
dem Torpedoboot *Dragen,*
dem U-Boot-Begleitschiff *Henrik Gerner* und
dem Fischereischutzboot *Ingolf.*

Ein Blick auf die mir ausgehändigte Karte der Befestigungen von Kopenhagen macht es überflüssig, mich mit der Frage der Niederkämpfung zu beschäftigen. Sie dürfen eben einfach nicht zum Schießen kommen. Das Wie muß sich aus dem Augenblick ergeben.
Die etwa 30 Flugzeuge der Dänen auf Amager werden schon nicht alle auf einmal kommen. Unsere Flakbedienung und Bewaffnung ist gut. Mehr Sorge als die Forts und Flugzeuge machen mir die Minen, die nach den ‚Nachrichten für Seefahrer' vor der Einfahrt liegen sollen; ferner das Lotsenschiff und die Wachtschiffe, die Befehl haben, Schiffe, welche die Lotsenbestellung umgehen, anzuhalten, und das Feuerschiff innerhalb der nordöstlichen Landesgrenze. Wie soll man dort ungesehen vorbeikommen, und das muß ich, um nicht beschossen zu werden. Ein Segen, daß ich Kopenhagen und die Einfahrt vom Segeln her genau kenne.
Weitere Punkte, die ich mir für die Zeit nach dem Einlaufen zu überlegen habe, sind:
a) schnelles Ausladen des Bataillons (für Stellinge sind die Leckbalken gut),
b) Verhindern des Auslaufens von Handelsschiffen aus Kopenhagen nach meinem Einlaufen,
c) Außerbereitschaftsetzung eventuell im Hafen liegender Kriegsfahrzeuge (Sprachregelung: Hierum soll ich mich an und für sich nicht kümmern. Die Lage kann es aber doch erforderlich machen),
d) Deckung des Bataillons beim Ausladen und beim Vormarsch auf die Zitadelle,
e) militärische Unterstützung des MNO-Kopenhagen."

Am 28. III. 1940 nachmittags läuft die *Hansestadt Danzig* aus Swinemünde zum Marsch nach Kiel aus. Das Schiff ist aus Tarnungsgründen vom 1. IV. ab der SAS, Kiel, für Schießübungen zur Verfügung gestellt. Es ankert des Eises wegen über Nacht in der Tromper Wiek. Am folgenden Tag versucht es vergeblich, die Eisbarriere zwischen Arkona und Moen zu durchbrechen. Nachmittags wird auf Saßnitz-Reede geankert. Am 30. III. 1940 wird die Eiskante nach einer Durchfahrtmöglichkeit vergebens abgesucht. Auch die Absicht, mit Hilfe von *Schiff 23* die Eisbarriere zu durchbrechen, scheitert. Erst am 31. III. 1940 gelingt es, eine schmale Rinne dicht unter Arkona zu finden und die Eisbarriere zu passieren. Am 1. IV. 1940 macht das Schiff in Kiel fest. Der Kommandant hat sich sofort beim Marinegruppenkommando zu melden. Über die bevorstehende Aufgabe erhält er weitere Informationen durch den I. Asto. Darüber heißt es im KTB:
„Es wird mir eine Karte ausgehändigt, aus der ich die Position des Lotsendampfers und des Wachtschiffes auf Kopenhagen-Reede ersehen kann. Aus den eingegangenen Funksprüchen geht hervor:
1. für den Sund: daß die Sperrlücke nachgeprüft, die Lotsendampfer Nord und Süd sowie das Durchfahrtsschiff ausgelegt sind, und
2. für den Großen Belt: daß die gesamten Durchfahrtbezeichnungen im dänischen Warngebiet, außer dem Feuerschiff, ausgelegt und die Durchfahrt Tag und Nacht mit Lotsenhilfe möglich ist.

Von Wichtigkeit ist ferner die Meldung, daß das Feuerschiff Gilleleje-Flak wieder ausliegt."
Während die *Hansestadt Danzig* für die täglichen Schießübungen weiterhin der SAS Kiel zur Verfügung steht, wird der Kommandant über den Fortgang der Vorbereitungen zur „Weserübung" ständig unterrichtet. Am 4. IV. 1940 erhält er den Befehl, über das Wochenende wegen Überfüllung Kiels Travemünde anzulaufen. Am gleichen Tage vermerkt er folgende Meldungen in seinem KTB:
„a) vom BSO eine Attachémeldung aus Kopenhagen über die dortigen Minensperren. Aus dieser Meldung geht hervor, daß die dänischen Lotsen die von Norden kommenden Schiffe in den weißen Sektor von Trekroner (220,5 bis 225°) einbringen, daß die Schiffe möglichst dicht am Middelgrund-Fort vorbeilaufen und daß die Lotsen nach Passieren des Forts innerhalb des erwähnten Sektors steuern, weil zu beiden Seiten Minen liegen. Es bleibt allerdings die Frage offen, ob in dem erwähnten Sektor vielleicht auch Kabelminen liegen, deren Zündstrom normalerweise ausgeschaltet ist, der aber nötigenfalls jederzeit vom Fort aus durch einen Handgriff eingeschaltet werden kann,
b) von Gruppe Ost eine Meldung des Eisbrechers *Preußen,* der am 24. III. 1940 aus Kopenhagen ausgelaufen ist. Nach dieser Meldung kam der Lotse östlich der Tarbäk-Rev-Tonne an Bord. Von da gerader Kurs auf Middelgrund-Fort bis auf 0,5 sm Abstand, dann gerader Kurs bis hart an die Südmole. Nach Lotsenaussage ist in dem erwähnten Gebiet ein Minenfeld. Hiervor sollen die Lotsen Angst haben.

Ich beschließe daraufhin, genannte Kurse zu steuern, ob mit oder ohne Lotsenhilfe, bleibt jedoch der jeweiligen Situation überlassen."
„Ferner erhalte ich", so schreibt der Kommandant weiter, „eine Zeittabelle, aus der hervorgeht, daß die Einschiffungsleitung in Travemünde in Händen des Hafenkapitäns, Kapitänleutnant d. R. Erich Schulze, liegt, ferner, daß ich am ‚Wesertag minus 2' um 08.00 am Ostpreußenkai in Travemünde festzumachen habe. Dort werden um 22.00 eintreffen:
15 Offiziere und 766 Mann II./Inf.-Reg. 308,
die Radfahrkompanie 326 und 3 LKW mit 9 t Munition. Die Munition wird zwar später abgesagt, sie kommt aber doch."
Das KTB fährt fort:

„Am 5. IV. 1940 wurde mir vom I. Asto der Gruppe Ost mitgeteilt, daß ‚Wesertag' der 9. IV. 1940 und ‚Weserzeit'[8] um 05.15 sei. Ich erhalte ferner der Eislage wegen Befehl, durch den Großen Belt zu gehen. Die beiden Vorpostenboote und der Eisbrecher *Stettin* stehen am 9. IV. 1940, 03.45, auf der Position der Lous-Flak-Tonne zu meiner Verfügung; letzterer mit der Weisung, bei Eisgefahr am Nordaufgang des Sundes auf mich zu warten.
In einer abschließenden Besprechung mit dem Chef des Stabes der Gruppe Ost wird festgelegt, daß die Vorpostenboote nicht nach Kopenhagen einlaufen, sondern etwa auslaufende Kriegs- und Handelsschiffe, Motorfahrzeuge mit Flüchtlingen usw. zurückschicken sollen. Dabei sind Handelsschiffe und besonders Motorfahrzeuge genau zu untersuchen, insbesondere auf Akten der Flüchtlinge und auf Post. Am Nachmittag suche ich den künftigen Küstenbefehlshaber Dänemark, Vizeadmiral R. Mewis, auf, um ihn auf Befehl der Marinegruppe Ost zu fragen, ob er noch irgendwelche Wünsche habe. Er stellt mir für den 7. IV. 1940 abends das Eintreffen von 7 Offizieren und Mannschaften der Marine-Propaganda-Kompanie (MPK) in Aussicht.
Am 6. IV. 1940, 10.47, laufe ich von Kiel nach Travemünde und lasse der SAS melden, daß ich zu Fahrübungen in See ginge. 08.00 ankere ich mit der *Hansestadt Danzig* auf Travemünde-Reede, da ich befehlsgemäß am ‚Wesertag minus 2', also am 7. IV. 1940, 08.00, am Ostpreußenkai in Travemünde festzumachen habe. Den Abend verbringe ich mit meiner Besatzung in kameradschaftlichem Beisammensein, bei dem ich aus Tarnungsgründen über die kriegerische Untätigkeit spreche, zu der wir zur Zeit bei der SAS verurteilt seien, die aber notwendig sei, um den Nachwuchs auszubilden.
Am 7. IV. 1940 morgens wird der Anker gelichtet und in Travemünde eingelaufen. Pünktlich hat das Schiff am Ostpreußenkai festgemacht. Von nun ab beginnt die ‚Weserübung'. Da es voraussichtlich vor 21.00 nichts zu tun gibt, stelle ich der Besatzung ab 14.00 Urlaub in Aussicht. Ich suche den Hafenkapitän, Kapitänleutnant E. Schulze, auf, bespreche das Einladen des Bataillons nebst Zubehör mit ihm, erfahre, daß die 9 t Munition nicht kommen, und beschließe mit ihm, die Verladung in abgeblendetem Zustand vorzunehmen und die Absperrung durch meine Besatzung vornehmen zu lassen, um alles so unauffällig wie nur möglich zu machen.
Als ich von Schulze zurückkomme, halten vor dem Schiff Kraftwagen der MPK und laden Filmapparate u. dgl. aus. Es melden sich bei mir in der Offiziersmesse die beiden Leutnante MA (S) Dr. W. Frank, der bekannte Schriftsteller, und Reymann ‚auf Anordnung der Gruppe Ost mit fünf Mann eingeschifft'. Ich heiße sie herzlich willkommen und erkläre ihnen im Beisein meines Offizierkorps, daß unser Schiff ausersehen sei, bei einem großen Marine-Propaganda-Film mitzuwirken, zu dem Zwecke morgen auch die drei Segelschulschiffe nach Travemünde kommen würden. Die beiden PK-Offiziere lächeln verstehend. Offenkundig sind sie informiert.
Es melden sich zehn weitere Soldaten. Ihre Aufgabe, die sie noch nicht kennen, wird sein, in Kopenhagen für die Hafen- und Schiffsbewachung zu sorgen.
Gleichzeitig fährt vor dem Schiff ein LKW mit 18 feldgrau gekleideten Marinesoldaten mit Sturmgepäck vor. Sie stehen unter der Führung von Kapitänleutnant Skipowski. Unter vier Augen meldet er sich als der künftige MNO Kopenhagen. Er bringt eine Reihe von Kisten mit.
11.00: Nun wird meine Besatzung stutzig. Ich erkläre ihr bei der Sonntagsmusterung, daß morgen oder übermorgen ein großer Marine-Propaganda-Film gedreht wird, zu dem auch die drei Segelschulschiffe und noch mehr feldgraue Marine kämen. Es geschähe zur Werbung für den Offizier- und Mannschaftsnachwuchs. Ab 14.00 gäbe es Landurlaub. Die Männer täten gut, sich schon heute die Mädchen zu sichern, denn morgen gäbe es gewißlich großen Andrang.
11.57: Fernschreiben vom BSO: ‚Eisbrecher *Stettin* eintrifft 8. IV. Travemünde etwa 20.00. Steht zur Verfügung für Weiterfahrt.' Im Interesse der Geheimhaltung habe ich ab Mittag angeordnet, daß mir alle Fernschreiben ungeöffnet auszuhändigen sind.
12.00: Es meldet sich bei mir der Leutnant z. S. (S) Cammann mit sieben Mann für eine Sonderaufgabe, die er noch nicht kenne. Er glaubt, Prisenoffizier auf einem Hilfskreuzer zu werden. Ich lasse es dabei. In Wirklichkeit ist er der zukünftige Hafenkapitän von Kopenhagen.
12.30: Ich erhalte ein verschlüsseltes Fernschreiben:
1. An Langer Linie zur Zeit noch Randeis, gegebenenfalls weiter innen anlegen.
2. *Hansestadt Danzig* für Ausschiffung möglichst lange Stellinge mitnehmen.

Da hierzu noch eine Anzahl langer Bretter fehlen, schwindele ich meinem Navigationsoffizier vor – er kennt in Travemünde als Friedenskapitän des Schiffes alle Lieferanten –, daß bei dem Film auch ein Landungsmanöver vorgeführt werde, für das wir zwei große Stellinge benötigen würden. Er solle an Land gehen und Bretter beschaffen. Ihm und dem Obersteuermann gebe ich Befehl, zusammen mit dem Meisterpersonal, am nächsten Vormittag nach dem Auslaufen daraus zwei enterbrückenähnliche Stellinge zu zimmern. Die Sonntagsruhe solle durch den Bau der Stellinge nicht gestört werden.
14.00: Besatzung beurlaubt.
Bis 15.00 gehen folgende Meldungen ein:
a) FT vom Chef 17. UJ.-Flottille:

Standort 13.00 Malmö Redd. Nördlich Sund Warngebiet bis 4 sm südlich Treibeis und große Felder festen Eises von unpassierbaren Barren durchzogen;

b) FS vom F. d. S. Ost:
Lagemeldung BSO am 6. IV., 17.00:
Sund: Südlotsenstation wieder besetzt, drei Boote 11. MS.-Flottille nachprüfen Sperrlücke.
Großer Belt:
1. Dänisches Minensuchboot *M 1* sucht mit Ottergerät Weg in dänischem Warngebiet ab (Wenn die Dänen wüßten, wofür!),
2. für Kriegsschiffe Durchfahrt durch dänisches Warngebiet bei Tag und Nacht mit Lotsenhilfe sichergestellt,
3. die Räumboote *R 112* und *R 113* werden als Markboote auf Position der beiden Südtonnen Dänensperrlücke ausgelegt: Abzeichen tagsüber Ankerball, bei Nebel Glocke, nachts Westboot 1 weiß, Ostboot 1 rot;

c) FT vom Chef 17. UJ.-Flottille:
Flintrinne und südlicher Sund eisfrei, Malmö Redd liegt aus.

15.00 bis 17.00: Ich gehe an Land, um Fragen aus dem Wege zu gehen.

18.50: Fernschreiben vom F. d. S. Ost: Lagemeldung 7. IV. 1940 um 05.30:

Sund: Durchfahrt- und Sperrlotsenstation wieder besetzt. Wegen Eis Durchfahrt durch Sperrlücke für Handelsschiffahrt noch nicht möglich.

Großer Belt: Dänisches Torpedoboot *Örnen* als Lotsenboot.

22.00: Major Glein, der Kommandeur des einzuschiffenden Bataillons, meldet sich bei mir. Wir besprechen die Raumverteilung im Schiff. Besonders wichtig ist die sinnvolle Unterbringung der Kompanie, von der die Zitadelle gestürmt werden soll. Sie muß zuerst ausgeladen werden, gleich, ob das Schiff mit der Steuerbord- oder der Backbordseite festmacht. Es müssen insgesamt mindestens 1000 Mann, 5 Motorräder, 150 Fahrräder sowie Munition und Proviant für vier Wochen geladen werden. Da ich vor Hellwerden auslaufen muß, ist die noch verbleibende Zeit sehr knapp. Die Verladung erfolgt in abgeblendetem Zustand. Sie wird auch kaum beobachtet oder gar beachtet."

8. IV. 1940: FT 0107/8: „Alle Leuchttonnen an Dänensperre Großer Belt sind von den Dänen ausgelegt worden. Tonnen brennen. *R 112* und *R 113* von Südtonnen zurückgezogen."

Vor Mitternacht hatte der F. d. S. Ost durch FT durchgegeben: „Seenachricht: Dänische Feuerschiffe auf Nord- und Südposition ausgelegt."

Noch vor dem Hellwerden ist die Verladung des Bataillons mit allem Zubehör beendet. Das Wetter ist heiter, der Wind weht aus OSO in Stärke 2, später aus ONO in 2, die See liegt beim Wert 1, die Temperatur ist + 3° C.

An Bord ist alles auf engstem Raum zusammengedrückt. „Gut, daß es ruhig ist und daß es keine 24 Stunden dauert", vermerkt der Kommandant in sein KTB. Er legt ab und geht mit dem Schiff auf Travemünde Reede neben dem Eisbrecher *Stettin* vor Anker. Im KTB heißt es weiter:

„Der Eisbrecher erhält Befehl, durch den Großen Belt vorauszufahren, am 9. IV. 1940, 03.45, an Lous-Flak-Tonne zu sein und dort weitere Befehle abzuwarten. Auf der Fahrt dorthin solle er, falls Eisgefahr käme, an der Eisgrenze warten und auf der 600-m-Welle unter falschem Namen an eine x-beliebige Adresse etwaige Meldung über die Eislage machen."

8. IV. 1940, 06.41: Der Anker wird gelichtet, gleichzeitig wird der Eisbrecher *Stettin* entlassen. 07.29 ankert die *Hansestadt Danzig* außer Sichtweite von Land in der Neustädter Bucht. Jetzt werden die Stellinge nach Anleitung des Navigationsoffiziers gezimmert, und die Feldgrauen dürfen Luft schnappen.

Der Kommandant fährt im KTB fort:

„09.00: Offizierbesprechung ohne Armee, aber mit Kapitänleutnant Skipowski und Leutnant z. S. Cammann. Bekanntgabe der mir erteilten Befehle und Ausgabe der versiegelten Briefe an die zuletzt genannten Offiziere. Verteilung der Rollen in Fahrt und bei der Landung in Kopenhagen.

10.00: Besatzung achteraus. Ich gebe ihr ohne Nennung des Hafens die uns gestellte Aufgabe bekannt und erkläre den Männern, warum ich sie bis heute auf falsche Fährte lenken mußte. Von jedem einzelnen verlange ich die volle Hingabe, und ich verpflichte mich, von mir das Äußerste zu verlangen. Ich lasse keinen Zweifel, daß dem Schiff ein totaler Einsatz bevorstehe. Für den Fall der Gefangenschaft verpflichte ich die Soldaten zur Aussage, daß wir nach Irland sollten. Nach dem Verlesen des Erlasses des ObdM[9] schließe ich den Appell.

10.30: Major Glein eröffnet mir, daß er vor wenigen Tagen in Kopenhagen gewesen sei, um sich an Ort und Stelle umzusehen. Im Hafen gegenüber der Langen Linie liege der Küstenpanzer *Niels Juel*. Von einem deutschen Agenten wisse er, daß sich die dänische Marine einer Besetzung, gleichviel woher sie käme, widersetzen werde und daß ich damit rechnen müsse, daß die *Niels Juel* schießen würde."

Es wird dann ankerauf gegangen und nach Weisung des Kommandanten durch den Großen Belt, Samsö-Belt, Kattegat nach Kopenhagen gesteuert. Unterwegs gibt die Gruppe Ost folgende Standorte britischer U-Boote bekannt: „Am 8. IV. 1940, 06.00, *Triton*, *Sealion*, *Sunfish* im Gebiet östlich Skagen/Kattegat, unbekanntes Boot an nördlicher Westküste Dänemarks, *Snapper* im Gebiet Utsire. Mit weiteren (etwa zehn Booten) ist zu rechnen."

Diese Meldung wird später durch FT ergänzt: „Heute morgen etwa drei feindliche U-Boote östlich und südlich Skagen."

Schon auf den ersten Funkspruch der Marinegruppe Ost sah sich der Kommandant wegen Bedrohung seines Anmarschweges durch feindliche U-Boote veranlaßt, beim BSO durch FT anzufragen, ob der Sund vom Süden ohne Eisbrecher passierbar wäre. Die Antwort des BSO war der Befehl: „Durch Großen Belt gehen!"

Während des Passierens der Großen-Belt-Sperre und im Anschluß daran folgt ein dänisches Torpedoboot längere Zeit dem Schiff. Alle Soldaten befinden sich unter Deck. Nach dem Passieren der Großen-Belt-Sperre werden Kurse nach Zick-Zack-Uhr[9a] gesteuert, da auch hier mit erheblicher U-Boot-Gefahr gerechnet werden muß. Es folgt eine Offizierbesprechung des Major Glein über die Tätigkeit des Bataillons nach dem Ausladen in Kopenhagen. An dieser Besprechung nimmt der Kommandant teil und gibt seine Gedanken über die Fahrt nach Kopenhagen und über das Einlaufen und Ausladen bekannt. Er führt sie im KTB an:

„1. Für die Fahrt bis Kopenhagen:

Es muß mit englischen U-Booten gerechnet werden. Das Schiff steuert deshalb bei Tage Zickzackkurs. Bei Nacht wird es sich dicht unter der dänischen Küste halten, möglichst auf flachem Wasser, so daß es im Falle einer Torpedierung für den größten Teil der Truppe gesichert sein wird, Land zu erreichen. Alles, was von der Besatzung nicht unter Deck sein muß, bleibe an Oberdeck. Die Schwimmwesten für die Truppe hängen griffbereit in den einzelnen Decks. Bei einem ‚Alle Mann aus dem Schiff' darf nicht gedrängelt werden. Ich bitte daher die Offiziere, nachts bei ihren Kompanien zu sein und auch dafür zu sorgen, daß kein Seitenfenster geöffnet wird, denn der sicherste Schutz bei Nacht sei gutes Abblenden. Nachts dürfen die Soldaten abwechselnd an Deck. Von Beginn der Morgendämmerung an darf außer Major Glein, der bei mir auf der Brücke ist, und seinem Adjutanten kein Soldat an Deck.

2. Für das Einlaufen in Kopenhagen entwickele ich verschiedene Pläne, die je nach Lage ausgeführt werden sollen:

a) Ich laufe unter Reichsdienstflagge an den Lotsendampfer heran, fordere den Lotsen an und erkläre der Wache, daß ich einen Brief von Großadmiral Raeder an Admiral Rechnitzer (den dänischen Marinebefehlshaber) zu übergeben habe.

b) Ich schicke den Eisbrecher voraus, lasse ihn einen Lotsen anfordern, halte mich an der Grenze der Sichtweite von ihm, fahre dann abgeblendet hinter ihm, der höchste Fahrt zu laufen hat, her. Wenn unaufgefordert ein Lotse bei mir längsseit kommen sollte, wird er mitgenommen. Die Frage, ob das Lotsenfahrzeug durch ein Prisenkommando zu besetzen ist oder nicht, kann nur aus der Situation heraus gelöst werden. Die Möglichkeit ist aber vorgesehen.

c) Den Eisbrecher lasse ich als Sperrbrecher vorausfahren, wenn der frühen Stunde wegen kein Lotse da ist, und zwar mit Kurs Süd auf Middelgrund-Fort. Wenn das Fort 0,5 sm Abstand peilt, muß der Eisbrecher in den südlichen Trekroner-Sektor eindrehen und direkt in die Hafeneinfahrt steuern. Dabei soll er starken Rauch entwickeln. Ich werde dicht aufgeschlossen hinterherfahren.

3. Für die Zeit von der Mole bis zur Landung:

a) Der Eisbrecher bricht sich Bahn zum nächsten freien Platz an der Langen Linie und setzt, falls *Niels Juel* nicht schießt, ein Leinenkommando an Land und hält sich klar.

Beim Anlegen werden beide Ladeluken geöffnet, die Sturmkompanie eilt über beide große Stellinge sofort an Land, sie wird gedeckt – je nach Lage – durch die vordere oder achtere 8,8 und beide Steuerbord-MG C/30. An Backbord setze ich den Kutter mit dem Prisenkommando aus oder schicke den Eisbrecher mit dem Prisenkommando auf die *Niels Juel* und decke den Anmarsch durch die vordere 8,8-cm-Kanone und beide Backbord-MG C/30.

b) Wenn die Lange Linie besetzt ist oder wenn *Niels Juel* schießt, ist ein Anlegen im Freihafen vorgesehen, da wir dort durch die Lange Linie besser gegen den Beschuß von *Niels Juel* gedeckt sind.

c) Wenn alles besetzt ist, Längsseitgehen bei einem Dampfer und Ausladen über diesen.

Major Glein erklärt sich mit meinen Maßnahmen einverstanden und eröffnet mir in großen Zügen seinen Plan."

21.00: Die Dämmerung bricht herein. Das Fahren nach Zickzackuhr wird eingestellt. Man ist auf der Höhe von Seirö. Zwei eigene Vorpostenboote werden passiert.

22.00: Seeland Rev ist an Steuerbord querab. Von nun an wird dicht unter Land und nahe der 10-m-Grenze nach Gilleleje-Flak gesteuert. Nach einer Attachémeldung, die von Gruppe Ost durch FT übermittelt wird, ist der Hafen von Kopenhagen eisfrei, und das Südende der Langen Linie ist wahrscheinlich frei von Schiffen. Das Anlegen soll, wie zuerst vorgesehen, durchgeführt werden.

23.10: FT von Gruppe Ost: Chef S-Gruppe teilt mit, daß in Kopenhagen mit etwa 1300 Mann dänischer Truppen zu rechnen ist. Diese Nachricht wird an Major Glein weitergegeben. Die verabredete Eismeldung geht mit FT ein. Sie läßt keine besondere Schwierigkeit erwarten.

Der 9. IV. 1940: Der „Wesertag" ist da.
Das Wetter ist heiter, die Temperatur bewegt sich um 0° C, der Wind weht aus NO und später aus O in Stärken 2 bis 3, der Seegang ist 1.
Die *Hansestadt Danzig* hat den Nordeingang vom Sund erreicht. In wenigen Stunden ist es „Weserzeit".
Der Kommandant vermerkt:
„Von Hornbäk bis etwas südlich der Linie Kronborg–Helsingborg zunächst Treibeis, später zwei starke, zusammenhängende Eisfelder mit äußerster Kraft durchbrochen. Wie ich später festgestellt habe, hat der Eisbrecher diese Stelle zwei Stunden vorher ohne Schwierigkeiten passieren können. Deshalb hat er nicht gewartet.
Die beiden Vorpostenboote, die bei Lous-Flak-Tonne abgeblendet vor Anker liegen, werden angewiesen, bis zum Erhalt weiterer Befehle an der Reedegrenze von Kopenhagen auf und ab zu stehen, alle auslaufende Fahrzeuge anzuhalten, nach verdächtigen Ausländern, Akten usw. zu untersuchen und nach Kopenhagen zurückzuschicken.
Der bei Lous-Flak-Tonne ebenfalls vor Anker liegende Eisbrecher *Stettin* wird angewiesen, bei der Tarbäk-Tonne einen Lotsen anzufordern und mit dem Lotsen einzulaufen. Falls kein Lotse käme, soll er ohne Lotsen von Tarbäk-Tonne mit Kurs rw. Süd bis auf 800 m an das Middelgrund-Fort herangehen, dann in den weißen Sektor von Trekroner einsteuern und mitten zwischen beiden Molen durchlaufen. Von den Molen ab soll er, falls *Niels Juel* schießt, mit äußerster Kraft in den Freihafen einlaufen (Entfernung 700 m), sonst an der Langen Linie einen Platz eisfrei brechen und Leinenkommando an Land setzen. Während der gesamten Fahrt soll er stark qualmen. Ich werde aufgeschlossen fahren.
Auf die Möglichkeit des Vorhandenseins einer Sperre und von Kontaktminen in der Einfahrt weise ich ausdrücklich hin und gebe Befehl, trotzdem den befohlenen Kurs mit vollem Einsatz zu steuern, denn der Einsatz seines Schiffes mit einer Besatzung von 24 Mann würde durch die gestellte Aufgabe gerechtfertigt.
04.30: Die Reichsdienstflagge wird gesetzt für den Fall 2 a): Brieführbringen an Admiral Rechnitzer.
04.36: Tarbäk-Tonne ist passiert; Eisbrecher *Stettin* fordert Lotsen an. Es ist kein Lotsenfahrzeug zur Stelle.
04.45: Kriegsflagge gesetzt. Fall 2 a) und 2 b) scheiden aus. Klar Schiff zum Gefecht. Die Geschützbedienung liegt in Feuerlee an Deck.
05.00: *Stettin* schert in den weißen Sektor von Trekroner ein. Wir haben das Middelgrund-Fort jetzt in 800 m Abstand voraus.
Waren wir bisher durch den Qualm des Eisbrechers verdeckt, müßten wir durch die Kursänderung nun für das Fort sichtbar werden. Wir haben daher Lichter gesetzt. Es dämmert bereits, und wir können erkennen, daß die Geschütze des Forts nicht besetzt sind. Die Bedienungen müssen drüben ohne Deckung an die Kanonen. Das werden unsere MG-Garben verhindern, wenn es versucht wird.
05.02: *Hansestadt Danzig* dreht in den Trekroner-Sektor ein und passiert Middelgrund-Fort.
05.03: Von Middelgrund-Fort angeleuchtet mit Scheinwerfer und angemorst. Morsezeichen sind unverständlich. Wir unterbrechen. Es soll gegeben werden: ‚Einlaufen auf Befehl der deutschen Reichsregierung.'
Es bleibt bei einigen Morsezeichen. Das Fort hat das Leuchten eingestellt. Drüben läuft niemand an die Geschütze. Die Geschütze der *Hansestadt Danzig* bleiben deshalb in Zurrstellung. Das Fort schickt ein Lotsenboot hinterher, das aber wieder kehrtmacht. Mit höchster Fahrt wird hinter dem Eisbrecher hergefahren.
Werden die Kontaktminen ausgelöst?
Wird Trekroner schießen?
Es geschieht nichts.
Niels Juel kommt an der von Major Glein angegebenen Stelle vor der Werft in Sicht. Sie schießt auch nicht.
Also gilt der Fall 3 a).
05.15: Es ist ‚Weserzeit'.
Der Hafen ist stark vereist.
An der Langen Linie ist ein einziger Platz von 110 m Länge frei. Er reicht eben gerade. Ein tadelloses Anlegemanöver des NO. Das Schiff ist pünktlich auf die Minute fest. Die Ladeluken sind schon offen, die beiden Stellinge werden ausgebracht. Die Sturmkompanie eilt an Land, der Rest des Bataillons hinterher.
Keiner hat es gesehen.
Ein FT ergeht an die Gruppe Ost und den BSO: ‚Eingelaufen, Bataillon gelandet.'
Zur gleichen Zeit ist Oberleutnant z. S. W. Witte mit einem Oberfeldwebel und sechs Mann mit einem MG, mit Pistolen und Handgranaten im Kutter unterwegs mit dem Befehl, den Küstenpanzer *Niels Juel* zu besetzen, dem Kommandanten die Sprachregelung zur Unterschrift vorzulegen und ihm zu sagen, daß ein deutsches Kriegsschiff im Hafen, starke deutsche Seestreitkräfte vor dem Hafen und im Anmarsch seien, daß die deutsche Armee die Grenze überschritten habe und daß in wenigen Minuten starke Luftstreitkräfte kommen werden, daß jeder Widerstand zwecklos wäre und daß die Deutschen als Freunde zum Schutze der dänischen Neutralität vor englischen Übergriffen kämen.
05.30: Das Infanteriebataillon rückt ab. Sein Vormarsch wird vom Schiff gesichert mit zwei MG C/30 und der achteren 8,8 gegen eventuelle Rückenangriffe. Der Kutter wird während seiner Fahrt durch das Eis durch die beiden Backbord-MG C/30 und die vordere 8,8 gedeckt.

06.00: Der Eisbrecher *Stettin* erhält Befehl, in der Einfahrt zu ankern, kein Schiff mehr herauszulassen und zwei gerade auslaufende Schiffe zurückzuschicken.
07.00: Der Kutter kommt zurück. Der Kommandant der *Niels Juel* hat die Sprachregelung angenommen.
07.14: Statt des erwarteten Funkspruchs: ‚Alles in Ordnung. Dänemark nimmt Forderungen an', kommt ein FT an alle: ‚Dänische Regierung noch unentschlossen. Verhandlungen ziehen sich hin.'
07.15: Es besteht jetzt Funkverbindung mit Major Glein und dem MNO in der Zitadelle. Major Glein meldet die Zitadelle genommen. Der Kommandant gibt zurück, *Niels Juel* habe die Sprachregelung anerkannt.
07.42: FT an alle: ‚Dänische Regierung hat Schießverbot erlassen.'" Damit ist die Lage geklärt. Keine Verluste. Kopenhagen blieb unversehrt.
Dem Kommandanten fällt ein Stein vom Herzen. Er begibt sich in die Zitadelle zur Besprechung mit Major Glein, danach zum Marineattaché in der Deutschen Gesandtschaft. Der hier anwesende deutsche General erklärt, daß die schnelle Landung deutscher Truppen in Kopenhagen und die Besetzung der Zitadelle wesentlich für das Nachgeben der dänischen Regierung gewesen sei.
„Inzwischen", so schreibt der Kommandant weiter in sein KTB, „haben sich Tausende vor dem Schiff eingefunden. Wir mischen uns unter die Bevölkerung und werden oft angesprochen. Wir verweisen auf unsere friedliche Absicht, lassen uns auch photographieren und geben unserer Freude Ausdruck über die verständnisvolle Haltung des dänischen Volkes. Den Schutzleuten verbieten wir die Absperrung. Den von der Armee gefangengesetzten und bei uns abgelieferten Schutzleuten geben wir die Freiheit wieder. Der einzige deutsche Verwundete, der Pionier Kohler, der bei der gewaltsamen Öffnung des Zitadellentores in die Sprengung der geballten Ladung hineingelaufen war, wird mit Gehirnerschütterung in das Schiffslazarett übernommen und später mit Hilfe des deutschen Sanitätspersonals in ein dänisches Lazarett überwiesen."
12.45: Major Glein und der MNO melden, daß sie die *Hansestadt Danzig* nicht mehr benötigen. Das Schiff verläßt 14.45 den Hafen zur Fahrt nach Warnemünde. Hier geht es am 9. IV. 1940 kurz vor Mitternacht auf Reede vor Anker. Das Ergebnis seines Einsatzes faßt der BSO in seiner Stellungnahme zum KTB des Schiffes mit folgenden Worten zusammen:
„Der Kommandant führte die Landung der ersten deutschen Truppen am 9. IV. 1940 in Kopenhagen mit Geschick und Entschlossenheit durch. Es ist mit sein Verdienst, daß die dänische Regierung nach anfänglichem Zögern nachgab. Kommandant und Besatzung gebührt volle Anerkennung."
Wie während der Drucklegung dieses Buches bekannt wurde, hat sich die Königlich schwedische Militärhochschule in Stockholm in ihrem Jahrbuch
Aktuellt och historiskt, 1973
eingehend mit der deutschen Besetzung von Kopenhagen am 9. IV. 1940 befaßt. Verfasser des Artikels ist der dänische Reichsarchivar Johan Hvidtfeldt. Dieser hat durch Studium dänischer und deutscher Archive die Vorgänge vor und am 9. IV. 1940 gründlich untersucht, die zudem nach dem Kriege durch eine parlamentarische Kommission des Folketing (dänischer Reichstag) überprüft worden sind.
Die nunmehrige Kenntnis der Maßnahmen auf dänischer Seite bestätigt, daß sowohl der Kommandant der *Hansestadt Danzig* als auch der Kommandeur des II/I.R. 308 bei der Durchführung ihrer Aufgaben richtig gehandelt und dabei Glück gehabt haben.

3.7 Die Truppenlandung auf Bornholm

Der Kommandant der *Hansestadt Danzig*, Korvettenkapitän d. R. W. Schroeder, beabsichtigt, am 10. IV. bei Hellwerden in Warnemünde einzulaufen. Ein FT-Befehl des BSO ändert die Lage. Das Schiff muß sofort einlaufen, das II. Bataillon des I.R. 305 unter Führung des Majors Keiser an Bord nehmen und in Rönne auf Bornholm ausschiffen. Zwei Boote der 13. VP.-Flottille sollen die Ausschiffung unterstützen. Sie sollen am 10. IV. 1940 um 14.00 vor Rönne stehen.
Die Einschiffung des Bataillons und die Übernahme der dazugehörigen Vorräte beginnt sofort nach dem Festmachen. Es geht alles glatt, um so mehr, als von der Kopenhagen-Operation her bei der Besatzung ausreichende Erfahrungen vorliegen.
06.00, bei Hellwerden, läuft die *Hansestadt Danzig* am 10. IV. 1940 zur Durchführung ihrer Aufgabe aus Warnemünde aus. Das Wetter ist heiter, ins KTB kommen: Wind Ost 1, Seegang 1, Temperatur + 2° C. Die Wetterlage ist ganz so, wie es sich eine seeungewohnte Truppe nur wünschen kann. Die militärische Lage läßt Überraschungen nicht erwarten. Die dänische Regierung hat ein Schießverbot erlassen. Trotzdem muß man auf alles gefaßt sein.
Um die Mittagszeit sichtet die *Hansestadt Danzig* die beiden Vorpostenboote vor der Ansteuerungstonne von Rönne. In Rufweite erhält der Flottillenchef der 13. VP.-Flottille, Kapitänleutnant d. R. Dr. W. Fischer, den Befehl, mit einem Boot, nach Anbordnahme eines Landungskommandos von der *Hansestadt Danzig*, in Rönne einzulaufen und dort einen Anlegeplatz frei zu machen. Das zweite Boot soll drei estnische Dampfer, die Rönne gerade ansteuern, anhalten und zum Ankern auf der Reede veranlassen. Dabei sollen Abgangshafen und Bestimmungsort festgestellt werden. Nach der Übernahme des Landungskommandos in

Stärke von zwölf Mann unter dem Kommando vom WO Oberleutnant z. S. Witte nimmt das Flottillenboot um 14.10 Kurs auf Rönne. Das Einlaufen wird von der *Hansestadt Danzig* gedeckt. 14.35 meldet der Flottillenchef mit Scheinwerfer aus dem Hafen: „Liegeplatz wird in einer halben Stunde frei. Gutes Entgegenkommen der Bevölkerung."
Darauf geht die *Hansestadt Danzig* vor Anker und wartet ab.
15.10 kommt das Flottillenboot aus dem Hafen. Das Minenschiff geht ankerauf und läuft ein. Das Infanteriebataillon wird ausgeschifft. Der BSO wird durch Funk über die Durchführung der Aufgabe unterrichtet.
Kurz nach dem Festmachen kommen der dänische Hafenkapitän und der deutsche Konsul an Bord. Während der Besprechung laufen auch die beiden Vorpostenboote in den Hafen ein. Der Kommandant der *Hansestadt Danzig* und Major Keiser besuchen mit dem dänischen Hafenkapitän den Inselkommandanten in Aakirkeby. Als Zeichen freundlicher Gesinnung werden die Deutschen vom Hafenkapitän und Inselkommandanten als Gäste des dänischen Marineministeriums eingeladen. Dabei betont der Inselkommandant, daß er die deutschen Truppen bei ihren Anliegen nach Kräften unterstützen wolle. Es gäbe auch keine Schwierigkeiten.
Um 20.00 ist die Ausschiffung der Vorräte des Bataillons beendet. Die *Hansestadt Danzig* legt ab. Die Vorpostenboote werden entlassen. Die drei estnischen Dampfer dürfen einlaufen.
Alles ist glatt verlaufen.
Neue Aufgaben treten an das ehemalige Bäderschiff heran. 21.40 erhält es von der Gruppe Ost über Funk den Befehl, nach Pillau zu marschieren und dort 250 UMA zu übernehmen. Das Werfen dieser Minen wird im Rahmen mehrerer Minenaufgaben im Skagerrak und Kattegat behandelt, deren Durchführung während der Sonderaktion gegen Kopenhagen und Bornholm in Gang gekommen ist.

3.8 **Die Skagerrak-Sperren III und IV**

Wenden wir uns nun wieder den während der „Weserübung" minenlegenden Einheiten zu:
Die *Roland* und die *Cobra* haben am 9. IV., 23.30, das Leuchtschiff Kiel passiert und beginnen am 10. IV. um 07.00 mit Übernahme einer neuen Minenladung am Sperrzeugamt Kiel-Dietrichsdorf. Am 11. IV. um 13.00 gehen beide Schiffe in die Schleuse von Holtenau zum Marsch durch den Kaiser-Wilhelm-Kanal. Um 23.40 wird auf Cuxhaven-Reede geankert, dem Treffpunkt mit *Preußen* und *Königin Luise,* die nach der Minenübernahme in Swinemünde ebenfalls hierher verlegen. Wiederum steht ein gemeinsamer Einsatz bevor.

Am 12. IV. 1940 steuern die vier Minenschiffe *Roland, Cobra, Preußen* und *Königin Luise* von Cuxhaven-Reede elbeabwärts. Es ist früh am Tage, und das Marschziel ist das Skagerrak. Dort sollen wieder zwei Sperren geworfen werden. Die Gesamtführung auf dem Anmarsch hat der F. d. S. West. Nach dem Passieren des Leuchtschiffes „H" vor der Elbmündung geht der Verband in Dwarslinie. Es ist gute Sicht bei SW-Wind in Stärke 2. Vor dem Nordmannstief wird auf allen Schiffen das Bugschutzgerät ausgebracht und das Tief in Kiellinie durchlaufen. Danach geht es ohne Bugschutzgerät in Doppelkiellinie weiter. Querab Hanstholm wird der F. d. S. Ost mit der *Preußen* und der *Königin Luise* unter Sicherung von drei Minensuchbooten zum Werfen der Sperre III entlassen.
Die Sperrlage ist gemeldet von
58° 02′ N, 7° 57,7′ O nach
57° 49,2′ N, 7° 51,2′ O.
Der F. d. S.-West-Verband mit *Roland* und *Cobra* steuert, gesichert von zwei Minensuchbooten, das eigene Sperrgebiet an und wirft auf Sperrkurs 330° rw. um die Mitternachtsstunde die Sperre IV von
57° 11,3′ N, 8° 32,5′ O nach
57° 21,3′ N, 8° 29,5′ O. Siehe Skizze 67 a, Seite 178.
Für den Rückmarsch wählt der F. d. S.-Ost-Verband den Weg um Skagen. *Roland* und *Cobra* marschieren – meist in Sichtweite der jütländischen Küste – durch die Nordsee südwärts. 13.08 erhalten beide Schiffe Funkbefehl von der Gruppe West, nach Kiel zur Verfügung der Gruppe Ost zu gehen. Der Marsch führt nun elbeaufwärts durch den Kaiser-Wilhelm-Kanal und von hier weiter zur Minenübernahme nach Swinemünde. Am 15. IV. 1940 werden je Schiff 250 UMA übernommen, anschließend geht es nach Kiel zurück. Am 16. und 17. IV. liegen die Schiffe mit ihrer Ladung in der Heikendorfer Bucht. Nach dem Hinzutreten der ebenfalls mit je 250 UMA beladenen *Preußen* und *Königin Luise* ist der für eine gemeinsame Aufgabe vorgesehene Wurfverband versammelt.

3.9 **Die Sperren im Kattegat 1940**

Am 18. IV. 1940 kommt es zu zwei Sperrlegungen auf der allgemeinen Linie von Skagen nach Paternoster. Sie sind zur Abwehr feindlicher U-Boote gedacht. Deshalb werden U-Boot-Minen verwendet, die in Minenreihen, treppenförmig angeordnet, mit verschiedenen Tiefeneinstellungen geworfen werden.
In der ersten Stunde des 18. IV. 1940 legen die Minenschiffe *Hansestadt Danzig* und *Kaiser* eine zweireihige U-Boot-Sperre, in der letzten Stunde des Tages werfen *Roland, Cobra, Preußen* und *Königin Luise* im gleichen Seegebiet ergänzend eine vierreihige U-Boot-Sperre. Außer der *Tannenberg,* die der In-

spektion des Bildungswesens der Marine zur Ausbildung von Seekadetten zur Verfügung steht, sind an diesem Tage alle Minenschiffe am Werk.

3.10 Paternoster-Sperre (sechsreihig)

Nach der Truppenausschiffung in Rönne (Bornholm) hat die *Hansestadt Danzig* am 11. IV. 1940 in Pillau 250 UMA an Bord genommen und ist damit nach Kiel marschiert. Hier erhält der Kommandant, Korvettenkapitän d. R. W. Schroeder, am 13. IV. von der Gruppe Ost den Sperrbefehl ausgehändigt. Ferner werden ihm mündliche Weisungen des Gruppenbefehlshabers, Admiral R. Carls, mitgeteilt. Aus den Minenschiffen *Hansestadt Danzig* und *Kaiser* (Kommandant Kapitänleutnant d. R. H. Bohm) wird ein Minenschiffverband gebildet, um eine U-Boot-Sperre quer durch das Kattegat etwa auf der Höhe von Skagen in Richtung auf Paternoster an der schwedischen Küste auszulegen. Die Führung des Verbandes liegt beim Kommandanten der *Hansestadt Danzig*. Als Sicherungsstreitkräfte sind ihm die Torpedoboote *Greif, Seeadler* und *Möwe* von der unter dem Kommando von Korvettenkapitän W. Henne stehenden 5. T.-Flottille und von der 2. R.-Flottille die Boote *R 25* und *R 27* unter Leutnant z. S. Pross unterstellt.
Nach vorliegenden Meldungen ist auf dem Anmarschweg bis Skagen und auch beim Legen der Sperre mit akuter U-Boot-Gefahr zu rechnen. Zahlreich sind die Angaben über das Sichten getauchter oder halbgetauchter feindlicher U-Boote, über das Hören von typischen U-Boot-Geräuschen, über U-Boot-Alarm und U-Boot-Jagd. Und noch vor dem Auslaufen des Verbandes geht eine Meldung über die Torpedierung von *Schiff 40* ex *Schürbek* eben außerhalb des schwedischen Hoheitsgebietes im Seeraum vor Paternoster ein. Es sollen sich zu dieser Zeit 16 englische U-Boote auf Position im Skagerrak und Kattegat zur Beobachtung der deutschen Annäherung zur Besetzung Norwegens befunden haben.
Bei dieser Lage entschließt sich der Verbandsführer, mit seinen Schiffen möglichst dicht unter Land nordwärts zu steuern und Wassertiefen von mehr als 10 m zu meiden. Das Verhalten bei Luftgefahr und das damit verbundene Löschen der dänischen Leuchtfeuer wird in die Überlegungen für die Durchführung der Aufgabe mit einbezogen. Auch rechnet der Verbandsführer damit, daß die schwedischen Leuchtfeuer nicht brennen, was sich später bestätigt.
Der Verband mit der *Hansestadt Danzig* und *Kaiser,* der ebenfalls 250 UMA geladen hat, verläßt am 13. IV. 1940, 23.00, den Kieler Hafen und steht am 14. IV, 06.00, im Großen Belt an der Nordspitze von Fünen. Das vor ihm liegende Seegebiet südlich der Insel Samsö ist unterseebootverdächtig. *R 25* und *R 27* werden vorausgeschickt, um das Gebiet bis Bolsaks West und Paludans Flak mit dem Horchgerät abzuhorchen. Alsdann wird das Gebiet vom Verband in zwei Gruppen bis Kolby Kaas mit Höchstfahrt durchlaufen. Lillegrund-Tonne ist eben passiert, da erfolgt U-Boot-Alarm. Es ist 07.30, und die *Hansestadt Danzig* schießt mit der vorderen 8,8 mehrfach auf ein vermeintliches U-Boot, das in Wirklichkeit aber eine Pricke ist, deren Toppzeichen abgebrochen war. Während des Alarms bekommt das in U-Boot-Sicherung fahrende Flottillenboot *Greif* Grundberührung. Es muß zurückgeschickt werden. Der Flottillenchef steigt auf die *Möwe* um. Der Ausfall der *Greif* veranlaßt die Gruppe Ost, die Sperrlegung um 24 Stunden zu verschieben, da Ersatz für die *Greif* im Augenblick nicht gestellt werden kann. Der Verband begibt sich daraufhin in die Kalö Wiek nördlich von Aarhus. Er ankert dort, nachdem auch dieses Gebiet auf Befehl des Verbandsführers von den Räumbooten auf feindliche U-Boote abgehorcht worden ist. Am 15. IV. 1940 meldet sich das Torpedoboot *Wolf* beim Verband als Ersatz für die ausgeschiedene *Greif.*
Nun ist die Sicherung wieder vollständig, und die Sperre könnte geworfen werden. Da verhindert die völlig anders gewordene Wetterlage im Kattegat mit Windstärken 6 bis 8 für weitere zwei Tage die Durchführung der Aufgabe. Erst am 17. IV. 1940 geht der Verband in der Kalö Wiek ankerauf und steuert dicht unter Land durch die Läsö-Rinne die Anfangsposition der Sperre bei Skagens Rev an.
Die geübte Vorsicht bei der Wahl des Anmarschweges ist begründet. *Schiff 35* ex *Oldenburg* ist am 15. IV. 1940 im Quadrat 4465, etwa 6 sm ostwärts von Skagen, torpediert worden. Westlich von Varberg, etwa 8 sm vor der schwedischen Küste im Kattegat, sind zwei U-Boote beim Tauchen beobachtet worden. Ein U-Boot wurde sogar als im Hafen von Fredericia befindlich gemeldet. Am 17. IV. 1940 hat das Begleitschiff Saar im Quadrat 7139, ostwärts der Insel Hjelm, ein Sehrohr mit Artillerie beschossen und ein weiteres U-Boot gesichtet. Der Minenwurfverband hat dieses Seegebiet gerade zwei Stunden vorher durchlaufen.
Um 22.35 erhalten die Sicherungsboote vom Führer des Wurfverbandes Befehle für die Aufstellung beim Minenlegen. Von den Räumbooten fährt *R 31* mit SDG vor *Kaiser, R 25* sichert mit gleichem Gerät die *Hansestadt Danzig.* Ein Torpedoboot steht querab an Backbord vom Wurfverband und je ein Torpedoboot vier Strich an Steuerbord voraus und achteraus. Nördlich vom Sperrkurs sichert die 12. UJ.-Flottille nach einem Funkbefehl des BSO mit ihren über mehrere Quadrate verteilten Booten. Nach diesen Vorbereitungen erfolgt das Legen der Paternoster-Sperre am 18. IV. 1940 von 00.28 bis 01.51. Es werden zwei Sperreihen geworfen

mit je 250 UMA und streckenweise unterschiedlicher Tiefeneinstellung der Minen auf – 12 m und – 15 m von
57° 43,9′ N, 10° 42,1′ O über
57° 43,8′ N, 10° 43,1′ O nach
57° 43,3′ N, 11° 16,9′ O.
Für eigene große oder auch für havarierte Schiffe besteht insofern eine Sperrlücke als von
57° 41,7′ N, 11° 0,8′ O bis
57° 42,6′ N, 11° 10,5′ O
die Tiefeneinstellung der Minen hier – 15 m beträgt.
00.45 war auf *R 25* das SDG ausgefallen. Das Boot mußte von da ab als Horchboot vorausfahren. Das Wetter war für die Aufgabe günstig: Der Wind kam aus SSW in Stärke 3, die See lief in Stärke 2, und die Temperatur lag bei + 3° C. Die angekündigte Luftsicherung gegen U-Boote wurde trotz der hellen Nacht nicht bemerkt. Die Durchführung des Sperrewerfens wurde nach Ausführung mit Kurzsignal „Frühling" an die Gruppe Ost gemeldet. Die Minenschiffe laufen in Aalborg, die Torpedo- und Räumboote in Frederikshavn ein.
Ein aufsehenerregender Erfolg dieser Sperrlegung wird am 5. V. 1940 bekannt. Das englische U-Boot *Seal* wurde auf der Sperre beschädigt und kann nicht mehr tauchen. Im Quadrat 4544, westlich Öckerö, wird es durch ein deutsches Flugzeug entdeckt und mit Bomben und Kanonen angegriffen. Als weitere deutsche Flugzeuge hinzukommen, zeigt die *Seal* nach einem kurzen Kampf die weiße Flagge[10]. Der Kommandant des Bootes und ein Offizier werden von einem Flugzeug übernommen und zum Verhör eingeflogen. Es gelingt, das Boot einzubringen. Es soll angeblich bei Vinga eine Sperre geworfen haben.
Unter den gefundenen Papieren befand sich auch eine englische Minenkarte mit einer Sperrlage beim Nordhinder-Feuerschiff, in dessen Nachbarschaft Anfang September 1940 die Flankensperre SW 3 ausgelegt werden soll. Gerade hat der Wurfverband mit den Minenschiffen *Tannenberg, Cobra* und *Roland* am 1. IX. 1940 in Rotterdam abgelegt, als ein Kurier der Gruppe West mit einem Motorboot die in der *Seal* gefundene Sperrlage nachbringt. Beim Anmarsch zu der beabsichtigten Sperrlegung wird hierauf Rücksicht genommen. Es war gut, diese Sperre zu kennen. Sie hätte dem Wurfverband gefährlich werden können.
Während sich die *Hansestadt Danzig* und die *Kaiser* noch auf dem Rückmarsch von dieser ersten Sperrlegung des 18. IV. 1940 befinden, macht sich ein anderer Wurfverband nach dem gleichen Sperrfeld auf den Weg.
Um 04.00 lichten die Minenschiffe *Roland, Cobra, Preußen* und *Königin Luise* in der Heikendorfer Bucht bei Kiel die Anker. Unter Führung des F. d. S. West, Kapitän z. S. K. Böhmer, auf *Roland* treten die Schiffe durch den Großen Belt den Marsch nach Norden an. Ab Korsör führt der Kurs ostwärts Samsö und westlich Hjelm vorbei, dann weiter entlang der jütländischen Küste und wegen der U-Boot-Gefahr möglichst dicht unter Land. Zwei Torpedoboote und ein Räumboot bilden zunächst die U-Boot-Sicherung. Etwa 5 sm nördlich der Insel Hjelm erfolgt um 14.22 U-Boot-Alarm. Ein eigenes Flugzeug wirft vier Bomben in zwei Anflügen, das Torpedoboot *Möwe* greift an Backbord mit einer Wasserbombe an. Von den Schiffen wird das U-Boot nicht gesichtet. Um 15.25 melden sich zwei weitere Torpedoboote und zwei Räumboote zur Verstärkung der Sicherung des Minenschiffverbandes. Sie ist damit auf vier Torpedoboote und drei Räumboote angewachsen. 18.30 wird der Limfjord passiert. Kurz darauf läuft die 2. R.-Flottille aus Frederikshavn aus und beteiligt sich an der Sicherung der Minenschiffe. Etwa um 19.00 ist Frederikshavn an Backbord querab, und der Wurfverband nimmt Kurs 25° auf die Anfangsposition der zu legenden Sperre.
Es ist Mondschein und gute Sicht, Wind aus NO in Stärke 2, leicht bewölkt und leicht bewegte See. Der Verband geht in Kiellinie als Vorbereitung zur Wurfformation in der Reihenfolge *Preußen, Königin Luise, Roland* und *Cobra*. Er wendet zur Dwarslinie, und das Werfen beginnt. Ohne Störung fällt kurz vor Mitternacht die letzte Mine. Damit ist die zweite Sperrlegung am 18. IV. 1940 durchgeführt, und sechs Reihen UMA mit verschiedenen Tiefenständen, sogenannte Treppensperren, dienen nun der Abwehr feindlicher U-Boote quer über das Kattegat südlich der Linie Skagen–Paternoster.
Minenfrei bleiben die Gewässer vor der schwedischen Küste. Insofern gibt es für feindliche U-Boote doch noch eine Lücke zum Durchschlüpfen. Ob sie diese benutzen, steht vorläufig dahin.
Mit Beginn des 19. IV. 1940 befindet sich der Verband auf dem Rückmarsch, der wieder durch den Großen Belt genommen wird. Unterwegs werfen sichernde Torpedoboote an drei Stellen Wasserbomben gegen feindliche U-Boote. Von den Schiffen werden diese nicht gesichtet. 18.18 ist Kjels Nor erreicht. Die *Preußen* mit dem F. d. S. Ost an Bord und die *Königin Luise* werden entlassen. Die *Roland* und die *Cobra* marschieren nach Swinemünde zur Minenübernahme und machen am 20. IV. 1940, 06.30, beim Sperrzeugamt fest. Es werden EMD mit Antennenzündung übergenommen, eine erstmalige Ladung dieser Art. 11.15 laufen beide Schiffe wieder aus, und am 22. IV. liegen sie auf Wilhelmshaven-Reede. Aus längsseit liegenden Minentransportschiffen wird die Ladung ergänzt, und zwar bei der *Roland* auf 200 EMD mit Antenne und bei der *Cobra* auf 190 EMD mit Antenne.
Ein neuer Einsatz steht bevor.

3.11 Die EMD-Sperre V im Skagerrak

Am 23. IV. 1940 verlassen die Minenschiffe *Roland* und *Cobra* die Reede von Wilhelmshaven mit dem Ziel Kristiansand-Süd. Von dort soll die Sperre V im Skagerrak geworfen werden. Die Führung hat wieder der F. d. S. West, Kapitän z. S. K. Böhmer, der sich auf der *Roland* eingeschifft hat. Der Himmel ist leicht bewölkt, der Wind kommt aus NO in Stärken 3 bis 5, der Seegang steht bei 1. Die 6. T.-Flottille sichert die Minenschiffe mit sechs Booten. Eigene Jäger sichern in der Luft. Siehe Skizze 67 a, Seite 178.

Am 24. IV. 1940 ist um 02.20 Hanstholm erreicht. Zwei Stunden später, als der Verband im Skagerrak schwimmt, wird von 04.20 bis 04.40 in Richtung 310 bis 330° Artilleriefeuer gehört. Das Feuer ist teilweise sehr heftig. Nach Funkmeldung liegen Boote der 7. VP.-Flottille mit drei Zerstörern der britischen Cossak-Klasse im Gefecht. Zwei Schnellboote melden etwas später: „Zerstörer der französischen Fantasque-Klasse stop Zerstörer laufen westwärts."

Der Wurfverband hat den Kurs durchgehalten. 06.22 erfolgt U-Boot-Alarm nahe vor Kristiansand. Torpedoboote und zwei Schnellboote machen U-Boot-Jagd und werfen Wasserbomben. 06.45 läuft der Verband in den Hafen von Kristiansand-Süd ein. Die Schiffe machen fest und warten die Dunkelheit ab.

Am Abend des 24. IV. 1940 laufen die Minenschiffe *Roland* und *Cobra* um 21.15 aus Kristiansand zum Minenlegen aus. Fünf Torpedoboote übernehmen die Sicherung. Es ist mäßig bewölkt, die Sicht ist gut, der Wind kommt aus OSO in Stärke 3 bei leichter See.

Vom Norden nach Süden wird von 22.59 bis 23.52 die Sperre V im Skagerrak geworfen. Die *Roland* und die *Cobra* stehen dabei in Dwarslinie mit 300 m Abstand. Mehrere der Antennenminen detonieren nach dem Wurf, doch auf den Schiffen entsteht kein Schaden. Aber der Donner der Detonation nach jedem Aufblitzen der Sprengladung wird von den Bergen der norwegischen Südküste mit lautem Hall zurückgegeben und durchbricht die sonst so ruhige Nacht. Dennoch wird das Legen der Minen vom Feinde ungestört beendet; ebenfalls ungestört erfolgt der Rückmarsch entlang der Westküste von Jütland, und am 25. IV. 1940 laufen die Schiffe wieder in Wilhelmshaven ein.

Nun sind fünf Minensperren, die sich von Norden nach Süden zum Teil überlappen, über das Skagerrak ausgelegt worden. Nur unter Land an der dänischen und norwegischen Küste gibt es Sperrlücken oder Durchfahrten, die ständig bewacht werden und deren Benutzung nur mit besonderer Genehmigung gestattet ist. Später folgen weitere Minenlegungen im Skagerrak. Zunächst aber werden die Minenschiffe in der Nordsee zur Verlängerung der Minensperren im „Westwall" benötigt.

3.12 Die »Westwall«-Verlängerung 1940

Bekannt ist der Begriff „Westwall" für Befestigungen, die vor dem Kriege an des Deutschen Reichs Westgrenze als ein Gegenstück zur französischen Maginot-Linie gebaut worden waren. In gewisser Parallele hierzu haben die im erklärten Nordsee-Minenwarngebiet ausgelegten Sperren ebenfalls die Bezeichnung WESTWALL erhalten. Nach der Besetzung von Dänemark und Norwegen ergab sich die Notwendigkeit, den zunehmenden Schiffsverkehr in der Nordsee vor dem Skagerrak und der norwegischen Küste durch Minensperren in der Verlängerung des „Westwalls" zu schützen. Für die erste derartige Aufgabe werden die Minenschiffe *Roland, Cobra, Preußen* und *Kaiser* zusammengezogen. Die Minenschiffe *Roland* und *Cobra* werden am 28. IV. 1940 in Wilhelmshaven mit EMD und Sprengbojen D beladen; *Cobra* von den letzteren allein mit 945 Stück. Beide Schiffe gehen beladen auf Wilhelmshaven-Reede. Nördlich des Minenwarngebiets soll die Sperre 17 geworfen werden. Dazu kommen von der Ostsee noch die Minenschiffe *Preußen* und *Kaiser* heran.

3.12.1 Die Sperre 17

Der Wurfverband lichtet am 29. IV. 1940 um 01.25 die Anker und geht unter Führung des F. d. S. West, Kapitän z. S. K. Böhmer, auf *Roland* in See. Die vier in Dwarslinie fahrenden Minenschiffe werden ab 05.00 von zwei Zerstörern, vier Torpedobooten und einem Flugzeug gesichert. Der Marsch geht wie zu den Sperrlegungen im Skagerrak zunächst nordwärts in Sicht oder eben außer Sicht der Westküste von Jütland. Bei Wind aus Ost in Stärke 5 ist die See ziemlich grob. Der Himmel ist bewölkt, aber die Sicht ist gut. 17.05 kommt Thyborön an Steuerbord querab. Auf Befehl des F. d. S. West werden von den Sicherungsbooten halbstündlich Wasserbomben als Schreckbomben für U-Boote geworfen. Wind und Seegang nehmen zu. 18.00 weht es aus ONO in Stärken 6 bis 7 bei einem Seegang in Stärke 6. 21.45 schert die *Kaiser* aus der Linie aus. Einige Minen sind als Folge des Seeganges umgestürzt. 23.00 meldet die *Kaiser* wieder klar und geht auf ihren alten Platz. Das Minenwerfen steht kurz bevor. Ganz unerwartet kommt es in diesem Augenblick zu einer Kollision. Das Torpedoboot *Leopard* hat Ruderversager und läuft der *Preußen* vor den Bug. Ruder- und Maschinenmanöver auf beiden Seiten helfen nicht mehr. Die *Leopard* wird von der *Preußen* gerammt und sinkt, mit ihm – als einziger Verlust – Fähnrich zur See Marschall, ein Sohn des amtierenden Flottenchefs. Die übrige Besatzung kann vom Torpedoboot *Wolf* geborgen und nach Wilhelmshaven gebracht werden. Die

Sicherung des Verbandes hat sich damit um gleich zwei Torpedoboote vermindert.
Am 30. IV. 1940 ist das Sperrfeld etwa nördlich der Großen Fischerbank erreicht. Trotz Wind aus OSO in Stärke 8 und trotz grober See gelingt es den vor der See fahrenden Minenschiffen, die Minenlegung von
57° 20,5′ N, 5° 3,5′ O nach
57° 38,3′ N, 4° 54′ O
durchzuführen.
Sperrlage siehe Skizze 1, Seite 20, und Skizze 2, unten.
Von den Sprengbojen allerdings bleiben auf der *Cobra* 205 zurück. Bei der schwierigen Wetterlage war es nicht möglich, die kurzen Wurfintervalle einzuhalten. Auf dem Rückmarsch kommt es infolge schwerer See von vorn zu größeren Seeschäden. Erst an der Westküste Jütlands geht der Wind auf NO 6 zurück und nimmt auf Südkurs weiter ab. In der Frühe des 1. V. 1940 teilt sich der Verband zu erneuter Beladung an verschiedenen Plätzen. Die *Kaiser* geht nach Cuxhaven, die *Preußen* und die *Cobra* steuern Wesermünde an, und die *Roland* nimmt in Wilhelmshaven Minen an Bord.

3.12.2 **Die Sperre 16 (nicht geworfen)**

Nach Beseitigung der erlittenen Seeschäden liegen die Minenschiffe *Roland, Cobra, Preußen* und *Kaiser* am 8. V. 1940 auslaufbereit auf Wilhelmshaven-Reede. Es ist eine Sperre am Westrand der Großen Fischerbank etwa bei 57° N und 3° O zu werfen. Am 9. V. 1940 geht der Verband unter Führung des F. d. S. West, Kapitän z. S. K. Böhmer, auf der *Roland* in See. Sperrbrecher 4 und zwei Minensuchboote mit ausgebrachtem Gerät sichern den zunächst in Kiellinie fahrenden Verband. Nach deren Entlassung geht der Verband auf Kurs 307°. Helgoland wird, an Steuerbordseite liegend, auf 12 sm Abstand passiert. Bei Hell-

Skizze 2: Abgebrochene Minenunternehmung und Sicherung des Minenschiffverbandes

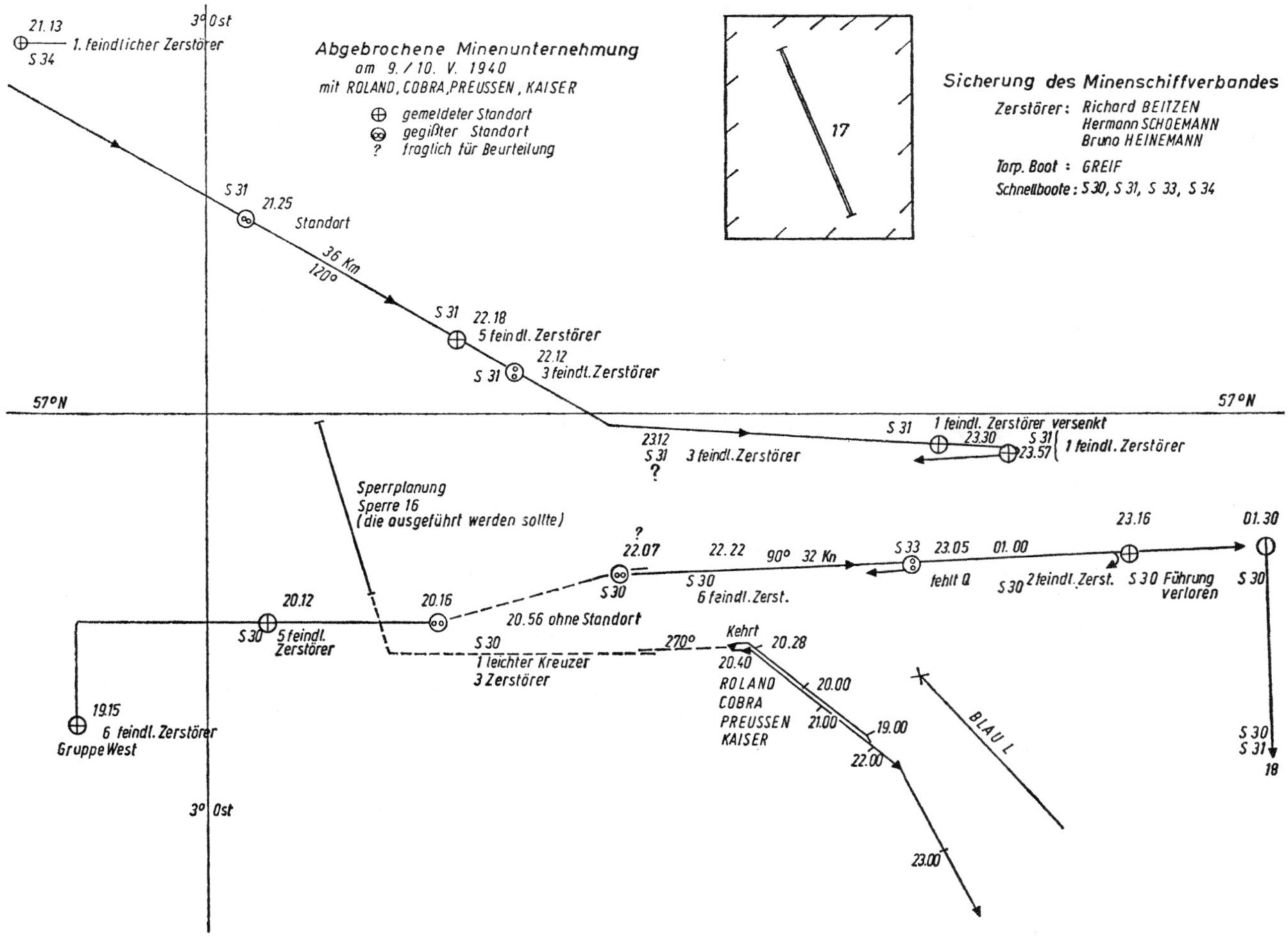

werden ist Flugsicherung zur Stelle. Der Verband marschiert in Dwarslinie mit 400 m Abstand und nimmt Fahrt für 15 kn auf. Die Zerstörer *Richard Beitzen* und *Hermann Schönemann* sowie das Torpedoboot *Greif* setzen sich auf Sicherungsposition vor den Verband. Ab Helgoland wird Kurs 342° gesteuert. Es herrschen NNO in Stärke 2 und Seegang 1 bis 2. Die Sicht beträgt etwa 12 sm. Drei Schnellboote melden sich und verstärken die Sicherung. 13.08 erfolgt eine Kursänderung auf 360°. Nach einem Besteckvergleich steht der Verband 13.30 auf 55° 20,5′ N, 6° 13,0′ O. 15.00 gehen die drei Schnellboote mit „Alle Fahrt" in eine nach Westen zu weiter vorlichere Sicherungsposition. Sie stehen jetzt vor den Zerstörern. 16.04 wird der Kurs auf 311° geändert. Der Wind kommt jetzt aus WNW in Stärke 2, es ist Seegang 1, die Sichtweite beträgt 15 sm. 17.00 stößt der Zerstörer *Bruno Heinemann* zum Verband. Die Sicherung hat sich dadurch auf drei Zerstörer, ein Torpedoboot und drei Schnellboote vermehrt. Ab 18.00 verschlechtert sich die Sicht. Sie beträgt 18.45 noch 1 500 m, 19.00 nur noch 600 m, und ab 19.15 herrscht dichter Nebel. Die Fahrt ist auf 7 kn verringert worden. Die *Roland* gibt Nebelsignale, und die Minenschiffe schließen auf 200 m heran. Nach einer Stunde ist das Nebelfeld durchstoßen. Mit steigender Sichtbesserung wird die Fahrt um 19.50 auf 10 kn, 20.03 auf 12 kn und ab 20.16 wieder auf die alte Marschgeschwindigkeit von 15 kn erhöht. 20.28 wird auf Kurs 270° gegangen.

Man steht wieder an der Großen Fischerbank. Flugzeuge der Nahsicherung haben den Verband längst verlassen. Fernaufklärungsflugzeuge sind anscheinend nicht unterwegs, denn es fehlen die sonst üblichen Aufklärungsmeldungen. Vielleicht hängt dies mit den „Westfeldzug" genannten militärischen Operationen des Heeres gegen Frankreich zusammen. Es ist der 9. V. 1940 und der Tag des Beginns des Einmarsches in Holland, wobei Aufklärungsflugzeuge bestimmt dringend gebraucht werden.

Bis zum Sperrfeld ist es nicht mehr weit. Noch eine Kursänderung steht bevor, dann liegt der Verband auf Sperrkurs. Da ändert sich die Lage überraschend!

Nur sieben Minuten hat der Verband auf Westkurs 270° gelegen, als über Funk um 20.35 eine Kr.-Meldung vom Chef der 2. S.-Flottille eingeht, in der es heißt: „2012/55 Kr. – Qu. 4982 fünf feindliche Zerstörer in Sicht, Kurs 90°."

Die Minenschiffe befinden sich 20.35 im Quadrat 3781 linke untere Ecke. Ihr Abstand zum Feind beträgt um diese Zeit nur 35 bis 40 sm. Der Feind läuft mit hoher Fahrt auf sie zu, wie eine weitere Aufklärungsmeldung besagt. Die Sicht nach Westen, wo sich die Sonne zum Untergang anschickt, erscheint unbehindert, und die Kimm ist klar. Nach Osten dagegen ist es dunstig, und die Sichtweite beträgt nur etwa 6 sm.

Gleich auf die erste Kr.-Meldung hin läßt der F. d. S. West den Verband kehrtmachen. 20.40 liegt er auf Gegenkurs Ost und steuert Südost und südlicheren Kurs, sobald es die Sperrlage im eigenen Warngebiet erlaubt. Die Geschwindigkeit wird auf 16 kn erhöht. Mehr ist nicht drin. Hinter dem Verband folgen als Rückendeckung die drei Zerstörer und das Torpedoboot *Greif*.

Als von der Gruppe West die Funkbefehle eingehen:
„Kehrtmachen, Höchstfahrt"
und
„Möglichst südliche Kurse steuern",
sind diese Bewegungen bereits ausgeführt. Trotzdem ist die Lage noch kritisch. Mit Gläsern wird von den Brücken der Minenschiffe die achterliche klare Kimm vor dem rötlichen Abendhimmel abgesucht. Mit größter Spannung wird das Auftauchen feindlicher Mastspitzen erwartet. Die eigenen Zerstörer und das Torpedoboot haben näher zusammengeschlossen. Während sie als Nachhut folgen, bereiten sie an Bord den Kampf vor, denn Abwehr eines Angriffs auf die Minenschiffe ist ihre Aufgabe. Ein Befehl dazu kann jeden Augenblick notwendig werden.

Aus dem Aufklärungsstreifen der Schnellboote gehen laufend weitere Meldungen über den Feind ein. Es ist kaum anders, als im Manöver geübt: erst die Kr.-Feindmeldung, dann Ergänzungen und Bekanntgabe, wer als Fühlungshalter eingetreten oder dazu befohlen ist. Von ihm kommen dann weitere Meldungen zur Lage. Mal fehlt zwar der eigene Standort des Meldenden, mal Kurs und Fahrt des Gegners. Einmal wird auch ein feindlicher Kreuzer mit Zerstörerschutz gemeldet, ohne spätere Ergänzung. Am bedrohlichsten für den Verband erscheinen jedoch die zuerst gemeldeten fünf Zerstörer mit Ostkurs. Ihre Geschwindigkeit ist doppelt so groß wie die der Minenschiffe und wird sie leicht aufkommen lassen. Während der Feind Ostkurs beibehält, vergrößert der vom Verband eingeschlagene Kurs nach Südost allmählich den Abstand, der gegen 21.30 mit 20 bis 25 sm am geringsten gewesen sein muß.

Ein weiterer Umstand zeigt sich auf dem Rückmarsch für die Minenschiffe als günstig. Das einige Stunden vorher durchstoßene Nebelfeld wird wieder erreicht. Es hat sich inzwischen zu einem großen Nebelgebiet ausgeweitet, das, wie später festgestellt werden konnte, bis nahezu Helgoland reicht. Um die Position halten zu können, marschiert der Verband die ganze Nacht hindurch im Nebelgebiet in Kiellinie mit angestellten Scheinwerfern, wodurch die an die Kiellinie angehängten drei Zerstörer wie auch das beigegebene Torpedoboot die rückwärtige Sicherung behalten.

Während der Nebelfahrt des Verbandes meldet *S 33* 23.05 leider ohne Standortangabe, der Feind sei auf Gegenkurs gegangen. 23.30 meldet *S 31* die Versen-

kung eines Zerstörers. Wie später bekannt wurde, ist es den Engländern nach Tagen gelungen, den zwar torpedierten, aber nicht gesunkenen Zerstörer in den Hafen zu bringen. Ein anderes Schnellboot kollidierte im Nebel mit einem der feindlichen Zerstörer und beschädigte seinen Bug. Weder der gerammte Zerstörer noch sein Hintermann konnten von der Waffe Gebrauch machen, so schnell waren die Fahrzeuge im Nebel wieder auseinander. Das beschädigte Schnellboot erreichte den Hafen mit eigener Kraft.
Die Entwicklung der Lage, wie sie sich nach den eingegangenen S.-Boot-Meldungen von 19.00 bis 24.00 gestaltete, ergab sich aus den Aufzeichnungen im KTB des Minenschiffes *Cobra.* Die Minenschiffe laufen am 10. V. 1940 in Wilhelmshaven ein und erhalten Befehl, ihre Ladung an die Minentransportschiffe *Nautilus*[11] und *Otter*[12] abzugeben. An Stelle der Minenschiffe erhalten der Leichte Kreuzer *Köln* und der Aviso *Grille* die Auslegung der Sperre 16 übertragen. Sie wird in zwei Unternehmungen am 17. und 18. V. und 19. und 20. V. 1940 ohne Feindberührung durchgeführt.
Am 31. V. 1940 liegen die Minenschiffe *Roland, Cobra, Kaiser* und *Hansestadt Danzig* beladen und auslaufbereit in Wilhelmshaven. Jedes Schiff hat 150 EMC mit oberer und unterer Antenne an Bord. Sie warten auf den Einsatzbefehl. Die *Hansestadt Danzig* ist eigens für die noch unbekannte Aufgabe aus der Ostsee herangeholt worden. Es vergehen zehn Tage. In dieser Zeit erleben die mit Minen beladenen Schiffe dreimal Fliegeralarm in Wilhelmshaven. Am 10. VI. 1940 fällt die Entscheidung, doch anders als erwartet. Die Unternehmung findet nicht statt. Die Schiffe werden wieder entladen. *Roland* und *Cobra* erhalten Werftliegezeit und sind bis Mitte Juli AKB. Die übrigen Schiffe gehen zu verschiedenen Aufgaben nach der Ostsee, worüber später berichtet wird. Hier sollen erst die letzten Sperrunternehmungen behandelt werden, die bis Jahresende 1940 in der nördlichen Nordsee durchgeführt werden.

3.12.3 Die Sperre 19 – Sperrewerfen erstmalig mit sechs Minenschiffen

Am 15. VII. 1940 sammeln die Minenschiffe *Roland, Königin Luise, Kaiser, Preußen, Cobra* und *Hansestadt Danzig* auf Wilhelmshaven-Reede. Vier Schiffe sind mit 660 EMC, zwei mit 900 Sprengbojen D beladen. Es ist wieder eine Minenlegung zur Verlängerung des „Westwalles“ geplant. Sie soll etwa 80 sm nordwestlich der Großen Fischerbank ausgelegt werden. Der Wurfverband ist in zwei Gruppen eingeteilt worden. Die Führung der Gruppe 1, zu der die *Roland,* die *Königin Luise* und die *Kaiser* gehören, hat der F. d. S. West, Kapitän z. S. K. Böhmer, auf der *Roland.* Die Führung der Gruppe 2 mit der *Preußen,* der *Cobra* und der *Hansestadt Danzig* liegt beim F. d. S. Ost, Kapitän z. S. A. Bentlage, auf der *Preußen.*
Während des gemeinsamen Marsches beider Gruppen zum Sperrfeld hat der F. d. S. West die Gesamtführung. Für die Sicherung des Verbandes sind Torpedoboote und Minensuchboote bereitgestellt worden. Kurz vor Mitternacht am 15./16. VII. 1940 verläßt dieser mit sechs Einheiten bisher stärkste Verband von Minenschiffen in Kiellinie die Jade. An seiner Spitze gibt der Sperrbrecher *Sp 4* das Minengeleit. Nach dessen Entlassung marschiert der Verband auf dem Weg Blau mit 15 kn Fahrt in Dwarslinie weiter.
09.30 werden auf 55° 20′ N, 6° 15′ O mehrere dänische Fischer gesichtet. Sie fischen außerhalb des erlaubten Gebietes. Sie werden aber nicht untersucht. Der Verband hält vielmehr Kurs und Fahrt durch. Um 12.00 ist das Gebiet 55° 55,6′ N, 6° 8,8′ O erreicht. Der Besteckvergleich der Schiffe läuft über Sprechfunk zum Verbandsführer auf der *Roland,* denn die dabei benutzten UK-Wellen gelten, obwohl gewisse Zweifel bestehen, als nicht einpeilbar. 15.35 hat die *Hansestadt Danzig* nach zwei Standlinien den Schiffsort errechnet mit 56° 35,5′ N, 4° 55′ O. Danach beträgt die Marschgeschwindigkeit des Verbandes 15 kn über den Grund. Eine treibende englische Mine wird 16.45 auf 56° 50,7′ N, 4° 44′ O gesichtet.
Als die Minenschiffe auf ihrem Marsch nach Norden am 16. VII. 1940, 17.15, in einem Abstand von 10 sm die Ostseite der Großen Fischerbank passiert haben, kommt ein FT von der Gruppe West: „Kehrtmachen.“ Nach einem zweiten FT, das kurz darauf eingeht, sind im Quadrat 4511 (etwa 85 sm NO Peterhead) schwere feindliche Seestreitkräfte festgestellt worden. Nach einer ergänzenden Meldung handelt es sich um zwei schwere und zwei leichte Kreuzer und sieben Zerstörer. Sie sollen Kurs 120° steuern und 20 kn Fahrt laufen. Der Wurfverband hat auf den Funkbefehl hin sofort kehrtgemacht und marschiert nach einem weiteren Befehl der Gruppe West nach Wilhelmshaven zurück.
Eigene Flugzeuge halten bis 19.30 Fühlung am Feind. Sein letzter Standort ist 19.08 mit Quadrat 4423 angegeben. Das ist etwa 60 sm NO Peterhead. Nebel und eine untere Wolkengrenze in einer Höhe von nur 100 m behindern die weitere Aufklärung. 20.12 funkt eines der deutschen Flugzeuge: „Fliegergefahr.“ Drei Minuten später ist auf den Minenschiffen Alarm. Ein Flugzeug fliegt von Westen her in einer Höhe von 1500 bis 2000 m den Verband an, der jetzt in Dwarslinie etwa 15 sm südöstlich der Großen Fischerbank nach Südosten abläuft. Der Typ des Flugzeugs ist schwer auszumachen, es ähnelt einer Ju 52. Die Schiffe schießen Erkennungssignal und eröffnen das Feuer, da das Flugzeug nicht antwortet. Auf den Beschuß

hin dreht die Maschine ab. Sie wirft fünf Bomben, die, ohne Schaden anzurichten, hinter dem Verband auf dem Wasser explodieren. Ein nochmaliger Anflug aus der Sonne heraus wird durch rechtzeitiges Feuereröffnen abgewiesen. Bei Annäherung an die Küste wird der Verband vor den Flußmündungen am 17. VII. 1940, 08.30, von Sperrbrecher *Sp 4* wieder aufgenommen und in die Jade geleitet. Um 12.00 liegen alle Schiffe auf Wilhelmshaven-Reede vor Anker. Sie ergänzen Brennstoff und erhalten Befehl, um 23.00 seeklar zu sein. Die geplante und am 16. VII. 1940 gestörte Sperrlegung soll nunmehr durchgeführt werden.
Die sechs Minenschiffe lichten am 17. VII. 1940, 23.00, die Anker und verlassen Wilhelmshaven-Reede in der bisherigen Gruppeneinteilung, nur mit dem einen Unterschied, daß bei der Gruppe 2 nicht die *Preußen,* sondern die *Hansestadt Danzig* als Führungsschiff fährt. Auf ihr hat sich der F. d. S. Ost eingeschifft. Hinter Sperrbrechergeleit marschiert der Verband in Kiellinie in der Reihenfolge: *Roland, Königin Luise, Kaiser* als Gruppe 1, *Hansestadt Danzig, Cobra, Preußen* als Gruppe 2. Am 18. VII. 1940, 01.57, läuft der vorausfahrende Sperrbrecher auf eine Mine und stoppt. Der Verband geht in Kleiner Fahrt an ihm vorbei nach dem Weg Blau und steuert dann in Dwarslinie mit einer Marschfahrt von 15 kn nordwärts.
Auf 55° N, 6° 25′ O wird um 08.05 ein dänischer Fischkutter gesichtet. Zeit und Ort stimmen etwa überein mit dem Sichten der dänischen Fischer am 16. VII. Ein Torpedoboot untersucht den Kutter. Vielleicht ist seine Funkanlage nicht plombiert, oder es befindet sich ein zusätzliches Funkgerät an Bord zur Nachrichtenübermittlung an den Feind. Die Untersuchung bleibt ohne Ergebnis. Der Verband setzt den unterbrochenen Marsch mit der alten Geschwindigkeit fort und steht am 18. VII. 1940, 12.00, auf 55° 54,5′ N, 6° 12′ O. Ab hier wird Kurs 320° gesteuert und bis 24.00 durchgehalten. Die Große Fischerbank wird um 18.00 passiert, diesmal ohne Störung.
Mit Beginn des 19. VII. 1940 wird der Kurs auf 253° geändert und die Mitte der geplanten Sperre angesteuert. Die Fahrt wird auf 12 kn ermäßigt und ab 00.25 die Doppelkiellinie als Vorbereitungsformation für das Minenlegen eingenommen. Dabei steht die Gruppe 1 mit dem F. d. S. West in der südlichen, die Gruppe 2 mit dem F. d. S. Ost in der nördlichen Reihe der Doppelkiellinie. Das Wetter ist günstig: Wind Ost 4, Seegang 3, beide später zunehmend.
Nach einem Anmarsch von 26 Stunden ist der Verband am Ziel, die Sperrmitte ist erreicht. Beide Gruppen wenden um 01.00 schiffsweise um 90° voneinander ab und beginnen um 01.05 mit dem Minenwerfen, jede Gruppe in Dwarslinie und nun für sich. Der Sperrkurs für die Gruppe 1 ist 163°, der für die Gruppe 2 mit 343° genau entgegengesetzt. Nach einer Stunde hat jede Gruppe ihr Sperrstück gelegt, und die ganze Sperre 19 zieht sich von
57° 55′ N, 2° 13,5′ O nach
58° 14,5′ N, 2° 04′ O.
Das ist etwa halbwegs zwischen Egersund und Peterhead.
Sperrlegung siehe nebenstehende Skizze 3.
Die Gruppe 2 mit der *Hansestadt Danzig,* der *Cobra* und der *Preußen* läuft nach dem Minenlegen mit Kurs 100° und 15 kn Fahrt vom Sperrfeld ab. Es steht ein böiger Wind aus SO bis zur Stärke 8, der Seegang läuft in Stärke 6, Regenschauer behindern die Sicht. Das astronomische Besteck der Gruppe 2 ist um 08.00 57° 59,2′ N, 4° 56,5′ O. Seit 07.00 haben sich beide Gruppen in Sicht, und um 08.20 sind sie wieder vereinigt und steuern mit einer Marschfahrt von 12 kn heimwärts. 13.30 wird für kurze Zeit in großer Höhe ein unbekanntes, anscheinend englisches Flugzeug mit Ostkurs gesichtet. Um 14.00 ist der Schiffsort 57° 04′ N, 6° 03′ O, etwa 80 sm westlich von Hanstholm vor dem Skagerrak. Der Wind weht in Stärke 7 aus SW, die See ist grob, die Sicht beträgt 20 sm, später flaut der Wind auf SSW 4 ab, der Seegang auf 3, es ist bewölkt mit Regenböen.

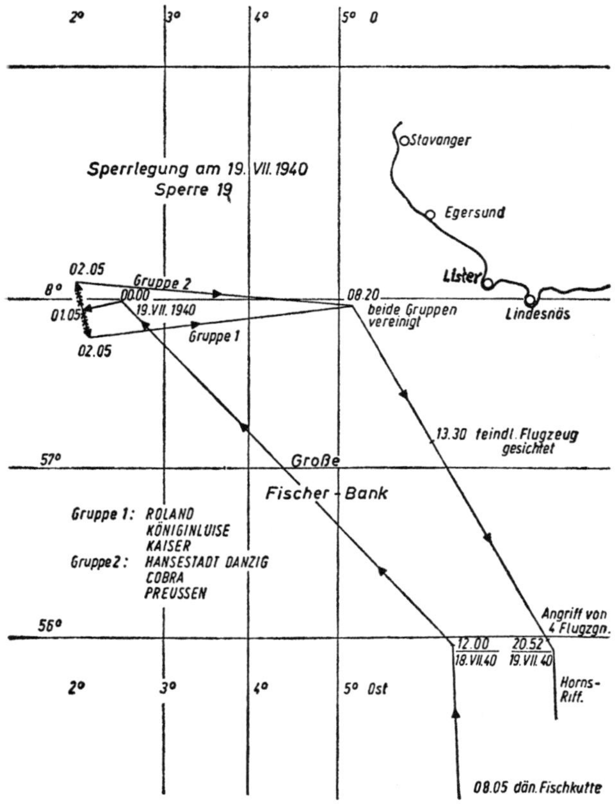

Skizze 3: Sperrlegung der Sperre 19 westlich Lister

Als der Verband etwa 20 sm nordwestlich von Horns Riff steht, erfolgt um 20.52 ein überraschender Angriff von vier englischen Flugzeugen. Sie kommen mit Nord-Süd-Kurs von achtern plötzlich aus den Wolken und werfen sechs Bomben ab, die sämtlich hinter dem in Dwarslinie fahrenden Verband detonieren. Den Wasserfontänen nach zu urteilen, war es ein kleines Kaliber. Auf Beschuß mit den MG C/30 dreht ein Flugzeug nach Backbord ab, während die drei anderen Maschinen den Verband überfliegen und in Richtung SW in den Wolken verschwinden. Vielleicht steht dieser Angriff im Zusammenhang mit dem englischen Aufklärer, der 13.30 beobachtet wurde. Das nach Backbord abgedrehte Flugzeug hält weiter Fühlung. In seiner 21.30 gefunkten und sofort entschlüsselten Aufklärungsmeldung wird der Minenschiffverband angesprochen als zwei Kreuzer und fünf Zerstörer im Quadrat 6624 (etwa 70 sm westlich Horns Riff) mit Kurs 360°, Fahrt 16 kn. Diese Meldung wird später berichtigt in Kurs 180° und 15 kn, was genau stimmt.
Am 20. VII. 1940, 05.40, teilt sich der Verband. Die *Hansestadt Danzig* und die *Cobra* gehen zur Beladung nach Cuxhaven, die anderen Schiffe laden in Wilhelmshaven neue Minen. Der Verband sammelt sich auf Wilhelmshaven-Reede und erhält am 22. VII. 1940 abends Befehl, um 24.00 seeklar zu sein.

3.12.4 Die Sperre 18 – nordwestlich der Großen Fischerbank – mit sechs Minenschiffen

Der auf Wilhelmshaven-Reede liegende Verband geht am 23. VII. 1940, 00.00, ankerauf. Er ist in zwei Treffen eingeteilt. Das Treffen 1 mit den Minenschiffen *Roland, Königin Luise* und *Kaiser* führt der F. d. S. West auf der *Roland*, das Treffen 2 mit den Minenschiffen *Preußen, Cobra* und *Hansestadt Danzig* wird vom F. d. S. Ost auf der *Preußen* geführt. Die Führung des Gesamtverbandes liegt wieder beim F. d. S. West. Fünf Torpedoboote und drei Minensuchboote übernehmen die Sicherung, zwei Flugzeuge fliegen Nahsicherung beim Verband. Das Wetter: der Wind ist NW in 3 bis 4, später 2, der Seegang ist 2 bis 3, der Himmel ist bewölkt. 14.00 steht der Verband auf 55° 53,4′ N, 6° 14,3′ O. Ein Flugzeug meldet 15.32 ein U-Boot im Quadrat 4815, etwa 90 sm ostwärts Aberdeen. Das ist weitab. 20.14 ist U-Boot-Alarm. Eines der Sicherungsfahrzeuge vor dem Verband schießt mehrfach weiße Sterne in Richtung auf einen vermuteten Gegner. Von den Schiffen wird das Boot jedoch nicht gesichtet.
20.41: U-Boot-Alarm ist beendet.
20.54: Fliegeralarm.
Der Verband befindet sich zu dieser Zeit etwa 10 sm nordwestlich der Großen Fischerbank. Ein englisches Flugzeug kommt vom Süden und fliegt den Verband in 2000 m Höhe an. Es wird mit der 3,7- und der 8,8-Flak beschossen, doch es hält sich außer Schußbereich. Ein deutscher Aufklärer greift die feindliche Maschine an, wird aber von den eigenen Schiffen durch zu spätes Einstellen des Flakfeuers behindert und gezwungen, tiefer zu gehen. Der Gegner gewinnt umgekehrt an Höhe und verschwindet in die Wolken. Er bleibt als Fühlunghalter bis 22.35 beim Verband.
23.30 wird die Vorbereitungsformation für das Minenwerfen gebildet. Beide Treffen gehen dazu in Doppelkiellinie mit einem Seitenabstand von 300 m und einem Abstand in der Kiellinie von 400 m von Schiff zu Schiff. Der Wind weht aus NNW in Stärke 2, der Seegang ist 1, es ist wolkig, die Sicht beträgt 12 bis 20 sm. Die Abendaufklärung hat keinen Feind gemeldet. Im englischen Funkverkehr hat sich nichts Auffälliges gezeigt.
Am 24. VII. 1940, 00.10, schwenkt die Doppelkiellinie auf Kurs 270° und steuert die Mitte der geplanten Sperre 18 an. Das Treffen 1 steht in der südlichen Reihe, das Treffen 2 in der nördlichen Reihe der Doppelkiellinie.
00.49 kommt es zur Minenlegung.
Die Schiffe beider Treffen wenden gleichzeitig um 90° voneinander ab und beginnen auf entgegengesetzten

Skizze 4: Sperrlegung der Sperre 18

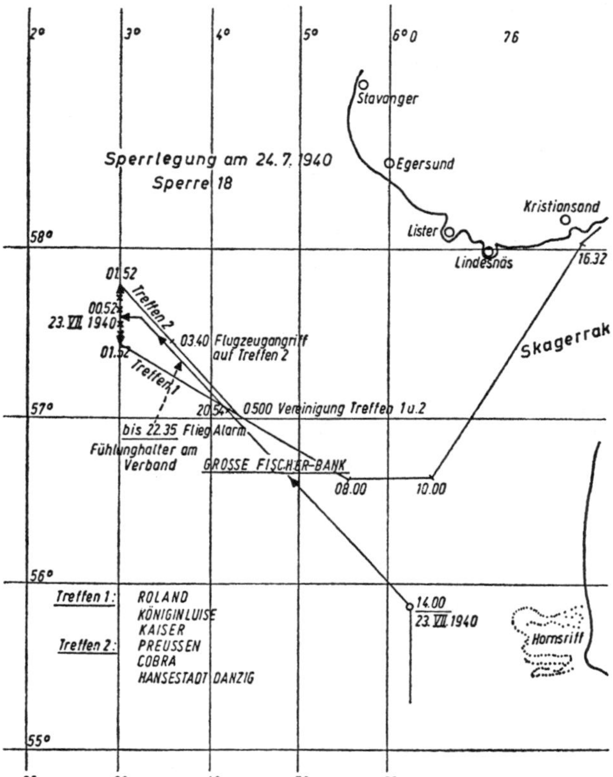

Kursen mit dem Minenwerfen. Das Treffen 1 wirft nach Süden, das Treffen 2 nach Norden. In der Zeit von 00.52 bis 01.52 ist die Sperre von
57° 26′ N, 3° O nach
57° 47′ N, 3° O
gelegt, also in Nord-Süd-Richtung etwa 50 sm nordwestlich der Großen Fischerbank.
Siehe Skizze 1, Seite 20, und Skizze 4, Seite 57.
Das Treffen 2 läuft unter Führung des F. d. S. Ost, Kapitän z. S. A. Bentlage, nach dem Minenlegen mit Kurs 136° und 15 kn Fahrt in Kiellinie nach Südosten ab. 03.40 wird dieses Treffen von einem feindlichen Flugzeugverband etwa 30 sm nördlich der Großen Fischerbank angegriffen. Es ist die Zeit der hier eben beginnenden Morgendämmerung. Nach Osten zu ist der Himmel am Horizont leicht erhellt, nach Westen ist es noch dunkel und leicht bewölkt. Auf der *Cobra* meldet die Kriegswache: „Flugzeug Backbord achteraus." Unmittelbar darauf erfolgen zwei schwere Bombendetonationen mit etwa 60 m hohen Wassersäulen. Auf der *Hansestadt Danzig* wurden als erste vor dem dunklen Westhimmel drei englische Doppeldecker auf 500 m Abstand und in 20 bis 30 m über dem Wasser gesichtet. Die Maschinen kurven hart herum. Weitere drei tief fliegende Flugzeuge kommen aus der gleichen Richtung. Alle Schiffe nehmen die Maschinen sofort mit den 2-cm-MG C/30 unter Beschuß. Die Bombenflugzeuge müssen ihre Last auch über den Schiffen abgeworfen haben, denn zwei schwere Bomben detonieren im Abstand von 300 bis 400 m, ohne daß diese Flugzeuge gesehen werden konnten, denn es lag ein dünner Wolkenschleier über dem Verband. Die beiden 3,8 der *Hansestadt Danzig* schießen hierauf Sperrfeuer. Alle anfliegenden feindlichen Maschinen setzen sich voll ein, um Treffer anzubringen. Es wird aber kein Schiff getroffen. Andererseits wird aber auch auf keinem Schiff ein Abschuß beobachtet. Treffer können wegen der günstigen Entfernungs- und Höhenverhältnisse bei den angreifenden Flugzeugen angenommen werden. Die als Sicherung beim Verband stehenden Minensuchboote *M 18* und *M 19* haben die Bombenabwürfe nicht gesehen, dagegen haben sie Torpedolaufbahnen gesichtet. Eine Laufbahn ist unter *M 18* durchgegangen, eine andere ist achtern vorbeigelaufen. Fünf Detonationen von Torpedos am Ende ihrer Laufbahn hat *M 18* beobachtet. Eine gleiche Wahrnehmung ist auf der *Hansestadt Danzig* gemacht worden. Es kann sich hiernach nur um einen kombinierten Angriff von Bomben- und Torpedoflugzeugen gehandelt haben.
Der Verband des F. d. S. Ost kommt ohne Verluste oder Beschädigung davon. Das Treffen 1 unter dem F. d. S. West, das den südlichen Teil der Sperre zu werfen hatte, stand zur Zeit des Angriffs auf Treffen 2 weiter südlich. Es hat die Detonationen und das Abwehrfeuer gehört, aber wegen des Nebels nichts gesehen.
05.00 sind beide Treffen wieder vereinigt. Kurz darauf kommt der Befehl von der Gruppe West, Kristiansand-Süd anzulaufen.
06.00 meldet das Flugzeug K 66 Fk englische Schnellboote im Quadrat 4530 auf dem halben Wege zwischen Egersund und Peterhead. Es kann sein, daß sie Befehl hatten, den Minenschiffverband abzufangen. Sie hätten den Minenschiffen gefährlich werden können, wenn der Verband den Kurs beibehalten hätte, den der englische Fühlunghalter vor dem Dunkelwerden wohl als letzten Kurs erkannt und gemeldet hat. Aber die Ansteuerung des Sperrfeldes in der Nacht und die Sperrlegung hat die Lage bis zum Morgengrauen völlig geändert. Immerhin hält es der F. d. S. West als Verbandsführer für richtig, vor einer direkten Ansteuerung von Kristiansand-Süd stark nach Süden auszuholen. Erst um 10.00 wird der Kurs auf diesen Hafen abgesetzt nach Empfang eines FT der Gruppe West, die feindlichen Schnellboote hätten kehrtgemacht.
14.30 befiehlt die Gruppe West den Weitermarsch nach Kiel.
16.32: Kristiansand-Süd passiert,
21.37: Skagen gerundet,
25. VII. 1940 kurz vor Mitternacht: Kiel ist erreicht.
Der Gruppenbefehlshaber West, Admiral A. Saalwächter, spricht der Führung, den Offizieren und den Besatzungen des Minenwurfverbandes nach erfolgter Durchführung weitgesteckter Aufgaben für den schon so oft bewiesenen Einsatz seine volle Anerkennung aus.
Die Schiffe werden nun aus dem Verband entlassen: die *Roland* und die *Preußen* nach Wilhelmshaven, die *Cobra* und die *Königin Luise* nach Wesermünde, die *Hansestadt Danzig* und die *Kaiser* nach Cuxhaven. Damit sind die Sperrlegungen zur Verlängerung des „Westwalles" in der nördlichen Nordsee für das Jahr 1940 beendet. Die nächsten Minenaufgaben liegen vor der holländisch-belgischen Küste.
Vor dem Bericht über diese Operationen ist noch ein Blick auf die Tätigkeit der Minenschiffe außerhalb des geschilderten Mineneinsatzes zu werfen. Auch auf Organisationsänderungen und die Indienststellung neuer Minenschiffe ist hinzuweisen.

3.13 Tätigkeit zwischen den Sperrlegungen 1940

Gleich nach Kriegsbeginn, als die ersten Sperren gelegt worden waren, zeigte es sich, daß Minenschiffe nicht ständig mit dem Auslegen von Minensperren beschäftigt sind:
es wurden Wachpositionen bezogen an Hafensperren

und Schleusen zur Abwehr feindlicher U-Boote und Flugzeuge.
Handelskriegführung in der Ostsee und
Dienstleistungen bei den Inspektionen und Schulen waren weitere Aufgaben, deren Art und Zahl sich laufend vermehrte. Das Ergebnis war, daß die Schiffe auch außerhalb des Mineneinsatzes stets einer kriegswichtigen Verwendung zugeführt wurden. Der Ostseeraum war dabei ihr Haupttätigkeitsgebiet.

3.13.1 Wieder Handelskrieg in der Ostsee

Von den sechs Minenschiffen, die beim Auslegen der Paternoster- und der Skagen-Sperren am 18. IV. 1940 beteiligt waren, fanden die Minenschiffe *Roland* und *Cobra* anschließend zu neuem Mineneinsatz in der Nordsee Verwendung. Die Minenschiffe *Kaiser* und *Königin Luise* setzten den Handelskrieg in der Ostsee fort. Das Minenschiff *Preußen* mußte zur Beseitigung eines Schadens, den es sich im Eisgang bei der Überführung in die Nordsee zugezogen hatte, die Werft aufsuchen. Nach der Liegezeit kam es dann mit den Minenschiffen *Kaiser, Roland* und *Cobra* in der Nordsee bei der Verlängerung des „Westwalles“ zum Einsatz und führte vom 16. bis 24. VI. 1940 außerdem noch Handelskrieg in der Ostsee. Die *Hansestadt Danzig* war ab Ende April 1940 der Artillerieinspektion für Schießübungen zur Verfügung gestellt worden. Es zeigte sich aber, daß das leichtgebaute Schiff für solche Zwecke nicht gut geeignet war. Bei den zahlreichen Kaliberschießen der SAS traten Schießschäden auf, worunter die Kriegsbereitschaft des Schiffes leiden mußte.
Zur Beseitigung solcher Schäden liegt das Schiff nun schon Anfang Mai 1940 in der Kriegsmarinewerft Kiel. Danach steht es der Torpedoinspektion für Nebelversuche zur Verfügung, die von dem Schiff teils allein, teils mit einem Flugzeug zusammen durchgeführt werden. Kommandant und Besatzung erhalten dadurch eine gewisse Praxis im Nebeleinsatz und im Verhalten beim Einsatz von Kampfstoffen. Es folgt ein zehntägiger Einsatz im Handelskrieg in der Ostsee. Dabei soll ein schwedischer Dampfer aufgebracht werden, der Riga angeblich am 18. V. 1940 verlassen hat, um 2000 t Schwefelkies nach Stockholm zu bringen. Tag und Nacht kreuzt die *Hansestadt Danzig* zwischen Landsort und Gotska Sandö hin und her. Der gesuchte Dampfer läuft ihr nicht zu. Am 20. V. 1940 wird die *Hansestadt Danzig* für eine Sperraufgabe nach der Nordsee verlegt. Mit den Minenschiffen *Roland, Cobra* und *Kaiser* liegt sie bis zum 10. VI. 1940 in beladenem Zustande in Wilhelmshaven einsatzbereit. Dann wird die Unternehmung abgesagt, und die Schiffe werden entladen. Die *Hansestadt Danzig* und die *Kaiser* kehren nach der Ostsee zurück. Die *Roland* und die *Cobra* beginnen ihre planmäßige Werftliegezeit und sind bis Mitte Juli außer Kriegsbereitschaft.

3.13.2 Verbandsübungen und Kaliberschießen

Fahrübungen im Verbande sind seit Kriegsbeginn in größerem Umfange nicht möglich gewesen. In der zweiten Junihälfte 1940 bietet sich dem F. d. S. Ost, Kapitän z. S. A. Bentlage, hierzu eine der wenigen Gelegenheiten. Die Minenschiffe *Hansestadt Danzig* und *Kaiser* und ab 25./26. VI. auch die *Preußen* und die *Königin Luise* werden zu gründlichen Fahrübungen bei Tage und bei Nacht zusammengefaßt. Ferner werden in diesem Zeitabschnitt auch Kaliberschießen der einzelnen Schiffe durchgeführt.

3.13.3 Flakschutz »Barbara«

Die *Preußen* mit dem F. d. S. Ost an Bord, die *Hansestadt Danzig,* die *Kaiser* und die *Königin Luise* übernehmen ab 1. VII. 1940 den Flakschutz im Großen Belt und liegen dazu an verschiedenen Plätzen vor Anker. Ihre Aufgabe ist die Beobachtung feindlicher Flugzeuge und fallender Leuchtbomben, die mit Angabe von Uhrzeit, Peilung und Messung durch Flugmeldefunktafel an den BSO zu melden sind. Vereinzelt wird von den Schiffen auch Feuer eröffnet. Diese Aufgabe ist am 6. VII. 1940 beendet.
Die *Preußen* und die *Kaiser* verlegen zu ähnlicher Tätigkeit nach Kiel, während die *Hansestadt Danzig* und die *Königin Luise* Swinemünde ansteuern.
Auf das Stichwort „Barbara 2“ lösen die Minenschiffe *Hansestadt Danzig* und *Königin Luise* die Minenschiffe *Preußen* und *Kaiser* in Kiel ab. Sie bekommen Ankerplätze im Kieler Hafen und in der Nähe vom Feuerschiff Kiel zugewiesen. Die Beobachtungen werden skizzenmäßig festgehalten und dem BSO eingereicht. Zu einer Feuereröffnung kommt es nicht. Die Tätigkeit endet am 13. VII. 1940 durch einen Befehl zum Mineneinsatz in der Nordsee zur Verlängerung des „Westwalles“, wobei, wie berichtet, alle Minenschiffe bis Ende Juli beteiligt sind, mit Ausnahme der *Tannenberg.*

3.13.4 Das Minenschiff »Tannenberg«

Das Minenschiff *Tannenberg* hat zu Anfang des Krieges an den Sperrlegungen südlich vom Sund und Großen Belt teilgenommen. Dann führte es mit gutem Erfolg Handelskrieg in der Ostsee und erledigte eine größere Maschinenreparatur in der Werft. Ab 1. IV.

1940 steht die *Tannenberg* unter ihrem Kommandanten, Fregattenkapitän H.-C. v. Schönermark, der Bildungsinspektion für die Ausbildung von Seekadetten zur Verfügung. Das Übungsgebiet ist die östliche Ostsee mit Gotenhafen als Hauptliegeplatz. Mitte Juli erhält die *Tannenberg* den Funkbefehl, nach Swinemünde zu laufen. Sie soll im Rahmen der Aktion „Seelöwe" – also der Besetzung der britischen Inseln über eine großangelegte Operation aller nur irgendwie verfügbaren schwimmenden Einheiten der Kriegs- wie der Handelsmarine – als Minenleger eingesetzt werden, worüber noch berichtet wird. Bis auf eine kleine Gruppe Sperrkadetten gehen alle Seekadetten von Bord. Die *Tannenberg* wird in den Stettiner Oderwerken, ihrer Bauwerft, für ihre Minenaufgabe hergerichtet. Dabei erhält sie auch die bisher noch fehlende MES-Anlage. Nach kurzer Erprobung ist die Einheit Anfang August 1940 einsatzbereit. Sie erhält Befehl, zur Minenübernahme nach Cuxhaven zu gehen und wird von nun an nur noch als Minenschiff verwandt.

3.14 Organisationsänderungen und Indienststellung weiterer Minenschiffe

Nach dem Mineneinsatz in der nördlichen Nordsee befinden sich die *Roland* und die *Cobra* Ende Juli 1940 in Bremerhaven. Sie unterstehen jetzt dem Führer der Vorpostenverbände West (F. d. V. West), Kapitän z. S. H. Schiller. Er wird bald die erste Flankensperre vor der holländischen Küste werfen.
Die Dienststelle des F. d. S. West ist aufgelöst. Das Marinegruppenkommando West unter Generaladmiral A. Saalwächter hat seinen Sitz nach Paris verlegt. An seine Stelle ist das Marinegruppenkommando Nord unter Generaladmiral R. Carls getreten. Der BSN, seit der Besetzung Norwegens Konteradmiral E. Wolfram, ist der Gruppe Nord unterstellt.
Die Dienststelle des F. d. S. Ost wird im August 1940 ebenfalls aufgelöst, und der bisherige F. d. S. Ost, Kapitän z. S. A. Bentlage, wird zum Führer der Minenschiffe (F. d. Minsch.) ernannt. Unter ihm sind damit erstmalig alle Minenschiffe in einem Minenschiffverband vereinigt. Die Überführung der Minenschiffe nach dem Westraum im Rahmen der Aktion „Seelöwe" ist ihm übertragen worden. Eine Verstärkung des Verbandes um die nachfolgend genannten sechs Minenschiffe ist eingeleitet.

3.14.1 Das Minenschiff »Brummer«

Bei der Besetzung Norwegens ist der Minenleger *Olav Tryggvason* erbeutet worden. Das Schiff wird nach Wilhelmshaven überführt und zur Verwendung im Minenschiffverband hergerichtet. Es wird am 1. V. 1940 unter den Namen *Albatros* in Dienst gestellt, sehr bald aber in *Brummer* umbenannt. Der erste Kommandant ist Kapitänleutnant S. Strelow, ab 1. VI. 1940 Kapitänleutnant E. Homeyer, ab 1. VIII. 1940 Korvettenkapitän W. Köppe.

3.14.2 Das Minenschiff »Skagerrak«

Im Rahmen der Norwegenbesetzung wird aus norwegischem Schiffsbestand das Motorfährschiff *Skagerrak* erfaßt. Nach dem Umbau zum Minenschiff kann es unter seinem Kommandanten, Korvettenkapitän F.-K. Birnbaum, und unter seinem alten Namen noch rechtzeitig am Aufmarsch zum „Seelöwen" teilnehmen.
Brummer und *Skagerrak* haben – insgesamt gesehen – im Rahmen des Minenschiffverbandes langjährige Dienste geleistet. Dagegen waren die folgenden vier Schiffe dem Verband nur vorübergehend zugeteilt.

3.14.3 Das »Schiff 23«

Das *Schiff 23* wurde als Motorschiff *Cairo* (4778 BRT) Anfang des Krieges von der KM von der Atlas-Levante-Linie übernommen und von seinem Kommandanten, Korvettenkapitän H. Pahl, am 25. XI. 1939 in Dienst gestellt. Zwischenzeitlich hat Korvettenkapitän d. R. z. V. G. Meinhardt das Kommando. Das Schiff bringt u. a. die *Hansestadt Danzig* am 25. III. 1940 durch das Eis bei Arkona. Am 2. V. 1940 übernimmt Fregattenkapitän H. Gerlach das Kommando, und vom 8. bis 23. VIII. 1940 wird das *Schiff 23* zum Minenschiff umgebaut. Bis dahin hat es unter beiden Kommandanten Handelskrieg in der östlichen Ostsee geführt. Im Winter 1939/40 war das Schiff hauptsächlich als Eisbrecher und im Eishilfsdienst verschiedener Art eingesetzt. Nach dem Umbau zum Minenschiff übt es einzeln und im Verbande mit den Minenschiffen *Kaiser* und *Togo* in der Ostsee und wird dann mit anderen Schiffen zusammen zum „Seelöwen" in den Westraum überführt.

3.14.4 Das Minenschiff »Togo« sowie »Schiff 11«

Das Minenschiff *Togo* (5042 BRT) ist von ähnlicher Bauart wie das *Schiff 23* und wurde von der Reederei Woermann-Linie A. G., Hamburg, übernommen. Es wurde am 18. VIII. 1940 von seinem Kommandanten, Korvettenkapitän R. Betzendahl, in Dienst gestellt. Betzendahl war bisher Kommandant von *Schiff 11* ex *Ulm* (3071 BRT), das im Hamburger Hafen aus unbekannter Ursache ausgebrannt war. Mit diesem hatte er am 10./11. III. 1940 vor der englischen SO-Küste bei

North Godwin im Alleingang – und als Handelsschiff getarnt – mehrere Sperren ausgelegt und damit großen Erfolg gezeitigt. Nach dem französischen „Bulletin de Renseignement de la guerre" sind auf diesen Sperrstücken zehn Schiffe mit über 20 000 t verlorengegangen, und weitere zehn Schiffe mit über 13 000 t erlitten Beschädigungen oder sind gestrandet.
Nach Erledigung von Einzel- und Verbandsübungen mit den Minenschiffen *Kaiser* und *Schiff 23* nimmt die *Togo* am 4. IX. 1940 in Swinemünde Minen an Bord, die bei Verlegung in den Westraum im Verband mit der *Kaiser* vor der holländischen Küste geworfen werden, worüber im einzelnen noch zu berichten ist.

3.14.5 Die Minenschiffe »Schwerin« und »Stralsund«

Auf dem Übungsgebiet in der mittleren Ostsee erscheinen Ende August 1940 auch die Reichsbahn-Eisenbahnfähren *Preußen* (2 529 BRT) und *Deutschland* (2 972 BRT) aus dem Saßnitz-Trelleborg-Trajektverkehr. Sie sind nach dem Umbau zu Minenschiffen unter den Namen *Schwerin* (ex *Preußen*) und *Stralsund* (ex *Deutschland*) von den Kommandanten Kapitänleutnant d. R. G. Meinhardt und Kapitän z. S. W. Brinckmeier als Minenleger in Dienst gestellt worden. Beide Schiffe sollen bei den Sperrlegungen im Falle „Seelöwe" mitwirken. Nun werden sie am 6. IX. 1940 von Swinemünde nach der Nordsee verlegt. *Schwerin* erhält Cuxhaven, *Stralsund* bekommt Wilhelmshaven bis zur Überführung nach dem Westraum als Liegehafen zugewiesen.
Mit diesen Schiffen wächst der Minenschiffverband an auf 13 Einheiten, die nach und nach in den Westraum verlegt werden. Während für die *Roland,* die *Cobra* und die *Brummer* zuerst, später auch für die *Tannenberg* neue Minenaufgaben bevorstehen, erhalten die Minenschiffe *Preußen, Kaiser, Hansestadt Danzig* und *Königin Luise* nach den Sperrlegungen in der Nordsee zur Verlängerung des „Westwalles" Zeit, sich für die Verlegung nach dem Westraum vorzubereiten. Unter Führung des neuernannten F. d. Minsch. werden auch Verbandsübungen in der Ostsee durchgeführt. Erneute Nebelversuche der *Hansestadt Danzig* für die Torpedoinspektion werden am 5. IX. 1940 durch Eingang des Überführungsbefehls nach dem Westraum abgebrochen.

3.15 Flankensperren vor der holländisch-belgischen Küste 1940/41

Zweck der Sperren vor der nach dem Westfeldzug unter deutscher Kontrolle stehenden holländisch-belgischen Küste ist die Sicherung des eigenen Schiffsverkehrs entlang der Küste dieser besetzten Länder.

3.15.1 Die Flankensperre SW 1

Am 7. VIII. 1940, 10.45, verlassen die Minenschiffe *Roland* unter Fregattenkapitän K. v. Kutzleben, *Cobra* unter Korvettenkapitän d. R. Dr. K.-F. Brill und *Brummer* unter Korvettenkapitän W. Köppe Wesermünde zum Werfen der ersten Sperre in neuem Gebiet, der Sperre SW 1. Jedes der Schiffe ist mit 200 EMC beladen. Die Führung der Unternehmung hat der F. d. V. West, Kapitän z. S. H. Schiller, auf der *Roland.* Unter Sicherung des Sperrbrechers *Sp. 12* steuert der Verband weserabwärts und weiter bis zum Leuchtschiff „F" vor der Jade. Hier übernehmen ab 15.25 sechs Boote der 5. T.-Flottille die Sicherung. Der Sperrbrecher wird entlassen. Drei der Torpedoboote sind mit Sprengbojen beladen. Sie haben feindwärts der geplanten dreireihigen Minensperre eine Sprengbojenreihe als Räumschutz zu werfen.
Der Marsch der drei Minenschiffe führt in Dwarslinie westwärts mit 300 m Abstand und 15 kn Fahrt an den Ost- und Westfriesischen Inseln entlang. In der Luft sichern zwei Me 109 mit Ablösung bis zur Dunkelheit. Kurz vor Mitternacht wird über dem Verband ein Fluggeräusch gehört. Der Wind kommt aus WSW in Stärke 2. Die See ist leicht bewegt. Die Sicht ist bei geringer Bewölkung gut. Nach 15 Stunden Anmarsch wird am 8. VIII. 1940 gegen 02.00 der Anfangspunkt der Sperre erreicht. Die Wurfformation ist bereits eingenommen. Das Minenlegen beginnt sofort. Der Wurfkurs ist 215°. Zur gleichen Zeit werfen die drei Torpedoboote die Sprengbojenreihe. Die übrigen Boote bilden – weiter westlich herausgesetzt – die Sicherung. Sie wird nach und nach von den leergeworfenen Booten verstärkt.
03.00 – noch während des Minenwerfens – meldet der Ausguck auf der *Roland* eine weiße Rakete Steuerbord achteraus in Schiffspeilung von etwa 120°. Sie wird von anderen Beobachtern nur noch kurz über dem Wasser im Verlöschen gesichtet. Es bleibt ungewiß, ob die Beobachtung und Bezeichnung als weiße Rakete richtig ist. Der F. d. V. West wartet auf eine Wiederholung des Signals, von dem er annimmt, es sei von einem Torpedoboot der eigenen Sicherung abgeschossen worden. Auch fragt er über UKW bei dem Führer der Sicherung, dem Chef der 5. T.-Flottille, nach der Bedeutung der gemeldeten weißen Rakete. Die Antwort läßt auf sich warten. Inzwischen wird auf der *Roland* die Bedeutung nach dem Signalbuch festgestellt und dem Verbandschef, der auf Steuerbordseite der Brücke steht, durch Zuruf aus dem Ruderhaus gemeldet: „Weiße Rakete bedeutet: Habe feindliche Überwasserstreitkräfte in Sicht."
Diese Meldung führt zu einer falschen Auffassung der Lage. Im Ruderhaus, von wo die Meldung erfolgte, befindet sich auch die Sprechfunkstelle, und im nächt-

lichen Dunkel wird die Meldung aus dem Ruderhaus als die Antwort des Chefs der 5. T.-Flottille auf die an ihn gestellte Frage nach der Bedeutung der weißen Rakete aufgefaßt. Danach wird nun angenommen, die Sicherung des Verbandes habe feindliche Überwasserstreitkräfte in Sicht. Dies aber ist nach dem Sperrbefehl der einzige Grund, das Minenwerfen abzubrechen. Der Verbandschef entschließt sich, den Befehl hierfür zu erteilen. Das Sperrewerfen wird abgebrochen. Bestärkt in seinem Entschluß wurde der Verbandschef dadurch, daß gerade in diesem Augenblick ein unbekanntes Flugzeug den Verband anfliegt und über ihm steht. Das Minenschiff *Cobra* schießt das Erkennungssignal und eröffnet das Feuer mit MG C/30, als das Signal nicht sofort beantwortet wird. Kurz nach Feuereröffnung gibt das unbekannte Flugzeug mit je einem grünen und weißen Stern eine falsche Antwort und dreht dann nach weiterem Beschuß ab.
Als das Minenwerfen 03.06 abgebrochen wird, sind noch von jedem Schiff etwa 30 Minen zu werfen.
Die Minenschiffe wenden schiffsweise nach Backbord zur Kiellinie mit Kurs auf die holländische Küste. Wenig später treten sie – nun wieder in Dwarslinie – den Rückmarsch nach Cuxhaven an.
Eine mit Spannung erwartete Funkmeldung von einem Boot der Sicherung über den Standort des Gegners bleibt aus. Es wird klar: Das beobachtete Signal war keine weiße Rakete. Wahrscheinlich hat es sich um eine herabsinkende weiße Leuchtkugel von dem später durch die *Cobra* beschossenen Flugzeug gehandelt. Auch die Täuschung bei der Meldung aus dem Ruderhaus der *Roland* klärt sich auf. Niemand hat feindliche Überwasserstreitkräfte gesehen oder gemeldet. Das Minenlegen ist auf Grund einer Täuschung vorzeitig abgebrochen worden. An eine Wiederaufnahme des Sperrewerfens ist nicht zu denken, denn es fehlt jede Sperrbezeichnung. Die Länge der Sperre SW 1 bleibt daher um etwa 1/7 verkürzt. Sie hätte einige Seemeilen länger sein müssen. Im Morgengrauen schließen die Torpedoboote zur nahen Sicherung des Verbandes heran. 17.00 wird Cuxhaven ohne weitere Vorkommnisse erreicht. Die Sperrlage ist gemeldet mit
53° 27,8′ N, 3° 46,5′ O nach
53° 17,5′ N, 3° 36,5′ O.
Das ist ein etwa 40 sm nordwestlich von Texel gelegenes Gebiet.
Siehe Skizze 1, Seite 20.
Nur selten kann über Erfolge von Sperrlegungen berichtet werden, da sie der Feind streng geheim hält. Im Falle der Sperre SW 1 ist es anders. Am 31. VIII. 1940 gehen die modernen englischen Zerstörer *Esk* und *Ivanhoe* auf der Sperre verloren, während der Zerstörer *Express* schwer beschädigt wird. Auf Anforderung eines deutschen Luftaufklärers werden von der 11. UJ.-Flottille, die ihren Standort in Den Helder hat und sich in See befand, etwa 40 englische Seeleute aus einem großen Trümmerfeld aufgefischt. Eine Bereitschaftsgruppe dieser Flottille verläßt unter Befehl des Flottillenchefs, Kapitän z. S. G. v. Selchow, sofort den Hafen Den Helder und holt noch weitere zehn Mann aus dem Wasser. Sie alle sind gut durchgekommen, wie der Flottillenchef berichtet. Die englische Zerstörerflottille hatte, wie man von Überlebenden erfährt, den Auftrag gehabt, in deutsch-kontrollierten Gewässern Minen zu werfen, um die Invasionsvorbereitungen für die Landung in England zu stören. Beim Anmarsch zur Durchführung der Aufgabe meldete die englische Luftaufklärung eine große feindliche Streitmacht „. . . vor der holländischen Küste westwärts steuernd . . .“. Die Zerstörer erhielten den Befehl, sie abzufangen. Bei dessen Ausführung sind sie in die Sperre SW 1 geraten.
Das Minenschiff *Brummer* ist bei dieser Sperrlegung erstmals im Einsatz gewesen. Das Schiff – ein Motorschiff mit einem doppelt wirkenden 824-l-Zweitakt-Diesel – zeigt bei einer Marschfahrt von 15 kn eine zu starke Qualmentwicklung, die beseitigt werden muß. Es geht in die Werft und fällt für das Werfen der nächsten Sperre aus. An seine Stelle tritt das Minenschiff *Tannenberg* unter Fregattenkapitän H.-C. v. Schönermark.

3.15.2 **Die Flankensperre SW 2**

An der zweiten Sperre, der Flankensperre SW 2, sind die Minenschiffe *Roland, Cobra* und *Tannenberg* mit je etwa 200 EMC an Bord und drei Torpedoboote mit Sprengbojen beteiligt. Die Verbandsführung hat auf der *Roland* wieder Kapitän z. S. K. Böhmer, jetzt Chef des Stabes beim BSN.
Am 14. VIII. 1940 wird 08.17 Cuxhaven verlassen und hinter Sperrbrechergeleit elbeabwärts gesteuert. Vor der Jade stoßen um 11.50 zwei Zerstörer und drei weitere Torpedoboote der 5. T.-Flottille zum Verband. Zerstörer und Torpedoboote bilden einen Sicherungsgürtel um den mit einer Marschfahrt von 14,5 kn westwärts steuernden Wurfverband. Zwei He 115 fliegen die Luftnahsicherung.
Kurz vor Mitternacht wird das Sperrfeld erreicht. Der Verband geht in Wurfformation. Wurfkurs ist 182°. Die Wetterlage ist gut:
Wind SW 3, die See leicht bewegt, der Himmel bedeckt, mittlere Sicht.
Die Sperre SW 2 wird am 15. VIII. 1940 von 00.25 bis 02.16 ohne Störung geworfen. Beim Rückmarsch nach Cuxhaven übernimmt eine Arado 196 auf 53° 25′ N,

4° 16′ O die Luftsicherung. Nach dem Einlaufen wird die Sperrlage gemeldet von
53° 20,0′ N, 3° 21,0′ O nach
52° 56,0′ N, 3° 17,5′ O.
Das ist etwa 40 sm westlich von Texel.
Siehe Skizze 1, Seite 20.

3.15.3 **Die Flankensperre SW 3**

In Fortsetzung der geplanten Sperrvorhaben werden von der *Roland*, der *Cobra* und der *Tannenberg* am 16. VIII. 1940 wiederum etwa 200 EMC je Schiff übernommen. Sie werden jedoch am 19. VIII. 1940 wieder abgegeben, denn jetzt beginnen die Vorbereitungen für die Überführung der Minenschiffe nach dem Westraum.
Jetzt sieht die Sperrplanung vor, die Sperre SW 3 von Rotterdam aus zu werfen. Sie wird den Wurfverband ostwärts North Foreland bis etwa 30 sm an die englische Küste heranführen. Am 31. VIII. 1940, 11.00, legen die wieder beladenen Minenschiffe *Tannenberg, Roland* und *Cobra* in Cuxhaven ab. Erst am Abend zuvor war der Befehl eingetroffen, den Marsch nach Rotterdam in beladenem Zustande durchzuführen. Die Beladung hatte bis nach Mitternacht gedauert.
Unter Führung des F. d. Minsch., Kapitän z. S. A. Bentlage, auf der *Tannenberg* steuert der Verband hinter dem Sperrbrecher *Sp 10* elbeabwärts. Hinter den Minenschiffen folgen der Zerstörer *Erich Steinbrink* mit dem Chef der 5. T.-Flottille, Fregattenkapitän F. Berger, als Führer des Sicherungsverbandes und die mit Sprengbojen beladenen Torpedoboote *Greif, Falke, Iltis* und *Jaguar* der 5. T.-Flottille. Aus der Jade kommen hinter dem Sperrbrecher *Sp 3* die Zerstörer *Paul Jacobi* und *Karl Galster* sowie von der 2. T.-Flottille die Torpedoboote *T 5, T 6, T 7* und *T 8*. Um 15.10 ist der Überführungsverband versammelt, auf Kurs 270° wird die Marschfahrt von 14 kn aufgenommen.
Die Sperrbrecher sind entlassen. Drei Zerstörer und acht Torpedoboote übernehmen die Sicherung der in Dwarslinie fahrenden Minenschiffe mit dem Marschziel Rotterdam. Nach Meldung des Sperrbrechers *Sp 5* sind die befohlenen Wege zweimal mit VES überlaufen und minenfrei befunden worden. 21.35 wird die Nachtformation eingenommen. Die Minenschiffe gehen in Kiellinie, der Sicherungsverband wird in Doppelkiellinie angehängt, getrennt nach Zerstörern und Torpedobooten. 21.45 teilt die Gruppe Nord mit, daß am 1. IX. 1940 ab 05.00 bis zum Einlaufen in Rotterdam Jagdschutz gestellt wird.
Ab 22.10 wird der Verband von einem englischen Flugzeug mehrfach überflogen. Flie-Meldung wird abgegeben und diese um 22.35 durch eine Fühlunghaltermeldung ergänzt, eine Vermutung, die vom BSN bestätigt wird. Bis 24.00 werden weitere Flugzeuggeräusche wahrgenommen. Am 1. IX., 02.34, erhält der F. d. Minsch. vom BSN die Mitteilung: „Abendaufklärung ohne Ergebnis.“ Bis dahin hat der Verbandschef keine Aufklärungsmeldung erhalten und auch sonst keine Angaben zur Beurteilung der Lage. Er selbst rechnet mit einem Luftangriff kurz nach Hellwerden oder mit einem Angriff leichter feindlicher Seestreitkräfte auf Grund der zu vermutenden Meldungen des feindlichen Fühlunghalters. 03.00 befiehlt er für alle Schiffe und Boote volle Gefechtsbereitschaft, dazu ab 04.00 verschärften Ausguck.
Um 04.00 ist der Wind WzS bis W in Stärke 5, die See hat ebenfalls Stärke 5, beide sind abnehmend. Es ist bewölkt. Bei mittlerer Sicht ist die Luft etwas diesig. Die Geschütze sind besetzt. Brücken- und Deckspersonal tragen Stahlhelme. Alles ist in Erwartung. Eine Überraschung durch den Gegner ist ausgeschlossen. 04.40 hört man Flugzeuggeräusche.
Ist es der Feind?
Die Spannung löst sich: Es ist der für 05.00 zugesagte Jagdschutz.
Der Verband kann seinen Marsch unbehelligt fortsetzen. 05.18 beobachtet die *Tannenberg* an Steuerbord eine Blasenbahn. 05.20 läuft die *Erich Steinbrink* angeblich über eine Torpedolaufbahn. Der F. d. Minsch. führt jedoch beide Beobachtungen auf harmlose Tümmler zurück. Eine Stunde später wird Hoek van Holland passiert. 10.00 haben alle Schiffe und Boote in Rotterdam festgemacht. Damit ist die erste Überführung eines größeren Kriegsschiffverbandes nach einem westlichen Hafen beendet. „Wider alles Erwarten machte der Engländer keinen Versuch, den Marsch des Verbandes, der ihm ja gemeldet sein mußte, zu stören“, vermerkt der F. d. Minsch. in seinem KTB nach dem Einlaufen in den „Neuen Wasserweg“.
Heute wissen wir, daß der Verband, der sich aus 14 Einheiten zusammensetzte, von der englischen Aufklärung als „große feindliche Streitmacht“ gemeldet worden ist. Daraufhin hat eine englische Zerstörerflottille, wie schon berichtet, den Befehl erhalten, den Verband abzufangen. Bei diesem Vorhaben ist die Flottille am 31. VIII. 1940 in die deutsche Flankensperre SW 1 geraten. Nach Verlust von zwei Zerstörern und schwerer Beschädigung eines dritten hat sie den Angriff aufgegeben. Es ist von Interesse, daß sich bei dem Überführungsverband die Minenschiffe *Roland* und *Cobra* befanden, die an der Sperrlegung von SW 1 am 8. VIII. 1940 beteiligt waren, ebenso Torpedoboote der 5. T.-Flottille. Sie haben damit dem auf sie jetzt beabsichtigten Angriff schon damals Halt geboten.
Noch am Abend des 1. IX. 1940 läuft der Verband um 18.30 in seiner bisherigen Zusammensetzung aus Rotterdam zum Werfen der Flankensperre SW 3 aus.

Kurz nach dem Loswerfen von der Boje kommt Fregattenkapitän G. Waue, Al op. 3 von Gruppe West, mit einem Boot nach und überbringt dem F. d. Minsch. Befehle und Nachrichten. Darunter befindet sich auch die Mitteilung über die Lage einer englischen Minensperre bei Nordhinder-Feuerschiff, in einem Seegebiet also, das auch eine deutsche Minensperre bekommen soll. Die Lage der englischen Sperre ist angegeben von
51° 34′ N, 2° 31,5′ O nach
51° 41,8′ N, 2° 33′ O.
Sie war, wie Seite 51 berichtet, in dem erbeuteten englischen U-Boot *Seal* gefunden worden. Um durch Stromversetzungen, die im Bereich der Möglichkeit liegen, ein Auflaufen auf diese Sperre zu vermeiden, wird der bisher für die Sperrlegung beabsichtigte Anmarschweg entsprechend geändert.
20.42 wird Hoek van Holland auslaufend passiert und Nachtmarschformation eingenommen. Der Wind ist W 2. Die See ist ruhig mit auffallend starkem Meeresleuchten. Der Himmel ist anfangs bedeckt, später aufklarend. Die mittlere Nachtsicht beträgt bis zu 6 sm. Von 22.00 bis 22.49 werden wiederholt Flugzeuggeräusche über dem Verband gehört. 22.52 ist Middle-Steenbank-Tonne erreicht, der Absprungpunkt für den Marsch in Richtung Nordhinder-Feuerschiff. Wegen der gemeldeten feindlichen Sperre wird etwas mehr nach Nordwesten ausgeholt. 23.12 erhält der F. d. Minsch. von der Gruppe West das FT 2241/28:
„Nachmittags englische Zerstörer zwischen Swarte Bank und Terschelling. Einer durch Mine gesunken, zweiter wahrscheinlich. Rest abends nach Westen abgelaufen."
An Bord wird diese Mitteilung so verstanden, daß es sich um einen Vorgang vom gleichen Tage nachmittags handelt. Mit Ablaufen der Zerstörer nach Westen wird der jetzige Weg des Verbandes als feindfrei angesehen. Tatsächlich liegt der gemeldete Vorgang aber über 24 Stunden zurück. Es handelt sich um die Übermittlung von Aussagen geretteter Besatzungsmitglieder von englischen Zerstörern, die, wie bereits berichtet, in die Sperre SW 1 geraten und gesunken sind. Die Funknachricht ohne Datumsangabe war unklar und hat dadurch zu einer falschen Auffassung der Lage geführt, doch bleibt der Verband bei Durchführung seiner jetzigen Aufgabe vom Feinde unbehelligt.
Die Sperre SW 3 wird am 2. IX. 1940 von 01.35 bis 03.28 geworfen von
51° 40,2′ N, 2° 27,5′ O nach
51° 28,5′ N, 2° 10,6′ O.
Siehe nebenstehende Skizze 5.
Während des Werfens detonieren wiederholt Sprengbojen, und 01.46 werden in Richtung 330° sehr weit entfernt nacheinander vier weiße Leuchtkugeln beobachtet. Nach dem Sperrelegen sind die vier Torpedo-

Skizze 5: Wegekarte Sperre SW 3

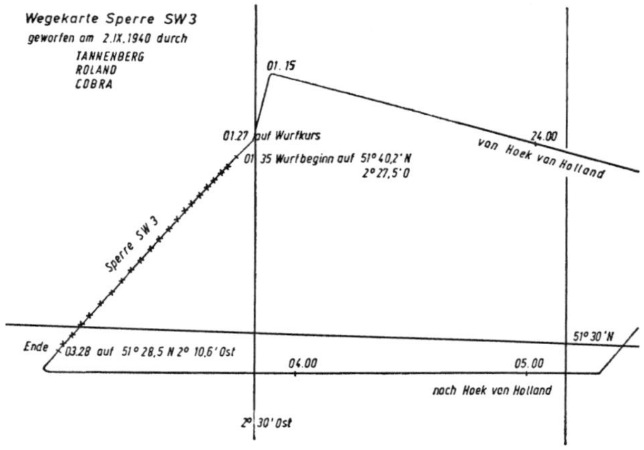

boote der 2. T.-Flottille nach dem Westraum entlassen. Der Verband marschiert mit 14 kn Marschfahrt nach Rotterdam zurück. 10.15 machen die Minenschiffe im Ysselhafen fest.

3.15.4 Die Flankensperre SW 0

Aufgabe der Flankensperre SW 0 ist es, eine Lücke zwischen der SW-Ecke des Nordsee-Minenwarngebietes und der mit gutem Erfolg ausgelegten Sperre SW 1 zu schließen. Als Minenträger werden die Minenschiffe *Togo* mit 205 EMB und *Kaiser* mit 200 EMB eingesetzt sowie die Torpedoboote *Greif, Falke, Iltis* und *Jaguar* mit zusammen 1 000 Sprengbojen. Unter Führung des Chefs des Stabes BSN, Kapitän z. S. K. Böhmer, auf der *Togo* wird die Sperre am 7. IX. 1940 von 00.10 bis 01.48 von
53° 30′ N, 4° 5′ O nach
53° 49,5′ N, 3° 58′ O
geworfen. Es herrschten Wind aus NW in Stärken 2 bis 3 auffrischend, Seegang 2, leichte Dünung. Es war klar, und auf der See wurde starkes Meeresleuchten beobachtet. Der Zerstörer *Karl Galster* und das Torpedoboot *Kondor* stellten die Sicherung mit dem Chef der 5. Z.-Flottille.
Die Schiffe laufen anschließend in Den Helder ein. Damit ist gleichzeitig deren Überführung nach dem Westraum vollzogen.
Am 8. IX. 1940 verlegen beide Schiffe nach Rotterdam.

3.16 Der Aufmarsch zum »Seelöwen« und die Tätigkeit der Minenschiffe im Westraum 1940/41

Am 4. IX. 1940 ergeht von der Gruppe West der Befehl, alle noch in der Heimat verbliebenen Minenschiffe nach dem Westraum zu überführen. Ab 8. IX.

1940 sollen die Schiffe in folgenden Häfen bereitliegen:
in Cuxhaven: *Schiff 23, Königin Luise* und *Schwerin;*
in Wesermünde: *Preußen* und *Hansestadt Danzig;*
in Wilhelmshaven: *Grille, Brummer, Skagerrak* und *Stralsund.*

Es handelt sich um eine vorbereitende Maßnahme für den Aufmarsch der Minenschiffe zum Sperrewerfen bei der geplanten Landung in England, die, wie bereits erklärt, unter dem Stichwort „Seelöwe" vorbereitet wird.

Die Minenschiffe sollen den Übergang des Heeres in der Weise schützen, daß sie in mehreren, schnell aufeinander folgenden Sperrlegungen jenes Kanalgebiet, in dem die Truppentransporte vorgesehen sind, nach beiden Seiten mit Minensperren gegen feindliche Angriffe abriegeln.

Zerstörer, Torpedoboote und Minensuchboote werden den Wurfverbänden zugeteilt. Sie haben die doppelte Aufgabe: 1. sie sollen selbst Minen und Sperrschutzmittel werfen, 2. sie sollen die Minenschiffe sichern. Für die Durchführung der Aufgabe erhalten die Minenschiffe in zwei Gruppen folgende Einsatzhäfen zugewiesen:

A. Westgruppe:
   Cherbourg: *Tannenberg, Cobra, Schwerin, Togo* und *Schiff 23;*
   Le Havre: *Stralsund* und *Skagerrak.*

B. Ostgruppe:
   Ostende: *Grille, Königin Luise, Preußen* und *Roland;*
   Antwerpen: *Hansestadt Danzig, Kaiser* und *Brummer.*

Die Westgruppe untersteht dem F. d. Minsch., Kapitän z. S. A. Bentlage, auf der *Tannenberg.* Die Ostgruppe führt der dazu besonders ernannte 2. F. d. Minsch., Kapitän z. S. W. Krastel, auf der *Grille.* Von den in Heimathäfen zur Überführung nach dem Westraum bereitliegenden Minenschiffen müssen die Minenschiffe *Brummer, Skagerrak* und *Stralsund* wegen nicht beendeter Werftarbeiten vorerst zurückbleiben.

Die Minenschiffe *Schiff 23, Königin Luise, Schwerin, Preußen, Hansestadt Danzig* und *Grille* treten nach dem Sammeln vor den Flußmündungen am 8. IX. 1940 den Überführungsmarsch an. Der F. d. Minsch., Bentlage, hat sich befehlsgemäß auf *Schiff 23* eingeschifft. Vier Torpedoboote sichern den Verband. Bis Hoek van Holland verläuft der Marsch ohne besondere Ereignisse. Dort schließen sich die am 9. IX. um 10.00 ausgelaufenen Minenschiffe *Tannenberg, Cobra, Kaiser, Roland* und *Togo* an. Als Sicherung treten zwei weitere Torpedoboote hinzu, während ein Torpedoboot wegen Schraubenschadens entlassen werden muß. Mit nunmehr elf Minenschiffen in Kiellinie und fünf Torpedobooten als Sicherung wird der Marsch westwärts fortgesetzt, und zwar auf vorher freigesuchten Wegen unter der Küste. Bei einem Schiffsabstand von 400 m und Schiffslängen von meist 100 m ist die Kiellinie gut 5 km lang. Das Wetter ist sonnig, die Sicht gut. Die Schiffe bieten in ihrer wohlgeordneten Formation ein prächtiges Bild. Ein Vergleich mit einer Geschwaderkiellinie der alten Kaiserlichen Flotte drängt sich den Älteren auf.

Vor der Scheldemündung werden die *Hansestadt Danzig* und die *Kaiser* 13.45 nach Antwerpen entlassen. Eine Stunde später kommt der nächste Einsatzhafen, Ostende, an die Reihe. Gerade als die Minenschiffe *Grille, Königin Luise, Preußen* und *Roland* Befehl erhalten, in Ostende einzulaufen, erfolgt aus 1500 m Höhe ein Bombenangriff von fünf bis sechs feindlichen Flugzeugen. Die Schiffe werden nicht getroffen, aber durch Splitterwirkungen gibt es auf der *Tannenberg* vier, auf einem Torpedoboot zwei Verletzte. Außerdem entstehen einige Materialschäden. Das Abwehrfeuer der Schiffe und Boote hatte keinen Erfolg. Die für Ostende bestimmten Einheiten laufen ein. Damit hat die Ostgruppe ihre Einsatzhäfen erreicht.

Die Westgruppe setzt mit den Minenschiffen *Schiff 23, Tannenberg, Cobra, Togo* und *Schwerin* den Marsch nach Westen fort und hat Befehl, über Nacht in Calais zu bleiben. Den gleichen Weg benutzen eine Unzahl von Schleppzügen mit Kähnen, die das Weiterkommen der Minenschiffe in dem abgesuchten, aber sehr engen minenfreien Streifen erschweren. In den Abendstunden wird Calais erreicht und bei einer Sicht bis zu 30 sm noch das Artillerieduell zwischen einer deutschen Batterie und Dover beobachtet. Deutsche Bombenflugzeuge in großer Zahl fliegen in großer Höhe mit westlichem Kurs.

Von den Minenschiffen läuft die *Tannenberg* ein und gibt Verwundete ab. Die übrigen vier Schiffe müssen auf Reede ankern, denn der Hafen Calais ist durch „Seelöwe"-Fahrzeuge voll belegt. Als der Marinebefehlshaber Kanalküste im Seegebiet vor Calais ein getauchtes U-Boot meldet, wächst die Besorgnis um die auf Reede liegenden Schiffe. Die in den Hafen eingelaufenen Torpedoboote erhalten Befehl, wieder auszulaufen und draußen U-Boot-Sicherung zu bilden. Dafür werden die *Cobra* und die *Schwerin* in den Hafen gelegt. Zu dieser Zeit steigt der F. d. Minsch., der bisher auf *Schiff 23* geführt hatte, auf sein Führerschiff *Tannenberg* um.

Während der Nacht vom 9. zum 10. IX. 1940 erfolgt bei lebhafter Scheinwerfertätigkeit und Flakschießen der Landbatterien ein Luftangriff nach dem anderen auf Calais. Die Minenschiffe im Hafen und auf Reede beteiligen sich zum Teil beim Abwehrfeuer mit den 3,7- und 2-cm-Waffen. Frühmorgens am 10. IX. wird auf Calais-Reede gesammelt und ab 07.20 der Marsch nach Westen fortgesetzt. Um 22.10 kommt die Außen-

mole von Cherbourg in Sicht. Der Hafen wird erreicht, nachdem gerade ein schwerer Luftangriff erfolgt ist. Die Minenschiffe sind die ersten größeren deutschen Kriegsschiffe, die den Hafen nach seiner Besetzung anlaufen.
Die Hafenbefeuerung von Cherbourg ist gelöscht. Die Einlaufanweisungen erweisen sich als ungenau. Das Einlaufen ist schwierig. Als die *Tannenberg* vor einer nicht bekanntgegebenen Netzsperre steht und den angeforderten Hafenlotsen sucht, wird ein Kahn mit einem auf sie zu wriggenden Matrosen entdeckt: der Hafenlotse. Nach dem Festmachen werden sofort Minen übernommen. Danach liegen die Schiffe vom 11. bis 18. IX. 1940 in sechsstündiger Bereitschaft auf auseinandergezogenen Liegeplätzen im Hafen, zum Teil auch abwechselnd auf der Innen- und Außenreede. Luftangriffe erfolgen in jeder Nacht. Die Minenschiffe beteiligen sich lebhaft an der Abwehr. Das Minenschiff *Schwerin* erhält einen Abschuß zuerkannt.
Am 18. IX. 1940 greifen nachts zwölf Maschinen auf einmal an. Das *Schiff 23* erhält einen Bombentreffer auf das Vorschiff. Der Schaden ist jedoch unbedeutend. Eine andere Bombe detoniert 50 m von der *Cobra* entfernt im Hafenbecken. Splitter verwunden einen seemännischen Unteroffizier schwer.
Bei dieser Lage werden die Minen am 17. IX. 1940 teilweise wieder abgegeben. Erste Zweifel kommen auf, ob die Landung überhaupt durchgeführt werden wird. Am 19. IX. 1940 erhalten die Schiffe den Befehl, von Cherbourg nach St. Nazaire zu verlegen. Die restlichen noch an Bord befindlichen Minen werden abgegeben, und am Abend wird um 21.00 der Verlegungsmarsch angetreten. Torpedoboote der 5. T.-Flottille bilden wie bisher die Sicherung. Der Verband steht am 21. IX. 1940 vor der Loiremündung. Ein Lotse für das Einlaufen meldet sich nicht. Außer der Lage einer alten französischen Minensperre ist über die notwendigen Einlaufkurse nichts bekannt. Nach Stunden des Wartens kommt wenigstens ein Räumboot in Sicht. Es hat Befehl, ein deutsches U-Boot aufzunehmen. Nach den Kursangaben dieses Räumbootes läuft der Verband mittags in die Loiremündung ein und findet einen Ankerplatz vor St. Nazaire.
Die Fernschreibverbindung läßt um diese Zeit noch sehr zu wünschen übrig. Das Eintreffen der Minenschiffe ist bei deren Ankunft weder dem Hafenkapitän noch der U-Boot-Dienststelle bekannt gewesen. Beinahe wäre die *Tannenberg* als Spitzenschiff des Verbandes das Opfer eines deutschen U-Bootes geworden, dessen Kommandant den Verband als britische Kampfgruppe angesprochen und zum Angriff angesetzt hatte. Im letzten Augenblick erkannte der WO des U-Bootes unter den Sicherungsfahrzeugen sein altes Torpedoboot wieder. Erst jetzt wurden die Einheiten als deutscher Verband angesprochen.
Am Abend des 21. IX. 1940 laufen die Minenschiffe bei Stauwasser durch die große Normandie-Schleuse in das innere Hafenbecken von St. Nazaire ein und erhalten dort zwölfstündige Bereitschaft. Am 29. IX. 1940 verlegt die *Togo* nach Nantes, um für einen besonderen Mineneinsatz vorbereitet zu werden; die Minenschiffe *Tannenberg, Cobra* und *Schwerin* folgen am 6. X. 1940 nach, zwecks Auflockerung der Liegeplätze. Nur der Minenleger *Schiff 23* bleibt in St. Nazaire zurück, wohin auch die *Togo* später zu einem geplanten Mineneinsatz beider Schiffe zurückkehren wird.
Die noch zu Werftarbeiten in der Heimat zurückgebliebenen Schiffe der Westgruppe, die Minenschiffe *Stralsund* und *Skagerrak*, sowie die zur Ostgruppe gehörende *Brummer* haben nach ihrer Fertigstellung einen zweiten Überführungsverband gebildet und liegen in Wilhelmshaven auslaufbereit. Der Marsch nach Westen wird am 12. IX. 1940 unter Führung des Kommandanten der *Stralsund*, Kapitän z. S. W. Brinkmeier, angetreten. Vier Torpedoboote übernehmen die Sicherung. Unterwegs herrscht Wind aus West in Stärken 5 bis 7, der bald auf 8 auffrischt. Es ist meist bedeckt mit vereinzelten Regenschauern. Am 13. IX. 1940 stößt 17.04 eine englische Maschine vom Typ Hampdon überraschend aus den Wolken und wirft eine Bombe ab, die keinen Schaden anrichtet. Schaden richtet aber auch das eigene Abwehrfeuer nicht an. Um 20.00 ankert der Verband auf Vlissingen-Reede, und die *Brummer* wird nach Antwerpen entlassen, dem für dieses Schiff vorgesehenen Einsatzhafen. Auf dem Weitermarsch nach Le Havre, ihrem Einsatzhafen, werden die *Stralsund* und die *Skagerrak* am 14. IX. 1940 vor Zeebrügge von englischen Fliegern erfolglos angegriffen. Danach wird ohne weitere Vorkommnisse Le Havre erreicht. Die Schiffe bleiben hier stationiert vom 14. bis 28. IX. 1940. Während der ganzen Zeit beunruhigt ein Fliegeralarm nach dem anderen. Die Schiffe beteiligen sich am Abwehrfeuer. Am 24. IX. 1940 erhält die *Stralsund* einen Bombentreffer auf das Signaldeck. Das Schiff fällt aus, doch ist die Kriegsbereitschaft bereits am 26. IX. wieder hergestellt. In der Nacht vom 28. zum 29. IX. 1940 verlegen die Schiffe auf Befehl der Gruppe West von Le Havre nach Brest. Die Sicherung während des Marsches hat das Torpedoboot *Wolf.* Während der Überführung werden keine Ereignisse vermerkt.
Damit haben alle Minenschiffe der Westgruppe ihre Einsatzhäfen wieder verlassen. Sie haben dort nur kurze Zeit für die Aktion „Seelöwe" bereitgelegen. Ständige Luftangriffe des Gegners, der auch auf Minenschiffen Treffer erzielte, haben es ratsam erscheinen lassen, die Schiffe nach weiter ab liegenden Häfen in Wartestellung zu legen.
Wie sah es nun in dieser Zeit bei den Minenschiffen der Ostgruppe aus?

Grille, Königin Luise, Preußen und *Roland* liegen seit dem 9. IX. 1940 in ihrem Einsatzhafen Ostende. Wie in Le Havre und Cherbourg, so vergeht auch hier keine Nacht ohne Luftangriffe. Dabei erlaubt es der kleine Hafen nicht, die Schiffe weit auseinander zu ziehen. Zeitweilig haben die *Grille* und die *Roland* nebeneinander festgemacht. Teile der Besatzungen sind über Nacht an Land untergebracht. Geschützbedienungen, Feuerlöschtrupps und Lecksicherungsdienst sind einsatzbereit an Bord. Alle Schiffe beteiligen sich an der Fliegerabwehr. Das Minenschiff *Roland* erhält einen Abschuß zuerkannt.
Im Gegensatz zu Cherbourg werden in Ostende keine Minen an Bord genommen. Diese lagern abrufbereit in Waggons südlich Ostende auf einer Bahnstrecke. Eine Übernahme der Minen erscheint wegen der nächtlichen Fliegerangriffe nur tagsüber möglich und dann auch nur unter Jagdschutz.
Am 16. IX. 1940 wird die Sofortbereitschaft für die Lokomotiven der Minentransportzüge aufgehoben.
Danach ist also mit einer Verzögerung der Landungsabsicht „Seelöwe" zu rechnen.
Am 20. IX. 1940 erhält der 2. F. d. Minsch., Kapitän z. S. W. Krastel, Befehl, die Schiffe von Ostende nach Rotterdam zurückzuverlegen. Der Marsch wird am 21. IX. 1940 bei Tage durchgeführt und ist um 17.45 beendet. Wie in Nantes erhalten die Schiffe auch in Rotterdam 12-Stunden-Bereitschaft.
Auf dem Marsch von Ostende nach Rotterdam begegnen die Minenschiffe mehrfach großen Konvois mit meist kleinen Dampfern, Fischloggern und Schleppern mit Kähnen. Es scheint, hier sei der Aufmarsch zum „Seelöwen" noch immer in Bewegung.
In Rotterdam liegen – in alle Hafenbecken verteilt – große Frachter, und Heerestruppen üben auf ihnen Einsteigen und Aussteigen, Beladen und Entladen. All dies deutet auf noch immer bestehende Invasionsabsichten hin. Die holländische Bevölkerung ist zu dieser Zeit zu einer anderen Ansicht gelangt. Sie sagt: „Zu einem gewaltsamen Übergang nach England gehört entweder die Seeherrschaft oder aber die absolute Luftherrschaft. Die Seeherrschaft können die Deutschen nicht erreichen, und die mögliche Luftherrschaft haben sie nicht erlangt. Also gehen sie nicht hinüber!"
In der Folge hat sich diese Weisheit zwar bestätigt, damals hat auf den deutschen Schiffen jedoch niemand daran geglaubt.
In Antwerpen, dem zweiten Einsatzhafen der Ostgruppe nach Ostende, haben die *Hansestadt Danzig* und die *Kaiser* am 9. IX. 1940 um 21.00 am Scheldekai festgemacht. Am 14. IX. 1940 trifft auch die *Brummer* dort ein. Fast täglich ist Fliegeralarm, täglich fallen Bomben im Hafengebiet, meist um Mitternacht oder in frühen Morgenstunden. Die Minenschiffe wirken bei der Abwehr kräftig mit. Die *Hansestadt Danzig* ist bald schon an zwei Abschüssen beteiligt. In einer der abgeschossenen englischen Maschinen wird ein Befehl gefunden, in dem es heißt: „Zentrum der Flugabwehr ist südlich von Antwerpen; starkes, gut liegendes, bis zu 10000 Fuß reichendes leichtes und schweres Feuer..." – Da nun die drei Minenschiffe der Flakgruppe Antwerpen-Süd angeschlossen sind, ist der Hinweis in dem englischen Befehl für die Bordflak zugleich auch ein ausgesprochenes Lob.
Ab Anfang Oktober 1940 lassen die Fliegeralarme schlagartig nach. Insbesondere erfolgen auf Antwerpen keine Bombenangriffe mehr. Damit hört auch der Waffeneinsatz auf.
Die *Hansestadt Danzig* hatte fast ihre ganze Munition verschossen. Bei den deutschen Dienststellen in Belgien und Holland gab es keinen Ersatz dafür. Der Kommandant nutzt seine privaten Verbindungen zur Dortmunder Ritterbrauerei, deren Direktor er im Zivilberuf ist. Er schickt einen Offizier nach Wilhelmshaven und beordert einen Brauerei-LKW mit Anhänger nach dort (nicht leer, versteht sich). Mit Munition und Bier beladen kommt er in Antwerpen an.
Mit dem Nachlassen der Bombenangriffe auf Antwerpen und dem Einlaufen der Minenschiffe in Ausweichhäfen ist ab Oktober für alle Schiffe eine ruhigere Zeit gekommen, die zu Ausbildungszwecken ausgenutzt wird. Anscheinend ist der „Seelöwe" bis auf weiteres verschoben, doch bleibt dafür noch eine gewisse Bereitschaft aufrechterhalten.
Korvettenkapitän d. R. W. Schroeder läßt die Besatzungen der *Hansestadt Danzig* und der *Kaiser* aus Beutebeständen in Feldgrau einkleiden und mit Infanteriewaffen ausrüsten. Sie erhalten durch das III. Bataillon des Gebirgsjägerregiments 100 eine Ausbildung für den Landkrieg.
Der 21. X. 1940 bringt für den Minenschiffverband eine entscheidende Änderung. Die Gruppe West befiehlt die Rückführung und die Abgabe folgender Minenschiffe:

- *Grille* an die Gruppe Nord mit Zielhafen Kiel,
- *Tannenberg* an die Gruppe Nord mit Zielhafen Swinemünde,
- *Brummer* an die Gruppe Nord mit Zielhafen Wilhelmshaven,
- *Hansestadt Danzig* an die Gruppe Nord mit Zielhafen Wesermünde,
- *Königin Luise* an die Gruppe Nord mit Zielhafen Wesermünde,
- *Stralsund* zum Rückbau als Fährschiff nach Stettin,
- *Schwerin* zum Rückbau als Fährschiff nach Kiel.

Mit der Rückführung der *Grille* und der *Königin Luise* aus Rotterdam und der Minenschiffe *Hansestadt Danzig* und *Brummer* aus Antwerpen wird der 2. F. d. Minsch. beauftragt. Die in Nantes liegenden Minen-

schiffe *Tannenberg* und *Schwerin* werden ab Brest im Verband mit der *Stralsund* unter Führung des Kommandanten der *Stralsund* zurückgeführt. Beide Verbände erreichen Ende Oktober ungestört die befohlenen Zielhäfen. Die *Grille* tritt zur Artillerieinspektion, die *Stralsund* und die *Schwerin* werden zum Rückbau als Fährschiffe aus dem Minenschiffverband entlassen, und die Dienststelle des 2. F. d. Minsch. wird aufgelöst. Der „Seelöwe" ist damit für den eigens dafür vergrößerten Minenschiffverband organisatorisch beendet.
Unter dem Befehl des F. d. Minsch., Kapitän z. S. A. Bentlage, sind folgende sieben Minenschiffe im Westraum verblieben. Sie sind zunächst noch auf fünf weit voneinander entfernt liegende Häfen verteilt:

Cobra und *Togo* in Nantes,
Schiff 23 in St. Nazaire,
Skagerrak in Brest,
Kaiser in Antwerpen,
Roland und *Preußen* in Rotterdam.

Der F. d. Minsch. hat seinen Führerstander auf der *Cobra* gesetzt. Sein Antrag, die Minenschiffe *Roland Kaiser* und *Preußen* nach der französischen Westküste zu verlegen, wird von der Gruppe West am 25. X. 1940 abgelehnt.
Minenaufgaben stehen zunächst nicht bevor.
Erst Ende November 1940 zeichnen sich neue Sperrvorhaben ab.

3.17 Die Sperrplanung NORMANNE

Die Minenschiffe *Schiff 23* und *Togo* sollen im Seegebiet zwischen Landsend und den Scilly-Inseln Minen werfen. Sie beladen in St. Nazaire und verlegen in der Nacht vom 28. zum 29. XI. 1940 nach Brest-Reede. Die Einheiten sind laut Befehl nach dem Auslaufen zur Unternehmung als Handelsschiffe zu tarnen und noch vor dem Wiedereinlaufen zu enttarnen.
Am 2. XII. 1940 läuft die Unternehmung an. Nach Erkundungsergebnissen der Luftwaffe sollen die Leuchtfeuer auf den Scillys und auch das von Bishop Rock brennen. Doch die Schiffe sind noch nicht lange unterwegs, da werden sie zurückgerufen. Die Durchführung der Aufgabe wird wegen der Mondphase zunächst bis zum 21. I. 1941 verschoben. Die Schiffe werden wieder entladen.
Erst am 29. I. 1941 kommt der erneute Befehl zur Minenübernahme. Mehr passiert im Augenblick nicht. Die Schiffe warten auf ihren Einsatzbefehl. Am 4. II. 1941 fallen während eines Luftangriffs auf das Hafengebiet von Brest vier Brandbomben auf das mit Minen voll beladene *Schiff 23*. Sie werden mittels Schaumlöschgeräten bekämpft und gelöscht. Danach werden die Minen wieder abgegeben. Außerdem befiehlt die Gruppe West am 11. II. 1941 zur Entlastung von Brest und den dort liegenden schweren Einheiten der Kriegsmarine den Rückmarsch nach St. Nazaire. Beide Minenschiffe kommen aber nicht mehr zum Mineneinsatz, denn am 7. IV. 1941 verfügt das OKM ihren Umbau zu Hilfskreuzern. Damit scheiden *Schiff 23* und die *Togo* im Laufe des April 1941 nach Überführung in den Umbauhafen Rotterdam aus dem Minenschiffverband aus.

3.18 Die Nordsee-Flankensperren

3.18.1 Die Sperre SW »a« WAGNER

Während die Minenschiffe *Schiff 23* und *Togo* am 29. XI. 1940 für die geplante Minenunternehmung NORMANNE auf Brest-Reede vor Anker gingen, kam auch für die Minenschiffe *Cobra* und *Skagerrak* der Befehl zu neuem Mineneinsatz. Die *Cobra* hatte vom 12. bis 18. XI. 1940 der 5. T.-Flottille in der Quiberon-Bucht als Zielschiff bei Torpedoschießübungen zur Verfügung gestanden, die *Skagerrak* hatte am 18. XI. 1940 von Brest nach Nantes verlegt. Beide Schiffe sollen nun zusammen mit der *Roland* und der *Kaiser* von Rotterdam aus die Flankensperre SW „a" WAGNER werfen. Das ebenfalls in Rotterdam liegende Minenschiff *Preußen* wartet auf den Befehl für den Beginn seiner planmäßigen Werftliegezeit, wozu es am 20. XII. 1940 den Marsch nach Kopenhagen antritt.
Die Überführung der *Cobra* und der *Skagerrak* geht im Geleit von Booten der 5. T.-Flottille vom 2. bis 4. XII. 1940 abschnittsweise vor sich von St. Nazaire über Brest, Cherbourg, Le Havre nach Rotterdam. Von Antwerpen ist inzwischen das Minenschiff *Kaiser* in Rotterdam eingetroffen. Am 5. XII. 1940 ist der Wurfverband mit den Einheiten *Roland, Cobra, Kaiser* und *Skagerrak* versammelt. Der F. d. Minsch., Kapitän z. S. A. Bentlage, hat seinen Stander wieder einmal auf der *Roland* gesetzt. Die Sperrlegung muß jedoch mehrfach verschoben werden. Die als Sprengbojenträger vorgesehenen Torpedoboote *Iltis* und *Jaguar* sind wegen Havarie AKB. Zudem herrschen draußen Sturm und grobe See, die eine Durchführung von Stichfahrten für die Minenunternehmung ausschließen. Erst am 20. XII. 1940 wird die Sperrlegung SW „a" für die Nacht vom 21. zum 22. XII. 1940 befohlen.
Nach der Minen-, Sprengbojen- und Reißbojen-Übernahme laufen die vier Minenschiffe mit den zum Wurfverband gehörigen zwei Torpedobooten am 21. XII. 1940, 16.30, zur Sperrlegung aus. Die Minenschiffe *Roland, Cobra* und *Kaiser* sind zusammen mit 582 EMC/EMD beladen, die *Skagerrak* trägt 400 Sprengbojen C und 40 Reißbojen. Die beiden Torpedoboote haben je 200 Sprengbojen an Bord. Die Si-

cherung stellt die 5. T.-Flottille. Es weht ein frischer Wind aus NO. Der Seegang liegt bei 3 bis 4. Es steht eine lange Dünung. In der Quersee, die sich auf dem Anmarsch zeigt, arbeiten die Schiffe stark. Auf der *Kaiser* kommt die Minenladung auf einer Seite in Bewegung. Nur durch ein Alle-Mann-Manöver kann eine schwere Störung vermieden werden. Um 21.04 ist das Sperrfeld in den Hoofden erreicht. Es wird auf Sperrkurs geschwenkt, und die Sperre SW „a" wird von 21.28 bis 22.49 geworfen von
52° 6,0′ N, 3° 0,0′ O über
52° 0,0′ N, 2° 50,0′ O nach
51° 58,5′ N, 2° 41,5′ O.
Die Sperrlänge ist mit 14 sm angegeben. Der geglückte Verlauf der Minenlegung ist auf das besonders gute Arbeiten aller Besatzungsmitglieder zurückzuführen und darauf, daß die Schiffe und Boote vor Wind und See fuhren. Auf dem Rückmarsch nach Rotterdam ergeben sich keine Vorkommnisse. Am 22. XII. 1940 wird 05.40 Hoek van Holland einlaufend passiert. Nach dem Festmachen erhalten die Minenschiffe eine zwölfstündige Bereitschaft.
Vor Jahresende ist nach Mitteilung der Gruppe West ein weiterer Mineneinsatz nicht beabsichtigt.
Weihnachtsurlaub wird daher den Besatzungen in reichem Maße erteilt.
Über die dazugehörige Flankensperre SW „b" WAGNER wird, da sie in das neue Jahr 1941 fällt, in Teil 4 berichtet.

[8] Also Beginn der militärischen Operationen.
[9] ObdM = Oberbefehlshaber der Marine.
[9a] Zick-Zack-Uhr bestimmt jeweils den Zeitpunkt der Wendung.
[10] Die *Seal* ist und bleibt das einzige britische Kriegsschiff, das die Flagge strich.
[11] Wahrscheinlich Versuchsboot (ex *M 81*).
[12] Minentransporter, Baujahr 1934, 1 253 t.

4. Das Jahr 1941

Zur Lage

Das Jahr wird bestimmt durch
a) den Balkanfeldzug (Angriff auf Jugoslawien und Griechenland, Kreta, 6. IV. 1941);
b) das Unternehmen „Barbarossa", der Krieg mit der UdSSR (Beginn am 22. VI. 1941) und
c) den Beginn des Kriegszustandes zwischen Deutschland und den USA (11. XII. 1941).

Mit der Eroberung von Griechenland und der griechischen Inseln (insbesondere von Kreta) erwachsen der deutschen Kriegsmarine trotz der verbündeten Italiener und deren Flotte weitere, zusätzliche Aufgaben, die durch das Eingreifen deutscher Truppen im Nordafrikakrieg (Rommel) noch vermehrt werden. Zum erweiterten Operationsgebiet der Kriegsmarine gehört ja nun auch das Mittelmeer (in das erstmals deutsche U-Boote ab 1. XI. 1941 durch die Enge von Gibraltar eindringen).

Das Unternehmen „Barbarossa" beansprucht die Kriegsmarine nunmehr auch in der östlichen Ostsee, wo insbesondere, wie in diesem Kapitel behandelt, die Minenschiffe eingesetzt werden. Außerdem wurde eine sogenannte Baltenflotte aus dem Schlachtschiff *Tirpitz*, dem Schweren Kreuzer *Admiral Scheer*, den Leichten Kreuzern *Nürnberg*, *Köln*, *Leipzig* und *Emden*, mit Zerstörern, Torpedobooten, Schnellbooten und eben den schon genannten Minenschiffen gebildet, um die Einheiten der sowjetischen Ostseeflotte zumindest zu blockieren. Außerdem gilt es nunmehr, auch nach Murmansk führende Geleitzüge und Einzelfahrer zu bekämpfen, zum Teil mit Überwasserstreitkräften, mehr aber noch mit Flugzeugen und U-Booten. Der Ausbruch des Krieges mit den USA bringt für die U-Boot-Waffe eine weitere Ausweitung der bisherigen Operationsgebiete bis unter die Ostküste der USA.

Die Erfolge und auch die Zahl der U-Boote nehmen zu (Januar 1941: 89, Oktober 1941: 198). Erstmals aber treten auch schwere Verluste ein (u. a. *U 47* [Prien], *U 99* [Kretschmer], *U 100* [Schepke], alles „Asse" der ersten Phase).

Im Zufuhrkrieg werden im Atlantik erstmals auch die Schlachtkreuzer *Scharnhorst* und *Gneisenau* eingesetzt. Die Schweren Kreuzer *Admiral Scheer* und *Admiral Hipper* haben bemerkenswerte Erfolge. Gleiches kann auch von den auf den Meeren der Welt operierenden Hilfskreuzern gesagt werden. Indessen werden die in diese Art Zufuhrkrieg gesetzten Hoffnungen (am Ende vernichtend) getrübt, als das Schlachtschiff *Bismarck* verlorenging (27. V. 1941, 400 sm vor Brest)[13].

In Brest werden die hier liegenden Schlachtkreuzer *Scharnhorst* und *Gneisenau* in den nächsten Monaten laufend von britischen Bombern angegriffen und auch beschädigt, nach der *Bismarck* ein weiterer Beweis für die zunehmende taktische Bedeutung der Flugzeuge auch gegenüber schwerbewaffneten Großkampfschiffen. Die Schiffe werden vorbereitet für den Rückzug durch den Kanal, der auch gelingt. Das ist – in Verbindung mit dem Verlust der *Bismarck* – das Ende des Zufuhrkrieges schwerer Einheiten im Atlantik. Ansonsten sind viele Einheiten der Kriegsmarine mit der Sicherung der Versorgungswege nach Norwegen gebunden; einen bedeutenden Anteil haben daran die Minenschiffe.

4.1 Die Nordsee-Flankensperren

4.1.1 Die Sperre SW »b« WAGNER

Die Sperrlegung SW „b" ist für die Zeit vom 2. bis 5. I. 1941 geplant. Ein Zerstörer, die *Richard Beitzen*, und zwei noch in Brest liegende Torpedoboote sollen dabei mitwirken. Wegen der vorherrschenden Schlechtwetterlage können sie die Strecke Brest–Rotterdam nicht planmäßig ablaufen. Aus gleichem Grund muß die vorgesehene Stichfahrt auf der Wegstrecke des Wurfverbandes mehrfach verschoben werden. Erst am 21. I. 1941 ist es soweit, und das Stichwort WAGNER fällt für den 23. I. 1941 als Tag für die Durchführung der Aufgabe. Am Abend des 23. melden sich der Zerstörer *Richard Beitzen* und die beiden Torpedoboote zur Stelle.

Nach der Sperrmittelübernahme am 23. I. 1941 läuft der Verband 18.05 aus Rotterdam aus. Wie bei der Flankensperre SW „a" haben die Minenschiffe *Roland*, *Cobra* und *Kaiser* 582 EMC/EMD übergenommen. Die *Skagerrak* trägt 400 Sprengbojen B und 40 Reißbojen. Die beiden Torpedoboote sind mit je 200 Sprengbojen B beladen. Der F. d. Minsch. hat sich auf der *Roland* eingeschifft. Die Sicherung hat die 5. T.-Flottille. Nach Passieren von Hoek van Holland um 19.25 geht es auf dem Weg „Rot" bis zum Punkt 6. Von hier wird das Sperrfeld in den Hoofden angesteuert. Der Wind kommt aus Ost in Stärke 2, die See ist leicht bewegt. Es ist diesig, die Sicht beträgt nur 2 sm. Das Minenlegen beginnt 22.33 und ist am 24. I. 1941, 00.13, beendet von
52° 3,0′ N, 3° 12′ O über
52° 17′ N, 3° 12′ O nach
52° 21′ N, 3° 4,8′ O.
Die Sperrlänge beträgt 20 sm.

Auf dem Rückmarsch kommt starker Nebel auf.
06.30 wird geankert. Als es aufklart, ist die Maas-Ansteuerungs-Tonne in Sicht. Der mitgekoppelte Schiffsort ist bis auf 2 sm korrekt. Also, so läßt sich folgern, wird auch die Sperre SW „b" auf 2 sm genau liegen. Das ist beruhigend, hatten doch die Funkpeilungen unterwegs Differenzen gezeigt und konnten für eine genaue Ortsbestimmung nicht herangezogen werden.

Nach dem Einlaufen in Rotterdam erhalten die Minenschiffe Kenntnis, daß die Sperrplanungen für den Westraum als durchgeführt gelten. Die Gruppe West genehmigt die vom F. d. Minsch. beantragte Verlegung der Minenschiffe zu Übungen nach der Ostsee. Hiervon kann jedoch nur die *Skagerrak* Gebrauch machen. Die Minenschiffe *Roland*, *Cobra* und *Kaiser* haben Werftarbeiten zu erledigen und warten auf die Zuteilung einer Werft. Die *Roland* bekommt ab 12. III. 1941 ihre große Werftliegezeit zur Überholung ihrer Maschinenanlage in der Scheldewerft in Vlissingen zugewiesen. Dabei soll auch die Ursache für die zunehmende Qualmentwicklung auch bei niedrigen Fahrtstufen gesucht und beseitigt werden. Die Minenschiffe *Cobra* und *Kaiser* erhalten ab 18. III. 1941 Plätze für Reparaturarbeiten in der Wiltonwerft, Schiedam bei Rotterdam. Ehe sie die Werftzeit antreten, werden sie zu kurzem Mineneinsatz nach Norwegen verlegt, worüber nachstehend berichtet wird.

4.2 Sperrlegungen in der Nordsee zwischen Orkney- und Shetlandinseln und Norwegen

Auf Befehl des OKM ist am 13. XI. 1940 eine Minenschiffgruppe Nord gebildet worden. Ihr gehören die aus dem Westraum Ende Oktober 1940 zurückgeführten Minenschiffe *Tannenberg, Brummer, Hansestadt Danzig* und *Königin Luise* an. Chef der Minenschiffgruppe Nord ist Fregattenkapitän H.-C. v. Schönermark, zugleich Kommandant der *Tannenberg.* Einsatzmäßig ist die Minenschiffgruppe Nord dem von Generaladmiral R. Carls geführten Marinegruppenkommando Nord unterstellt. Ihre Hauptaufgabe ist die Verlängerung des „Westwalles" unter Benutzung norwegischer Stützpunkte als Ausgangsbasis für die geplanten Sperrlegungen. Bis es zum Mineneinsatz kommt, erledigen die Schiffe zum Teil Werftarbeiten und Ausbildungsabschnitte im Hafen und auf See. Die *Brummer* steht außerdem im Geleitdienst für Schiffe, die vom Westen oder Norden her die Deutsche Bucht ansteuern. Die *Hansestadt Danzig* ist den ganzen Sommer 1941 der SAS für Schießübungen zugeteilt.
Zur Flankendeckung der eigenen Wege an der norwegischen Westküste und zur Sicherung der eigenen Bewegungsfreiheit bei Durchbruchsunternehmungen nach dem Nordmeer sind in der Enge zwischen den Orkney- und Shetlandinseln und der Norwegenküste sechs Minensperren mit der Bezeichnung 20 bis 24 und 17a zu werfen[14]. Als Sperrmittel stehen zur Verfügung für die Sperren 20 bis 22 je 596 EMC mit unterer Antennenzündung, 130 bis 150 m Ankertau, K.E. ausgeschaltet; ferner 800 Sprengbojen D mit Trageboje. Es sind zwei Minenreihen und eine Sprengbojenreihe zu werfen. Bei den Sperren 23 und 24 sind je drei Minenreihen mit 540 bzw. 510 EMC vorgesehen. Die Sperre 17a folgt mit zwei Minenreihen und 343 EMC. Im einzelnen:

4.2.1 Die Sperre 20 POMMERN

Die Minenschiffe *Brummer* und *Königin Luise* liegen am 10. I. 1941 zur Beladung in Cuxhaven. Die *Brummer* erhält 800 Sprengbojen und die *Königin Luise* 200 EMC. Noch am gleichen Tage verlegen die Schiffe nach Kiel, wo das Minenschiff *Tannenberg* 396 EMC übernommen hat. Unter Führung des Chefs Minsch. Gr. Nord an Bord der *Tannenberg* treten die drei Einheiten am 14. I. 1941 im Geleit des BSO den Marsch nach Stavanger an. Von hier soll die Sperre 20 auf das Stichwort POMMERN geworfen werden. Am 16. I. 1941 wird um 20.32 auf Stavanger-Reede geankert.
Vor dem Einlaufen in den Skudesnäs-Fjord kommt es zu einer ganz unerwarteten Begegnung mit der zu einer Stichfahrt auslaufenden 1. T.-Flottille. Beide Verbände haben voneinander keine Kenntnis. Die 1. T.-Flottille kann leicht annehmen, es mit feindlichen Einheiten zu tun zu haben. „Grundsätzlich", so lautet eine KTB-Eintragung des F. d. M. Nord, dem die Minenschiffgruppe Nord unterstellt ist, „sollen Streitkräfte, die im gleichen Seegebiet operieren, von der Anwesenheit anderer Streitkräfte unterrichtet sein."
Nach Eingang des Stichwortbefehls POMMERN verläßt die Minenschiffgruppe Nord am 17. I. 1941, 17.15, die Reede von Stavanger mit der *Tannenberg,* der *Brummer* und der *Königin Luise.* Zugeteilt sind je vier Boote der 1. T.-Flottille und der 3. MS.-Flottille. Die Minensuchboote marschieren vor, die Torpedoboote hinter dem Verband. Es ist die erste Unternehmung der neu gebildeten Minenschiffgruppe Nord. Außerhalb der Schären herrschen OSO-Wind in Stärke 6 und Seegang 5. Beide nehmen zu. Bald meldet die 3. MS.-Flottille, daß bei dieser Wetterlage ein wirksames Minengeleit nicht mehr möglich ist. Sie läßt sich an der Steuerbordseite des Minenschiffverbandes achteraus sacken, da sie vor dem Verband die Position nicht mehr halten kann. Bei dieser Lage bricht der Chef Minsch. Gr. Nord die Unternehmung ab und geht bei OSO 8 und Seegang 6 nach Stavanger-Reede zurück.
Am 18. I. 1941 befiehlt die Gruppe Nord erneut die Durchführung von POMMERN. Beim Ankerauf um 15.00 weht leichter Westwind, der Himmel ist bedeckt. Ab Kvitingsöy übernimmt die 3. MS.-Flottille die U-Boot-Sicherung. Die 1. T.-Flottille marschiert angehängt. Um 18.45 wird es dunkel. Die 3. MS.-Flottille sammelt vor dem Verband und bringt beim Überschreiten der 200-m-Linie an der Westseite der tiefen Rinne vor der norwegischen Küste das OGG aus. Der Wind hat inzwischen aufgefrischt. Dünung und Seegang nehmen zu. Die Marschfahrt beträgt 12 kn. 21.00 meldet der Chef der 3. MS.-Flottille über Sprechfunk, auf dem Steuerbordboot seiner Flottille sei eine Otter gerissen: „Anscheinend Mine!" Bei Eingang der Meldung ist die verdächtige Stelle bereits passiert. Der Weg ist zwei Tage zuvor von Booten der 1. T.-Flottille ohne Ergebnis überprüft worden. Der Chef Minsch. Gr. Nord nimmt daher an, daß es sich nur um ein Abreißen der Otter durch Seegang und nicht durch eine Mine handelt. Kurs und Fahrt des Verbandes werden beibehalten.
Bedenklicher erscheint eine Meldung der *Königin Luise,* die um die gleiche Zeit eingeht. Bei dem herrschenden Seegang seien die Schwierigkeiten beim Rangieren der Minen an Bord so groß, daß jede fünfte Mine nicht geworfen werden könne. Dennoch entschließt sich der Chef Minsch. Gr. Nord, den Marsch fortzusetzen, um die Sperre, wenn irgend möglich, doch noch zu legen. Es geht auf Mitternacht, als der Verband im Quadrat 4382, ca. 80 sm westlich Egersund, auf Westkurs rw. 333° geht. Ein frischer, starker

Wind kommt aus SO, in Böen weht es bis Stärke 7. Bei Seegang 5 bis 6 läuft eine hohe Dünung. Es ist sternenklar und mittlere Sicht. Als die *Tannenberg* auf Wurfkurs liegt, stellt sich heraus, daß sie bei dieser Wetterlage nicht auf Kurs gehalten werden kann. Das Schiff fällt von selbst nach Steuerbord ab. Nur mit großer Schwierigkeit kann es auf einen Kurs von 80° gebracht werden. Unter diesen Umständen ist an ein planmäßiges Werfen der Sperre nicht zu denken.
Schweren Herzens entschließt sich der Chef Minsch. Gr. Nord, die Unternehmung zum zweitenmal abzubrechen.
Während des Sammelns auf Rückmarschkurs geht die Verbindung mit der 1. T.-Flottille und der 3. MS.-Flottille verloren. Versuche, über UKW-Sprechfunk die Verbindung wiederherzustellen, haben keinen Erfolg. Das UKW-Batteriegerät der *Tannenberg* ist nicht leistungsfähig genug. (Es wird später durch ein stärkeres Gerät ersetzt.) Die Minenschiffe laufen ohne Sicherung weiter und ankern am 19. I. 1941, 08.30, auf den alten Ankerplätzen auf Stavanger-Reede. Die Schlechtwetterlage hält mehrere Tage an. Währenddessen unternehmen die Briten einen Raid an die norwegische Küste. Die Minenschiffe erhalten Befehl, in der Nacht vom 23. zum 24. I. 1941 für alle Fälle die Maschinen klarzuhalten. Die Gruppe Nord nimmt auf Grund vorliegender Nachrichten an, daß es sich bei dem Raid nicht um eine Minenunternehmung handelt, sondern um die Aufnahme von Blockadebrechern. Trotz der ungeklärten Lage soll die Sperrlegung der Sperre 20 versucht werden. Das Stichwort POMMERN wird erneut gegeben, dieses Mal für den 26. I. 1941. Als Sicherung werden die Minensuchboote *M 15* und *M 22* und die Torpedoboote *T 12* und *Falke* zugeteilt.
Die Minenschiffgruppe Nord mit der *Tannenberg* unter Fregattenkapitän H.-C. v. Schönermark, der *Brummer* unter Kapitänleutnant d. R. H. Delius und der *Königin Luise* unter Kapitänleutnant d. R. R. J. Wünning geht am 26. I. 1941, 18.35, ankerauf und tritt die Unternehmung an. Das Torpedoboot *Falke* fehlt; es ist beim Anmarsch erst durch Nebel, dann durch Lotsenverzögerung aufgehalten worden. Es bekommt von der Gruppe Nord den Befehl, in Quadrat 2997 vor dem Boknfjord Aufnahmestellung zu beziehen. Von den beiden Minensuchbooten hat *M 22* Leinenwindendefekt und kann das OGG nicht fahren. Als Minengeleit läuft *T 12* mit OGG voraus. Die Minenschiffe folgen in Kiellinie, an letzter Stelle die *Brummer* mit ausgebrachtem Bugschutzgerät. An der Steuerbordseite sichern *M 15* und *M 22*. Bei Annäherung an das Sperrgebiet erhält *M 15* Befehl, das OGG auszubringen. Bis dahin ist der Vormarsch mit höchstmöglicher Geschwindigkeit erfolgt. *M 15* hätte mit ausgebrachtem OGG die hohe Fahrt nicht mithalten können.
Am 27. I. 1941 wird gegen 01.30 auf Wurfkurs gegangen. Die Wurfformation wird gebildet. Dabei sichern *T 12* vor der *Tannenberg* und *M 15* vor der *Königin Luise* mit OGG, während sich die *Brummer* mit ihrem Bugschutzgerät selbst schützt. Es stehen leichter SO-Wind, Seegang 2 und eine mittellange Dünung. Es ist bedeckt. Die Sicht ist mäßig gut – oder, wie man will, mäßig schlecht. Die Sperrlegung geht von 01.47 bis 03.46 ohne Störung vor sich von
58° 24′ N, 3° 16′ O nach
58° 45′ N, 2° 44,5′ O.
So ist schließlich dem dritten Versuch der Erfolg beschieden gewesen. Auf dem Rückmarsch schließt sich das Torpedoboot *Falke* von seiner Wartestellung ab dem Verband an. Während des Einlaufens ist auch der Jagdschutz vom Fliegerführer Stavanger zur Stelle. 11.00 haben alle Schiffe in der Dusaviki-Bucht vor Stavanger geankert. Aus bereitliegenden Minentransportschiffen werden ab 11.30 die gleichen Sperrmittel übernommen wie bei der eben durchgeführten Sperrlegung.

4.2.2 **Die Sperre 21 ODER**

Unmittelbar nach dem Einlaufen des Wurfverbandes in die Dusaviki-Bucht befiehlt die Gruppe Nord die Auslegung der Sperre 21 ODER auf einen erkannten Hauptanmarschweg des Gegners bei Unternehmungen gegen die norwegische Küste. Zu dem Wurfverband gehören wieder die Minenschiffe *Tannenberg* mit 396 EMC, *Königin Luise* mit 200 EMC und *Brummer* mit 800 Sprengbojen D. Zugeteilt sind die Torpedoboote *T 5, T 9* und *T 12* und die Minensuchboote *M 15* und *M 22.* Am 27. I. 1941, 18.00, geht der Verband zur Durchführung der Aufgabe in See. Etwa 20 sm vor der Wurfstelle steht eine böige Schauerfront, in der die Dünung beträchtlich zunimmt. Die Schiffe beginnen stark zu arbeiten, insbesondere die *Tannenberg.* In dieser Lage erhält der Chef Minsch. Gr. Nord eine 22.46 abgesetzte Wettermeldung der Gruppe Nord. Danach ist der Wind im Westen SO 5 bis 6, die Dünung ist mittelhoch und mittellang. Das Werfen der Sperre von Norden her oder ein Abbrechen wird freigestellt. Der Chef Minsch. Gr. Nord entschließt sich, zunächst durchzuhalten und die Lage der Schiffe auf dem Wurfkurs abzuwarten.
Um Mitternacht ist die Schauerfront durchstoßen. Der Verband nimmt Wurfformation ein und geht auf Wurfkurs 315°. Es herrschen jetzt ein mäßiger Wind aus SzO, Seegang 3 und eine mäßige Dünung. Zwar rollen die Schiffe auf diesem Kurs bei zunehmender Dünung stark, doch hält der Chef Minsch. Gr. Nord an seinem Entschluß fest, die Sperre unter allen Umständen auf diesem Kurs zu werfen. Nach seinen Aufzeichnungen sind hierfür folgende Gründe maßgebend gewesen:

1. Die Gruppe Nord legt größten Wert auf schnelles Auslegen der Sperre.
2. Nach der Wettervorhersage ist in nächster Zeit mit noch schlechterem Wetter zu rechnen.
3. Das Werfen der Sperre auf Nord-Süd-Kurs erscheint nicht angebracht, da die Lage der Schiffe in der hohen Dünung vier Strich von vorn noch schlechter beurteilt wird. Auf dem Rückmarsch wird diese Annahme später bestätigt.
4. Auf Grund mehrfach abgebrochener Unternehmungen will der Chef Minsch. Gr. Nord, wenn irgend möglich, verhindern, den Besatzungen der Minenschiffe nochmals einen Rückmarsch ohne Erledigung der Aufgabe zuzumuten.

Die Sperrlegung wird am 28. I. 1941 von 00.47 bis 02.46 durchgeführt, und zwar von
58° 51′ N, 3° O nach
59° 08′ N, 2° 26,5′ O.
Das Minenwerfen vollzieht sich trotz des Rollens der Schiffe zuerst verhältnismäßig normal. Auf der *Tannenberg* werden beim Rangieren der Minen einige Bleikappen beschädigt. Deshalb gehen acht Minen gleich nach dem Wurf im Wasser hoch. Teilweise kippen die Minen, verursacht durch das heftige Stampfen des Schiffes, nicht mit dem Gefäß nach hinten, sondern nach vorn ins Wasser. Nach einer Stunde Wurfzeit verschlechtert sich das Wetter. Die Dünung nimmt zu. Trotzdem wird das Minenwerfen auch unter den erschwerten Verhältnissen bis zum Ende der Sperre fortgesetzt. Auf der *Brummer* erfordert das Sprengbojenwerfen vom Minendeck aus ungewöhnliche Anstrengungen. Beim zunehmenden Schlingern und Stampfen des Schiffes rollt eine See nach der andern durch die achtern geöffneten Minenklappen herein. Das Sperr- und Wurfpersonal steht oft bis über die Knie im Wasser und hat große Mühe, die Sprengbojen gegen den Druck des hereinströmenden Wassers hinauszuschieben.
Nach Beendigung der Sperrlegung verläuft der Rückmarsch ungestört, und 10.30 liegen die Schiffe in der Dusaviki-Bucht wieder vor Anker. Hier wird den Besatzungen ein Fernschreiben des Oberbefehlshabers der Gruppe Nord, Generaladmiral R. Carls, an den Chef Minsch. Gr. Nord mit folgendem Wortlaut bekanntgegeben:

> „die minenschiffe haben in letzter zeit hart herangemußt. die operative lage gestattete keine rücksichtnahme auf personal und material. ich beglückwünsche sie, daß mit erfüllung der letzten aufgabe der wichtigste teil der sperrvorhaben durchgeführt ist, und beziehe in meinen dank und meine anerkennung auch die torpedoboote und minensuchboote mit ein, die unter größter schwierigkeit als geleit- und sicherungsfahrzeuge das ihre zum erfolgreichen sperrelegen getan haben. ich hoffe, daß für den gegner in zukunft eine annäherung an die südnorwegische küste nur unter stärksten opfern möglich sein wird. für kommende aufgaben nach zunächst kurzer ruhe guten erfolg."

Die Schiffe laufen zur gebotenen Ruhe in Stavanger ein und machen am Strandkai fest. Am 29. und 30. I. 1941 übernehmen die *Brummer* und *Königin Luise* aus dem Minentransportschiff *Rhein* (900 BRT) eine neue Ladung, um das Schiff für weitere Transportaufgaben frei zu machen. Das Minenschiff *Tannenberg* soll Minen aus dem Minentransportschiff *Otter*, einem Schwesterschiff der *Rhein*, erhalten, das aber wegen Schlechtwetterlage von Egersund bisher nicht herangeführt werden konnte.

4.2.3 Die Sperre 22 RÜGEN

Nach Tagen der Ruhe in Stavanger fällt das Stichwort RÜGEN. Das Minenschiff *Tannenberg* belädt aus dem Minentransportschiff *Otter* und läuft mit der *Brummer* am 3. II. 1941, 18.30, zur neuen Aufgabe aus. Zugeteilt als Sicherung sind die 1. und 2. T.-Flottille und das Torpedoboot *Falke*. Es ist leichter NzO-Wind, Seegang 2, lange, mittelhohe Dünung, mittlere Bewölkung und gute Sicht. Das Sperrfeld wird nach Mitternacht erreicht und die Sperre 22 am 4. II. 1941 von 01.31 bis 03.31 geworfen. Ihre Lage ist von
59° 13,2′ N, 2° 52′ O nach
59° 33,5′ N, 2° 27′ O.
Die Schiffe stampfen während des Minenlegens zeitweilig stark. Fünf Minen und eine Sprengboje detonieren nach dem Wurf. Die *Brummer* schöpft etwas Wasser durch die geöffneten Minenpforten am Heck, aber die Durchführung des Werfens von 805 Sprengbojen D wird nicht beeinträchtigt. Anmarsch wie auch Rückmarsch verlaufen ohne Störung, und um 11.16 am 4. I. 1941 liegen die Schiffe auf Stavanger-Reede wieder vor Anker. Zwei Tage später, am 6. I. 1941, werden sie zur Auflockerung der Liegeplätze nach Bergen verlegt.

4.2.4 Die Sperre 23 SWINE

Für diese geplante Sperre fehlt es zur Zeit in Norwegen an Minen. Die *Tannenberg* und die *Brummer* marschieren deshalb zur Minenübernahme vom 13. bis 15. II. 1941 von Bergen nach Wilhelmshaven, während die *Königin Luise* in Bergen leer zurückbleibt. In Wilhelmshaven wird die Beladung der *Tannenberg* zurückgestellt. Wegen des erwiesenen Mangels an Stabilität wird das Schiff zum Umbau nach Swinemünde verlegt. Als Ersatz und für weitere Minenaufgaben

werden die Minenschiffe *Cobra* und *Kaiser* aus Rotterdam herangezogen. Die für sie vorgesehene Werftliegezeit wird etwas verschoben.
Nach der Minenübernahme treten die Minenschiffe *Brummer* mit dem Chef Minsch. Gr. Nord an Bord, die *Cobra* und die *Kaiser* am 19. II. 1941, 16.45, von Wilhelmshaven aus den Marsch nach Norden an. Die Sicherung hat die 5. MS.-Flottille. Am 21. II. 1941 wird im Grimstaadfjord bei Bergen geankert. Das Minenschiff *Kaiser* setzt wegen eines Maschinenschadens den Marsch bis Bergen fort und übergibt dort seine Minenladung an die *Königin Luise*, die alsdann zum Verband tritt.
Die Sperre 23 SWINE wird am 23. II. 1941 von 01.05 bis 02.52 von den Minenschiffen *Brummer, Cobra* und *Königin Luise* unter Sicherung durch die 5. MS.-Flottille geworfen, die mit drei Booten vor den Minenschiffen OGG fährt. Über das Wetter wird im KTB vermerkt: Wind NO 2 bis 3, niedrige, lange Dünung, klare, helle Nacht, ab 22.00 Nordlicht. Acht Minen detonieren nach dem Wurf. Die Sperre liegt von
59° 54′ N, 1° 52′ O nach
60° 12,5′ N, 1° 16′ O.
Siehe Skizze 6.
Das ist etwa in Höhe des Korsfjords halbwegs zwischen den Shetlands und der norwegischen Küste. – Auf der *Brummer* ist Korvettenkapitän R. Lell stellvertretender Kommandant.

Skizze 6: Nordsee-Sperre 23 SWINE

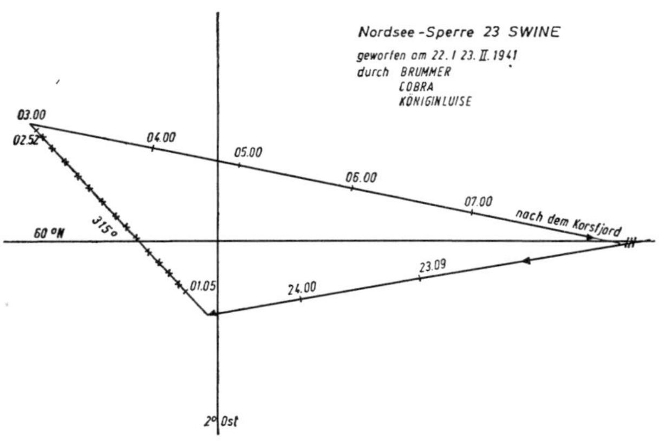

4.2.5 **Die Sperre 24 WOLLIN**

Auch für die Unternehmung zum Legen der Sperre 24 WOLLIN müssen die Minen aus der Heimat geholt werden. Nach ungestörtem Marsch, der in Bergen am 25. II. 1941 angetreten wird, beladen die Minenschiffe *Brummer* und *Kaiser* in Wilhelmshaven, *Cobra* und *Königin Luise* in Cuxhaven. Die Einheiten sammeln

Skizze 7: Nordsee-Sperre 24 WOLLIN

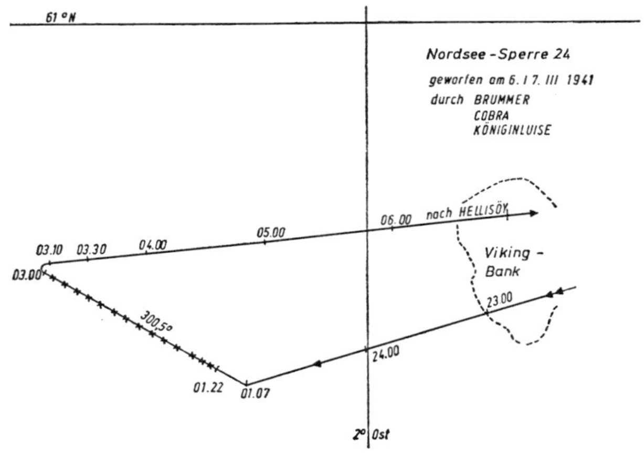

am 4. III. 1941 beim Feuerschiff „F“ zum Marsch nach Norden und liegen am 5. III. 1941 auseinandergezogen auf Stavanger-Reede. Als Geleit für den Hin- und Rückmarsch waren vier Minensuchboote zugeteilt worden.
Für die Durchführung der Sperrlegung WOLLIN sind die Minenschiffe *Brummer, Cobra* und *Königin Luise* bestimmt. Sie lichten am 6. III. 1941 die Anker und steuern durch die Schären nordwärts nach Hellisöy. Die 5. MS.-Flottille gibt das Geleit. Unterwegs fällt das Stichwort WOLLIN, um 18.00 ist Hellisöy erreicht, und der Verband verläßt die Schären. Der Anmarsch zum Sperrfeld verläuft glatt. Das Wetter ist mit Wind aus OSO in Stärke 3, Seegang 2 und guter Sicht günstig zu nennen. Auf der *Brummer* hat sich Kapitänleutnant R. Lindemann als stellvertretender Kommandant eingeschifft. Am 7. III. 1941 wird um 01.07 auf Sperrkurs 300° gegangen und die Sperre WOLLIN von 01.21 bis 02.58 geworfen. Die Sperrlage ist gemeldet von
60° 18′ N, 1° 29′ O nach
60° 31,5′ N, 0° 45′ O.
Siehe Skizze 7.
Der Westpunkt der Sperre liegt etwa 45 sm ostwärts der Out Skerries an der Ostküste der Shetlands. Eine Marschfahrt von 15 kn konnte auf dem Hin- und Rückmarsch durchgehalten werden. Um 11.21 tritt der Verband bei Hellisöy wieder in die Schären ein und liegt um 14.27 in Bergen fest. Dorthin hat auch das Minenschiff *Kaiser* seinen Liegeplatz inzwischen verlegt.

4.2.6 **Die Sperre 17 »a« PREGEL**

Diese Sperre ist zweireihig zu werfen. Die Minenschiffe *Brummer* und *Kaiser* sind dafür vorgesehen und haben zusammen 343 EMC an Bord. Beim Dampfaufmachen am 8. III. 1941 wird auf der *Brummer* starker Salzgehalt im Speisewasser festgestellt. Das Schiff muß zur Beseitigung des Schadens im Hafen bleiben. Es gibt seine Minen an die *Königin Luise* ab, und der Chef Minsch. Gr. Nord steigt von der *Brummer* auf die *Königin Luise* um, die nun als Führungsschiff eintritt. Auf Befehl der Gruppe Nord verlegen die *Königin Luise* und die *Kaiser* im Laufe des 8. III. 1941 von Bergen nach Stavanger-Reede als dem Absprungpunkt für die Minenaufgabe 17 „a" PREGEL. Die Minenschiffe *Brummer* und *Cobra* bleiben zunächst in Bergen zurück.

Zur Durchführung der Aufgabe laufen die *Königin Luise* und die *Kaiser* am 10. III. 1941, 15.00, aus Stavanger aus. Die 5. MS.-Flottille sichert die Operation.

Die Sperrlegung erfolgt in der Nacht vom 10. zum 11. III. 1941 von

57° 33′ N, 2° 33′ O nach

57° 18′ N, 2° 42′ O.

Siehe Skizze 1, Seite 20.

Die Durchführung des Minenwerfens wird am 11. III. 1941, 12.30, an die Gruppe Nord gemeldet. Der Verband steht um diese Zeit im Quadrat 3195 vor Egersund. Die Minenschiffe *Brummer* und *Cobra* hatten nach Beseitigung des Schadens auf der *Brummer* auf Befehl vom Chef Minsch. Gr. Nord am 10. III. 1941 von Bergen nach Stavanger-Reede verlegt. Dort hatten sie von der Gruppe Nord den Befehl erhalten, am 11. III. 1941 nach Kristiansand weiterzulaufen. Sie sollten um 13.00 im Quadrat 3196 vor Egersund stehen, zeitlich und örtlich nicht weit ab von dem zurückkehrenden Wurfverband. Nach dem Sammeln soll der Gesamtverband Kristiansand-Süd ansteuern.

Hierzu kommt es jedoch nicht.

Die Minenschiffe *Brummer* und *Cobra* haben am 11. III. 1941 auf Stavanger-Reede um 07.30 die Anker gelichtet und im Geleit von *M 134* bei starkem Nebel mit wechselnder Sicht von 200 bis 300 m den Marsch nach Kristiansand angetreten. Die *Brummer* hat für die ihr folgende *Cobra* eine Nebelboje ausgebracht, die aber 10.30 abreißt. Es wird dann – je nach Sicht – in Dwarslinie mit etwa 200 m Abstand weitermarschiert. 11.27 fallen auf der *Brummer* sämtliche elektrischen Kommandogeräte aus, dazu die Kreiselruderanlage und das Licht. 11.30 rammt die *Brummer* die *Cobra* an Backbordseite auf 58° 39,5′ N, 5° 23′ O. Die Kollision erfolgt bei der *Cobra* in Höhe des Schornsteins im Winkel von 30°. Die Beschädigungen der *Cobra* sind nicht ernster Natur. Die *Brummer* dagegen hat starke Schäden am Bug sowie einen Wassereinbruch in der beschädigten vorderen Trimmzelle und in der Piek. Nach der Untersuchung der Schäden und deren – soweit wie möglich – behelfsmäßigen Beseitigung von 11.30 bis 14.10 wird der Marsch nach Kristiansand mit verminderter Geschwindigkeit fortgesetzt. 14.45 wird in Quadrat 3193 vor Egersund der Wurfverband gesichtet, der den havarierten Schiffen entgegenläuft. Auf der *Brummer* hat man um diese Zeit Lecksegel ausgebracht und mit der *Cobra* Fahrt für 12 kn aufgenommen.

Der Chef Minsch. Gr. Nord setzt nach Aufnahme der havarierten Schiffe zunächst den Marsch nach Süden fort, entschließt sich dann aber, zur Vornahme kleinerer Reparaturen Stavanger-Reede anzulaufen. Dort ankern die Schiffe um 21.00 und gehen dann am 12. III. 1941 ankerauf zum Marsch nach Wilhelmshaven. Die 5. MS.-Flottille gibt das Geleit. Um 23.14 greift ein Blenheim-Torpedoflugzeug den Verband im Quadrat 3828 vor dem Skagerrak an. Der Angriff erfolgt völlig überraschend in geringer Höhe im Gleitflug aus dem Licht des Vollmondes heraus. Zwei Torpedos werden abgeworfen und von *M 201* und *Brummer* ausmanövriert. Das Flugzeug ist schnell wieder außer Sicht. Nur *M 201* eröffnete kurz das Feuer.

Am 13. III. 1941 laufen die *Königin Luise* mit dem Chef Minsch. Gr. Nord an Bord, die *Brummer,* die *Cobra* und die *Kaiser* um 18.00 in Wilhelmshaven ein. Die geplanten Sperren zur Verlängerung des „Westwalles" sind trotz aller erschwerenden Wetterverhältnisse sämtlich gelegt worden. Der Oberbefehlshaber der Gruppe Nord, Generaladmiral R. Carls, besichtigt die Schiffe am 14. III. 1941 und spricht den Besatzungen dabei auch persönlich seinen Dank und seine Anerkennung für den geleisteten Einsatz aus.

Die Minenschiffe *Cobra* und *Kaiser* werden aus dem Verband entlassen und laufen zur Werftliegezeit nach Rotterdam (Schiedam) zurück.

Nach dem Auslegen der Sperre PREGEL hat die Skl. in ihrem Kriegstagebuch über den Einsatz der Minenschiffe bei der Verlängerung des „Westwalles" folgendermaßen geurteilt:

„Nach dem am 10./11. III. 1941 durchgeführten Werfen der Sperre PREGEL ist die Verlängerung des ‚Westwalles' zum Abschluß gekommen. Der Durchführung standen laufend Schwierigkeiten und Hemmungen entgegen, die sich insbesondere auf den Mangel an Sicherungsstreitkräften erstreckten. Es ist festzustellen, daß trotz dieser Schwierigkeiten der Aufbau des Sperrsystems seitens der Gruppe Nord zielbewußt und mit großer Verantwortungsfreudigkeit durchgeführt wurde. Es wurde z. B. die letzte Sperrlegung unter Sicherung durch fünf neue Minensuchboote 110 sm westlich der norwegischen Küste durchgeführt. War auch die Durchführung vom Kriegsglück begünstigt, so ändert dies doch nichts an der Tatsache, daß das Werfen dieser Sperren ein besonderes Ruhmesblatt in der Geschichte der Hilfsminenschiffe darstellt, die ohne nennenswerte Deckungsstreitkräfte in kühnem Einsatz Sperren geworfen haben, die zum Teil der englischen Küste näher liegen als der eigenen Küste. Die mittelbare Sicherung des südnorwegi-

schen Raumes gegen Operationen feindlicher Überwasserstreitkräfte hat damit eine entscheidende Verbesserung erfahren ...
... Im großen gesehen, ist die Verlängerung des ,Westwalles' bis auf die Höhe der Shetlands in gewissem Sinne das deutsche Gegenstück zu der im letzten Kriege von englischer Seite zur Abriegelung des Zuganges zum Atlantik durchgeführten ,Northern Barrage'."

4.3 Organisationsänderung und Auswahl neuer Minenschiffe

Mit der Bildung der Minenschiffgruppe Nord im November 1940 war eine Zweiteilung im Gesamtverband der Minenschiffe eingetreten. Maßgebend hierfür war die Verwendung der Minenschiffe in zwei räumlich so weit auseinanderliegenden Einsatzgebieten, wie sie der Westraum und der Nordraum darstellen. Es wurde bei dieser Entfernung für zu schwierig gehalten, alle Minenschiffe durch einen einzigen Führer zu betreuen. Die Erfahrung bei der Minenschiffgruppe Nord hatte ferner im Laufe der Zeit gezeigt, daß die Führung eines Wurfverbandes durch den rangältesten Kommandanten für diesen eine erhebliche Belastung bedeutet, die auf die Dauer nicht aufrechterhalten werden kann. Infolgedessen wurde der Chef Minsch. Gr. Nord, Fregattenkapitän H.-C. v. Schönermark, von der Führung des eigenen Schiffes entbunden und vom 1. VIII. 1941 ab zum F. d. Minsch. Nord ernannt. Zum gleichen Zeitpunkt wurde die Bezeichnung des bisherigen F. d. Minsch., Kapitän z. S. A. Bentlage, in F. d. Minsch. West geändert. Erst im April 1942 kommt es zu einer Änderung dieser Befehlsverhältnisse, wobei alle Minenschiffe wieder einem einzigen F. d. Minsch. unterstellt werden, der wiederum alleinverantwortlich dem Flottenkommando untersteht.
Bei allen Sperrlegungen seit Anfang des Krieges sind keine Schiffsverluste eingetreten. Es ist aber verständlich, daß man auch bei den Minenschiffen mit Verlusten rechnen mußte. Deshalb sind in der Zeit auferlegter Ruhe nach Beendigung des „Seelöwen" in französischen Häfen Ermittlungen angestellt worden, woher notfalls Ersatz bei Totalverlusten genommen werden könnte. Das Marinegruppenkommando West in Paris hatte in einem Falle vorgesorgt, als es den Auftrag erteilte, den älteren Kanaldampfer *Versailles* zum Minenschiff umzubauen. Diese Einheit sollte 20 bis 22 kn laufen, und der F. d. Minsch., Kapitän z. S. A. Bentlage, wurde beauftragt, nach ähnlich schnellen Schiffen Umschau zu halten sowie deren Herrichtung als Minenschiffe zu überwachen. Als Ergebnis wurden im Oktober/November 1940 im Westraum folgende Schiffe erfaßt und ihr Umbau befohlen:

in Nantes	die *Côte d'Argent,* später Minenschiff *Ostmark,*
in Dünkirchen	die *Côte d'Azur,* später Minenschiff *Elsaß,*
in Le Havre	die *Londres,* später Minenschiff *Lothringen.*

Bei diesen Schiffen handelt es sich um moderne 23 bis 24 kn schnelle Kanaldampfer. Ihre geräumigen Promenadendecks können gut 250 EMC fassen. Die *Londres* befindet sich noch im Neubaustadium. Dem F. d. Minsch. schwebt vor, aus diesen Schiffen eine besonders schnelle Minenschiffgruppe aufzubauen. Ihre Fertigstellung zieht sich allerdings lange hin.
Ende Juli 1940 hatte sich Hitler entschlossen, Vorbereitungen zu einem Feldzug gegen die Sowjetunion zu treffen. Er zweifelte an einem raschen Erfolg des Luft- und Seekrieges gegen Großbritannien und an der baldigen Durchführbarkeit einer Invasion; andererseits war er überzeugt, daß Großbritannien von einer Fortsetzung des Krieges erst abstehen werde, wenn ihm durch Niederwerfung der Sowjetunion die Hoffnung auf deren Eingreifen gegen Deutschland genommen wäre. Bestärkt wurde Hitler in seinem Entschluß durch das immer weitere Vordringen der Sowjets, wie es bei den Berliner Besprechungen mit Molotow am 12./13. XI. 1940 in dessen Forderungen nach Handlungsfreiheit in Finnland, einem Stützpunkt an den Dardanellen und Einbeziehung Bulgariens in die sowjetische Interessensphäre zum Ausdruck kam. Am 18. XII. ergeht die grundlegende Weisung zum Angriff auf die Sowjetunion, der, zunächst für Mitte Mai geplant, infolge der Balkanereignisse auf den 22. VI. 1941 verschoben werden mußte.

4.4 Sperrlegungen im Fall »Barbarossa«

4.4.1 Die Vorbereitungen, die Aufgaben, der Aufmarsch

„Barbarossa" ist das Stichwort für den Beginn der Feindseligkeiten gegen Rußland. Der Marine fällt die Aufgabe zu, jede Tätigkeit der russischen Flotte in der Ostsee zu unterbinden und durch Kontrolle der neutralen Schiffahrt in der Ostsee die Zufuhr von Bannware an kriegführende Staaten zu verhindern. Für diese Zielsetzung ist Zahl und Stärke der deutschen Seestreitkräfte, die nach dem Osten eingesetzt werden können, nur gering, liegt doch der Schwerpunkt der Seekriegführung im Westen.
Gelingt es nun, die sowjetrussische Flotte im Finnischen Meerbusen zu blockieren, brauchen im Westen keine Seestreitkräfte abgezogen zu werden, um die Ostsee im obigen Sinne zu beherrschen. Hier nun bietet sich als Hauptwaffe die Mine unter Einsatz der

Minenschiffe an. Tatsächlich werden entsprechende Sperrplanungen ausgearbeitet und ihre Durchführung den Minenschiffen übertragen.
Nach den Mineneinsätzen im Westen und im Norden vergehen die Monate April und Mai 1941 ohne Sperrlegungen. Ein Teil der Schiffe hat Werftliegezeit oder ist mit kleineren Instandsetzungsarbeiten befaßt. Ein anderer Teil betreibt Einzelausbildung oder wird zu Verbandsübungen bei Tag und Nacht unter persönlicher Führung des F. d. Minsch., Kapitän z. S. A. Bentlage, in der Ostsee zusammengezogen. Der Hauptliegehafen ist jetzt Swinemünde.
Als der Fall „Barbarossa" am 22. VI. 1941 eintritt, haben die Minenschiffe eine gründliche Ausbildungszeit hinter sich. Von den noch im Westraum befindlichen Einheiten beendet zuerst das Minenschiff *Cobra* seine Werftliegezeit in der Wiltonwerft in Schiedam bei Rotterdam. Unter Führung der unter dem Kommando von Korvettenkapitän z. V. C. Bünte stehenden, neu in den Minenschiffverband aufgenommenen *Versailles* (2156 BRT) treten beide Schiffe am 10. V. 1941 den Verlegungsmarsch von Rotterdam nach Swinemünde an. Um Mitternacht wird von den Schiffen Flakfeuer an der Küste in Richtung Den Helder beobachtet. Es wird vorsorglich Fliegeralarm befohlen. Die Schiffe steuern in Dwarslinie mit 600 m Abstand Kurs Nord. Es herrscht NNO-Wind in Stärke 5 und Seegang 2. Es ist eine helle Nacht mit einem fast vollen Mond im Rücken der Schiffe. Mitternacht ist eben vorbei, da erfolgt 00.05 am 11. V. 1941 ein Tieffliegerangriff eines zweimotorigen Flugzeugs aus dem dunklen Horizont von vorn. Der Angriff richtet sich gegen die *Versailles.*
Es fallen drei Bomben. Die erste trifft die Back der *Versailles* auf Steuerbordseite an der Lippe für die Ankerkette, prallt dort ab, geht ins Wasser und detoniert anscheinend nicht. Die zweite Bombe detoniert an Steuerbord 10 bis 15 m seitlich vom vorderen Schornstein im Wasser und erzeugt eine Wassersäule von 10 m Höhe. Die dritte Bombe fällt ebenfalls an Steuerbordseite in Höhe des achteren Geschützes ins Wasser und detoniert nicht. Alles spielt sich in Sekunden ab. Die Artillerie kann bei der hohen Geschwindigkeit des Flugzeuges nicht mitkommen. Sie kommt nicht zum Schuß. Auf der unter dem Kommando von Korvettenkapitän d. R. Dr.-Ing. K.-F. Brill stehenden *Cobra* wird das Flugzeug erst 200 bis 300 m vor der *Versailles* gesehen. Vorher wurde es auch nicht gehört. Die Waffen können nicht sofort eingesetzt werden, weil die *Versailles* im Schußfeld liegt. Sobald dieses frei ist, eröffnet die *Cobra* mit allen Waffen das Feuer für nur zwei Minuten, dann ist das Flugzeug im dunklen Horizont wieder verschwunden. Es wurden aus beiden 8,8-cm 9 Schuß verfeuert, aus der 3,7-cm 20 und aus dem 2-cm-MG C/30 22 Schuß. Ein Ergebnis wurde nicht beobachtet. Siehe Skizze 8.

Skizze 8: Gefechtsskizze Minenschiff *Cobra*

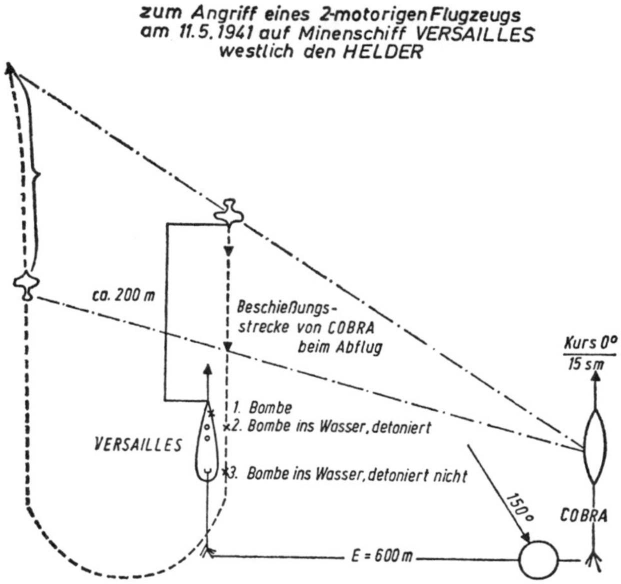

Die Schiffe setzen ihren Marsch fort und erreichen, über Wilhelmshaven laufend, am 14. V. 1941 ihren Bestimmungsort Swinemünde.
Die *Kaiser* beendet ihre Instandsetzungsarbeiten bei der Wiltonwerft, Schiedam, kurz nach der *Cobra* und legt den Überführungsmarsch ohne Störung zurück. Da inzwischen auch das Minenschiff *Preußen* seine Werftliegezeit in Kopenhagen beendet hat, ist der Minenschiffverband unter Berücksichtigung der zugeteilten *Grille* ab der zweiten Maihälfte 1941 im Ostseeraum mit zehn Minenschiffen verfügbar. Es fehlt nur das Minenschiff *Roland,* das seine große Werftliegezeit in Vlissingen erst Ende Juni beenden wird.
Die erste Mitteilung über den Fall „Barbarossa" erhält der F. d. Minsch., Kapitän z. S. A. Bentlage, am 26. V. 1941, 10.00, an Bord der *Gazelle* in Kiel durch den Befehlshaber der Kreuzer (BdK), Vizeadmiral H. Schmundt. Der Chef Minsch. Gr. Nord, Fregattenkapitän H.-C. v. Schönermark, und der Kommandant des Minenschiffes *Cobra,* Korvettenkapitän d. R. Dr.-Ing. K.-F. Brill, nehmen an der Besprechung teil, letzterer als vorgesehener Chef einer Minenschiffgruppe für eine besondere Aufgabe im Finnischen Meerbusen. Am 8. VI. 1941 findet eine zweite Besprechung beim BdK in dessen Befehlsstelle Ost in Swinemünde statt. Es werden nun aus den zehn kriegsbereiten Minenschiffen für den taktischen Einsatz folgende drei Minenschiffgruppen gebildet:
1. Gruppe: F. d. Minsch. mit *Preußen, Skagerrak, Versailles, Grille;*

2. Gruppe: Chef Minsch. Gr. Nord mit *Tannenberg, Brummer, Hansestadt Danzig;*
3. Gruppe: Chef Kommandant der *Cobra* mit *Cobra, Kaiser, Königin Luise.*

Der BdK leitet als Seebefehlshaber den Einsatz der Minenschiffe nach den Richtlinien der Gruppe Nord, Generaladmiral R. Carls. Die Zusammenarbeit mit Finnland erfolgt über einen zu diesem Zweck aufgestellten Verbindungsstab Finnland. Als Aufgaben der Minenschiffe sind vorgesehen:

1. Legen der WARTBURG-Sperre im Seegebiet Memel-Öland, Gruppe 1;
2. Legen der APOLDA-Sperre im Westausgang Finnenbusen von den finnischen Schären westlich Hangö nach der Insel Dagö, Gruppe 2;
3. Legen der CORBETHA-Sperre ostwärts der APOLDA-Sperre von den finnischen Schären bei Porkallla nach der estnischen Küste in Richtung Baltischport, Gruppe 3.
   Siehe Skizze 9.

Nach der Sperrmittelübernahme in Swinemünde, Pillau und Peyse sammeln die Minenschiffe der 2. und 3. Gruppe in Gotenhafen. Beim Anmarsch in die finnischen Gewässer sind befehlsgemäß Begegnungen mit russischen Streitkräften zu vermeiden, gegebenenfalls haben sich die Minenschiffe hierbei so unauffällig wie irgend möglich zu verhalten. Kampfhandlungen sind nur zur Abwehr von Angriffen gestattet.

Skizze 9

CORBETHA-Sperre
Planung

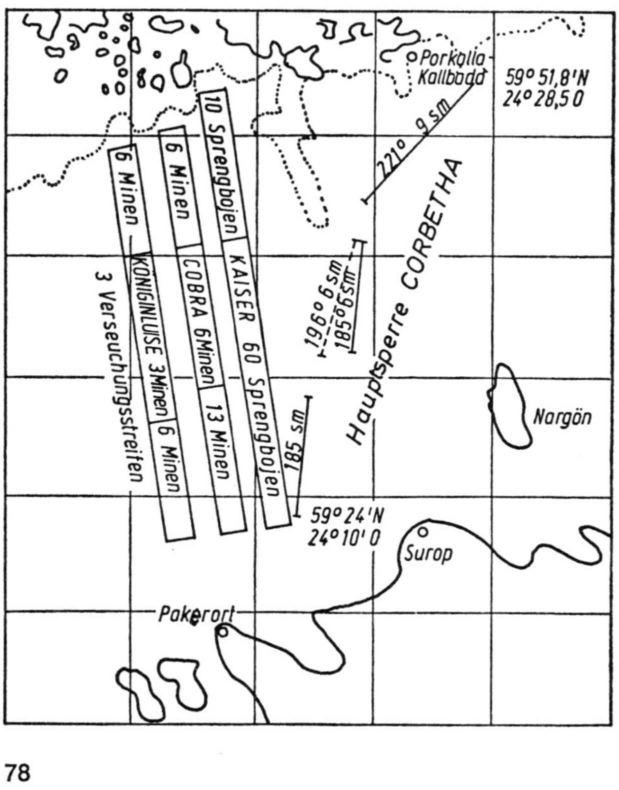

Am 12. VI. 1941 beginnt der Verlegungsmarsch von Gotenhafen nach Finnland. Ab 16.00 läuft zuerst – und zwar einzelschiffweise – die Gruppe 3 (Brill) aus, um 22.00 folgt in gleicher Weise Gruppe 2 (v. Schönermark).

Mit Abständen an der Grenze der Sichtweite führt der Marsch der einzelnen Schiffe westlich Gotland nordwärts, später ostwärts auf den Finnenbusen zu. Alle Schiffe haben die deutsche Handelsflagge gesetzt, auch das Minenschiff *Brummer,* dessen Kommandant diese allgemeine Maßnahme der Tarnung für sein Schiff als falsch bezeichnet. Das Schiff ist in Norwegen als Kriegsschiff gebaut worden und daher als solches selbst auf große Entfernungen zu erkennen. Als die *Brummer* auf ihrem Marsch einem schwedischen Küstenpanzer begegnet und zuerst die Handelsflagge dippt, erregt das prompt (berechtigtes) Aufsehen.

Um Mitternacht vom 13. zum 14. VI. 1941 läuft die *Cobra*-Gruppe zwischen den russischen Stützpunkten Hangö und Dagö in den Finnenbusen ein und ankert 01.45 kurz im Porkallafjord. Sobald Lotsen zur Stelle sind, werden die Einheiten auseinandergezogen. Die *Cobra* ankert vor Stor Längö, die *Kaiser* vor Fagerö, die *Königin Luise* vor Vormö. Die *Tannenberg*-Gruppe geht am 14. VI. 1941, ebenfalls mit finnischer Lotsenhilfe, 11.45, in den Abo-Schären nördlich und südlich der Insel Nagu Sandö vor Anker, wozu noch zu sagen ist, daß sich Finnland noch nicht im Kriege mit Rußland befindet[15].

Auf den Liegeplätzen haben die Schiffe mehrere Tage Zeit, sich auf die bevorstehenden Aufgaben vorzubereiten. Insbesondere finden navigatorische Belehrungsfahrten statt, um die Kommandanten, die Navigationsoffiziere und das Steuermannspersonal mit den schwierigen Schärengewässern vertraut zu machen. Ferner wird der Anstrich der Minenleger den Schären raffiniert angepaßt. Tarnnetze über den Schiffen und landschaftsgebundene Kiefer-, Fichten- und Birkenzweige, die bis hinauf zu den Mastspitzen angebracht werden, sollen die an den Schären festgemachten Einheiten vor Feindeinsicht abschirmen und unsichtbar machen. Bei den Schiffen der *Cobra*-Gruppe werden außerdem Maßnahmen getroffen, um auch das Werfen der Minen zu tarnen. Dazu wird am Heck eine Persenning so montiert, daß diese 3 bis 4 m hinter dem Heck herausragt, die Wurfbühne einschließt und bis zur Wasserlinie herunterreicht. Das Werfen der Minen und Sprengbojen geht in diesem Raum vor sich. Es kann weder von oben noch von der Seite beobachtet werden. Das Minenwerfen findet gewissermaßen im etwas verlängerten Schiffskörper statt.

Über das Verhalten der Schiffe und der Besatzungen

nach dem Ankern heißt es in einem Befehl des Führers der Torpedoboote (F. d. T.), der seinen Sitz in Helsinki eingenommen hat:

- kein Landgang;
- kein Bootsverkehr außer zwischen den Schiffen und zur Telefonverbindung an Land;
- Funkstille bis auf weiteres;
- beim Passieren von Schiffen alle Mann unter Deck;
- keine Flagge setzen, falls notwendig deutsche Handelsflagge;
- Kriegsflagge nur bei Abwehr von Angriffen zeigen.

Am 20. VI. 1941 gibt der F. d. T. Helsinki durch Funkspruch bekannt, daß der X-Tag und die X-Zeit auf den 22. VI. 1941, 03.00, festgesetzt worden sind. Somit steht der Einsatz kurz bevor. Alle notwendigen Maßnahmen sind besprochen, und die erforderlichen Befehle für die Minenschiffe und Sicherungsstreitkräfte sind ausgegeben. Von jetzt ab wird an Bord der Schiffe auf den Einsatzbefehl gewartet.

4.4.2 **Die WARTBURG-Sperre**

Noch vor dem Auslegen der WARTBURG-Sperre erhält die Minenschiffgruppe 1 eine Sonderaufgabe. Für den Fall eines Ausbruchversuches der russischen Flotte aus der Ostsee sollen im Sund und Großen Belt Minen bereitgestellt werden, um diese Engen rechtzeitig zu verschließen. Die Bereitstellung soll auf den Minentransportschiffen *Otter* und *Irben* erfolgen, die zu diesem Zweck Ankerplätze im Sund und Großen Belt aufsuchen. Am 6. VI. 1941 erhält dort jedes Schiff 200 EMC, und zwar im Sund das Minentransportschiff *Otter* von den Minenschiffen *Preußen* und *Skagerrak* aus Swinemünde, im Großen Belt das Minentransportschiff *Irben* von der *Versailles* und der *Grille* aus Kiel.
Die Gruppe 1 sammelt danach in Swinemünde zum Verlegungsmarsch nach Pillau, der am 10. VI. 1941, 15.30, unter Führung des F. d. Minsch. angetreten wird. Dieser Marsch ist für die Minenschiffe *Versailles* und *Skagerrak* insofern mit einer Transportaufgabe verbunden, als jedes dieser Schiffe 100 EMC nach Pillau mitzunehmen und dort dem Sperrzeugamt abzugeben hat.
Die Gruppe 1 läuft am 11. VI. 1941, 12.00, in Pillau ein. Wenige Stunden vorher haben die Gruppen 2 und 3 Pillau verlassen und nach Gotenhafen, dem für sie vorgesehenen Absprungpunkt für die Überführung in die finnischen Gewässer, verlegt. Am folgenden Tag, am 12. VI. 1941, werden alle Minenschiffe der Gruppe 1 für das erste Teilstück der WARTBURG-Sperre beladen. Danach wird auf den Einsatzbefehl gewartet.
Nach der Sperrplanung ist die WARTBURG-Sperre in drei Abschnitten auszulegen. Jedes der Sperrstücke, WARTBURG 1, 2 und 3, hat zwei Reihen Minen und eine Sprengbojenreihe. Für jede Sperrlegung werden 500 EMC und 600 Sprengbojen D benötigt. Auf den Schiffen und Booten ist diese Menge folgendermaßen verteilt:

Preußen 140 EMC,
Grille 132 EMC,
Skagerrak 118 EMC,
Versailles 110 EMC,
M 31 300 Sprengbojen D,
M 208 300 Sprengbojen D.

Die Tiefeneinstellung der Minen ist mit −3 m, die der Sprengbojen mit −10 m befohlen. Zeitlich sind die Minen so einzustellen, daß sie erst nach der X-Zeit scharf werden. Mit Beginn des Auslaufens ist Kriegswache zu gehen, Waffeneinsatz ist nur im Falle eines feindlichen Angriffs gestattet.
Auf den Stichwortbefehl des BdK für WARTBURG 1 hin läuft die Gruppe 1 am 18. VI. 1941, 14.00, aus Pillau aus. Die Sicherung übernimmt die 5. MS.-Flottille mit sechs Booten. Als Schutz gegen ein eventuelles Eingreifen des sowjetischen Schweren Kreuzers *Kirow* (8000 ts) liegt in Memel die 3. S.-Flottille bereit. Es ist windstill, sonnig und klar. Stellenweise herrscht ganz leichter Dunst. Erst um 23.00 nachts erhält der F. d. Minsch. das Ergebnis der Tagesaufklärung von 12.55. Danach entschließt er sich, die Sperre etwas südlicher zu werfen als ursprünglich beabsichtigt, um ein Zusammentreffen mit jetzt gemeldeten sowjetischen Seestreitkräften zu vermeiden. Dies war ihm vom BdK anheimgestellt. Die Auslegung der drei Sperrstücke in drei aufeinanderfolgenden Nächten verläuft ungestört. Wurfzeiten und Sperrlagen sind wie folgt gemeldet:

1. vom 18. zum 19. VI. 1941 von 23.02 bis 01.54 von
   55° 49,6′ N, 20° 49,5′ O nach
   56° 2,6′ N, 19° 40,6′ O;
2. vom 19. zum 20. VI. 1941 von 23.20 bis 02.14 von
   55° 30,6′ N, 19° 18,0′ O nach
   56° 9,8′ N, 18° 12,4′ O;
3. vom 20. zum 21. VI. 1941 ab 22.25 von
   55° 46′ N, 17° 33,7′ O nach
   56° 11,4′ N, 16° 37,9′ O.

Nach dem Werfen der Sperre WARTBURG 3 marschiert der Wurfverband nach der Insel Bornholm. Nördlich und südlich der Insel ist in Richtung auf die schwedische und deutsche Küste je eine Scheinsperre zu werfen, das heißt, das Auslegen einer scharfen Minensperre ist vorzutäuschen. Dazu laufen die *Preußen* und die *Skagerrak* am 21. VI. 1941 ab 08.00 einen Sperrkurs ab von
54° 57,3′ N, 15° 7,4′ O nach
54° 11,5′ N, 15° 13,6′ O.
In gleicher Weise betätigen sich die Minenschiffe *Versailles* und *Grille* auf einem Sperrkurs von Bornholm zur Schwedenküste. Beide Gruppen werden bei der Durchführung der Aufgabe von je drei Minensuchboo-

ten begleitet. In Gegenwart passierender Dampfer und Fischerboote werden unscharfe russische Minen als Stuhlstände von Bord gegeben. Auch wird durch die Detonation einiger Wasserbomben die Aufmerksamkeit weiter ab stehender Fahrzeuge auf die Minenschiffe gelenkt.
Damit sind alle Sperrplanungen, die von Gruppe 1 durchzuführen waren, erledigt. Die Schiffe laufen Swinemünde an und warten hier und zum Teil auch in Warnemünde weitere Einsatzbefehle ab.
Am 3. VII. 1941 trifft das Minenschiff *Roland* in Swinemünde ein. Es hat seine große Werftliegezeit in Vlissingen beendet und den Überführungsmarsch nach der Ostsee ohne Störung zurückgelegt.

4.4.3 Die APOLDA-Sperre

Die in den Abo-Schären bereitliegende Minenschiffgruppe 2 mit den Einheiten *Tannenberg* unter Fregattenkapitän H. C. v. Schönermark, *Brummer* (seit dem 10. IV. 1941 unter Korvettenkapitän Dr.-Ing. E. Tobias), *Hansestadt Danzig* unter Korvettenkapitän d. R. W. Schroeder erhält am 21. VI. 1941, 13.35, den Funkbefehl des BdK:

„apolda durchführen."

Damit ist der Einsatzbefehl erteilt.
Aufgabe dieser Gruppe ist es, von den finnischen Schären 5 sm südwestlich von Bengtskär in Richtung Nordspitze von Dagö bis etwa 4 sm NW von Tachkoma vier Sperrstücke mit je zwei Minenreihen und einer Sprengbojenreihe zu werfen. Auf dem Rückmarsch soll westlich der gelegten Sperre eine Verseuchung mit Minen und Sprengbojen durchgeführt werden. Für die Sperrstücke haben die *Tannenberg* und die *Brummer* 300 bzw. 150 EMC geladen. Die *Hansestadt Danzig* hat 550 Sprenbojen D an Bord.
Die Verseuchung ist von der *Tannenberg* mit 80 EMC, von der *Brummer* mit 60 EMC und von der *Hansestadt Danzig* mit 150 Sprengbojen D vorzunehmen.
Die Wettervoraussage, die für die bevorstehende Unternehmung so wichtig ist, liegt am 21. VI. 1941, 15.00, vor. Sie gilt für den Finnischen Meerbusen bis zum 22. VI. 1941, 10.00, und lautet:
Schwachwindig, morgens auf SW auffrischend bis Stärke 4, wechselnd wolkig, Wolkenhöhe über 1 000 m, Sicht 5 bis 10 sm, nachts örtlich Dunst oder Nebel.
Diese Wettermeldung, die als günstig betrachtet wird, hat sich in keiner Weise bestätigt. Der Wind kam während der Unternehmung aus W in Stärke 1 bis 2, der Seegang war 0. Es frischte auch nicht auf. Auch war es nicht wolkig. Die Sicht war nicht auf 5 bis 10 sm beschränkt, vielmehr war es die von den Minenschiffen bisher dort je erlebte klarste Nacht mit einer nie zuvor beobachteten Sichtigkeit.

Am 21. VI. 1941, als Fregattenkapitän H. C. v. Schönermark schon den Auslaufbefehl mit Uhrzeitangabe an seine Schiffe erteilt hat, erhält er einen stark verstümmelten Funkspruch des F. d. T. Helsinki, Kapitän z. S. H. Bütow, vorgelegt. Danach ist der äußerste Einsatz der Schiffe, wie es bei dem Norwegeneinsatz der Fall war, untersagt. Die Durchführung der Aufgabe oder auch ihr Abbruch wird dem Verbandschef je nach den örtlichen Verhältnissen freigestellt. Dieser entschließt sich zur planmäßigen Durchführung. Hieran läßt er sich auch durch alle noch vor dem Auslaufen bei ihm eingehenden Feindmeldungen nicht beirren.
Nach B-Dienst-Meldungen[16] haben sich in den Morgenstunden des 21. VI. 1941 in oder bei Hangö mehrere einzelne Zerstörer befunden, außerdem eine Gruppe von sechs feindlichen Zerstörern. In Hangö seien acht U-Boote und eine S.-Boot-Division beobachtet worden. 18.36 unterrichtet ein Funkspruch des BdK, daß sich die 6. sowjetische U-Boot-Division auf dem Marsch von Riga nach Reval befinde. Sie habe 14.00 im Quadrat 6229 (im Moonsund) geankert. 19.22 besagt eine B-Dienst-Meldung, die 2. russische S.-Boot-Division habe um 17.05 im Seegebiet Westausgang Finnischer Meerbusen bis Hangö gestanden. 19.35 wird das sowjetische U-Boot *Schtschuka 324* am Ausgang des Finnischen Meerbusens auf Position gemeldet, und das U-Boot *U 99* sei auf dem Wege dorthin. Nach diesen Meldungen muß während der Unternehmung mit sowjetischen Zerstörern, Schnellbooten und U-Booten gerechnet werden. Beruhigend sind demgegenüber die Meldungen vom Leuchtturm Bengtskär, auf dem eine optische Beobachtungsstation zur Beobachtung des Hafens Hangö eingerichtet worden ist. Die Meldungen von dort lauten günstig. Die Durchführung der Aufgabe erscheint dem Verbandschef möglich. Wie von ihm befohlen, gehen die Minenschiffe am 21. VI. 1941, 19.30, bei der Insel Nagu Sandö ankerauf. Sie steuern auf einem finnischen Geheimweg über Örö aus dem Vänäfjord und verlassen um 22.00 die Schären 5 sm westlich von Bengtskär. Trotz der späten Stunde ist es noch so hell, daß die Sichtweite auf über 15 sm geschätzt wird. Von dem in russischer Hand befindlichen Wasserturm Hangö aus müßte der Verband eigentlich gesehen werden können.
Die 5. R.-Flottille bildet mit drei Booten die Minensicherung vor den drei Minenschiffen. Zwei weitere Boote übernehmen die U-Boot-Sicherung auf beiden Seiten. Die 2. S.-Flottille sichert den Verband nach Osten während des Minenlegens. Dazu stehen je zwei Boote an Backbordseite vorn und achtern in Nahsicherung, und zwei weitere Boote bilden Fernsicherung im Rahmen einer ihnen selbst gestellten Aufgabe: unter *Coburg* und *Gotha*. Auf dem Rückmarsch haben die zuerst genannten vier Schnellboote den Verband

Minenschiff *Cobra*
ex Seebäderschiff *Cobra*

Minenschiff *Kaiser*
ex Seebäderschiff *Kaiser*

Minenschiff *Königin Luise*
ex Seebäderschiff
Königin Luise
in Tarnbemalung

Minenschiff *Roland* ex Seebäderschiff *Roland*
in den finnischen Schären

Minenschiff *Grille*
hier noch vor dem Kriege als Staatsyacht und Aviso, Flottentender C

nach vorn und Backbord achtern zu sichern, während die von der Unternehmung „Coburg/Gotha" zurückkehrenden zwei Schnellboote die Sicherung ostwärts der inzwischen gelegten APOLDA-Sperre durchführen. Für den Fall einer Havarie sind die Seeschlepper *Monsun* und *Taifun* im Qu. 0217 (etwa 10 sm westlich Bengtskär) und im Qu. 2929 (südlich Utö) bereitgestellt. Zu havarierten Schiffen sollen sie mit Höchstfahrt auf Funksignal eilen.
Um 22.40 ist der Anfangspunkt der APOLDA-Sperre erreicht. Das Minenlegen beginnt und ist einschließlich der vorgesehenen Verseuchung am 22. VI. 1941, 03.09, beendet. Damit ist die Sperre für den Fall „Barbarossa", der auf den 22. VI. 1941 um 03.00 festgesetzt worden ist, fast auf die Minute genau ausgelegt.
Das Werfen der Sperrstücke 1 und 2 war ohne besondere Ereignisse verlaufen. Während der Sperrlegung von Sperrstück 3 kam indessen am 22. VI. 1941, 00.30, aus dem Osten ein russischer Zerstörer in Sicht und verblieb im Abstand von gut 10 sm. Eine Zeitlang lief er den gleichen Kurs wie der deutsche Verband, dann drehte er ab. Gleichzeitig mit dem Zerstörer wurden zwei Schnellboote gesichtet. Sie liefen nach Meldung der eigenen Schnellboote erst Nord- und dann Südkurs und schienen eine Kontrolle auszuüben. Nach dem Legen des 4. Sperrstückes gingen die Minenschiffe am 22. VI. 1941, um 01.09, etwa 3,5 sm vor der Küste von Dagö bei klarer Sicht auf nordwestlichem Kurs zu der befohlenen Verseuchung über. Am Nordausgang des Moonsundes lagen drei Fahrzeuge vor Anker, die als Bewacher angesprochen wurden. Sie haben den Verband anscheinend nicht bemerkt. Und das trotz der sichtigen Nacht, in der es eigentlich gar nicht richtig dunkel wurde.
Während der Verseuchung – und noch vor „Barbarossa" – gab es 02.28 Fliegeralarm! *R 53* und *Brummer* wurden von zwei sowjetischen Flugbooten angeflogen und mit MG beschossen. Das Feuer der Flugzeuge wurde erwidert, Treffer wurden beobachtet, jedoch kein Abschuß. Ein Flugboot hielt bis 04.20, bis zum Einlaufen in die Schären, Fühlung am Verband. In Richtung Utö wurde um 03.20 ein Fahrzeug gesichtet und als Zerstörerführer angesprochen. Es hat die Fühlung mit dem Verband nicht mehr herstellen können. Nach einem später eingegangenen Funkspruch soll der sowjetische Kreuzer *Kirow* mit zwei Zerstörern um 04.00 südlich Utö gestanden haben[17].
Die Minenschiffe gehen zwischen den Inseln Nagu und Lill Nagu erst vor Anker, dann werden sie an die Felsen verholt und mit Zweigen gegen Fliegersicht gut getarnt. Die Lage der APOLDA-Sperre ist wie folgt gemeldet:
Sperrstück 1 von
59° 40′ 42″ N, 22° 20′ 30″ O nach
59° 31′ 42″ N, 22° 21′ 00″ O,

Skizze 10: APOLDA-Sperre

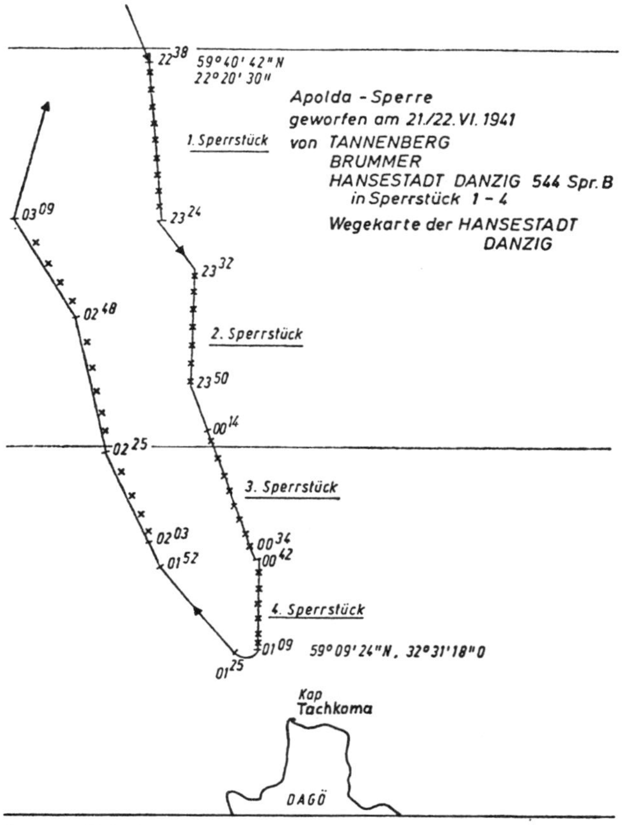

Sperrstück 2 von
59° 30′ 12″ N, 22° 23′ 24″ O nach
59° 24′ 00″ N, 22° 23′ 48″ O,
Sperrstück 3 von
59° 21′ 12″ N, 22° 25′ 42″ O nach
59° 15′ 30″ N, 22° 30′ 45″ O,
Sperrstück 4 von
59° 14′ 24″ N, 22° 30′ 58″ O nach
59° 09′ 24″ N, 22° 31′ 14″ O.
Das verseuchte Gebiet liegt zwischen
59° 31′ 45″ N, 22° 04′ 00″ O nach
59° 32′ 54″ N, 22° 09′ 30″ O und
59° 14′ 48″ N, 22° 15′ 54″ O nach
59° 16′ 00″ N, 22° 21′ 30″ O.
Siehe oben Skizze 10.
Wie erst nach dem Kriege bekannt wurde, kam die APOLDA-Sperre 24 Stunden nach dem Auslegen zu einem ansehnlichen Minenerfolg. Zur Deckung einer russischen Minenoperation hatte der sowjetische Schwere Kreuzer *Maksim Gorki* (8 000 ts) mit drei Zerstörern eine Position vor dem Finnischen Meerbusen eingenommen. Dabei geriet dieser Deckungsverband am frühen Morgen des 23. VI. 1941 im Gebiet der Oleg Bank in die deutsche APOLDA-Sperre. Der Zerstörer *Gnevny* (1 600 ts) sank, dem Schweren Kreuzer *Mak-*

sim Gorki wurde durch eine Minenexplosion das Vorschiff abgerissen. Der Zerstörer *Gordyj* wurde durch eine in seinem Bugschutzgerät detonierende Mine beschädigt.

4.4.4 Die CORBETHA-Sperre

Die Minenschiffgruppe 3 mit der *Cobra* unter Korvettenkapitän d. R. Dr. K.-F. Brill, der *Kaiser* unter Korvettenkapitän d. R. Bohm und der *Königin Luise* unter Kapitänleutnant d. R. J. Wünning unter Führung des Kommandanten der *Cobra* erhält am 21. VI. 1941, 13.35, vom F. d. T. Helsinki den Funkbefehl:

„corbetha durchführen."

Die Gruppe ist gerade dabei, den Ankerplatz nach Porkalla zu verlegen. Dort will sie den Beginn der Nacht abwarten. Aufgabe der Gruppe ist es, von den finnischen Schären bei Porkalla bis zur Estlandküste westlich von Kap Ninamaa drei Sperrstücke zu werfen, jedes bestehend aus zwei Minenreihen und einer Sprengbojenreihe. Anschließend daran ist etwa 10 sm westlich der ausgelegten Sperre auf nördlichen Kursen eine Verseuchung durchzuführen.

Seit dem 17. VI. 1941 ist bekannt, daß eine sowjetische Minensperre ausgelegt worden ist von
59° 34′ N, 24° 16′ 54″ O über
59° 28′ 30″ N, 24° 18′ O und
59° 27′ 36″ N, 24° 15′ 36″ O nach
59° 28′ 06″ N, 24° 15′ 42″ O.

Hierauf wird vom BdK die Sperrplanung geändert und die Verlegung des südlichen Sperrstückes um 2 sm nach Westen befohlen. An Sperrmitteln haben geladen die *Cobra* und die *Königin Luise* je 200 EMC mit 30 m unterer Antenne, die *Kaiser* hat 700 Sprengbojen D an Bord. Gesichert wird der Verband von der 5. R.-Flottille mit fünf Booten und der 1. S.-Flottille mit sechs Booten.

Die bei der *Tannenberg*-Gruppe für die APOLDA-Sperre angeführte Wettervoraussage stimmt auch bei der *Cobra*-Gruppe in keiner Weise. Es ist heiter, wolkenlos und klar. Die 30 sm jenseits des Finnischen Meerbusens gelegene Insel Nargön ist mit dem Glas gut zu erkennen. Auf dem neuen Ankerplatz der *Cobra*-Gruppe bei Porkalla findet eine letzte Kommandantenbesprechung in Anwesenheit des Führers der 5. R.-Flottille, Leutnant z. S. d. R. A. Goetzke, und des Chefs der 1. S.-Flottille, Kapitänleutnant H. Birnbacher, statt. Die überklare Sicht veranlaßt den Chef des Wurfverbandes, Brill, die Rotte Schnellboote, die zur Aufklärung westlich des Verseuchungsgebietes vorgesehen war, in die enge Sicherung des Verbandes mit einzubeziehen. Bei 30 sm Sicht kann der Verband durch eigene Beobachtung selbst aufklären. Der Nutzen dieser Schnellboote in der Nähe des Verbandes erscheint so größer. Die Zeit des Wurfbeginns wird auf 22.30 festgesetzt.

Um 16.00 wird von der Brücke der Cobra in rw. 152° ein sowjetisches Schlachtschiff gesichtet. Es steht bis 18.00 im Sektor rw. 152 bis 172° mit wechselnden Kursen auf und ab. 17.35 heißt es in einem Funkspruch des F. d. T. Helsinki: „heutige unternehmung abbrechen, wenn feindlage so, daß durchführung von vornherein aussichtslos stop kein letzter einsatz wie bei norwegenunternehmung." 18.31 werden alle Seestreitkräfte durch FT davon unterrichtet, daß die 6. russische U-Boot-Division auf dem Marsch von Riga nach Reval steht und sich 14.50 im Qu. 6229 (im Moonsund) befunden hat. Der Chef des Wurfverbandes nimmt an, daß diese Boote vor Beginn der Unternehmung ihr Marschziel erreicht haben werden. Im Laufe des Abends werden von der Brücke der *Cobra* noch mehrere Schiffe im Finnischen Meerbusen beobachtet, darunter ein größeres Kriegsfahrzeug und einige kleinere, wahrscheinlich Zerstörer. 20.40 meldet ein Funkspruch den Standort von einem Schlachtschiff und zwei Zerstörern ohne Fahrt westlich Nargön. Diese Meldung deckt sich mit den eigenen Beobachtungen. Der Chef des Wurfverbandes entschließt sich daraufhin, das 2. Sperrstück mit Kurs 196° zu werfen. Er will bei Beobachtung durch den Feind nicht unnötig verdachterregende Bewegungen ausführen und ihm unverständliche Kurse steuern. Diese Überlegung bezieht sich insbesondere auf den Übergang vom 2. auf das 3. Sperrstück. Zwischen 20.30 und 21.00 treffen die 5. R.-Flottille mit fünf Booten und die 1. S.-Flottille mit sechs Booten aus Helsinki ein. Sie machen an den Steuerbord- und Backbordseiten der Minenschiffe fest. Die Schlepper *Passat* und *Föhn* liegen ebenfalls längsseit der Schiffe, so daß die persönliche Fühlung mit allen Einheiten bis zum Auslaufen gehalten werden kann. Die Schlepper sind zur Hilfeleistung im Falle von Havarien vorgesehen. Die *Passat* erhält den Befehl, beim Leuchtturm Porkalla-Kallbada zu stehen. Die *Föhn* bezieht eine Position 16 sm westlich der Ansteuerung für die westliche geheime Einfahrt in die Schären. Der Wurfverband geht 21.40 ankerauf zur Durchführung der Aufgabe. Die Räumboote laufen voraus, die Schnellboote folgen. Es ist Sonnenuntergang. Für die Sichtverhältnisse ergeben sich folgende bemerkenswerte Daten: Sonnenuntergang: 21.40, Ende Büchsenlicht: 24.00, Anfang Büchsenlicht: 00.40, Sonnenaufgang: 02.50. Azimut der Sonne von Untergang bis Aufgang: 325° bis 35°.

Finnische Begleitoffiziere, die sich für die Unternehmung einschiffen sollten, haben sich nicht gemeldet. Die auf den Schiffen befindlichen Lotsen sind finnische Zivilisten. Der Lotse auf der *Cobra* bittet, nach dem Auslaufen aus den Schären aussteigen zu dür-

fen. Daraufhin erhält der Schlepper *Föhn* den Befehl, alle Lotsen nach dem Auslaufen abzuholen und abzusetzen. Während des Auslaufens kommt vom F. d. T. Helsinki eine Flugzeugaufklärungsmeldung, wonach 20.45 die *Oktjabrskaja Revoluzia* und zwei Zerstörer im Qu. 3551 (nordöstlich der Insel Nargön) und vier Fahrzeuge im Qu. 3548 (westlich Kap Ninamaa) gestanden haben. Die bisher gesichteten und gemeldeten sowjetischen Streitkräfte sowie die außerordentliche Helligkeit der Nacht veranlassen den Chef des Wurfverbandes, den Wurfbeginn um eine halbe Stunde hinauszuschieben. So beginnt denn das Minenlegen in der CORBETHA-Sperre nicht um 22.30, sondern um 23.00, und zwar etwa 5 sm ostwärts Porkalla-Leuchtturm. Von den an Bord der Minenschiffe *Cobra* und *Königin Luise* befindlichen je 200 EMC und von den 700 Sprengbojen D an Bord der *Kaiser* werden in der CORBETHA-Sperre geworfen: je 190 EMC und 680 Sprengbojen D. Für die Verseuchung nach dem Auslegen der Hauptsperre sind je 10 EMC und 20 Sprengbojen D vorgesehen. Die Tiefeneinstellung der Minen ist — 3 m, die der Sprengbojen — 10 m.
Während des Minenwerfens sind die Inseln Groß Wrangel, Wulf und Nargön klar erkennbar, ebenso das Festland bei Surop und Pakerort. Die russischen Feuer brennen. Bald macht sich ein Morseverkehr in Richtung Surop bemerkbar. Scheinwerferanrufe mit den Morsezeichen Karl/Bruno kommen aus der Revalbucht. Anrufe von verschiedenen Stellen wiederholen sich. Es wird kein Anruf beantwortet, aber die drei Minenschiffe gehen befehlsgemäß ohne weiteres in Deckpeilung in Richtung zu dem jeweiligen Anrufer, so daß sie für ihn wie „ein" Schiff aussehen. Das Minenschiff *Kaiser,* das in der Dwarslinie am weitesten ostwärts steht, erhält Befehl, Dampferlaternen zu setzen. Die übrigen Schiffe und Boote fahren abgeblendet.
23.25 wird in der Revalbucht erneuter Morseverkehr beobachtet. Gleichzeitig wird von der Insel Nargön gemorst.
23.40 ist das 1. Sperrstück gelegt.
23.42 kommt ein Morseanruf vom Festland aus Richtung Surop.
23.47 erfolgt Kursänderung auf 196°, und die Sperrlegung des 2. Sperrstückes beginnt.
23.50 ruft Surop wieder an, desgleichen mit starken Scheinwerfern die Insel Nargön.
24.00, gleich nach Mitternacht am 22. VI. 1941, meldet ein Funkspruch des F. d. T. Helsinki im Qu. 3542 (NW von Nargön) ein Zerstörer mit Scheibe für ein Artillerieschießen des Schlachtschiffes *Oktjabrskaja Revoluzia* (23 256 ts). Damit werden die bisherigen Beobachtungen und Meldungen bestätigt, die auf einen wesentlichen Verkehr durch die beabsichtigte Sperrlücke zwischen dem 2. und 3. Sperrstück hinweisen. Der Chef des Wurfverbandes entschließt sich daraufhin, die Sperrlücke ganz fortfallen zu lassen. Er gibt den Minenschiffen den Befehl, die Sperrstücke 2 und 3 zusammenhängend zu werfen. Ein zweiter wichtiger Grund für diese Maßnahme ist die Überlegung, daß die ungeklärte Lage im Süden den Verband zu einem vorzeitigen Abdrehen nach Westen veranlassen könnte und daß bis zu diesem Zeitpunkt die Sperrung so wirksam wie möglich werden soll. Eine Sperrlücke ergäbe sich ohnedies zwischen den Enden der deutschen und der gemeldeten russischen Minensperre. Die Wurffahrt beträgt nach Peilung 14,5 kn. Sie wird beibehalten, um die Sperre trotz Schließens der Sperrlücke noch möglichst weit nach Süden zu legen.
Eine Feindmeldung des F. d. T. Helsinki bestätigt erneut die Anwesenheit der *Oktjabrskaja Revoluzia* und eines Zerstörers um 22.52 im Qu. 3551 (NO Insel Nargön) mit Kurs Süd. Kurz danach erscheinen drei Lichterkomplexe voraus an der Küste bei Pakerort. Sie werden später als ein Ankerlieger und zwei Fahrzeuge ausgemacht. Der Ankerlieger ist anscheinend ein Zerstörer als Bewacher auf Position. Von dem Punkt ab, von dem nach dem Plan das 3. Sperrstück anfängt, geht der Verband von 196° auf Kurs 180°, bis alle Minenschiffe die für die Hauptsperre vorgesehenen Sperrmittel geworfen haben. Um 00.40 ist die letzte Mine gefallen. Der Endpunkt der Sperre liegt nach der erfolgten Änderung des Sperrplanes etwa 0,5 sm westlicher und 1 sm nördlicher als vorgesehen.
Der Verband wendet um 9 Dez nach Steuerbord zur Kiellinie und geht 00.50 einzelschiffweise zur Verseuchung auf nördlichen Kursen über. Sie ist 01.57 beendet. Die nächste Entfernung zur Küste am Südende der Hauptsperre betrug ca. 6,5 sm. Ohne die völlige Hecktarnung wäre in diesem Augenblick das Minenlegen von Land aus zu sehen gewesen. So aber war es schon auf 300 m Abstand nicht mehr zu erkennen. Während der Verseuchung werden ostwärts der CORBETHA-Sperre wiederholt Fahrzeuge beobachtet. Der F. d. T. Helsinki meldet den Standort des Schlachtschiffes *Marat* mit zwei Zerstörern um 22.30 im Qu. 3622 (12 sm westlich Hochland) mit Kurs West und 15 kn Fahrt. Der Verband hat diese Schiffe nicht gesichtet, obwohl die Nacht so hell ist, daß handschriftlich aufgezeichnete Funksprüche ohne künstliches Licht auf der Brücke zu lesen sind.
Nach der Verseuchung sammelt der Verband zum Rückmarsch. Porkalla-Kallbada-Leuchtturm wird 02.57 einlaufend passiert. Wie die APOLDA-Sperre ist auch die CORBETHA-Sperre zur X-Zeit für den Fall „Barbarossa" ausgelegt.
Die Räum- und Schnellboote werden entlassen.
Die Minenschiffe gehen auf ihre alten Liegeplätze.
Die Durchführung der Aufgabe wird beim Einlaufen 02.50 mit dem Stichwort „Nähkorb" an den BdK ge-

Skizze 11

Wegekarte, Minenschiff COBRA
am 21./22. VI. 1941
beim Werfen der Corbetha - Sperre

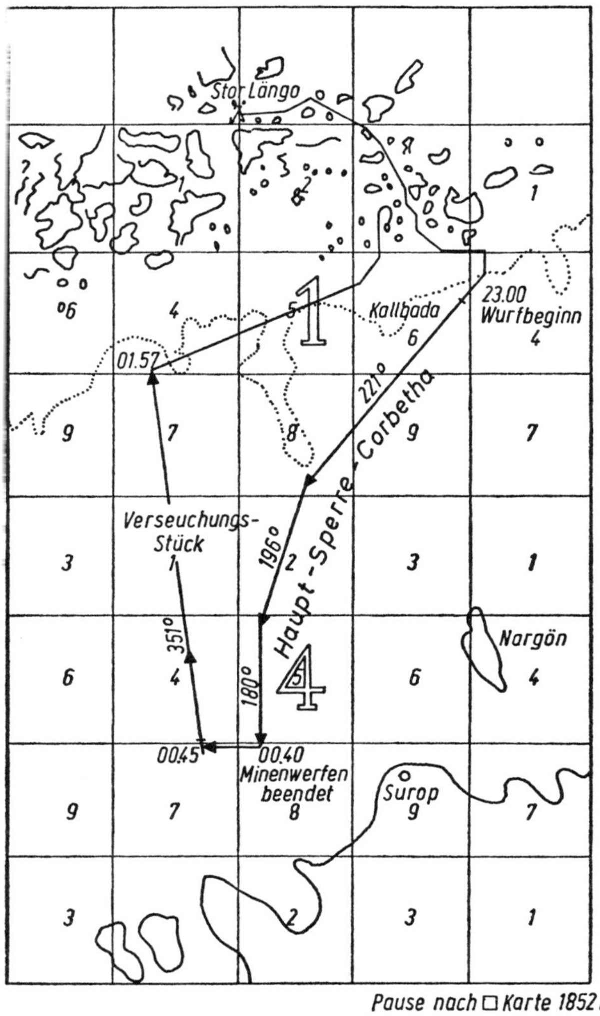

Pause nach □ Karte 1852 E

meldet. Von diesem trifft am 22. IV. 1941 um 04.30 folgende Antwort an alle ein:

„aussprече anerkennung für durchgeführte unternehmungen stop weiter ran an den feind!"

Die Lage der CORBETHA-Sperre wurde wie folgt gemeldet:

1. Sperrstück von
59° 51,8′ N, 24° 28,5′ O nach
59° 44,5′ N, 24° 16,0′ O.
2. Sperrstück von
59° 42,8′ N, 24° 13,4′ O über
59° 36,0′ N, 24° 08,8′ O nach
59° 30,0′ N, 24° 08,8′ O.

Verseuchungsgebiet:
59° 30,0′ N, 23° 56,0′ O,
59° 47,7′ N, 23° 51,1′ O,
59° 48,9′ N, 24° 03,8′ O,
59° 30,0′ N, 24° 08,8′ O.
Siehe nebenstehende Skizze 11.

Nach Auslegen der APOLDA- und CORBETHA-Sperre sieht die weitere Sperrplanung eine Verstärkung dieser Sperren vor. Sie soll durch Verseuchungen des Gebietes zwischen beiden Sperren erfolgen. Hiermit wird das Minenschiff *Brummer* beauftragt.

4.4.5 Die Verseuchungen durch das Minenschiff »Brummer«

4.4.51 Die 1. Verseuchung

Die *Brummer* hat am 26. VI. 1941 von 01.00 bis 04.00 bei der Insel Lökholm (Smörgrund) 100 EMC und 50 Sprengbojen D aus den Prähmen *Pargas, RWL 63* und *Erika* an Bord genommen und liegt ab 09.00 bei der Insel Pensar in Bereitschaft. Die 5. S.-Flottille mit

Skizze 12

Marschformation BRUMMER
1. Verseuchung zwischen/Apolda/Corbetha-Sperren

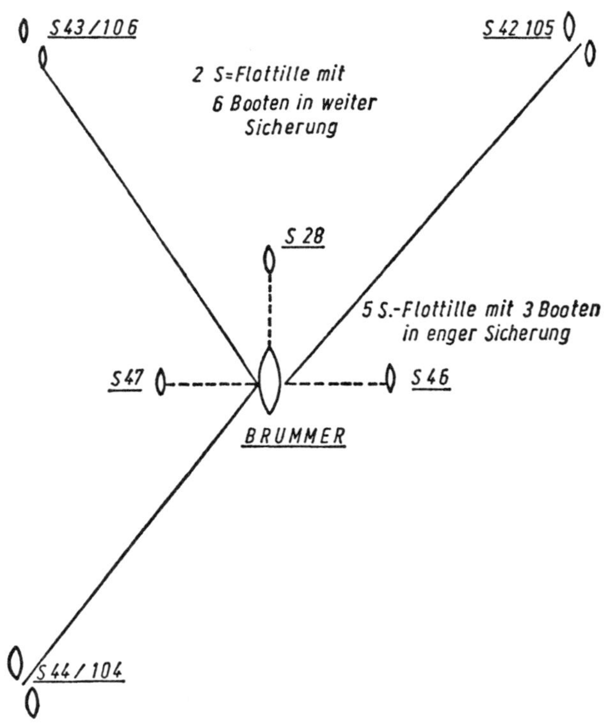

drei Booten und die 2. S.-Flottille mit sechs Booten sind zur Sicherung abgeteilt. Finnische Räumboote suchen den Auslaufweg Örö–Lilleina-Grund und von dort 8 sm weit in Richtung 125° ab. Die Schlepper *Taifun* und *Monsun* haben ab 23.00 eine Position 9 sm westlich von Bengtskär für Havaristen eingenommen. Die Luftsicherung hat eine Ju 88.

Der Wind weht aus SW in Stärke 2, der Himmel ist bedeckt, und es ist dunstig, als der Verband 22.18 Bengtskär passiert. Später tritt strichweise dichter Nebel auf. Die drei Schnellboote der 5. S.-Flottille *S 28, S 46* und *S 47* bilden die Nahsicherung, während die Fernsicherung in Sichtweite von den drei Rotten der 2. S.-Flottille ausgeübt wird: *S 43/106, S 44/104* und *S 42/105.*

Siehe Skizze 12, Seite 84.

20.20 wird durch FT die Lage einer Sowjetsperre gemeldet mit Anfangspunkt 5 sm südlich Russarö, Kurs 150 bis 160°, Länge 8 bis 9 sm. Diese Sperre ist dem Chef der 5. S.-Flottille, Kapitänleutnant B. Klug, beim Kartenvergleich vor dem Auslaufen bekanntgeworden. Ein weiterer Funkspruch macht 20.35 darauf aufmerksam, daß zwei finnische Minenleger in der gleichen Nacht unter finnischer und deutscher Sicherung eine Verseuchung durchführen vom Qu. 0268 Mitte 5 sm nach Norden und Süden, etwa auf 23° 37′ O zwischen 59° 32′ N und 59° 22′ N. Außerdem wird mitgeteilt, daß für dieses Unternehmen die Schlepper *Passat* und *R 57* im Havariefall bei Jussarö zur Hilfeleistung auf Position stehen.

Die Verseuchung wird von der *Brummer* in der Nacht vom 26. zum 27. VI. 1941 von 23.58 bis 00.51 durchgeführt. Es herrscht dichter Nebel dabei. Trotz einer Sichtweite von zeitweilig nur 20 bis 50 m wird die Wurffahrt von 19 kn beibehalten, um den Nebel auszunutzen und die Verseuchung möglichst rasch und unbemerkt vorzunehmen. Die Kursänderungsbefehle werden durch Sprechfunk durchgegeben und auch stets richtig ausgeführt. Von den Schnellbooten, besonders von denen der engen Sicherung, werden hierbei hervorragende Manöver gefahren. Das Gebiet der Verseuchung liegt in dem Winkel südlich 59° 20′ N und ostwärts 23° O, siehe beigefügte Wegekarte. Während des Rückmarsches wird 01.23 in Schiffspeilung 75° eine Detonation gehört. *S 43,* ein Boot der Fernsicherung, ist auf eine Mine gelaufen und sinkt nach einer weiteren Detonation um 01.31 auf 59° 30′ N, 22° 58′ O. Das Rottenboot *S 106* sowie *S 46* aus der Nahsicherung eilen zu Hilfe.

Siehe Skizze 13.

Das Minenschiff *Brummer* ändert auf die zweite Detonation hin den Kurs um 01.32 von 313° auf 282°, um der nun vermuteten Sperre auszuweichen und auf dem Auslaufweg wieder einzulaufen. 01.42 erfolgt eine dritte Detonation. *S 106,* das Rottenboot von *S 43,* ist

Skizze 13: Minenunternehmung *Brummer*

am 26. / 27. VI. 1941
Verseuchung zwischen Apolda + Corbetha-Sperren

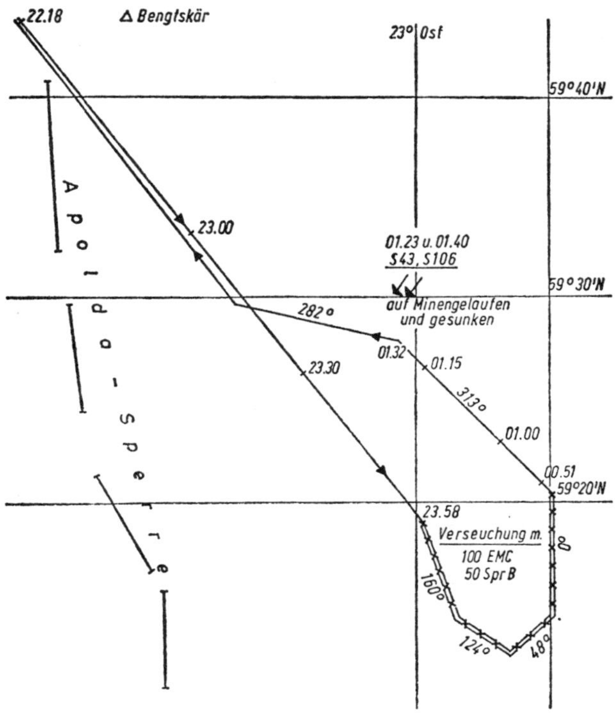

ebenfalls auf eine Mine geraten. Auch dieses Boot geht verloren.

Die Untergangsstelle der Schnellboote liegt nach Vermutung des Kommandanten der *Brummer* im Südteil der am 26. VI. 1941 um 20.20 gemeldeten Sowjetsperre südlich Russarö. Die Sperre erstreckt sich weiter nach Süden, als die Meldung besagte.

02.48 ist das Schärenfahrwasser wieder erreicht. Die *Brummer* ankert um 05.16 beim S.-Boot-Mutterschiff *Tsingtau* und stellt den Schiffsarzt zur Hilfeleistung bei den Verwundeten von *S 43* und *S 106* zur Verfügung.

4.4.52 **Die 2. Verseuchung**

Wie bei der ersten Verseuchung sind auch bei der zweiten 100 EMC und 50 Sprengbojen D durch Minenschiff *Brummer* zu werfen. Die Einheit übernimmt die Sperrmittel am 30. VI. 1941 aus dem Versorgungsschiff *Phönicia,* das in den Abo-Schären auf 60° 34′ N, 21° 18′ O bereitliegt. Die *Brummer* geht danach wieder auf ihren gutgetarnten Liegeplatz an einem Felsen der Insel Ernholm und wartet den Einsatzbefehl ab.

Das Verseuchungsgebiet liegt wiederum ostwärts der APOLDA-Sperre, doch näher heran, so daß auf dem Rückmarsch wegen der Nähe dieser Sperre eine besonders genaue Navigation erforderlich ist. Als Sicherung sind je fünf Boote der 5. R.-Flottille und der 2. S.-Flottille zugeteilt worden. Außerdem sichern *S 26* und *R 62*, die nach Helsinki weitermarschieren sollen, zeitweilig das Unternehmen mit. Der Verband verläßt am 3. VII. 1941, 22.15, die Schären bei Örö westlich Bengtskär. Die 2. S.-Flottille übernimmt die Fernsicherung mit drei Booten an Backbord und zwei Booten an Steuerbord voraus. *S 26* und *R 62* sind in der Fernsicherung Backbord achteraus eingesetzt. Von der 5. R.-Flottille laufen drei Boote mit ausgebrachtem Suchgerät 3000 m auf dem Anmarschweg vor, die beiden anderen Räumboote bilden die Nahsicherung zu beiden Seiten des Minenschiffes. Nach einer um 21.17 vorliegenden Funkmeldung sollen finnische Küstenpanzer ab 24.00 von den Bengtskär-Schären aus Hangö beschießen. Das Wetter ist günstig. Es weht aus SO in Stärke 2. Die See läuft in Stärke 1. Der Himmel ist bewölkt, und es herrscht leichter Dunst. 23.05 wird der Verband von einem sowjetischen Jäger umflogen. Er verschwindet rasch nach Nordosten; keine Feuereröffnung! Die Verseuchung wird vom 3. zum 4. VII. 1941 von 23.12 bis 00.24 planmäßig durchgeführt. *S 26* und *R 62* werden 00.10 nach Helsinki entlassen. 01.12 ist Fliegeralarm. Drei sowjetische Bomber fliegen querab an Steuerbord und werden von den dort stehenden Schnellbooten beschossen. 02.30 steuert der Verband in die Schären ein. Die beiden Flottillen sind entlassen. 04.10 ist nochmals Fliegeralarm. Zwei russische Bomber greifen die finnischen Küstenpanzer an. Es werden vier starke Detonationen gehört. Der Wurfverband blieb anscheinend unentdeckt.
Siehe Skizze 14.

Skizze 14
Marschformation BRUMMER
2. Verseuchung zwischen Apolda/Corbetha-Sperren am 3./4. VII. 1941

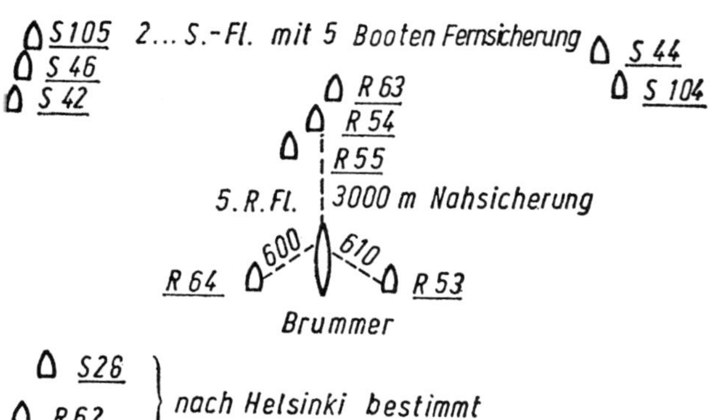

Skizze 15: Wegekarte *Brummer*, 2. Verseuchung 3./4. VII. 1941

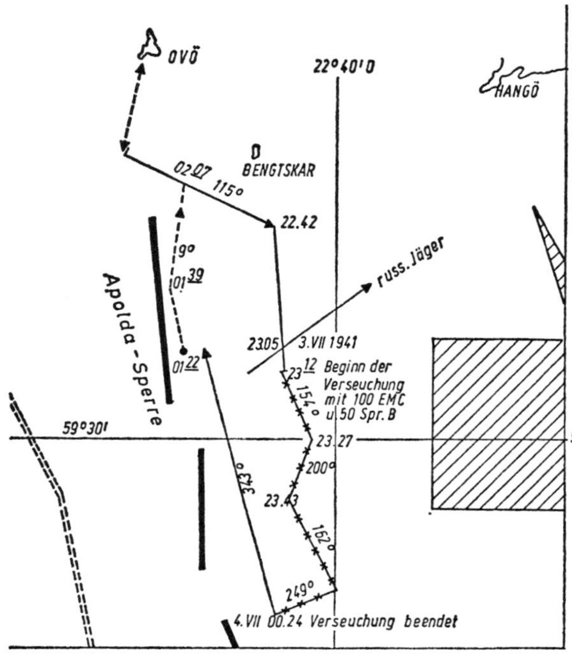

Auf dem Rückmarsch hat sich nach den Peilungen auf der *Brummer* der Abstand von der CORBETHA-Sperre allmählich bis unter eine Seemeile verringert. Eine entsprechende Kursänderung wird 01.39 vorgenommen. Die Verseuchung erstreckt sich von Qu. 0246 l. M. über Qu. 0246 u. K.M. nach Qu. 0249 1 sm westlich Mitte, von hier nach Qu. 0273 r.o. zum Endpunkt in Qu. 0273 l. M., das ist etwa von
59° 33′ N, 22° 32′ O über
59° 30′ N, 22° 36,5′ O nach
59° 27′ N, 22° 34′ O über
59° 23′ N, 22° 40′ O nach
59° 21′ N, 22° 33′ O.
Siehe oben Skizze 15.
Das Minenschiff *Brummer* liegt ab 4. VII. 1941, 05.35, wieder auf seinem getarnten Liegeplatz am Felsen von Ernholm. Ein weiterer Mineneinsatz steht nicht bevor. Es fehlt an Minen, die erst aus der Heimat herangeschafft werden müssen.

4.5 Der Verlust der Minenschiffe »Tannenberg«, »Preußen« und »Hansestadt Danzig«

Nach dem Auslegen der APOLDA- und CORBETHA-Sperre sowie der beiden Verseuchungen liegen alle Schiffe der *Tannenberg*- und *Cobra*-Gruppe leergeworfen und getarnt auf ihren Plätzen in den Schären.

Für neue Sperrvorhaben ist Sperrmittelnachschub die erste Voraussetzung. Maßnahmen hierfür sind eingeleitet. Die *Preußen,* das Führerschiff des F. d. Minsch., wird zuerst für den dringend notwendig gewordenen Minentransport nach Finnland eingesetzt. Der F. d. Minsch. steigt mit seinem Stab auf die *Grille* um, bevor die Preußen am 5. VII. 1941, 19.00, mit 150 EMC an Bord von Swinemünde nach Abo in See geht. Die 2. R.-Flottille stellt mit vier Booten die Sicherung. Unterwegs ist U-Boot-Alarm im Qu. 2885, etwa 30 sm vor der schwedischen Küste in Höhe von Stockholm. Es erfolgt jedoch kein Angriff, und der Minentransport nach Abo wird am 7. VII. 1941 ohne weitere Vorkommnisse beendet.

Am gleichen Tage befiehlt der BdK die Rückführung der Minenschiffe *Tannenberg* und *Hansestadt Danzig* nach Swinemünde, während das dritte Schiff der *Tannenberg*-Gruppe, die *Brummer,* in den Abo-Schären zu verbleiben hat. Die *Preußen* erhält dagegen Befehl, nach Abgabe der Minen sich der Rückführung als drittes Schiff anzuschließen. Als Marschsicherung wird die 5. R.-Flottille mit fünf Booten für den ganzen Marsch von Abo bis Swinemünde gestellt. Weitere drei Boote der 2. R.-Flottille sollen den Verband bis zur Südspitze der Insel Öland geleiten und dort zur Verfügung des F. d. M. Nord nach Libau entlassen werden.

Die Minenschiffe *Tannenberg, Preußen* und *Hansestadt Danzig* verlassen Abo am 8. VII. 1941, 20.30, unter Führung des Chefs Minsch. Gr. Nord, Fregattenkapitän H.-C. v. Schönermark, der zugleich Kommandant der *Tannenberg* ist. Er soll nach Befehl des F. d. T. Helsinki über Utö auf dem Anmarschweg der *Preußen* nach Swinemünde steuern. Vor dem Auslaufen der *Preußen* aus Swinemünde am 5. VII. hatte der BdK zugesagt, jede Veränderung der Minenlage dem Kommandanten der *Preußen* mitzuteilen. Er hat sie auch vor sowjetischen U-Booten gewarnt. Das Ausbringen von Räumgerät außerhalb des Warngebietes ist vom BdK nicht für notwendig erachtet worden. Mit Rücksicht auf die anzunehmende und auch von der *Preußen* auf dem Anmarsch beobachtete U-Boot-Gefahr marschiert der Verband in Dwarslinie an der schwedischen Dreimeilenzone entlang südwärts. Die *Tannenberg* bildet das innerste Schiff nach der Küste zu, es folgen die *Preußen* und die *Hansestadt Danzig,* die außen steht. Über die Lage der Sperre WARTBURG 3 ist der Verbandschef vor dem Auslaufen vom Chef der 5. R.-Flottille unterrichtet worden. Bis dahin war ihm die Lage nicht bekannt. Sie ist auch ein Anlaß gewesen, möglichst nahe an der Ostküste von Öland entlangzusteuern, um auf alle Fälle gut frei vom Ende von WARTBURG 3 zu bleiben.

Als sich der Verband am 9. VII. 1941, 18.40, der Südspitze der Insel Öland nähert, kommt 2 bis 3 Dez Steuerbord voraus der *Tannenberg* ein schwedisches Kriegsschiff in Sicht, das als Minensuchboot der Sandöklasse ausgemacht wird. Das Boot hält mit langsamer Fahrt schräg auf den Verband zu, steuert aber bald darauf parallelen Gegenkurs und setzt den internationalen Antwortwimpel. Zu dieser Zeit steht das Boot schon etwas achterlicher als querab von der Dwarslinie der Minenschiffe. Es setzt dann das Signal „D Q", das auf der *Tannenberg* irrtümlich entziffert wird mit: „Habe Feuer im Schiff, brauche Hilfe." Dieses Signal, das dem Chef Minsch. Gr. Nord unglaubwürdig erscheint, wird von dem schwedischen Minensuchboot sehr schnell niedergeholt und ersetzt durch das Signal „R M" mit der Bedeutung: „Voraus von Ihnen Minen, drehen Sie nach Backbord, und warten Sie weitere Befehle ab."

Ehe dieses Signal im Signalbuch aufgeschlagen und das Signal „Halt" gegeben werden kann, bekommen die *Preußen* und kurz darauf die *Tannenberg* je einen Minentreffer.

Die *Preußen* dreht nach Backbord und sackt schnell über den Vordersteven ab.

Es bricht starkes Feuer mit zahlreichen Detonationen aus.

Das Schiff sinkt.

Die *Tannenberg* ist im Vorschiff getroffen. Sie bleibt zunächst schwimmfähig. Die Maschine, die sehr schnell auf äußerste Kraft zurück gegangen war, hat wegen bestehender Explosionsgefahr Feuer aus gemacht. Das Schiff wird von zwei Räumbooten in Schlepp genommen. Während dieses Manövers erhält es einen zweiten Minentreffer mittschiffs. Es bekommt dadurch starke Schlagseite nach Steuerbord, schwimmt noch kurze Zeit und kentert am 9. VII. 1941 um 19.58. Mit Eintritt der starken Schlagseite nach dem zweiten Minentreffer gab der Kommandant Befehl, das Schiff zu verlassen.

Die außerhalb der Minensperre fahrende *Hansestadt Danzig,* der die lichterloh brennende *Preußen* vor den Bug zu laufen droht, versucht sich wegen der drohenden Kollisionsgefahr über den Achtersteven von der Gefahrenstelle zurückzuziehen. Das Schiff erhält, als es bei dem Rückwärtsmanöver in die Sperre[18] gerät, einen so schweren Treffer, daß der beobachtende Chef Minsch. Gr. Nord im Augenblick im Zweifel ist, ob der Treffer durch eine Mine oder durch Torpedo verursacht worden ist.

Beide Motoren sind ausgefallen.

Starke Explosionen und Brände stellen sich ein.

Das Schicksal auch dieses Schiffes ist besiegelt.

Es muß von der Besatzung verlassen werden.

Die Untergangsstelle der drei Minenschiffe ist vom Chef der 5. R.-Flottille angegeben worden auf 56° 15,5′ N, 16° 43,5′ O.

Siehe Skizze 16, Seite 88.

Skizze 16: Lage der Schweden-Sperre mit Untergangsstelle der Minenschiffe

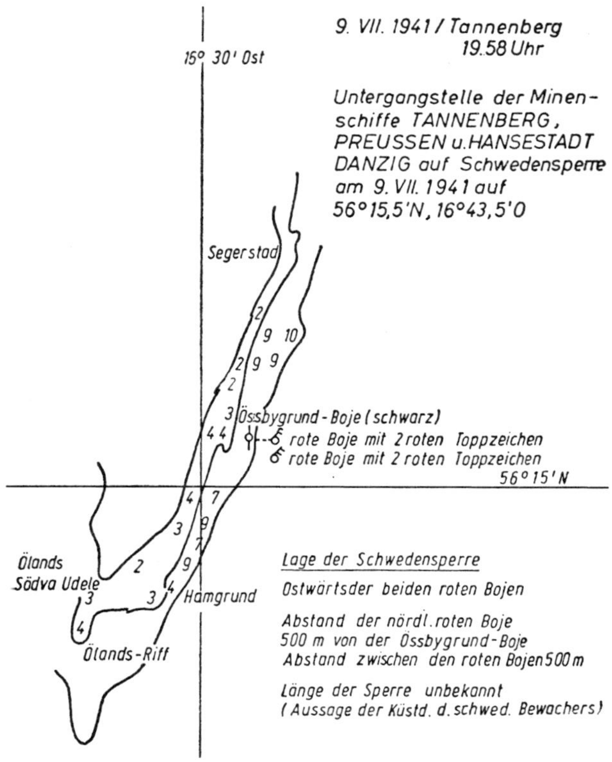

Die Besatzungen werden von den Räumbooten übernommen. Die Schwerverwundeten bringt das schwedische Minensuchboot nach Kalmar. An Toten sind zu beklagen auf der *Tannenberg* zehn Mann, auf der *Preußen* vier Mann, auf der *Hansestadt Danzig* sechs Mann, darunter als einziger Offizier der Schiffsarzt, Marine-Oberassistenzarzt Dr. Wiedenmann.

Die Vorgänge, die zu dem empfindlichen Verlust der drei Schiffe geführt haben, nahmen folgenden Verlauf:

Vor Beginn der Feindseligkeiten war, wie berichtet, auf der allgemeinen Linie Memel–Öland die WARTBURG-Sperre in mehreren Teilstücken ausgelegt worden. Vom westlichen Ende dieser Sperre bis zur Insel Öland war eine größere Lücke geblieben. Um diese zu verkleinern, war Schweden gebeten worden, im eigenen Hoheitsgebiet Minen zu legen. Nach einigem Zögern hat Schweden dies am 28. VI. 1941 – also eine Woche vor dem Auslaufen der *Preußen* aus Swinemünde – getan, und zwar angeblich innerhalb der Dreimeilenzone, obwohl Schweden eine von 4 sm seit langem beansprucht hat, die aber im Kriege von Deutschland nicht anerkannt wurde.

Vom deutschen Marineattaché in Stockholm wurde das Auslegen dieser Sperre ordnungsgemäß dem OKM unter Angabe der genauen Lage der Sperrlücke mit Betonnung und Bewachung gemeldet. Das OKM hat die Bekanntgabe der Sperrlegung und aller getroffenen Verabredungen nicht auf dem Funkwege veranlaßt, sondern durch die Post[19]. Durch eine Verkettung unglücklicher Umstände hat die Postnachricht die Minenschiffe vor dem Auslaufen aus Swinemünde bzw. Abo nicht mehr erreicht. Nach Mitteilung des schwedischen M.-Boot-Kommandanten hat der schwedische Rundfunk seit dem 1. oder 2. VII. 1941 täglich vor dieser Sperre gewarnt. Er konnte annehmen, daß die seit Tagen ausliegende Sperre auch der deutschen Schiffahrt und insbesondere deutschen Kriegsschiffen bekannt sei, was aber nicht der Fall war, weil der schwedische Rundfunk auf den Kriegsschiffen nicht abgehört wurde. Der verderbliche Kurs der Minenschiffe war für den Schweden eine unerwartete Überraschung. Seine Gegenmaßnahmen kosteten leider zuviel Zeit. Wenn er bei dem nahezu windstillen Wetter statt mit Flaggen zu signalisieren, die kaum auswehten, die *Tannenberg* sofort bei Insichtkommen mit dem Scheinwerfer angeblinkt und dauernd nur

„Mina, Mina, Mina“

gegeben hätte, hätte der deutsche Verband wahrscheinlich gestoppt und abgewartet. Nach dem Buch

Flottans Neutralitätsvakt 1939–1945

des schwedischen Marinestabes nahmen die Flaggensignale, deren erstes noch dazu auf der *Tannenberg* mißdeutet wurde, kostbare 15 Minuten in Anspruch.

Zuweilen werden die Vorgänge bei den Befehlsstellen an Land, die Entschlüsse der Verantwortlichen und die daraus resultierenden Maßnahmen ebenso wie die der Kommandanten in See bis ins kleinste seziert.

Die Kritiker haben heute Zeit und Ruhe zum Studium der ihnen zur Verfügung stehenden Unterlagen beider Parteien. Anders sieht es selbst bei bester Organisation der wechselnden Befehlsstellen im Kriege aus, wo allzu vieles auf die Verantwortlichen und ihre Stäbe hereinstürzt. Erst recht müssen die Kommandanten, an der Front auf sich selbst gestellt, oft in Sekundenschnelle handeln. Hiervon wissen der Kommandant der *Sandön,* der deutsche Verbandsführer und die Kommandanten der ihm unterstellten Schiffe ein Lied zu singen. Unklarer konnte die Situation für beide Parteien nicht sein. Die Katastrophe vor Öland klingt aus in einem Hohenlied der Kameradschaft auf See, für die dem Kommandanten der *Sandön,* Leutnant Stig Axelsons und seinen Männern, die sich unserer Schwerverwundeten annahmen, sie ärztlich versorgten und ins Lazarett nach Kalmar brachten, an dieser Stelle gedankt sei.

Das Verhalten der Besatzung auf allen Schiffen, insbesondere die Ruhe und restlose Einsatzbereitschaft, mit der gearbeitet worden ist, hat das Lob des Chefs

Minsch. Gr. Nord gefunden, der mit als Kommandant der *Tannenberg* an der Katastrophe beteiligt gewesen ist. Besonders hervorgehoben wurde von ihm das hervorragend selbständige Arbeiten aller R.-Boot-Kommandanten, die mit nicht hoch genug einzuschätzender Umsicht an das Rettungswerk herangegangen sind. Ihnen ist es zu verdanken, daß so verhältnismäßig geringe Verluste an Menschenleben eingetreten sind.
Die Geretteten treffen am 10. VII. 1941, 09.30, mit den Räumbooten in Swinemünde ein. Die Leichtverletzten werden zum Lazarettschiff *Stuttgart* gebracht. Die Besatzungen bleiben schiffsweise zusammen. Sie werden bis zur Indienststellung neuer Minenschiffe in Kühlungsborn untergebracht. Alsdann ist der Funkspruch des Oberbefehlshabers der Kriegsmarine verwirklicht, mit dem er nach dem Verlust der Schiffe den Besatzungen seine Anerkennung in folgender Weise zum Ausdruck gebracht hat:

> „wenn nach ausgezeichneten leistungen im finnenbusen das schicksal die minenschiffe in schwedengewässern traf, werden bald neue aufgaben auf neuen schiffen braven besatzungen anvertraut werden."

Noch im Jahre 1941 haben schwedische Kameraden an der Südküste Ölands bei Össby einen Gedenkstein errichtet, der im Beisein der Eltern des jetzigen schwedischen Königs, hoher schwedischer Marineoffiziere und des deutschen Botschafters eingeweiht wurde. Dieser Gedenkstein wird alljährlich von Überlebenden der drei Minenschiffe unter starker Anteilnahme der Inselbewohner besucht. So wirken die Toten fort im Sinne der internationalen Seefahrerföderation und der Freundschaft zwischen Schweden und Deutschen.

4.6 **Neuverteilung der Minenschiffe**

Nach dem Untergang der drei Minenschiffe kommt es zur Neuverteilung der vorhandenen Einheiten wie auch der Stammbesatzungen für neue Minenschiffe.
Der Minenschiffgruppe West werden zugeteilt: die Minenschiffe *Cobra, Roland, Skagerrak* und *Versailles.* Dazu kommen die Schiffsstämme der *Preußen* und der *Hansestadt Danzig.* Die ferner zugeteilte *Grille* steht ab 15. VIII. 1941 der SAS für Schießübungen zur Verfügung. Sie hat bis dahin den F. d. Minsch. West mit Stab an Bord.
Zur Minenschiffgruppe Nord gehören von nun an: die Minenschiffe *Brummer, Königin Luise* und ab 1. IX. 1941 auch das Minenschiff *Kaiser.* Dazu kommt der Schiffsstamm der *Tannenberg.* Das Stabsquartier befindet sich an Land in Swinemünde.
Die taktische Zusammenfassung der Minenschiffe *Cobra, Kaiser* und *Königin Luise* als Minenschiffgruppe *Cobra* im Finnischen Meerbusen bleibt durch diese Neuregelung unberührt.

4.7 **Minentransporte nach Finnland**

Im Finnlandraum ist die Zuführung weiterer Sperrmittel dringend geworden. Nach Durchführung einer Minentransportaufgabe durch das Minenschiff *Roland* von Swinemünde nach Pillau und durch das Minenschiff *Versailles* von Swinemünde nach Libau in der zweiten Julihälfte 1941 ist es Hauptaufgabe der Minenschiffgruppe West, Minen und Sprengbojen nach Abo/Turku zu bringen. Die Transporte werden einzelschiffweise ab Schwinemünde durchgeführt und kommen ab 11. VIII. 1941 in Gang. Bei Arholma hängen sich die Schiffe lose an das fahrplanmäßig laufende Schwedengeleit bis Södra Kvarken an und werden hier von finnischen Lotsen wahrgenommen, die sie nach Turku einsteuern. F. d. Minsch. West, Kapitän z. S. A. Bentlage, begleitet den ersten Transport auf seinem Führerschiff *Grille* und nimmt Mitte August mit seinem Stab in Turku Quartier an Land, als die *Grille* der SAS zur Verfügung gestellt werden muß.
Von den Minenschiffen der Gruppe West haben am Morgen des 11. VIII. 1941 die *Skagerrak* und am Abend die *Versailles* Swinemünde mit Sperrmitteln für Finnland verlassen. Am 12. VIII. sind die *Grille* und die *Roland* gefolgt. Die *Versailles* meldet in Turku Schrauben- und Ruderschaden. Das Schiff geht nach seiner Rückkehr zu Instandsetzungsarbeiten in die Werft. Dort werden erhebliche Mängel am Schiffskörper festgestellt, die es als Minenschiff für ungeeignet erscheinen lassen. Die *Versailles* scheidet aus diesem Grunde aus dem Minenschiffverband aus. Sie hat, ebenso wie die *Grille,* nur einmal eine Transportaufgabe nach Finnland durchgeführt. Alle übrigen Sperrmitteltransporte fallen nun den Minenschiffen *Roland* und *Skagerrak* zu.
In schnellem Wechsel wird bis zum 13. IX. 1941 die Strecke zwischen Swinemünde und Abo/Turku von der *Roland* fünfmal und von der *Skagerrak* viermal durchmessen. Die *Roland* bleibt mit ihrer letzten Ladung im Finnlandraum zum Einsatz, während die *Skagerrak* nach dem vierten Transport als Zielschiff dem 2. Admiral der U-Boote zur Verfügung gestellt wird.
Die ankommenden Sperrmittel werden in Abo zum größeren Teil auf Waggons abgesetzt und mit der Bahn nach Helsinki für die dort liegende Minenschiffgruppe *Cobra* transportiert, die sie insbesondere beim Legen der JUMINDA-Sperre höchst erfolgreich verwendet. Andere bleiben in Abo und werden zum Teil auch auf Minenprähmen eingelagert. Das Minenschiff

Brummer erhält am 15. VIII. 1941 von der *Roland* eine volle Ladung von 200 EMC auf seinem Liegeplatz am Felsen der Insel Ernholm.

4.8 Das Unternehmen »Nordwind«

„Nordwind" ist das Stichwort für eine deutsch-finnische Scheinunternehmung, über die der Kommandant des Minenschiffes *Brummer* vom F. d. T. Helsinki am 8. IX. 1941 unterrichtet wird.
Durch das Sammeln zahlreicher Fahrzeuge bei Utö und ein kurzfristiges Auslaufen dieser Schiffe bei Helligkeit in südlicher Richtung soll die Absicht einer Landung im Nordwesten der Insel Dagö vorgetäuscht werden. Nach Eintritt völliger Dunkelheit ist der Rückmarsch anzutreten. Von dieser Maßnahme wird eine Ablenkung der Russen zugunsten des Heeres erwartet, das die Inseln Dagö und Ösel in Besitz nehmen will. Diese Aktion des Heeres läuft unter dem Stichwort „Beowulf".
Beteiligt an dem Unternehmen „Nordwind" sind die finnischen Küstenpanzer *Ilmarinen* (3900 ts) und *Väinämöinen* (3900 ts), 4 Boote der 2. finn. R.-Flottille, das Minenschiff *Brummer,* die 3. VP.-Flottille mit fünf Booten, die Schlepper *Taifun* und *Monsun* sowie zwei finnische Eisbrecher, im ganzen 16 Fahrzeuge. Die Führung hat der finnische Flottenchef, Kommodore Rahola, auf der *Ilmarinen.*
Die ursprünglich auf den 11. IX. 1941 festgesetzte Aktion „Beowulf" muß wegen ungünstiger Wetterlage mehrfach verschoben werden. In einer Besprechung am 9. IX. 1941 an Bord der *Ilmarinen* werden dem Kommandanten der *Brummer,* Korvettenkapitän Dr.-Ing. E. Tobias, die zu steuernden Kurse bekanntgegeben. Danach hat das Aus- und Einlaufen mit rw. 189° ab Knivskär und entgegengesetzt zu erfolgen. Diese Strecke sei, so wird bekanntgemacht, von finnischen Räumbooten abgelaufen worden. Am 13. IX. 1941 läuft das Unternehmen „Nordwind" an. Die Schiffe sammeln bei Utö. In nochmaliger Besprechung an Bord des finnischen Flaggschiffes *Ilmarinen* ändert Kommodore Rahola den Auslaufkurs. Danach soll der Verband ab Knivskär 17,5 sm rw. 189° steuern, von da ab 7,5 sm rw. 230°. Der Endpunkt soll von den finnischen Küstenpanzerschiffen um 20.30 erreicht sein, von wo nach Kehrtschwenkung der einzelnen Gruppen der Rückmarsch anzutreten sei. Die Kursänderung von 189° auf 230° hängt damit zusammen, daß finnische Räumboote auf 59° 27′ N, 21° 16′ O anscheinend auf eine Wrackstelle gestoßen sind. Diese Stelle liegt auf dem ursprünglich für die ganze Aktion geplanten Kurs von 189° ab Knivskär.
Am 13. IX. 1941 werden 18.15 auf allen Fahrzeugen die Anker gelichtet. Der Verband läuft aus, wobei in der Kiellinie vier Gruppen gebildet werden. Zuerst kommen die zwei Panzerschiffe, die auf jeder Seite von zwei finnischen Räumbooten gesichert werden. 2,5 sm dahinter folgt die *Brummer* mit drei Booten der 3. VP.-Flottille im vorlichen Sicherungsgürtel, anschließend in Kiellinie mit 400 m Abstand die beiden Schlepper und die beiden restlichen Boote der 3. VP.-Flottille. Den Schluß bilden auf abermals 2,5 sm Abstand die zwei finnischen Eisbrecher. Der Wind kommt aus NO in Stärke 2. Die See steht in Stärke 2. Der Himmel ist bedeckt, die Sicht ist gut. Lichter sind nicht zu führen, doch sollen ab Eintritt der Dunkelheit die Hecklaternen brennen.
Siehe nachstehende Skizze 17.

Skizze 17

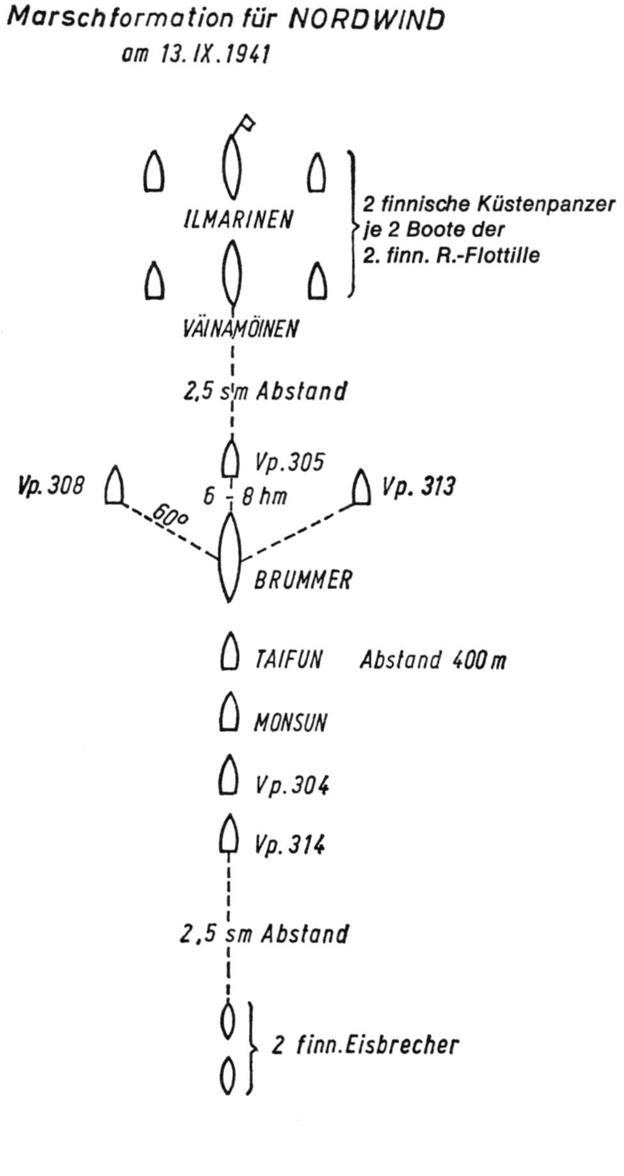

Der Verband steuert den befohlenen Kurs 189° ab Utö mit 10 kn Fahrt und ändert um 20.15 den Kurs auf 230°. 20.30 wird eine Kehrtschwenkung auf 50° durchgegeben. Kurz danach beobachtet man auf der *Brummer* bei dem Spitzenschiff, dem Küstenpanzer *Ilmarinen,* eine große Stichflamme, ohne aber eine Detonation zu hören. Der finnische Küstenpanzer hat einen Minentreffer erhalten. Die Schlepper *Taifun* und *Monsun* werden von der *Brummer* zur Hilfeleistung angesetzt.
Siehe nebenstehende Skizze 18.
Die *Ilmarinen* ist jedoch nicht zu halten. Sie kentert nach Backbord, schwimmt noch kurze Zeit auf und ist innerhalb 7 bis 8 Minuten nach dem Treffer auf 59° 27,25′ N, 21° 05,0′ O gesunken.
Gerettet werden 127 Mann. Mehr als 275 blieben auf dem Schiff und auf der See.
Später wird bekannt, daß die finnischen Küstenpanzer mit ausgebrachtem Bugschutzgerät gefahren sind. Kurz vor der Kehrtschwenkung nach Steuerbord soll ein finnischer Unteroffizier der *Ilmarinen* gemeldet haben, die Backbordotter des Bugschutzgerätes sei nicht vollkommen klar. Es wird angenommen, daß sich darin eine Mine gefangen hatte, die bei der Schwenkung nach Steuerbord an die Backbordseite des Schiffes herangezogen wurde und explodierte.
Es ist 23.00 als das Minenschiff *Brummer* Utö auf dem Rückmarsch passiert.

4.9 **Die Sperre RUSSTO**

Ein Tag nach dem Unternehmen „Nordwind" trifft das Minenschiff *Roland* am 14. IX. 1941 mit einer Minenladung von Swinemünde in Abo ein. Es wird nicht entladen, sondern erhält die Aufgabe, mit den Minen abwechselnd mit der *Brummer* eine Wachposition bei Utö zu beziehen. Im Falle eines Ausbruchversuchs sowjetischer Seestreitkräfte soll von dieser Position aus ein sofortiger Mineneinsatz vorbereitet sein.
Zehn Tage später kommt es zu einer gemeinsamen Minenunternehmung dieser beiden Schiffe:
Das Minenschiff *Roland* mit F. d. Minsch. West an Bord und die *Brummer* werfen in der Nacht vom 24. zum 25. IX. 1941 als Maßnahme gegen den hier beobachteten Schiffsverkehr eine zweireihige Sperre mit je 85 EMC im Qu. 2999 auf der Nordwestseite der Insel Dagö etwa 10 sm nordöstlich Kap Ristna. *R 53* und *R 59* sichern den Verband. Die Sperrlegung erfolgt ungestört. Es ist die letzte Minenunternehmung der beiden Schiffe in diesem Jahr in diesem Gebiet. Anschließend wird der Marsch nach Swinemünde angetreten. Hier laufen die Schiffe am 27. IX. 1941 ein.
Die *Roland* wird mit Liegehafen Saßnitz der SAS zu Schießübungen zur Verfügung gestellt, während die

Skizze 18: Wegekarte zum Unternehmen „Nordwind", 13. IX. 1941

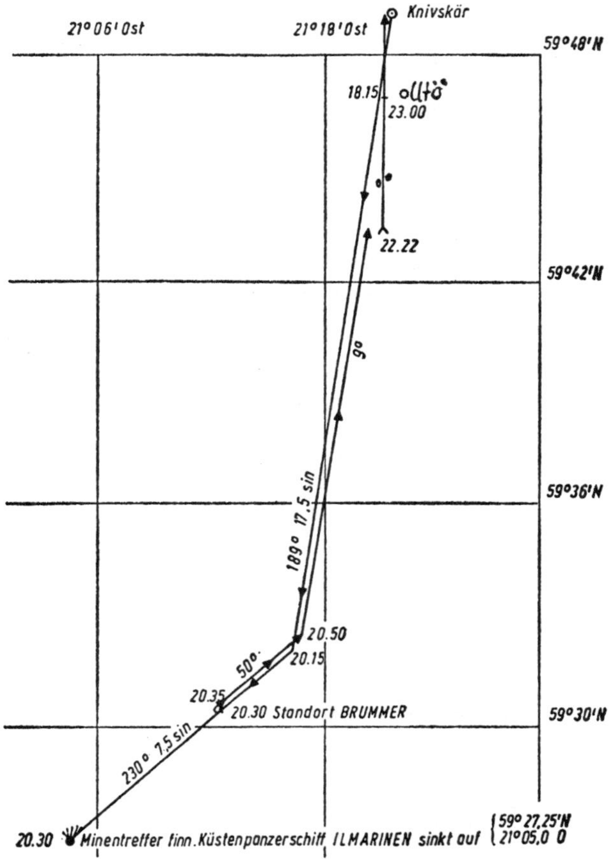

Brummer vom 29. IX. bis 4. X. zusammen mit der *Skagerrak* nochmals einen Minentransport von Swinemünde nach Abo durchzuführen hat. Mit ihrer Rückkehr ist auch für diese Schiffe der Finnlandeinsatz beendet. Nur die Minenschiffgruppe *Cobra* befindet sich weiter im finnischen Raum. Sie hat mit den unentwegt nachgelieferten Sperrmitteln den Minenkrieg weitergeführt und mit der JUMINDA-Sperre den größten Erfolg gehabt.

4.10 **Die Minensperren im Seegebiet Juminda**

4.10.1 **Die Planung**

Nach dem Auslegen der CORBETHA-Sperre in der Nacht vom 21. zum 22. VI. 1941 haben die Minenschiffe *Cobra, Kaiser* und *Königin Luise* die alten Liegeplätze in den Schären nordwestlich Porkalla-Kallbada bei Stor Längö, Fagerö und Vormö wieder aufgesucht und warten hier die weitere Entwicklung der Lage ab. Schon am 25. VI. gibt es 20.30 Fliegeralarm. Zwei Bristol-Blenheim mit russischen Kennzeichen fliegen an und werfen vier Bomben von etwa je 100 kg ab, die zwischen der *Cobra* und dem Schlepper *Passat* explodieren. Die *Passat* erhält Splittereinschläge in den Aufbauten, die *Cobra,* bei der die Bombeneinschläge nur 30 bis 50 m entfernt liegen, bekommt einige Schrammen ab.

Die Abwehr erfolgt mit allen Waffen, doch ohne erkennbaren Erfolg.

Noch am Abend des 25. VI. verholen die Schiffe nach der Fagerwik, nördlich Stor Ramsjoe. Sie werden hier dicht unter Land an Bäumen festgemacht und mit Tarnnetzen, Zweigen und ganzen Tannenbäumen gegen Fliegersicht so gut getarnt, daß sie in der Folge von russischen Aufklärungsflugzeugen unentdeckt bleiben.

Eigene Flugzeuge melden am 27. VI. 1941 eine Gruppe von fünf sowjetischen Zerstörern mit Kurs auf das CORBETHA-Sperrgebiet. Anscheinend ist dem Feind die Sperre noch nicht bekannt. Am 28. und 29. VI. 1941 werden in Richtung des Minenfeldes starke Detonationen vernommen. Auch ein finnischer Wachposten auf Bagaskär hat am 28. VI. 1941, 13.30, in Richtung SSW eine Minendetonation gesehen und gehört. Sie liegt im Verseuchungsgebiet der CORBETHA-Sperre. Da Überwasserschiffe oder Flugzeuge nicht beobachtet wurden, kann die Detonation eigentlich nur durch ein getaucht fahrendes U-Boot verursacht worden sein. Klarheit über Erfolg der Sperre werden durch diese Meldungen und Beobachtungen indessen nicht erbracht.

In Richtung Hangö ist am 29. VI. 1941 Geschützdonner zu hören. Auch sind Rauchwolken zu sehen. Den ganzen Tag über herrscht rege sowjetische Fliegertätigkeit mit Einzelflugzeugen und solchen in Verbänden bis zu 24 Maschinen. Bombenabwürfe in Richtung Hangö und Helsinki werden gemeldet. Am 30. VI. 1941 überfliegen fünf sowjetische Maschinen die Fagerwik im Tiefflug, aber die Minenschiffe bleiben unbemerkt. Diese Art gesteigerter Flugtätigkeit der Russen wird von den Schiffen bis zum 4. VII. 1941 beobachtet. Am folgenden Tag verlegen die *Cobra* und die *Kaiser* nach Helsinki und machen im Westhafen fest. Am 7. VII. 1941 folgt die *Königin Luise,* da im Hafen noch genügend Platz ist. Die Schiffe beteiligen sich durch ihr Abwehrfeuer lebhaft beim Flakschutz der Landeshauptstadt. Sie werden auch an das Luftmeldenetz angeschlossen. Aus disziplinären Gründen verlegt der Verbandschef, Korvettenkapitän d. R. Dr.-Ing. K.-F. Brill, die Minenschiffgruppe vom 17. bis 25. VII. 1941 zeitweilig auf den alten Liegeplatz in der Fagerwik zurück. Die Rückkehr der Schiffe nach Helsinki wird von den finnischen Dienststellen wegen der dadurch gebotenen Flakverstärkung freudig begrüßt. Bald aber stehen für den Verband andere Aufgaben bevor.

Das Fortschreiten der Operationen des Heeres an der Südküste des Finnischen Meerbusens haben die Seekriegsleitung und das Marinegruppenkommando Nord veranlaßt, die Frage des ständigen Mitgehens der eigenen Maßnahmen in persönlicher und fernmündlicher Fühlungnahme laufend zu überprüfen, wobei immer daran gedacht ist, die sowjetischen Seestreitkräfte auszuschalten und nach Möglichkeit zu vernichten. Als Ergebnis aller Überlegungen erteilt die Gruppe Nord am 6. VIII. 1941 dem F. d. T. Helsinki folgende Weisung, die als erste praktische Planung der JUMINDA-Sperrlegung angesprochen werden kann:

> „heer beabsichtigt, estenküste etwa 8. VIII. 1941 bei kunda zu erreichen, batterien aufzustellen bei kap kapuri und kap juminda stop f. d. t. bereitet umgehend minensperren russenweg seegebiet juminda vor stop absichten melden."

Nach den ersten Absichten ergeben sich spätere Planungen zur Ergänzung und Verstärkung der JUMINDA-Sperre aus der jeweiligen militärischen Lage. Sie werden teils bei der Skl. oder der Gruppe Nord, in der Hauptsache aber beim F. d. T. Helsinki, Kapitän z. S. H. Bütow, vorgenommen und auf dessen Befehl zur Ausführung gebracht. Auf Grund dieser Sperrvorhaben und mit dem Eintreffen der ersten Sperrmitteltransporte von Swinemünde in Helsinki hat sich der Schwerpunkt des Minenkrieges nach dem mittleren Finnischen Meerbusen verlagert. Unter der zielstrebigen und tatkräftigen Führung des Chefs der Minenschiffgruppe *Cobra,* Korvettenkapitän d. R. Dr.-Ing. K.-F. Brill, der an allen Minenunternehmungen der ihm unterstellten Schiffe *Cobra, Kaiser, Königin Luise* persönlich teilgenommen hat, kommt es auf der JUMINDA-Sperre zum größten Minenerfolg des ganzen Krieges.

4.10.2 **Die Sperre D 10**

Als erste Minensperre im Rahmen der Absichten des F. d. T. Helsinki ist am 8. VIII. 1941 die Sperre D 10 auszulegen. Streitkräfte des Heeres stehen an diesem Tage bei Kunda und verfolgen den Feind ostwärts. Bei dieser Lage vermutet der F. d. T. Helsinki, daß sich der russische Schiffsverkehr durch die erkannte Sperrlücke beiderseits der Insel Rodskär zunächst nach Westen, dann nach Südwesten in Richtung auf Reval bewegt. Eine zweireihige Minensperre soll dies hindern. Die Sperre soll das 1. Teilstück eines Sperrriegels werden, der den Finnischen Meerbusen zwischen Juminda und Kalbada-Grund sperren soll. Den

Minenschiffen der *Cobra*-Gruppe ist der Hauptteil dieses Sperriegels in der Mitte des Finnischen Meerbusens als Einsatzgebiet zugewiesen. Der anschließende 2. und 3. Abschnitt ist Aufgabengebiet der Finnen, während die Sperrlegung im südlichen 4. Abschnitt nach der Besetzung von Kap Juminda durch Räumboote vorgenommen werden soll.
In beiden Reihen sind je 90 EMC und 20 Sprengbojen zu werfen. Die Tiefeneinstellung der Minen ist mit − 3 m, die der Sprengbojen mit − 8 bis − 10 m befohlen worden. Von den Minen der östlichen Reihe sind 45 mit unterer Antenne versehen. Als Minenträger sind die Minenschiffe *Cobra* und *Königin Luise* bestimmt. Die Führung hat der Kommandant der *Cobra*.
Der Wurfverband verläßt am 8. VIII. 1941, 19.00, Helsinki und marschiert über Söderskär nach Kalbada-Grund. Das Minengeleit versehen vier Boote der 2. Gruppe der 5. R.-Flottille unter dem ältesten Kommandanten, Leutnant z. S. d. R. A. Goetzke. Ein fünftes Räumboot ist als Ansteuerungsboot für den Kalbada-Grund vorausgeschickt. Für die Nah- und die Fernsicherung ist die 1. S.-Flottille ab Treffpunkt Kalbada-Grund mit vier Booten unter Kapitänleutnant H. Birnbacher zugeteilt. Eine Rotte hat die Nahsicherung des Verbandes nach Osten, die zweite hat nach Westen zu sichern und so weit wie möglich in Richtung Süd bis Südwest vorzustoßen. Über die Wetterlage beim Auslaufen kommt ins KTB: Wind NW 4, Seegang 3, bedeckt, leichter Regen, Sicht 15 sm. Zwischen Söderskär und dem Kalbada-Grund, also auf einer Strecke von etwa 10 sm, geben die Räumboote dreimal Minenalarm. Geschnittene Minen werden nicht festgestellt. Es kann aber sein, daß die Räumboote mit ihren Geräten Grundberührung hatten. Das wiederholte Stoppen des Verbandes bei Minenalarm verzögert den Anmarsch so sehr, daß sich der Verbandschef entschließt, den Kalbada-Grund ohne das Minengeleit anzusteuern. Das für die Ansteuerung dorthin befohlene Boot wurde nicht gesichtet. Es stößt erst auf dem Rückweg nach dem Minenwerfen zum Verband. Das Wetter hat sich zunehmend verschlechtert. Beim Kalbada-Grund weht es aus NW in Stärken 6. Der Seegang ist 4. Der Himmel ist bedeckt; es regnet; die Sicht beträgt dennoch 10 sm. Das Besteck wird durch zeitweilig mögliche Peilungen und durch laufende Lotungen einwandfrei berichtigt. Die Schnellboote übernehmen ihre Positionen beim Kalbada-Grund. Bei starkem Regen sind die in der Nahsicherung stehenden Boote kaum noch auszumachen.
Die Sperre D 10 wird in der Nacht vom 8. zum 9. VIII. 1941 von 23.29 bis 00.05 geworfen. Die Räumboote bilden dabei das Minengeleit vor dem Verband. Nach dem Minenwerfen erfolgt bei den schon auf Ablaufkurs gehenden Räumbooten eine Minendetonation im Gerät. Die Minenschiffe verhalten auf der Stelle. Es kann sich bei der detonierten Mine um eine Ablage der deutschen Sperre D 8 handeln, aber auch um eine alte oder sogar um eine neue Sowjetsperre. Die *Königin Luise* erhält den Befehl, der *Cobra* in Kiellinie zu folgen. Nachdem die Räumboote das Minengeleit wieder aufgenommen haben, setzt sich der Verband zunächst mit langsamer Fahrt und nördlichen Kursen von dem Minengebiet ab. 00.18 detoniert eine Mine in der soeben geworfenen Sperre; wahrscheinlich handelt es sich um eine EMC mit unterer Antenne infolge Unklarwerdens des Antennenankertaus. Sonst erfolgt der Rückmarsch ohne Störung. 04.28 liegen die Minenschiffe im Westhafen von Helsinki wieder fest.
Nach der Sperrplanung ist die Sperre D 10 bis auf 1 bis 1,5 sm nach Osten und Süden an vorhandene deutsche Sperren und Verseuchungen heranzulegen gewesen. Sehr genaue Navigation war für ein Gelingen die oberste Voraussetzung. Alle Möglichkeiten hierfür wurden ausgenutzt. Die auf dem Führerschiff *Cobra* neu eingebaute Fahrtmeßanlage hat sich bestens bewährt. Die Sperrlage wurde gemeldet mit
59° 56′ N, 25° 35′ O nach
59° 48,8′ N, 25° 35′ O.
Siehe Skizze 19, Seite 93.

Skizze 19: Sperre D 10

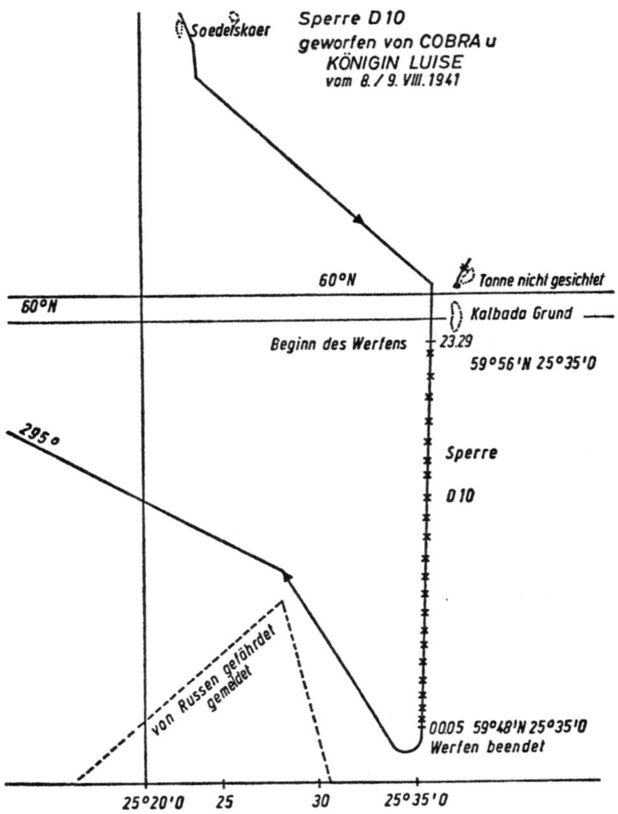

Infolge Störungen beim Werfen sind auf der *Königin Luise* statt 90 nur 78 EMC geworfen worden.

4.10.3 Die Verdichtung der JUMINDA-Sperre

Am 15. VIII. 1941 soll auf der Halbinsel Juminda eine 15-cm-Heeresbatterie aufgestellt werden. Am gleichen Tage war es dem F. d. T. Helsinki möglich, am Kap Juminda einen Nachrichtentrupp abzusetzen. Dieser meldet laufend Russenverkehr durch das JUMINDA-Sperrgebiet in östlicher und auch westlicher Richtung. Minenerfolge werden unmittelbar beobachtet, weitere sind zu vermuten. Durch das Sperrgebiet werden am 14. und 15. VIII. 1941 auf 59° 44′ N und 59° 51′ N zwei Sowjetwege erkannt; außerdem wird eine starke Räumtätigkeit der sowjetischen Marine beobachtet.
Als Gegenmaßnahme entschließt sich der F. d. T. Helsinki, die JUMINDA-Sperre zu verdichten. Die erkannten beiden Sowjetwege sind durch zwei Sperrstücke in der Nord-Süd-Richtung auf etwa 25° 22′ O zu schließen.
Die Durchführung der Aufgabe wird den Minenschiffen *Cobra* und *Kaiser* übertragen, dazu tritt noch der finnische Minenleger *Riilahti;* außerdem sind für die Sperrlegung vorgesehen ein Schnellboot der 1. S.-Flottille und vier Räumboote der 2. Gruppe der 5. R.-Flottille. Bei der Übernahme der Sperrmittel erhält die *Cobra* 95 EMC, alle übrigen Schiffe und Boote übernehmen Sperrschutzmittel, und zwar die *Kaiser* 120 Sprengbojen D, die *Riilahti* 100, die Schnell- und Räumboote zusammen 80. Die Führung des Verbandes hat der Kommandant der *Cobra,* die Führung der Schnell- und Räumbootgruppe hat der Leutnant z. S. d. R. A. Goetzke. Auf den finnischen Minenleger sind zwei deutsche Signalgasten der *Königin Luise* übergestiegen.
Zur Feindlage ist zu sagen: Sowjetische Zerstörer sind im südwestlichen Teil des Operationsgebietes gesichtet worden. Mit kleinen Fahrzeugen und leichten Überwasserstreitkräften ist zu rechnen.
Luftaufklärung ist daher bis Dunkelwerden angefordert und auch zugesagt. Die Wetterlage vor dem Auslaufen ist günstig. Wind und See sollen sich nach Auskunft der Wetterwarte sogar noch bessern.
Die Sicherung des Verbandes übernimmt die 1. S.-Flottille mit zwei Booten nach Osten und mit drei Booten nach Westen. Wenn leergeworfen, soll das Schnellboot mit den Sprengbojen zur Westgruppe treten. Der Verband legt am 15. VIII. 1941, 19.00, in Helsinki ab und marschiert ohne Geleitschutz bis Söderskär. Dort setzen sich um 21.00 die Räumboote *R 57* und *R 62* mit SDG vor den in Kiellinie fahrenden Verband. Es ist SSW-Wind in Stärke 5. Die See hat Stärke 4. Es ist wolkig. Die Sicht beträgt 15 sm. Die Dünung ist zunehmend. 21.15 meldet der Chef der 1. S.-Flottille, Kapitänleutnant H. Birnbacher, durch FT: „einlaufe, kein waffeneinsatz." Zur gleichen Zeit meldet die Luftaufklärung den mittleren Finnischen Meerbusen um 20.30 frei vom Feind. 22.15 brechen die vier Boote der 5. R.-Flottille das Unternehmen wegen der ungünstigen Wetterlage ab. Schließlich kommt 22.20 vom F. d. T. Helsinki ein Funkspruch an alle: „bei söderskär sammeln." Die Entscheidung über eine spätere Durchführung der Aufgabe, spätestens ab 24.00, wird dem Kommandanten der *Cobra* anheimgestellt.
Der Verband hat seit 21.44 die Wurfformation eingenommen. Es sind nur noch wenige Minuten bis zum Sperranfangspunkt und Wurfbeginn. Die Sicherung ist zwar ausgefallen, aber die letzte Meldung der Luftaufklärung ist für das Unternehmen günstig. Zunehmender Seegang und zunehmende Wetterverschlechterung müssen auch die feindlichen leichten Seestreitkräfte in bezug auf Fahrt, Sicht und Waffengebrauch stark behindern. Das Minenlegen ist durch die Wetterlage noch nicht in Frage gestellt, und die beiden Räumboote, die dem Verband als Minengeleit vorausmarschieren, halten sich durch das ausgebrachte Gerät noch sehr gut. Nach der Lagebeurteilung des F. d. T. Helsinki sind die geplanten Sperrstücke von besonderer Wichtigkeit; sie sind zudem um so wertvoller, je früher sie geworfen werden. Ein Aufschub bedeutet den Verlust von 24 Stunden, möglicherweise von Tagen. Der Verbandschef entschließt sich daher, die Aufgabe trotz der ungünstigen Wetterlage und trotz fehlender Sicherung durchzuführen. Er teilt seinen Entschluß durch Funk dem F. d. T. Helsinki mit. Demzufolge wird die Sperre vom 15. zum 16. VIII. 1941 von 22.23 bis 00.13 planmäßig geworfen.
Nach dem Auslegen des 1. Sperrstücks mit 48 EMC durch die *Cobra* auf einem Wurfkurs von 180° wird die *Riilahti* entlassen. Nach einer Kehrtwendung nach Backbord wirft sie ihre Sprengbojen ostwärts der soeben geworfenen Minenreihe auf nördlichem Kurs. Gleichzeitig mit der Kehrtwendung der *Riilahti* beginnt die in der Dwarslinie ostwärts der *Cobra* stehende *Kaiser,* auf Südkurs liegend, mit dem Werfen von 40 Sprengbojen bis zum Südpunkt der Sperre. Das Minenschiff *Cobra* legt auf dieser Strecke das 2. Teilstück der Sperre mit 47 EMC. Am Südpunkt angelangt, schwenkt der Verband nach Steuerbord auf 0°, und die *Kaiser* wirft auf diesem Kurs die restlichen 80 Sprengbojen auf der Westseite der von der *Cobra* insgesamt geworfenen 95 EMC. Damit ist die von der *Cobra* gelegte Minenreihe auf beiden Seiten von je einer Sprengbojenreihe gegen Räumen geschützt.
Die Sperrlage erstreckt sich von
59° 52′ N, 25° 21,3′ O nach
59° 42′ N, 25° 21,3′ O.
Die von der *Cobra* gelassene Lücke zwischen dem 1. und 2. Teilstück hat die Lage von

Skizze 20: Verdichtung der JUMINDA-Sperre

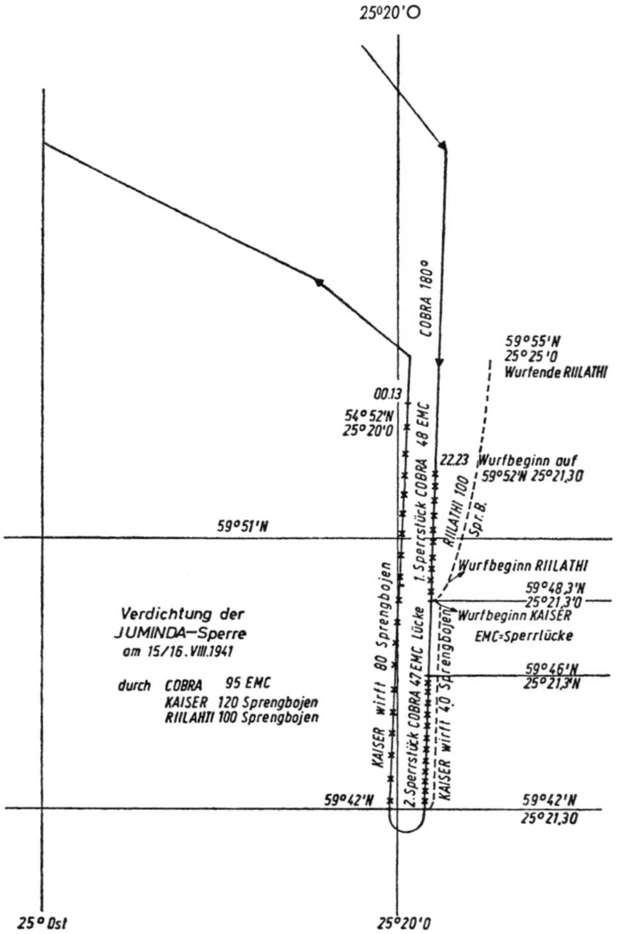

59° 48,3′ N, 25° 21,3′ O nach
59° 46′ N, 25° 21,3′ O.
Siehe Skizze 20.

Die gemeldeten Russenwege sind damit beide überdeckt. Der Rückmarsch erfolgt ohne Störung. Am 16. VIII. 1941, 05.00, haben die Schiffe im Westhafen von Helsinki festgemacht. Noch am gleichen Tage wird der bisherige Mineneinsatz vom Oberbefehlshaber der Gruppe Nord, Generaladmiral R. Carls, mit folgenden Worten in einem Fernschreiben anerkannt:

> „initiative und durchführung wichtiger minenunternehmungen im finnenbusen während letzter woche durch deutsch-finnische seestreitkräfte haben sehr wertvolle ergebnisse und starke erschwernisse russenseefahrt gebracht stop anerkennenswerte erfolge besonders bedeutungsvoll, weil entscheidung gesamtlage finnenbusen bald zu erwarten.“

4.10.4 Die Minenunternehmung an der Westseite der JUMINDA-Sperre

Am 18., 19. und 20. VIII. 1941 sind tagsüber mehrfach russische Räumfahrzeuge unter Zerstörerschutz im JUMINDA-Sperrgebiet gesichtet worden, in der Nacht vom 19. zum 20. VIII. auch ein Bewacher. Der Schwerpunkt der feindlichen Räumtätigkeit und des erkannten Schiffsverkehrs liegt zwischen 59° 52′ N und 59° 46′ N. Die hier anscheinend geschaffene Sperrlücke soll durch flach stehende Minen und Sperrschutzmittel geschlossen werden.
An der Küste bei Kap Juminda ist eine 10,5-cm-Batterie und bei Vivere sind zwei 17-cm-Geschütze des Heeres mit einer wirksamen Schußweite bis zu 14 000 bzw. 20 000 m schießbereit. Die Batterien sind über das beabsichtigte Unternehmen unterrichtet. Außer zwei finnischen Wach- oder Schnellbooten ostwärts der Sperre befinden sich keine eigenen Streitkräfte in See. Nachts ist mit feindlichen Bewachern bei der Insel Wrangel zu rechnen.
Für die Durchführung der Sperrlegung sind die Minenschiffe *Cobra* mit 100 EMC, *Königin Luise* mit 122 Sprengbojen und der finnische Minenleger *Riilahti* mit 100 kleinen Finnenminen vorgesehen. Dazu treten sechs Boote der 2. Gruppe der 5. R.-Flottille mit 36 EMC. Die 1. S.-Flottille übernimmt die Sicherung mit zwei Booten ostwärts des JUMINDA-Sperrgebietes und mit vier Booten im SW vor dem Operationsgebiet. Auf Minengeleit kann verzichtet werden, denn Anzeichen für das Vorhandensein feindlicher Sperren in diesem Gebiet liegen nicht vor. Die navigatorischen Angaben über hier bereits ausgelegte eigene Sperren sind sehr zuverlässig. Da die neue Aufgabe bei guter Sicht ebenso zuverlässig durchgeführt werden kann, soll die Sperre so dicht wie möglich an die alten Sperrlagen herangebracht werden, um den freien Seeraum nicht unnötig einzuengen. Im einzelnen erhalten die Sperrmittelträger folgende Sperrstücke zugewiesen:

1. *Riilahti* von
   59° 52,5′ N, 25° 20,5′ O nach
   59° 48′ N, 25° 20,5′ O,
2. *Königin Luise* von
   59° 52,0′ N, 25° 18,2′ O nach
   59° 44′ N, 25° 20,2′ O,
3. *Cobra* von
   59° 50,5′ N, 25° 18,5′ O nach
   59° 44′ N, 25° 20,5′ O,
4. 2. Gruppe der 5. R.-Flottille
   im Anschluß an die *Riilahti*-Sperre in einem rechten Winkel, Schenkellänge 1,2 sm, Spitze des Winkels auf 59° 47′ N, 25° 22′ O. Siehe Skizze 21, S. 96.

Die Schlepper *Föhn* und *Passat* halten sich bei Söderskär bis zum 21. VIII. 1941 um 06.00 für Havariefälle klar.

Der Verband legt am 20. VIII. 1941 abends in Helsinki ab und marschiert auf dem inneren Schärenweg in folgender Reihenfolge nach Söderskär: *Cobra, Königin Luise, Riilahti* in Kiellinie, die sechs Boote der 2. Gruppe der 5. R.-Flottille sind angehängt. Die Führung hat Korvettenkapitän d. R. Dr.-Ing. K.-F. Brill.
Das ist die Wetterlage: Wind aus WSW 3, See 2, geringe Dünung, leicht bewölkt, Sicht 15 sm.
Nach Passieren von Söderskär wird die Wurfformation gebildet und auf Wurfkurs gegangen. 20.19 meldet die Luftaufklärung, daß um 20.00 das Gebiet vom Feind frei gewesen ist. 21.42 ist Wurfbeginn für die *Königin Luise,* und 21.50 beginnt die *Cobra* mit dem Werfen der Sperre. Die *Riilahti* und die Räumboote verfahren nach dem ihnen erteilten Sonderbefehl. Alle Mann befinden sich auf Gefechtsstationen.

Skizze 21: Minenunternehmung an der Westseite der JUMINDA-Sperre

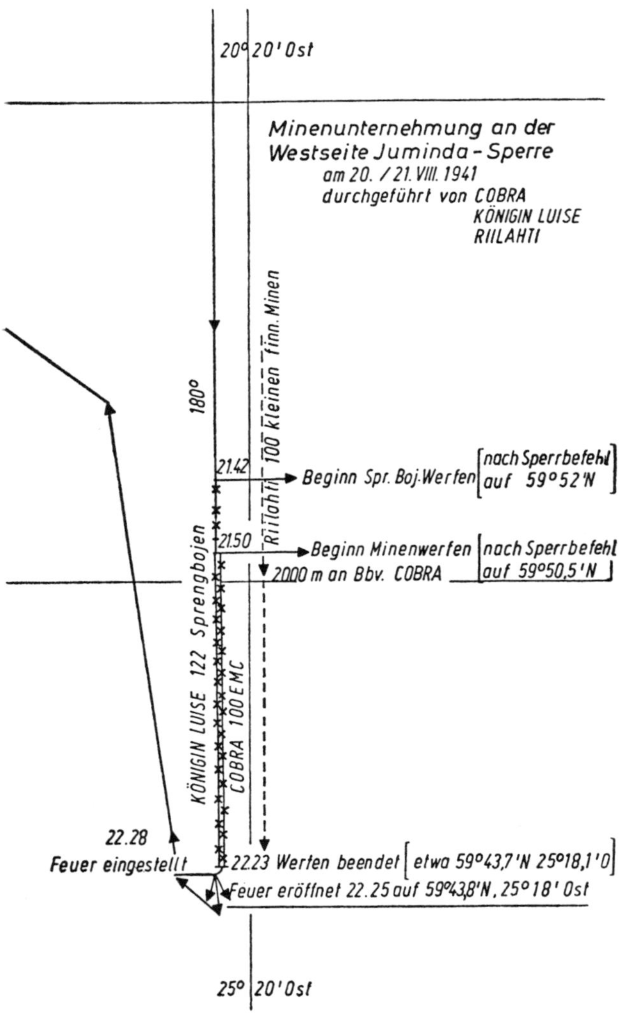

In südlicher Richtung werden mehrfach Leuchtbomben und grüne Sterne beobachtet, recht voraus werden 22.17 weiße Blinke bemerkt und als IMZ gemeldet, offensichtlich ein Erkennungssignal. Kurz darauf werden drei Schiffsschatten erkannt, die auf westlichem Kurs liegen. Es handelt sich anscheinend um sowjetische Bewacher. Die Entfernung beträgt etwa 4500 m. In diesem Augenblick sind auf der *Cobra* noch 15 Minen zu werfen, die eine Wurfzeit von fünf Minuten benötigen. Der Kommandant läßt das Erkennungssignal nicht beantworten, aber auch das Minenwerfen nicht unterbrechen. Dagegen erhält die Artillerie des Schiffes die zum Schießen vorbereitenden Befehle. Die Sicht nach Süden zum Feind ist schlecht, in umgekehrter Richtung zeichnen sich die Minenschiffe gegen den hellen Nordhimmel gut ab. Um 22.23 ist auf der *Cobra* die letzte Mine gefallen, kurz danach ist das Sprengbojenwerfen auf der *Königin Luise* beendet. Der Abstand vom Gegner hat sich auf 2500 m verringert. Eines der drei Fahrzeuge versucht auf den Wurfverband zuzudrehen.
Jetzt läßt der Kommandant der *Cobra* Erkennungssignal mit ES-Patrone schießen und gibt 22.25 Feuererlaubnis, als das Signal nicht sofort beantwortet wird. Unmittelbar nach Feuereröffnung geht der Verband mit einer Wendung nach Steuerbord in Kiellinie auf Kurs 270°, um die Möglichkeit zu haben, alle Geschütze zum Tragen zu bringen und ins freie Wasser zu kommen. Nur auf der *Cobra* kommt es bis 22.28 zum Waffeneinsatz mit 10 Schuß 8,8 cm und 27 Schuß 3,7 cm. Der Gegner dreht sofort ab und verschwindet schnell nach Süden. Nach späterer Meldung der eigenen Schnellboote haben sich die Fahrzeuge unter Nebeleinsatz zurückgezogen. Der Artilleriebeschuß wird dem F. d. T. durch Funk gemeldet.
Siehe Skizze 22, Seite 97.
22.30 schließen die *Riilahti* und die Räumboote nach Durchführung ihrer Sonderaufgabe an die Minenschiffe *Cobra* und *Königin Luise* heran. Der Rückmarsch nach Helsinki verläuft ohne Störung. Mit Hellwerden am 21. VIII. 1941 laufen die Schiffe ein und machen im Westhafen fest. Noch im Laufe des Tages wird der erste Erfolg dieser Sperrlegung bekannt. Der F. d. T. Helsinki meldet einen aufgelaufenen 4000-t-Dampfer brennend und sinkend. In einem Fernschreiben gibt der Chef F. d. T., Kapitän z. S. H. Bütow, seine Anerkennung mit folgenden Worten bekannt:

> „mit durchführung der unternehmung in letzter nacht ist der hauptteil einer für die seekriegführung im finnenbusen besonders wichtigen aufgabe zum abschluß gebracht. sie erforderte einen erheblichen einsatz der beteiligten verbände und konnte zu meiner freude ohne eigene verluste gelöst werden. dagegen hat der feind schon einige empfindliche verluste zu buchen. ich spreche den

Minenschiff
Hansestadt Danzig
in Tarnbemalung
ex Passagierschiff
Hansestadt Danzig
im Ostpreußendienst

Minenschiff *Preußen*
in den Stettiner Oderwerken, Stettin-Grabow;
ex Passagierschiff *Preußen*
im Ostpreußendienst

Minenschiff *Tannenberg*
ex Passagierschiff
Tannenberg
im Ostpreußendienst

Sprengboje „D“ vor dem Fall

Minenübernahme im Hafen

Mine geht von Bord

Skizze 22: Gefechtsskizze der *Cobra* am 20. VIII. 1941

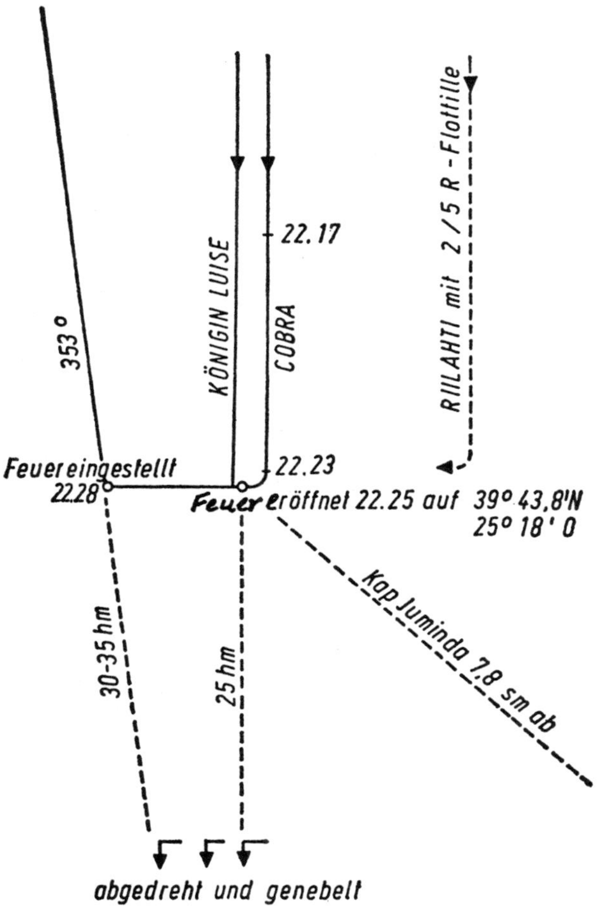

führern und chefs der beteiligten verbände sowie den kommandanten und besatzungen meinen dank, meine anerkennung und meine glückwünsche aus. unseren finnischen waffenkameraden, die teile der gesamtaufgabe selbständig wie auch im zusammenwirken mit der deutschen marine durchführten und damit in hohem maße zum erfolg beigetragen haben, gilt unser gemeinsamer dank für ihre treue waffenhilfe."

4.10.5 **Die östliche JUMINDA-Sperre**

Am 26. VIII. 1941 haben sich unsere Heerestruppen Reval genähert. Der Feind wird damit rechnen müssen, diesen Platz in absehbarer Zeit aufzugeben. Schon jetzt deutet manches darauf hin. Der Russenverkehr durch das JUMINDA-Sperrgebiet verstärkt sich zusehends nach Ost und West. Durch Räumtätigkeit, aber auch durch Minenerfolge muß auf eine Sperrlücke geschlossen werden. Außer Schiffsgeleiten werden laufend sowjetische Räumfahrzeuge und Bewacher im Sperrgebiet beobachtet. Auch nachts ist damit zu rechnen.

Der F. d. T. Helsinki beabsichtigt, den erkannten Russenweg durch das Sperrgebiet zu verriegeln. Hierfür werden zwei getrennte Operationen vorgesehen, die in einer Nacht zur Ausführung gelangen. Räumboote sollen unter eigener Führung innerhalb des Sperrriegels Minen legen, die Minenschiffe ostwärts davon. Dieses östlich der Sperre gelegene Seegebiet ist von den Deutschen in letzter Zeit wenig befahren worden. Über die dortige Minenlage ist nichts Genaues bekannt. Eigene Verseuchungen, die vorgenommen wurden, erschweren die Aufgabe und setzen ein einwandfreies Besteck voraus. Ein Zusammentreffen der getrennt operierenden eigenen Schiffe und Boote läßt sich aus Zeit- und Platzmangel nicht vermeiden. Das bedeutet eine zusätzliche Belastung der größeren Minenschiffe, die mit der Anwesenheit leichter sowjetischer Seestreitkräfte rechnen müssen, so daß Verwechslungen mit den eigenen Räumbooten nicht ganz ausgeschlossen werden können.

Die Durchführung der Aufgabe wird den Minenschiffen *Cobra* und *Königin Luise* unter Führung des Kommandanten der *Cobra* übertragen; an der getrennten Unternehmung sind beteiligt:

ein Schnellboot und

vier Räumboote der 2. Gruppe der 5. R.-Flottille unter Leutnant z. S. d. R. A. Goetzke.

Im Zusammenhang mit der Sperrlegung findet eine Überführung von zwanzig Booten durch zwei finnische Schlepper für das AOK 18 auf der Strecke von Kosakewitsch-Prikke nach Eckholm an der Estenküste statt. Die vier Schnellboote der 1. S.-Flottille sichern die Sperrlegungen, und zwar zunächst die R.-Boot-Gruppe und anschließend den Minenschiffverband, nach Süden und Osten. Die Sicherung des Finnenschleppzuges ist darin einbegriffen. Die Schlepper *Föhn* und *Passat* halten sich bis zum 27. VIII. 1941, 06.00, bei Söderskär für Havaristen klar. Die mit 102 EMC beladene *Cobra* und die mit 160 Sprengbojen D beladene *Königin Luise* verlassen das Schärengebiet bei Söderskär am 26. VIII. 1941 gegen 21.00. *R 57* und *R 62* bilden das Minengeleit mit SDG vor dem Verband. Die R.-Boot-Gruppe mit dem Schnellboot hat 24 EMC und 20 Sprengbojen übernommen und führt ihre Aufgabe selbständig durch auf

25° 36,5′ O zwischen

59° 50,3′ N und

59° 48,3′ N.

Sie hat Befehl, die Sperrlegung spätestens um 21.15 zu beenden und dann einzulaufen. Die Tiefeneinstel-

lung aller Minen ist auf – 1,5 m vorgenommen. Das Schnellboot ist der Sprengbojenträger.
Die Wetterlage: Wind NW 3, See 1, bewölkt, starkes Nordlicht, Sicht 15 sm. Von den Minenschiffen ist im Süden Feuerschein über Reval zu sehen, der sich mit zunehmender Dunkelheit verstärkt. Im Westen wird wiederholt von deutschen Flugzeugen ES geschossen, später auch im Süden und Südosten. Es folgen Leuchtbomben. Gegen 22.00 passieren die zurücklaufenden Räumboote nach Durchführung ihrer Aufgabe den Verband. Kurz darauf werden zwei Schnellboote der eigenen Sicherung ausgemacht.
Die Minenschiffe beginnen 22.26 das Minen- und Sprengbojenwerfen nach Plan. Dabei nähern sich von Osten zwei Flugzeuge mit grünen Lichtern. Der Verbandschef läßt mit ES-Patronen Erkennungssignal schießen und gibt Feuererlaubnis, als die Flugzeuge nicht antworten. Beide Schiffe feuern mit der Zwozentimeter. Die Flugzeuge drehen ab, das Feuer wird eingestellt. Nach späteren Ermittlungen waren es sowjetische Flugzeuge. 23.04 ist das Minenlegen auf südlichem Kurs beendet. Westlich der Minenreihe werden 80 Sprengbojen geworfen. Der Verband wendet unter Vorziehen der das Minengeleit bildenden Räumboote nach Backbord zur Kiellinie und geht dann auf Nordkurs zum Werfen der östlichen Sprengbojenreihe durch die *Königin Luise*. Die Reihe wird von 23.15 bis 23.52 ausgelegt. Die Sperrlage ist wie folgt gemeldet:
Minenreihe von:
59° 52′ N, 25° 47,3′ O über
59° 49,6′ N, 25° 52,4′ O nach
59° 45,5′ N, 25° 52,4′ O.
1. Sprengbojenreihe:
300 m westlich der Minenreihe;
2. Sprengbojenreihe:
ostwärts der Minenreihe unter Einhaltung eines entsprechenden Sicherheitsabstandes.
Der Rückmarsch geht ohne Störung vor sich. Am 27. VIII. 1941 um 05.00 liegen die Schiffe wieder im Westhafen von Helsinki.

4.10.6 Rückzug der Russen und Erfolge der JUMINDA-Sperrlegung

Nach dem Lagebericht des Marineverbindungsoffiziers beim AOK 18 wird Reval am 27. VIII. 1948 erreicht. Die dort liegenden sowjetischen Schiffe werden dadurch gezwungen, sich über ihren weiteren Verbleib zu entscheiden. Am 28. VIII. 1941 häufen sich die Meldungen über den Rückzug sowjetischer Kriegs- und Handelsschiffe durch das JUMINDA-Sperrgebiet. Es folgen die ersten Meldungen über Minenerfolge, die auch am 29. VIII. anhalten. Am 30. VIII. heißt es im Wehrmachtsbericht:

> „Die deutsche Kriegsmarine hat den sowjetischen Seestreitkräften und Transportflotten im Finnischen Meerbusen schwere Verluste zugefügt. Bei Versuchen, aus Reval auszubrechen, um andere Häfen zu erreichen, sind durch Minenoperationen der Kriegsmarine zwei Zerstörer, neun Minensuchboote, zehn Vorpostenboote der Sowjetmarine gesunken. Zwei weitere Zerstörer und ein Minensuchboot wurden durch Minentreffer schwer beschädigt.
> Transportflotten, die der Feind für den Abtransport von Truppen und Kriegsgerät aus Reval eingesetzt hatte, gerieten unter dem Geleit von Kriegsschiffen mitten in die deutschen Minensperren. Bisher sind 21 Transportschiffe mit zusammen 48 000 BRT gesunken. Acht Transporter wurden durch Minentreffer schwer beschädigt."

Auf die langsam das Sperrgebiet passierenden oder nach Minentreffern dort liegengebliebenen Schiffe wurden deutsche Kampfflugzeuge angesetzt und hatten nach dem gleichen Wehrmachtsbericht folgenden Erfolg:

> „Kampfflugzeuge versenkten in hartnäckigen Angriffen einen sowjetischen Kreuzer sowie zwei Zerstörer und beschädigten durch Bombentreffer drei weitere Zerstörer sowie einen Hilfskreuzer.
> Kampfflugzeuge vernichteten 22 Handelsschiffe, vorwiegend Transporter, mit zusammen 74 000 BRT und trafen 39 Schiffe so schwer, daß mit dem Verlust eines großen Teiles auch dieser Schiffe gerechnet werden muß."

Über die Sperrvorhaben und die Durchführung der einzelnen Minenunternehmungen hat der Führer der Minenschiffgruppe *Cobra* bei der Kriegstagebuchführung laufend berichtet. Im Anschluß an das KTB für die Zeit vom 16. bis 31. VIII. 1941 hat die Skl. über den jetzt eingetretenen Minenerfolg folgendermaßen geurteilt:

> „Vorbereitung und Durchführung der JUMINDA-Sperrlegung können als klassisches Beispiel eines planvollen Mineneinsatzes angesprochen werden. Sie stellen den Höhepunkt der Minenkriegführung im Kampf der Kriegsmarine gegen Sowjetrußland dar.
> Der Erfolg gebührt in erster Linie Führung und Besatzungen der beteiligten Verbände, die unter erheblichem Einsatz mit entschlossener Selbstverständlichkeit die JUMINDA-Sperroperationen durchführten.
> Es trat dabei der seltene Fall ein, daß sich die Wirksamkeit einer Sperre unter unseren Augen vollzog und ihre katastrophale Auswirkung offenbar wurde. Der Umfang ihrer Wirksamkeit kann heute noch nicht voll übersehen werden.
> Die Sperre, auf der bis jetzt schon etwa 40 rus-

sische Kriegs- und Handelsschiffe aufgelaufen sind unter gleichzeitiger Bekämpfung durch Küstenartillerie und Luftwaffe, hat somit ihren Zweck der Sperrung des Verbindungsweges Reval–Kronstadt in vollem Ausmaß erfüllt. Planung und Auslegung der Sperre haben es verdient, daß sie einmal als besonderes Kriegsereignis in die deutsche Seekriegsgeschichte eingehen."

Maßgebenden Anteil an der Durchführung der Sperrlegungen hatte der Führer der Minenschiffgruppe *Cobra,* Korvettenkapitän d. R. Dr.-Ing. K.-F. Brill. Er ist für seinen mutigen Einsatz und seine verdienstvolle Führung erst mit dem Deutschen Kreuz in Gold und dann, am 27. XII. 1941, mit dem Ritterkreuz des Eisernen Kreuzes ausgezeichnet worden.

4.10.7 Die Verstärkung der Westgrenze der JUMINDA-Sperre

Anfang September 1941 hat der sowjetische Schiffsverkehr im Finnischen Meerbusen aufgehört, doch wird sowjetische Fliegertätigkeit von Hangö aus laufend beobachtet. Im Dagö-Ösel-Gebiet befinden sich noch Transporter, Zerstörer und leichte sowjetische Seestreitkräfte. Reval ist in deutscher Hand. Die Truppen des Heeres sind westlich und ostwärts der Stadt weiter im Vormarsch.

Am 2. IX. 1941 beabsichtigt der F. d. T. Helsinki die durch Minentreffer geschwächte JUMINDA-Sperre auf der Westseite zu verstärken. Es soll einem Ausbruchsversuch der sowjetischen Flotte von Kronstadt her entgegengetreten und das Rückfluten der sowjetischen Streikräfte aus dem Raum Dagö/Ösel erschwert werden. Zugleich soll das noch immer russisch besetzte Hangö von Zufuhren über See abgeschnürt bleiben. Um die eigene Bewegungsfreiheit im Seegebiet nicht unnötig einzuschränken, sind die Sperrmittel bis auf eine Seemeile Abstand an die bereits ausliegenden Sperren heranzubringen. Die Feindlage gestattet es im Augenblick, früher als sonst auszulaufen und das Tageslicht zur Unterstützung der Navigation auszunutzen. Von einer Sicherung gegen Feindstreitkräfte kann abgesehen werden.

Die Durchführung der Aufgabe wird dem finnischen Minenleger *Riilahti* mit 84 finnischen Minen und dem Minenschiff *Kaiser* mit 120 Sprengbojen übertragen. Die Führung hat der Chef der Minenschiffgruppe *Cobra,* Brill, auf der *Kaiser.* Zwei Räumboote bilden nach dem Verlassen der Schären das Minengeleit mit SDG vor dem Verband. Ein Schlepper liegt ab 19.00 bei Harmaja klar zur Hilfeleistung im Falle einer Havarie. Schiffe und Boote legen am 3. IX. 1941, 18.00, in Helsinki ab. 18.40 wird auslaufend Harmaja passiert. Um 19.30 meldet die Luftaufklärung das Gebiet feindfrei. Der Wind weht aus Ost in Stärke 4, die See läuft in Stärken 2 bis 3. Es herrscht eine schwache Dünung. Der Himmel zeigt sich stark bewölkt. Die Sicht beträgt 15 sm.

Die Sperre wird von 20.46 bis 21.19 planmäßig geworfen. Sie liegt von
59° 51,2′ N, 25° 16′ O nach
59° 46′ N, 25° 16′ O.
Siehe Skizze 23.

Die Spengbojenreihe liegt 300 m westlicher als die Minenreihe. Im Sperrgebiet werden noch treibende Wrackteile, Kisten, Säcke usw. gesichtet. Während des Auslegens der Sperre ist die Sicht schlechter und die See gröber geworden. Die befohlene Nachsuche und das Abschießen von Oberflächenständen in der Sprengbojenreihe während des Rückmarsches muß wegen der Wetterlage unterbleiben. 23.13 wird Harmaja einlaufend passiert. Das Unternehmen ist ohne Störung verlaufen. Die Schiffe liegen um 24.00 im Westhafen von Helsinki fest.

Skizze 23: Westgrenze der JUMINDA-Sperre

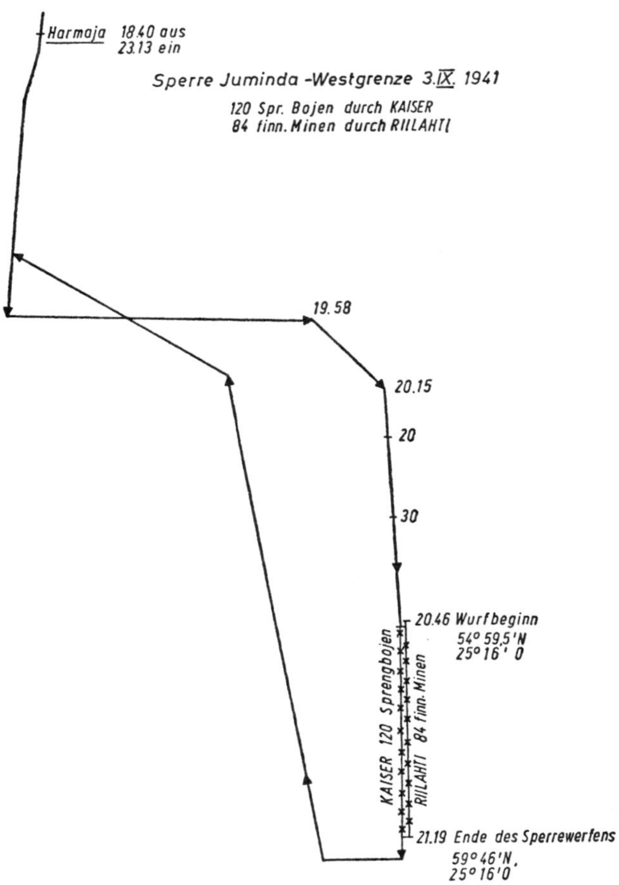

4.10.8 Die Minenaufgabe JUMINDA-Nordlücke

Am 6. IX. 1941 befindet sich die sowjetische Flotte mit fast allen Ostseeeinheiten im Raum Kronstadt/Leningrad, nachdem die sogenannte „Baltflot“ am 30. VIII. von Reval nach hier durchgebrochen war. Mit dem Fortschreiten der Einschließung dieses Gebietes durch die Operationen an Land muß die sowjetische Flottenleitung einen Entschluß über das weitere Schicksal ihrer Schiffe fassen. Ein Ausbruchsversuch nach Westen ist durchaus denkbar. Feindliche Bewacher und einzelne Räumboote sind bei den Inseln Hochland und Groß-Tütters, jedoch nicht westlicher als Rodskär gesichtet worden.
Als Gegenmaßnahme für den Fall eines Ausbruchversuches legt der F. d. T. Helsinki ein Minenschiff mit Minen auf eine Bereitschaftsposition bei Söderskär. Es soll auf seinen Befehl die Nordlücke der JUMINDA-Sperre zwischen Kalbada-Grund und den Schären nördlich davon kurzfristig schließen. Im gegebenen Falle ist eine zweireihige Sperre zu werfen zwischen
60° 0,7′ N und
60° 3,0′ N,
und zwar die erste Reihe von Nord nach Süd auf 25° 35,5′ O, die zweite Reihe von Süd nach Nord auf 25° 35′ O. Wegen ihres Motorantriebes erscheint die *Königin Luise* für diese Aufgabe am ehesten geeignet. Das Schiff geht am 8. IX. 1941 mittags auf die befohlene Position und ankert vor Portö. Alle Minen werden wurfklar gehalten. Zum Mineneinsatz kommt es jedoch auf dieser Position vorerst nicht.

4.10.9 Verluste durch Sabotage

In den frühen Morgenstunden des 14. IX. 1941 erfolgt eine heftige Detonation in der finnischen Marinewerft in Katajancka. Durch Sabotage gehen die Räumboote *R 60, R 61* und *R 62* verloren. Auch die beiden Schlepper *Föhn* und *Passat* sind so beschädigt worden, daß sie bis auf weiteres ausfallen müssen. Unter den Gefallenen auf den Räumbooten ist auch Leutnant z. S. d. R. A. Goetzke zu beklagen. Er hatte die Minenschiffe mit seinen Booten der 2. Gruppe der 5. R.-Flottille bei allen ihren Aufgaben stets einsatzfreudig und erfolgreich begleitet und unterstützt.
Nachträglich wird ihm das Ritterkreuz des Eisernen Kreuzes verliehen.

4.10.10 Die Verstärkung der JUMINDA-Sperre im Süden und Westen

Der Gedanke an einen möglichen Ausbruchsversuch des Gegners aus der Kronstadtbucht führt zu einer weiteren Verstärkung der JUMINDA-Sperre im Süden und Westen. Nach dem Befehl des F. d. T. Helsinki hat das Auslegen der beiden Sperren in einem einzigen Unternehmen zu erfolgen. Die Minenschiffe *Cobra* und *Kaiser* werden dafür mit 202 EMC bzw. 300 Sprengbojen an Bord eingesetzt. Die Führung hat der Kommandant der *Cobra,* Korvettenkapitän d. R. Dr.-Ing. K.-F. Brill.
Der mittlere Finnische Meerbusen ist am 15. IX. 1941 frei vom Feind. Die russischen Luftstreitkräfte in Hangö erscheinen bei den Kämpfen im Raum Dagö/Ösel gebunden. Mit sowjetischen Minen ist bei der geplanten Unternehmung verstärkt zu rechnen, nachdem bekanntgeworden ist, daß der von Reval abgezogene Feind auf seinem Ostkurs Minen geworfen hat. Auch ist auf treibende Minen zu achten. Das Seegebiet ist seit dem Rückzug der Russen von eigenen Kräften weder überprüft noch befahren worden. Mit Rücksicht auf die erhöhte Minengefahr und auf navigatorische Schwierigkeiten ist die Durchführung der Aufgabe bei Tage Vorbedingung. Die Feindlage läßt dies zu.
Die Minenschiffe *Cobra* und *Kaiser* verlassen am 16. IX. 1941, 07.00, ihre Liegeplätze in Helsinki. Unterwegs stoßen drei Räumboote zum Verband, die das Minengeleit mit SDG übernehmen. Über die Wetterlage berichtet das KTB: Wind WSW 4–5, See 3, Sicht 20 sm. Um 09.00 weht es aus WSW in Stärke 6 und weiter auffrischend. Die See läuft jetzt in Stärken 4 bis 5. Regenschauer behindern die Sicht, die sonst 15 sm ist. Der Chef der 5. R.-Flottille, Kapitänleutnant W. Dobberstein, meldet: „Es geht beim besten Willen nicht, es ist zuviel Seegang."
Da sich das Wetter laufend verschlechtert und eine Verschiebung vertretbar ist, entschließt sich der Verbandschef, die Unternehmung abzubrechen. Die Schiffe laufen wieder ein.
Am Tage darauf, am 17. IX. 1941, läuft die Operation zur gleichen Zeit wieder an. Der Wind weht jetzt aus NW in Stärke 4, die See hat die Stärke 3. Es ist leicht bewölkt. Die Sicht ist wieder 20 sm. Die Boote *R 63, R 54* und *R 56* bringen etwa eine Stunde nach Passieren Harmajas das Gerät aus. Trotz der Bedenken des Chefs der 5. R.-Flottille entschließt sich der Verbandschef durchzuhalten.
Auf dem Anmarsch zur Südsperre wird der Sperrkurs der Westsperre abgelaufen, und zur Sperrbezeichnung werden zwei Zeitsinkbojen geworfen. Sie dienen beim späteren Auslegen dieser Sperre zur Ansteuerung und sinken dann entsprechend der eingestellten Zeit. Auf dem Weitermarsch wird Kap Juminda passiert. Die dort befindliche Heeresbatterie und die Marinesignalstation sind über das Unternehmen unterrichtet. Wegen der hier geringen Wassertiefe nehmen die Räumboote für die Dauer des Passierens das Gerät auf. Um 11.00 zeigt eine schwarze Fahrwasserboje das Südende der dort liegenden deutschen

Sperre D 11. Zwischen Juminda und Purikari treiben einzelne Sprengbojen und Minen im Wasser. 11.51 ist der Anfangspunkt der Südsperre erreicht. Das Minenwerfen beginnt. Hier und beim Kursänderungspunkt während des Minenlegens wird je eine Boje zur Sicherung des Verbandes vor den eigenen Minen beim Rückmarsch auf Gegenkurs geworfen. 12.12 ist das Minenwerfen beendet. 12.13 geht eine Mine hoch in der Sperre. 12.17 schneidet *R 54* eine Mine auf 59° 15,6′ N, 25° 47,5′ O. Es kann sich um eine Mine aus der benachbarten Finnensperre F 16 handeln oder aus dem Gebiet von F 3. Weitere Minen werden nicht geschnitten. Tatsächlich ist, wie es sich erst später herausstellt, der Verband durch das finnische Verseuchungsgebiet F 3 hindurchgefahren. Die Besprechung der Aufgabe vor der Unternehmung, so bemerkt der F. d. T. Helsinki in seiner Stellungnahme zum KTB des Führers der Minenschiffgruppe *Cobra,* hat an einer Spezialkarte stattgefunden, in der nur die einzelnen Minenreihen der JUMINDA-Sperre eingetragen waren. Die allgemeine Minenkarte des F. d. T. Helsinki, die zugleich die Minenkartenvergleichsstelle ist, hat die finnische Sperrlegung F 3 richtig angegeben. Sie war seinerzeit auch ordnungsgemäß allen Finnlandstreitkräften bekanntgemacht worden. Die Ortswahl für die dem Wurfverband gestellte Aufgabe hat das Ausliegen der Sperre F 3 berücksichtigt. Beim Bekanntsein dieser Minenlage brauchte der Weg des Verbandes nicht so geführt zu werden, daß F 3 berührt wurde. Da die Lage von F 3 in der Karte von Minenschiff

Skizze 24

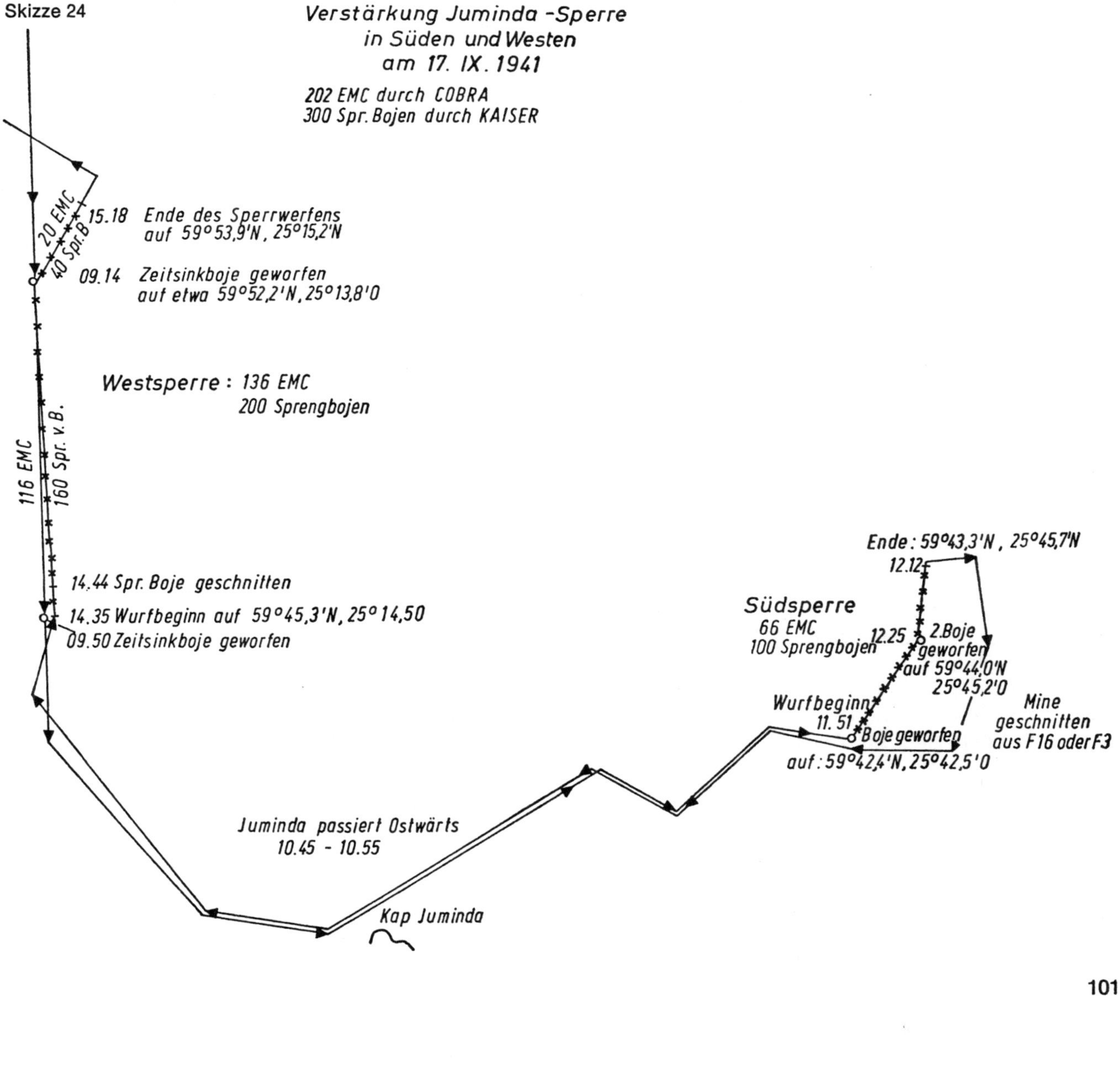

Cobra nicht eingezeichnet war, hat eine wichtige Vorbereitung für die Sicherheit des Marschweges gefehlt.
Der Verband hat Glück gehabt. Es hätte bei seinem Kurs durch das Verseuchungsgebiet ganz anders kommen können.
Auf dem Weitermarsch zum Gebiet der Westsperre werden von 13.06 bis 13.58 treibende Sprengbojen gesichtet. Die Sperrlegung wird von 14.35 bis 15.18 durchgeführt. 14.44 meldet *R 63:* „Sprengboje geschnitten, Suchgerät abgeschlagen." Das Boot ist mit seinem Gerät in die Sprengbojenreihe der Sperre D 35 geraten. Der Verband wird daraufhin 200 m nach Backbord abgesetzt und der Sperrkurs um 3° nach Backbord vorgehalten. Das Beispiel zeigt, wie nahe die neue Minensperre an eine bereits ausliegende Sperre herangeführt wurde und wie sehr es bei jeder Unternehmung dieser Art auf eine genaue Navigation ankommt. Während und nach dem Werfen sind in der Westsperre drei Minen detoniert. Wahrscheinlich ist die untere Antenne dieser Minen irgendwie unklar gefahren, so daß nach Schmelzen des Salzstückes Kontakt bestand, der die Minenexplosion auslöste. Auf dem Rückmarsch wird um 16.40 Harmaja einlaufend passiert, und um 17.30 liegen die Schiffe wieder auf ihren alten Plätzen im Westhafen von Helsinki. Die navigatorische Lage der beiden Sperren ist:
die der Südsperre von
59° 42,4′ N, 25° 42,5′ O über
59° 44,0′ N, 25° 45,2′ O nach
59° 45,3′ N, 25° 45,7′ O,
die der Westsperre von
59° 45,3′ N, 25° 14,0′ O über
59° 52,2′ N, 25° 13,8′ O nach
59° 53,9′ N, 25° 15,2′ O.
Siehe Skizze 24, Seite 101.

4.10.11 Das Schließen der Nordlücke der JUMINDA-Sperre

Auf Grund eines Führerbefehls soll mit allen verfügbaren Mitteln das Ausbrechen der Sowjetflotte aus der Kronstadtbucht und ein Entkommen eventuell nach Schweden verhindert werden. Demgemäß ordnet die Gruppe Nord am 20. IX. 1941 den Einsatz aller greifbaren Sperrmittel an. Als erste Maßnahme befiehlt der F. d. T. Helsinki das Schließen der Nordlücke der JUMINDA-Sperre. Alle Finnlandstreitkräfte werden durch Funkspruch unterrichtet.
Das Minenschiff *Kaiser* hat am 19. IX. 1941 die *Königin* Luise auf ihrer Bereitschaftsposition vor Portö abgelöst. Aufgabe dieses Schiffes ist es, am 21. IX. 1941 die Nordlücke der JUMINDA-Sperre zu schließen. Unter Minengeleit von *R 55* und *R 57* erfolgt die Sperrlegung nördlich vom Kalbada-Grund bis Kusnezoff in zwei Minenreihen auf
25° 35,5′ O und
25° 35′ O zwischen
60° 0,7′ N und
60° 3,0′ N.
Die Auslegung der Sperre ist um 12.00 beendet. Die *Kaiser* läuft anschließend in Helsinki ein, während die Räumboote nach Osten weitermarschieren, um das Minengeleit bei einer Sperraufgabe der *Cobra* zu übernehmen.

4.10.111 Erste Verstärkung des Nordteils der JUMINDA-Sperre

Während die *Kaiser* am 21. IX. 1941 vormittags die Nordlücke schließt, marschiert die *Cobra* von Helsinki zur Sperrmittelübernahme nach Kotka. Das Schiff soll den Nordteil der JUMINDA-Sperre im Osten durch eine Minenreihe verstärken und diese durch eine in V-Form angesetzte Sprengbojenreihe gegen Räumversuche schützen.
Das Gros der Sowjetflotte liegt in der inneren Kronstadtbucht. Vereinzelt sind kleinere Fahrzeuge bis Hochland beobachtet worden. Das Gebiet zwischen Hochland und der JUMINDA-Sperre kann als feindfrei betrachtet werden. Über die Minenlage auf dem Anmarschwege und in dem Sperrgebiet selbst ist nichts bekannt. Die Durchführung der Aufgabe bei Tage ist wünschenswert, da mit dem Sichten der Kasakewitsch-Prikke eine erhöhte Sicherheit für die Navigation gegeben ist und damit für den einzuhaltenden Abstand von unseren eigenen dort liegenden Sperren. Eine Feindsicherung ist nicht erforderlich. Als Minengeleit stehen *R 55* und *R 57* zur Verfügung, sobald das Minenschiff *Kaiser* seine Aufgabe zur Schließung der Nordlücke nördlich vom Kalbada-Grund durchgeführt hat. Ab 12.00 ist dies der Fall, und beide Boote steuern nun ostwärts zu dem befohlenen Treffpunkt mit der *Cobra* bei Ristholm auf 60° 16,5′ N und 26° 1,0′ O.
Das Minenschiff *Cobra* hat am 21. IX. 1941, 05.00, im Westhafen von Helsinki abgelegt und um 10.55 in Kotka festgemacht. Hier werden von 11.20 bis 15.54 126 EMC und 120 Sprengbojen übergenommen. Durch den Ausfall eines Krans ergibt sich hierbei eine Verzögerung um zwei Stunden. Die Räumboote, die von der *Kaiser* entlassen worden sind, erhalten einen neuen Treffpunkt bei Boistö. Von hier wird ab 17.15 gemeinsam weitermarschiert, und die Schären werden bei Orrengrund um 17.48 verlassen, die Räumboote nunmehr mit dem Gerät vor der *Cobra.* Über die Wetterlage kommt ins KTB: Wind WSW 2, See 1, Sicht 8 sm, leicht bewölkt.

Um 19.40 kommt der Anmarsch zum Stoppen. Die angeforderten Feuer brennen nicht. Die Kasakewitsch-Prikke ist in der Dunkelheit nicht auszumachen. Die navigatorischen Vorbedingungen für das Auslegen der Sperre sind nicht gegeben, zumindest nicht ausreichend. Das Zeigen der Feuer wird beim F. d. T. Helsinki durch Funk erneut angefordert. Die Durchführung der Aufgabe wird verschoben. Es wird bis zum Morgengrauen gewartet, womit sich der F. d. T. einverstanden erklärt. Die *Cobra* geht nach Koppelung in der Nähe der Kasakewitsch-Prikke vor Anker. Die Räumboote machen am Heck des Minenschiffes fest.
Am 22. IX. 1941 geht die *Cobra* 05.55 ankerauf. Die Besteckversetzung hat etwa 3 sm betragen. Die Durchführung des Sperrelegens während der Nacht hätte somit nicht planmäßig erfolgen können. Hinter dem Minengeleit wird der Nordpunkt der Sperre angesteuert. Von 07.08 bis 07.42 wird zunächst die Minenreihe geworfen von
60° 1,2′ N, 25° 45,2′ O nach
59° 54,5′ N, 25° 46,9′ O.
Es folgt dann von 07.45 bis 08.20 die Sprengbojenreihe von
59° 54,5′ N, 25° 47,2′ O nach
60° 1,0′ N, 25° 52,0′ O.
Die Sperrlegung und der Rückmarsch nach Helsinki verlaufen ohne Störung. 09.35 wird Orrengrund einlaufend passiert, und 13.45 hat die *Cobra* wieder im Westhafen festgemacht.
Zwei Vorpostenboote der 3. VP.-Flottille werden im Seegebiet südlich Orrengrund nachher von zwei sowjetischen Schnellbooten angegriffen. Das Vorpostenboot *VP 308* wird auf große Entfernung (5000 m) torpediert und sinkt. Ein Schnellboot der Sowjets wird vernichtet.

4.10.112 Zweite Verstärkung des Nordteils der JUMINDA-Sperre und der Verlust des Minenschiffes »Königin Luise«

Aus dem Beutematerial von einem sowjetischen Schnellboot geht hervor, daß der Gegner für die Lage im Nordteil der JUMINDA-Sperre besonderes Interesse zeigt. Gewisse Anzeichen deuten darauf hin, daß in diesem Teil der Sperre Minenerfolge eingetreten sind. Der F. d. T. Helsinki entschließt sich zu einer zweiten Verstärkung des Nordteils der JUMINDA-Sperre mit 86 EMC, die mit einer Tiefeneinstellung von − 1,5 m durch das Minenschiff *Königin Luise* geworfen werden sollen von
59° 56,7′ N, 25° 26,8′ O nach
60° 1,4′ N, 25° 30,5′ O.
Die Räumboote *R 57* und *R 54* werden als Minengeleit zugeteilt.

Die *Königin Luise* liegt nach ihrer Ablösung durch das Minenschiff *Kaiser* von der Bereitschaftsposition vor Portö seit dem 19. IX. 1941 mit Minen beladen im Westhafen von Helsinki. Nach Erhalt des Sperrbefehls läuft das Schiff am 25. IX. 1941 mittags aus, um 14.00 die Friedensposition von Helsinki-Feuerschiff zu erreichen. Die beiden Räumboote haben von hier aus das Minengeleit zum Wurfort und zurück durchzuführen. 15.55 meldet die *Königin Luise* durch Funkspruch die planmäßige Durchführung der Minenaufgabe. Es ist der letzte Funkspruch des Schiffes.
17.03 meldet ein KR-FT von *R 57: „königin luise* minentreffer bei graharum." 17.20 funkt das gleiche Boot: *„königin luise* gesunken." *R 57* und *R 54* sowie Boote der 3. VP.-Flottille beteiligen sich an der Rettung der Besatzung. Die Überlebenden werden von den Minenschiffen *Cobra* und *Kaiser* übernommen, die Verletzten nach ärztlicher Hilfe den Lazaretten zugeführt. 40 Besatzungsmitglieder der *Königin Luise* fanden den Tod.
Die Untersuchung, wie es zu dieser Katastrophe kommen konnte, hat ergeben, daß die *Königin Luise* das ihr gestellte Minengeleit nicht bis zur Einsteuerung in den minenfreien Leitsektor von Harmaja ausgenutzt hat. Die Räumboote beendeten das Minengeleit und nahmen ihr Gerät zu der ihnen vom Kommandanten der *Königin Luise* befohlenen Uhrzeit ein, obwohl sie den Leitsektor noch nicht erreicht hatten. Richtig wäre es gewesen, den Räumbooten nicht eine Uhrzeit, sondern einen navigatorischen Punkt für die Gerätaufnahme zu befehlen. Das Schiff ist dann ohne Minengeleit weitergefahren.
Es ist weiter festgestellt worden, daß die Untergangsstelle auf 60° 00′ 50″ N, 24° 59′ 2″ O liegt. Das ist ½ sm außerhalb des Leitsektors von Harmaja und 1 sm von der Deckpeilungslinie entfernt. Planmäßiges Freisuchen des Gebietes hatte seinerzeit nur innerhalb des Leitsektors stattgefunden. Daß in dem fraglichen Gebiet Minen gefunden waren, war den Minenschiffen bekannt. Deswegen haben die Schiffe auch stets Minengeleit gestellt bekommen. Bei richtiger Ausnutzung des Geleites wäre der Verlust des Schiffes höchstwahrscheinlich vermieden worden.
Die 5. R.-Flottille hat am 26. IX. 1941 an der Untergangsstelle der *Königin Luise* nachgesucht. Dabei sind noch zwei russische Pendelminen gefunden worden. Auch der Leitsektor wurde überprüft und ausgebojt. Er hat sich als minenfrei erwiesen.

4.10.12 In Bereitschaft zu kurzfristigem Mineneinsatz

Im mittleren Finnischen Meerbusen werden die Verbindungswege zwischen Estland und Finnland freigesucht. Im Westen wird noch um Ösel gekämpft. Im

Osten fahren die Sowjets zwischen Leningrad, Kronstadt und darüber hinaus bis Hochland hin und her. Aus ihrem Verhalten in der Kronstadt-Bucht lassen sich keine bestimmten Rückschlüsse auf zukünftige Absichten ziehen. Eine offensive Aufgabe gibt es für die Minenschiffe zur Zeit nicht, da sich die Sowjets selbst durch ausgedehnten Minenschutz in der Kronstadt-Bucht eingeschlossen haben.
Die in Abo liegenden Minenschiffe geben ihre restlichen Minen ab und kehren nach Deutschland zurück. Diese Minen werden in Helsinki von der *Cobra* und der *Kaiser* mit je 150 EMC übernommen. Auf Veranlassung der Gruppe Nord sollen sich beide Schiffe auf einer Bereitschaftsposition in den Schären ablösen. Für den Fall eines Ausbruches der Sowjetschiffe nach Westen ist es die Aufgabe der Bereitschaftsschiffe, westlich der CORBETHA-Sperre auf den voraussichtlichen Sowjetweg noch einen Minenriegel zu legen.
Am 4. X. 1941 geht zuerst das Minenschiff *Kaiser* für acht Tage im Minengeleit von zwei Räumbooten auf die Bereitschaftsposition in der Fagerwik. Am 11. X. 1941 löst die *Cobra* auf der Bereitschaftsposition mit gleicher Aufgabe ab. Am 16. X. 1941 wird die *Cobra* nach Helsinki zurückgerufen. Beide Minenschiffe lösen sich hier, zweitägig wechselnd, mit 4-Stunden-Bereitschaft ab.
Ab 21. X. 1941 sind der BdK und der F. d. T. Helsinki aus der „Barbarossa"-Aufgabe ausgeschieden. Die Befehlsführung hat der Marine-Verbindungsstab Finnland übernommen unter seinem Chef, Konteradmiral R. v. Bonin.

4.10.13 Die Minensperre D 46

In der Nacht zum 2. XI. 1941 sind leichte sowjetische Seestreitkräfte – vier größere und vier kleinere Fahrzeuge – auf etwa 59° 48′ N durch die JUMINDA-Sperre nach Westen durchgebrochen und anscheinend nach Hangö gegangen. Zwei Zerstörer werden dort festgestellt. Sonstige Fahrzeuge, insbesondere der Minenkreuzer *Marti* (4600 ts), werden in Hangö nicht erfaßt. Die Luftaufklärung fehlt so gut wie ganz, da die deutschen He 114 wegen der beginnenden Vereisung im Hafen zurückgezogen sind. Der Marine-Verbindungsstab Finnland befiehlt eine Verstärkung des JUMINDA-Sperrgebietes durch Auslegen einer zweireihigen Minensperre westlich von den bisher gelegten Sperren unter der Bezeichnung D 46. Im Hinblick auf weitere Minenoperationen soll die neue Sperre möglichst dicht an das bisherige Sperrgebiet herangelegt werden. Die Aufgabe wird dem Minenschiff *Kaiser* unter Führung des Chefs der Minenschiffgruppe *Cobra*, Korvettenkapitän d. R. Dr.-Ing. K.-F. Brill, übertragen. Drei Räumboote übernehmen das Minengeleit, zwei Schnellboote die Sicherung.

Am 3. XI. 1941 wird bekannt, daß in der vergangenen Nacht ein Verband leichter russischer Streitkräfte von Westen nach Osten durch die JUMINDA-Sperre in die Kronstadtbucht zurückgelaufen ist, darunter ist auch der Minenleger *Marti*. Die Durchbruchsstelle ist die gleiche geblieben. Die Russen haben in Westrichtung ein Kriegsfahrzeug, in Ostrichtung drei weitere in der JUMINDA-Sperre verloren. Die Lage im Hangögebiet hat sich durch den Rückmarsch der *Marti* zugunsten der Deutschen geklärt. Jetzt liegen dort nur noch kleinere Fahrzeuge.
Das Minenschiff *Kaiser* mit dem Chef der Minsch. Gr. *Cobra* an Bord läuft am 3. XI. 1941, 12.00, aus Helsinki

Skizze 25: Sperre D 46

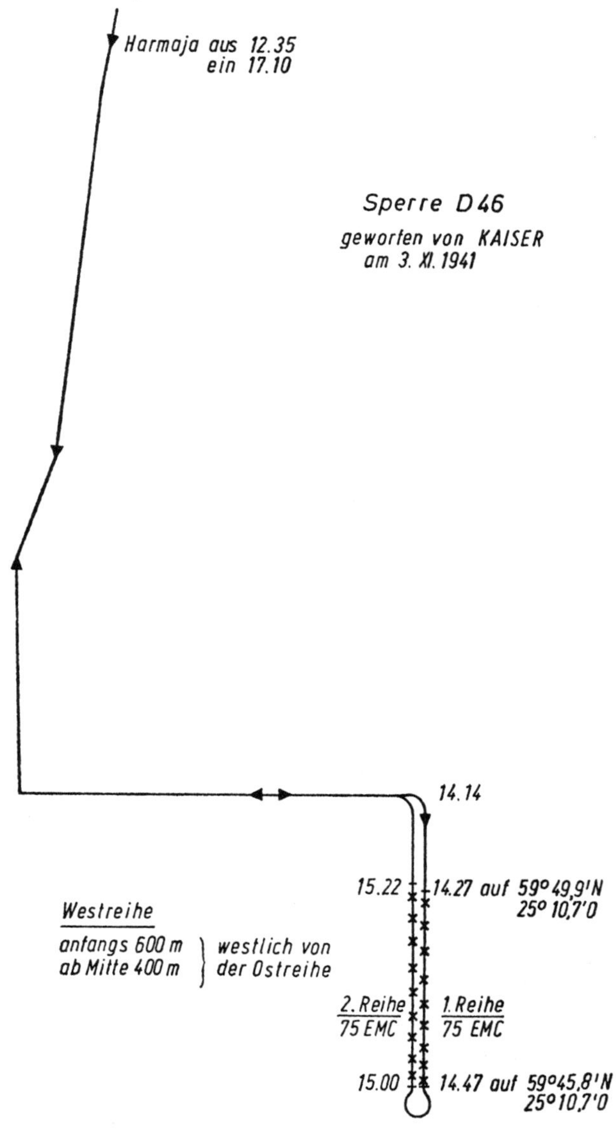

aus. Die beiden Schnellboote und die Räumboote schließen sich an und gehen ab Harmaja auf die befohlenen Positionen, wobei die Schnellboote hinter den Minenschiffen auf dem Wege Helsinki–Reval das Unternehmen sichern. Auf diesem Wege hatte am 24. und 25. X. 1941 ein feindliches U-Boot das Geleit Helsinki–Reval angegriffen. Seitdem sind feindliche U-Boote in See nicht mehr festgestellt worden. Über das Wetter kommt ins KTB: Wind ist Nord 1, See 0, Sicht 10 sm, diesig.

Die *Kaiser* wirft die 1. Minenreihe auf Südkurs von 14.27 bis 14.47 mit 75 EMC von
59° 49,9′ N, 25° 10,7′ O nach
59° 45,8′ N, 25° 10,7′ O.
Siehe Skizze 25, Seite 104.

Dabei gelingt es, sie bis auf 1 sm Abstand an die Nachbarsperre D 39 heranzubringen. Ein Oberflächenstand dieser Sperre wird in diesem Abstand gesichtet. Die Sperrlegung der 2. Minenreihe westlich davon wird auf Nordkurs vorgenommen. Sie erfolgt von 15.00 bis 15.22 mit ebenfalls 75 EMC auf Lücke zur östlichen Reihe. Ein Abstand der beiden Minenreihen von zuerst 600 m und ab Mitte von 400 m wird eingehalten, wobei zwei in der ersten Minenreihe abgeworfene Bezeichnungsbojen als Richtpunkte dienen. Die Bojen wurden liegengelassen als navigatorischer Anhalt beim Werfen weiterer Sperriegel westlich der Durchbruchsstelle. Der Rückmarsch nach Helsinki erfolgt auf gleichem Wege wie der Anmarsch, und um 17.35 hat die *Kaiser* wieder festgemacht.

4.11 Das Ende des Finnlandeinsatzes und die Rückführung der »Cobra«-Gruppe

Am 4. XI. 1941 befiehlt die Gruppe Nord die Rückführung der Minenschiffe *Cobra* und *Kaiser* nach Swinemünde. Die *Cobra* gibt die noch an Bord befindlichen 150 EMC an die Finnen ab. Der Rückmarsch muß über Örö–Abo genommen werden, da der Weg über Reval noch nicht frei ist. Die bestehenden Wetterverhältnisse machen den Räumbooten ein Fahren mit Gerät unmöglich und verhindern ein sofortiges Auslaufen. Ein Versuch am 8. XI. 1941 muß abgebrochen werden. Erst am 11. XI. 1941 wird der Heimmarsch von Helsinki aus angetreten. Drei Räumboote übernehmen das Minengeleit, fünf Schnellboote die Sicherung. 16.20 werden die Schären bei Porkalla verlassen, und auf westlichem Kurs wird die Fahrt nach Örö aufgenommen. Die Räumboote und Schnellboote gehen auf die befohlenen Positionen. Es weht aus NO in Stärke 2, die See ist mit Stärke 1 kaum bewegt. Es ist vollkommen bedeckt und mäßige Sicht. Ab 20.00 zieht starker Bodenebel in Schwaden auf.

Die Feindlage ist günstig. In Hangö liegen nur kleinere Fahrzeuge. Die bisher durchgebrochenen russischen Verbände haben erst nach 21.00 den Weg gekreuzt, während die Minenschiffe dieses Gebiet schon vorher passieren. Von Odesholm ist das Sichten des Verbandes bei der Dunkelheit nicht zu befürchten. Minen sind auf diesem Wege bisher immer geschnitten worden. Mit einem Auftreffen auf Minen ist daher jederzeit zu rechnen. Mit den Räumbooten ist vereinbart worden, geschnittene Minen unmittelbar mit der Vartalampe durch ein „MM“ in Richtung und Lage zu kennzeichnen. Die Schnelligkeit der Übermittlung der Lage ist um so wichtiger, je näher der Verband bei abnehmender Sichtigkeit aufrücken muß. Die Sicht wird schlechter, denn die Nebelschwaden werden stärker. Während einer Kursänderung von 246° auf 318° melden 20.18 die Räumboote „Mine an Steuerbord“. Der Verband stoppt, und die Räumboote erhalten durch Sprechfunk den Befehl zu warten. Trotzdem kommen sie im Nebel sofort außer Sicht und laufen so weit vor, daß die Sprechfunkverbindung nicht mehr einwandfrei arbeitet. Zusätzlich erschweren jetzt die Schnellboote die Übersicht, da sie mangels Sicht von beiden Seiten an die Minenschiffe heranschließen. Sie erhalten Befehl, sich anzuhängen. Erst als es gelingt, die Räumboote über Sprechfunk aufzuforden, sich über Scheinwerfer bemerkbar zu machen, kann der Verband um 21.32 die Marschformation wiederherstellen und mit 10 kn Fahrt den Marsch fortsetzen.

Nach der Meldung der Räumboote sind zwei Minen geschnitten worden. Die Sicht bleibt unter 1 sm. Mit einer Ansteuerung von Örö ist unter diesen Verhältnissen nicht zu rechnen. Der Verbandschef entschließt sich, nach Kopplung 2 sm vor der Ansteuerung von Örö zu ankern. Es ist 23.37, und die Räum- und Schnellboote werden von den Minenschiffen längsseit genommen. Sofortbereitschaft wird befohlen.

Nach Besserung der Sichtverhältnisse geht der Verband am 12. XI. 1941, 03.45, ankerauf und läuft bei Örö in die Schären ein. Die Räum- und Schnellboote werden entlassen. 11.50 ist Abo erreicht. Am nächsten Tag wird Heizöl übernommen, und am 14. XI. 1941 wird um 08.00 der Marsch nach Gotenhafen angetreten, um dort die im Juni abgegebenen Geheimsachen wieder an Bord zu nehmen. Die Marschsicherung hat das Schnellboot *S 29*. Der Wind ist mit SO 3 bis 4 an der Grenze des Tragbaren für das Schnellboot. 16.00 wird Nyhamn passiert. Der Wind hat auf SO in Stärken 5 bis 7 aufgefrischt, die See auf Stärke 4. Es herrscht eine mittlere Sicht. Nachts reißt die Sicht- und Sprechfunkverbindung mit *S 29* zweimal ab. Am 15. XI. 1941 wird um 08.00 Landsort querab gepeilt. Von Hellwerden ab wird wegen möglicher U-Boot-Gefahr bis zum Einlaufen in den Kalmarsund in Zickzackkursen gesteuert. Bis dahin besorgt *S 29* die U-Boot-Sicherung. Das Boot wird um 11.00 nach Kiel entlassen.

Nach Passieren des Kalmarsundes ist der auf Sturmstärken 6 bis 8 zunehmende Wind auf SW umgelaufen. Auch die See ist mit Stärke 5 gröber geworden. Der Himmel ist bedeckt. Die Sicht ist mäßig. Durch die zum Teil sehr heftige und kurze See von vorn fällt auf beiden Minenschiffen zeitweilig der Kreiselkompaß aus. Die *Cobra* erleidet Seeschäden im Vorschiff. Am 16. XI. 1941 wird 09.42 im Hafenbecken III in Gotenhafen geankert. Die dort lagernden Geheimsachen werden an Bord genommen, und ab 16.00 wird der Marsch nach Swinemünde fortgesetzt, das man am 17. XI. 1941 um 09.00 erreicht.

Das Einlaufen der Minenschiffe *Cobra* und *Kaiser* in Swinemünde erfolgt im Hinblick auf die gewonnene Minenschlacht während des Einsatzes im Finnischen Meerbusen mit gesetzten Toppflaggen. Dabei weht auf der *Cobra* auch die finnische Kriegsflagge, die der finnische Flottenchef, Kommodore Rahola, dem Chef der Minenschiffgruppe *Cobra,* Korvettenkapitän d. R. Dr.-Ing. K.-F. Brill, persönlich als Ehrung und in Dankbarkeit für die geleistete treue Waffenhilfe des Verbandes überreicht hat. Bei allen Besatzungsmitgliedern herrscht das Gefühl der Freude über die zurückliegenden Erfolge. Diese Freude ist aber auch gemischt mit tiefer Trauer um die Waffenkameraden, die durch den Untergang der 3 Minenschiffe vor Öland und der *Königin Luise,* die nun bei der Rückkehr in den Heimathafen fehlen, ihr Ende gefunden haben.

„Auftrag für Fall ‚Barbarossa' ausgeführt und beendet", so heißt es in der nüchternen Abschlußmeldung des Verbandschefs an seine vorgesetzten Dienststellen, jedoch bleibt der Name von Dr.-Ing. K.-F. Brill mit dem Legen der JUMINDA-Sperre für immer fest verbunden und unvergessen.

Nach Beendigung des Finnlandeinsatzes haben alle Minenschiffe größere oder kleinere Reparaturen durchzuführen. Soweit und sobald fahrbereit, dienen sie den Schulen zu Ausbildungszwecken. Zu Sperrlegungen kommt es bis Ende 1941 nicht, doch haben sich bis dahin noch beachtliche Minenerfolge eingestellt, die dem Gegner bei der Räumung von Hangö entstanden sind.

Nach Vernehmung des in Gefangenschaft geratenen russischen Kapitäns I. Ranges Erdokimow begann die Räumung von Hangö Anfang Oktober 1941. Sie erfolgte in acht Transporten, über die er folgende Angaben gemacht hat:

1. Transport: 1 Minensuchboot lief auf Mine und ging verloren;
2. Transport: ohne Verluste;
3. Transport: 25. bis 26. X. 1941 aus Leningrad nach Hangö: Zerstörer *Smetliwi* (1600 ts) auf Minen gelaufen und gesunken;
4. Transport: 14. bis 17. XI. 1941 über Hochland nach Hangö: Die Zerstörer *Surowy* und *Goroy* (1600 ts) auf Minen gelaufen und gesunken; der als Flottillenführer eingesetzte Torpedokreuzer *Leningrad* (2895 ts) durch Mine schwer beschädigt; der Transporter *Schdanow* auf Mine gelaufen und gesunken;
5. Transport: auf nördlichem Weg durchgekommen, keine Verluste;
6. Transport: ohne Verluste auf nördlichem Weg durchgekommen, keine Verluste;
7. Transport: am 2. XII. 1941, 21.00, verließ der Dampfer *Josef Stalin* Hangö im Geleit von 20 Kriegsfahrzeugen mit 7050 Mann und 1000 t Ladung; Schwimmwesten waren in völlig ungenügender Zahl an Bord. Die Besatzung wurde vor dem Auslaufen über den Ernst der Lage unterrichtet. Sie durfte während der Fahrt das Oberdeck nicht betreten. Am 3. XII. 1941 ist das Schiff um 01.05 etwa 15 bis 20 sm NW von Nargön in kurzen Abständen dreimal auf Minen gelaufen. Etwa 04.00 stieß es in treibendem Zustand nochmals auf Mine. Ungefähr 3500 Mann kamen ums Leben. Das Schiff strandete bei Lohusalu. Rund 1000 Mann wurden nach der 4. Minenexplosion von begleitenden Schiffen übernommen. Einigen gelang es, auf Flößen die Küste zu erreichen, wo sie gefangengenommen wurden;
8. Transport: keine Angaben. – Nach anderen Meldungen sind bei dem 8. Transport der neue turboelektrische Dampfer *Molotow* mit 9000 BRT und noch vier weitere Transporter durch Minentreffer verlorengegangen.

Diese Verluste auf russischer Seite bei der Räumung von Hangö stellen ein Gegenstück zu den großen Minenerfolgen bei der Räumung Revals dar.

4.12 **Neue Minenschiffe**

Im ersten Jahr des Rußlandfeldzuges gingen vier Minenschiffe verloren. Die *Tannenberg,* die *Preußen* und die *Hansestadt Danzig* erhielten Minentreffer auf einer schwedischen Sperre unweit der Südspitze der Insel Öland, die *Königin Luise* sank nach Auflaufen auf eine russische Mine vor der Einfahrt nach Helsinki. Für den Ersatz dieser Schiffe erweist es sich als günstig, daß im Westraum drei schnelle Kanaldampfer und in Odense ein Handelsschiffneubau erfaßt wurden. Der Umbau zu Minenschiffen ist inzwischen angeordnet worden.

Zuerst stellt die *Preußen*-Besatzung am 5. X. 1941 in Nantes die ehemalige, 21 kn schnelle *Côte d'Argent* (3047 BRT) als Minenschiff *Ostmark* in Dienst. Die *Tannenberg*-Besatzung folgt am 25. XI. 1941 in Swinemünde mit der Indienststellung eines 16 kn schnellen Neubaues (1938) des Norddeutschen Lloyd, Bremen, als Minenschiff *Ulm* (3071 BRT). Beide Einheiten werden zu Führerschiffen der Minenschiffgruppen West und Nord bestimmt, denen folgende Schiffe zugeteilt sind:

Minenschiffgruppe West:

Kapitän z. S. A. Bentlage, Führer der Minenschiffe West;

Ostmark Kommandant Korvettenkapitän d. R. K.-F. Barthel,

Roland Kommandant Fregattenkapitän K. v. Kutzleben,

Cobra Kommandant Korvettenkapitän d. R. Dr.-Ing. K.-F. Brill,

Skagerrak Kommandant Korvettenkapitän d. R. Dr. med. dent. O. Wunder;

Minenschiffgruppe Nord:

Kapitän z. S. H.-C. v. Schönermark, Führer der Minenschiffe Nord;

Ulm Kommandant Kapitän z. S. H.-C. Schönermark, ab 14. II. 1942 Kapitänleutnant d. R. K. Wehr,

Brummer Kommandant Korvettenkapitän Dr.-Ing. E. Tobias, ab 1. IX. 1942 Korvettenkapitän d. R. Dr.-Ing. K.-F. Brill,

Kaiser Kommandant Korvettenkapitän d. R. H. Bohm.

Die überlebende und komplettierte Besatzung der *Hansestadt Danzig* stellt am 18. X. 1942 in Vlissingen die ehemalige, 21 kn schnelle *Côte d'Azur* (3047 BRT) als Minenschiff *Elsaß* in Dienst. Kommandant wird Kapitänleutnant d. R. Fritz Dyckerhoff, da Korvettenkapitän d. R. Wilhelm Schroeder inzwischen Geleitchef Ost geworden war.

Danach beginnen die Restarbeiten bei der Merkantil-Werft in Antwerpen.

Das Schiff, das am 27. V. 1940 von deutschen Fliegerbomben getroffen und in der Nähe von Dünkirchen auf 51° 03′ N, 02° 24′ O versenkt wurde, hat sich vor seiner Erfassung als Minenschiff durch das neunmonatige Unterwasserliegen in sehr schlechtem Zustand befunden. Es kommt daher erst 1943 zum Einsatz. Die für die *Elsaß* vorgesehene Besatzung der *Königin Luise* wird daher zunächst auf die neu in Dienst kommenden Minenschiffe verteilt.

Neben der *Côte d'Argent* und der *Côte d'Azur* (*Ostmark* und *Elsaß*) ist als dritter Kanaldampfer die 24 kn schnelle *Londres* (3374 BRT) erfaßt worden. Dieses 1941 in Bau genommene Schiff befindet sich in Le Havre noch auf der Helling. Es kann erst im Juni 1944 als Minenschiff *Lothringen* in Dienst gestellt werden.

[13] Da über das Ende der *Bismarck* viel Unsinn geschrieben worden ist, sei zusätzlich zum Lagebericht dieses Buches ergänzt: Die *Bismarck* war auf Befehl des Flottenchefs, Admiral G. Lütjens, nach der Entlassung der *Prinz Eugen* wegen einiger (Gefechtsbereitschaft und Fahrtüchtigkeit nicht behindernder) Schäden auf Kurs Brest gegangen und erhielt dabei am 26. VI. 1941 einen Flugzeugtorpedotreffer in die Ruderanlage, durch den das Schiff in seiner Manövrierfähigkeit insofern behindert wurde, als ihm nur noch die Möglichkeit verblieb, (schlecht) mit den Schrauben zu steuern. So behindert, trat es am 27. VI. den britischen Schlachtschiffen *King George V* und *Rodney* entgegen und sank nach Ausfall aller schweren Waffen – außerhalb des Panzers ein zusammengeschossenes Wrack, im Innern des Panzers aber völlig intakt – nach Einleitung der Eigensprengung mit wehender Flagge.

[14] Ein Zusammenhang mit der Operation „Barbarossa" (Rußlandfeldzug) ist nicht zu belegen, dahingehend, daß Operationen im Nordmeer an den Routen Großbritanniens, Murmansk bzw. Archangelsk erwartet werden.

[15] Auf Grund von umfassenden sowjetischen Kriegsvorbereitungen an der finnischen Ostgrenze und der Landzunge von Hangö hat laut Mannerheim Finnland das ganze Feldheer erst am 17. VI. 1941 mobilisiert. Schon am 15. wurde das III. finnische Armeekorps im Norden Finnlands dem deutschen Befehlshaber unterstellt.
Am 22. VI., 06.05, warfen die Russen Bomben auf finnische Panzerschiffe. Darauf erfolgte am 23. VI. eine finnische Protestnote. Es kam zu Verhandlungen zwischen dem finnischen Minister Hynninen und Molotow in Moskau. Am 25. VI. erfolgten weitere Angriffe der russischen Luftwaffe auf Finnland, das sich eigentlich am gleichen Tage neutral erklären wollte. Feldmarschall Mannerheim nennt als Beginn des finnischen Verteidigungskampfes den 25. VI. 1941.

[16] B-Dienst = der geheime deutsche Funkbeobachtungsdienst, der alle Feindmeldungen kontrollierte und über die verschiedensten (oft wirksamen) Schlüsselmittel verfügte.

[17] Es handelt sich laut russischer Darstellung um den Schweren Kreuzer *Maksim Gorki* und die beiden 1600-ts-Zerstörer *Gnewny* und *Gordy*.

[18] Ob diese Sperre über die Dreimeilenzone hinausragte, konnte bis zur Stunde nicht definitiv geklärt werden.

[19] Wie lange der Brief vom OKM zum BdK brauchte, war nicht zu ermitteln.

5. Das Jahr 1942

Zur Lage

Der Schwerpunkt des Seekrieges hat sich fast ausschließlich auf den U-Boot-Krieg verlagert, und dieser treibt jetzt seinem Höhepunkt entgegen. Hauptoperationsgebiet ist nach wie vor der Nordatlantik, aber auch das Nördliche Eismeer hat mit dem Krieg gegen die UdSSR ganz erheblich an Bedeutung gewonnen, werden doch die von der deutschen Wehrmacht hart bedrängten Russen über den Eismeerweg über Murmansk und Archangelsk mit jedem nur in Frage kommenden Kriegsmaterial versorgt.
U-Boote operieren außer weiterhin im Mittelmeer jetzt auch in der Karibik, hier vor allem vor Aruba und auch vor dem Mississippi, ferner im Südatlantik mit neuen großen Booten, die dann auch vor Kapstadt und im Hafen von Kapstadt selbst auftauchen und angreifen. U-Boote der kleineren Typen tauchen schließlich – über Land erst und dann über die Donau transportiert – auch im Schwarzen Meer im Kampf gegen die Russen auf. Es scheint, als könnte es den U-Booten gelingen, die gegnerischen Zufuhren derart zu mindern, um mit den westlichen Gegnern zumindest einen Kompromiß zu erzielen. Doch trügt der Schein, denn die westlichen Alliierten (USA) antworten auf die erschreckenden Tonnageverluste mit Schiffen vom Fließband (Kaiser-Schiffe) in Serien. Ein weiterer Erfolg der Alliierten ist die Landung in Nordafrika, deren Transportschiffe die deutschen U-Boote verfehlten.
Bis auf wenige Hilfskreuzer ist der Zufuhrkrieg mit Überwassereinheiten zum Erliegen gekommen, zumal inzwischen die beiden Schlachtkreuzer *Scharnhorst* und *Gneisenau* zusammen mit dem Schweren Kreuzer *Prinz Eugen* von Brest durch den Englischen Kanal in die Heimat überführt wurden. Was an schweren Überwassereinheiten noch einsatzbereit ist, wird auf den Norwegenraum konzentriert, insbesondere das Schlachtschiff *Tirpitz,* das als Schwesterschiff der beim Gegner legendären *Bismarck* eine ganze Flotte gegnerischer Einheiten bindet.
Ansonsten ist die Marine auch weiterhin mit Sicherungsaufgaben befaßt. Es ist vor allem der norwegische Raum (einschließlich Skagerrak), in dem die Minenschiffe für die verschiedenartigsten Sperren eingesetzt werden. Aber auch in der östlichen Ostsee stehen immer wieder neue Aufgaben für sie an, während im Englischen Kanal, im Mittelmeer und im Schwarzen Meer vorerst Minensperren nicht benötigt werden.

5.1 Die Sperrlegungen im Norwegenraum

Mit Beginn des Jahres 1942 verlagert sich die Minenkriegführung in den Raum Norwegen. Hier sind die Minenschiffe fast ständig tätig, um Schutzsperren für den an der Küste entlang laufenden Schiffsverkehr zu legen. Auch das Skagerrak wird berücksichtigt. Bei Eintritt der Eisschmelze kommt es zu Sperrlegungen im mittleren und inneren Finnischen Meerbusen. In der Nordsee ist in dem erklärten Sperrgebiet eine Verdichtung der bei Kriegsbeginn ausgelegten Minensperren durch neue Sperrvorhaben eine wichtige Aufgabe der Minenschiffe.
Von den vorhandenen sieben Minenschiffen stehen zu sofortigem Einsatz zur Verfügung die Minenschiffe *Ulm, Brummer* und *Cobra* sowie die *Roland,* die allerdings bis Ende Februar der SAS für Schießübungen zugeteilt ist, jedoch für Sperrlegungen kurzfristig herangezogen werden kann. Die Minenschiffe *Kaiser* und *Skagerrak* haben große Werftliegezeit, und die *Ostmark* liegt mit dem Stab F. d. Minsch. West in Nantes, da die Umbauarbeiten noch nicht abgeschlossen sind. Das Minenschiff *Cobra* hat die nach dem Finnlandeinsatz dringend notwendig gewordenen Überholungsarbeiten in den Stettiner Oderwerken durchgeführt und am 12. XII. 1941 die Kriegsbereitschaft wiederhergestellt. Auf Befehl der Gruppe Nord werden in Swinemünde 150 EMC mit 30 m unterer Antenne übergenommen, davon 100 Minen mit 350 m Ankertau und 50 mit 200 m Ankertau. Das Schiff wird dem Admiral Nordmeer zur Verfügung gestellt und hat sofort nach der Polarküste zu verlegen. Außer einer zusätzlichen Anzahl Wasserbomben wird Verpflegung für vier Monate an Bord genommen. Die sonstige Ausrüstung wird vervollständigt. Der Tiefgang des Schiffes ist jetzt im Mittel 4,0 m gegenüber 3,7 m bei voller Minenladung und normaler Ausrüstung. Die *Cobra* verläßt am 15. XII. 1941 Swinemünde zum Marsch nach Norden und ankert am 24. XII. 1941, am Heiligen Abend, auf Tromsö-Reede.
Durch Funkspruch werden am 26. XII. 1941 feindliche Streitkräfte bei den Lofoten gemeldet. An verschiedenen Stellen sind Truppen gelandet. Im Westfjord halten sich zwei Gruppen mit je drei bis vier Zerstörern auf, weiter westlich ist mit ein bis zwei Kreuzern zu rechnen. Am Tage darauf werden noch fünf Transporter nachgemeldet. Als Gegenmaßnahme erhält die *Cobra* vom Admiral Nordmeer, Vizeadmiral H. Schmundt, Befehl, im Skjommenfjord bei Narvik 100 Minen an zwei Zerstörer abzugeben. Diese sollen gegen die in den Fjorden bei Moskenesöy liegenden feindlichen Einheiten angesetzt werden. Die Übergabe der Minen erfolgt am 29. XII. 1941. Als aber am 30. XII. 1941 im Westfjord kein Gegner mehr festzustellen ist, bekommt die *Cobra* die Minen am 31. XII. 1941 wieder zurück und liegt am 1. I. 1942 erneut auf Tromsö-Reede.
Über den nun für die *Cobra* in Aussicht stehenden Mineneinsatz wird der *Cobra*-Kommandant vom Admiral Polarküste, Vizeadmiral O. Schenk, in Tromsö unterrichtet. Danach ist beabsichtigt, den Schärenweg von Tromsö bis Hammerfest an den offenen Flanken nach See zu durch Minensperren zu schützen, und zwar in erster Linie gegen U-Boote. Anschließend daran sollen auch der weitere Schärenweg und die Strecke bis Kirkenes durch tiefstehende U-Boot-Minen gesichert werden. Das Auslegen der Sperren soll baldmöglichst erfolgen, jedoch nur bei Wetterlagen, die eine einwandfreie Navigation zulassen und nach Entscheidung des Kommandanten der *Cobra.* Als Sicherung stehen das *Schiff 31* und der U-Boot-Jäger *UJ 1214* zur Verfügung.

Skizze 26: Einreihige Flankensperre

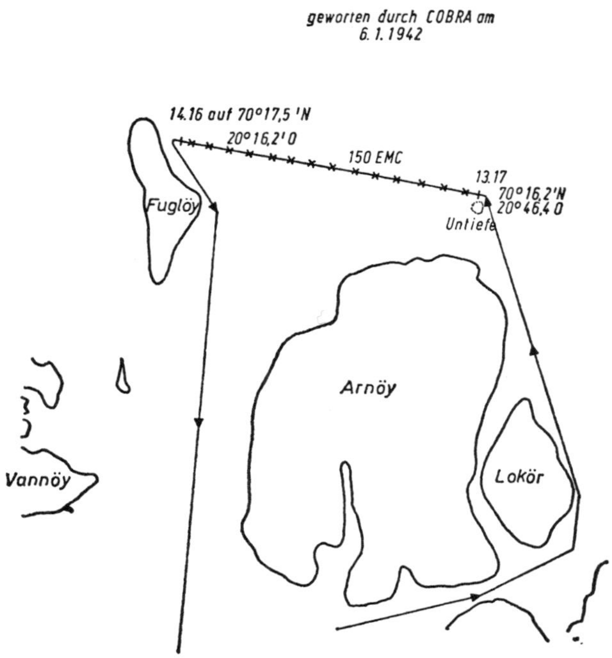

5.1.1 Die Minensperre vor den Inseln Arnöy und Fuglöy

Als erste Maßnahme zur Sicherung des Küstenverkehrs ist eine einreihige Flankensperre mit 150 EMC nördlich der Inseln Arnöy und Fuglöy zu werfen. Die *Cobra* geht dazu am 6. I. 1942 ankerauf und wird von zwei U-Boot-Jägern gesichert. Das ist die Wetterlage im Sperrgebiet: Wind aus SW 3, See 1 bis 2 mit langer Dünung aus NW. Der Himmel ist bedeckt, und es herrscht eine gute Sicht. Das Minenlegen erfolgt planmäßig von 13.17 bis 14.16 von
70° 16,2′ N, 20° 46,4′ O nach
70° 17,5′ N, 20° 16,2′ O.
Siehe oben Skizze 26.
Die lange Dünung erschwert das Verschieben der Minen auf den Minenschienen stark. Die Wurfintervalle von 23 s, nach deren Ablauf immer eine Mine von der Wurfbühne gestoßen werden muß, können zeitweilig nur mit Mühe eingehalten werden. Erst durch Freistellen von Personal von den Gefechtsstationen werden diese Schwierigkeiten überwunden. 19.17 ankert die *Cobra* wieder auf Tromsö-Reede. Eine weitere Aufgabe muß zunächst zurückgestellt werden, da keine Minen zur Verfügung stehen. Der Nachschub ist indessen auf dem Land- und dem Seewege eingeleitet.

5.2 Die Sperrlegung im Skagerrak

Während sich die *Cobra* nach ihrer ersten Sperrlegung im Nordraum noch auf dem Rückmarsch nach Tromsö-Reede befindet, verläßt am 6. I. 1942, 16.00, ein Wurfverband Swinemünde. Er besteht aus den Minenschiffen *Ulm, Brummer* und *Roland* unter der Führung des F. d. Minsch. Nord, Kapitän z. S. H.-C. v. Schönermark, auf der *Ulm*. Das Marschziel ist die Sperrlücke vor Kristiansand-Süd, von wo im Skagerrak die Sperre VI HALBERSTADT zu werfen ist.

5.2.1 Die Sperre VI HALBERSTADT

Bei dieser Sperre sollen erstmalig Einheitsminen mit Fernzündung (EMF) im freien Seeraum eingesetzt werden. Das Minenschiff *Ulm* ist mit 253 EMF bela-

Skizze 27: Wegekarte Sperre VI HALBERSTADT

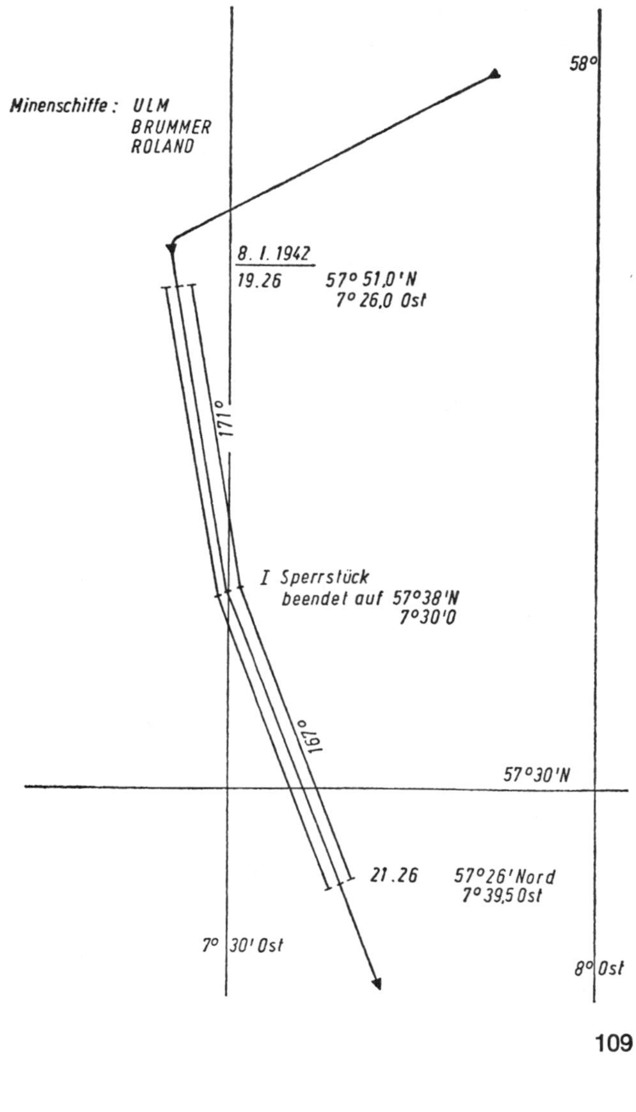

den, die *Brummer* mit 179, die *Roland* mit 168. Unter der Sicherung von sechs Booten der 17. VP.-Flottille wird der Wurfplatz am 8. I. 1942 erreicht und von 19.26 bis 21.38 die Sperre VI geworfen. Die Sperrlage ist von:
57° 51′ N, 7° 26′ O über
57° 38′ N, 7° 30′ O nach
57° 26′ N, 7° 39,5′ O.
Siehe Skizze 27, Seite 109.
Während des Minenlegens werden ab 20.35 auf allen Schiffen zunächst unerklärliche fremde, dumpfe Geräusche vernommen. Sie sind im Schiff unter Deck deutlicher als oben an Deck. Später erkennt man auf dem Sperrkurs achteraus ein dauernd sich wiederholendes Aufblitzen auf dem Wasser. Es kann sich nur um Minendetonationen in der eben geworfenen Sperre handeln. Es mögen über 200 Detonationen gewesen sein, die bis 35 min nach Beendigung des Sperrewerfens wahrgenommen werden. Wie nachträglich festgestellt wird, haben sich die technischen Einrichtungen der hier erstmals verwendeten EMF am Ankertau noch nicht voll bewährt. Der Wirkungsgrad dieser bei besonders günstigen Wetterverhältnissen mit Wind aus NO in Stärke 1 und Seegang 1 geworfenen Sperre ist dadurch beschränkt. Dennoch wurde gerade diese Sperre im April 1942 einem norwegischen Blockadebrecher und am 6. VII. 1942 den beiden schwedischen Frachtschiffen *Argentina* und *Uddeholm* durch Auflaufen zum Verhängnis. Das Bekanntwerden dieser Vorfälle ist, operativ betrachtet, für das System der weiteren Sperrmaßnahmen günstig.

5.2.2 Die Skagerrak-Sperre VII, Anschluß HALBERSTADT

Die Sperren VI und VII haben die Sperrlage im Skagerrak zu verstärken. Ihre Lage ist westlich von den bisher ausliegenden Sperren I und II. Dabei befindet sich das Wurfgebiet der Sperre VI mehr im nördlichen und mittleren Teil des Skagerraks, das der Sperre VII mehr im Süden.
Zum Auslegen der Sperre VII lichten die Minenschiffe *Ulm* und *Brummer* mit dem F. d. Minsch. an Bord der *Ulm* am 10. I. 1942, 09.20, auf Frederikshavn-Reede die Anker und marschieren mit ihrer Ladung von je 140 EMC unter Sicherung von sechs Booten der 17. VP.-Flottille zum Wurfplatz. Der Wind kommt aus NO in Stärke 3, die See hat ebenfalls Stärke 3, und der Himmel ist bewölkt. Es gelingt ohne Schwierigkeiten, die Sperre VII am 10. I. 1942 von 21.18 bis 22.30 zu legen. Die Sperrlage ist gemeldet von
57° 14′ N, 8° 1,4′ O nach
57° 26,9′ N, 7° 58,3′ O.
Siehe Skizze 28.

Skizze 28

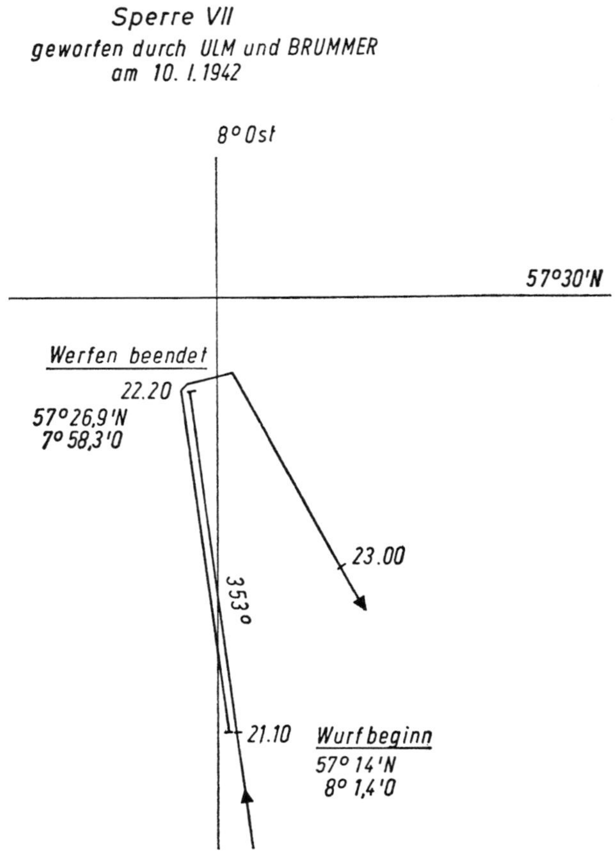

Auf dem Minenschiff *Ulm* fällt beim Minenwerfen ein Mann von der Wurfbühne hinter der von ihm abgestoßenen Mine von Bord. Eine Rettungsboje mit Bojenlicht wird ihm sofort nachgeworfen, doch es gelingt den Sicherungsbooten leider nicht, den Mann zu bergen. Von nun ab haben auf allen Schiffen die letzten Männer auf den Wurfbühnen Befehl, ihre Wurftätigkeit stets angeseilt auszuüben.

5.3 Der Einsatz im Nordraum, einzelschiffweise

Die *Ulm* und die *Brummer* haben nach Rückkehr auf Frederikshavn-Reede am 11. I. 1942 sofort Minenübernahme aus dem Minentransportschiff *Otter*. Die *Ulm* bekommt 240 EMC und die *Brummer* 200 EMC, beide mit einer Ankertaulänge von 200 m. Unter wechselndem Geleitschutz und mehrmaligem Wechsel von Lotsen und Begleitoffizieren marschieren die Schiffe ab 12. I. 1942, 08.00, von Frederikshavn-Reede nach Tromsö-Reede, wo sie am 20. I. 1942, 16.10, die Anker fallen lassen. Wenige Stunden zuvor haben sie das Minenschiff *Cobra* auf Harstad-Reede liegen sehen,

das ab 23. I. 1942 gemäß Befehl der Gruppe Nord einsatzmäßig und truppendienstlich der Minenschiffgruppe Nord unterstellt ist. Somit befinden sich unter dem Befehl des F. d. Minsch. Nord jetzt drei Minenschiffe im Raum des Admirals Polarküste.
Zu einem gemeinsamen Einsatz aller drei Schiffe kommt es in diesem Raum nicht. Die Sperrplanungen sehen nur ein- oder zweireihige Minensperren vor. In der Mehrzahl sind sie einzelschiffweise und in getrennten Seegebieten auszulegen. Hieraus ergibt sich, daß die Kommandanten der Minenschiffe bei Einzelunternehmungen nach Erhalt der Sperrbefehle von den Küstenbefehlshabern die notwendigen Maßnahmen selbst treffen. Es ist daher zweckmäßig, die kommenden Einzeleinsätze schiffsweise darzustellen und, sofern zwei Schiffe eine Aufgabe gemeinsam durchführen, diese in Verbindung mit dem Führerschiff zu behandeln und im Zeitgeschehen beim anderen Schiff nur kurz darauf hinzuweisen.
In der Besprechung beim Admiral Polarküste am 21. I. 1942 erhält der F. d. Minsch. Nord ein eindrucksvolles Bild von den Verhältnissen und Möglichkeiten, unter denen mit den einfachsten und primitivsten Mitteln der Krieg im Polargebiet gegen einen anscheinend recht angriffsfreudigen Gegner geführt werden muß. Bezüglich der Minenaufgaben für die *Ulm* und die *Brummer* gibt es zunächst eine Verzögerung dadurch, daß die Schiffe nur Minen mit 200 m Ankertau an Bord haben. Bei den unregelmäßigen Wassertiefen sind aber auch Minen mit 350 m Ankertaulänge erforderlich. Die Minen auf der *Brummer* haben zudem keine untere Antenne, auf die bei der Planung von U-Boot-Sperren Wert gelegt worden ist.

5.3.1 Das Minenschiff »Cobra«

Als die Minenschiffe *Ulm* und *Brummer* auf dem Marsch nach Tromsö-Reede am 20. I. 1942 Harstad-Reede mit der dort vor Anker liegenden *Cobra* passierten, hatte dieses Schiff schon 14 Tage auf Minen gewartet, die entweder per Schiff oder mit der Bahn unterwegs waren. Das Ende der Wartezeit war jedoch gekommen. Nach Heizölübernahme im Skjommenfjord aus dem Tankschiff *Pelagos* am 21. I. 1942 folgt in Narvik die Übernahme von 150 EMC, die bei den vorhandenen Einrichtungen glatt vonstatten geht. Anders war es bei der Übernahme von 50 EMC am 18. I. 1942 beim Sperrzeugamt Tromsö. Die Übernahme dort war durch die örtlichen Verhältnisse an sich schon schwierig, wurde aber durch das Nichtvorhandensein eines bordeigenen Krans oder Ladebaumes auf der *Cobra* besonders umständlich. Da auch das Minendepot keinen eigenen Kran besaß, mußte ein Dampfer zwischen die *Cobra* und die Pier gelegt werden, so daß die Minen mit Hilfe des Dampferkranes übergenommen werden konnten. Bei noch schlechterem Wetter hätte die Arbeit mit diesen Behelfsmitteln abgebrochen werden müssen. Eine bordeigene Be- und Entladevorrichtung ist für das Schiff dringend nötig. Der Einbau ist auch bei nächster Gelegenheit vorgesehen. Vorläufig mußte man sich eben zu helfen wissen.

5.3.11 Die Flankensperre HARSTAD-ANDFJORD

Am 22. I. 1942 überbringt das Minensuchboot *M 1502* den Sperrbefehl des Admirals Polarküste. Das Boot selbst wird dem Minenschiff *Cobra* bei der Durchführung dieser und der folgenden HARSTAD-VAAGFJORD-Sperre zur Verfügung gestellt. Die Sperrlegung erfolgt am 24. I. 1942 von Harstad aus in drei Teilstücken um die Mittagszeit von 11.15 bis 12.15. Zweck der Sperre ist die Sicherung des Raumes Harstad gegen Einbrüche feindlicher Streitkräfte. Die Tiefeneinstellung der Minen ist mit −2 m befohlen. *M 1502* setzt sich während des Minenlegens 1000 m nach See zu ab und sichert gegen U-Boote. Die Wetterlage ist gut. Der Wind weht in Stärke 3 aus SW. Die See ist ruhig. Der Himmel ist leicht bewölkt. Eine He 115 hat die enge Luftsicherung übernommen.
Es werden im ersten Teilstück 24 EMC, im zweiten 20 EMC und im dritten 13 EMC geworfen, im ganzen 57 EMC. Die Lage der einzelnen Sperrstücke ist folgende:
1. Sperrstück (Kväfjord-West) von
68° 52,10′ N, 15° 57,7′ O über
68° 52,06′ N, 15° 59,9′ O nach
68° 52,26′ N, 16° 1,85′ O.

Skizze 29: Flankensperre HARSTAD-ANDFJORD

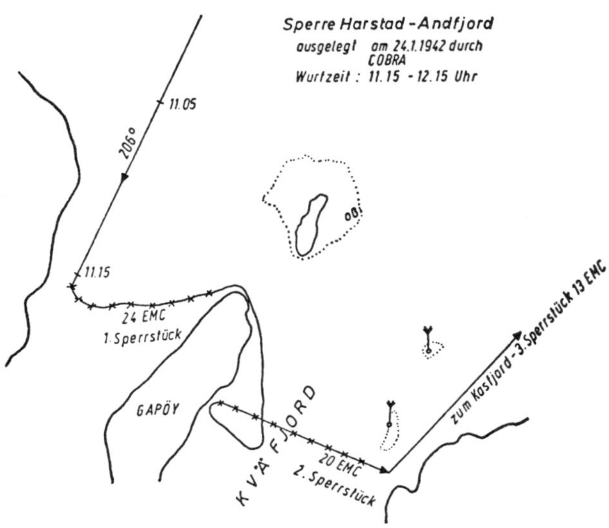

2. Sperrstück (Kväfjord-Ost) von
68° 51,03′ N, 16° 01,8′ O über
68° 50,75′ N, 16° 03,4′ O nach
68° 50,40′ N, 16° 05,95′ O.
3. Sperrstück (Kasfjord) von
68° 53,12′ N, 16° 15,18′ O über
68° 52,40′ N, 16° 14,90′ O nach
68° 52,00′ N, 16° 14,60′ O.
Siehe Skizze 29, Seite 111.
Zwischen dem nördlichen Ende der Sperre und der Küste von Elgsnes ist eine Durchfahrtslücke von 500 m Breite minenfrei gelassen worden. Von Land aus konnten die Anwohner das Minenlegen beobachten, wie das bei allen Sperren angenommen werden muß, die bei Tage und in Küstennähe ausgelegt werden.
Der Rückmarsch der *Cobra* führt wieder nach Harstad-Reede. Am Tage darauf hat sie Minenübernahme auf Tromsö-Reede, und zwar 50 EMC aus dem Dampfer *Sivas*. Ab 27. I. 1942, 13.40, liegt das Minenschiff am Stornoskai in Harstad, um von hier aus die zweite Sperre zum Schutz des Raumes Harstad zu legen.

5.3.12 Die Flankensperre HARSTAD-VAAGFJORD (HARSTAD I)

Die Sperre ist in einer Länge von 5800 m zweireihig zu werfen. Es sollen 115 Minen vom Typ EMC mit unterer Antennenzündung und einer Ankertaulänge von 200 m und 350 m fallen, letztere in überwiegender Zahl. Die Tiefeneinstellung der Minen ist − 2 m. Der Wurfkurs ist mit 25° befohlen, somit also die westliche Reihe in nördlicher Richtung. Am 28. I. 1942 wird die Sperre HARSTAD-VAAGFJORD von 10.42 bis 11.24 von der *Cobra* ausgelegt.
Vorher hat *M 1502* das Wurfgebiet im Hin- und Rückgang abgesucht. Nachdem sich kein Räumerfolg abzeichnete, übernahm *M 1502* nun 1000 m nördlich von der Anfangsposition der Sperre die U-Boot-Sicherung und lief beim Sperrewerfen auf diesem Abstand mit. Bevor die *Cobra* die Endposition der westlichen Reihe erreichte, wechselte *M 1502* die Seite und begab sich auf die Ostseite der *Cobra*, was später durch die geworfene Minenreihe nicht mehr möglich gewesen wäre. Das Wetter war günstig. Der Wind kam aus SO in Stärke 3. Die See lief in Stärke 1. Der Himmel war leicht bewölkt. Es herrschte gute Sicht.
Die Sperrlage:
1. westliche Reihe mit 53 EMC von
68° 58,3′ N, 16° 46,0′ O nach
69° 0,95′ N, 16° 50,0′ O;
2. östliche Reihe mit 62 EMC von
69° 0,85′ N, 16° 50,8′ O nach
68° 58,15′ N, 16° 46,7′ O.
Siehe Skizze 30.

Skizze 30: Flankensperre HARSTAD-VAAGFJORD

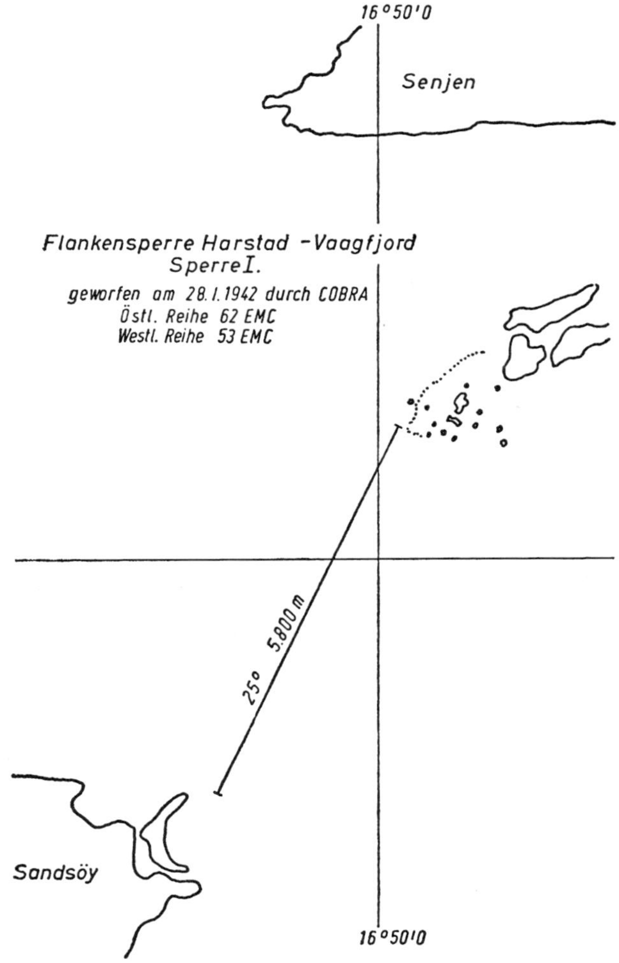

Die angeforderte enge Luftsicherung hat sich nicht gezeigt. Die *Cobra* ankert nach der Sperrlegung zunächst auf Harstad-Reede, verlegt am 29. I. 1942 nach Tromsö-Reede und übernimmt dort am 30. I. 1942 aus dem Dampfer *Sivas* 128 EMC.
Eine neue Minenaufgabe steht bevor.

5.3.13 Die Flankensperren 5 und 6 (SÖRÖY – ROLVSÖY)

Als einreihige Minensperre und ohne Sperrlücke sind die geplanten Flankensperren 5 und 6 zwischen den Inseln Söröy und Rolvsöy in einem Anlauf auszulegen. Zur Sicherung werden die U-Boot-Jäger *UJ 1707* und *UJ 1708* gestellt. Mit diesen beiden U-Boot-Jägern verlegt die *Cobra* am 31. I. 1942 von Tromsö-Reede nach dem Lärrisfjord. Der Marsch auf dem Schären-

Rechtes Bild:
vorn (links unten im Bild): Mine schwimmt nach dem Fall
hinten: Mine detoniert, Ursache unbekannt

Mine taucht ein

Minenschiff *Brummer* ex schneller norwegischer Minenleger *Olav Tryggvason*

Minenschiff *Skagerrak*
ex norwegisches Fährschiff
Skagerak I

Minenschiff *Togo*
später Hilfskreuzer
Colonel,
dann Sperrbrecher,
dann Nachtjagd-Leitschiff,
(unser Bild)

Minenschiff *Ulm*

weg dauert von 12.00 bis 23.21 Uhr. Am 1. II. 1942 geht das Schiff um 07.00 ankerauf zum Marsch nach dem Wurfplatz. Die Wettervorhersage ist nicht günstig. Tromsö gibt Windwarnung aus SO in Sturmstärke 8. Da Seegang und Windstärke zeitlich und örtlich stark schwanken, beschließt der Kommandant, das Sperrgebiet zunächst anzulaufen und die Ausführung von dem örtlichen Befund abhängig zu machen. Die Windstärke, die dort vorgefunden wird, entspricht mit Wind aus SO in Stärken 7 bis 8 der Vorhersage, aber der Seegang mit Stärke 3 hindert das Minenwerfen nicht. Die Sperre wird am 1. II. 1942 von 10.28 bis 11.51 gelegt von
70° 47,9′ N, 23° 31,0′ O über
70° 51,34′ N, 23° 48,3′ O nach
70° 54,2′ N, 23° 54,8′ O nach
70° 55,05′ N, 23° 55,8′ O.
Siehe Skizze 31.
Es fallen 100 EMC mit 350 m Ankertau und 106 EMC mit einer Ankertaulänge von 200 m. Während des Sperrewerfens detonieren zwei Minen achteraus. Auf dem Rückmarsch wird vor Hammerfest um 14.12 geankert, die U-Boot-Jäger werden längsseit genommen. Am 2. II. 1942 erfolgt der Weitermarsch nach

Skizze 31

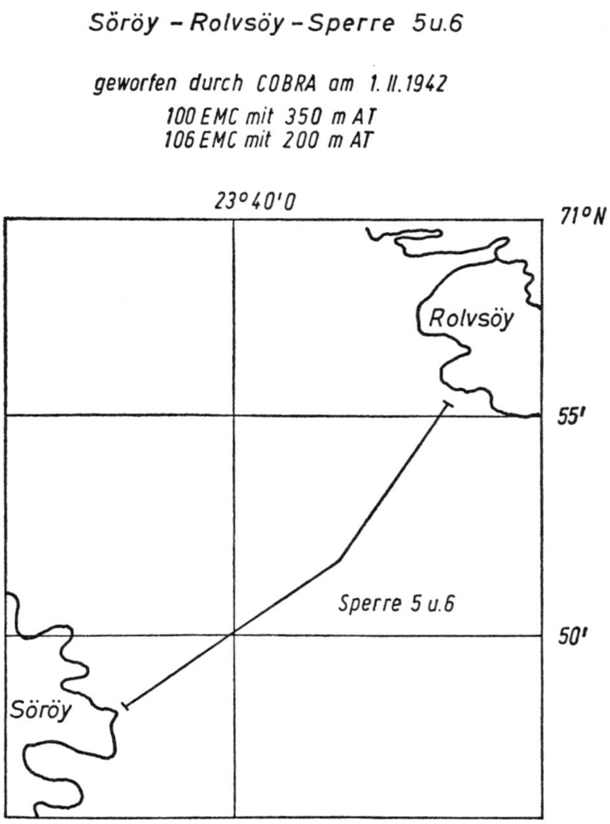

Tromsö, und am 3. II. kommt es hier aus dem Dampfer *Sivas* zur Übernahme von 106 EMC; anschließend wird sofort zur nächsten Minenaufgabe ausgelaufen.

5.3.14 Die Flankensperren 8 und 9 (HJELMSÖY – MAASÖY – MAGERÖY)

Zum Schutze des Schärenweges sind zwischen den inseln Hjelmsöy – Maasöy und Maasöy – Mageröy zwei einreihige Winkelsperren zu werfen. Bei einer Länge von 4800 m sind in der Sperre 8 die Sperrkurse 116° und 60° befohlen, und bei der Sperre 9 mit einer Länge von 5000 m sind die Kurse 97° und 45°. Die Sperre 8 bekommt 48 EMC m. K.A. u. 200 m AT, die Sperre 9 erhält 31 EMC m. K.A. u. 200 m AT sowie 25 EMC m. u. Ant.Z. und 350 m AT. Der Minenabstand soll in beiden Sperren 100 m betragen. Die Tiefeneinstellung ist −2 m. Als Minengeleit ist *R 160* zugeteilt. Für die Sicherung stehen die U-Boot-Jäger *UJ 1211* und *UJ 1212* zur Verfügung.
Mit Rücksicht auf vorausgesagte Wetterverschlechterung wird der Anmarsch nach Norden sofort nach Beendigung der Minenübernahme auf Tromsö-Reede angetreten. Am 4. II. 1942 wird um 08.00 Hammerfest passiert und um 10.25 die Nordspitze von Havöy erreicht. Es weht aus SW in Stärke 3. Die See hat die Stärke 1. Die Sicht beträgt 10 sm. Der Kommandant entschließt sich, die Aufgabe durchzuführen. *R 160* setzt sich ab Havöy mit Gerät vor das Minenschiff und bleibt auf dieser Position, bis auf dem Rückmarsch der Weg Rot wieder erreicht ist.
UJ 1211 sichert während des Minenlegens nach Norden und Westen, *UJ 1212* nach Süden und Osten.
Die Sperre 8 wird am 4. II. 1942 von 10.48 bis 11.03 geworfen, die Sperre 9 von 11.41 bis 11.59 auf den folgenden Positionen:
Sperre 8 von
71° 2,5′ N, 24° 48,8′ O über
71° 1,9′ N, 24° 52,8′ O nach
71° 2,5′ N, 24° 56,0′ O;
Sperre 9 von
71° 2,3′ N, 25° 4,0′ O über
71° 2,1′ N, 25° 8,8′ O nach
71° 2,9′ N, 25° 12,2′ O.
Siehe Skizze 32, Seite 114.
12.25, als Weg Rot auf dem Rückmarsch erreicht ist, nimmt *R 160* das Suchgerät befehlsgemäß ein. Aber gerade jetzt wird von der *Cobra* an Steuerbord eine rote Minenbezeichnungsboje gesichtet, und aus dem Funkraum kommt telefonisch zur Brücke eine Warnung vom Admiral Polarküste mit folgendem Text:

> „1158/74 ssd an alle: minengefahr in qu. 7294 ac, gerät vorsetzen, weg rot genau einhalten."

Der Verband stoppt 12.30, und *R 160* erhält den Be-

Skizze 32

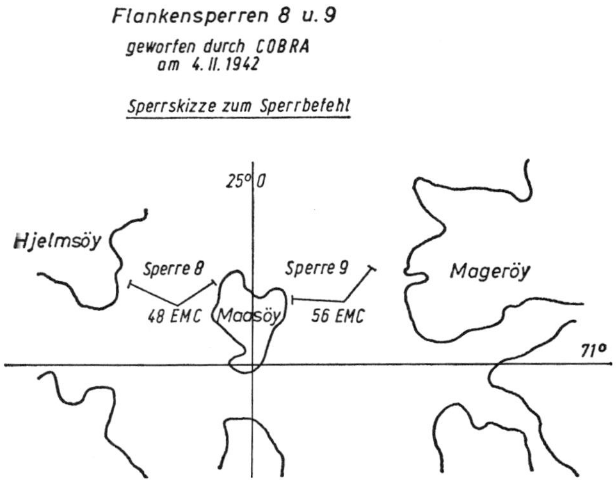

fehl, sich mit dem Gerät vorzusetzen. Die U-Boot-Jäger müssen heranschließen und im Kielwasser der *Cobra* folgen. Während dieses Manöver erfolgt, erhält der *Cobra*-Kommandant Kenntnis von einem Funkspruch des Minenräumschiffes *Paris* vom 3. II. 1942 an den Admiral Polarküste:

„kr kr russische pendelstoßmine qu. 7294 ac links unten geschnitten und gesprengt – nördliche hälfte der aufgabe kein räumergebnis, wird nochmals nachgeprüft – südlichen teil bitte sperren."

Dieser an den Admiral Polarküste gerichtete Funkspruch wurde am 4. II. 1942 um 10.04 im Funkraum der *Cobra* aufgenommen, als weniger dringend angesehen und deshalb später entschlüsselt als andere Funksprüche, die wichtiger erschienen. Seine Kenntnis hätte als Warnung gedient. Im Augenblick seines Bekanntwerdens steht der Verband genau im minenverdächtigen und daher unbedingt zu meidenden Gebiet. Es dauert 27 Minuten, bis sich *R 160* mit ausgebrachtem Gerät wieder vor den gestoppt im Warngebiet liegenden Verband gesetzt hat und der Rückmarsch um 12.57 fortgesetzt werden kann. Das Schiff ankert über Nacht im Korsfjord und befindet sich ab 5. II. 1942 wieder auf Tromsö-Reede.

Wie später festgestellt wird, hat das Minenräumschiff *Paris* den Funkspruch an den Admiral Polarküste zwar am 3. II. 1942 zur Abgabe aufgesetzt. Die Leitung des Funkverkehrs hat ihn, wie der Funküberwachungsbericht des MNO Tromsö aussagt, aber erst am 4. II. 1942, 09.13, aufgenommen. Es liegt also ein Versager beim Aufgeber des Funkspruchs vor, der für eine schnellere Durchgabe der Minenwarnung hätte besorgt sein müssen.

5.3.15 Leichte Havarie der »Cobra«

Das Minenschiff *Cobra* liegt am 7. II. 1942 morgens auf der Tromsö-Reede vor Anker. Um 06.30 weht es aus S in Stärken 5 bis 7 mit Schneetreiben.

Das Wetter verschlechtert sich. Um 07.30 ist der Wind aus S auf 8 bis 10 angestiegen; es ist stark böig, und es herrscht starkes Schneetreiben. Der Backbordanker hält nicht. Das Schiff gerät ins Treiben. Auf Alarm wird die Maschine „Beschleunigt seeklar" befohlen. Das Schiff läßt zusätzlich den Steuerbordanker fallen. Die Backbordkette wird gesteckt, um auch mit der Schwere der Kette das Treiben des Schiffes aufzuhalten. Es hilft jedoch nicht! Die *Cobra* treibt bei gegenläufigem Ebbstrom und starkem Wind querschiffs vor den Bug des norwegischen Dampfers *Kis*. Beide Schiffe klappen längsseit und treiben gemeinsam gegen den deutschen Dampfer *Irmtraut Cords*. Es gelingt nun wenigstens, die drei Schiffe auf der Stelle zu halten. Die *Cobra* löst sich mit eigener Maschinenkraft aus dem Päckchen, lichtet nacheinander beide Anker und läuft mit Rücksicht auf die orkanartige Wetterlage in den Grötsund hinein.

Die Schäden auf der *Cobra* sind belanglos und ohne Beeinträchtigung der Kriegsbereitschaft. Das Schiff kehrt am 10. II. auf seinen Ankerplatz auf Tromsö-Reede zurück. Aus der Havarieverhandlung geht hervor, daß die Havarie vermeidbar war. Die Wetterverschlechterung hat die Wache bemerkt, aber unterschätzt und deshalb nichts veranlaßt, als noch Zeit war, Gegenmaßnahmen zu treffen. Die ganze Wache ist der ungewöhnlichen, sich schnell entwickelnden Gefahrenlage nicht gewachsen gewesen. Der Kommandant führt dies auf Mangel an Erfahrung zurück. Für vorbeugende Maßnahmen war durch Befehle hinreichend gesorgt. „Es muß Sache der älteren und erfahrenen Offiziere sein", so der Kommandant, „sich noch mehr als bisher um die Ausbildung der Besatzung und die Überwachung jeder Dienstverrichtung zu kümmern. Bei den jungen Soldaten müssen Verantwortungsgefühl und Pflichtbewußtsein erhöht werden. Reichen eigenes Wissen und eigene Erfahrung nicht aus, soll sich der Soldat ohne falsche Scheu Rat bei älteren Soldaten holen oder besser unmittelbar Meldung an seinen Vorgesetzten machen. Die Furcht, durch solches Eingeständnis nicht für voll angesehen zu werden, ist den Soldaten immer wieder durch ruhige und sachliche Belehrung zu nehmen."

5.3.16 Minentransporte der »Cobra«

Zur Verteilung des Nachschubes an Minen auf die verschiedenen Sperrzeugämter in Norwegen werden auch Minenschiffe herangezogen. Das Minenschiff

Cobra übernimmt am 26. und 27. II. 1942 in Narvik 150 EMC mit Hilfe des Krans vom norwegischen Dampfer *Stanja.* Diese Minen werden am 1. III. 1942 auf Tromsö-Reede an das Minenschiff *Brummer* zum Weitertransport und zur Einlagerung beim Sperrwaffenkommando in Kirkenes abgegeben. Am 2. III. 1942 übernimmt die *Cobra* in Narvik erneut 150 EMC mit Hilfe des gleichen Dampfers und stellt davon 100 EMC am nächsten Tag beim Sperrzeugamt Ramsund ab. Hierbei leistet der Dampfer *Bochum* mit seinem Ladegeschirr Hilfe. Der Einbau eines Krans oder eines Ladebaums auf der *Cobra* ist wegen des ständigen Einsatzes des Schiffes noch immer nicht möglich gewesen.

5.3.17 **Die Flankensperren-Verstärkung HARSTAD I**

Die am 28. I. 1942 zum Schutze des Seegebietes um Harstad ausgelegte Minensperre HARSTAD-VAAGFJORD ist durch eine 3. Minenreihe zu verstärken. In einem Abstand von 1500 m von der östlichen Sperrreihe sind 66 EMC mit verschiedenen Ankertaulängen von 200, 300 und 350 m auf einem Sperrkurs von 28° zu werfen. Der Minenabstand ist mit 100 m und die Tiefeneinstellung mit – 2 m befohlen. Die Länge der Sperre beträgt 6500 m. Für die Durchführung der Aufgabe durch das Minenschiff *Cobra* wird *R 160* als Minengeleit zugeteilt.

Skizze 33: Verstärkung der Flankensperre HARSTAD I

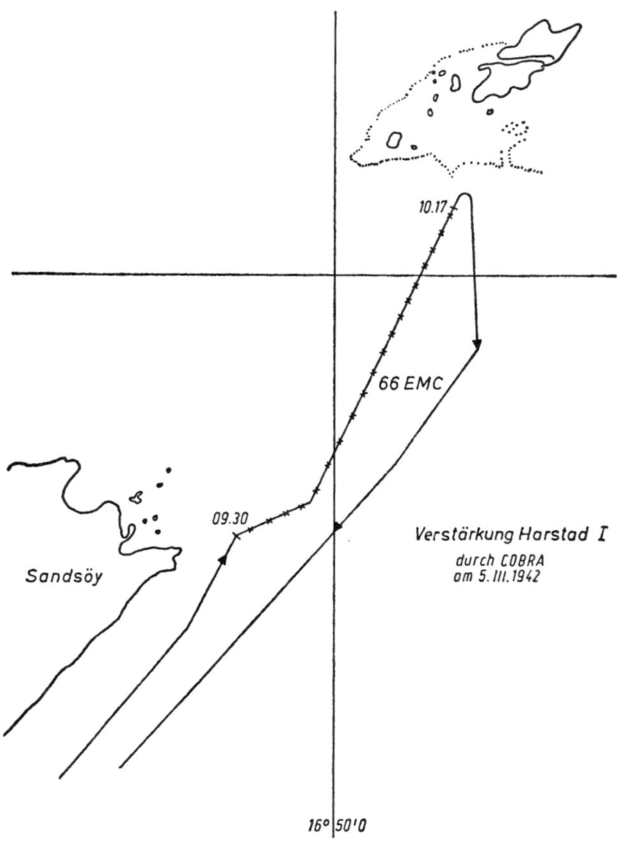

Das Minenschiff *Cobra* ist nach Abgabe von 100 EMC an das Sperrzeugamt Ramsund am 3. III. 1942 nach Narvik zurückmarschiert und hat zu den an Bord zurückgebliebenen 50 EMC weitere 140 EMC übernommen und anschließend am 4. III. 1942 in Harstad am Pier 4 festgemacht. Hier überbringt *R 160* den Sperrbefehl des Admirals Polarküste. Am 5. III. 1942 läuft die *Cobra* um 09.00 zur Sperrlegung aus. 09.30 ist *R 30* zur Stelle, nachdem das Boot den Sperrkurs zweimal ohne Erfolg abgesucht hat. Es übernimmt nun das Minengeleit vor dem Schiff. Die Sperre wird von 09.50 bis 10.17 mit 66 EMC geworfen. Dabei fällt auf der *Cobra* während der
40. Minenunternehmung des Schiffes
die 6000ste Mine.
Die Sperrlage ist gemeldet von
68° 57,7′ N, 16° 47,6′ O über
68° 58,1′ N, 16° 49,4′ O nach
69° 0,6′ N, 16° 52,9′ O.
Siehe Skizze 33.
Nach der Sperrlegung macht die *Cobra* 11.30 wieder in Harstad am Pier 4 fest.

5.3.18 **Wieder Minentransporte**

Die mit der Bahn in Narvik ankommenden Minentransporte werden auf die verschiedenen Sperrzeugämter verteilt. Hierbei ist auf die unterschiedlichen Ankertaulängen Rücksicht zu nehmen. Die Sperrzeugämter nördlich von Narvik können mit Minen nur auf dem Wasserwege versorgt werden. Die Minenschiffe sind dabei zeitweilig eingeschaltet.
Am 6. III. 1942 gibt das Minenschiff *Cobra* die noch an Bord befindlichen 123 EMC mit 350 m AT mit Hilfe des Dampfers *Bochum* an das Sperrzeugamt Ramsund ab. Es folgt am 7. III. 1942 eine Übernahme von 200 EMC in Narvik. Hierbei wird das Ladegeschirr des Dampfers *Rigel* in Anspruch genommen, das von eigenen Leuten bedient werden muß. Es steht kein Kran oder eine sonstige Verladeeinrichtung zur Verfügung. Infolge verschiedener Störungen in der Verladeeinrichtung der *Rigel* und der Unerfahrenheit des eigenen Bedienungspersonals beträgt der Stundendurchschnitt bei der Minenübernahme nur 13 Minen, die Höchstleistung stündlich 20 Minen! Die Notwendigkeit eines eigenen Ladegeschirrs für die *Cobra* hat sich damit erneut bestätigt.
Die für den 8. III. 1942 vorgesehene Abgabe von 52 Minen in Tromsö an das Sperrzeugamt Storsteinnesel

längsseit vom Dampfer *Specht* erweist sich als unmöglich, da beide Schiffe unter den örtlichen Verhältnissen nicht zu halten sind! Die Pier ist zu kurz und d e *Specht* zu klein. Außerdem behindern Wind und Strom.
Auf Befehl des F. d. Minsch. Nord gibt die *Cobra* am 9 III. 1942 auf Tromsö-Reede an den Dampfer *Argus* 140 EMC mit 200 m AT ab und nimmt am 11. III. in Narvik mit Hilfe des Dampfers *Stanja* die gleiche Menge mit hier 350 m AT über. Die *Cobra* hat damit 200 EMC an Bord, die für eine gemeinsame Minenaufgabe mit der *Brummer* vorgesehen sind.

5.3.19 Die Minensperre BANTOS A

Zweck der Sperre ist Störung des feindlichen Seeverkehrs nordöstlich der Fischerhalbinsel sowie der Flankenschutz gegen nach Westen operierende feindliche Seestreitkräfte. Die Sperrlage zeigt mehr offensiven Charakter. Die Sperre ist zweireihig zu werfen mit je 200 EMC und mit 300 m und 350 m Ankertaulängen. Die Minenübernahme hat am 11. III. 1942 in Narvik stattgefunden.
Als Minenträger sind die Minenschiffe *Cobra* und *Brummer* bestimmt. Als Sicherung sind zugeteilt die U-Boot-Jäger *UJ 1108* und *UJ 1109,* das Minensuchboot *M 1506,* das Vorpostenboot *Polarkreis* sowie vier Boote der 8. S.-Flottille, und zwar die Schnellboote *S 42, S 44, S 45* und *S 46.* Drei U-Boote sichern den Verband in einem Vorpostenstreifen gegen feindliche Seestreitkräfte aus dem Raum Kola-Bucht. Luftaufklärung ist für den Durchführungstag im Operationsgebiet und dessen Vorfeld, Schwerpunkt Kola-Bucht, angeordnet. Die Führung hat der F. d. Minsch. Gr. Nord, Kapitän z. S. H.-C. v. Schönermark, der sich auf der *Cobra* eingeschifft hat.
Am 12. III. 1942 wird von Tromsö-Reede aus der Marsch nach Norden angetreten. Am 15. III. 1942 ankert der Verband 17.30 im Langfjord. Unterwegs gab es am 14. III. 1942, 12.38, U-Boot-Alarm, als Ganvik querab peilt. Ein Flugboot der engen Sicherung schoß weiße Sterne ins Wasser. Von der *Cobra* aus wurde in 340° für einen Augenblick die Gischt von einem U-Boot-Steven gesehen. Der Abstand betrug 2000 bis 3000 m. Der Verband drehte nach Steuerbord ab und der Küste zu. Die U-Boot-Jäger übernahmen die U-Boot-Bekämpfung. Ein U-Boot-Jäger meldete eine Torpedolaufbahn. Danach wurde nichts mehr gesichtet.
Eine Schlechtwetterlage verzögert den Beginn des Unternehmens. Erst am 19. III. 1942 erteilt der Admiral Nordmeer den Befehl zur Durchführung der Aufgabe. Die Minenschiffe gehen 16.00 mit den Booten der engen Sicherung ankerauf. Die Schnellboote stoßen 18.15 zum Verband. Um diese Zeit ist der Wind SW in Stärke 4. Der Himmel ist bedeckt und ein Fahren der vier Boote der 8. S.-Flottille ist gegen die See kaum mehr möglich. Sie erhalten deshalb beim Abdrehen des Verbandes von dem Geleitweg den Befehl, nach Vardö einzulaufen und dort die Nacht über in Sofortbereitschaft liegen zu bleiben. 20.00 werden auch die zu langsam fahrenden *UJ 1108* und *M 1506* entlassen. Sie sollen sich am 20. III. morgens auf 70° 23′ N, 31° 51′ O wieder anschließen. Der weitere Anmarsch der Minenschiffe mit *UJ 1109* und Vorpostenboot *Polarkreis* zur geplanten Sperrlegung geht bei hoher Geschwindigkeit vor sich. Es herrscht fast die ganze Zeit über starkes Nordlicht. Nach Mitternacht wird die Wurfformation eingenommen. Die beiden Begleitboote sichern vor dem Verband.
BANTOS A wird am 20. III. 1942 von 01.04 bis 02.45 geworfen.
Wind und Seegang hatten auf dem Anmarsch laufend zugenommen. Während des Sperrewerfens war der Wind WSW 7 bis 9, der Seegang 5 bis 6. Es stand eine starke Dünung, und es herrschte eine sehr gute Sicht. Bei erst achterlicher und auf Gegenkurs vorlicher See stampften die Minenschiffe mehr, als sie schlingerten. Die Schwierigkeiten, die sich dadurch beim Minenschieben ergaben, wurden durch die Verstärkung der Bedienungsmannschaften in den Minendecks ausgeglichen. Günstig war bei dieser Wetterlage, daß die Minen in sehr großen Abständen fielen, so daß der Wurfintervall von 30 s für die planmäßige Minenlegung ausreichte. Die zweimaligen starken Kursänderungen um 76° und um 97° wurden zwar durch Wind, Seegang und hohe Dünung sehr erschwert, doch konnten alle Schiffe und Boote ihre Position halten.
Die Lage der Sperre war folgende:
69° 56,4′ N, 33° 41,4′ O über
69° 59,4′ N, 33° 35,5′ O über
70° 4,2′ N, 33° 45,0′ O nach
70° 9,6′ N, 33° 21,2′ O. Siehe nachstehende Skizze 34.

Skizze 34: Sperre BANTOS A

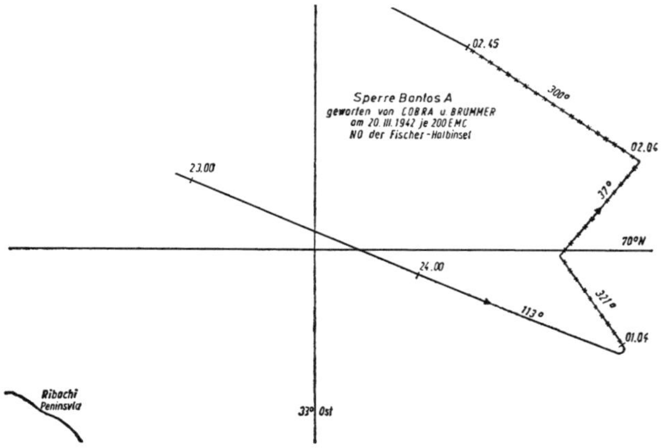

Das Gelingen der Sperrlegung, das durch die laufende Verschlechterung der Wetterlage in Frage gestellt war, ist auf den restlosen Einsatz der Minenschiffsbesatzungen zurückzuführen, aber auch, wie der Verbandschef urteilt, auf die sinngemäße und tadellose Zusammenarbeit der Kommandanten von der *Cobra,* Dr.-Ing. K.-F. Brill, und der *Brummer,* Dr. Tobias. Die beiden Sicherungsfahrzeuge, die zwei verschiedenen Verbänden angehörten, hatten sich in ihre Aufgabe schnell hineingefunden und ihre Stellung gut gehalten.
Auf dem Rückmarsch nach Tromsö-Reede hält die Schlechtwetterlage an. Durch dauerndes Schneetreiben ist die Sicht oft gleich Null. Da unter diesen Umständen bei Nacht nicht voll durchgefahren werden kann, wird das Marschziel erst am 23. III. 1942 erreicht. Die taktische Zusammenfassung der beiden Minenschiffe für eine Sperrlegung ist damit beendet.

5.3.110 **Wieder Minentransporte**

1. Am 28. III. 1942 erhält die *Cobra* vom F. d. Minsch. Nord den Befehl, 90 EMC nach Kirkenes zu transportieren. Diese Menge ist zunächst bei verschiedenen Sperrzeugämtern einzusammeln. Dazu läuft das Schiff am 29. III. 1942 von Tromsö-Reede nach Narvik und nimmt dort mit Hilfe des Ladegeschirrs des norwegischen Dampfers *Jupiter* 21 EMC über.
Am 30. III. 1942 folgt die Übernahme von 23 EMC in Ramsund mit dem Ladegeschirr des Dampfers *Bochum.*
Am 31. III. 1942 ist die Übernahme von 46 EMC auf Tromsö-Reede aus dem Dampfer *Argus* mit dessen Ladegeschirr. Anschließend wird um 22.00 der Marsch nach Kirkenes unter Sicherung vom U-Boot-Jäger *UJ 1111,* dem Vorpostenboot *Nordriff* und dem Räumboot *R 55* angetreten. Das Räumboot wird am 1. IV. 1942 nach Passieren von Honningsvag um 16.20 bei NO-Wind in Stärke 4 bis 6 und bei Seegang 4 bis 5 entlassen wegen zu grober See für dieses Boot und Vereisungsgefahr. Als 19.00 Nordkyn passiert ist, besagt ein KR-Funkspruch, daß der Dampfer *Michael* vor dem Baasfjord torpediert und gesunken sei. Die *Cobra* erreicht diese Stelle um Mitternacht zum 2. IV. 1942 ohne besondere Feststellungen. Nach dem Einlaufen in Kirkenes am 2. IV. 1942, 07.12, erfolgt die Abgabe der 90 EMC an das Sperrzeugamt Jacobsnesel mit Hilfe des Ladegeschirrs des Dampfers *La France.* Die *Cobra* tritt danach den Rückmarsch nach Tromsö-Reede an, der ohne Vorkommnisse verläuft.
2. Am 8. IV. 1942 hat die *Cobra* den Befehl, 149 EMC in Narvik abzuholen und beim Sperrzeugamt Ramsund abzusetzen. Hierbei ist in Narvik der Dampfer *Kong Dag* behilflich. Die Minen werden am 9. IV. 1942 längsseit vom Netzleger *Deime* an das Sperrzeugamt Ramsund abgegeben. Die *Cobra* geht anschließend zur Kesselreinigung nach Harstad und liegt ab 14. IV. 1942 wieder auf Tromsö-Reede.
3. Am 3. V. 1942 wird erneut ein Minentransport nach Kirkenes befohlen. Die *Cobra* soll vom Sperrzeugamt Tromsö die restlichen dort lagernden 63 UMB zur Verfügung Admiral Nordmeer nach Kirkenes bringen. Die Übernahme der Minen erfolgt noch am gleichen Tage. Der Marsch nach Kirkenes wird erst am 7. V. 1942 im Geleit mit dem Minenräumschiff *Bali* angetreten. Als Sicherung sind die Einheiten *UJ 1105,* Vorpostenboot *Ubier* und Vorpostenboot *Nordwind* zugeteilt. Die Führung hat der Kommandant der *Cobra.* Am 8. V. 1942 melden sich auf der Höhe von Nordkyn die als zusätzliche U-Boot-Sicherung angeforderten U-Boot-Jäger *UJ 1104* mit *UJ 1108* und *UJ 1106* mit *UJ 1111* sowie das Vorpostenboot *Polarmeer.* Die Sicherung besteht nunmehr aus fünf U-Boot-Jägern und drei Vorpostenbooten. Die Aufstellung der Sicherung wird schirmartig mit dem Schwerpunkt nach der freien See durchgeführt. Die Marschgeschwindigkeit von bisher 11 kn wird ab 20.00 auf 10 kn verringert, da eine höhere Marschfahrt nicht von allen Fahrzeugen gehalten werden kann. Die *Cobra* läuft am 9. V. 1942 in Kirkenes ein und macht um 09.00 beim Dampfer *La France* längsseit fest, der bei der Abgabe der 63 UMB behilflich ist.
Seit der Sperrlegung von BANTOS A am 20. III. 1942 hat das Minenschiff *Cobra* keine Sperre geworfen, sondern nur Minentransporte durchgeführt, darunter zwei Fahrten von Tromsö nach Kirkenes mit 90 EMC und 62 UMB bei einer Ladefähigkeit von 200 EMC. Der Aufwand an Begleitfahrzeugen war jedesmal erheblich. In Anbetracht der großen Zahl von Sperrvorhaben zur Sicherung des Nachschubweges nach Kirkenes, ferner zur Verstärkung der bisherigen Flankensperren und zur Abriegelung der großen Nordfjorde erachtet der Kommandant der *Cobra* sein Schiff als Minenleger nicht in der erstrebenswerten und auch möglich gewesenen Weise ausgenutzt. Er weist dies in einer Besprechung beim Admiral Nordmeer am 9. V. 1942 bei seiner Anwesenheit in Kirkenes im einzelnen nach. Dabei hat er auf den Erfolg der U-Boot-Sperre bei Nordkyn durch Vernichtung eines feindlichen U-Bootes aufmerksam gemacht und auf die gegenteiligen Erfahrungen in Gebieten ohne Minenschutz hingewiesen, wo es zu U-Boot-Angriffen und Torpedierungen gekommen ist.
Die Ausführungen des Kommandanten der *Cobra* haben nicht die Billigung seines Dienstvorgesetzten, des F. d. Minsch. Nord, gefunden: Der Kommandant eines Minenschiffes habe die ihm auferlegten Aufgaben durchzuführen und nicht Kritik zu üben über einen möglicherweise besseren Einsatz seines Schiffes, auch

wenn dies noch so gut gemeint sei. „Daß die Minenschiffe im Raum Polarküste einige Male zum Transport von Minen nach Kirkenes eingesetzt werden mußten", so sagt der F. d. Minsch. Nord in seiner Stellungnahme zum KTB des Kommandanten der *Cobra* vom 1. bis 15. V. 1942, „war durch die Verhältnisse in diesem Raum bedingt. Auch ein Minentransport ist letzten Endes eine Kriegsaufgabe, die zum Enderfolg beiträgt."

5.3.111 **Die Flankensperren I und II vor dem Fuglöyfjord und Glommenfjord**

Noch während der Minenabgabe in Kirkenes am 9. V. 1942 erteilt der Admiral Norwegen den Befehl für die Durchführung von zwei Minenaufgaben zum Schutze des Fuglöyfjordes und der Zufahrt zum Glommenfjord. Eine weitere Aufgabe betrifft den Sognefjord. Nach dem Werfen dieser Sperren soll die *Cobra* den Heimmarsch zur genehmigten Werftliegezeit antreten.
Der Rückmarsch von Kirkenes nach Tromsö-Reede erfolgt am 10. V. 1942 unter Sicherung von zwei Begleitbooten und drei U-Boot-Jägern. Er verläuft ohne Vorkommnisse. Am 11. V. 1942 wird auf Tromsö-Reede geankert.
Die Vorbereitungen für die Sperrlegung vor dem Fuglöyfjord laufen an. Nach der Proviantübernahme in Harstad werden in Ramsund 93 EMC mit 200 m AT an Bord genommen und in Narvik 108 EMC mit 300 m AT, die letzteren für die geplante Sperre vor dem Sognefjord. Bei der Minenübernahme in Ramsund hilft das Netzwerkschiff *Deime* und in Narvik der Dampfer *Anka.* Die Übernahme ist am 19. V. 1942, 02.10, beendet.
Es folgt die Verlegung des Schiffes nach Bodö, wo es vom Admiral der norwegischen Nordküste den Sperrbefehl für die Fuglöysperre erhält. Am Abend des 20. V. 1942 läuft die *Cobra* zur Unternehmung aus. Die Sicherung liegt beim Torpedoboot *T 5.* Es ist eine einreihige Sperre in zwei Sperrstücken zu werfen, wobei für das Südsperrstück 41 EMC und für das Nordsperrstück 52 EMC vorzusehen sind. Mit Rücksicht auf navigatorische Schwierigkeiten entschließt sich der Kommandant, das Nordstück zuerst zu werfen. Da das Minenlegen von den Landbewohnern und auch von fremden Fahrzeugen nicht beobachtet werden soll, muß bis zum Außersichtkommen passierender norwegischer Kutter wiederholt verhalten werden. Die Nordsperre wird vom 20. zum 21. V. 1942 von 23.44 bis 00.01, die Südsperre am 21. V. 1942 von 00.03 bis 00.16 bei stark wechselnder Wetterlage geworfen.
Der Anfangspunkt des Nordsperrstückes wurde navigatorisch noch einwandfrei festgestellt. Dann aber nahm die Sicht schnell bis auf 1 sm ab, teilweise bis auf 200 m. Mit Echolot und Fahrtmeßanlage konnte die Aufgabe bis auf 0,2 sm genau ausgeführt werden. Ihre Durchführung lag an der Grenze der Möglichkeit.
Sperre 1 (Südsperrstück) von
Die Sperrlage ist gemeldet mit:
66° 59,5′ N, 13° 27,7′ O über
66° 57,7′ N, 13° 24,85′ O nach
66° 57,58′ N, 13° 24,4′ O;
Sperre 2 (Nordsperrstück) von
67° 01,2′ N, 13° 34,3′ O nach
66° 59,8′ N, 13° 28,4′ O. Siehe nachstehende Skizze 35.

Skizze 35: Schutzsperre des Fuglöyfjords

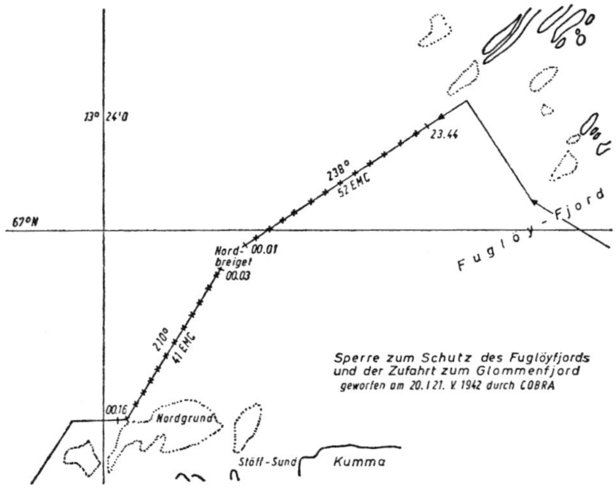

Nach dem Sperrewerfen marschiert die *Cobra* in Begleitung von *T 5* nach Drontheim, von hier mit *R 155* weiter nach Aalesund, dabei ab Kristiansund-Nord zusätzlich durch *R 173* gesichert. Der Marsch endet am 23. V. 1942 in Bergen, dem Ausgangspunkt für das Werfen der Sognefjord-Sperre.

5.3.112 **Die Flankensperre vor dem Sognefjord**

Für die Flankensperre vor dem Sognefjord sind die in Narvik übernommenen 108 EMC bestimmt. Sie sind als einreihige Sperre in vier Teilstücken auszulegen. Dazu geht die *Cobra* am 24. V. 1942 morgens von Bergen aus mit dem als Minengeleit zugewiesenen *M 1* in See. 07.15 melden sich die für enge Sicherung vorgesehenen Schnellboote *S 11* und *S 13.* Die U-Boot-Jäger *UJ 1703, UJ 1706* und *UJ 1707* stehen als weite Sicherung auf Position. Um diese Zeit erhält *M 1* Befehl, das Gerät auszubringen und sich auf dem Sperrkurs vorzusetzen. 07.35 wird bei Holmengra-Feuer zur Sperrlegung angelaufen, und von 07.46 bis 08.40 wird die Sognefjord-Sperre in vier Sperrstücken auf folgenden Strecken ausgelegt:

Sperrstück 1 von
60° 50,95′ N, 4° 35,5′ O Punkt H 37 EMC nach
60° 52,35′ N, 4° 33,4′ O Punkt J;
Sperrstück 2 von
60° 53,8′ N, 4° 33,5′ O Punkt K 12 EMC nach
60° 54,4′ N, 4° 33,0′ O Punkt L;
Sperrstück 3 von
60° 54,8′ N, 4° 35,7′ O Punkt M 33 EMC über
60° 55,0′ N, 4° 35,0′ O Punkt N nach
60° 55,9′ N, 4° 36,2′ O Punkt O;
Sperrstück 4 von
60° 57,1′ N, 4° 35,1′ O Punkt P 26 EMC über
60° 58,0′ N, 4° 35,9′ O Punkt Q nach
60° 58,35′ N, 4° 36,0′ O Punkt R
zusammen 108 EMC m. K.A. 300 m AT

Skizze 36: Sperre vor dem Sognefjord

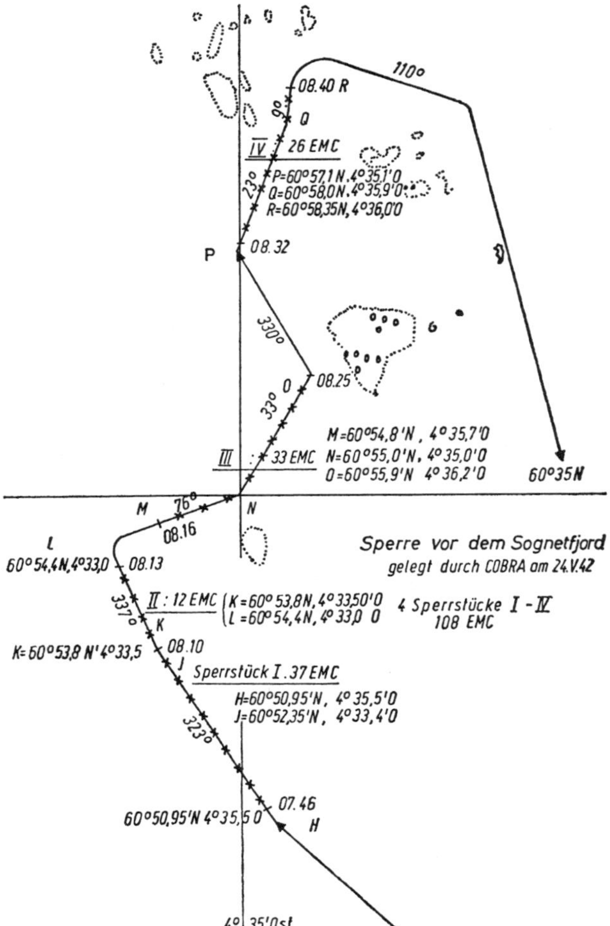

Nach dem Minenlegen läuft die *Cobra* noch am 24. V. 1942 in Bergen ein. Auf Befehl des F. d. Minsch. Nord soll das Schiff hier bis zum 28. V. 1942 bleiben. Für die *Cobra* ist der Mineneinsatz im Raum Norwegen beendet. Das Schiff soll jetzt große Werftliegezeit erhalten. Dazu tritt es am 28. V. 1942 den Marsch nach Süden an. Über Kristiansand-Süd ist am 29. V. 1942 Frederikshavn erreicht, wo es am Ölpier festmacht. Am folgenden Tag kommt ein Befehl von der Gruppe Nord für einen Mineneinsatz in der Nordsee.
Dadurch verzögert sich der Beginn der so notwendigen Werftliegezeit. Siehe nebenstehende Skizze 36.

5.3.113 **Die Nordsee-Sperren 15a ANTONIUS und 13a JULIUS**

Die beiden Nordsee-Sperren 15a ANTONIUS und 13a JULIUS legt die *Cobra* in Gemeinschaft und unter Führung von Minenschiff *Roland,* das sich am 30. V. 1942 noch in Helsinki befand und nach der Minenübernahme in Swinemünde herangezogen worden ist. Die *Cobra* muß also bis zum Eintreffen der *Roland* in Frederikshavn warten und wird am 7. VI. 1942 mit 150 EMC beladen. Ab 8. VI. 1942 liegen beide Schiffe dann einsatzbereit in Frederikshavn. Die Sperrlegungen werden am 16. VI. und 18. VI. 1942 durchgeführt. Ein Bericht hierüber ist beim Minenschiff *Roland,* dem Führungsschiff dieses Wurfverbandes, nachzulesen.
Siehe Seite 148.

5.3.114 **Der Verlust der »Cobra«**

Nach dem Auslegen der Sperre 13a JULIUS in der Nordsee am 18. VI. 1942 erledigt das Minenschiff *Cobra* vorbereitende Werftarbeiten zunächst in Cuxhaven, dann in Kiel und in Wilhelmshaven. Danach wird das Schiff zur großen Werftliegezeit in die Wiltonwerft nach Schiedam bei Rotterdam überführt.
Vor der Jade übernimmt der Sperrbrecher *Sp 163* ex *Friesland* mit dem *Flakjäger 23* am 29. VI. 1942 das Grundminengeleit bis zum Punkt T auf dem von der 5. Sicherungsdivision befohlenen Weg. Auf dem Marsch wird mehrfach Fliegeralarm durch FT gegeben. An der Küste wird laufend Flakfeuer beobachtet. Noch vor Tagesende detonieren bei dem Sperrbrecher in zeitlichem Abstand zwei Grundminen, die zweite nur in 50 bis 60 m Entfernung an seiner Backbordseite. Es entstehen keine Schäden. Die Marschfahrt von 7,5 kn wird durchgehalten.
Am 30. VI. 1942 ist Fliegeralarm von 01.41 bis 01.56. An Bord werden Flugzeuggeräusche gehört, doch ist kein Flugzeug zu sehen. Nördlich Ameland detoniert 02.02 die dritte Grundmine, und zwar unmittelbar an der Backbordseite des Sperrbrechers *Sp 163* ex *Fries-*

land. Das Schiff schert nach Backbord aus und meldet: „Ein Kessel ausgefallen." Ein Wunder, daß der Sperrbrecher überhaupt noch schwimmt, ist der Eindruck, den die wuchtige Detonation auf der *Cobra* hinterlassen hat. Nach zehn Minuten setzt der Sperrbrecher die Fahrt mit 5 kn fort und meldet: „Schäden noch nicht zu übersehen, muß zunächst halbe Fahrt laufen, Schiffskörper in Ordnung, laufe weiter."
Von 02.13 bis 03.30 ist erneut Fliegeralarm. 02.15 nähert sich ein feindliches Flugzeug dem Verband. Es wird beschossen, dreht ab und verschwindet. 02.31 wiederholt sich derselbe Vorgang. Danach erhöht der Sperrbrecher langsam seine Fahrt wieder auf 7,5 kn. 02.50 wird ein drittes feindliches Flugzeug unter Feuer genommen. Anscheinend hat man es mit englischen Rückkehrern vom Einflug nach Deutschland zu tun. An der Küste ist der Feuerschein von starkem Flakfeuer zu sehen. In Richtung Schiermonnikoog und Ameland werden am Himmel je einmal brennend niedergehende Trümmer beobachtet, die auf Flugzeugabstürze schließen lassen. Ein viertes feindliches Flugzeug kommt 03.21 an Backbordseite in etwa 200 m Höhe in Sicht. Es wird sofort mit allen Waffen beschossen, dreht hart ab, schießt mit Bordwaffen aus dem Heckstand und verschwindet achteraus im Dunst. Bald darauf detonieren nördlich und nordwestlich Terschelling die vierte und fünfte Grundmine etwa je 100 m an Backbord und Steuerbord vom Sperrbrecher. Es entsteht kein Schaden, das Geleit geht weiter. Bei Punkt T übernimmt der Sperrbrecher *Sp 149* ex *Goote* zusammen mit *Vp 1308* die Minensicherung bis Hoek van Holland ohne weitere Vorkommnisse. Es war eine bewegte Nacht, welche die *Cobra* bis zum Einlaufen in den Neuen Wasserweg hinter sich zu bringen hatte, ein kriegerischer Abschluß einer seit dem Mineneinsatz im Finnischen Meerbusen absolut erfolgreich verlaufenen Spanne Zeit. Ab 1. VII. 1942 ist das Schiff in der Wiltonwerft, Schiedam, und damit AKB.
Am 27. VII. 1942 liegt die *Cobra* mit der Steuerbordseite festgemacht am Kai in der Wiltonwerft. Das Schiff hat 3 bis 5 Grad Schlagseite nach Backbord, weil auf dieser Seite noch einige Öltanks gefüllt, auf der Steuerbordseite dagegen alle Tanks bereits leer sind. Infolge Beurlaubungen während der Werftliegezeit beträgt die Besatzungsstärke nur 71 Mann, von denen sich 25 auf Tagesurlaub in Rotterdam aufhalten. An diesem Tage ist es windstill. Die Sicht beträgt bei leichtem Dunst nach oben 15 bis 20 km. 18.35 wird in der Werft Fliegeralarm gegeben. Zwölf viermotorige britische Kampfflugzeuge, die von vier Spitfire-Maschinen als Jagdschutz begleitet werden, greifen in 6600 m Höhe die Wiltonwerft mit Bomben an.
Auf der *Cobra* werden auf den Alarm hin Handwaffen und Munition an die an Bord befindlichen Besatzungsmitglieder ausgegeben. Das ist am Artillerie-Hellegat noch nicht ganz beendet, als eine heftige Detonation das Schiff erschüttert, der eine starke Staubentwicklung von Schamottstaub folgt. Das Schiff neigt sich rasch nach Backbord und kentert nach etwa anderthalb Minuten.
Bis auf vier Mann, die den Tod fanden, ist es den anderen Besatzungsmitgliedern gelungen, das Schiff noch rechtzeitig zu verlassen. Etwa 15 Mann wurden leicht verletzt.
Von seiten des Kommandos wird angenommen, daß eine 250-kg-Bombe hart an der Backbordseite des Schiffes etwa in Höhe der Brücke ins Wasser gegangen ist. Die bei der Detonation der Bombe im Wasser aufgetretene Minenwirkung hat das Vorschiff eingedrückt und das schnelle Kentern verursacht.
Mit der *Cobra* ging dem Minenschiffverband eine Einheit verloren, die mit 45 Minenunternehmungen zur Zeit des Unterganges die meisten Feindeinsätze aufzuweisen hatte. Während die *Cobra* dabei zum größten Teil unbehelligt blieb, möchte man es als tragisch bezeichnen, daß der Verlust des Schiffes gerade in seine Werftliegezeit durch einen Bombentreffer fiel, der nur als Zufallstreffer angesehen werden kann.
Der Oberbefehlshaber der Gruppe Nord, Generaladmiral R. Carls, würdigt die Leistungen des Schiffes mit folgendem Fernschreiben an den Kommandanten, Korvettenkapitän d. R. Dr. K.-F. Brill:

> „gedenke ihrer und der *cobra*-besatzung, die sich auf vielen feindfahrten seit kriegsbeginn immer wieder aufs neue bewährt hat. mögen bei neuem schiff die erfolge die gleichen bleiben."

Die *Cobra*-Besatzung wird als Besatzungsstamm für ein neues Minenschiff zusammengehalten. Sie stellt später das Minenschiff *Linz* (3374 BRT) in Dienst.
Korvettenkapitän d. R. Dr.-Ing. K.-F. Brill übernimmt am 31. VIII. 1942 das Minenschiff *Brummer* als Kommandant von Fregattenkapitän Dr.-Ing. E. Tobias. Das Schiff liegt bei Übernahme seit dem 14. VII. 1942 in der Droogdockwerft in Rotterdam.

5.3.2 Das Minenschiff »Ulm«

Nach den Sperrlegungen im Skagerrak am 8. und 10. I. 1942 sind die Minenschiffe *Ulm* und *Brummer* dem Admiral Polarküste für das Auslegen von Flankensperren zum Schutze des Schärenweges entlang der norwegischen Küste bis nach Kirkenes und Petsamo zur Verfügung gestellt worden. Der Kommandant der *Ulm,* Fregattenkapitän H.-C. v. Schönermark, ist gleichzeitig der Führer der Minenschiffgruppe Nord (F. d. Minsch. Nord), der auch die im Nordraum befindliche *Cobra* von der Minenschiffgruppe West einsatzmäßig und truppendienstlich zugeteilt ist. Die Minenschiffe *Ulm* und *Brummer* sind am 20. I. 1942, 16.10, auf Tromsö-Reede vor Anker gegangen und haben sich gleich über die vorliegenden Aufgaben beim Admiral Polarküste unterrichtet. Da *Brummer* nur Minen mit 200 m Ankertau an Bord hat, kommt für den Mineneinsatz nur die *Ulm* in Betracht.

5.3.21 Die Flankensperren 7 INGEBORG und 4 IRMGARD

Zum Schutze des Schärenweges sind zwei einreihige Sperren als Flankensperre 7 zwischen den Inseln Ingöy und Hjelmsöy und als Flankensperre 4 an der Nordwestseite der Insel Söröy zu werfen. Als Minenträger ist das Minenschiff *Ulm* bestimmt, dazu als Minengeleit das Räumboot *R 160* und zur Sicherung des Unternehmens die U-Boot-Jäger *UJ 1211* und *UJ 1212*. Der Verband geht am 24. I. 1942, 05.00, auf Tromsö-Reede ankerauf. Die Wetterlage ist: Wind 2, Seegang 1, gute Sicht. Der Kommandant der *Ulm* beabsichtigt, die örtlich nähere Sperre 4 IRMGARD zuerst auszulegen. Jedoch hat der Wind kurz vor Austritt des Verbandes aus den Schären so aufgefrischt, daß ein Werfen quer zur See und ein Fahren des SDG auf *R 160* nicht möglich erscheint. Es wird infolgedessen auf das Legen der Sperre 4 zunächst verzichtet und nach dem vorgesehenen Ankerplatz im Reppefjord weitermarschiert. Nun soll am 25. I. 1942 die Sperre 7 INGEBORG zuerst geworfen werden und am 26. I. 1942 auf dem Rückmarsch die Sperre 4 folgen.
18.39 ankert der Verband im Reppefjord auf 70° 27,7′ N, 24° 17,6′ O. Der Wind hat teilweise bis Sturmstärke aufgefrischt, und die Maschinen werden über Nacht klar gehalten. Die Schlechtwetterlage hält an und verhindert die Durchführung von Sperrunternehmungen bis zum Monatsende. Am 31. I. 1942 hat sich die Wetterlage endlich beruhigt. Der Verband geht 10.30 ankerauf und steuert den Anfangspunkt der Sperre 7 an. *R 160* bringt das Gerät aus und setzt sich vor die *Ulm.* Der Wind wird mit Stärken 4 bis 6 teilweise wieder ziemlich steif, so daß Bedenken Platz greifen, ob die Sperrlegung überhaupt durchgeführt werden kann. Doch wird durchgehalten, und die Sperre 7 wird mit 110 EMC von 14.20 bis 14.58 ausgelegt. Ihre Sperrlage ist von
71° 4,1′ N, 24° 34,0′ O nach
71° 4,6′ N, 24° 17,4′ O.
Siehe Skizze 37.
Auf dem Rückmarsch ankert der Verband im Korsfjord auf 70° 15,6′ N, 23° 25,8′ O. Der Wind hat nach dem Sperrewerfen erneut aufgefrischt. In einer Pause, in der er kurz abgeflaut hatte, war es geglückt, die Sperre 7 mit navigatorischer Genauigkeit zu legen.
Ohne Behinderung durch die Wetterlage gelingt es,

Skizze 37: Sperre 7 INGEBORG

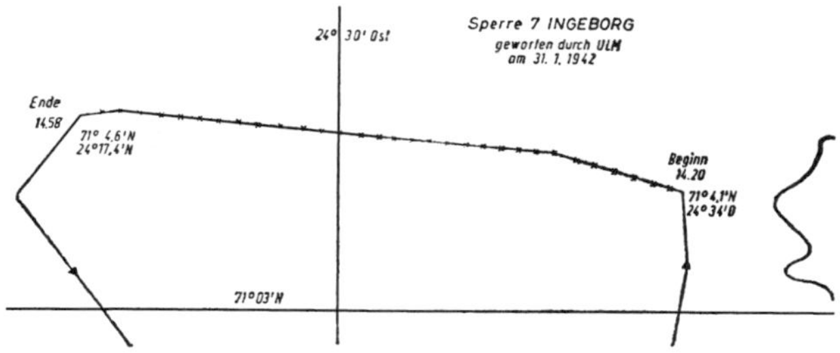

die Flankensperre 4 IRMGARD zu werfen. Der Verband geht dazu am 2. II. 1942, 08.00, im Korsfjord ankerauf, um nach dem Sperrfeld nordwestlich der Insel Söröy zu marschieren. Von 12.27 bis 12.53 werden 96 EMC m. u. Ant.Z. planmäßig bei mäßig gutem Wetter geworfen, nämlich bei Wind SSO 4, Seegang 4 und NW-Dünung. Die Sperrlage ist von
70° 37,5′ N, 21° 50′ O nach
70° 36,3′ N, 21° 35′ O.
Siehe Skizze 38.
Der Rückmarsch nach der Sperrlegung geht nach Tromsö-Reede, wo aus dem Dampfer *Sivas* Minen übernommen werden.

Skizze 38: Sperre 4 IRMGARD

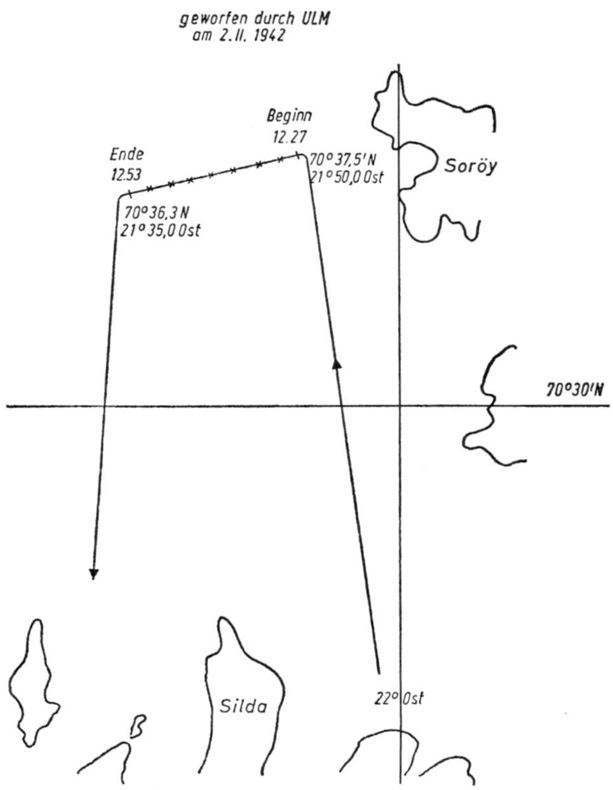

5.3.22 **Die Flankensperren 2 und 3 a**

Die beiden Sperren sind einreihig und ohne Lücke zu werfen. Sie dienen dem Schutze des Schärenweges. Die Lage ist zwischen den Inseln Arnöy und Loppa vorgesehen. Mit der Sperrlegung wird das Minenschiff *Ulm* beauftragt. Als Sicherung sind zwei U-Boot-Jäger und ein Räumboot zugeteilt.
Die Sperrlegung wird am 12. II. 1942 von 13.07 bis 14.15 durchgeführt. Ein früheres Ankeraufgehen von Tromsö-Reede war wegen der Schlechtwetterlage nicht möglich. Während des Minenlegens weht Wind aus SzW in Stärke 3; die See läuft in Stärke 2; es steht eine mittlere Dünung, in der das Schiff stark rollt. Durch die Dünung wird das Werfen sehr erschwert, aber durch Herbeiholen von Hilfskräften von den Gefechtsstationen kann die Sperrlegung dennoch planmäßig zu Ende geführt werden.
Es wurden geworfen: 232 EMC, davon 148 mit 200 m AT und 84 mit 350 m AT mit einer Tiefeneinstellung von −2 m.
Die Sperrlage ist von
70° 13,2′ N, 20° 50,05′ O über
70° 17,3′ N, 21° 07,20′ O nach
70° 20,2′ N, 21° 21,20′ O. Siehe nachst. Skizze 39.

Skizze 39: Sperren 2 und 3a

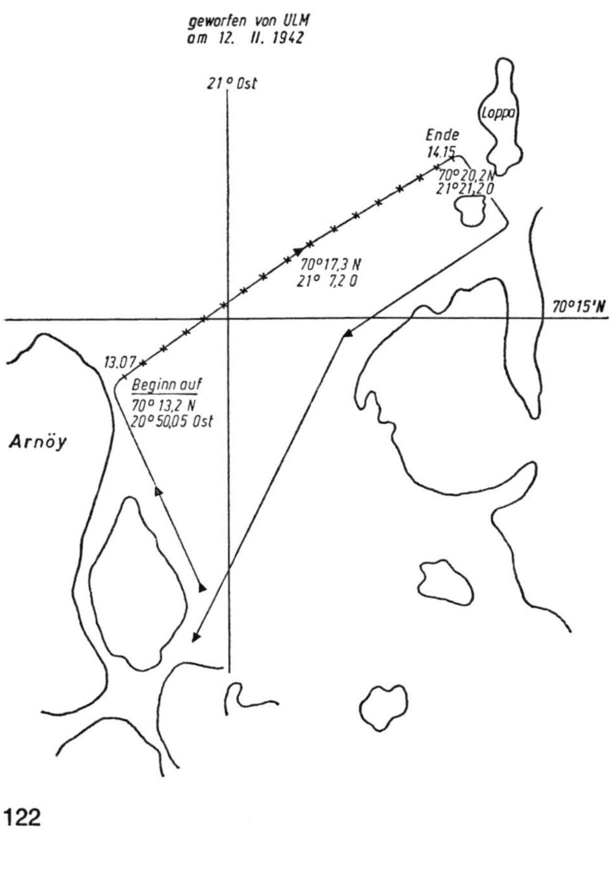

Der Rückmarsch erfolgt nach Tromsö-Reede. Hier erhält die *Ulm* den Befehl, eine für auszulegende U-Boot-Sperren bestimmte Minenladung von 355 UMB beim Sperrzeugamt Cuxhaven zu übernehmen. Das Schiff tritt am 14. II. 1942, 07.00, von Tromsö-Reede aus den Marsch nach Deutschland an. Der F. d. Minsch. Nord, zugleich Kommandant der *Ulm,* entschließt sich, während der Dauer der Abwesenheit des Schiffes mit seinem Stab in Tromsö zu bleiben. An Stelle der *Ulm* setzt nun die *Cobra* den Führerstander. Wie schon bei früheren Gelegenheiten wirkt sich die Personalunion Verbandschef/Kommandant erneut nachteilig und störend aus. Ein Antrag, den Verbandschef vom gleichzeitigen Kommandantenposten zu entbinden, wird auf dem Dienstwege eingereicht. Als stellvertretender Kommandant der *Ulm* ist der 1. Offizier des Schiffes, Kapitänleutnant d. R. K. Wehr, eingetreten, und da sich der Kommandant der *Ulm* in seiner Eigenschaft als F. d. Minsch. Nord bis zum 24. IV. 1942 an Bord der *Cobra* eingeschifft hat und sich im Einsatz befindet, laufen die folgenden Unternehmungen dieses Minenschiffes unter dem Befehl des 1. Offiziers.
Die Minenübernahme in Cuxhaven erfolgt am 2. III. 1942. Danach tritt die *Ulm* den Marsch nach Norden an und ankert zum bevorstehenden Mineneinsatz am 15. III. 1942, 19.00, im Lafjord.

5.3.23 **Flankensperre I (Helnesfeuer), Stichworte URSULA A und URSULA B**

Zum Schutze des Schiffahrtsweges von Helnesfeuer bis Vardö sind mehrere tiefstehende Flankensperren gegen feindliche U-Boote auszulegen. Als erste Maßnahme sind 520 UMB in die Sperre I URSULA ab Helnesfeuer auf einem Wurfkurs von 68° und einer Sperrlänge von über 24 000 m in zwei Teilstücken zu werfen. Das Teilstück 1 URSULA A ist mit 295 UMB doppelreihig zu legen, das Teilstück 2 URSULA B einreihig mit 225 UMB. Die Tiefeneinstellung der Minen ist auf −12 m befohlen. Mit der Anwesenheit feindlicher U-Boote im Sperrgebiet muß gerechnet werden.
Am 16. III. 1942, 08.35, geht das Minenschiff *Ulm* im Lafjord ankerauf und steuert mit *R 160, UJ 1105* und dem Vorpostenboot *Franke* das Sperrgebiet bei Helnesfeuer an. Laut KTB zeigt sich diese (für das Werfen der Sperre) günstige Wetterlage: Wind NO 4, See 2, leichte Dünung. Das Minenwerfen bereitet daher keine Schwierigkeiten. 10.38 wird auf Wurfkurs 68° gegangen und von 10.40 bis 11.29 die erste Reihe des Teilstückes 1 gelegt, an dessen Ende eine Hilfsboje geworfen wird. Auf Gegenkurs erfolgt die Legung der zweiten Reihe von 11.27 bis 12.27. Der Verband läuft danach ab und ankert über Nacht im Billefjord auf 70° 20,2′ N, 25° 5,7′ O. Hier erfolgt auch

die nächtliche Minenübernahme aus dem Dampfer *Sivas,* die sich bis zur ersten Morgenstunde des 17. III. 1942 hinzieht. 06.11 läuft die *Ulm* mit derselben Begleitung zum Werfen des Teilstückes 2 aus, dessen Anfangspunkt an der ausgelegten Hilfsboje liegt. Mit Wurfkurs 68° erfolgt die Sperrlegung am 17. III. 1942 von 10.44 bis 11.15 in Fortsetzung von URSULA A. Damit ist die ganze Sperre planmäßig gelegt von
71° 3,3′ N, 26° 14,3′ O nach
71° 8,4′ N, 26° 54,0′ O. Siehe nachstehende Skizze 40.

Skizze 40: U-Boot-Sperre I HELNES

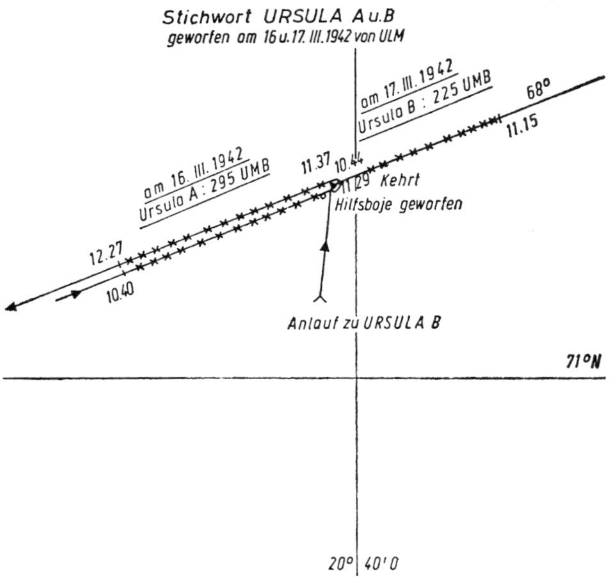

5.3.24 Die Flankensperre II (Nordkyn), Stichworte KARIN A und KARIN B

Nach Beendigung des Werfens von URSULA B marschiert der Verband zur Wurfposition des Teiles 1 der U-Boot-Sperre KARIN A etwa 6 sm nordwestlich von Nordkyn. Auf 27° 29,5′ O ist auf Sperrkurs 0° eine Sperre zu legen von
71° 12,7′ N nach
71° 14,8′ N
mit 75 UMB und einer Tiefeneinstellung von −12 m. Während des Anmarsches hat der Wind auf W 5 aufgefrischt, die See läuft mit 5 bis 6 stärker, und die Luft hat eine Temperatur von −3°.
Siehe Skizze 41.
Die Sperre wird am 17. III. 1942 von 12.49 bis 13.03 noch ohne Schwierigkeiten geworfen. Dagegen kann das zweite Teilstück KARIN B wegen weiterer Verschlechterung der Wetterlage nicht mehr ausgelegt

Skizze 41: U-Boot-Sperre II NORDKYN

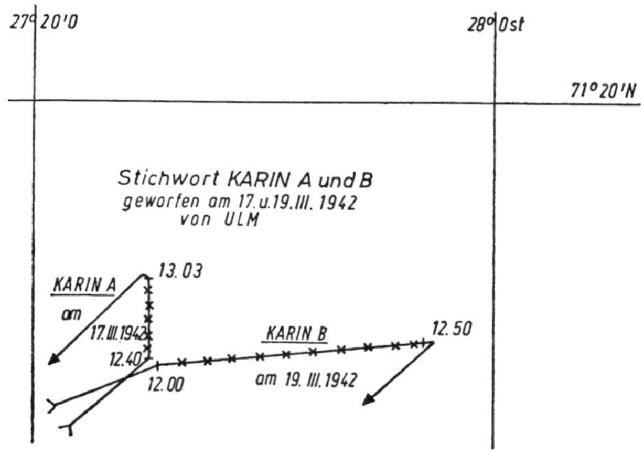

werden. Der Rückmarsch zum Billefjord erfolgt bei schwerem Wetter mit NW-Wind in Stärken 7 bis 8 und einer See in Stärken 6 bis 7. Das Schiff geht um 18.40 auf dem alten Platz vor Anker.

5.3.25 Die Flankensperre HANNELORE (Porsangerfjord)

Zum Schutze des inneren Porsangerfjordes gegen befürchtete britisch-amerikanische Landungsunternehmungen ist eine zweireihige Minensperre mit einer Reihe Sprengbojen D zu legen. Da bei der herrschenden Wetterlage das zweite Teilstück KARIN B nicht gelegt werden kann, wird auf Vorschlag des Kommandanten der *Ulm* – noch immer ist das Kapitänleutnant d. R. K. Wehr in Vertretung – das Auslegen der Porsangerfjord-Sperre vorgezogen. Die benötigten 94 EMC m. u. Ant.Z. und 200 m AT sowie die 81 Sprengbojen D werden am 18. III. 1942 aus dem Dampfer *Sivas* entnommen. Anschließend geht die *Ulm* auf die nahe gelegene Wurfposition innerhalb des Fjordes, in dem die Wetterlage mit Wind aus NW 2 bis 3 und Seegang 1 angegeben ist. Für die Minen ist eine Tiefeneinstellung von −2 m, für die Sprengbojen eine solche von −10 m befohlen.
Von außen beginnend, wirft die *Ulm* auf dem Sperrkurs von rw. 99° von 15.03 bis 15.31 die Sprengbojenreihe. Auf Gegenkurs folgt um 15.50 die 1. Minenreihe mit 46 EMC und nach abermaliger Kehrtwendung auf Kurs 99° die 2. Minenreihe mit 48 EMC. 16.12 ist die Sperre gelegt von
70° 24,28′ N, 25° 21,0′ O nach
70° 23,24′ N, 25° 29,3′ O.
Siehe Skizze 42, Seite 124.
Das Auslegen dieser Sperre war in dem engen Fjord für ein Schiff in der Größe der *Ulm* nicht ganz einfach. Ursprünglich in Danzig für den Norddeutschen Lloyd

Skizze 42: Porsangerfjord-Sperre

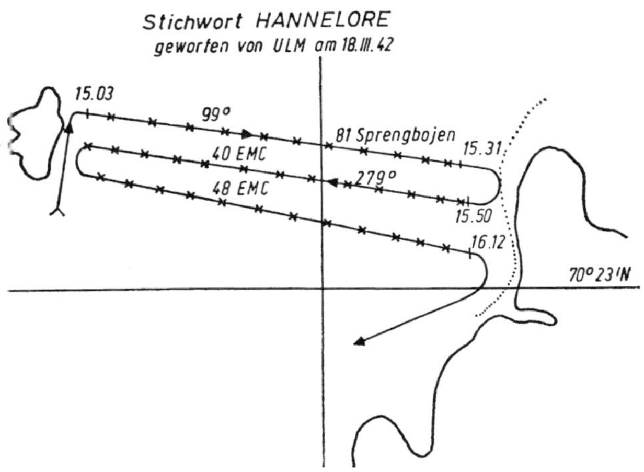

als Handelsschiff mit 3071 BRT gebaut, hat die *Ulm* bei einer Länge von 102,5 m / 98 m nur eine Schraube. Die Sperreihen waren befehlsgemäß bis dicht unter Land heranzuführen. Hier aber, an den beiden Enden der Sperreihen, ist die Küste sehr felsig und klippenreich. Beim Wenden auf Gegenkurs blieb daher wenig Platz zum Manövrieren, das mit nur einer Schraube und bei der Größe des Schiffes viel Geschick und Fingerspitzengefühl erforderte. Die Gefahr für eine Grundberührung bestand in jedem Fall.
17.48 am 18. III. 1942 liegt die *Ulm* wieder im Billefjord längsseit vom Dampfer *Sivas*. Es werden 296 UMB für die Sperrlegung KARIN B übernommen. 22.50 ist die Minenübernahme beendet.

5.3.26 Die Flankensperre II (Nordkyn), Stichwort KARIN B

Am 19. III. 1942, 06.00, verläßt die *Ulm* mit den drei zugeteilten Booten den Billefjord zum Werfen von KARIN B. Die Wetterlage ist jetzt günstig. Am Anfangspunkt des Teilstückes KARIN A hatte die *Ulm* auf 71° 12,7′ N, 27° 29,5′ O zur Kennzeichnung eine Boje geworfen. Hier nun beginnt auf dem befohlenen Sperrkurs von rw. 85° die Sperrlegung von KARIN B mit 296 UMB mit einer Tiefeneinstellung von −12 m. In der Zeit von 12.00 bis 12.50 ist die Sperre ohne Störung gelegt. Die Lage beider Teilstücke ist gemäß Sperrbefehl:
71° 14,8′ N, 27° 29,5′ O über
71° 12,7′ N, 27° 29,5′ O nach
71° 13,4′ N, 27° 54,0′ O.
Siehe Skizzen 40, 41, 42, Seiten 123/124.
Nach dieser Sperrlegung ankert das Minenschiff 17.53 im Lafjord. Die *Ulm* hat in vier Unternehmungen die ihr gestellten Aufgaben planmäßig unter Ausnutzung aller gegebenen Möglichkeiten hinsichtlich Wetter und Beladung durchgeführt. Sie kehrt nach Tromsö-Reede zurück, wo am 23. III. 1942 auch die Minenschiffe *Cobra* und *Brummer* nach Durchführung der Sperrlegung BANTOS A vor Anker gehen.

5.3.27 Minentransport mit der »Ulm«

Für die Durchführung weiterer Sperrvorhaben erhält die *Ulm* Befehl, eine Ladung UMB-Minen vom Sperrzeugamt Cuxhaven zu holen. Das Minenschiff tritt den Marsch dazu von Tromsö-Reede am 26. III. 1942 an und benutzt die Gelegenheit, vom 8. bis 11. IV. 1942 im Dock der Stülckenwerft, Hamburg, eine Reparatur an der Schraube durchführen zu lassen. Am 14. IV. 1942 folgt die Minenübernahme in Cuxhaven, anschließend der Marsch nach Norden. Am 18. IV. 1942 wird Kristiansund-Nord, der Absprunghafen für den nächsten Mineneinsatz, erreicht.

5.3.28 Organisationsänderung im Minenschiffverband

Mit dem 15. IV. 1942 wird durch eine Verfügung des OKM/Skl. Q A II die bestehende Zweiteilung in Minenschiffgruppen West und Nord aufgehoben. Sämtliche Minenschiffe werden nur noch einem Führer der Minenschiffe, dem F. d. Minsch., unterstellt. Dieser wiederum untersteht dem Flottenkommando. Mit der vorläufigen Wahrnehmung der Geschäfte des F. d. Minsch. wird der bisherige Chef der Minenschiffgruppe West, Kapitän z. S. A. Bentlage, beauftragt. Kapitän z. S. H.-C. v. Schönermark behält als ältester Kommandant die taktische Führung der im Nordraum eingesetzten Minenschiffe. Die Zweiteilung war seinerzeit eingeführt worden, als Minenschiffe im Westraum und im Nordraum wegen der weiten Trennung der Seegebiete gleichzeitig operierten. Infolge Änderung der Einsatzgebiete ist die Einteilung in eine Westgruppe und eine Nordgruppe überholt und die Zusammenfassung aller Minenschiffe in einem einzigen Minenschiffverband wiederhergestellt.
Wenige Tage später, am 27. IV. 1942, wird der taktische Führer der im Nordraum eingesetzten Minenschiffe, Kapitän z. S. H.-C. v. Schönermark, als Kommandant der *Ulm* freigestellt. An seine Stelle tritt der bisherige 1. Offizier der *Ulm*, Korvettenkapitän d. R. K. Wehr. Damit ist für den taktischen Führer der Minenschiffe im Nordraum die Voraussetzung geschaffen, sich ausschließlich auf Führungsaufgaben zu konzentrieren. Nachträglich wird bekannt, daß mit Wirkung vom 24. IV. 1942 der bisher mit der Wahrnehmung der Geschäfte des F. d. Minsch. beauftragte Kapitän

z. S. A. Bentlage zum Chef der 5. Sicherungsdivision ernannt wurde und damit aus dem Minenschiffverband ausscheidet. Sein Nachfolger als F. d. Minsch. wurde Kapitän z. S. H.-C. v. Schönermark. Die Übernahme der Dienstgeschäfte durch den neuen F. d. Minsch. ist für den 4. V. 1942 in Wesermünde auf dem neuen Führerschiff des Minenschiffverbandes, der *Ostmark,* vorgesehen.

5.3.29 **Die UMB-Sperre 1**

Zum Schutze der Zufahrten nach Drontheim und des Schärenweges sind auf Befehl des Kommandierenden Admirals der norwegischen Nordküste, Vizeadmiral L. Siemens, vier Sperren zu werfen. Hierfür sind am 19. IV. 1942 in Kristiansand-Nord die Minenschiffe *Ulm, Brummer, Kaiser* und *Roland* zusammengezogen. Die Gesamtleitung bei der Durchführung der Aufgabe hat der taktische Führer der Minenschiffgruppe Nord, Kapitän z. S. H.-C. v. Schönermark. Aufgabe der *Ulm* ist es, eine der vier Sperren mit der Bezeichnung UMB 1 von
63° 19′ N, 7° 20′ O nach
63° 27′ N, 7° 19′ O
auszulegen. Siehe nachstehende Skizze 43.

Skizze 43: UMB-Sperre 1

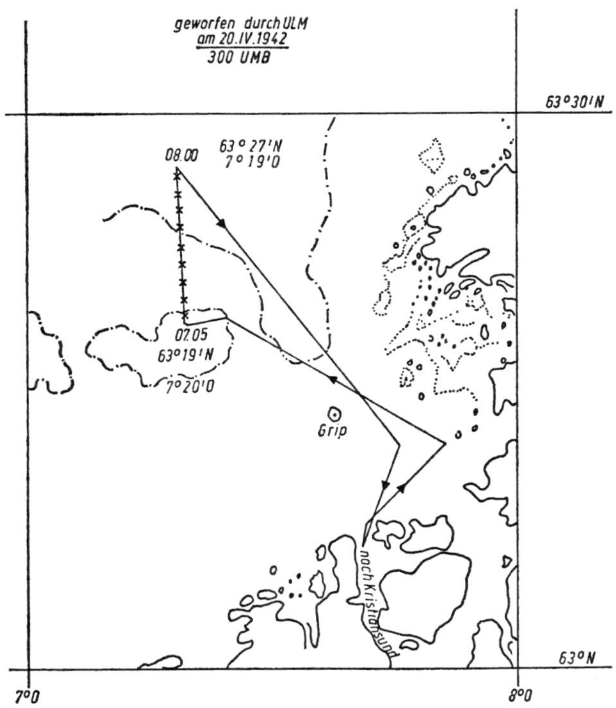

In dieser einreihigen gegen U-Boote gerichteten Sperre sind 300 UMB mit Hochstandvernichter, eingeschalteter Kontaktauslösevorrichtung und 300 m Ankertau zu werfen. Die Tiefeneinstellung soll −18 m betragen. Es muß für die Operation damit gerechnet werden, daß vor der Einfahrt von Griphölen ein feindliches U-Boot steht.
Die Sperrlegung wird von der *Ulm* am 20. IV. 1942 von 07.05 bis 08.00 ohne Störung durchgeführt. Drei Minensuchboote bilden die Sicherung. Bei guter Landpeilmöglichkeit fällt die Sperre genau nach Plan. 21 Hochstandvernichter-Detonationen werden beobachtet. Auf dem Rückmarsch nach Kristiansund-Nord wird die *Ulm* von zwei Vorpostenbooten aufgenommen, gleichzeitig werden die Minensuchboote aus dem Geleit entlassen, um die Wurfstrecke nach Oberflächenständen abzusuchen.
11.30 hat die *Ulm* im Hafen festgemacht und nimmt 50 EMC zur Abgabe an das Sperrzeugamt Drontheim über. Von Drontheim aus soll das Schiff die nächste Sperre werfen. Hier schifft sich am 24. IV. 1942 der taktische Führer der Minenschiffgruppe Nord auf seinem Führerschiff *Ulm* wieder ein, nachdem er seit dem 16. III. 1942 erst auf der *Cobra* und dann auf der *Brummer* Minenschiffunternehmungen durchgeführt hat.

5.3.210 **Die UMB-Sperre Kaurleden**

Am Ausgang des Kaurleden ist auf Befehl des Kommandierenden Admirals Nordküste eine 8 sm lange UMB-Sperre mit 300 UMB mit 300 m Ankertau und Zusatzeinrichtungen wie bei der UMB-Sperre 1 zu werfen. Die Sicherung stellt die 4. MS.-Flottille mit vier Booten. Die Sperrlegung erfolgt am 26. IV. 1942 von Drontheim-Reede aus in der Zeit von 10.30 bis 11.25 planmäßig von
64° 19,5′ N, 10° 3,0′ O nach
64° 24′ N, 9° 48′ O.
Siehe Skizze 44, Seite 126.
Es werden elf Hochstandvernichter beobachtet. Nach dem Minenwerfen ankert das Minenschiff *Ulm* wieder auf Drontheim-Reede. In der Nacht vom 27. zum 28. IV. 1942 erfolgt ein Bombenangriff von etwa zwölf englischen Maschinen. Die *Ulm* beteiligt sich an der Abwehr mit 12 Schuß 3,7-cm- und 510 Schuß 2-cm-Leuchtspur und 56 Schuß 2-cm-Pz.Spr.Patr. Die meisten Bomben fallen und krepieren an Land. Drei Bomben gehen an der Backbordseite ins Wasser, ohne zu detonieren.
Ab 28. IV. 1942 steht die *Ulm* zur Verfügung vom Admiral der norwegischen Westküste zum Auslegen des restlichen Teiles der Stadlandet-Sperre. Vor dem Auslaufen nach Bergen am 28. IV. 1942, 06.00, schifft sich

Skizze 44

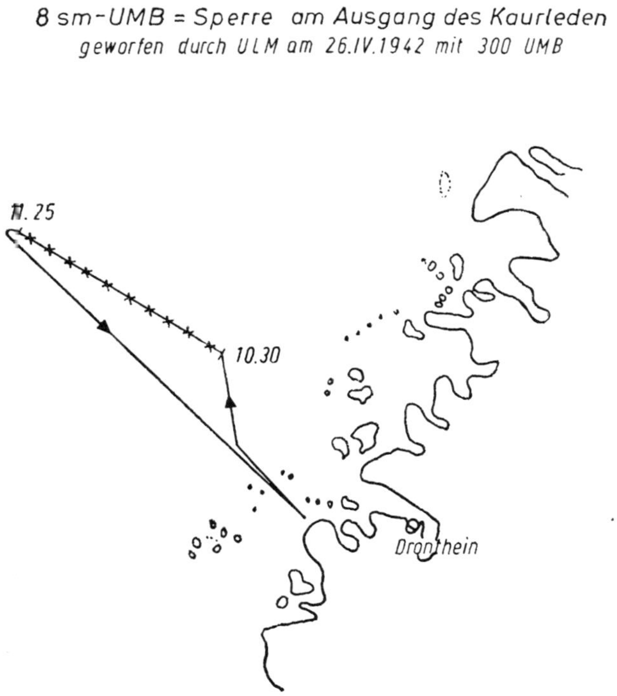

der neuernannte F. d. Minsch. aus. Er begibt sich zur Übernahme seiner Dienstgeschäfte nach Wesermünde an Bord des neuen Führerschiffes *Ostmark.*

5.3.211 **Die Stadtlandet-Sperre – Nordteil**

Die Sperre soll als Flankensicherung für die um Stadtlandet und Vaagsöy laufende Schiffahrt dienen. Da eine nicht unterbrochene Sperre einen zu großen Minenaufwand erfordert, sind Teilsperren vorgesehen. Diese sollen sich an naturgebundene Hindernisse, wie Untiefen und Felsenriffe, anlehnen. Der Südteil der Sperre mit den Teilstücken I bis V liegt bereits aus. Nun sind im Nordteil die Sperrstücke VI bis XI durch das Minenschiff *Ulm* auszulegen.
In dem See- und Schärengebiet zwischen Stadtlandet und Floröy ist es in den letzten fünf Monaten wiederholt zu Kampfhandlungen mit englischen Überwasserstreitkräften gekommen. Das Eindringen feindlicher U-Boote in dieses Gebiet ist möglich. Mit englischen Aufklärungs- und Kampfflugzeugen ist zu rechnen. Der Admiral der norwegischen Westküste, Admiral O. v. Schrader, macht in seinem Operationsbefehl auch auf die Tätigkeit feindlicher Agenten an Land und auf Fischerbooten aufmerksam. Unter Berücksichtigung dieser Fakten ist die Sicherung, die der *Ulm* für die Sperrlegung zugeteilt wird, stärker als sonst. Sie besteht aus drei Minensuchbooten, zwei U-Boot-Jägern und zwei Schnellbooten. Mit der Führung des Wurfverbandes wird Fregattenkapitän d. R. G. Wildeman beauftragt, Wildeman ist zugleich A I Adm. Westküste.
Das Minenschiff *Ulm* hat seinen Ankerplatz am 28./29. IV. 1942 von Drontheim-Reede nach Bergen-Reede verlegt und am 30. IV. 1942 dort 270 EMC aus drei Leichtern und dem *Schiff 11* übergenommen. Am 1. V. 1942 ankert die *Ulm* in der Davikenbucht, dem Sammelplatz des ganzen Wurfverbandes. Bei Nordwind in Stärke 1 bis 2 bei stiller See in Stärke 0 und einer mittleren Sicht läuft die Unternehmung am 2. V. 1942, 06.00, an. Der A I Adm. Westküste, Fregattenkapitän G. Wildeman, hat sich auf der *Ulm* eingeschifft und die Sicherungsfahrzeuge auf ihre Positionen befohlen. Luftsicherung ist vom Admiral Westküste zugesagt. Sämtliche Teilstücke VI bis XI werden planmäßig ohne Störung von 08.06 bis 10.21 ausgelegt. Sie umschließen die Halbinsel Stadtlandet in weitem Bogen von Südwesten nach Nordwesten. Siehe Skizze 45.

Skizze 45: Stadtlandet-Sperre

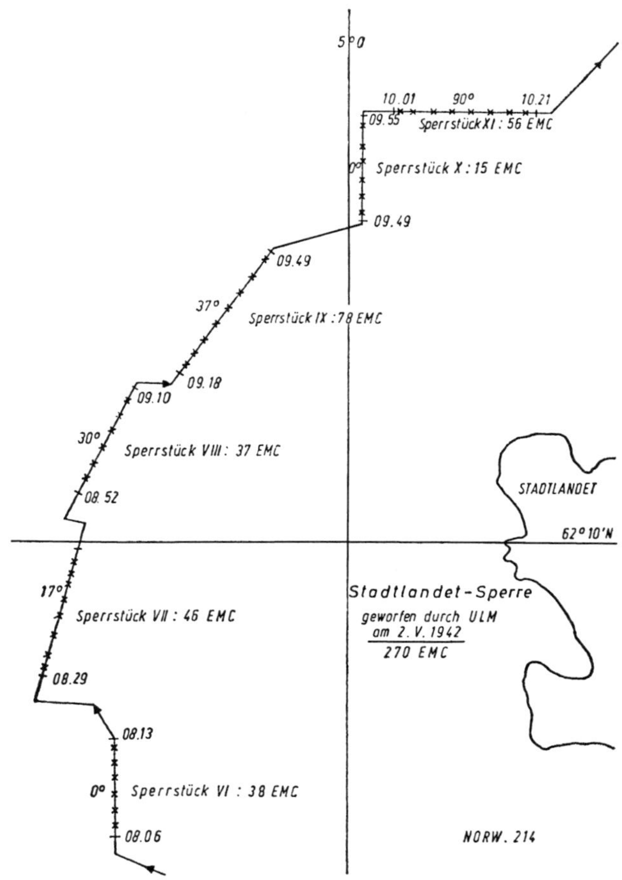

Gleich nach der Sperrlegung steigt der A I Adm. Westküste auf *S 16* um, während das Minenschiff nach Kristiansund-Nord einläuft. Hier macht die *Ulm* 18.20 am Pier fest. Dort kommt es am 4. V. 1942, 23.55, zu einem Überraschungsangriff durch eine englische Maschine. Das Flugzeug streicht in nur 50 m Abstand an der *Ulm* vorbei und wirft drei Bomben auf einen 300 m ab liegenden norwegischen Dampfer, der schwer beschädigt wird. Eine Vorwarnung durch die Signalstelle Kristiansund-Nord war nicht erfolgt.
Am 11. V. 1942 wird die *Ulm* für neue Sperraufgaben nach Drontheim verlegt. Hier wird am 14. V. 1942 Kapitänleutnant d. R. z. V. E. Biet mit der Wahrnehmung der Geschäfte als stellvertretender Kommandant des Schiffes beauftragt. Am Tage darauf werden 300 UMB aus dem Dampfer *August Bolten* übernommen.

5.3.212 **Die UMB-Sperre nördlich Smölen**

Nach der Planung des Admirals Nordküste ist eine einreihige U-Boot-Sperre mit 300 UMB mit einer Tiefeneinstellung von − 18 m zum Schutze der Zufahrten nach Drontheim zu werfen. Ausgangshafen für die Unternehmung ist Kristiansund-Nord, wohin die *Ulm* am 16. V. 1942 verlegt. Bei Wind aus NO in Stärken 2

Skizze 46: UMB-Sperre nördlich Smölen

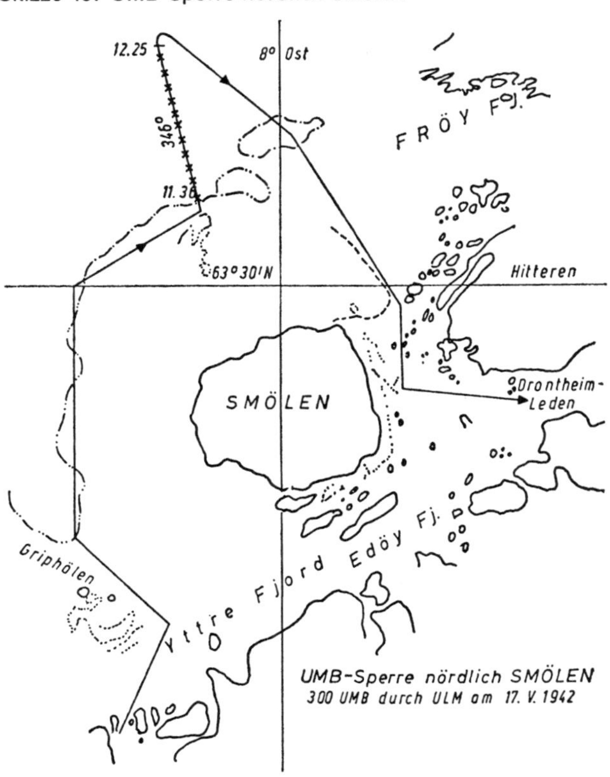

bis 3, einer aus dem Norden anlaufenden Dünung und bei bedecktem Himmel wird die Sperre am 17. V. 1942 von 11.36 bis 12.25 auf Wurfkurs 346° von
63° 34,1′ N, 7° 50,75′ O nach
63° 41,87′ N, 7° 46,5′ O
gelegt.
Siehe Skizze 46.
Nach dem Sperrewerfen marschiert das Minenschiff *Ulm* nach Drontheim-Reede zur Minenübernahme aus dem Dampfer *August Bolten* und dem Logger *Albatros*. Es werden insgesamt 369 UMB an Bord genommen.
Am 18. V. 1942 nachmittags ist auf Drontheim-Reede Musterung der Besatzung durch den Flottenchef, Admiral O. Schniewind. In seiner Ansprache weist der Flottenchef darauf hin, daß die Minenschiffe wegen der notwendigen Geheimhaltung der Sperrlegungen während des Krieges für ihre Aufgaben nicht mit öffentlichem Dank in einer Form rechnen dürfen, wie sie bei den Besatzungen anderer Kriegsschiffe üblich ist. Mit diesen Worten erhalten die Minenschiffmänner die Gewißheit, daß ihr fast pausenlos zu nennender Kriegseinsatz von den Führungsstellen voll und ganz gewürdigt wird.

5.3.213 **Sperre III (Tanafjord)**

Zum Schutze des Schiffahrtsweges von Helnesfeuer bis Kirkenes sind im Anschluß an die bereits ausgelegten Helnes- und Nordkyn-Sperren zwei weitere U-Boote-Sperren auszulegen. Es handelt sich um die Sperre III vor dem Tanafjord und die Sperre IV vor dem Syltefjord. Die Minenschiffe *Brummer* unter Korvettenkapitän Dr.-Ing. E. Tobias und *Ulm* unter Kapitänleutnant d. R. z. V. E. Biet stehen für die Sperrlegungen zur Verfügung. Mit der Führung des Unternehmens ist vom Admiral Polarküste der Kommandant der *Brummer* beauftragt worden. Der An- und Rückmarsch der Schiffe soll gemeinsam erfolgen, die Sperrlegungen dagegen sind einzelschiffweise vorgesehen, dabei ist die Sperre III die Aufgabe der *Ulm*, die Sperre IV soll das Minenschiff *Brummer* werfen. Nach der Besprechung beim Admiral Polarküste am 22. V. 1942 in Tromsö, wohin die Schiffe nach der Minenübernahme in Drontheim verlegt haben, geht der Verband am 23. V. 1942, 06.00, ankerauf und liegt am Abend im Lafjord. Die Sicherung ab Tromsö stellt die 5. R.-Flottille mit drei Booten. Unterwegs gibt es vormittags und nachmittags je einmal U-Boot-Alarm. Das Begleitboot *R 89* und die *Brummer* werfen Wasserbomben. Grund für den Vormittagsalarm ist, daß der Dampfer *Asuncion* auf 70° 17,6′ N, 21° 25,3′ O in sinkendem Zustand angetroffen wird. Erst später wird durch Funkspruch bekannt, daß in diesem Gebiet eine

Mine geschnitten wurde. Der Dampfer war also mit Sicherheit auf eine Mine gelaufen und nicht torpediert worden. Das Schiff wurde so schwer beschädigt, daß es verlorenging.

Am 24. V. 1942 werden auf der *Brummer* und der *Ulm* um 11.00 die Anker gelichtet. Beide Schiffe marschieren unter Sicherung von drei Minensuchbooten und fünf U-Boot-Jägern im Verband nordwärts zu den Wurfgebieten. 15.35 trennen sich die Schiffe. Die *Ulm* läuft mit den U-Boot-Jägern als Sicherung zum Tanafjord-Wurfgebiet, während die *Brummer* den Syltefjord ansteuert. Bei Wind in Stärke 1, nordöstlicher Dünung und bedecktem Himmel wird von der *Ulm* von 19.22 bis 20.22 auf Wurfkurs rw. 128° die Sperre III geworfen.

Es fallen dabei 369 UMB mit K.A. und einer Tiefeneinstellung von — 12 m. Die Sperrlage ist gemäß Sperrbefehl von

71° N, 29° 10′ O nach

70° 54′ N, 29° 34′ O.

Siehe nachstehende Skizze 47.

Skizze 47: Sperre III (Tanafjord)

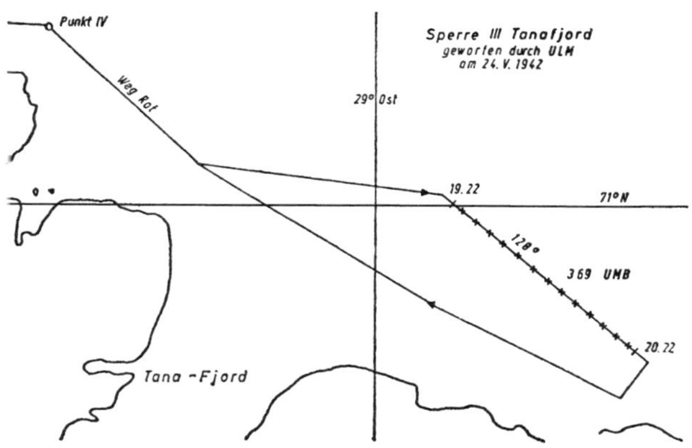

Nach dem Werfen werden zehn Hochstandsvernichterdetonationen beobachtet.

Der Rückmarsch der *Ulm* erfolgt im Geleit der fünf U-Boot-Jäger bis Nordkyn. Hier übernimmt die *Brummer* am 25. V. 1942, 00.20, nach Erledigung der eigenen Aufgabe vor dem Syltefjord wieder die Verbandsführung. Sie entläßt die drei Minensuchboote ihres Geleits sofort und die fünf U-Boot-Jäger bei Honningsvaag. Mit 15 kn laufen die Minenschiffe weiter und ankern 17.30 auf Tromsö-Reede. Am 27. V. 1942 kommt der Admiral Polarküste, Vizeadmiral O. Schenk, an Bord und spricht der angetretenen Besatzung seinen Dank und seine Anerkennung für die bisher in seinem Befehlsbereich durchgeführten Aufgaben aus.

5.3.214 **Die UMB-Sperre V (Ekkeröy-Sperre) und die EMC-Sperre Varangerfjord**

Am 31. V. 1942 liegen auf Tromsö-Reede die Minenschiffe *Ostmark* mit dem F. d. Minsch. an Bord, die *Ulm*, die *Brummer* und die *Skagerrak*. Für einen Mineneinsatz im Seegebiet vor Kirkenes im Verband mit der *Ostmark* und der *Brummer* erhält die *Ulm* von der *Skagerrak* 130 UMB mit 300 m AT und aus dem Dampfer *August Bolten* 110 UMB mit 200 m AT und 42 EMC mit 300 m AT. Am 8. VI. 1942 lichten die Minenschiffe *Ostmark, Ulm* und *Brummer* die Anker zum Marsch nach Norden. Während die *Brummer* eine eigene Sperraufgabe vor dem Syltefjord durchzuführen hat, marschiert die *Ulm* im Verband mit der *Ostmark* unter Führung des F. d. Minsch. zum Legen der Ekkeröy-Sperre und der Sperre im Varangerfjord weiter. Näheres über diese Sperrlegungen beim Minenschiff *Ostmark.* Alle drei Einheiten liegen am 11. VI. 1942 wieder auf Tromsö-Reede und werden kurz danach aus dem Befehlsbereich des Admirals Norwegen entlassen. Sie erhalten von nun ab Einsatzbefehle von der Gruppe Nord.

5.3.215 **Minentransport Kiel–Finnland**

Das Minenschiff *Ulm* verläßt Tromsö-Reede am 16. VI. 1942 mit Kiel als Zielhafen. Hier wird es mit 600 UMA zum Transport nach Finnland beladen. Am 28. VI. 1942 gibt die *Ulm* 30 UMA an ein finnisches Minensuchboot ab und am 29. VI. 1942 westlich von Mussalo die restlichen 570 UMA an acht deutsche Fährprähme. Nach kurzem Festmachen im Hafen von Helsinki tritt das Minenschiff am 30. VI. 1942 den Rückmarsch nach Kiel an. Hier werden am 3. VII. 1942 abends 200 EMC für eine Sperraufgabe in der Nordsee an Bord genommen. Für das Nordseeunternehmen verlegt das Schiff am 4./5. VII. 1942 nach Cuxhaven und macht dort am Steubenhöft fest.

5.3.216 **Die Nordsee-Sperre 6 a THUSNELDA**

Die Nordsee-Sperre THUSNELDA ist von den Minenschiffen *Roland* und *Ulm* unter Führung des Kommandanten der *Roland* zweireihig zu werfen. Die Sperrlegung geht am 6. und 7. VII. 1942 vor sich. Näheres siehe beim Führungsschiff *Roland* (siehe Seite 149).

5.3.217 **Die Nordsee-Sperren SW 11, SW 10, SW 9**

Auf Befehl der Gruppe Nord sind unter Leitung des BSN im Rahmen von drei Sperrunternehmungen etwa 30 bis 40 sm westlich der holländischen Küste in der allgemeinen Richtung von Schwarze Bank, Braune

△ Minenschiff *Elsaß*
ex französische Fähre *Côte d'Azur*

Minenschiff *Ostmark* in Tarnbemalung
ex französische Fähre *Côte d'Argent* ▽

Minenschiff *Lothringen* ex französisches Fährschiff *Londres*

Minenschiff *Pommern* ex französisches Frachtschiff *Belain d'Esnambuc* ex SG *12* (Schnelles Geleitboot *12*)

Minenschiff *Niedersachsen* ex französisches Frachtschiff *Guyane*

Bank, Nordhinder Feuerschiff die Sperren SW 11, 10, 9, 8, 7 und 6 auszulegen. Minenträger bei der Unternehmung 1 sind die Minenschiffe *Ulm, Kaiser* und *Brummer,* und zwar für die Sperren SW 11, SW 10 und SW 9. Die Führung hat der F. d. Minsch. auf der *Ulm.* Bei der Unternehmung 2 sind von den Minenschiffen *Kaiser* und *Ulm* die Sperren SW 8 und 7 zu werfen, bei der Unternehmung 3 von den gleichen Schiffen die Sperre SW 6. Die Führung bei den Unternehmungen 2 und 3 hat der Kommandant der *Kaiser,* Korvettenkapitän d. R. H. Bohm.

Für die Unternehmung 1 hat die Beladung in Wilhelmshaven stattgefunden. Die *Ulm* hat 280 EMC, die *Kaiser* 160 EMC, die *Brummer* 120 EMC und 100 Reißbojen übernommen. Die zum Wurfverband gehörenden Minensuchboote *M 102* und *M 82* tragen je 200 Sprengbojen.

Am 13. VII. 1942 läuft das Unternehmen an. Die Schiffe gehen 03.00 auf Wilhelmshaven-Reede zum Werfen der Sperren SW 11, 10 und 9 ankerauf. Die Wetterlage erscheint auf der Jade mit Wind aus WNW in Stärke 5, Seegang in Stärke 3, bedecktem Himmel nicht gerade günstig. Im Wurfgebiet soll es nach der Wettervoraussage aber ruhiger sein.

Der Verband marschiert zunächst in Kiellinie hinter dem Sperrbrecher *Sp 173* ex *Baden,* der durch *Flakjäger 22* gesichert ist. Zwölf Räumboote der 8. R.-Flottille folgen den Minenschiffen angehängt. Bei der Tonne A vor der Jade wird das Minengeleit 06.45 durch den Sperrbrecher *Sp 169* ex *Ceres* verstärkt, der durch *Flakjäger 23* gesichert wird. Als Marschformation wird jetzt die Doppelkiellinie eingenommen. Der Weg Braun wird als Vormarschweg benutzt. Die hierbei von den Sperrbrechern erzielten Räumerfolge sind höchst beachtlich, sie beleuchten aber zugleich die Schwierigkeiten, die beim Befahren des Küstenvorfeldes im Laufe der Zeit entstanden sind und natürlich auch weiter anhalten werden:

10.25 detoniert die 1. Grundmine vor dem Sperrbrecher *Sp 169* ex *Ceres* auf 53° 58,0′ N, 7° 2,0′ O,

11.30 meldet der Sperrbrecher *Sp 173* ex *Baden,* sein Gerät setze ab und zu aus. Es sei nicht mehr 100 Prozent sicher. Darauf läßt der F. d. Minsch. den Sperrbrecher *Sp 138* ex *Flamingo,* der auf Befehl des BSN Weg Braun allein abläuft und etwa 10 sm vor dem Verband steht, kehrtmachen und sich vor den Sperrbrecher *Sp 173* ex *Baden* setzen,

12.03 erfolgt eine 2. Detonation vor dem Sperrbrecher *Sp 173* ex *Baden* auf 53° 52,0′ N, 6° 40,5′ O,

12.29 ist der Sperrbrecher *Sp 138* ex *Flamingo* mit *M 1306* zur Stelle und nimmt seine Position vor dem Sperrbrecher *Sp 173* ex *Baden* ein,

13.00 räumt der Sperrbrecher *Sp 138* ex *Flamingo* die 3. Mine auf 53° 48,2′ N, 6° 28,5′ O,

13.01 geht beim Sperrbrecher *Sp 169* ex *Ceres* die 4. Mine hoch auf 53° 49,0′ N, 6° 27,1′ O,

16.27 die 5. Räumung vor dem Sperrbrecher *Sp 138* ex *Flamingo* auf 53° 38,7′ N, 5° 36,6′ O,

18.10 6. Minenerfolg vor dem Sperrbrecher *Sp 138* ex *Flamingo* auf 53° 38,6′ N, 5° 14,0′ O,

18.18 eine 7. Minendetonation vor dem Sperrbrecher *Sp 169* ex *Ceres* auf 53° 39,5′ N, 5° 10,6′ O,

21.32 wird die 8. Mine durch den Sperrbrecher *Sp 169* ex *Ceres* geräumt auf 53° 31,0′ N, 4° 31,0′ O,

19.25 hatte der Sperrbrecher *Sp 173* ex *Baden* sein Gerät wieder klar gemeldet. Daraufhin wurde der Sperrbrecher *Sp 138* ex *Flamingo* mit *M 1306* entlassen. Um 21.23 wurden auch die Sperrbrecher *Sp 173* ex *Baden* und *Sp 169* ex *Ceres* entlassen. Während des Abdrehens hatte der Sperrbrecher *Sp 169* ex *Ceres* den schon angegebenen 8. Minenräumerfolg auf dieser Strecke. An Stelle der Sperrbrecher übernehmen sechs Räumboote mit ORG die Minensicherung vor dem Verband. Während des Marsches schießt *M 1306* noch zwei treibende Minen ab.

Die Räumerfolge der Sperrbrecher zeigen sich fast immer in der Nähe der Haupttonnen. Es hat den Anschein, als ob die Minen quer zum Fahrwasser geworfen wurden, um mit wenigen Minen eine größere Breite zu verseuchen.

Ab 12.48 gibt es Jagdschutz beim Verband durch zwei Me 109, die später durch zwei Me 110 abgelöst werden. 19.55 übernehmen vier F.W.-Jäger den Jagdschutz, die 21.15 entlassen werden. Von 19.01 bis 19.54 ist Fliegeralarm in den Gebieten N 1 und N 2.

Unter diesen schwierigen Verhältnissen auf dem Anmarschweg wird schließlich das Sperrfeld erreicht, wo der Verband Wurfformation einnimmt. Die Wetterlage hat sich inzwischen gebessert. Der Wind weht in Stärke 2 aus SW. Die See läuft in Stärken 3 bis 4. Es steht eine leichte nordwestliche Dünung. Die Sicht ist bei dem Schauerwetter nur mäßig zu nennen.

Noch am 13. VII. 1942 wird zunächst von 22.48 bis 23.21 durch die *Ulm* und die *Brummer* auf Wurfkurs 233° die Sperre SW 11 mit je 60 EMC geworfen.

Die Minensuchboote legen dazu je 120 Sprengbojen.

Die Sperre liegt von

53° 26,0′ N, 4° 5,7′ O nach 53° 22,0′ N, 3° 57,1′ O.

Es folgt die Sperre SW 10 vom 13. zum 14. VII. 1942 von 23.42 bis 00.40 um Mitternacht. Die *Ulm* wirft 107 EMC, die *Brummer* 60 EMC und die *Kaiser* 47 EMC auf Wurfkurs 213° von

53° 20,0′ N, 3° 49,4′ O nach 53° 9,8′ N, 3° 38,5′ O.

Die Sperrlegung SW 9 geht am 14. VII. 1942 von 01.00 bis 02.02 vor sich. Die *Ulm* wirft 113 EMC, die *Kaiser* 115 EMC, die *Brummer* 100 Reißbojen auf Wurfkurs 193° von

53° 8,6′ N, 3° 33,0′ O nach

52° 56,2′ N, 3° 28,8′ O.

Die Minensuchboote *M 82* und *M 102* haben bei dieser Sperrlegung die restlichen Sprengbojen geworfen. Nach dem Minenlegen marschiert der Verband in Kiellinie mit vorgesetzten Räumbooten auf dem Punktweg unter der holländischen Küste nach Rotterdam. Wider Erwarten sind die drei Sperrstücke ohne Berührung mit feindlichen See- und Luftstreitkräften planmäßig ausgelegt worden. Die *Kaiser* und die *Ulm* beladen in Rotterdam für die nächsten Minenaufgaben, während die *Brummer* zur großen Werftliegezeit in die Drodockwerft, Rotterdam, einläuft. Der F. d. Minsch. begibt sich nach Vlissingen und Le Havre zur Besichtigung der dort noch in Ausrüstung bzw. Umbau befindlichen Minenschiffe *Elsaß* und *Lothringen.*

5.3.218 Die Nordsee-Sperren KOBOLD und SATAN

An den Sperrunternehmungen KOBOLD und SATAN, die in der Nordsee vorgesehen sind, ist wieder die *Ulm* beteiligt. Die Führung hat das Minenschiff *Kaiser,* Näheres dort. Siehe Seite 153.
Nach dem Auslegen der Sperre SW 6 war der aus den Minenschiffen *Kaiser* und *Ulm* bestehende Wurfverband nach Rotterdam zurückmarschiert. Die Schiffe sollten jedoch nicht im Westraum bleiben. Sie schließen sich befehlsgemäß am 22. VII. 1942 bei Hoek van Holland einem Ostgeleit an. Das Minenschiff *Ulm* erreicht am 23. VII. 1942 Wesermünde und ist dort wegen Bruchs des Ankerspills bis 11. VIII. 1942 AKB. Am 12. VIII. 1942 liegt die Einheit in Kiel. Hier erhält der Kommandant von der Gruppe Nord erstmals Kenntnis von einer Sonderaufgabe, die der *Ulm* im hohen Norden in einem weit abgesetzten Seeraum zugedacht ist.

5.3.219 Das Unternehmen »Zar« und der Verlust der »Ulm«

Nordwestlich der Insel Nowaja Semlja sollen 20 Sperrstücke ausgelegt werden, um den dort laufenden Schiffsverkehr zu schädigen. Als Minenträger ist das Minenschiff *Ulm* ausersehen, dessen große Ladefähigkeit sich in der zweiten Junihälfte bei einem Transport von 600 UMA nach Finnland erwiesen hat. Nach Unterrichtung des Kommandanten, Kapitänleutnant d. R. z. V. E. Biet, durch die Gruppe Nord in Kiel nimmt das Schiff in Swinemünde 450 Minen an Bord, und zwar 100 EMC, 200 EMF, 120 TMB und 30 TMC. Es läuft dann aus und ist vom 15. bis 22. VIII. 1942 nach seinem Absprunghafen Narvik unterwegs. Hier wird es am 23. VIII. 1942 vom stellvertretenden Admiral Nordmeer, Konteradmiral A. Thiele, besichtigt. Dabei wird dem Kommandanten der Operationsbefehl für das Unternehmen „Zar" übergeben.
Nach diesem Befehl ist das Auslaufen der *Ulm* auf den Schärenwegen Rot und Schwarz so durchzuführen, daß der Punkt Schwarz 10 am Auslauftage um 23.00 erreicht wird. Drei Zerstörer der 5. Z.-Flottille hängen sich ab Tromsö an die von Narvik kommende *Ulm* unauffällig an. Ab Lopphavet, beim Austreten aus dem Schärenfahrwasser in den freien Seeraum, übernehmen sie das Geleit.
Ab Punkt Schwarz 10 führt der Marschweg nach Qu. 6922 AB (etwa 140 sm NNW Lopphavet), von hier über 78° N, 40° O zum Wendepunkt „a" auf 78° N, 62° O. Die Zerstörer der 5. Z.-Flottille sichern die *Ulm* auf dem Vormarschweg bis 75° 20′ N, 21° 15′ O, kehren dann auf Zwangsweg durch Lopphavet und auf Weg Rot nach Tromsö zurück. Ab Punkt Schwarz 10 ist in einem 100 sm breiten Streifen beiderseits des Marschweges Luftaufklärung angefordert worden. Als Begrenzung der Aufklärung gilt die Küste bzw. die Eisgrenze. Jäger werden als Jagdschutz in Bereitschaft gehalten. Zwei U-Boote befinden sich zur Aufklärung und als FT-Wiederholer im Operationsgebiet, da die Sendeeinrichtung der *Ulm* als zu schwach angesehen wird, um bei der großen Entfernung des Operationsgebietes bis zu den Landfunkstellen durchzudringen.
An eigenen Streitkräften operiert seit dem 19. VIII. 1942 der Schwere Kreuzer *Admiral Scheer* im Nordostteil der Kara-See gegen den feindlichen Schiffsverkehr. Das Schiff hat bisher keine Feindberührung gehabt. Einem feindlichen Dampfer, dem der Schwere Kreuzer am 18. VIII. 1942 um 01.30 im Qu. 2235 AC (etwa 240 sm ostwärts Südspitze Spitzbergen) begegnete, ist man, wahrscheinlich unerkannt, ausgewichen. Während der Durchführung der Unternehmung, so heißt es weiter in den Weisungen an die *Ulm,* muß mit feindlichen Geleitzügen zwischen Island und Archangelsk bzw. Murmansk gerechnet werden, desgleichen mit gesicherten Geleitzügen entlang der Westküste und um die Nordspitze der Insel Nowaja Semlja.
Es besteht aber auch die Möglichkeit, auf schnell fahrende Einzelfahrer zu stoßen. Solche sind in letzter Zeit in zwei Fällen festgestellt worden.
Eine Begegnung mit dem Feind ist zu vermeiden. Um den Gegner zu täuschen, sollen fremde Handelsflaggen gesetzt werden. Auch andere Möglichkeiten sind auszunutzen. Kampfhandlungen dürfen nur durchgeführt werden, wenn ihnen nicht auszuweichen ist, dann aber unter vollem Einsatz. Beim Überfliegen durch Feindflugzeuge ist die Tarnung aufrechtzuerhalten. Das Feuer darf im allgemeinen erst dann eröffnet werden, wenn das Flugzeug zum Angriff ansetzt. Bei bedrohlicher Feindlage kann ein Absetzen in Nebelgebiete an der Eisgrenze von Vorteil sein.
Die *Ulm* läuft am 24. VIII. 1942 in Narvik zur Durch-

Skizze 48: Unternehmen „Zar“

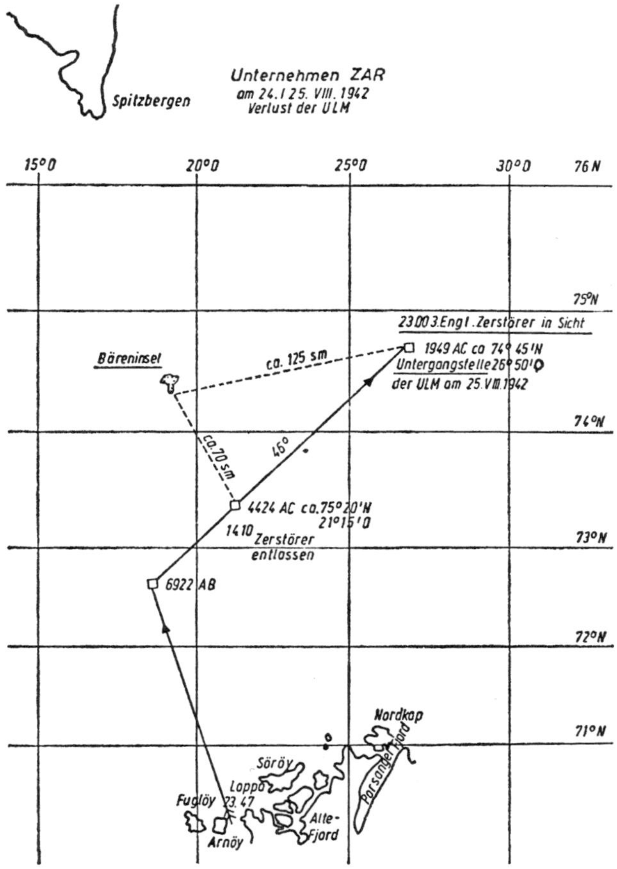

führung der Aufgabe „Zar“ ein. Die Zerstörer *Erich Steinbrinck, Friedrich Ihn* und *Richard Beitzen* von der 5. Z.-Flottille begleiten das Schiff wie vorgesehen bis zum Qu. 4424 AC, etwa 190 sm nördlich Lopphavet. Siehe Skizze 48.

Es ist der 25. VIII. 1942, 14.10, als die Zerstörer entlassen werden. Die *Ulm* setzt ihren Marsch nach dem befohlenen Ansteuerungspunkt 78° N, 40° O auf dem bisherigen Kurs von 46° und 16 kn Marschfahrt fort. Von hier ab wird von dem Schiff über eine Woche lang nichts gehört und nichts gesehen. Die Luftaufklärung stellt am 26. VIII. 1942 vormittags und nachmittags zwei Feindgruppen im Raum zwischen Bäreninsel und Spitzbergen fest. Die eine Gruppe besteht aus einem Kreuzer und zwei Zerstörern; die südlich davon stehende Gruppe aus drei Zerstörern. Beide Gruppen haben westlichen Kurs. Es kann sich um eine Zurückverlegung von Rußland nach England handeln, da nach B-Dienstermittlungen zur Zeit kein Geleitzug läuft. Koppelt man die von der Luftaufklärung gemeldeten beiden Feindgruppen zurück, so können sie die *Ulm* durchaus auf dem Wege zum Ansteuerungspunkt 78° N, 40° O getroffen haben. In diesem Falle, so vermutet der Admiral Nordmeer bei der Auswertung des Ergebnisses der Luftaufklärung, wird die *Ulm* schwerlich in der Lage gewesen sein, mehr als eine Notmeldung abzusetzen.

Die geringe Reichweite der Funkeinrichtung auf der *Ulm* war dem Admiral Nordmeer bekannt. Er sollte sie nach einer Weisung der Gruppe Nord überprüfen und verbessern. Hierzu fehlte es aber an der Zeit und den erforderlichen Materialien. Vielleicht wäre es möglich gewesen, so möchte man nachträglich meinen, das Schiff in der mehrwöchigen vorangegangenen Liegezeit mit einer dem geplanten Einsatz entsprechenden Funkanlage auszurüsten, denn eine Funkverbindung über die als FT-Wiederholer bezeichneten beiden U-Boote war nur ein unzureichender Notbehelf. Möglicherweise haben die U-Boote einen von der *Ulm* abgegebenen Funkspruch auch gar nicht gehört.

Durch die fehlende Funkverbindung mit der *Ulm* entsteht eine starke Unsicherheit bei der Führung. Am 26., 27., 28. und am 30. VIII. 1942 sowie am 1. IX. 1942 wird vom Admiral Nordmeer vergeblich versucht, mit der *Ulm* in Funkkontakt zu kommen.

Die *Ulm* antwortet nicht.

Am 3. IX. 1942 erreicht den Admiral Nordmeer eine Meldung des Hafenkommandanten Vardö. Die 13.10 eingegangene Meldung besagt, daß in der Nacht vom 2. zum 3. IX. 1942 an der Küste ein Rettungsboot der *Ulm* mit vier überlebenden Besatzungsmitgliedern des Minenschiffes angetrieben ist. Das Boot hat eine achttägige Fahrt hinter sich, auf der es 300 sm zurückgelegt hat. Außer den vier Überlebenden, dem Obersteuermann Bohn, dem Maschinenmaaten Pallas, dem Matrosengefreiten Schmitz und dem Maschinengefreiten Hofmann, sind noch 20 Tote an Bord. Von den Überlebenden, die schwere Erfrierungen davongetragen haben, stirbt der Maschinengefreite Hofmann am nächsten Tage. Die anderen Überlebenden berichten über den Untergang der *Ulm*.

Nach der Meldung des zum Leutnant zur See beförderten Obersteuermannes Bohn und nach dem Bericht des vom Gegner geretteten, später aus der Kriegsgefangenschaft entlassenen Kommandanten der *Ulm*, Korvettenkapitän d. R. z. V. E. Biet, ist es auf der Ulm am 25. VIII. 1942 gegen 23.00 im Qu. 1949 AC, etwa auf 74° 45′ N, 26° 50′ O, zur Feindbegegnung wie folgt gekommen:

1 Dez Backbord voraus wird ein englischer Zerstörer gesichtet, kurz darauf kommen zwei weitere Zerstörer in Sicht. Die feindlichen Einheiten befinden sich auf Gegenkurs. Es herrscht Windstärke 4, die See hat die Stärke 3. Es läuft eine lange, mittelhohe Dünung aus NW. Die Sicht ist über 30 sm. Der Himmel ist wolkenlos, und auf Grund der hohen nördlichen Breite ist es um diese Jahreszeit fast taghell. Auf der *Ulm* wird

beim Sichten des ersten Zerstörers sofort Alarm gegeben, die Kriegsflagge niedergeholt und zur Täuschung vorübergehend die Flagge von Panama gesetzt. Ohne den üblichen vorherigen Anruf oder ohne ein Stoppsignal eröffnen die Zerstörer auf etwa 6 200 m sofort das Feuer. Die ersten Einschläge liegen weit daneben. Der Kommandant der *Ulm* dreht nach Steuerbord. Er läßt die Panamaflagge niederholen und die Kriegsflagge setzen. Dann gibt er Feuererlaubnis. Mit dem einzigen 10,5-cm-Geschütz werden etwa 15 Schuß abgegeben. Die Zerstörer laufen nun fächerförmig auf die *Ulm* zu. Das Schiff wird bald von drei Seiten aus 12,7-cm-Kanonen beschossen.
Die 10,5-cm der *Ulm* erhält auf 4 600 m Gefechtsabstand einen Volltreffer und fällt aus.
Das Vorschiff gerät in Brand. Die *Ulm* ist kampfunfähig geworden.
Bei der Feuereröffnung war ein KR-Funkspruch von der *Ulm* abgesetzt worden:

„werde in qu. 1949 ac von feindlichen zerstörern gejagt."

Dieser Funkspruch wird jetzt wiederholt. Er bleibt ohne Bestätigung, wie es auch bei dem ersten Funkspruch der Fall gewesen ist. In dieser Lage entschließt sich der Kommandant, das Schiff zu versenken. Alle Befehle dazu werden sicher ausgeführt. Die Geheimsachen werden von Bord gegeben, die Nebelanlage wird angestellt, und die Sprengkörper werden angeschlagen. Auf den Befehl „Antreten nach der Bergerolle" folgt das „Alle Mann aus dem Schiff".
Während die Boote und Flöße ausgesetzt werden, feuert der Feind auf 4000 m unentwegt weiter. Das Schiff erhält einen zweiten und dritten Treffer achtern und auf das Backbordbootsdeck. Hier ist man gerade mit dem Aussetzen des Backbordkutters beschäftigt. Es treten erhebliche Verluste ein. Das vollbesetzte Boot rauscht aus und treibt kieloben. Schließlich erhält das Schiff einen Torpedotreffer ins Vorschiff, das abgeschlagen wird. Wenige Augenblicke später sinkt die *Ulm*. Mit einem schwerverletzten FT-Gast an Oberdeck kommt dabei achtern ein Floß ins Rutschen, reißt den dort stehenden Kommandanten um und mit sich in die Tiefe.
Der Feind stellt schlagartig sein Feuer ein.
Das Floß mit dem verwundeten Funker und dem Kommandanten an Bord kommt nach oben und treibt im Wasser. Nach einer halben Stunde etwa werden die beiden Überlebenden vom britischen Zerstörer *Onslaught* an Bord genommen, nachdem andere Überlebende von den britischen Zerstörern geborgen wurden.
Insgesamt haben die Briten 59 Gefangene gemacht. 24 werden als gefallen gemeldet, 96 gelten als vermißt.
Obersteuermann Bohn hat nach der Vernichtung aller Geheimsachen das Schiff am Manntau verlassen. Die Engländer beschießen zu dieser Zeit das Schiff noch mit allen Waffen. Nach kurzem Schwimmen erreicht Bohn den Steuerbordkutter, dessen Führung er sofort übernimmt. Er steuert zuerst in die vom Schiff abgeblasene Nebelwand. Als sich diese nach etwa 30 Minuten verzieht, ist von der *Ulm* nichts mehr zu sehen. Kurz darauf läuft ein englischer Zerstörer in der Nähe vorbei. Vermutlich bildet er die U-Boot-Sicherung für die beiden anderen Zerstörer, die gestoppt haben und anscheinend Schiffbrüchige der *Ulm* bergen.
Bohn hat dem Zerstörer absichtlich keine Zeichen geben lassen und sich nicht bemerkbar gemacht. Seine Absicht war, sich nicht gefangenzugeben, sondern zu versuchen, mit dem Kutter unter allen Umständen die norwegische Küste zu erreichen. Der Kutter hat nach etwa fünf Tagen bei Tana-Horn die Küste auf ungefähr 20 sm Abstand in Sicht bekommen, aber die Besatzung hatte nicht mehr die Kraft, gegen Wind und Strom anzupullen, um die Küste schneller zu erreichen. Die abgegebenen Sternsignale und Fackelfeuer wurden tragischerweise an Land nicht bemerkt. Am 9. Tage wurde der nach Osten treibende Kutter von Vardö aus gesehen, aber als norwegischer Fischkutter angesprochen, der noch dazu das Übungsschießen der Artillerie störte. In der folgenden Nacht sprang der Wind um und trieb das Boot bei Vardö an Land.
Zu spät für zwanzig, die während der Fahrt den Strapazen erlagen, zugleich aber ein Zeichen soldatischer Pflichterfüllung und seemännischer Energie für die wenigen Überlebenden.

5.3.3 **Das Minenschiff »Brummer«**

Zum Mineneinsatz im Nordraum hat das Minenschiff *Brummer* am 20. I. 1942 auf Tromsö-Reede geankert. Das Schiff hatte in Frederikshavn 200 EMC mit 200 m AT übergenommen, eine Ankertaulänge, die sich bei den großen Wassertiefen als nicht ausreichend erweist.
Erst am 29. I. 1942 kommt es zum Minenaustausch. Die *Brummer* gibt 70 EMC von Bord und erhält dafür die gleiche Menge mit 350 m AT, die für eine Sperre im Raum Kirkenes vorgesehen ist. Das Schiff benötigt für die Verlegung von Tromsö nach Kirkenes die Zeit vom 31. I. bis 9. II. 1942. Infolge der auf dem Marsch eingetretenen Schlechtwetterlage liegt die *Brummer* vom 3. bis 9. II. 1942 erst auf Vardö-Reede, dann im Hafen von Vardö fest, danach auf Kirkenes-Reede vor Anker.

5.3.31 **Minensperre im Boekfjord**

Die Aufgabe, eine Minensperre im Boekfjord zu werfen, wird am 10. II. 1942 beim Admiral Nordmeer besprochen. Danach hat die *Brummer* quer über den

Fjord vier einreihige Sperrstücke mit zusammen 70 EMC auszulegen. An der Westseite des Fjordes ist eine Sperrlücke von 300 m Breite zu lassen, an der Ostseite sind die Minen bis dicht unter Land zu legen. Zur Erleichterung für das Minenschiff sind die Kursänderungspunkte auf der Westseite, auf der die Sperrlücke bleiben soll, mit Bojen bezeichnet.
Siehe nachstehende Skizze 49.

Skizze 49: Sperre im Boekfjord

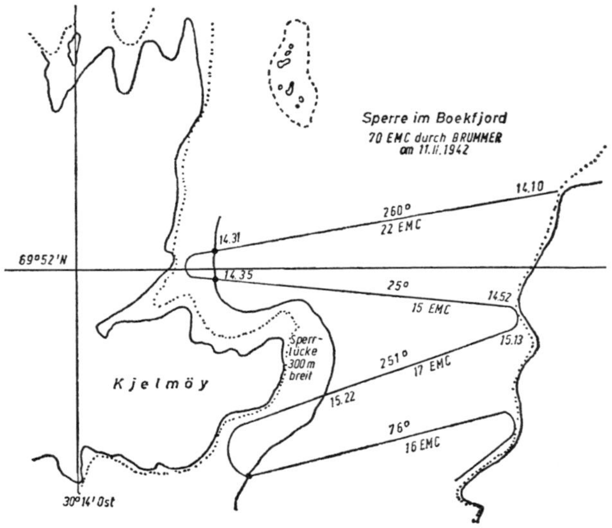

Die *Brummer* geht am 11. II. 1942, 12.15, für die Sperrlegung ankerauf. Die Wetterlage ist für eine Minenoperation in einem derart (verhältnismäßig) engen Gewässer nicht gerade günstig zu nennen. Der Wind kommt aus SW, er weht in Stärken 4 bis 5. Und da es schneit, ist die Sicht auf 1 bis 2 sm begrenzt. Ab 13.30 frischt der SW-Wind sogar noch auf. Er weht jetzt in Stärken 5 bis 7, so daß ernste Überlegungen angestellt werden, ob eine Sperrlegung überhaupt noch zu verantworten ist. Als man dennoch beginnt, die Sperre mit Rücksicht auf die befohlene Dringlichkeit zu legen, kommt es zu den ersten Schwierigkeiten dergestalt, daß die ausgelegten Markierungsbojen vertrieben waren. Da aber für ein genaues Navigieren eine Landpeilmöglichkeit gegeben ist, hat das Schiff die Minensperre auch ohne die Kennzeichnung der Wendepunkte gelegt. Allerdings kann in dem engen Gewässer keine höhere Fahrt gelaufen werden, was die Sperrlegung verzögert und damit das allgemeine Risiko verlängert, liegt doch, wie man erkennen muß, die Durchführung der Aufgabe an der Grenze des Möglichen. Dennoch gelingt es der *Brummer,* die Sperre an der Ostseite des Fjordes bis auf eine Entfernung von nur 40 m an die Fahrwasserkante heranzulegen. Der Admiral Norwegen anerkennt die Leistung der *Brummer,* indem er sie im KTB des Minenschiffes lobend erwähnt: „Die Sperrung des Boekfjordes wurde geschickt durchgeführt."

5.3.32 **Russisches U-Boot versenkt**

Das Minenschiff *Brummer* hat nach der Sperrlegung im Boekfjord wieder auf Kirkenes-Reede geankert. Am 18. II. 1942 tritt das Schiff um 06.10 den Rückmarsch nach Tromsö-Reede im Geleit von *M 1503* und Vorpostenboot *Nordlicht* an. Im Qu. 7373 AC gibt es westlich von Nordkyn durch *M 1503* von 21.42 bis 21.49 U-Boot-Alarm. Es ist dunkle Nacht. Und da es regnet und der Himmel bedeckt ist, beträgt die Sicht nur 4 sm. Der Wind kommt aus NW in Stärken 5 bis 6.
Um 23.20 ist erneut U-Boot-Alarm. Gleichzeitig wird von der *Brummer* wie auch von *M 1503* auf 300 bis 400 m recht voraus ein aufgetauchtes U-Boot im Qu. 7374 AC (ostwärts Honningsvag) entdeckt. Beide Kommandanten fassen – jeder für sich – sofort den Entschluß, das U-Boot zu rammen. Die *Brummer,* die an sich günstiger steht als *M 1503,* verfehlt zwar das U-Boot, das Fahrt aufgenommen hat, beschießt es aber, wie auch durch *M 1503* einwandfrei beobachtet wird, mit guter Wirkung aus nächster Entfernung. *M 1503,* Kommandant Oberleutnant z. S. d. R. Dr. U. Abel, setzt nun hinter dem Heck der *Brummer* durch und bekommt das U-Boot durch das gut liegende Feuer des Minenschiffes sofort wieder in Sicht. Zielbewußt setzt das Minensuchboot zum Rammstoß an, trifft und verursacht am Bootskörper des U-Bootes einen Riß von 1 m Höhe und 50 cm Breite. Kurz vor dem Rammstoß hatte die *Brummer* das Feuer eingestellt, so daß der Stoß ungefährdet durch eigenes Feuer möglich war.
Während die Maschine von *M 1503* noch mit äußerster Kraft weiterläuft, wird der Turm des U-Bootes an die Back des Minensuchbootes gepreßt. Der Kommandant des U-Bootes wird gepackt, an Bord von *M 1503* gezogen und gefangengenommen. Ein auf den Turm des U-Bootes gesprungener Minensuchmatrose berichtet später, als er auf *M 1503* zurückgeklettert ist, über Beschädigungen am Turm des U-Bootes, am Sehrohr und an den Armaturen, womit die Wirkung des Geschützfeuers der *Brummer* Bestätigung findet. Inzwischen legt sich das U-Boot, das die Bezeichnung *Schtsch* hat, immer mehr nach Steuerbord über und sinkt in wenigen Minuten.
Die Verletzung durch den Rammstoß von *M 1503* war tödlich. Zur Sicherheit wirft *M 1503* noch zwei Wasserbomben in die Sinkstelle. Die Gefangennahme des Kommandanten hat wertvolle Aufschlüsse über die russischen Streitkräfte im Nordraum erbracht.
„Der Kommandant von *M 1503* hat die ihm gegebene Möglichkeit zur Vernichtung eines feindlichen U-Boo-

tes entschlossen ausgenutzt. Die gesamte Besatzung hat sich dabei ausgezeichnet und tapfer benommen, mit der Gefangennahme des Kommandanten eine einmalige Leistung vollbracht und die lange gehegten Erwartungen der Marine an der Polarküste in bezug auf die Vernichtung von U-Booten erfüllt. Sie hat damit zur Sicherung und Entlastung des Schiffsverkehrs wesentlich beigetragen." Das sind die anerkennenden Worte des Admirals Polarküste, Vizeadmiral O. Schenk. Der Admiral sagt weiter: „Wenn somit *M 1503* der volle Erfolg beschieden gewesen ist, so hat dazu wesentlich das Verhalten vom Minenschiff *Brummer* beigetragen, das durch sein gut liegendes Feuer das U-Boot für *M 1503* sofort wieder sichtbar gemacht und eine Gegenwehr des U-Bootes verhindert hat. Hervorzuheben ist auch die Feuerdisziplin, die *M 1503* ein durch eigenes Artilleriefeuer ungefährdetes Rammen ermöglichte."
Auf dem Weitermarsch der *Brummer* nach Tromsö-Reede gibt es keine besonderen Vorkommnisse. Das Schiff ankert dort am 20. II. 1942, 16.15.

5.3.33 **Die Flankensperre 3 b**

Zum Schutze des Schärenweges sind zwei einreihige Sperrstücke zu werfen, die durch die Nordspitze der Insel Loppa voneinander getrennt sind. Im westlichen Sperrstück sind auf Sperrkurs 250° 30 EMC mit 200 m AT auszulegen, im östlichen Sperrstück 90 EMC mit 200 m AT auf Wurfkurs 65°.
Die Sperrlegung erfolgt durch die *Brummer* unter Sicherung von zwei U-Boot-Jägern am 23. II. 1942 von 12.33 bis 13.03 beim westlichen Teilstück und von 13.36 bis 14.05 beim östlichen Teilstück. Es verläuft alles glatt.
Die Sperrlage ist folgende:
30 EMC für das westliche Sperrstück von
70° 21,8′ N, 21° 23,7′ O nach
70° 21,5′ N, 21° 17,4′ O;

Skizze 50: Flankensperre 3 b

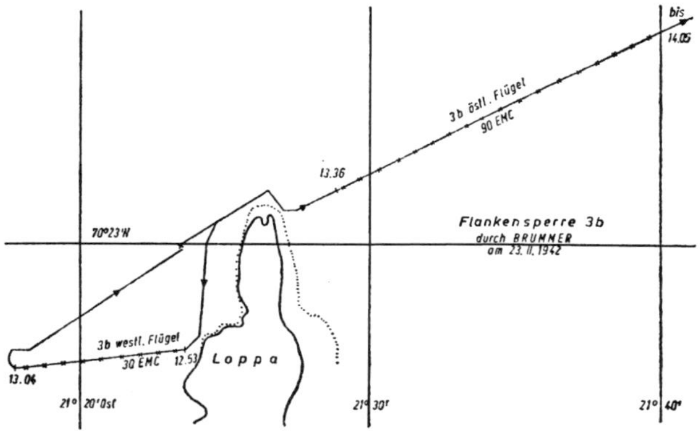

90 EMC für das östliche Sperrstück von
70° 23,6′ N, 21° 24,8′ O nach
70° 25,8′ N, 21° 42,2′ O.
Siehe Skizze 50.
Die *Brummer,* die morgens 05.47 ausgelaufen war, liegt abends um 20.30 wieder auf Tromsö-Reede.

5.3.34 **Minentransport für Kirkenes**

Am 1. III. 1942 hat die *Brummer* Minenübernahme auf Tromsö-Reede. Sie erhält vom Minenschiff *Cobra* 150 für Kirkenes bestimmte EMC. Das Schiff ist dazu vom 2. bis 9. III. 1942 für den Hin- und Rückmarsch unterwegs. Schlechtes Wetter verzögert den Rückmarsch. Sonst sind keine Ereignisse zu vermerken.

5.3.35 **Die Minensperre BANTOS A**

Für die Sperrlegung BANTOS A übernimmt die *Brummer* am 10. III. 1942 in Ramsund Minen aus dem Dampfer *Bochum.* Es handelt sich um 200 EMC mit 300 m und 350 m AT. Am 11. III. erfolgt die Ölergänzung aus dem Liegetanker *Pelagos* im Skjommenfjord, und abends liegt die *Brummer* wieder auf der Reede von Tromsö. Vom 12. bis 15. III. 1942 verlegt die *Brummer* mit dem F. d. Minsch. Nord an Bord im Verband mit der *Cobra* zum Werfen der Sperre BANTOS A von Tromsö nach Kirkenes. Hier hat das Schiff eine kleine Störung am Kreiselkompaß. Der F. d. Minsch. Nord steigt deshalb auf die *Cobra* um, die nunmehr bei der Unternehmung als Führerschiff fährt. Einzelheiten siehe bei der *Cobra* für den 20. und 21. III. 1942 (Seite 116/117).

5.3.36 **Zusammenfassende Übersicht für die »Brummer« wie auch für die »Cobra« und die »Ulm«**

Die Minenschiffgruppe Nord, bestehend aus den Minenschiffen *Ulm, Brummer* und *Cobra,* hat während der Dauer ihrer Anwesenheit im Bereich vom Admiral Nordküste folgende Aufgaben durchgeführt:

Minenschiff *Ulm*	Minen
Flankensperre 7 zwischen den Inseln Ingöy und Hjelmsöy:	110
Flankensperre 4 westlich Insel Söröy:	86
Flankensperre 2 und 3 a zwischen den Inseln Arnöy und Loppa:	232
UMB-Sperre Helnes und Nordkyn:	955
Porsangerfjord-Sperre: 80 Sprengbojen und	95
	1 478

	Minen
Minenschiff *Ulm* von S. 134	1 478
Minenschiff *Brummer*	
Marsch nach Kirkenes mit 200 Minen und	
Boekfjord-Sperre:	70
Flankensperre 3b westlich und östlich	
der Insel Loppa:	120
Sperre BANTOS A:	200
Transport von 150 EMC nach Kirkenes	
Minenschiff *Cobra*	
Sperren im Raum Harstad:	257
Flankensperre 1 zwischen den Inseln Fuglöy	
und Arnöy:	150
Flankensperre 5 zwischen den Inseln Söröy	
und Rolvsöy:	128
Flankensperre 8 zwischen den Inseln Hjelmsöy und Maasöy: Flankensperre 9 zwischen den Inseln Maasöy und Mageröy:	104
Sperre BANTOS A:	200
Transport von 90 EMC nach Kirkenes	
zusammen	2707

Beim Ausscheiden aus seinem Befehlsbereich Mitte April 1942 spricht der Admiral Polarküste, Vizeadmiral O. Schenk, für diese Leistungen seine volle Anerkennung mit folgenden Worten aus: „Kommandanten und Besatzungen der Minenschiffe haben sich unter der umsichtigen und tatkräftigen Führung des Kapitäns z. S. v. Schönermark bei der Durchführung der ihnen übertragenen Aufgaben, die großenteils unter erschwerten Bedingungen erfolgte, freudig eingesetzt und voll bewährt."

Die *Brummer* (mit dem F. d. Minsch. Nord an Bord) verlegt am 14. IV. 1942 südwärts in den Befehlsbereich des Admirals Nordküste. Das Schiff geht am 17. IV. 1942 auf der Reede von Drontheim vor Anker. Neue Aufgaben stehen bevor. Dazu übernimmt die Einheit an ihrem Ankerplatz 140 Sprengbojen und 52 UMB, ferner am 19. IV. 1942 58 UMB in Kristiansund-Nord, wohin das Schiff unter Führung des F. d. Minsch. Nord und im Verband mit der *Kaiser* verlegt hat.

5.3.37 **UMB-Sperre 2b**

Zum Schutze des Schärenweges und der Zufahrten nach Drontheim sind mehrere Sperren auszulegen. Dazu haben sich in Kristiansund-Nord, nach und nach einlaufend, die Minenschiffe *Ulm, Brummer, Kaiser* und *Roland* versammelt. Aufgabe der *Brummer* ist es, die UMB-Sperre 2b zu werfen. Ohne Störung und unter Sicherung von drei Minensuchbooten findet die Sperrlegung am 20. IV. 1942 von 06.50 bis 07.09 statt von

Skizze 51: UMB-Sperre 2b

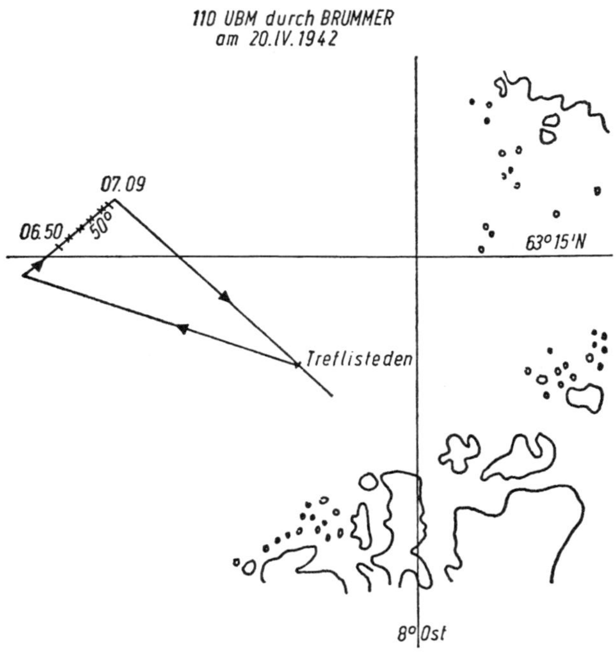

63° 15,2′ N, 7° 7,0′ O nach
63° 17,3′ N, 7° 12,5′ O. Siehe Skizze 51 oben.

Bei Wind aus West in Stärke 2, einer See in Stärke 1, bedecktem Himmel und durch Dunst behinderter Sicht fallen 110 UMB. Danach wird der Rückmarsch nach Kristiansund-Nord zur Aufnahme von Minenschiff *Roland* zum Auslegen der Hustadviken-Sperre angetreten.

5.3.38 **Die Hustadviken-Sperre**

Unter der Führung des F. d. Minsch. Nord sind als Hustadviken-Sperre zwei Sperrstücke mit je einer Minen- und einer Sprengbojenreihe zu werfen. Die *Brummer* mit dem F. d. Minsch. Nord an Bord wirft 140 Sprengbojen, *Roland* 150 EMC. Das Werfen geht bei ruhiger Wetterlage ohne Störung und unter Sicherung von drei Booten der 4. MS.-Flottille vor sich. Die Sperrstücke werden am 20. IV. 1942 von 10.24 bis 10.42 und von 10.52 bis 11.15 ausgelegt von

1. 63° 3,0′ N, 7° 6,9′ O nach
   63° 3,0′ N, 7° 0,2′ O,
   und zwar 65 EMC und 60 Spr.B. D;
2. 63° 2,5′ N, 6° 56,0′ O nach
   62° 59,8′ N, 6° 47,7′ O,
   und zwar 85 EMC und 80 Spr.B. D.

Siehe Skizze 52, Seite 136.

Die *Roland* wird nach der Sperrlegung zum BSO entlassen, und die *Brummer* marschiert nach Kristiansund-

Skizze 52:
Hustadviken-Sperre

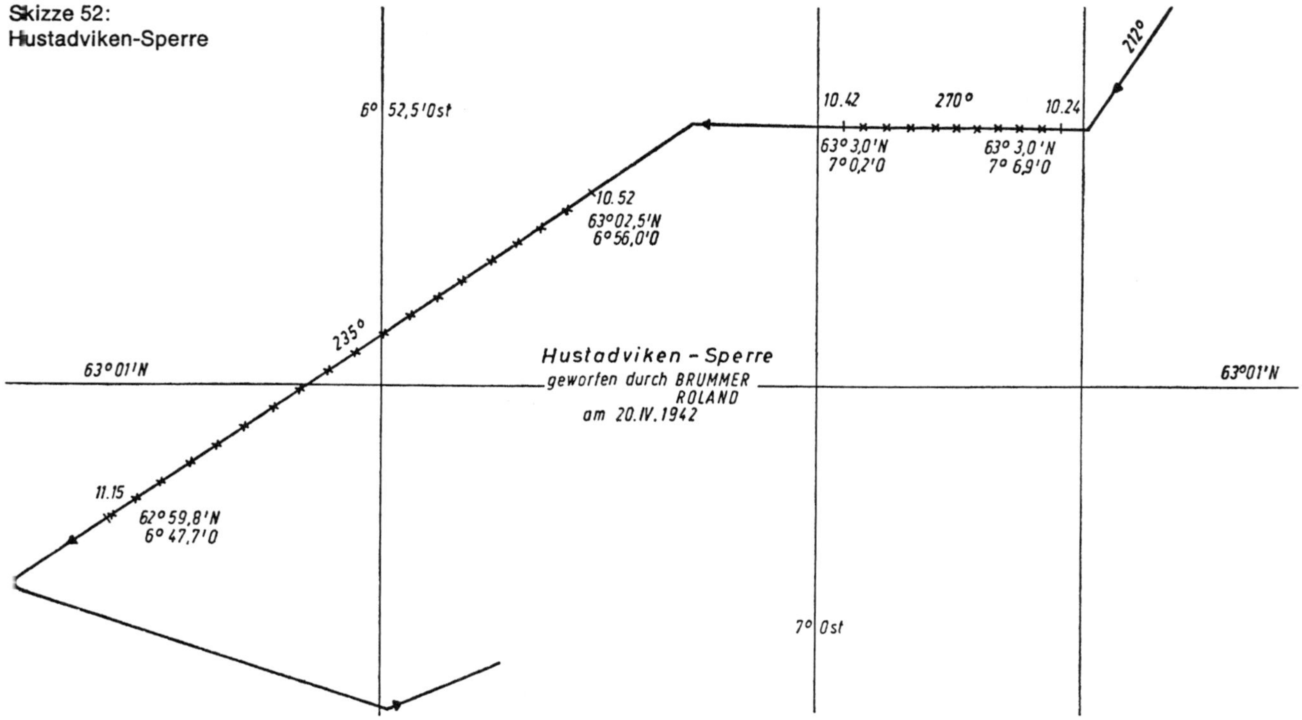

Nord zurück. Auf 63° 5,0′ N, 7° 30′ O versucht eine englische Hudson-Maschine zweimal anzugreifen. Sie wird durch Flakfeuer abgewehrt.

5.3.39 Flankensperre Follafjord A und B

Zum Schutze des Follafjordes sind als Flankensperre Follafjord A und B drei einreihige Sperrstücke mit zusammen 206 EMC mit 300 m AT und einer Tiefeneinstellung der Minen von −3 m auszulegen. Für die Sperrstücke A und B, die die *Brummer* werfen soll, hat der Admiral Nordküste folgende Lage befohlen:
Sperrstück A von
64° 28,0′ N, 10° 14,5′ O nach
64° 30,3′ N, 10° 16,9′ O mit 45 EMC;
Sperrstück B von
64° 32,0′ N, 10° 15,6′ O nach
64° 35,0′ N, 10° 20,2′ O mit 67 EMC.
Siehe Skizze 53.
Die *Brummer* hat für diese Aufgabe am 24. IV. 1942 von Kristiansund-Nord nach Drontheim-Reede verlegt und dort am 3. V. 1942 die benötigte Minenzahl an Bord genommen. Das Schiff läuft am 4. V. 1942 zur Durchführung der Minenlegung aus. Drei Minensuchboote geben das Minengeleit und bilden auch die Sicherung. Vom Feind ist letztmals am 27. IV. 1942 ein U-Boot zwischen Halten und Gjäslingene festgestellt worden. Weitere Nachrichten liegen nicht vor. Bei Wind aus NNW in Stärken 3 bis 4, bei heftigem Schneetreiben und einer Sicht von nur einer halben Seemeile werden die beiden Sperrstücke A und B von 21.07 bis 21.42 mit 112 EMC ausgelegt. Der Rück-

Skizze 53:
Flankenschutz
für den
Follafjord A und B

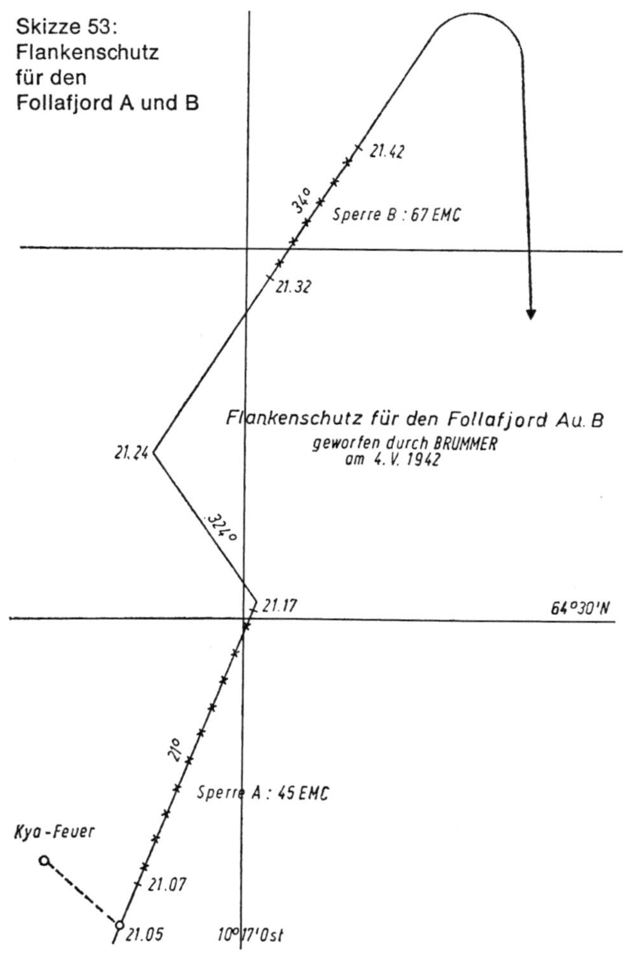

marsch geht nach Drontheim-Reede, wo am 15. V. 1942 die noch fehlenden EMC für das Sperrstück C der Flankensperre Follafjord an Bord genommen werden.

5.3.310 **Flankensperre Follafjord C**

Auch das Sperrstück C wird vom Minenschiff *Brummer* ohne irgendeine Störung gelegt. Das Schiff geht dazu am 16. V. 1942, 12.00, ankerauf und marschiert mit 2 Räumbooten als Sicherung von Drontheim-Reede zum Sperrgebiet. Von 18.15 bis 18.37 wird bei Wind aus NO in Stärken 4 bis 5, See in Stärke 3 und guter Sicht das Sperrstück C mit 94 EMC geworfen von
64° 40,3′ N, 10° 28,8′ O über
64° 39,0′ N, 10° 25,3′ O nach
64° 38,3′ N, 10° 23,0′ O.
Siehe Skizze 54.
Die *Brummer* ankert über Nacht in den Schären und liegt am 17. V. 1942 um 10.15 wieder auf Drontheim-Reede. Einen Tag später, am 18. V. 1942 vormittags, werden 135 UMB mit 300 m AT übernommen. Nachmittags weilt der Flottenchef, Admiral O. Schniewind, an Bord. Er besichtigt das Schiff und spricht der angetretenen Besatzung seine Anerkennung und seinen Dank für die geleisteten Dienste aus.

Skizze 54: Flankensperre Follafjord C

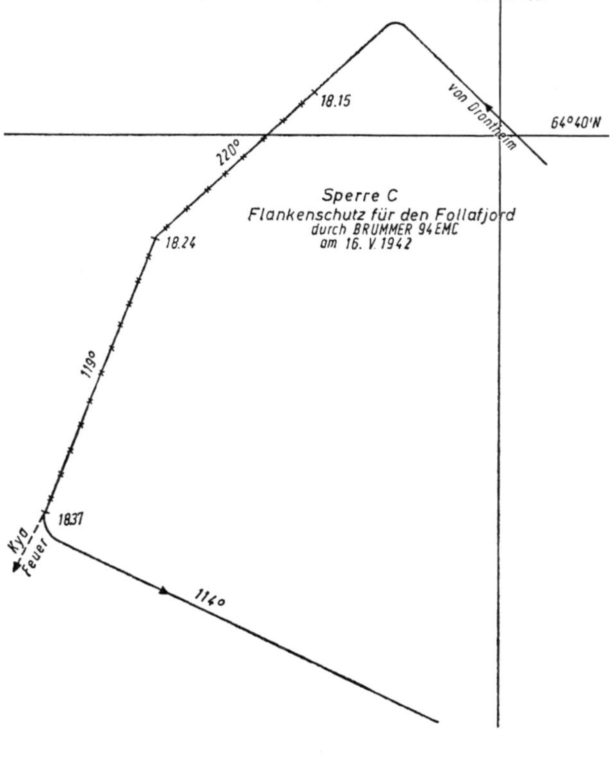

5.3.311 **Die Sperre IV im Syltefjord, 1. Teilstück**

Zum Schutze des Schiffahrtsweges nach Kirkenes sind im Anschluß an bereits ausliegende Sperren bei Helnes und Nordkyn zwei tiefstehende Flankensperren vor dem Tanafjord und dem Syltefjord zu werfen. Die Durchführung der Aufgabe wird den Minenschiffen *Brummer* und *Ulm* unter der Leitung des *Brummer*-Kommandanten, Korvettenkapitän Dr.-Ing. E. Tobias, übertragen. Die Sperren werden einzelschiffweise ausgelegt. Über die Aufgabe vor dem Tanafjord wurde bereits in Verbindung mit dem Minenschiff *Ulm* berichtet.
Beide Schiffe verlegen ihren Ankerplatz vom 19. bis 21. V. 1942 von Drontheim nach Tromsö-Reede und marschieren am 23. V. 1942 im Verband nach dem Lafjord weiter. Von hier erfolgt der Anmarsch zu den Sperrlegungen am 24. V. 1942. Als Nordkyn erreicht ist, trennen sich die Schiffe zur Durchführung der eigenen Aufgaben.
Unter Sicherung von drei Minensuchbooten wirft die *Brummer* vor dem Syltefjord das 1. Teilstück nach dem Sperrbefehl des Admirals Polarküste am 24. V. 1942 von 20.02 bis 20.17 bei WSW-Wind in Stärken 1 bis 2, einer Dünung in Stärke 2, einer Sicht von 10 sm bei bedecktem Himmel. Es werden 135 UMB mit einer Tiefeneinstellung von −12 m gelegt. Die Sperrlage reicht von
70° 43,1′ N, 30° 27,5′ O nach
70° 40,7′ N, 30° 36,0′ O. Siehe Skizze 55.

Skizze 55: Flankensperre IV im Syltefjord

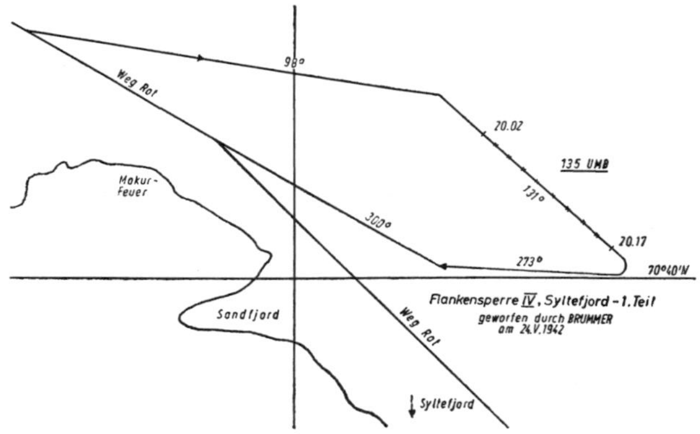

Nach dem Werfen treffen sich die *Brummer* und die *Ulm* bei Nordkyn wieder. Die Minensuchboote werden sofort entlassen, die U-Boot-Jäger, die das Minenschiff *Ulm* gesichert hatten, gehen ostwärts nach Honningsvaag. Beide Minenschiffe ankern am 25. V. 1942, 17.30, auf Tromsö-Reede. Am 27. 5. 1942 ist der Admiral Polarküste, Vizeadmiral O. Schenk, an Bord und spricht der Besatzung seinen Dank und seine Anerkennung aus für die Durchführung der gestellten Aufgaben.

5.3.312 Die U-Boot-Sperre Rotvaer

Um das Eindringen feindlicher U-Boote in den Ofotfjord zu verhindern und zum Schutze der Bogenbucht ist auf Befehl des Admirals Polarküste eine tiefstehende zweireihige U-Boot-Sperre von den Minenschiffen *Brummer* und *Ostmark,* Kommandant Korvettenkapitän d. R. K.-E. Barthel, zu werfen. Die Führung liegt beim Kommandanten der *Brummer,* Korvettenkapitän d. R. Dr.-Ing. E. Tobias. Als Sperrmittel sind in jeder Reihe 100 UMB mit K.A. und 300 m AT und einer Tiefeneinstellung von — 17 m zu werfen. Die *Brummer* erhält die Minen am 28. V. 1942 vom Minenschiff *Ostmark* auf Lödingen-Reede. Von hier aus erfolgt am 29. V. 1942, 12.02, der Anmarsch zum Wurffeld. Die Wurfformation wird gleich nach dem Auslaufen eingenommen und die Sperre von 12.45 bis 13.02 gelegt. Auf der *Brummer* werden 5 UMB nicht geworfen, als Wassertiefen von mehr als 300 m gelotet werden Die von der *Ostmark* in der gleichen Zeit nicht geworfenen Minen werden am Ende der Sperre zugesetzt. Es sind also auf der *Brummer* nur 95 Minen gefallen, auf der *Ostmark* 100. Das Überlaufen der Sperre durch zwei Minensuchboote ergibt keine Flachstände. Die Sperre liegt
Kurs der *Brummer* von
68° 22,00′ N, 15° 58,30′ O über
68° 21,25′ N, 15° 58,20′ O nach
68° 19,70′ N, 16° 02,40′ O;
Kurs der *Ostmark* von
68° 22,00′ N, 15° 57,65′ O über
68° 21,56′ N, 15° 57,60′ O nach
68° 19,50′ N, 16° 02,40′ O.
Siehe Skizze 56.
Nach der Sperrlegung läuft die *Brummer* in Narvik ein und liegt ab 31. V. 1942 in Tromsö-Hafen. Am 8. VI. 1942 werden auf Tromsö-Reede 235 UMB übernommen.

5.3.313 Die Sperre IV im Syltefjord, 2. Teilstück

Die vom Minenschiff *Brummer* auf Tromsö-Reede übernommenen 235 UMB haben eine Ankertaulänge von 200 m. Sie sind vor dem Syltefjord als 2. Teilstück der Sperre IV zu werfen. Das 1. Teilstück wurde von der *Brummer* am 24. V. 1942 ausgelegt. Der Anmarsch zum Wurfgebiet erfolgt ab Tromsö-Reede im Verband mit der *Ostmark* und der *Ulm* unter Führung des F. d. Minsch. auf der *Ostmark.* Nach Passieren von Nordkyn wird die *Brummer* am 9. VI. 1942, 15.06, aus dem Verband zur Durchführung der ihm gestellten Aufgabe vor dem Syltefjord entlassen. Drei Minensuchboote der 5. MS.-Flottille bilden das Geleit. Es herrscht OSO-Wind in Stärken 4 bis 6, eine See in Stärke 3 und eine Dünung in Stärke 5. Es ist bedeckt. Bei Schneeschauern wechselt die Sicht zwischen 2 bis 10 sm. Das 2. Teilstück der Syltesperre wird am 9. VI. 1942 von 20.09 bis 20.36 von
70° 39,8′ N, 30° 39,0′ O nach
70° 35,6′ N, 30° 54,8′ O
geworfen.
Nach dem Sperrewerfen marschiert die *Brummer* nach Vardö-Reede und schließt sich am 10. VI. 1942 dem F. d. Minsch.-Verband mit der *Ostmark* und der *Ulm* zum Rückmarsch nach Tromsö-Reede an, wo am 11. VI. 1942 um 15.00 geankert wird. Damit ist für das Minenschiff *Brummer* der Einsatz im Befehlsbereich vom Admiral Norwegen für längere Zeit beendet. Der Schwerpunkt der Sperrlegungen verlagert sich nach der Nordsee in den Befehlsbereich der Gruppe Nord. Dazu verlegt die *Brummer* im Verbande mit der *Ostmark* unter Führung des F. d. Minsch. am 12. VI. 1942 von Tromsö-Reede nach Stavanger, wo am 16. VI. 1942, 13.54, auf Reede geankert wird.

5.3.314 Nordsee-Sperren

An den folgenden fünf Sperrlegungen ist das Minenschiff *Brummer* im Verband mit anderen Minenschiffen beteiligt. Sie werden unter Führung des F. d. Minsch.,

Skizze 56: U-Boot-Sperre Rotvaer

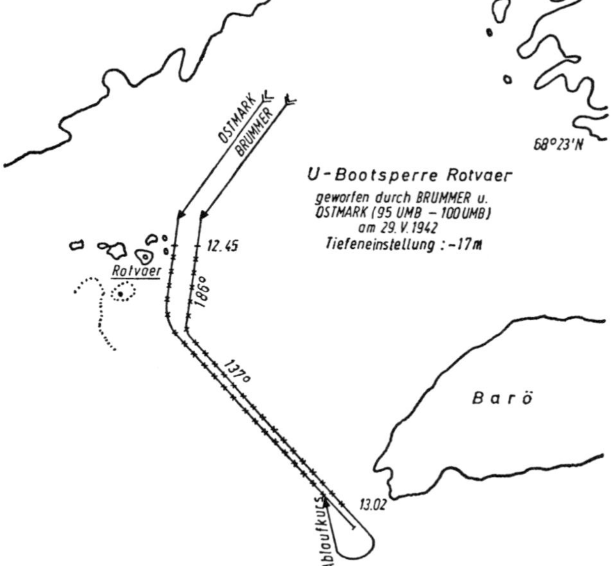

Kapitän z. S. H.-C. v. Schönermark, auf der *Ostmark* bei den ersten vier Unternehmungen und auf der *Ulm* bei der letzten Aufgabe durchgeführt. Über den Verlauf ist bei den jeweiligen Führerschiffen berichtet:

23. VI. 1942:	Sperre 21 a HERZOG siehe *Ostmark,* Seite 141
26. VI. 1942:	Sperre 19 a GRAF siehe *Ostmark,* Seite 142
27./28. VI. 1942:	Sperre 22 a GROSSFÜRST siehe *Ostmark,* Seite 142
1./2. VII. 1942:	Sperre 16 ERIKA siehe *Ostmark,* Seite 143
13./14. VII. 1942:	Sperren SW 11, 10, 9 siehe *Ulm,* Seite 128

5.3.315 **Werftliegezeit der »Brummer«**

Das Minenschiff *Brummer* hatte mit der *Ulm* am 13. und 14. VII. 1942 etwa 40 sm westlich Den Helder die Sperren SW 11, 10 und 9 geworfen und war danach in die Drogdockwerft, Rotterdam, zur großen Werftliegezeit eingelaufen. Ab 15. VII. 1942 ist das Schiff jetzt außer Kriegsbereitschaft. Nach dem Maschinentagebuch hat die *Brummer* im letzten halben Jahr 12132 sm zurückgelegt. Während dieser ganzen Zeit war der erste Landanschluß mit Dampf und Strom erst wieder in Kiel am 4. VII. 1942 möglich. Aus diesen Gründen ergibt sich die hohe Betriebsstundenzahl der Maschinenanlage und die dadurch bedingte werftseitig festgesetzte Instandsetzungsarbeit bis 11. IX. 1942. Infolge der Umarmierung auf 10,5-cm-Geschütze und auch wegen der Verstärkung der anderen Geschützarten an Bord dehnen sich die Werftarbeiten bis Mitte Oktober 1942 aus.

Für die Dauer der Werftliegezeit in Rotterdam ist die *Brummer* in die Abwehrvorbereitungen im Falle eines feindlichen Landeunternehmens eingegliedert. Eine Abwehrmannschaft in Kompaniestärke wird hierfür bereitgehalten. Bei dem Verlust der *Cobra* durch den erwähnten Bombenangriff auf die Wiltonwerft in Schiedam bei Rotterdam am 27. VII. 1942 stellt die *Brummer* ein Arbeitskommando zur Hilfeleistung. Am 31. VIII. 1942 ist Kommandantenwechsel. An diesem Tage übergibt Fregattenkapitän Dr.-Ing. E. Tobias das Kommando an Korvettenkapitän d. R. Dr.-Ing. K.-F. Brill, dem bisherigen Kommandanten der *Cobra.* Die Brummer verlegt am 12./13. X. 1942 von Rotterdam zu restlichen Werftarbeiten nach Wilhelmshaven. Nach Erledigung eines Ausbildungsabschnittes in der mittleren und östlichen Ostsee meldet das Schiff am 26. XI. 1942 in Stettin die volle Kriegsbereitschaft.

5.3.316 **Die Reißbojensperren Mastrafjord und Talgjefjord · Geleitaufgaben**

Ab 1. XII. 1942 steht das Minenschiff *Brummer* wieder dem Admiral Norwegen zur Verfügung. An diesem Tage tritt das Schiff von Stettin aus den Marsch nach Norden an. Unterwegs nimmt es in Swinemünde 110 EMF an Bord und am 7. XII. 1942 in Kristiansand-Süd 128 Reißbojen mit Hilfe des Ladebaumes von Dampfer *Glommen.* Wie bei der *Cobra* verfügt der Kommandant auch auf der *Brummer* über kein eigenes Ladegeschirr. Bei der kürzlichen Werftliegezeit wurden die geplanten Ladebäume aus Stabilitätsgründen nicht eingebaut. Das Kommando will neue Vorschläge vorbereiten.

Am 10. XII. 1942 begleitet die *Brummer* mit *K 1* den Schweren Kreuzer *Lützow* als zusätzliche Flaksicherung von Kristiansand-Süd bis Skudenäs und wird anschließend nach Stavanger entlassen. Hier wird der Kommandant durch den Seekommandanten über Sperrvorhaben des Admirals Westküste für den Mastra- und Talgjefjord unterrichtet. Es sollen von der *Brummer* zunächst nur die Reißbojenreihen geworfen werden. Dazu läuft das Schiff am 13. XII. 1942, 08.15, von Stavanger-Ulsnes bei SSO Wind 4, Seegang 0 und Regen aus. Von 10.08 bis 10.29 wird die Reißbojenreihe der Mastrafjord-Sperre geworfen, und von 11.03 bis 11.47 folgt die Reißbojenreihe der Talgjefjord-Sperre. 12.58 liegt das Schiff wieder auf seinem alten Platz.

Auf dem Weitermarsch nach Narvik wird die *Brummer* mehrfach als Geleitführer und Geleitschutz eingesetzt.

Im einzelnen:

am 14. XII. 1942 bei zwei Dampfern von Stavanger nach Bergen,

am 15. XII. 1942 bei vier Dampfern von Bergen nach Aalesund,

am 16./17. XII. 1942 bei drei Dampfern von Aalesund nach Drontheim.

Am 18. XII. 1942 kommt das Minenschiff *Skagerrak* längsseit, um mitgebrachten Proviant und Material zu übernehmen. Am 22./23. XII. 1942 wird der Truppentransporter *Moltkefels* von Drontheim nach Lödingen geleitet. Schließlich läuft die *Brummer* Narvik an und macht am Postpier fest. Es ist beabsichtigt, das Schiff in der Bogenbucht zur Verstärkung des Flakschutzes für dort liegende Flottenstreitkräfte einzusetzen. Vorher sind die an Bord befindlichen 110 EMF abzugeben. Die Abgabe erfolgt am 30. XII. 1942 in Tromsö. Am letzten Tag des Jahres 1942 liegt die *Brummer* zur Proviantergänzung in Harstad.

5.3.4 Das Minenschiff »Ostmark«

Die *Ostmark* wurde am 5. X. 1941 mit der *Preußen*-Besatzung unter ihrem Kommandanten Korvettenkapitän d. R. K.-E. Barthel als Führerschiff der Minenschiffgruppe West in Dienst gestellt. Nach Vollendung notwendiger Umbauarbeiten und Maschinenerprobungen wird das Schiff in der Zeit vom 15. bis 22. II. 1942 von St. Nazaire nach Rotterdam überführt, wobei es am 21. II. in Boulogne von einer Spitfire ohne Erfolg angegriffen wird. Der Weitermarsch endet in Wilhelmshaven, wo die *Ostmark* den Befehl zum ersten Mineneinsatz erhält. Nach dem Beladen mit 180 EMC marschiert sie vom 20. bis 26. III. 1942 nach Bergen.

5.3.41 Die Sperre KREFELD

Die Sperre KREFELD dient der Sicherung des Schärenweges vor dem Nordfjord. Dazu wirft das Minenschiff *Ostmark* unter starker Sicherung von vier Minensuchbooten, zwei U-Boot-Jägern und zwei Schnellbooten am 28. und 29. III. 1942 180 EMC von
61° 55,0′ N, 4° 45′ 56″ O nach
62° 5,8′ N, 4° 47′ 05″ O.
Der Rückmarsch führt nach Bergen zurück und von dort weiter nach Wesermünde, wo die *Ostmark* am 19. IV. 1942 einkommt.

5.3.42 Kommandoübergabe an Bord der »Ostmark«

Wie berichtet, war Kapitän z. S. A. Bentlage mit Wirkung vom 24. IV. 1942 zum Chef der 5. Sicherungsdivision ernannt worden und damit aus dem Minenschiffverband ausgeschieden. Am gleichen Tage wurde Kapitän z. S. H.-C. v. Schönermark als Nachfolger zum Führer der Minenschiffe ernannt. Die Übergabe der Dienstgeschäfte erfolgt nun, am 4. V. 1942, in Wesermünde an Bord der *Ostmark,* die von nun an als Führerschiff des ganzen Minenschiffverbandes eingesetzt bleibt.

5.3.43 Die U-Boot-Sperre Rotvaer

Nach der auf der *Ostmark* erfolgten Kommandoübergabe dockt das Schiff, damit einige Werftarbeiten erledigt werden können. Am 18. V. 1942 verlegt es zur Übernahme von 200 UMB von Wesermünde nach Cuxhaven. Mit dieser Ladung marschiert das Schiff vom 19. V. bis 28. V. 1942 in den Nordraum über Kiel bis Lödingen-Reede und gibt hier an das Minenschiff *Brummer* 100 UMB für eine gemeinsame Aufgabe vor dem Ofotfjord ab. Unter Führung des Kommandanten der *Brummer* wird die Sperre Rotvaer als U-Boot-Sperre am 29. V. 1942 ausgelegt. Einzelheiten siehe beim Führungsschiff *Brummer* (Seite 138).

5.3.44 Die UMB-Sperre V (Ekkeröy-Sperre) und die EMC-Sperre Varangerfjord

Zweck der beiden Sperren ist die Sicherung des Schiffahrtsweges nach Kirkenes. Als Minenträger sind die Minenschiffe *Ostmark* und *Ulm* bestimmt worden. Eine dritte Sperre hat im Rahmen der Unternehmung das Minenschiff *Brummer* als UMB-Sperre IV vor dem Syltefjord zu werfen, worüber im Abschnitt über das Minenschiff *Brummer* berichtet worden ist.
Nach der Minenübernahme auf Tromsö-Reede geht der Verband mit der *Ostmark,* der *Ulm* und der *Brummer* unter Führung des F. d. Minsch. auf der *Ostmark* am 8. VI. 1942, 19.00, ankerauf. Das Minengeleit stellt die 5. MS.-Flottille mit drei Booten. 21.05 wird auf 69° 51,5′ N, 19° 49,5′ O eine Mine geschnitten. Der Verband setzt den Marsch fort. Um Mitternacht zum 9. VI. 1942 treten auf 70° 23,5′ N, 21° 0,9′ O vier U-Boot-Jäger zum Verband. 11.22 werden die Schären bei Honningsvag verlassen. Bei klarer Sicht weht es aus NO in Stärke 3. Die U-Boot-Jäger übernehmen die U-Boot-Sicherung. 15.10 wird Nordkyn passiert. Die *Brummer* wird mit den drei Minensuchbooten zum Werfen der Syltesperre, als dem 2. Teilstück, aus dem Verband entlassen. Das Wetter hat sich verschlechtert. Der Wind weht in Stärke 6 mit Schneeböen aus Ost. Die U-Boot-Jäger können das S-Gerät nicht mehr fahren, und die Marschgeschwindigkeit des Verbandes muß auf 9 kn herabgesetzt werden. 20.46 stoßen zwei weitere U-Boot-Jäger zum Verband. Um 23.00 meldet das Minenschiff *Brummer* die Erledigung seiner Aufgabe. Es geht nach Vardö, um sich dem Verband auf dem Rückmarsch anzuschließen. Am 10. VI. 1942 steuert der Verband ab 00.50 durch den Busse-Sund. Hier melden sich die drei bei der *Brummer* frei gewordenen Minensuchboote und bringen das Gerät vor den Minenschiffen aus. Die Ekkeröy-Sperre wird von 03.07 bis 03.51 und die Varangerfjord-Sperre von 05.29 bis 05.58 ohne Störung geworfen.
Die Lage der Ekkeröy-Sperre ist
von der *Ostmark* geworfen von
70° 3,3′ N, 30° 30,3′ O nach
70° 1,32′ N, 30° 22,0′ O mit 130 UMB;
von der *Ulm* geworfen von
70° 6,9′ N, 30° 47,3′ O nach
70° 3,0′ N, 30° 30,9′ O mit 240 UMB.
Die Lage der Varangerfjord-Sperre ist
von der *Ostmark* geworfen von
70° 2,78′ N, 29° 50,4′ O nach
69° 39,51′ N, 29° 43,9′ O mit 43 EMC;

Skizze 57: Ekkeröy- und Varangerfjord-Sperren

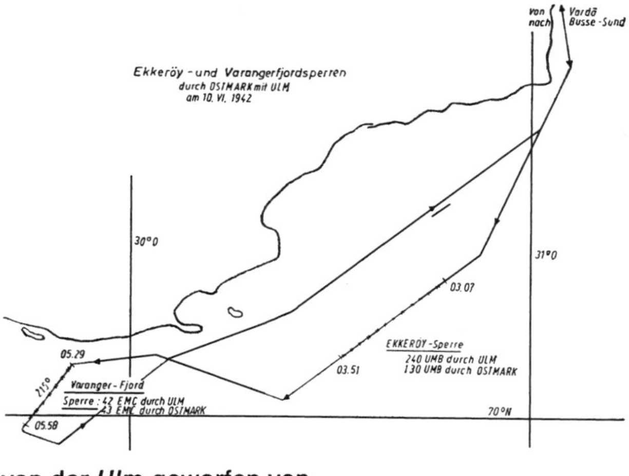

von der *Ulm* geworfen von
70° 2,5′ N, 29° 51,3′ O nach
69° 59,6′ N, 29° 44,5′ O mit 42 EMC.
Siehe Skizze 57.

Als Luftsicherung hat sich nur am 9. VI. 1942 gelegentlich eine Ju 88 beim Verband gezeigt. Bei der Durchführung der Aufgabe waren weder enge Sicherung noch ein Jagdschutz zur Stelle.

Die *Brummer* schließt sich am 10. VI. 1942 von Vardö kommend dem Verband auf seinem Rückmarsch an. Eine U-Boot-Sichtung, die von der Luftaufklärung gemeldet ist, veranlaßt den F. d. Minsch., auch die drei Minensuchboote in die U-Boot-Sicherung einzusetzen, so daß der Verband nun durch sechs U-Boot-Jäger und drei Minensuchboote gut geschützt ist. 21.35 ist Honningsvag erreicht. Die U-Boot-Jäger werden entlassen, die Minensuchboote bringen Gerät aus. Die Minenschiffe folgen in Kiellinie. Am 11. VI. 1942 liegen die drei Minenschiffe um 14.00 wieder auf Tromsö-Reede.

Die Sperrplanungen im Norwegenbereich, an deren Ausführung die *Ostmark* erst in der letzten Phase beteiligt wird, sind im wesentlichen durchgeführt. Außer dem Minenschiff *Skagerrak,* das neu in den Nordraum eingetreten ist, werden alle Minenschiffe der Gruppe Nord unterstellt. Ihre bisherige Tätigkeit wird am 14. VI. 1942 in folgendem Fernschreiben des Admirals Norwegen, Generaladmiral H. Boehm, anerkannt:

> „bei entlassung aus dem norwegenbereich spreche ich dem führer der minenschiffe, kapitän zur see von schönermark, und den konmandanten und besatzungen der minenschiffe für die vorzügliche durchführung der umfangreichen minenaufgaben in meinem bereich auch unter oft schwierigen wetterverhältnissen meine besondere anerkennung aus und wünsche den minenschiffen auch im weiteren einsatz an anderer stelle die gleichen guten erfolge wie bisher."

Der Oberbefehlshaber des Marinegruppenkommandos Nord, Generaladmiral R. Carls, ergänzt die Worte vom Admiral Norwegen:

> „freue mich, daß stets bewährte minenschiffe auch während wintereinsatzes bei admiral norwegen auf grund erneuter bewährung dessen besondere anerkennung gefunden haben."

Nunmehr stehen die Minenschiffe zum Einsatz im Nordseebereich bereit. Sie werden bemüht sein, die von Gruppe Nord zu erwartenden Aufgaben mit gleicher Einsatzfreudigkeit wie bisher durchzuführen. Während die *Roland* und die *Cobra* in der mittleren Nordsee eingesetzt werden, worüber Einzelheiten in Verbindung mit dem Führungsschiff *Roland* berichtet werden, ist das Einsatzgebiet für die *Ostmark* und die *Brummer* die nördliche Nordsee. Nach den Befehlen der Gruppe Nord ist hier der „Westwall" von Stavanger aus um vier Sperren zu verlängern bzw. zu verstärken.

5.3.45 **Die Nordsee-Sperre 21 a HERZOG**

Von Tromsö kommend, haben die Minenschiffe *Ostmark* und *Brummer* am 16. VI. 1942 in Stavanger geankert und am Nachmittag in der Dusaviki-Bucht je Schiff 140 EMC mit 200 m AT übergenommen. 20.00 ist seeklar, und die Schiffe laufen aus. Unter Führung des F. d. Minsch., Kapitän z. S. H.-C. v. Schönermark, ist die Sperre 21 a HERZOG ungefähr 60 sm westlich von Skudenes auszulegen. Vier Schnellboote bilden die Sicherung, vier Me 109 übernehmen den Jagdschutz. Die Sperrlänge beträgt über 36000 m, die Tiefeneinstellung der Minen ist auf −3,5 m unter Spr. N. W. befohlen. Die Wurffahrt ist auf 18 kn festgesetzt.

Der Wind ist beim Auslaufen NW in Stärken 3 bis 4, auffrischend. Der Seegang nimmt zu. Um 21.40 ist der Jagdschutz zur Stelle. Der Wind hat weiter zugenommen. Zwei Schnellboote der Sicherung sind achteraus liegengeblieben. Sie haben Maschinenschaden und können die Fahrt nicht halten. Da bei weiter auffrischendem Wind und zunehmendem Seegang auch die beiden anderen Schnellboote ausfallen können, bricht der F. d. Minsch. die Unternehmung ab und geht auf Gegenkurs. Um 23.30 liegt der Verband wieder in der Dusaviki-Bucht auf dem alten Platz. Nach dieser Erfahrung mit den Schnellbooten schlägt der F. d. Minsch. vor, zur Sicherung der bevorstehenden Unternehmungen ein Kanonenboot und ein bis zwei Torpedoboote zuzuteilen. Diesem Wunsch wird von Gruppe Nord teilweise entsprochen. An Stelle der Schnellboote werden ihm ein Kanonenboot und vier Räumboote der 8. R.-Flottille zur Verfügung gestellt. Sie können aber erst am 20. VI. 1942 nach Stavanger in Marsch gesetzt werden. Sie laufen am 22. VI. 1942 vormittags in Stavanger ein.

Der F. d. Minsch. hält es auf Grund der vormittags bestehenden Wetterlage für möglich, noch abends zur Durchführung der Aufgabe auszulaufen. Im Augenblick ist es in Stavanger bedeckt. Es regnet leicht. Doch kann sich diese Wetterlage bis zum Abend schnell ändern. Die Gruppe Nord läßt dem F. d. Minsch. für die Ausgabe des Stichwortbefehls HERZOG wie auch für die folgende Unternehmung GRAF absolut freie Hand. Jedoch sollen die Sperren, wenn irgend möglich, noch in der laufenden Mondperiode geworfen werden. Der Verband läuft daraufhin um 19.00 aus.
Um 20.04 wird der Skudenesfjord bei SO-Wind in Stärken 4 bis 5 verlassen. Die vier Räumboote der 8. R.-Flottille können wegen des zu groben Seegangs die Marschfahrt von 17 kn schon bald nicht mehr halten. Sie werden nach Stavanger entlassen. Mit unveränderter Geschwindigkeit wird der Südpunkt der Sperre angesteuert. Ein Funkspruch der Gruppe Nord gibt um 23.35 bekannt, daß Luftaufklärung und B-Dienst keine Erkenntnisse über irgendwelche Feindbewegungen erbracht haben. Es ist kurz vor Mitternacht, als das Sperrfeld erreicht wird. Der Wind weht noch immer aus SO in Stärken 4 bis 5. Die See ist mit Stärke 4 rauh zu nennen. Und es herrscht eine gute Sicht, als am 23. VI. 1942 um 00.11 auf Sperrkurs 0° eingeschwenkt wird. Das Kanonenboot *K 1* setzt sich zur Sicherung des Verbandes während des Werfens feindwärts nach Backbord heraus. Die Sperrlegung erfolgt von 00.23 bis 01.33 ohne Vorkommnisse von
58° 56′ N, 3° 12′ O nach
59° 16,5′ N, 3° 12′ O.
Auf dem Rückmarsch sind ab 04.35 zwei Me 109 als Jagdschutz beim Verband, den sie beim Anflug fälschlicherweise von hinten angeflogen haben. Hierbei kamen sie leicht in Gefahr, von den Schiffen beschossen zu werden.
Die Minenschiffe liegen um 07.00 wieder in der Dusaviki-Bucht. Sie beginnen sofort mit der Minenübernahme aus den Minentransportschiffen *Lauting* und *Irben.*

5.3.46 **Die Nordsee-Sperre 19 a GRAF**

Mit je 140 EMC beladen, warten die Minenschiffe *Ostmark* und *Brummer* in der Dusaviki-Bucht auf den Einsatzbefehl. Es ist der 23. VI. 1942, vormittags. Der Wind kommt aus SSO in Stärke 2. Es regnet. Der F. d. Minsch. wartet, bis die Wettermeldungen für den Nachmittag vorliegen. Um 14.10 gibt er den Stichwortbefehl GRAF für das Legen der Sperre 19 a. Der Verband läuft um 18.30 aus. Als Sicherung sind den beiden Minenschiffen wieder das Kanonenboot *K 1* und vier Boote der 8. R.-Flottille zugeteilt worden. Der Wind ist linksdrehend auf SSW in Stärken 4 bis 5. Bald kommen die Räumboote nicht mehr mit. Sie werden 19.42 wegen zu groben Seeganges nach Tananger in Wartestellung mit Sofortbereitschaft entlassen. Der Marsch der Minenschiffe unter Sicherung durch das Kanonenboot *K 1* geht weiter. Die Gruppe Nord meldet durch Funk aus Luft- und B-Dienst über die Feindlage: „keine erkenntnisse." Drei Me 109, die beim Verband Jagdschutz fliegen, werden 21.25 wegen aufkommenden Nebels entlassen. Kurz darauf herrscht dichter Nebel. Die Schiffe gehen in Kiellinie und bringen beleuchtete, auf 500 m gesteckte Spurbojen aus. Der Marsch wird mit 15 kn fortgesetzt. Es wird ein Punkt 2 sm nördlich der Sperre angesteuert. Ab 23.35 klart es auf. Dwarslinie wird eingenommen. Am 24. VI. 1942 wird 00.04 auf Sperrkurs 180° gegangen, und von 00.11 bis 01.21 wird die Sperre 19 a geworfen. Das Wetter ist gut. Der Wind weht in Stärke 1 aus SSW. Die See steht in Stärke 1. Die Sicht ist bis 25 sm und mehr. Das Minenlegen geht ohne Störung vor sich von
58° 2,5′ N, 3° 27′ O nach
58° 22,5′ N, 3° 27′ O.
Während des Rückmarsches fällt der Jagdschutz wegen starken Dunstes über Land aus. Die in Tananger verbliebenen Räumboote stoßen 06.10 zum Verband, der 07.00 in Stavanger einläuft.
Räumboote und Schnellboote haben sich auf Grund ihrer starken Wetterabhängigkeit als Sicherungsfahrzeuge für schnellere Minenunternehmungen als nicht geeignet erwiesen. Dagegen ist der Typ des holländischen Kanonenbootes *K 1* zu loben. Er besitzt starke Seeziel- und Flakarmierung und ist auch wegen seines niedrigen Freibordes für die Übernahme Schiffbrüchiger gut geeignet.

5.3.47 **Die Nordsee-Sperre 22 a GROSSFÜRST**

Die Gruppe Nord gibt am 25. VI. 1942 für das Auslegen der Sperre 22 a den Stichwortbefehl GROSSFÜRST. Die Minenschiffe *Ostmark* und *Brummer* nehmen auf Stavanger-Reede je 160 EMC mit K.A. bzw. Ant.Z. aus den Minentransportschiffen *Lauting* und *Irben* an Bord und verlegen am 26. VI. 1942 ihren Ankerplatz in den Grimstadfjord bei Bergen, dem Absprungpunkt für diese Unternehmung. Am 27. VI. 1942 ist in Bergen leichter Frühnebel und NW-Wind in Stärken 2 bis 3. Die Wettervorhersage lautet günstig. Der F. d. Minsch. entschließt sich deswegen zur Abgabe des Stichworts GROSSFÜRST. 18.00 ist seeklar. Das Unternehmen läuft an.
19.00 steuert der Verband aus dem Korsfjord in die freie See. Die *Ostmark* und die *Brummer* marschieren in Dwarslinie, *K 1* und die zugeteilten vier Räumboote

der 8. R.-Flottille auf ihren Sicherungspositionen. Die Marschfahrt ist 17 kn auf Vormarschkurs 264°. Der Wind kommt aus NW in Stärken 2 bis 3; die See läuft in Stärke 2. Es ist leicht bedeckt. Die Sicht beträgt 20 sm. 19.45 wird die Marschfahrt auf 18 kn erhöht. Die Boote kommen mit.

Zwei Me 109 mit Zusatztanks bilden den Jagdschutz beim Verband. Sie werden um 20.48 durch zwei andere Maschinen vom gleichen Typ abgelöst. 22.30 endet der Jagdschutz. Diese von der Jagdstaffel Herdla sehr weit über die freie See hinaus geflogene Sicherung und Aufklärung wird vom F. d. Minsch. besonders gelobt.

Um die Mitternachtsstunde steht der Verband im Sperrgebiet. Er hat das Nordende der Sperre angesteuert und schwenkt nun auf Sperrkurs 140°. Der Wind kommt aus W in Stärken 2 bis 4. Die Dünung hat die Stärke 3. Es regnet. Die Sicht beträgt 8 bis 10 sm. Die Sperre 22a wird am 27. und 28. VI. 1942 von 23.50 bis 01.02 ausgelegt von

59° 59,5′ N, 2° 16′ O nach

59° 42,4′ N, 2° 44′ O.

Zwei Me 109 mit Zusatztanks übernehmen auf dem Rückmarsch ab 03.54 den Jagdschutz. 07.20 machen die Schiffe in Bergen-Hafen fest.

5.3.48 **Die Nordsee-Sperre 16 ERIKA**

Das Sperrfeld liegt etwa 10 sm außerhalb der Nordwestecke des deutschen Minenwarngebietes an der Westseite der Großen Fischerbank. Die Sperre ist von Stavanger aus zu werfen. Zur Sicherung sind das Kanonenboot *K 1* und vier Räumboote der 8. R.-Flottille zugeteilt worden. Die Führung hat der F. d. Minsch. auf der *Ostmark.*

Der Verband verlegt am 29. VI. 1942 von Bergen nach Stavanger und hat am 30. VI. 1942 Minenübernahme in der Dusaviki-Bucht aus dem Minentransportschiff *Rhein.* Es werden von der *Ostmark* und der *Brummer* je 180 EMC übernommen, die aber erst noch an Bord hergerichtet werden müssen. Dadurch ist der Verband erst am 1. VII. 1942 mittags einsatzbereit. Um diese Zeit liegen auch für die Räumboote günstige Wettermeldungen vor. Der F. d. Minsch. gibt das Stichwort ERIKA.

Der Verband läuft am 1. VII. 1942, 14.00, von Stavanger aus, passiert um 15.28 Feiestein und geht in Marschformation. Die Minenschiffe fahren in Dwarslinie, die Sicherungsfahrzeuge auf den befohlenen Positionen. Die Marschfahrt beträgt 17 kn. 15.32 muß *R 98* wegen Maschinenstörung nach Stavanger entlassen werden. Ab 16.23 geleiten zwei Me 109 in Ablösung den Verband als Jagdschutz. Es ist gutes Wetter bei NW-Wind in Stärken 2 bis 3, einer See in Stärken 2 bis 3 und einer mittleren Dünung.

19.15 ist der Jagdschutz beendet. Inzwischen hat der Wind aufgefrischt. Er kommt jetzt in Stärken 4 bis 5 aus West. Der Seegang hat auf 5 zugenommen.

19.30 erfolgt eine Kursänderung von bisher 208° auf 190°. Die Räumboote setzen sich mit ausgebrachtem Gerät vor die Minenschiffe. Die Marschfahrt wird auf 13 kn reduziert. 20.16 flaut der Wind ab. Nach plötzlichem Aufklaren herrscht heller Sonnenschein bei jetzt über 20 sm Sicht. Trotz dieser für das Unternehmen unerwünscht guten Sichtweite setzt der F. d. Minsch. die Operation fort, da mit Abflauen des Windes der Seegang für die Räumboote günstiger geworden ist. 22.43 meldet die Gruppe Nord als Ergebnis der Luftaufklärung und des B-Dienstes „... keine erkenntnisse über feindbewegungen." Wenig später wird mit einer von Aufklärung zurückfliegenden Ju 88 das Erkennungssignal ausgetauscht.

Wieder ist es Mitternacht, als das Sperrfeld erreicht wird. Der für die Minenschiffe aufgekommene Name „Mitternachtsgeschwader" findet erneut seine Bestätigung. Die Sperre 16 mit einer Länge von über 43000 m wird vom 1. zum 2. VII. 1942 von 23.39 bis 01.27 vom Feinde unbeobachtet auf Wurfkurs 180° geworfen. Sie hat die Lage von

56° 52,8′ N, 4° 7′ O nach

56° 29,5′ N, 4° 7′ O.

Siehe Skizze 58.

Der Rückmarsch der Minenschiffe soll an Hanstholm vorbei nach Frederikshavn gehen. Da die Geschwindigkeit der Räumboote mit ausgebrachtem Gerät zu gering ist, nehmen sie auf Befehl des F. d. Minsch. das Gerät ein. Statt dessen bringt das Kanonenboot *K 1* sein Gerät aus, und die Minenschiffe folgen in Kiellinie. Eine Marschfahrt von 16 kn kann eingehalten werden.

Ab 06.07 gibt es Jagdschutz durch zwei Me 109, die bis 10.10 viermal abgelöst werden. Der Wind frischt auf. 07.45 weht es aus NW in Stärke 5. Auch der See-

Skizze 58: Nordsee-Sperre 16 ERIKA

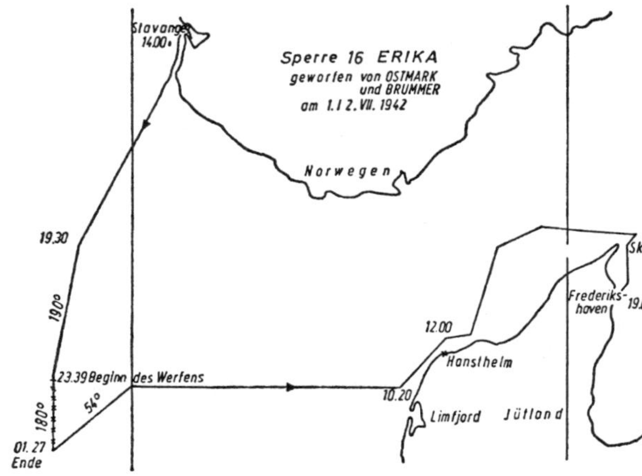

gang wird stärker. 09.30 nimmt *K 1* das Gerät auf, und die Marschfahrt kann jetzt auf 18 kn erhöht werden. Inzwischen hat der NW-Wind noch weiter zugenommen. Er hat jetzt die Stärken 6 bis 7, während der Seegang mit 6 läuft. Noch immer nehmen Wind und Seegang zu, so daß 10.20 die Räumboote *R 100, R 101* und *R 102* nach Tyboroen entlassen werden. Als dies geschieht, weht der NW bereits in Stärke 7; Seegang wird ebenfalls in Stärke 7 vermerkt. In Küstennähe wächst der Wind noch weiter bis auf Sturmstärke an. 12.00 wird die Hanstholm-Sperrlücke passiert und ins Skagerrak eingetreten. 19.00 machen die Minenschiffe in Frederikshavn am Ölpier fest. *K 1* wird für eine Sonderaufgabe beim BSO aus dem Verband entlassen. Die gute Eignung des Kanonenbootes als Sicherungsfahrzeug hat sich erneut erwiesen.

Am 4. VII. 1942 laufen die Minenschiffe in Kiel ein. Damit sind die Sperrvorhaben der Gruppe Nord in der nördlichen Nordsee durchgeführt. Außer diesen vier Sperrlegungen der Minenschiffe *Ostmark* und *Brummer* unter Führung des F. d. Minsch. haben die Minenschiffe *Roland* und *Cobra* in der zweiten Junihälfte zwei Sperren in der mittleren Nordsee ausgelegt, über die im Abschnitt Minenschiff *Roland* noch gesondert berichtet wird.

Nach Abschluß der Wurfperiode hat der Oberbefehlshaber der Gruppe Nord, Generaladmiral R. Carls, die Tätigkeit der Minenschiffe und Sicherungsfahrzeuge mit folgendem Fernschreiben lobend anerkannt:

> „trotz ungünstiger jahreszeit ist der ‚westwall' zum großen teil in wenigen tagen ausgelegt worden. bei sechs unternehmungen haben sich die minenschiffe erneut bewährt. dabei haben sich *ostmark* und *brummer* unter führung f. d. minsch. mit vier unternehmungen weit abgesetzt von der küste und *k 1* als sicherung bei sechs unternehmungen sowie die 8. r.-flottille besonders ausgezeichnet. ich spreche dem f. d. minsch. und seinen braven minenschiffen sowie *k 1* und der 8. r.-flottille meine besondere anerkennung aus."

Das Minenschiff *Ostmark* kommt bis zum Jahresende 1942 nicht mehr zum Mineneinsatz. Nach kurzen Fahrübungen im Stettiner Haff geht es am 20. VII. 1942 in die Stettiner Oderwerke zur Werftüberholung. Nach dem Aufnehmen der beiden Hoch- und Niederdruckturbinen meldet das Kommando der *Ostmark* die Außerkriegsbereitschaft. Nachdem die Maschinenüberholung am 17. X. 1942 beendet ist, folgen Maschinenerprobungen im Haff und die üblichen Restarbeiten auf der Werft in Stettin, die sich bis Anfang November hinziehen. Am 11. XI. 1942 wird die *Ostmark* wieder fahrbereit gemeldet. Es schließen sich Meilenfahrten an, und es steht Ausbildungsdienst auf dem Dienstplan. Am 21. XI. 1942 ist die *Ostmark* wieder kriegsbereit.

Infolge Verlegung der Dienststelle des F. d. Minsch. nach Kopenhagen erhält auch die *Ostmark* Kopenhagen als neuen Heimathafen zugewiesen. Mit dem F. d. Minsch. an Bord läuft die *Ostmark* am 27. XI. 1942 von Swinemünde aus und trifft am 28. XI. 1942 im Hafen von Dänemarks Hauptstadt ein. Da ein Einsatz wegen der schwierig gewordenen Ölversorgung vorerst nicht zu erwarten ist, nutzt der F. d. Minsch. die Gelegenheit, dem Kommando der *Ostmark* den vorgesehenen Einbau einer Funkmeßanlage zu empfehlen. Die *Ostmark* läuft erneut nach Stettin und erhält die Anlage während der Zeit des Jahreswechsels 1942/43 bei den Stettiner Oderwerken eingebaut.

5.3.5 **Das Minenschiff »Roland«**

Bei Jahresbeginn steht das Minenschiff *Roland* der Schiffsartillerieschule in Saßnitz für Schießübungen zur Verfügung. Am 4. I. 1942 wird es vorübergehend der Minenschiffgruppe Nord für das Auslegen einer Sperre im Skagerrak zugeteilt.

5.3.51 **Die Sperre VI HALBERSTADT**

Die *Roland* wird am 4. I. 1942 in Swinemünde mit 168 EMF beladen. Die Sperrlegung im Skagerrak erfolgt im Verband mit den Minenschiffen *Ulm* und *Brummer* am 8. I. 1942. Näheres beim Führungsschiff *Ulm* (Seite 109). Die *Roland* steht anschließend der SAS bis Ende Februar 1942 weiter zur Verfügung.

5.3.52 **Die »Roland« liegt 25 Tage im Eis fest**

Anfang März 1942 soll die *Roland* nach der Nordsee verlegen. Seit Wochen herrscht strenger Frost, der befürchten läßt, daß das Schiff einem Einsatzbefehl wegen zu starker Eisbildung nicht mehr zu folgen vermag. Es erhält Befehl, sich einem Eisgeleit des Linienschiffes *Schlesien* von Saßnitz nach Kiel anzuschließen.

Während die *Roland* am 3. III. 1942 noch bei der Ölübernahme in Saßnitz liegt, nähert sich, von Swinemünde kommend, die *Schlesien* mit fünf Dampfern hinter sich in Kiellinie.

Die *Roland* erhält den Befehl, hinter der *Schlesien* als taktische Nummer zwo einzuscheren. Das Schiff bricht die Ölübernahme ab. Es hat jetzt 108 cbm Öl in den Bunkern. Das ist ausreichend, denn normalerweise werden für die Strecke Saßnitz–Kiel nicht mehr als 40 cbm benötigt. Die Fahrt führt zunächst nordwärts in Richtung Sund, von wo zwei starke Eisbrecher erwartet werden. Dazu wird über Nacht im noch eis-

Minenschiff *Kehrwieder*
ex deutsch *M 120*
ab 1921: ex italienisches Minenräumboot *Abastro*
ab 1927: ex *Crotone*

Minenschiff *Nymphe*
ex deutsch *M 42*
ab 1923: ex deutsch *Nymphe* (NDL)
ab 1923: französisches Frachtschiff *La Nymphe*

Minenschiff *Fasana* bei Venedig ex italienischer Minenleger *Fasana*

Minenschiff *Bulgaria* ex bulgarisches Frachtschiff *Bulgaria*

Minenschiff *Drache* ex jugoslawisch *Zmaj* ex *Schiff 50*

freien Wasser geankert. Als die Eisbrecher am 4. III. 1942 morgens eintreffen, haben sie den vordringlichen Befehl, ein anderes Geleit von Swinemünde nach Gotenhafen durchzuführen. Die Wartezeit vor Anker war somit für das *Schlesien*-Geleit nutzlos vertan. Der Frost hatte inzwischen weiter gewirkt. Auf dem Weitermarsch nach dem Ankerlichten hinterläßt das kompakte Linienschiff jetzt kaum noch eine Rinne, denn das aufgebrochene Eis schiebt sich hinter dem Heck der *Schlesien* sofort wieder zusammen. Die *Roland* kann ihren Platz nicht mehr halten. Drei Dampfer überholen, zwei Dampfer bleiben hinter ihr. So bilden sich zwei Gruppen heraus. Die etwas schnellere *Schlesien*-Gruppe mit den drei Dampfern kommt der langsameren *Roland*-Gruppe allmählich außer Sicht. Der *Roland*-Gruppe gelingt es wenigstens noch, sich mit eigener Maschinenkraft durch das Eis bis in die Mecklenburgische Bucht hindurchzukämpfen. Dann ist es aus. Die Schiffe bleiben stecken.
Tagsüber sind keine Landmarken zur Ortsbestimmung zu sehen. Nachts ergibt die Peilung von Leuchtfeuern, daß die *Roland*-Gruppe mit dem Eis nach Westen treibt. Dabei werden in dieser Drift täglich etwa 3 sm zurückgelegt. An Bord der *Roland* verdichtet sich die Sorge, wie lange wohl das Öl noch reichen wird, denn täglich werden allein für Heizung und Licht 3 cbm verbraucht. Es läßt sich ausrechnen, wann die Bunker leer sind. Und nichts deutet auf ein Nachlassen des Frostes hin. Im Gegenteil, das Eis ist mittlerweile so kompakt geworden, daß es ohne Bedenken betreten werden kann. Rings um die Schiffe breitet sich am Tage bei strahlender Sonne eine weite, weiße, glitzernde Fläche aus. Sie ist durchweg uneben mit zum Teil meterhoch aufeinandergeschobenen und festgefrorenen Schollen. Ein Vergleich mit Bildern aus der Arktis bietet sich an.
Ein gewisser Verkehr über das Eis ist untereinander möglich. Fehlender Proviant bei dem einen wird durch Abgabe von einem anderen Schiff ausgeglichen. Eines der Schiffe, der Transporter *Moltkefels,* erklärt sich auch bereit, Öl an die *Roland* abzugeben. Beide Schiffe liegen nur 200 m auseinander. Die Länge der auf beiden Seiten vorhandenen Feuerlöschschläuche reicht zwar aus, den Abstand zu überbrücken, aber die Schläuche halten das Öl nicht. Es sickert durch.
Um die an Bord befindlichen regulären Ölschläuche verwenden zu können, muß die *Roland* versuchen, längsseit zu gehen. Doch ist an ein Wenden des Schiffes bei der Stärke des Eises nicht zu denken. Zum Glück liegt der Nachbar genau achteraus. Er ist vielleicht – eine Hoffnung – über eine Fahrt über den Achtersteven zu erreichen. Langsam mahlen die Schrauben der *Roland* das Eis am Heck des Minenschiffes fort. Das Schiff bewegt sich, wenn auch langsam, Zentimeter um Zentimeter. So dauert es Stunden, bis die *Roland* die 200 m Abstand geschafft hat. Ihr Heck liegt jetzt mittschiffs beim Nachbarschiff. Doch noch immer reichen die Ölschläuche nicht aus. Allmählich schlagen die Schrauben der *Roland* nun auch bei der *Moltkefels* das Eis weg. Die Schiffe kommen Seite an Seite zu liegen. Es ist geschafft. Die *Moltkefels* gibt 120 cbm Öl an die *Roland* ab, mehr, als das Schiff beim Ablegen in Saßnitz gehabt hat. Die Ölnot auf dem Minenschiff *Roland* ist beendet. Die Brotbackeinrichtung der *Moltkefels* löst auch das Backproblem der *Roland,* deren Anlage sich als sehr umständlich erwiesen hat. Vom Kommißbrot bis zu frischen Semmeln ist jetzt alles zu haben. Zum Beieinanderliegen verurteilt, setzen die Schiffe ihren Weg mit der Drift durch die Mecklenburgische Bucht weiter gemeinsam fort. Der Gedankenaustausch untereinander ist belebend. Preisskate und Schachturniere vertreiben Eintönigkeit und Langeweile. Erst am Eingang zum Fehmarnbelt trennen sich die Schiffe, nachdem die *Roland* nochmals 40 cbm Öl aus der *Moltkefels* übernahm.
Bald schon ist das Marineehrenmal von Laboe in Sicht.
Das Einlaufen in Kiel steht bevor . . .
Da schlägt in der Kieler Bucht der Wind um. Die Westdrift des Eises kommt zum Stillstand. Es setzt eine Rückwärtsbewegung ein. Zusammen mit dem Eis werden die Schiffe nun ostwärts aus der Kieler Bucht heraus- und in den Fehmarnbelt hineingetrieben. Das Ehrenmal bei Laboe verschwindet wieder, und die Küste von Fehmarn gleitet an den Schiffen vorbei, bis die Südostküste der Insel erreicht ist. Hier wird dicht unter Land ein Streifen eisfreien Wassers gesichtet. Der Kommandant der *Roland* entschließt sich, mit den Maschinen anzugehen, um dort mit dem Schiff zu ankern. Bei dem jetzt wärmeren Wetter ist das Eis nicht mehr ganz so fest. Es gelingt daher, die *Roland* im Eis zu drehen und Kurs auf die eisfreie Stelle zu nehmen. Soweit es die Wassertiefe dem Schiff erlaubt, geht man unter Land und ankert.
Es ist der 27. III. 1942, der 25. Tag seit dem Auslaufen aus Saßnitz.
„Alle Mann Post fertigmachen" und „Motorboot aussetzen" sind die ersten Befehle. Die Angehörigen sollen benachrichtigt werden, da sie wegen Ausbleibens von Post der Besatzung in Sorge sein könnten. Am folgenden Tag erscheinen zwei Eisbrecher mit Proviant und bringen die Schiffe durch die Eisbarriere im Fehmarnbelt. Damit hat nach 25 Tagen eine der wohl längsten Dampfschiffreisen zwischen Saßnitz und Kiel ihr Ende gefunden.
Die *Roland* geht zum Schraubenwechsel und zur Beseitigung sonstiger Eisschäden zum Lloydbetrieb nach Bremerhaven und ist ab Mitte April 1942 zum Mineneinsatz wieder klar.

5.3.53 Die Hustadviken-Sperre

An der Hustadviken-Sperre, die am 20. IV. 1942 – von Kristiansund-Nord ausgehend – gelegt wird, ist die *Roland* unter Führung des auf der *Brummer* eingeschifften F. d. Minsch. Gruppe Nord beteiligt. Weitere Einzelheiten siehe im Abschnitt über das Führungsschiff *Brummer* (Seite 135).

5.3.54 Die Skagerrak-Sperre IX KASSEL

Vom Norden kommend, hat das Minenschiff *Roland* am 24. IV. 1942 auf Frederikshavn-Reede geankert und 151 EMC übernommen.
Unter Führung des BSO, Konteradmiral H. Stohwasser, auf der *Meteor* ist zur Verstärkung der Minenlage im Skagerrak-Warngebiet die Sperre IX auszulegen. Der Verband geht dazu am 25. IV. 1942, 14.00, in See. Die *Roland* allein ist Minenträger und wirft die Sperre in zwei Reihen von
57° 40′ N, 7° 52,3′ O nach
57° 34′ N, 7° 51′ O und von
57° 34′ N, 7° 52,8′ O nach
57° 41,4′ N, 7° 56,8′ O. Siehe Skizze 67 a, Seite 178.
Die *Roland* liegt am 26. IV. 1942 wieder in Frederikshavn und marschiert abends weiter nach Kiel. Ein Einsatz des Schiffes im Finnischen Meerbusen steht bevor.

5.3.55 Die NASHORN-Sperre im Finnischen Meerbusen

Anfang November 1941 ist der Minenkrieg im Finnischen Meerbusen infolge wachsender Vereisung zum Erliegen gekommen. Die Russen haben im Dezember 1941 ihren Stützpunkt Hangö geräumt. Angriffe russischer Seestreikräfte sind nach dem Abschmelzen des Eises nur aus der Kronstädter Bucht heraus zu erwarten. Von hier aus ist auch mit dem Einsatz russischer U-Boote zu rechnen, die versuchen könnten, in die Ostsee einzudringen, um den dort laufenden Schiffsverkehr zu schädigen. Um dies möglichst zu verhindern und überhaupt die Bewegungsfreiheit der russischen Seestreitkräfte einzuschränken, sollen Minensperren ausgelegt werden, sobald es die Eislage gestattet. Als erste Maßnahme ist auf der Strecke Porkalla–Neue Bank–Nordspitze der Insel Wulf die NASHORN-Sperre vorgesehen. Hier ist mit der Eisschmelze ab Anfang Mai 1942 zu rechnen. Die Minenschiffe *Roland* (Fregattenkapitän K. v. Kutzleben) und *Kaiser* (Korvettenkapitän d. R. H. Bohm) werden dem F. d. M. Ost (Käpitän z. S. K. Böhmer) zum Sperrewerfen zur Verfügung gestellt. Beide Schiffe nehmen in Pillau und Peyse je 140 EMC an Bord und treten am 4. V. 1942 unter Führung des F. d. M. Ost auf seinem Führerboot *Gazelle* den Überführungsmarsch von Pillau nach Helsinki an. Vier Minensuchboote der 3. MS.-Flottille hängen sich an. Das Eis in den finnischen Schären zeigt sich nicht mehr hinderlich. Zudem steht Eisbrecherhilfe bis Helsinki zur Verfügung. Der weiterführende Schärenweg nach Kotka ist für kleinere Fahrzeuge allerdings noch nicht befahrbar.
Der Sperrkurs von Porkalla über Neue Bank zur Nordspitze der Insel Wulf wird am 8. V. 1942 von den vier Minensuchbooten der 3. MS.-Flottille unter besonderer Sorgfalt dort abgesucht, wo die geplante NASHORN-Sperre die im Vorjahr ausgelegte CORBETHA-Sperre überschneidet. Es werden vier Sprengbojen geräumt, jedoch wird keine Mine geschnitten, was aber nicht unbedingt minenfrei bedeutet, denn die Räumbreite der vier Minensuchboote ist zu gering. Auch ist das Absuchen durch treibende Eisfelder stellenweise behindert, so daß die Minensuchboote die Fahrt mit ausgebrachtem Gerät nicht immer durchhalten können. Indessen geht das Auslegen der NASHORN-Sperre ohne besondere Vorkommnisse planmäßig vor sich. Am 9. V. 1942 werden unter der Führung des *Roland*-Kommandanten auf der genannten Strecke von Helsinki aus die Sperrstücke II und IV gelegt. Zur Neubeladung laufen die *Roland* und die *Kaiser* Reval an und nehmen dort je 185 EMC an Bord. Diese Minen fallen am 10. V. 1942 in den Sperrstücken NASHORN III und NASHORN I. Nach kurzem Aufenthalt in Helsinki verlegen die Schiffe am 11. V. 1942 nach Reval zur Minenübernahme für das erste Teilstück der SEEIGEL-Sperre.

5.3.56 Die SEEIGEL-Sperre im Finnischen Meerbusen

Am 17. V. 1942 ist der Schärenweg von Helsinki nach Kotka auch für kleinere Fahrzeuge vom Eis unbehindert befahrbar geworden. Das Führerboot des F. d. M. Ost, die *Gazelle,* verlegt daher am 19. V. 1942 mit dem Stab dorthin, desgleichen der Chef der 3. MS.-Flottille mit vier Booten. In den Tagen darauf folgen die 1. R.-Flottille und weitere Boote der 3. MS.-Flottille. Die Minenschiffe *Roland* und *Kaiser* laufen am 20. V. 1942, 18.40, mit ihrer Minenladung in Kotka ein. Jedes Schiff hat in Reval 180 EMC übergenommen. Damit sind die für das Auslegen der SEEIGEL-Sperre vorgesehenen Streitkräfte versammelt. Die SEEIGEL-Sperre ist in mehreren Teilstücken zu legen. Auch finnische Seestreitkräfte sind daran beteiligt. Das Sperrfeld für die deutschen Sperren liegt ostwärts der Inseln Hochland und Groß-Tütters. Die nächste weiter östlich gelegene Insel Lavansaari ist von den Russen besetzt. Das um diese Jahreszeit häufig dunstige und dadurch unsich-

tige Wetter erlaubt es, Minenunternehmungen zum Teil auch bei Tage durchzuführen, ohne befürchten zu müssen, von der Insel Lavansaari aus bemerkt zu werden.
Während das Seegebiet östlich von Hochland und Groß-Tütters bis zur Kronstadtbucht nur von einzelnen Eisfeldern bedeckt ist, sind die Schärenausfahrten durch das Eis stärker blockiert. Zwar kann der Wurfverband am 20. V. 1942 zur Unternehmung aus Kotka auslaufen, doch müssen statt der schwächeren Räumboote die Minensuchboote das Minengeleit übernehmen, weil in See große Treibeisflächen über den Sperrkursen liegen. Erst bei der III. Unternehmung ist das Gebiet völlig eisfrei. Von da ab werden die Räumboote allein zur Minensicherung vor den Verband gesetzt, während die Minensuchboote auch als Minenträger verwendet werden. Unter Führung des Kommandanten der *Roland,* Fregattenkapitän K. v. Kutzleben, werden folgende Sperrstücke ab Kotka geworfen:
Sperrstück SEEIGEL I:
Vom 20. zum 21. V. 1942 von 23.52 bis 01.00 wird das Sperrstück SEEIGEL I durch die *Roland* und die *Kaiser* mit je 180 EMC geworfen. Während des Marsches werden mehrere russische Minen durch die minengeleitfahrenden Minensuchboote geschnitten. Auf dem Minenschiff *Roland* fiel die 5000ste Mine seit Kriegsbeginn. Die Sperrlage ist von
60° 2,6′ N, 27° 7,5′ O nach
59° 51,8′ N, 27° 20,0′ O.
Sperrstück SEEIGEL II:
Am 22. V. 1942 wird von 22.01 bis 23.09 das Sperrstück SEEIGEL II bei starkem Treibeis als dreireihige Minensperre von der *Roland* und der *Kaiser* mit je 180 EMC und fünf Booten der 3. MS.-Flottille mit zusammen 179 EMC geworfen. Die Sperrlage ist von
59° 50,6′ N, 27° 17,6′ O nach
59° 48,9′ N, 27° 42,0′ O.
Von 23.00 bis 23.15 war das Oberland der feindlich besetzten Insel Lavansaari in Sicht. Der Verband stand für den Feind im dunklen Horizont. Es gab kein Anzeichen, daß das Minenlegen bemerkt worden ist.
Sperrstück SEEIGEL III:
Am 23. V. 1942 wird das Sperrstück SEEIGEL III von 17.25 bis 18.33 durch die Minenschiffe *Roland* und *Kaiser* mit je 180 EMC geworfen. Die Sperrlage ist von
59° 51,5′ N, 27° 15,5′ O nach
60° 2,1′ N, 27° 3,7′ O.
Beim Anmarsch auf den Sperrkurs wurde von den vorgesetzten Räumbooten eine Mine geschnitten. Sie wurde von *M 16* abgeschossen. Während des Sperrewerfens detonierten zwei Minen in der eigenen Sperre. Das Oberland von Lavansaari war während des Werfens in Sicht, doch gab es auch hier kein Anzeichen, daß der Feind auf die Unternehmung aufmerksam geworden ist.

Skizze 59: Sperren SEEIGEL I–V

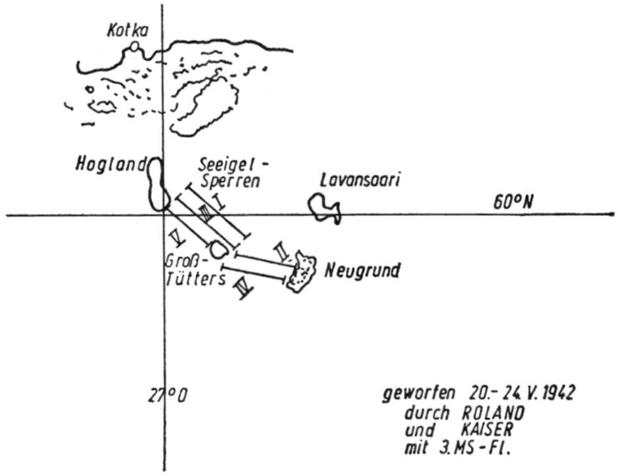

Sperrstücke SEEIGEL IV und V:
Minenträger für das Legen der Sperrstücke IV und V sind die Minenschiffe *Roland* und *Kaiser* mit je 184 EMC und 40 UMB, ferner sieben Minensuchboote der 3. MS.-Flottille, die zusammen mit 304 UMB beladen sind. Nach dem Auslaufen aus Kotka am 24. V. 1942 übernimmt die 1. R.-Flottille das Minengeleit. Der Wurfverband folgt in Kiellinie in der Reihenfolge *Roland, Kaiser,* 3. MS.-Flottille. Der Marsch führt von Hochland ostwärts in die Richtung auf Groß-Tütters. Zwischen beiden Inseln werden russische Minen geschnitten, von denen drei auftauchen und vor dem Verband schwimmen. Sie liegen in einer Reihe, so daß die Richtung der Sperre erkenntlich ist. Der Verband marschiert in Kiellinie weiter durch eine von zwei Minen gebildete Lücke.
Kurz nach Passieren dieser Lücke durch das Spitzenschiff *Roland* detoniert an dessen Steuerbordseite auf kurzem Abstand eine Mine. Es handelt sich um eine vom Minengeleit geschnittene vierte Mine, die nicht aufgeschwommen, sondern abgesackt war. Auf der *Roland* schlägt durch den harten Stoß der Detonation das Schnellschlußventil des Schiffes dicht. Alle Schiffsantriebselemente sind dadurch stillgelegt. Allmählich verliert die *Roland* an Fahrt und treibt langsam nach Steuerbord an die Grenze des von den Räumbooten abgesuchten Streifens. Ein Weitertreiben kann in diesem minenverseuchten Gebiet gefährlich werden. Noch eben rechtzeitig wird das Schnellschlußventil gespannt und die Fahrt wieder aufgenommen. Das Schlußboot der 3. MS.-Flottille schießt beim Vorbeifahren die hochgekommenen Minen ab. Keine detoniert.
Bei Groß-Tütters wird für das Werfen der zweireihigen Sperre eine Doppelkiellinie gebildet. Die beiden Minenschiffe stehen vorne auf Abstand nebeneinan-

der, die Minensuchboote folgen in zwei Kolonnen zu drei bzw. vier Booten. Jede Kolonne ist durch das Minengeleit der 1. R.-Flottille gesichert. Der Vigrund wird angelaufen, so nahe es die Wassertiefe erlaubt, dann wird im Verband kehrtgemacht. Nun stehen die Minenschiffe hinten und beginnen sofort mit dem Werfen der SEEIGEL-Sperre IV von
59° 46,1′ N, 27° 32,7′ O nach
59° 48,6′ N, 27° 15,9′ O.
Es fallen von 16.32 bis 16.45 von beiden Minenschiffen je 37 EMC und von der *Kaiser* noch die geladenen 40 UMB. Die Minensuchboote setzen mit der *Roland* das Werfen der UMB-Ladung bis 17.26 fort. Sie lassen sich dazu aus der Stellung vor den Minenschiffen nach und nach sacken und lösen sich nach dem Einscheren in die Kiellinie hinter den Minenschiffen beim Minenwerfen in beiden Kolonnen ab, bis die Sperre liegt. Der Verband marschiert nun südlich und westlich um Groß-Tütters herum nach dem Sperrfeld von SEEIGEL V. Hier werden am 24. V. 1942 zwischen Groß-Tütters und Hochland von 18.10 bis 18.58 von der *Roland* und der *Kaiser* je 147 EMC als SEEIGEL-Sperre V von
59° 51,9′ N, 27° 10,3′ O über
60° 2′ N, 27° 0,8′ O nach
60° 5′ N, 27° 0,9′ O
geworfen. Siehe Skizze 59, Seite 147.
Während des Sperrewerfens werden von den vorgesetzten Räumbooten acht Minen geschnitten und von den Minensuchbooten und der *Kaiser* ohne Erfolg beschossen. Die Minen treiben ab.
Mit der geschilderten doppelten Sperrlegung am 24. V. 1942 ist der Einsatz der Minenschiffe im Bereich des F. d. M. Ost zunächst beendet. Die *Roland* und die *Kaiser* werden am 25. V. 1942 von Kotka nach Helsinki verlegt. Hier wird die *Roland* am 30. V. 1942 von der Gruppe Nord zum Mineneinsatz in der Nordsee abgerufen. Das Schiff läuft aus und geht zur Minenübernahme nach Swinemünde.

5.3.57 **Die Nordsee-Sperre 15 a ANTONIUS**

Unter der Gesamtleitung des BSN sind zur Verstärkung des „Westwalles" die Sperren 15 a ANTONIUS und 13 a JULIUS auszulegen. Es handelt sich um Ergänzungssperren im eigenen, bei Kriegsausbruch bekanntgegebenen Nordsee-Minenwarngebiet. Minenträger sind die Minenschiffe *Roland* und *Cobra*. Die Führung hat der Kommandant der *Roland*, Fregattenkapitän K. v. Kutzleben. Die 8. R.-Flottille fährt mit zwölf Booten Minengeleit und U-Boot-Sicherung. Das Kanonenboot *K 1* wird als zusätzliche Sicherung zugeteilt.
Nachdem die *Roland* am 4. VI. 1942 in Swinemünde 150 EMC und die *Cobra* am 7. VI. 1942 die gleiche Menge in Frederikshavn übergenommen haben, sammelt der Verband am 8. VI. 1942 auf Frederikshavn-Reede. Schlechtwetterlage und Minenverdacht im Sperrgebiet verzögern die Unternehmung, so daß der Verband erst am 14. VI. 1942 von Frederikshavn nach Kristiansand-Süd, dem Absprunghafen für diese Unternehmung, verlegt.
Auf den Stichwortbefehl des BSN laufen die Schiffe am 15. VI. 1942, 04.00, zum Sperrewerfen aus. Der Weg führt über Hanstholm nach Westen und wird auf flachem Wasser durch ein KFRG-Geleit der 13. MS.-Flottille gesichert, die dem Verband von Tyboroen entgegengelaufen ist. Ab 10.25 ist auch Jagdschutz durch zwei ME 109 zur Stelle. 17.00 wird die 13. MS.-Flottille entlassen. An ihre Stelle setzen sich sechs Boote der 8. R.-Flottille mit SDG vor den Verband. Die sechs weiteren Boote dieser Flottille bilden seitliche Sicherung. 19.00 ist der Jagdschutz beendet. Das ist die Wetterlage: Wind O 2 bis 3, See 1 bis 2, diesig. Zwei Räumboote drehen nach Süden ab. Sie können die Marschfahrt von 14 kn mit Gerät nicht voll halten.
20.59 hat die *Cobra* Ruderversager und Kreiselkompaßstörung; auch die Fernsprechanlage ist stromlos. Das Schiff steht in diesem Augenblick in Backbord-Dwarslinie zur *Roland*. Sein klemmendes Ruder liegt auf 10° Steuerbord. Der Seitenabstand zur *Roland* beträgt 400 m. Die *Cobra* gibt sofort mit der Dampfpfeife ein Warnsignal für den Ruderversager und meldet die Ruderlage, stoppt die Fahrt und wirkt mit der Maschine der Steuerborddrehung entgegen. Zwei Minuten später ist die Ruderanlage wieder klar. Alle Störungen sind beseitigt.
Die Sperre 15 a ANTONIUS wird am 16. VI. 1942 planmäßig ausgelegt mit Wurfkreis 184° rw. von
56° 30′ N, 5° 12′ O nach
56° 18′ N, 5° 10′ O.
Siehe Skizze 1, Seite 20.
Dabei weht NO-Wind in den Stärken 2 bis 3; die See läuft in den Stärken 1 bis 2; es ist leicht diesig.
Der Rückmarsch führt ab 55° 53′ N über den Weg Blau. Die Räumboote nehmen von hier ab das Gerät ein und bilden Sicherungsgürtel. Das Wetter verschlechtert sich. Der Wind dreht auf N 4 bis 5; die See hat die Stärken 3 bis 4. Es ist dunstig, und es regnet; später springt der Wind auf W 5 bis 6 um. Es ist weiter diesig und zum Teil sogar neblig. Mit Sperrbrechergeleit wird der Marsch am 16. VI. 1942, 24.00, in Wesermünde beendet.

5.3.58 **Die Nordsee-Sperre 13 a JULIUS**

In den frühen Morgenstunden des 17. VI. 1942 haben die *Roland* und die *Cobra* in Wesermünde je 150 EMC übernommen. 08.00 ist seeklar. Die Schiffe laufen unter Führung des Kommandanten der *Roland* aus.

09.00 übernimmt der Sperrbrecher *Sp 173* ex *Westland* das Grundminengeleit bis zum Punkt „Z" auf 54° 13,6′ N, 7° 15′ O etwa 25 sm westlich Helgoland. Bis dahin ist mäßige Sicht, zum Teil herrscht auch starker Nebel.
In Fortsetzung der am 16. VI. 1942 durchgeführten Verstärkung des „Westwalles" durch die Sperre 15a soll südlich davon die Sperre 13a JULIUS ausgelegt werden. Wegen der harten Wetterlage mit Wind aus W in Stärken 5 bis 6 und einer See in Stärken 3 bis 4 kommen die Räumboote der 8. R.-Flottille als Sicherungsgeleit nicht in Betracht. Außer dem Kanonenboot *K 1* sind dem Verband als Sicherung noch zwei Flakjäger zugeteilt. 18.35 stellt sich heraus, daß bei der mit Rücksicht auf die Flakjäger eingehaltenen Marschfahrt von 12 kn die im Sperrbefehl angesetzten Zeiten wesentlich überschritten werden. Die Flakjäger erhalten deswegen Befehl, auf dem Marschweg zu folgen und dem zurückkehrenden Verband entgegenzulaufen. Der Verband geht nun auf 15 kn Marschfahrt. Auf dem Vormarsch werden schnell wechselnde Wetterverhältnisse angetroffen, die aber den Marsch nicht beeinträchtigen. Drei treibende deutsche EMC – sie sind stark verrostet – werden gesichtet. 23.53 ist der Punkt „W" erreicht, und kurz nach Mitternacht vom 17. zum 18. VI. 1942 wird die Sperre 13a JULIUS planmäßig von
55° 42′ N, 5° 30′ O nach
56° 00′ N, 5° 30′ O
auf Wurfkurs 0° geworfen. Der Wind kommt aus N in Stärken 2 bis 3; die See hat die Stärke 1 bis 2; die Sicht ist klar.
Siehe Skizze 1, Seite 20.
Auf dem Rückmarsch stoßen die Flakjäger wieder zum Verband. Ab Punkt „Z" ist der Sperrbrecher *Sp 173* ex *Westland* zur Stelle und übernimmt für die *Cobra* das Grundminengeleit bis Cuxhaven. Das Schiff bekommt Werftliegezeit. Die *Roland* und die *K 1* setzen ab Feuerschiff Elbe 2 den Marsch nach Wesermünde fort und laufen dort 23.40 ein. Der BSN spricht am 19. VI. 1942 den beteiligten Kommandanten und Besatzungen für den geleisteten Einsatz im Minenwarngebiet seinen Dank aus. Für die *Roland* folgt bis zur nächsten Minenaufgabe ein Ausbildungsabschnitt mit Artillerieschießen in der Nordsee von Wilhelmshaven aus.

5.3.59 **Die Minensperre 6a THUSNELDA**

Auf Befehl des BSN ist im Nordsee-Minenwarngebiet wiederum eine zweireihige Minensperre mit einer davorliegenden Sprengbojenreihe zu werfen. Die Minenschiffe *Roland* und *Ulm* sind die Minenträger, die Minensuchboote *M 82* und *M 102* die Sprengbojenträger. Die Führung hat der Kommandant der *Roland*. Jedes Schiff nimmt 200 EMC, jedes Minensuchboot 200 Sprengbojen D an Bord. Die *Roland* liegt am 6. VII. 1942 morgens in Wesermünde, die *Ulm* in Cuxhaven. Beide Minenschiffe treffen sich 13.45 vor den Flußmündungen und setzen im Grundminengeleit durch den Sperrbrecher *Sp 173* ex *Westland* mit dem Flakjäger *FJ 22* den Marsch gemeinsam fort. Die Sprengbojen tragenden Minensuchboote haben sich angeschlossen, und als Sicherung sind von der 22. MS.-Flottille die Minensuchboote *M 301, M 321, M 322* und *M 382* zugeteilt. Von 14.12 bis 16.10 besteht Jagdschutz durch zwei ME 109. Das Grundminengeleit endet um 19.45. Der Sperrbrecher *Sp 173* ex *Westland* und der Flakjäger *FJ 22* werden entlassen. 23.00 bringen vier Minensuchboote vor den Minenschiffen ihr Gerät aus. Es ist Wind aus SSW in Stärken 3 bis 4; die See hat 3, und die Sicht ist bei bedecktem Himmel mittelmäßig.
Der Kurs wird, wie üblich, nach Funkpeilung und Echolot auf der Seekarte mitgekoppelt. Wichtig ist, vor dem Eintritt in das eigene Minenwarngebiet den genauen Schiffsort zu haben, um mit eigenen Sperren nicht in Kontakt zu kommen. Auch soll die zu werfende Sperre nach Plan gelegt werden. Als die Wolkendecke vorübergehend aufreißt, wird auf der *Roland* der Polarstern gesichtet und dessen Höhe gemessen, womit sich die geographische Breite des Schiffsortes ergibt. Der nach der Fahrtstufe mitgekoppelte Schiffsort lag 5 sm nördlicher und wird um diese Strecke zurückverlegt. Einige Stunden später wiederholt sich der Vorgang. Wiederum wird der Schiffsort auf der Karte um 5 sm zurückgesetzt. Die Richtigkeit dieser Maßnahme ergibt sich bei einem Besteckvergleich mit der *Ulm.* Diese hat bei der zweiten Beobachtungsmöglichkeit außer dem Polarstern noch einen zweiten Stern gesichtet und dessen Höhe gemessen. Damit konnte das Minenschiff *Ulm* ein Besteck errechnen, dessen Breite mit der Beobachtung auf der *Roland* übereinstimmte. Entgegenstehender Strom hat die Fahrt über den Grund auf der fast 100 sm langen Strecke seit dem Verlassen der Flußmündungen erheblich verzögert. Nun, nach genauer Schiffsortbestimmung, kann der Wurfverband unbeschwert in das Minenwarngebiet eintreten, um die Aufgabe nach Plan durchzuführen.
Kurz nach Mitternacht wird am 7. VII. 1942, 00.48, auf Wurfkurs gegangen und die Sperre 6a THUSNELDA von 00.56 bis 03.05 geworfen. Sie liegt über Weg II von
54° 54,6′ N, 5° 45′ O nach
54° 36,2′ N, 5° 23′ O.
Siehe Skizze 1, Seite 20.
Während des Rückmarsches übernehmen ab 07.00 zwei Me 109 den Jagdschutz beim Verband. Die vier Minensuchboote nehmen 07.26 ihr Gerät auf, und dem Sperrbrecher *Sp 173* fällt ab 08.23 das Grundminengeleit zu. 16.35 machen beide Minenschiffe in Wilhelmshaven fest.

Für die *Roland* folgt bis Ende Juli eine Zeit kleiner Instandsetzungsarbeiten in der Kriegsmarinewerft Wilhelmshaven, während sich das Minenschiff *Ulm* auf einen neuen Mineneinsatz vorbereitet, zu dem sich der F. d. Minsch. auf der *Ulm* einschifft.

5.3.510 **Die Versuchssperre XV OPPELN im Skagerrak**

Ab 1. VIII. 1942 steht das Minenschiff *Roland* dem BSO zum Auslegen einer Versuchssperre im Skagerrak zur Verfügung. Das Schiff geht dazu am 2. VIII. 1942 von Wilhelmshaven nach Kiel und wird dort mit 50 LMF beladen. Der Weitermarsch führt nach Frederikshavn-Reede, wo am 8. VIII. 1942 geankert wird.
Unter Sicherung durch das Kanonenboot *K 1* und das Versuchsboot *Sundewall* ex *M 109* läuft die *Roland* am 13. VIII. 1942, 17.00, zum Sperrfeld aus, das im Westraum des Skagerrak-Warngebietes gelegen ist. Nach dem Minenwerfen werden 21 Detonationen beobachtet, ein ähnlicher Vorgang, wie ihn das Schiff am 8. I. 1942 nach dem Auslegen der Sperre VI HALBERSTADT im Skagerrak erlebt hatte. Damals waren von den gelegten EMF fast alle Minen nach dem Werfen detoniert.
Das Minenschiff *Roland* steht nach dieser Sperrlegung wieder dem BSN für Minenaufgaben in der Nordsee zur Verfügung. Es marschiert zu diesem Zweck unter der Sicherung durch das Kanonenboot *K 1* vom 15. bis 18. VIII. 1942 von Frederikshavn über Kiel nach Wilhelmshaven. Siehe Skizze 67 a, Seite 178.

5.3.511 **Die Nordsee-Sperre 5 a ELEANOR**

Seit dem ersten Auslegen von Minensperren im Nordsee-Minenwarngebiet sind fast drei Jahre vergangen. Ein großer Teil der damals geworfenen Ankertauminen wird nicht mehr stehen. Zur Verdichtung der noch vorhandenen Minenlage sollen die Sperren 5 a und 10 a als mehrreihige Sperren dazugelegt werden. Die Aufgabe wird den Minenschiffen *Roland, Kaiser* und *Skagerrak* unter Führung des Kommandanten der *Roland,* Kapitän z. S. K. v. Kutzleben, übertragen. Nach dem Sperrbefehl des BSN ist die Sperre 5 a ELEANOR zu werfen von
54° 11′ N, 4° 38′ O nach
54° 31′ N, 4° 52′ O.
Siehe Skizze 1, Seite 20, und Skizze 60.
Die Sperrlänge ist mit 21,5 sm angegeben, der Sperrkurs soll 202,5° sein. Bei der Minenübernahme in Wilhelmshaven nimmt die *Roland* 210 EMC an Bord. Die *Kaiser* erhält 260 UMA, die *Skagerrak* 150 Reißbojen. Zum Wurfverband gehören außerdem die Minensuchboote *M 82, M 102* und *M 20.* Jedes Boot wird mit 135 Sprengbojen D beladen. Die Sprengbojen und

Skizze 60: Deutsches Nordsee-Minenwarngebiet

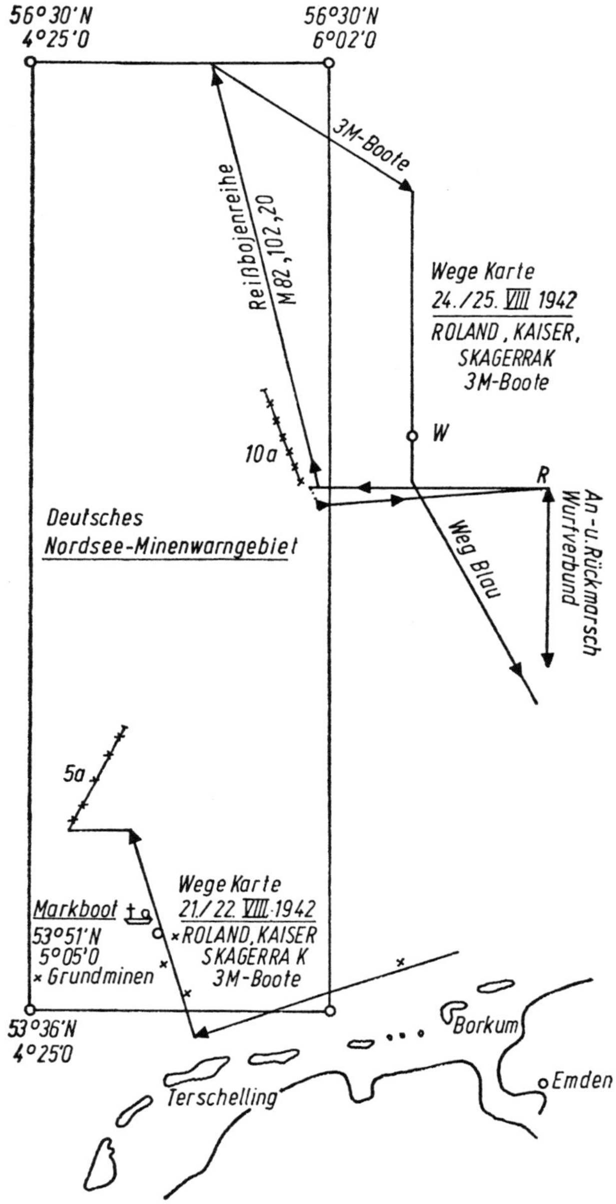

Reißbojen erhalten eine Tiefeneinstellung von − 7 m, die EMC und UMA eine solche von − 3,5 m.
Die *Roland* hat als Richtungsschiff die am weitesten östlich gelegene Sperreihe zu werfen. 300 m westlich davon wirft die *Kaiser* ihre UMA-Reihe, und je 150 m westlich davon folgen die Reißbojen und Sprengbojenreihen der *Skagerrak* und der Minensuchboote. Zur Erleichterung der Navigation im eigenen Minenwarngebiet ist ein Markboot auf 53° 51′ N, 5° 5′ O ausgelegt, das beim Anmarsch zum Sperrfeld und auch beim Rückmarsch nach dem Sperrewerfen anzu-

steuern ist. Als Flakschutz dienen dem Wurfverband das Kanonenboot *K 1* und die beiden Minensuchboote *M 341* und *M 342* von der 21. MS.-Flottille. Gegen Grundminen sichern die Sperrbrecher *Sp 11* ex *Belgrano* und *Sp 17* ex *Templar,* begleitet von ihren Flakjägern *FJ 22* und *FJ 24.* Die Sicherung gegen Ankertauminen liegt bei der 8. R.-Flottille mit den 12 Booten *R 92* bis *R 103.* Es ist somit ein stattlicher Verband von 25 Schiffen und Booten, der am 21. VIII. 1942 die Jade zum Marsch ins Warngebiet verläßt. Der BSN selbst, Kapitän z. S. J. Plath, hat sich zu seiner Unterrichtung auf der *Roland* eingeschifft, während die Führung des Verbandes beim Kommandanten der *Roland* verbleibt.
Noch vor dem Eintritt ins Warngebiet räumt der Sperrbrecher *Sp 11* die erste Grundmine auf 53° 45,1′ N, 6° 20,7′ O, etwa 14 sm nordwestlich von Borkum. Im Warngebiet etwa 15 sm nördlich Terschelling wird vom Sperrbrecher *Sp 11* eine zweite Grundmine auf 53° 45′ N, 5° 7′ O geräumt. Nach Passieren des Markbootes bleiben die Sperrbrecher zurück und stehen auf und ab in Wartestellung bis zur Rückkehr des Verbandes vom Sperrewerfen und Wiederaufnahme des Sperrgeleites. In dieser Zeit werden vom Sperrbrecher *Sp 11* noch zwei weitere Grundminen geräumt auf 53° 37,5′ N, 5° 13′ O und 53° 49,6′ N, 5° 8′ O.
Der Wurfverband hat kurz vor Erreichen des Sperrfeldes Wurfformation eingenommen. Vor den nun in Dwarslinie stehenden 3 Minenschiffen sichern 3 Räumbootsgruppen mit ausgebrachtem Gerät. Der Verband läuft zunächst die Wurfstrecke ab bis zum nördlichen Endpunkt, ohne auf Gegnerminen zu stoßen. Dabei wirft *Roland* als rechtsaußenstehendes Richtungsschiff eine Bojenreihe mit befeuerten Zeitsinkbojen. Am Endpunkt der Wurfstrecke macht der Verband kehrt, die Räumbootsgruppen setzen sich nach einer Schwenkung wieder vor die Minenschiffe, die nun die Sperre 5a (ELEANOR) zusammen mit den 3 Minensuchbooten werfen in Anlehnung an den beleuchteten Bojenstrich auf 0,5 sm genau. – Nach der Sperrlegung geht der Rückmarsch über die Markbootposition und im Sperrgeleit der wieder vorgesetzten Sperrbrecher 17 und 11 nach Wilhelmshaven, wo die Schiffe und Boote am 22. VIII. 1942 um 21.30 einlaufen. Vor seinem Vonbordgehen erklärt der BSN noch die Veranlassung für sein Einsteigen bei dieser Unternehmung. Er hatte den Beginn der Aktion auf einen Freitag festgesetzt. Da nach seiner Meinung die Seeleute vielfach recht abergläubisch veranlagt sind, wollte er mit seiner Anwesenheit abträglichen Emotionen entgegenwirken. Man kann unterstellen, daß dies gelungen ist. Der Befehlshaber wurde von der Besatzung freudig begrüßt. Wenn dann auch einige Grundminen explodierten, zeigten sich keine Depressionen. Letzten Endes ging alles klar!

5.3.512 **Die Nordsee-Sperre 10 a (5. KOLONNE)**

Die Minenschiffe *Roland, Kaiser* und *Skagerrak* haben am 23. 8. 1942 Minenübernahme in Wilhelmshaven. Die *Roland* erhält 300 EMC, die *Kaiser* 260 UMA, und die *Skagerrak* wird mit 400 Sprengbojen D ausgerüstet. Die Minensuchboote *M 82, M 102* und *M 20* erhalten je 40, zusammen 120 Reißbojen.
Der Sperrbefehl des BSN sieht für die Minenschiffe eine Sperrlegung vor von
55° 18′ N, 5° 55′ O nach
55° 36′ N, 5° 43′ O.
Siehe Skizze 1, Seite 20, und Skizze 60, Seite 150.
Die Tiefeneinstellung ist für die Minen auf −3,5 m, für die Spreng- und Reißbojen auf −7 m befohlen. Die *Roland* hat die ostwärtige Minenreihe zu werfen, die *Kaiser* die mittlere Reihe 300 m westlich davon, und die *Skagerrak* legt die Sprengbojenreihe 150 m westlich der UMA-Reihe feindwärts.
Unabhängig von der Sperrlegung der Minenschiffe haben die 3 Mienensuchboote ihre Reißbojenreihe zu werfen von 55° 18′ N, 6° 0′ O über 55° 57′ N, 5° 45′ O nach 56° 30′ N, 5° 30′ O. Die Sperrlänge erstreckt sich über 72,5 sm, und der Reißbojenabstand in der Reihe soll 1140 m betragen.
In der gleichen Zusammenstellung wie beim Anmarsch zur Sperre 5a verläßt der Wurfverband am 24. VIII. 1942 um 06.00 Wilhelmshaven-Reede unter Führung des Kommandanten der *Roland.* Vom Stabe des BSN sind der Chef des Stabes auf der *Roland* und der 1. Admiralstabsoffizier auf der *Skagerrak* zur Unterrichtung eingestiegen.
Anmarsch und Sicherung vollziehen sich ähnlich wie bei der vorhergehenden Sperrlegung, nur geht der Kurs diesmal nach Verlassen der Jade nicht westwärts, sondern nach Norden. Nach Eintritt ins eigene Warngebiet wird Wurfformation gebildet und das gleiche Verfahren angewendet wie bei Sperre 5 a. Erst wird der Sperrkurs von Süd nach Nord abgelaufen mit vorgesetztem Minengeleit durch die Räumbootsgruppen der 8. R.-Flottille, wobei die *Roland* als ostwärts stehendes Richtungsschiff die befeuerte Zeitsinkbojenreihe abwirft.
Am Ende der Wurfstrecke macht der Verband kehrt und führt mit wieder vorgesetztem Minengeleit die Sperrlegung 10a 5. KOLONNE in Anlehnung an den beleuchteten Bojenstrich durch. Nach Meldung der *Roland* liegt die Sperre auf 0,5 sm genau. Auf dem Rückmarsch erhalten die Minenschiffe verschiedene Marschziele. Die *Kaiser* soll nach Wesermünde, die *Skagerrak* nach Swinemünde und die *Roland* nach Kiel. Die Schiffe trennen sich vor der Jade. Hier gehen der Chef des Stabes und der A I BSN von Bord. Ein Torpedoboot holt sie ab.
Die drei Minensuchboote *M 82, M 102* und *M 20* haben

bei 53° 18′ N, 6° 0′ O den Wurfverband kurz vor dem Südpunkt der Sperre 10 a verlassen und mit dem Werfen der langen Reißbojenreihe begonnen. Ihre Aufgabe ist bei 56° 30′ N, 5° 30′ O beendet. Während des Werfens und auf dem Rückmarsch ergab sich keine Störung.
Mit der Durchführung der Sperrlegungen 5 a und 10 a sind die Sperrvorhaben zur Verstärkung des „Westwalles" für 1942 beendet. Bis zum nächsten Mineneinsatz im Raum Admiral norwegische Westküste erledigt die *Roland* Ausbildungsdienst und Schießübungen vor Saßnitz und verlegt am 8. IX. 1942 nach Swinemünde.

5.3.513 **Die UMB-Sperre RIGEL**

Am 12. IX. 1942 werden die Minenschiffe *Roland, Kaiser* und *Skagerrak* zur Verfügung Admiral Norwegen gestellt. Zum Schutze des Schiffahrtsweges im Raum Admiral Westküste gegen feindliche U-Boote ist ein UMB-Riegel auszulegen, der aus mehreren Teilstücken besteht. Die Führung des Wurfverbandes obliegt dem Kommandanten der *Roland*. Die Beladung der *Roland* mit 238 UMB und der *Skagerrak* mit 130 UMB erfolgt in Swinemünde. Beide Schiffe marschieren vom 18. bis 21. IX. 1942 von Swinemünde nach Kristiansand-Süd, dem Ausgangshafen für die geplanten Sperrvorhaben.
Die Sperre RIGEL, Teil I,
wird am 22. IX. 1942 bei Tage geworfen. Auf die *Skagerrak* entfällt das Sperrstück 1, auf die *Roland* das Sperrstück 2. Die Sicherung stellt die 17. UJ.-Flottille.
Nach Durchführung der Aufgabe marschieren beide Schiffe zusammen nach Kiel. Hier wird die *Skagerrak* neu beladen, während die *Roland* am 25. IX. 1942 in Cuxhaven 165 UMB an Bord nimmt. Das Schiff verlegt anschließend nach Kiel. Hierhin hat am 23. IX. 1942 auch das Minenschiff *Kaiser* nach der Beladung in Wesermünde verlegt. Die Minenschiffe *Roland, Kaiser* und *Skagerrak* marschieren am 26. und 27. IX. 1942 im Verband nach Kristiansand-Süd.
Die Sperre RIGEL, Teil II,
wird am 28. IX. 1942 von den Minenschiffen *Roland* und *Kaiser* ausgelegt. Dabei wirft die *Roland* 45 UMB im Sperrstück 3 und 132 UMB im Sperrstück 3 a. Das Minenschiff *Kaiser* ist beim Sperrstück 3 beteiligt. Es wirft außerdem das Sperrstück 4 und wird danach zum F. d. M. Ost entlassen. Die *Roland* geht nach Kristiansand-Süd zur Beladung.
Die Sperre RIGEL, Teil III,
ist Aufgabe der *Roland* und der *Skagerrak*. Die Schiffe laufen am 29. IX. 1942, 22.00, von Kristiansand-Süd aus. Die *Roland* wirft 132 UMB im Sperrstück 5, die *Skagerrak* legt das Sperrstück 6. Am 30. IX. 1942 liegen die Schiffe um 10.55 in Stavanger. Die Sicherung beim Legen der Sperren RIGEL II und RIGEL III stellt wiederum die 17. UJ.-Flottille.
Nach diesen Sperrlegungen sind die Minenaufgaben beim Admiral Westküste durchgeführt. Die *Roland* und die *Skagerrak* treten den Rückmarsch nach Kiel an. Die *Roland* geht in die Werft und meldet am 8. X. 1942 im Betrieb des Norddeutschen Lloyd, Bremerhaven, ihre AKB. Sie kommt 1942 nicht mehr zum Einsatz.

5.3.6 **Das Minenschiff »Kaiser«**

Nach der Rückkehr aus dem Finnlandeinsatz am 17. XI. 1941 und dem Einlaufen in Swinemünde hat das Minenschiff *Kaiser* die Stülckenwerft, Hamburg, aufgesucht und Ende November 1941 mit der großen Werftliegezeit begonnen. Diese endet am 15. III. 1942. An diesem Tage läuft das Schiff in Wesermünde ein und erledigt in der zweiten Märzhälfte Fahrübungen und Ausbildungsdienst. Anfang April steht das Schiff dem Admiral Norwegen für Minenaufgaben zur Verfügung.

5.3.61 **Die UMB-Sperre im Seegebiet Halten**

Nach Minenübernahme in Cuxhaven und dem Marsch nach Drontheim legt die *Kaiser* am 9. IV. 1942 eine UMB-Sperre zum Schutze des Schärenweges und der Zufahrt nach Drontheim gegen feindliche U-Boote im Seegebiet Halten. Das Schiff verließ Drontheim 03.00 und lief 15.30 in Drontheim wieder ein. Die Sperrlegung erfolgte somit bei Tage.

5.3.62 **Die UMB-Sperre 2 a**

Zum Schutze der Zufahrten nach Drontheim und des Schärenweges sind im Bereich des Admirals norwegische Nordküste unter Führung des F. d. Minsch. Gruppe Nord auf der *Brummer* von Kristiansund-Nord aus vier Sperren zu werfen. Eine davon ist die UMB-Sperre 2 a, die von der *Kaiser* mit 187 UMB allein auszulegen ist.
Die *Kaiser* verlegt am 19. IV. 1942 im Verband mit der *Brummer* von Drontheim nach Kristiansund-Nord, wo nun mit der *Ulm* und der *Roland* vier Minenschiffe für die Durchführung der Sperrlegungen versammelt sind. Drei Sperren werden am 20. IV. 1942 von der *Ulm,* der *Brummer* und der *Roland* ausgelegt und, soweit es sich um tiefstehende U-Boot-Sperren handelt, auf Flachstände nachgeprüft. Danach wirft die *Kaiser* am 24. IV. 1942 bei Tage die UMB-Sperre 2 a.
Auch bei dieser Sperre werden die Minenstände sofort nach dem Werfen durch die 4. MS.-Flottille überprüft. Dabei wird eine UMB durch Zersägen des An-

kertaus geräumt. Die Mine war unscharf; die Salzstückverzögerung hatte nicht gearbeitet. Die *Kaiser* läuft anschließend mit der 4. MS.-Flottille in Drontheim ein und meldet die Sperrlage von
63° 8,0′ N, 7° 16,5′ O nach
63° 13,0′ N, 7° 16,2′ O.

5.3.63 Die Sperren NASHORN und SEEIGEL im Finnischen Meerbusen

Auf Befehl der Gruppe Nord wird die *Kaiser* am 26. IV. 1942 von Drontheim nach Pillau in Marsch gesetzt, wo das Schiff am 5. V. 1942 einläuft und mit 140 EMC beladen wird. Von da ab ist es dem F. d. Minsch. Ost unterstellt und läuft noch am gleichen Tage im Verband mit der *Roland* nach Helsinki aus. Unter Führung des *Roland*-Kommandanten ist die *Kaiser* bei sechs Minenunternehmungen der NASHORN- und SEEIGEL-Sperren am 9. und 10. V. und 20. und 24. V. 1942 beteiligt. Näheres siehe bei der *Roland* (Seite 146–148). Nachdem das Minenschiff *Roland* am 30. V. 1942 aus dem Ostraum zurückgezogen ist, steht dem F. d. M. Ost die *Kaiser* als einziges Minenschiff zur Verfügung. Es liegt abwechselnd in Reval und Helsinki in Bereitschaft. In der zweiten Junihälfte 1942 führt es zwei Minentransporte vom Sperrzeugamt Peyse bei Pillau nach Reval durch. Anfang Juli kommt es zum Mineneinsatz.

5.3.64 Die NASHORN-Sperre 9

Die NASHORN-Sperre 9 legt die *Kaiser* gemeinsam mit dem finnischen Minenleger *Riilahti* aus. Anschließend laufen beide Schiffe am 3. VII. 1942, 09.30, in Reval ein. Am folgenden Tage wird die *Kaiser* nach dem Westen abgerufen und marschiert über Neufahrwasser und Kiel zur Beladung nach Wilhelmshaven.

5.3.65 Die Nordsee-Sperren SW 11, SW 10, SW 9 KASPAR

Im Verband mit der *Ulm* und der *Brummer* unter der Führung des F. d. Minsch. auf der *Ulm* ist die *Kaiser* am 13. und 14. VII. 1942 beim Auslegen der Sperren SW 11, SW 10, SW 9 beteiligt. Einzelheiten siehe beim Führungsschiff *Ulm* (Seite 128).

5.3.66 Die Nordsee-Sperren SW 8 und SW 7 KOBOLD

Nach der Unternehmung KASPAR ist der Wurfverband mit der *Ulm,* der *Kaiser* und der *Brummer* in Rotterdam eingelaufen. Hier erhält die *Brummer* ihre Werftliegezeit, während die *Kaiser* und die *Ulm* zum Auslegen der Nordsee-Sperren SW 8 und SW 7 erneut beladen werden. Dazu erhalten die *Kaiser* 170 EMC und die *Ulm* 270 EMC an Bord. Die Minensuchboote *M 82* und *M 102* nehmen an der Sperrlegung teil und werden zum Werfen der Bojenreihe mit je 200 Sprengbojen beladen.
Auf das Stichwort KOBOLD läuft der Wurfverband am 15. VII. 1942, 18.00, aus Rotterdam aus. Die 8. R.-Flottille übernimmt die Sicherung mit elf Booten. Fünf dieser Boote setzen sich um 19. 00 mit ausgebrachtem Gerät vor den Verband. Ab 20.07 bis 22.18 ist durch zwei F.W.-Jäger Jagdschutz zur Stelle. Es ist WNW 2, See 1 bis 2 und gute bis mäßige Sicht, als um Mitternacht vom 15. zum 16. VII. 1942 die Sperrlegung der Sperre SW 8 beendet wird. Auf Sperrkurs 191° hat die *Ulm* in dieser Sperre 180 EMC geworfen von
52° 24,2′ N, 3° 20′ O nach
52° 5,3′ N, 3° 13,9′ O.
Während des Werfens detonieren achteraus drei der geworfenen Minen. 23.48 wird ein Flugzeug auf kurze Entfernung vor dem Verband gesichtet. Zehn Minuten später werden Flugzeuggeräusche an Backbord wahrgenommen.
Auf dem Weitermarsch zur Sperre SW 7 ist von 00.45 bis 01.46 Luftgefahr. Es herrscht Wind aus SSW in Stärke 3, See in Stärke 2 und eine mäßige bis gute Sicht, als die Sperre SW 7 gelegt wird von
52° 5,8′ N, 3° 8,4′ O nach
51° 55,9′ N, 3° 3,0′ O.
Die Sperrlänge ist bei SW 8 mit 16,2 sm angegeben, bei SW 7 mit 8,2 sm. Die *Ulm* hat bei der Sperrlegung SW 7 die restlichen 90 EMC geworfen. Auf dem Rückmarsch ist in der Zeit von 05.50 bis 05.58 nochmals Luftgefahr. Ab 06.12 ist der Jagdschutz zur Stelle. 08.00 machen die Schiffe in Rotterdam fest.

5.3.67 Die Nordsee-Sperre SW 6 SATAN

Zum Auslegen der Sperre SW 6 werden die Minenschiffe *Kaiser* und *Ulm* mit je 125 EMC beladen. Die *Ulm* erhält außerdem 100 Reißbojen an Bord. Für die Bojenreihe nehmen die Minensuchboote *M 82* und *M 102* je 200 Sprengbojen D an Bord. Unter Führung des Kommandanten der *Kaiser,* Korvettenkapitän d. R. H. Bohm, legt der Wurfverband in gleicher Zusammensetzung wie bei den Sperren SW 8 und SW 7 am 17. VII. 1942, 18.00, in Rotterdam ab. 20.00 ist Jagdschutz zur Stelle. 20.52 setzen sich fünf Räumboote der 8. R.-Flottille mit Gerät vor den Verband. 22.15 wird der Jagdschutz entlassen.
Das Wetter verschlechtert sich. Um 24.00 kommt der Wind aus NW in Stärken 6 bis 7; die See hat 3 bis 4; es ist bedeckt bei heftigen Regenböen. Wind und See

nehmen zu. Nach Mitternacht zum 18. VII. 1942 hat der NW-Wind bereits 7 bis 8 und der Seegang 6. Unter solchen Verhältnissen entschließt sich der Führer des Wurfverbandes, das Unternehmen abzubrechen, da die Räumboote nicht mehr mit ausgebrachtem Gerät fahren können. Der Verband geht auf Gegenkurs und passiert 06.46 Hoek van Holland einlaufend. 08.20 liegen die Schiffe und Boote in Rotterdam fest.
Nach Besserung der Wetterlage läuft der Verband am 21. VII. 1942, 18.00, wieder aus. Es herrscht Wind aus SW in Stärke 3, die See hat 2. Es ist bedeckt und mäßige Sicht. Die Sperre SW 6 SATAN wird am 22. VII. 1942 von 01.27 bis 02.19 auf Wurfkurs 12° geworfen von
51° 48,3′ N, 2° 39,6′ O nach
51° 37,5′ N, 2° 35,7′ O.
Die Länge der Sperre ist mit 11,2 sm angegeben. Die Minen haben 200 m AT mit 15 m untere Antennenzündung. Sie sind auf − 2,5 m unter mittlerem Springniedrigwasser eingestellt worden.
Auf dem Rückmarsch schließt sich die *Ulm* bei Hoek van Holland einem Geleit nach Wesermünde an. Der übrige Teil des Wurfverbandes geht nach Rotterdam. Die *Kaiser* muß zur Kesselreinigung und verlegt dazu nach Wesermünde. Bis zum 18. VII. 1942 ist das Schiff AKB.

5.3.68 Die Nordsee-Sperren 5 a und 10 a

Bei diesen Sperrlegungen ist das Minenschiff *Kaiser* vom 21. zum 22. VIII. und vom 24. zum 25. VIII. 1942 beteiligt. Näheres siehe beim Führungsschiff *Roland*. Siehe Seite 150–153.
Anschließend führt die *Kaiser* einen Ausbildungsabschnitt in Wesermünde durch und steht ab 12. IX. 1942 zur Verfügung des Admirals Norwegen.

5.3.69 Die UMB-Sperre RIGEL, Teil II

Die Sperre RIGEL, Teil II, wird am 28. IX. 1942 vor der norwegischen SW-Küste im Verband mit der *Roland* als Führungsschiff geworfen. Näheres siehe bei der *Roland* (Seite 152). Die *Kaiser* steht danach dem F. d. M. Ost zur Verfügung und verlegt nach dem Finnischen Meerbusen.

5.3.610 Alarmbereitschaft in Kotka

Nach ihrer Unterstellung unter den F. d. M. Ost verlegt die *Kaiser* am 30. IX. 1942 von Kristiansand-Süd nach Pillau, geht von dort zur Beladung nach Swinemünde und läuft am 12. X. 1942 aus nach Kotka. Aufgabe des Schiffes ist es, je nach Lage schnell zu einer Minensperrung herangezogen werden zu können. Ein Mineneinsatz erfolgt jedoch nicht. Das Schiff wird am 2. XII. 1942 vom F. d. M. Ost zur Werftliegezeit bei der Deutschen Werft, Hamburg, entlassen. Vom 16. XII. 1942 bis Mitte März 1943 ist es AKB.

5.3.7 Das Minenschiff »Skagerrak«

Am 4. X. 1941 war das Minenschiff *Skagerrak* von einem Minentransport nach Finnland zurückgekehrt und in Swinemünde eingelaufen. Das Schiff hat danach vom 5. X. 1941 bis zum 30. XI. 1941 dem 2. Admiral U-Boote für Schulzwecke zur Verfügung gestanden und anschließend in Kopenhagen seine Werftliegezeit gehabt. Am 1. V. 1942 verlegt es zur Erledigung von Restarbeiten von Kopenhagen nach Swinemünde und ist ab 15. V. 1942 wieder für den Minenkrieg einsatzbereit.

5.3.71 Die Sperre XI NERO im Skagerrak

Nach Herstellung seiner Kriegsbereitschaft ist das Minenschiff *Skagerrak* dem BSO für eine Sperraufgabe im Skagerrak-Warngebiet, nämlich für das Legen der Sperre XI NERO, unterstellt. Das Schiff nimmt am gleichen Tage in Swinemünde 100 EMC an Bord und tritt mit dieser Ladung am 19. V. 1942 den Marsch nach Norden an.
Die Sperrlegung erfolgt unter persönlicher Führung des BSO, Vizeadmiral H. Stohwasser, auf dem Aviso *Meteor* unter Sicherung durch das Kanonenboot *K 1* vom 22. zum 23. V. 1942. Wegen aufkommenden dichten Nebels entschließt sich der Kommandant, Korvettenkapitän d. R. Dr. med. dent. O. Wunder, die Sperre nicht zweireihig, sondern einreihig zu werfen, wie es ihm nach dem Sperrbefehl in solchem Falle freigestellt war. Die Sperrlage wird gemeldet von
57° 14,2′ N, 8° 37,5′ O nach
57° 21,2′ N, 8° 37,5′ O. Siehe Skizze 67 a, Seite 178.

5.3.72 Einsatz im Raum Admiral Norwegen

Anschließend an die Sperrlegung XI NERO wird die *Skagerrak* in Frederikshavn erneut beladen und marschiert dann nach Kristiansand-Süd. Das Schiff ist von jetzt ab dem Admiral Norwegen unterstellt. Es erhält Befehl, nach Tromsö zu verlegen. Unterwegs schifft sich in Drontheim der F. d. Minsch., Kapitän z. S. H.-C. v. Schönermark, ein, der am 31. V. 1942 in Harstadt auf sein dort liegendes Führerschiff *Ostmark* umsteigt. Am gleichen Tage geht die *Skagerrak* auf Tromsö-Reede vor Anker.

5.3.73 **Die Sperre Südfollafjord EISVOGEL**

Zum Schutze der Zufahrt zum Südfollafjord ist eine zweireihige Minensperre auszulegen von
67° 35,7′ N, 15° 4,5′ O über
67° 36,1′ N, 15° 7,2′ O nach
67° 36,6′ N, 15° 8,3′ O.
Als Minenträger sind das Minenschiff *Skagerrak* und der Minenfährprahm *F 275* bestimmt. Die Übernahme von 68 EMC mit 300 m AT und K.A. eingeschaltet erfolgt durch die *Skagerrak* in Narvik aus dem Dampfer *Kiel*. Die Hälfte der Minen ist an den Fährprahm abzugeben.
Die Sperrlegung erfolgt auf Befehl des Admirals Nordküste, dem die *Skagerrak* seit 29. VI. 1942 untersteht, auf das Stichwort EISVOGEL am 30. VI. 1942. Anschließend kehrt die *Skagerrak* nach Narvik zurück.

5.3.74 **Die Sperre Namsenfjord**

Zum Schutze der wichtigen Einfahrt in den Namsenfjord ist eine zweireihige Minensperre mit 40 EMC zu legen von
64° 36,7′ N, 10° 58,8′ O nach
64° 36,95′ N, 11° 02,0′ O.
Minenträger sind das Minenschiff *Skagerrak* und der Fährprahm *F 262* AM. Die Minen haben 300 m AT. Die K.A. ist eingeschaltet. Die Übernahme auf die *Skagerrak* erfolgt in Narvik. Die Hälfte der Minen ist in Rörvik an den beteiligten Fährprahm abzugeben. Zu diesem Zweck läuft die *Skagerrak* am 23. VII. 1942 in Rörvik ein. Die Sperrlegung erfolgt befehlsgemäß am 24. VII. 1942, wobei die Minenträger während des Anmarsches von Rörvik bis zum Eintritt in das Schärenfahrwasser vor dem Namsenfjord von den Räumbooten *R 152* und *R 150* gesichert werden. Nach Auslegen der Sperre muß der gesamte Schiffsverkehr nach Namsos durch den Rödsund und Lokkaren geleitet werden. Die Minenträger haben danach die folgende Aufgabe.

5.3.75 **Die Sperre Romsöyfjord**

Um die Einfahrt zum Romsöyfjord für den Feind zu sperren, sind die beiden zweireihigen Sperrstücke zu werfen:
Sperrstück I von
63° 28,0′ N, 8° 15,1′ O nach
63° 27,5′ N, 8° 14,2′ O;
Sperrstück II von
63° 27,5′ N, 8° 13,2′ O nach
63° 27,0′ N, 8° 14,6′ O.
Im Sperrstück I sind 14 EMC, im Sperrstück II 21 EMC auszulegen. Die Übernahme der Minen hat die *Skagerrak* in Verbindung mit der Minenübernahme für die Sperre Namsenfjord in Narvik durchgeführt und den Fährprahm *F 262* AM in Rörvik versorgt. Da die Feindlage es nicht erfordert, ist die Unternehmung ohne Sicherungsboote durchzuführen. Die Sperrstücke werden am 25. VII. 1942, wie befohlen, geworfen, und am gleichen Tage läuft der Verband um 19.00 in Drontheim ein. Am 31. VII. 1942 verlegt die *Skagerrak* nach Narvik.

5.3.76 **Die Nordsee-Sperren 5 a und 10 a ELEANOR und 5. KOLONNE**

Für diese Sperrlegungen wird die *Skagerrak* am 2. VIII. 1942 aus dem Norwegenbereich abgezogen. Das Schiff tritt unter den Befehl der Gruppe Nord, wird in Wilhelmshaven beladen und wirft im Verband mit der *Roland* und der *Kaiser* die Nordsee-Sperren 5 a und 10 a im eigenen Minenwarngebiet. Näheres siehe beim Führungsschiff *Roland*. Siehe Seite 150–153.

5.3.77 **Die U-Boot-Sperre RIGEL**

Nach den beiden Nordsee-Sperren folgt die Fortsetzung des Mineneinsatzes im Nordraum. Die *Skagerrak* übernimmt in Swinemünde 130 UMB und tritt am 18. IX. 1942 im Verband mit der *Roland* den Marsch nach Norden an. Im Rahmen der Sperrlegung RIGEL wirft die *Skagerrak* zwei Sperrstücke am 22. IX. und 29. IX. 1942. Einzelheiten siehe beim Führungsschiff *Roland* (Seite 152).

5.3.78 **Die Sperre im Raum Tromsö**

Nach der Durchführung der Minenaufgabe RIGEL geht die *Skagerrak* zur Minenübernahme nach Cuxhaven und weiter nach Kiel. Hier werden zu den in Cuxhaven übernommenen Minen weitere 44 UMB hinzugefügt. Am 15. X. 1942 liegt das Schiff wieder auf Tromsö-Reede. Es läuft am 17. X. 1942 mit vier Räumbooten aus Tromsö zum Sperrewerfen aus und kehrt nach der Durchführung der Aufgabe um 23.00 nach Tromsö-Reede zurück.

5.3.79 **Die Minensperre im Petsamo-Bereich**

Zur Vorbereitung des Legens einer Minensperre im Petsamo-Bereich läuft die *Skagerrak* am 19. X. 1942 von Tromsö nach Narvik zur MES-Prüfung. Am 23. X. 1942 erhält das Schiff hier eine Zuladung von 86 UMB. Es marschiert anschließend nach Tromsö zurück. Am

29. X. 1942 ist die *Skagerrak* mit zwei Minensuchbooten und fünf Räumbooten der 7. R.-Flottille auf dem Wege nach Kirkenes. Der Verband ankert am 30. X. 1942 im Lafjord und läuft am 31. X. 1942 in Kirkenes ein.
Am 15. XI. 1942 bricht der Kommandant der *Skagerrak*, Korvettenkapitän d. R. Dr. med. dent. O. Wunder, die angelaufene Minenunternehmung wegen zu stürmischer Wetterlage bei einer Sicht von 20 sm ab und ankert mit dem Verband auf Kirkenes-Reede. Am 19. XI. 1942 wird die Sperre gelegt. Nach Durchführung der Aufgabe untersteht die *Skagerrak* wieder dem Admiral Nordküste für eine Sperrlegung im Raume Bodö. Nach der Minenübernahme in Kirkenes läuft die *Skagerrak* am 20. XI. 1942 aus Kirkenes aus und am 29. XI. 1942 in Narvik ein. Hier erhält das Schiff den Sperrbefehl.

5.3.710 Die Minensperre im Seegebiet von Bodö

Vom 5. zum 6. XII. 1942 verlegt das Minenschiff *Skagerrak* von Narvik über Lödingen nach Bodö. Ein Wurfverband, bestehend aus der *Skagerrak* mit den Fährprähmen *F 269* und *F 271* und gesichert durch den U-Boot-Jäger *UJ 1108*, verläßt am 7. XII. 1942, 07.00, Bodö zum Sperrewerfen. Nach Durchführung der Aufgabe ankert die *Skagerrak* mit *UJ 1108* um 21.00 auf Bodö-Reede. Die beiden Fährprähme sind vorher aus dem Verband entlassen.
Damit ist der Mineneinsatz der *Skagerrak* im Nordraum für das Jahr 1942 beendet. Das Schiff tritt am 17. XII. 1942 den Marsch nach Kiel zum Einbau einer Notlenzeinrichtung an. Unterwegs gibt es am 24. XII. 1942 in Horten die restlichen Minen ab. Am 27. XII. 1942 wird Kiel erreicht. Das Schiff liegt über den Jahreswechsel in Kiel und hat Befehl von Admiral Norwegen, die vorgesehenen Werftarbeiten beschleunigt durchzuführen, denn es wird dringend zum Mineneinsatz im Nordraum gebraucht.

5.3.8 Das Minenschiff »Elsaß«

Das ehemalige französische Kanalfährschiff *Côte d'Azure*, 1930 gebaut, 3047 BRT, wurde am 24. III. 1941 in Boulogne erfaßt und zum Umbau als Minenschiff am 8. IX. 1941 nach Vlissingen geschleppt. Hier wird es in Anwesenheit des F. d. Minsch. am 18. X. 1942 von der *Hansestadt-Danzig*-Besatzung in Dienst gestellt. Der Kommandant ist Kapitänleutnant d. R. F. Dyckerhoff.
Nach Erledigung von Probefahrten und Anschießen geht die *Elsaß* von Vlissingen nach Antwerpen zu Restarbeiten in der Merkantile-Werft. Am 6. XII. 1942 soll das Schiff nach Rotterdam verlegt werden. Wegen zweimaligen Versagens der Ruderleitung und auf Grund der Wetterlage macht das Schiff am 7. XII. 1942 in Dordrecht fest. Auch beim Weitermarsch am 8. XII. 1942 zeigt sich ein Schaden an der Rudermaschine. Das Schiff repariert in Rotterdam und verlegt am 20. XII. 1942 nach Kiel, wo es am 23. XII. 1942 eintrifft. Über das Jahresende 1942 liegt das Schiff zum Einbau eines Funkmeßgerätes und zur Erledigung kleinerer Restarbeiten in der Kriegsmarinewerft Kiel.

5.3.9 Das Minenschiff »Linz«

Das Minenschiff *Linz* ist als Neubau am 19. IX. 1942 in Odense (Dänemark) vom Stapel gelaufen. Es kommt 1942 nicht in Dienst.

5.3.10 Das Minenschiff »Lothringen«

Die *Lothringen* ist das ehemalige französische Kanalfährschiff *Londres*, 2434 BRT. Es liegt bei seiner Erfassung am 28. IV. 1941 in Le Havre auf Stapel. Der Bau wird 1942 nicht beendet.

6. Das Jahr 1943

Zur Lage

Vom 31. I. bis zum 2. II. 1943 kapitulieren die Reste der deutschen Stalingradarmee. Danach bringen die Sowjets die ganze Donfront zum Einsturz. Das ist der Anfang der schweren Rückzugskämpfe in Rußland, wo die Front Ende 1943 praktisch von Leningrad bis nach Odessa verläuft.
Dem Stalingrad in Rußland folgt das Stalingrad in Nordafrika, wo die „Grauen Wölfe" des BdU und jetzigen Oberbefehlshabers der Kriegsmarine, Großadmiral Dönitz, eine Landung der Alliierten nicht verhindern konnten und wo schließlich die letzten Achsentruppen am 12. V. 1943 auf der Halbinsel Kap Bon kapitulieren.
Das dritte Stalingrad erzwingen die Westalliierten auf dem Nordatlantik gegen die deutschen U-Boote, die im März noch die höchsten Versenkungsziffern erzielten. Im Mai danach setzen die Alliierten ein neues Radargerät ein, dessen Strahlungen von den deutschen Ortungsgeräten nicht erfaßt werden können. Als Folge davon werden die U-Boote am 24. V. 1943 von Dönitz aus dem Nord- und Mittelatlantik vorübergehend abgezogen, und der Gegner kann jetzt die bisher auf sie angesetzten mehrere tausend Bomber für Angriffe auf deutsche Städte, Werften, Fabriken, wie auch auf Frauen und Kinder verwenden.
Als am 10. VII. 1943 die Alliierten auf Sizilien landen und wenig später Italiens kontinentalen Boden betreten, zeichnet sich die Gefahr der Invasion auch an anderen Küsten ab. Nunmehr werden auch im Mittelmeer Minensperren und damit auch Minenschiffe unter deutscher Flagge notwendig. Einzelheiten hierzu im Kapitel 9.
An der Kanalfront sind nach wie vor Schnellboote im Einsatz, versehen Sperrbrecher, Vorpostenboote, Minensucher und Räumboote ihren harten, schweren Dienst. Ähnlich ist es an der See- und Küstenfront in Norwegen und Dänemark, wo die Versorgungstransporter gesichert werden müssen und von wo aus U-Boote und auch die letzten verbliebenen schweren Einheiten sowie Zerstörer operieren. Dabei geht der Schlachtkreuzer *Scharnhorst* in einem Gefecht mit britischen Seestreitkräften am 20. XII. 1943 verloren.
Das Haupteinsatzgebiet der Minenschiffe im Jahre 1943 ist der norwegische Raum. 70 Prozent aller in diesem Jahr geworfenen Sperren fallen dort, die meisten davon im hohen Norden. 20 Prozent verlängern oder verstärken den „Westwall" in der nördlichen Nordsee und haben als Ausgangsbasis norwegische Häfen. 10 Prozent dienen der Sicherung des Skagerraks. Im Finnischen Meerbusen sind Minenschiffe bei den Sperrlegungen nicht beteiligt, doch haben die *Kaiser* und die *Roland* von Ende März bis Anfang Juni 1943 in Reval und Baltischport teils gemeinsam, teils einzeln mit Minen an Bord bereitgelegen, um bei etwaigem Ausbruchsversuch der Russen sofort Sperren zu werfen.
In der ersten Jahreshälfte 1943 werden die Sperrlegungen im Nordraum von den Minenschiffen *Skagerrak* und *Brummer* durchgeführt. Die Minenschiffe *Ostmark*, *Roland* und *Kaiser* folgen, nachdem sie bis dahin Aufgaben in anderen Gebieten zu erledigen hatten. Die Gleichzeitigkeit von Minenunternehmungen in verschiedenen Seegebieten empfiehlt, bei der Berichterstattung einzelschiffsweise vorzugehen.

6.1 Das Minenschiff »Skagerrak«

Nach dem Einbau einer Notlenzeinrichtung und dem Beladen mit 130 UMB hat das Minenschiff *Skagerrak* am 7. I. 1943 den Marsch von Kiel nach Tromsö angetreten, wo es am 18. I. 1943 auf Reede ankert.

6.1.1 Die Sperrlegung am 20. I. 1943 am Küstenweg nach Kirkenes

Auf Befehl vom Admiral Polarküste, dem das Minenschiff *Skagerrak* jetzt einsatzmäßig untersteht, ist eine Sperre zum Schutze des Küstenweges nach Kirkenes zu werfen. Zu diesem Zweck verlegt das Schiff am 19. I. 1943 seinen Ankerplatz von Tromsö nach Hammerfest und läuft am 20. I. 1943 zur Durchführung der Minenaufgabe aus. *M 322* und *M 302* geben das Minengeleit, die U-Boot-Jäger *UJ 1104* und *UJ 1105* bilden die Sicherung. Es fallen 130 EMC ungestört und planmäßig. Der Weitermarsch geht nach Kirkenes zur Neubeladung. Abends kommt es zur Feindberührung:
Der Verband steht um 21.20 etwa 6 sm südöstlich Makur-Feuer, als zwei russische Zerstörer der *Lenin*-Klasse auf Gegenkurs auftauchen. Die Entfernung ist 3500 m, schnell abnehmend. Die feindlichen Schiffe eröffnen das Feuer mit 13-cm-Geschützen und Fla.M.W. auf 2500 m. Die Salven liegen zwischen den Schiffen des Wurfverbandes, die das Feuer aus allen Rohren, gut liegend, erwidern. Der Verband nebelt sich ein und dreht mit Höchstfahrt auf den Syltefjord zu. Nach zwölf Minuten kommen die russischen Zerstörer außer Sicht. Verluste oder Beschädigungen sind bei den eigenen Schiffen nicht eingetreten. Ohne weitere Vorkommnisse läuft der Verband am 21. I. 1943, 16.15, in Kirkenes ein. Hier nimmt die *Skagerrak* 108 UMB an Bord.

6.1.2 Die Minensperre NW 10 (Schutz des Küstenweges nach Kirkenes)

Mit gleichem Minen- und Sicherungsgeleit verläßt das Minenschiff *Skagerrak* am 24. I. 1943, 19.00, Kirkenes. Mit den hier übernommenen 108 UMB soll es eine Sperre zur Sicherung des Küstenweges werfen. Die Aufgabe wird am 25. I. 1943 gegen 09.00 ohne Störung durchgeführt. Der Weitermarsch führt über Hammerfest nach Tromsö. Hier erhält die *Skagerrak* Befehl, in Narvik 59 UMB für die nächste Sperraufgabe zu übernehmen. Danach ist eine Sperre von Tromsö-Reede aus zu werfen.

6.1.3 Die Sperrlegung am 5. II. 1943

Unter der Sicherung von *M 322* und *M 303* läuft die *Skagerrak* am 4. II. 1943 zur Minenaufgabe aus, legt die Sperre am 5. II. 1943 mit 59 UMB und ankert am 6. II. 1943 wieder auf Tromsö-Reede. Für weitere Sperrlegungen sind Minen vom Sperrzeugamt Kiel-Jägersberg abzuholen. Das Schiff tritt am 8. II. 1943 den Marsch dorthin an und trifft am 22. II. 1943 in Kiel ein. Hier ist an diesem Tage Kommandantenwechsel. Der bisherige Kommandant, Korvettenkapitän d. R. Dr. med. dent. O. Wunder, ist nach Italien versetzt. Neuer Kommandant ist Kapitänleutnant d. R. Dipl.-Ing. H Boekholt, bisher I. O. auf dem Minenschiff *Roland.*

6.1.4 Die Sperre NW 11, Raum Bergen

Als erste Minenaufgabe unter dem neuen Kommandanten hat die *Skagerrak* eine Sperre im Befehlsbereich des Admirals norwegische Westküste im Raum Bergen zu werfen. Das Schiff legt am 28. II. 1943 in Kiel ab und wird im BSO-Geleit auf Zwangswegen bis nach Frederikshavn geleitet. Hier muß es auf Befehl des F. d. Minsch. auf Reede ankern und eine Besserung der Wetterlage abwarten.
Bei dem herrschenden NW- bis W-Sturm in Stärken 6 bis 7 erscheint ihm das Schiff dem Seegang nicht mehr gewachsen. Erst nach der Besserung der Wetterlage überquert die *Skagerrak* das Skagerrak und läuft am 4. III. 1943 mittags in Kristiansand-Süd ein. Am 5. III. 1943 liegt sie in Bergen und führt am 6. III. 1943 die Sperrlegung mit 56 UMB durch. Für die nächste Aufgabe sind die Minen wiederum von Kiel zu holen. Für die Durchführung dieser Transportaufgabe von Bergen bis Bergen wird die Zeit vom 8. III. bis 23. III. 1943 benötigt.

6.1.5 Die Minenaufgabe im Seeraum Tromsö

Nach dem Eintreffen in Bergen wird die *Skagerrak* gleich nach Tromsö-Reede weitergeleitet, von wo aus am 29. III. 1943 eine Sperre mit 78 UMB geworfen wird.

6.1.6 Die Minensperre NW 20, Flankensperre im Gebiet Tromsö

Ebenfalls im Seegebiet Tromsö liegt die Flankensperre 4a, die von der *Skagerrak* am 1. IV. 1943 mit 58 UMB und unter der Bezeichnung NW 20 geworfen wird. Das Schiff läuft zur Durchführung dieser Aufgabe um 06.00 aus Tromsö aus und um 19.30 wieder ein.

6.1.7 Die Minensperre NW 15, Unternehmen SAGITTA

Das Unternehmen SAGITTA wird am 18. IV. 1943 gemeinsam mit dem Minenschiff *Brummer* durchgeführt. Während der Durchführung kommt es im Petsamobereich zu einem Gefecht mit einer russischen Küstenbatterie und russischen Schnellbooten. Einzelheiten dazu siehe beim Führungsschiff *Brummer* (Seite 162). Von Seiten der *Skagerrak* fallen in der Sperre NW 15 100 UMB.

6.1.8 Die Sperrlegungen vom 20. IV. bis 14. VII. 1943, Sicherung des nordnorwegischen Küstenweges

In der Zeit vom 20. IV. bis zum 14. VII. 1943 wirft das Minenschiff *Skagerrak* 21 Sperren zur Sicherung des Küstenweges. Dabei werden insgesamt 1 434 Minen ausgelegt. Eine dieser Sperrlegungen wird in Gemeinschaft mit der *Brummer* durchgeführt. Als Ausgangshäfen werden Tromsö und Bodö benutzt, je nachdem, ob das Schiff bei Durchführung der Minenaufgaben taktisch dem Admiral Polarküste oder dem Admiral der norwegischen Nordküste untersteht. Alle Einsätze verlaufen ohne irgendeine feindliche Gegenwirkung. Die Sperren, die in der folgenden Aufstellung erfaßt worden sind, werden planmäßig gelegt.

Datum	Bezeichnung	Sperrmittel	beteiligte Schiffe
20. IV. 1943		98 EMC	*M 154* und *M 31*
23. IV. 1943	NW 22	44 EMC	
5. V. 1943		76 EMC	*R 156*
11. V. 1943		77 EMC	
14. V. 1943		127 EMC	*R 173, R 121,* MTS *Otter*
17. V. 1943		127 EMC	*R 173, R 121,* MTS *Otter*
18. V. 1943		58 EMC	MTS *Otter, R 173, R 121*
20. V. 1943		59 EMC	MTS *Otter, R 121*
25. V. 1943		73 EMC	*M 302, M 303*
30. V. 1943	NW 28	130 UMB	im Verband mit der *Brummer*
5. VI. 1943		46 EMC 70 Spr.-bojen D	*M 302, M 303*
25. VI. 1943	NW 55	70 EMC	*MFP 261, MFP 263, Vp 5701*
26. VI. 1943	NW 56	56 EMC	*MFP 261, MFP 263 Vp 5701*
4. VII. 1943	NW 51/53a	32 norw. Minen, 20 Spr.-bojen D	
4. VII. 1943	NW 54	56 EMC	
10. VII. 1943	NW 53	82 EMC 50 EMR	*MFP 261, MFP 263,*
11. VII. 1943	NW 52	60 EMC	
12. VII. 1943	NW 41	74 EMC	
12. VII. 1943	NW 42	34 EMC	
13. VII. 1943	NW 43	35 EMC	
14. VII. 1943	NW 44	120 EMC	
		1 434 Minen und 140 Sperrschutzmittel	

Die Sperren bis zum 5. IV. 1943 einschließlich fallen im Raum des Admirals Polarküste, die ab 25. VI. 1943 beim Admiral der norwegischen Nordküste, deren Sperrlage wie folgt gemeldet ist:
NW 55 von
67° 20,65′ N, 14° 08,4′ O nach
67° 19,3′ N, 14° 05,1′ O,
NW 56 von
67° 18,4′ N, 14° 00,6′ O nach
67° 17,3′ N, 13° 58,0′ O,
NW 51/I von
67° 15,13′ N, 13° 58,9′ O nach
67° 15,35′ N, 13° 58,7′ O,
NW 51/II von
67° 15,05′ N, 13° 59,2′ O nach
67° 15,35′ N, 13° 59,7′ O,
NW 51/III von
67° 14,87′ N, 13° 58,05′ O nach
67° 14,7′ N, 13° 58,6′ O,
NW 53a nördlich Fuglöy zwei Durchfahrten verseuchen mit je zwei norwegischen Pendelstoßminen auf
67° 5,5′ N, 13° 50,4′ O und
67° 5,0′ N, 13° 51,3′ O,
NW 54 von
67° 21,4′ N, 14° 09,6′ O nach
67° 21,8′ N, 14° 10,5′ O
und weiter nach
67° 22,27′ N, 14° 12,9′ O,
NW 53 von
67° 08,0′ N, 13° 42,3′ O nach
67° 05,95′ N, 13° 44,2′ O,
NW 52 von
67° 12,9′ N, 13° 42,3′ O nach
67° 05,15′ N, 13° 44,2′ O,
NW 41 von
65° 26,4′ N, 11° 38,5′ O nach
65° 28,4′ N, 11° 38,8′ O,
NW 42 von
65° 09,97′ N, 11° 28,3′ O nach
65° 08,58′ N, 11° 31,0′ O,
NW 43 von
65° 08,45′ N, 11° 31,8′ O nach
65° 08,0′ N, 11° 36,1′ O,
NW 44
zwischen Südspitze Husöen und Storfossen.

Es sind die letzten Sperrlegungen des Schiffes im Jahre 1943. Am 1. VIII. 1943 scheidet das Minenschiff Skagerrak aus dem F. d. Minsch.-Verband aus und tritt in den Befehlsbereich der Sperrinspektion.
Das Schiff wird am gleichen Tage in die Werft von Kopenhagen eingewiesen, wo es für die Zwecke des Sperr-Erprobungs-Kommandos umgebaut wird.
Während der Werftliegezeit der *Skagerrak* übernimmt am 30. X. 1943 Korvettenkapitän z. V. Dr. K. Silex das Kommando für den zum Deutschen Marinekommando Italien abkommandierten Korvettenkapitän d. R. Dipl.-Ing. H. Boekholt. Das Schiff beendet seine Werftliegezeit am 6. XI. 1943 und verlegt nach Swinemünde zu Erprobungen. Im Rahmen des folgenden Ausbildungsabschnittes steht die *Skagerrak* im Dezember 1943 dem BSO für zwei Transporte dänischer Minen von Kopenhagen nach Pillau und Peyse zur Verfügung. Am Jahresende 1943 gehört das Schiff einsatzmäßig zur 16. VP.-Flottille zur Verstärkung der Skagerraküberwachung gegen Blockadebrecher. Dazu hat es vom 23. XII. bis 29. XII. 1943 eine Auffangstellung im Skagerrak eingenommen. Es ist dann in Frederikshavn eingelaufen und verbringt hier den Jahreswechsel.

6.2 Das Minenschiff »Brummer«

Bei Beginn des Jahres 1943 liegt die *Brummer* in Harstad und untersteht einsatzmäßig dem Admiral Nordmeer, Konteradmiral O. Klüber. Am 3. I. 1943 verlegt das Schiff nach Narvik, um in der Bogenbucht als Flakschutz für Flottenstreitkräfte eingesetzt zu werden. Dieser Befehl wird am 7. I. 1943 durch den Admiral Nordmeer aufgehoben. Statt dessen zeichnet sich eine neue Minenaufgabe für die *Brummer* ab.

6.2.1 Die Minensperre BANTOS B (BAVARIA)

Die letzten Feindnachrichten lassen eine zunehmende Aktivität feindlicher U-Boote und Flugzeuge im ganzen Küstengebiet ab Nordkyn ostwärts erkennen. Vor dem Syltefjord hatten am 20. I. 1943 zwei russische Zerstörer Feuerwechsel mit dem Minenwurfverband *Skagerrak*. Im Murmanskgebiet sind vor einiger Zeit fünf russische Zerstörer in See gemeldet worden. An der Nordküste der Fischerhalbinsel wird die Stationierung russischer Schnellboote vermutet. Aufgabe der *Brummer* soll sein, ostwärts der Fischerhalbinsel zur Störung des feindlichen Seeverkehrs eine zweireihige Minensperre zu werfen. Die Zerstörer *Theodor Riedel* und *Z 31* werden der *Brummer* als enge Marschsicherung zugeteilt, desgleichen die U-Boot-Jäger *UJ 1102* und *UJ 1101*. Letztere haben Befehl, ab Honningsvaag als U-Boot-Sicherung mitzulaufen, können aber nur eine Marschfahrt von 11 kn halten.
Es sind 200 EMF zu werfen. Die Minenübernahme erfolgt Mitte Januar in Harstad und Tromsö. Ab 19. I. 1943 liegt die *Brummer* im Kaafjord in Erwartung des Einsatzbefehls. Die Durchführung von BANTOS B ist von Admiral Nordmeer für den Beginn der Neumondperiode geplant, wenn nicht früher eine sehr günstige Wetterlage ausgenutzt werden kann. Auf seiten der

Führung des Wurfverbandes, also des Kommandanten der *Brummer,* Korvettenkapitän d. R. Dr.-Ing. K.-F. Brill, wird darunter verstanden: eine Sicht unter 5 sm, Seegang nicht über 4 bis 5, dazu größte Dunkelheit, um die Sperre unbemerkt zu werfen. Auch sollen derartige Wetterbedingungen dem Verband die Chance bieten, eine mögliche Unterlegenheit beim Zusammentreffen mit feindlichen Streitkräften auszugleichen.
Als Maßnahme zur Verschleierung der eigentlichen Marschrichtung beabsichtigt der Kommandant der *Brummer,* den Verband etwa 25 bis 30 sm außerhalb Sichtweite der Küste nach Norden zu führen und bis zum Eintritt völliger Dunkelheit (17.00) nicht östlicher als Vardö zu stehen. Erstmalig soll die *Brummer* bei dieser Unternehmung mit 20 kn Marschfahrt laufen und auch bei dieser hohen Fahrtstufe Minen werfen. Für den Fall eines nicht zu umgehenden Zusammentreffens mit Feindfahrzeugen ist sofort mit allen Waffen anzugreifen, um den Überraschungsvorteil auszunutzen, den Feind zu verwirren und so taktisch die Überlegenheit im Handeln zu erzwingen.
Am 4. II. 1943 gibt Admiral Nordmeer über Funk den Stichwortbefehl: „BAVARIA 5. II. 1943."
Der Wurfverband lichtet am Abend des 4. II. im Kaafjord die Anker und läuft aus in der Reihenfolge: *Brummer, Theodor Riedel, Z 31* hinter dem Minensuchgeleit von *M 381* und *M 361* mit ausgebrachtem Gerät. Bei Honningsvaag stoßen die U-Boot-Jäger *UJ 1102* und *UJ 1101* zum Verband. In der Frühe des 5. II. 1943 starten für das Unternehmen vier Ju 88 zur Aufklärung im Küstenvorfeld und nach See zu. Eine weitere Ju 88 bleibt zur U-Boot-Jagd beim Verband. Nordkyn wird 10.50 bei einer See in Stärken 2 bis 3, bedecktem Himmel und guter Sicht erreicht. In diesem Augenblick gibt es U-Boot-Alarm an Steuerbord. Der Verband wendet nach Backbord. Hier schießt der an dieser Seite stehende U-Boot-Jäger mit der 2-cm-Kanone ins Wasser. Es folgt U-Boot-Alarm an Backbord. Der Verband wendet nach Steuerbord, zugleich kommt die Meldung vom Signaldeck: „Zwo Torpedolaufbahnen an Backbord!"
Der Kommandant der *Brummer* sieht eine Laufbahn achteraus auswandern, während die zweite Bahn aus etwa 230° auf das Vorschiff zuläuft. Das Schiff dreht weiter nach Steuerbord, so daß die eine Laufbahn an Steuerbord, die zweite an Backbord im Abstand von etwa 50 m vorbeiläuft. Beide U-Boot-Jäger werden zur U-Boot-Jagd entlassen und zur Besetzung der Aufnahmestellung für Rückkehr des Verbandes nach dem Minenlegen. Der Verband selbst läuft mit M-Boot-Sicherung weiter.
11.45 ist der Punkt SG 1 erreicht. Hier werden auch die beiden Minensuchboote entlassen. Wenige Minuten später erfolgt Fliegervorwarnung und von 12.30 bis 12.45 Fliegeralarm. Fünf russische Flugzeuge kommen im Tiefflug aus östlicher Richtung mit Kurs auf den Verband in Sicht. Plötzlich drehen sie in Richtung Küste ab und verschwinden. Anscheinend haben sie den Verband nicht bemerkt, der sich nun mit Kurs Nord von der Küste absetzt. Schneeböen begünstigen die Tarnung. 13.13 geht der Verband im Qu. 7336 AC (etwa 40 sm nördlich von Tanahorn) auf Kurs 125°, der – weit genug von der Küste – bis gegen 20.00 durchgehalten wird. Mit weiteren zwei Kursänderungen wird dann das Sperrfeld angesteuert.
Während des Anmarsches hat die Luftaufklärung das Gebiet lückenlos eingesehen und um 15.25 das Aufklärungsergebnis gemeldet. Außer je einem Vorpostenboot in auseinanderliegenden Seegebieten ostwärts der Fischerhalbinsel ist nichts festgestellt worden. 16.05 schert *Z 31* nach Steuerbord aus und meldet die Ortung einer Torpedolaufbahn an Backbord. Sie wird indessen vom Kommandanten der *Brummer* in diesem Seegebiet für unwahrscheinlich gehalten. Das Wetter ist bis dahin fast unverändert geblieben. Es ist dunkel, jedoch klare Sicht, außerdem herrscht mehr oder weniger leichtes Nordlicht. 20.45 warnt die Wetterwarte Kirkenes vor allmählichem Auffrischen des Windes aus S bis W in Spitzenböen bis Stärke 8. Der Kommandant der *Brummer* hält diese Wetterentwicklung für sein Vorhaben für günstig. Er hofft, das Minenwerfen auch bei noch stärkerem seitlichem Wind durchführen zu können, der das Schiff steif hält.
Tatsächlich hat der Wind auf SW in Stärken 4 bis 6 mit Seegang 3 aufgefrischt, als am 5. II. 1943 von 21.50 bis 22.50 die südliche Reihe der Sperre BANTOS B geworfen wird von
69° 47,5′ N, 33° 51,5′ O nach
69° 38,5′ N, 34° 40,1′ O. Siehe Skizze 61.
Beim Werfen der nördlichen Reihe herrscht SW-Wind in Stärken 8 bis 10 und Seegang in Stärken 5 bis 6.

Skizze 61: Sperre BANTOS B (BAVARIA)

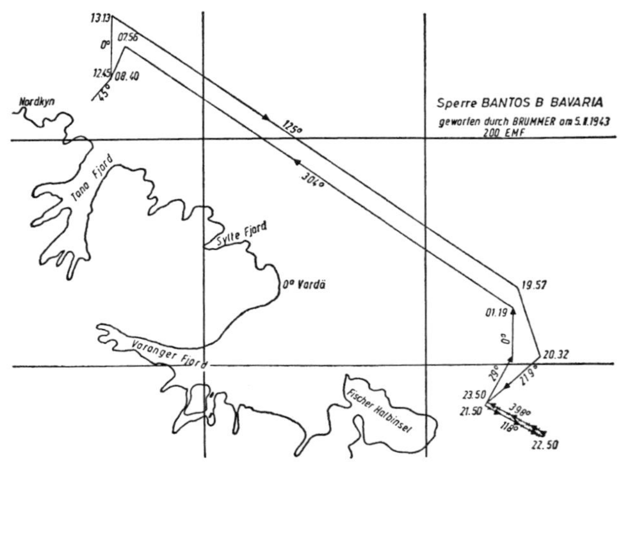

Minenschiff *Zeus*
ex italienisches Passagierschiff *Francesco Morosini*

Minenleger *Adjutant*
ex norwegischer Walfänger *Pol IX,* hier als Japaner getarnt,
als „Zweites Auge" des HSK *Komet* im Indik

Minenschiff *Doggerbank*
ex britischer Motorfrachter
Speybank

Minenschiff *Passat*
ex norwegischer Tanker *Storstad*
(HK *Pinguin*-Prise),
hier bei der Versorgung mit Heizöl
durch das deutsche V-Schiff *Nordmark*
im Südatlantik
Februar 1941

Minentransporter *Otter*, Schwesterschiffe *Irben* und *Rhein*

Die Sperre fällt in der Zeit von 22.50 bis 23.50 von 69° 39,3′ N, 34° 41,4′ O nach 69° 48,3′ N, 33° 52,8′ O.
In jeder Sperreihe liegen 100 EMF, die sich von NW nach SO in einer Länge von fast 20 sm über die Kildinskaja-Fisch-Bank vor der Kola-Bucht hinziehen.
Während des Sperrewerfens werden 22.20 auf *Z 31* Motorengeräusche in 140° und auf der *Theodor Riedel* Schraubengeräusche Backbord voraus geortet. Zur gleichen Zeit meldet die Bordfunkstation von *Brummer* starke Funktätigkeit in nächster Nähe, wahrscheinlich von einem Schiffssender. Optisch ist dagegen nichts festzustellen. Das Minenwerfen wird daher nicht unterbrochen. Auf dem Rückmarsch ergeht am 6. II. 1943, 06.07, an den Admiral Nordmeer die Funkmeldung: „durchgeführt."
Im Qu. 8141 AC, etwa 30 sm nördlich vom Tanafjord, sichtet *Theodor Riedel* recht voraus ein tauchendes U-Boot. Es wird mit Wasserbomben bekämpft. Ölspuren werden beobachtet, aber sonst zeigt sich kein Zeichen eines Erfolgs.Es ist gute Sicht, Wind NNO7, Seegang 4–5.
Der Zerstörer *Theodor Riedel* erhält Befehl, sich anzuschließen, doch werden von beiden Zerstörern bis 09.06 noch mehrfach U-Boot-Ortungen gemeldet. Auf Ortungen von zwei Torpedolaufbahnen durch *Z 31* im Qu. 7458 AB westlich Nordkyn dreht der Verband nach Steuerbord. Die Laufbahnen werden jedoch nicht gesichtet. Unter diesen Verhältnissen entschließt sich der Kommandant der *Brummer* bei Punkt SG 1 nicht, wie beabsichtigt, auf die beiden U-Boot-Jäger zu warten, sondern ohne Jagdschutz und auch ohne das langsame Minengeleit mit 20 kn Marschfahrt bis Honningsvag durchzulaufen. Der Weitermarsch ohne Minengeleit wird vom Admiral Nordmeer bis zum Altafjord genehmigt.
12.00 hat sich bei NNO-Wind in Stärken 4 bis 6 und bei Seegang in Stärke 3 die Sicht durch dichteres Schneetreiben und zunehmende Nebelbildung stark verschlechtert. Der Verbandsführer läßt deshalb 14.35 bei Rolvsöy ankern. Die *Theodor Riedel* wird 16.00 bei Wetterbesserung auf eigenen Wunsch nach Alta entlassen. Die *Brummer* und *Z 31* lichten am 7. II. 1943, 08.00, die Anker zum Weitermarsch nach dem Kaafjord, wo beide um 12.00 an der *Nordmark* zur Brennstoffergänzung festmachen. Die Unternehmung ist beendet. Noch im Laufe des Tages drahtet der Oberbefehlshaber der Gruppe Nord an das Minenschiff *Brummer* und die Zerstörer *Theodor Riedel* und *Z 31:*

> „für planmäßige durchführung ‚bavaria' ausspreche besondere anerkennung."

In der Stellungnahme von Admiral Nordmeer zum KTB heißt es: „Die Unternehmung wurde umsichtig und gut durchgeführt."

An Erfahrungen verbucht der *Brummer*-Kommandant für sein Schiff:
1. Die *Brummer* hat die Dauermarschfahrt von 20 kn – rauchlos – ohne Schwierigkeiten halten können.
2. Bei Querwind und Quersee kann eine Sperre auch bei Windstärken bis 8 und Seegang bis 6 noch geworfen werden.
3. Die Erfahrungen beweisen immer wieder, daß die Minenschiffe mit S- und Horchgeräten ausgerüstet werden müssen.

6.2.2 Sperrplanungen (BANTOS – CÄSAR) und Minentransporte

Nach der Durchführung von BAVARIA hat das Minenschiff *Brummer* vom Kaafjord mit M-Boot-Geleit über Tromsö und Harstad zur Proviantergänzung nach Narvik verlegt. Die in Ramsund für die nächste Aufgabe zu übernehmenden EMF sind noch nicht voll durchgeprüft. Mit ihrer Übernahme ist nicht vor dem 16. II. 1943 zu rechnen.
Als neuer Mineneinsatz steht für die *Brummer* eine Sperrlegung unter der Bezeichnung BANTOS – CÄSAR in Aussicht. Auf Befehl des Admirals Nordmeer werden 120 EMF am 17. II. 1943 beim Sperrzeugamt Ramsund an Bord genommen. Danach hat das Schiff Befehl, schnellstens nach dem Altafjord zu gehen, um aus dem Minentransportschiff *Rhein* weitere 80 EMF überzunehmen. Das Geleit dorthin kann vor dem 21. II. 1943 ab Tromsö nicht gestellt werden. *R 56* und *R 152* stehen an diesem Tage zur Verfügung und laufen mit Gerät voran. Die Bedeutung des Minengeleits wird unterstrichen durch eine Meldung von *R 56* auf Minenverdacht im Qu. 7473 AC (östlich Arnöy). Das Boot hat hier eine Mine geschnitten, die in einer ergänzenden Meldung von *R 56* als eine frisch geworfene russische U-Boot-Mine mit Bleikappenzündung bezeichnet wird. Der Vorfall zeigt, wie notwendig es ist, den Schiffsverkehr auf dem Schärenweg durch Auslegen von U-Boot-Sperren zu schützen.
Nach der Übernahme der 80 EMF aus dem Minentransportschiff *Rhein* ankert die *Brummer* ab 22. II. 1943 in Erwartung des Einsatzbefehls für die volle Ladung von 200 EMF im Kaafjord. Am 26. II. 1943 erhalten die Zerstörer *Theodor Riedel* und *Z 31* vom Admiral Nordmeer einen Operationsbefehl für eine Minenunternehmung ohne das Minenschiff *Brummer.* Sie sollen dazu die zu werfenden Minen von der *Brummer* übernehmen.
Der Beginn der Unternehmung wird der Feindlage wegen mehrfach verschoben und schließlich auf unbestimmte Zeit vertagt. Auf Befehl des MOK Norwegen gibt die *Brummer* am 15. III. 1943 ihre Minenladung an das Sperrzeugamt Ramsund ab und geht

auf der Reede von Narvik vor Anker. Ein Sperrvorhaben im Petsamobereich tritt nun in den Vordergrund, doch liegen nähere Angaben über Zeit und Art der Durchführung noch nicht vor. Das Minenschiff *Brummer* erhält zunächst Befehl, 200 EMC mit 300 m AT in Kiel abzuholen. Das Schiff tritt den Marsch dorthin am 19. III. 1943 an. Es erledigt dabei in Drontheim und Kiel MES-Prüffahrten und nutzt die Gelegenheit für die Durchführung dringender Reparaturen auf der Werft. Auch Schlinger- und Krängungsversuche mit und ohne Minenladung stehen in Kiel auf dem Programm. Der sich anschließende Marsch nach Norden verläuft ohne Störung, und am 7. IV. 1943, 11.45, geht die *Brummer* mit ihrer Minenladung auf Tromsö-Reede vor Anker.

Da die ersten MES-Prüffahrten keine klaren Ergebnisse erbrachten, werden in Drontheim erneut Prüffahrten angesetzt. Dabei wird erstmalig die Ursache für die verschiedenen Meßergebnisse früherer Untersuchungen erkannt:

Der Antrieb des Schiffes erfolgt durch Turbinen und Motore. Das Meßergebnis bei reiner Turbinenfahrt ist grundverschieden von dem bei reiner Motorenfahrt. Es ist auch verschieden bei gemischtem Antrieb. Nach der jetzigen MES-Prüfung darf die *Brummer* in magnetminenverdächtigen Gebieten nicht mit Motoren fahren. Der Regelbereich der MES-Anlage muß erweitert werden, um wahlweise geschaltet werden zu können. Ein entsprechender Bericht wird dem F. d. Minsch. vorgelegt und dem Kommando der Entmagnetisierungsgruppe des OKM in Kiel-Holtenau eingereicht.

6.2.3 **Die Minensperre NW 15 SAGITTA**

In Tromsö hat das Sperrvorhaben im Petsamobereich inzwischen Gestalt angenommen. Nach dem Operations- und Sperrbefehl für die Minenunternehmung

Skizze 62: Sperre NW 15 SAGITTA

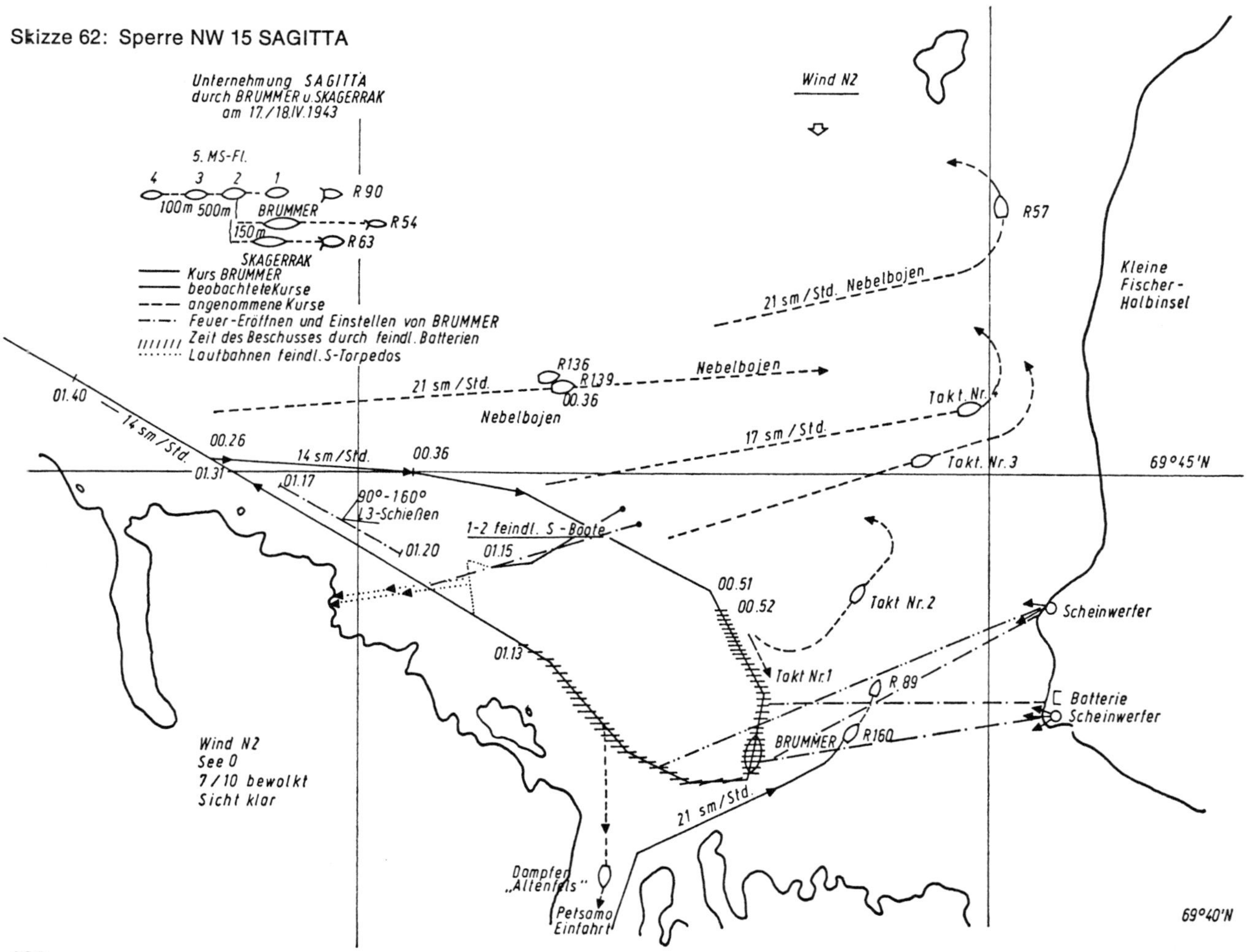

SAGITTA hat der Admiral Polarküste die Sperrlage vorgesehen von
69° 44,9′ N, 31° 21,7′ O über
69° 44,7′ N, 31° 25,2′ O über
69° 43,7′ N, 31° 31,0′ O über
69° 42,7′ N, 31° 32,5′ O nach
69° 41,9′ N, 31° 32,2′ O.
Siehe Skizze 62, Seite 162.
In einem Abstand von 150 m haben die Minenschiffe *Brummer* und *Skagerrak* dabei zwei Minenreihen mit je 100 EMC zu werfen, und 300 m feindwärts ist von den vier Minensuchbooten der 5. MS.-Flottille eine Reihe mit 100 EMR auszulegen. Die Sperrlänge beträgt 10 000 m. Die Sperre soll dem Schutze Petsamos gegen überraschendes Eindringen feindlicher Überwasserstreitkräfte dienen. Die Sperrlegung soll möglichst noch vor Eintritt der nachthellen Sommerzeit erfolgen. Die taktische Führung hat der Kommandant der *Brummer,* Korvettenkapitän d. R. Dr.-Ing. K.-F. Brill.
Die Minenschiffe *Brummer* und *Skagerrak* verlegen nach Eintreffen der *Brummer* mit den aus der Heimat herangeholten Minen am 7. IV. 1943 von der Reede von Tromsö zur Reede von Kirkenes, wo sie am 9. IV. 1943, 02.33, vor Anker gehen. Hier werden die vier Minensuchboote mit je 25 EMR beladen, und die *Skagerrak* übernimmt aus der *Brummer* die für sie bestimmten 100 EMC. Ab 18.00 sind die Sperrmittelträger für das Unternehmen klar.
Die Großwetterlage im Petsamobereich stellt nach Unterrichtung durch die Wetterwarte Kirkenes die Durchführung des Sperrvorhabens in der Nacht vom 9. zum 10. IV. 1943 in Frage. Am günstigsten für das Unternehmen ist eine Windrichtung, die den zur Verwendung vorgesehenen künstlichen Nebel auf die feindlich besetzte Küste zuweht und damit das Minenlegen verschleiert. Zur Zeit ist das Gegenteil der Fall. Der Wind kommt aus östlichen Richtungen. Auf einen Umschwung der Wetterlage muß gewartet werden.
Der Chef des Wurfverbandes, Korvettenkapitän d. R. Dr.-Ing. K.-F. Brill, benutzt die Zeit, sich bei allen Dienststellen an Land, insbesondere bei den Küstenbatterien, ausführlich zu unterrichten, um anschließend mit seinen Flottillenchefs und Kommandanten die Einzelheiten des Unternehmens zu besprechen. Diese Maßnahme hat sich als sehr zweckmäßig erwiesen, war doch z. B. das Heer mit seinen Küstenbatterien von der bevorstehenden Aktion überhaupt nicht unterrichtet worden. Leicht hätte es zu einem falschen Landungsalarm oder zu ähnlichen Mißdeutungen kommen können.
Am 14. IV. 1943 wird der Operationsplan geändert. Die letzte dunkle Nacht ist vorüber. Bei dem Helligkeitsgrad, der im Nordraum nun besteht und für das Unternehmen SAGITTA doch unsichtiges Wetter oder westliche Winde zum Einnebeln erfordert, soll die Unternehmung zusätzlich mit einem Dampfergeleit nach Petsamo verbunden werden, um die Aufmerksamkeit des Feindes durch das Dampfergeleit und das Feuer der eigenen Küstenbatterien vom Minenwurfverband abzulenken.
Für das Dampfergeleit wird der Frachter *Altenfels* mit der Räumbootgruppe *R 57, R 89* und *R 160* ausersehen. Die Zahl der eigenen Streitkräfte setzt sich nach dem Gefechtsbericht des Kommandanten der *Brummer* aus 18 Einheiten wie folgt zusammen:

Minenschiffe: *Brummer* und *Skagerrak*	2
5. R.-Flottille: 6 Boote, und 7. R.-Flottille: 2 Boote	8
5. MS.-Flottille: *M 31, M 154, M 202, M 251*	4
11. U-Jagd-Flottille: 3 U-Boot-Jäger	3
Dampfer *Altenfels*	1
zusammen	18

Das Unternehmen wird unterstützt durch die Küstenbatterien:
Artilleriegruppe Finnland mit 4 Batterien,
Heeresgruppe Rossi am Fischerhals mit 2 älteren Batterien.
Die Feindbatterien, die es niederzuhalten gilt, gruppieren sich in der Hauptsache um das vorspringende Kap Valsnieni der Kleinen Fischerhalbinsel. Zu diesen Batterien gehören 3 bis 4 sehr starke Scheinwerfer. Die Stärke dieser Batterien ist 10,5 bis 21 cm mit je drei bis fünf Geschützen.
An Seestreitkräften ist mit Sicherheit mit einem feindlichen Schnellboot zu rechnen. Sehr wahrscheinlich sind aber zwei Schnellboote vorhanden.
Der Plan des Verbandschefs sieht vor, das Dampfergeleit mit einer Marschfahrt von 13 kn etwa 20 Minuten vor dem Wurfverband auf dem Punktweg nach Petsamo laufen zu lassen. Bei gleichzeitiger Einnebelung der feindlichen Küste, des Wurfverbandes und des Dampfergeleites soll der Wurfverband während des Minenlegens und weiter bis zum Einlaufen des Dampfergeleites in die Petsamoeinfahrt möglichst unbemerkt und ohne Beschuß bleiben. Nach Erfassen des Wurfverbandes durch die feindliche Ortung soll zunächst der Eindruck eines weiteren Geleites den Feind zum Beschießen des Punktweges und damit zur Weitlage veranlassen. Bei deckenden Salven soll durch Vorpreschen der Räumboote eine gewaltsame Erkundung mit Absicht der Landung an der Feindküste vorgetäuscht werden, um die feindliche Artillerie zu einem Sperrfeuer vor der eigenen Küste und damit zur Kurzlage zu zwingen.
Am 17. IV. 1943, zur Stunde der Dämmerung, weht Wind in Stärke 4 aus Nord bis Nordost. Es ist gute Sicht. Der Himmel ist bedeckt. Der seit Tagen im Gebiet Tromsö eingetretene Wetterumschwung reicht nun auch bis in den Petsamobereich.

„SAGITTA läuft an!"
18.00 läuft *R 152* aus und legt eine Ansteuerungsboje auf 69° 45,1' N, 31° 15,6' O aus. Das Boot meldet 20.42 außer der vorstehenden Bojenlage Wind aus Nordwest mit 6 m/s und bei sehr bedecktem Himmel gute Sicht. Nach und nach haben um 20.00 die Einheiten der UJ.-Gruppe, um 20.30 die beiden Minenschiffe mit den vier Booten der 5. MS.-Flottille und um 21.10 das Dampfergeleit *Altenfels* mit *R 57, R 89* und *R 160* den Marsch nach dem befohlenen Sammelpunkt im Kjelmöysund angetreten. Der Weitermarsch nach dem Sperrgebiet erfolgt auf dem Punktweg hinter dem vorlaufenden Dampfergeleit in Dwarslinie:

R 90	*R 54*	*R 63*
5. MS.-Flottille	*Brummer*	*Skagerrak*

Um 22.57 wird ein Leuchten der feindlichen Scheinwerfer recht voraus, noch unter der Kimm liegend, auf 24 sm Abstand bemerkt. 23.52 und 23.56 ist Geschützfeuer voraus auf der Fischerhalbinsel zu hören. Anscheinend ist das Dampfergeleit *Altenfels* durch die Scheinwerfer erfaßt worden. Es kommt zu einem Artillerieduell. Einschläge werden auf beiden Seiten beobachtet.
Am 18. IV. 1943, 00.07, beleuchtet der Feind die deutschen Batterien und das Küstenvorfeld mit Leuchtgranaten, die wie Sterne schnell von oben kommen. 00 20 flaut das Artilleriefeuer zeitweise ab. 00.23 beanstandet der Chef des Wurfverbandes das Verhalten von *R 159* und *R 152,* da beide Boote mit dem Flottillenchef auf *R 159* noch am Wurfverband kleben, statt die vorliche Nebelposition einzunehmen. Er gibt UKW-Befehl: „vorlaufen und nebeln!"
00.26 ist die von *R 152* ausgelegte navigatorische Hilfsboje erreicht. Der Wurfverband verläßt jetzt den Punktweg für seine Minenaufgabe. Das Dampfergeleit hat den Punktweg weiter verfolgt. Die erwartete Diversionswirkung ist eingetreten. Das Petsamogeleit mit dem Dampfer *Altenfels* lenkt die Aufmerksamkeit der Russen ab und zieht schon das Feuer der Feindbatterien vor Mitternacht auf sich. Durch starken Artillerieeinsatz der Küstenbatterien wird der Gegner gebunden. Die Sperrlegung kann planmäßig durchgeführt werden.
00.27 zieht die von *R 159* und *R 152* ausgelegte Nebelwand vor dem Verband her und verdeckt ihn gut. Unter der feindlichen Küste liegt ein dünner Nebelschleier, der von *R 57* vom *Altenfels*-Geleit gezogen worden sein muß.
00.36 fällt die erste Mine. Es ist Nordwind 2, Seegang 1 bis 2, bewölkt und gute Sicht.
00.43 durchstößt der Verband die Nebelwand und ist ohne Nebelschutz. Sofort erhält das auf der Luvseite stehende *R 90* den Befehl zu nebeln, womit *R 90* 00.46 beginnt. Doch reicht der Nebel der Höhe nach nicht aus. Die Gegnerscheinwerfer erfassen den Verband. Dazu detoniert zu allem Überfluß achteraus von *Brummer* eine der geworfenen Minen mit mächtigem Knall.
00.52 wird der Verband unter Feuer genommen. Über ihm zerplatzen Flak-Granaten, die Granaten mit Aufschlagzünder liegen dagegen weit.
Das Minenwerfen wird nicht unterbrochen.
00.56 sind Steuerbord voraus *R 89* und *R 160* vom Geleit *Altenfels* zu erkennen. Sie kommen mit Höchstfahrt aus der Petsamoeinfahrt und laufen unter stärkster Nebelentwicklung dicht unter der gegnerischen Küste nach Norden. Dadurch wird der Verband endlich den Scheinwerfern entzogen. Der Russe schießt jetzt auf die Nebelwand und liegt dabei überwiegend kurz.
00.58 ist das ganze Seegebiet des Operationsraumes mit künstlichem Nebel überdeckt. Die Lichter der gegnerischen Scheinwerfer heben sich durch den Nebel deutlich als weiße Scheiben ab.
R 159 und *R 152* haben nach dem Auslegen der Sperrschutzbojen (EMR) eine günstige Nebelposition im Nordosten vom Verband erreicht und von dort aus bei einer Windrichtung aus Norden kräftig mitgenebelt. Das Minenlegen ist 01.00 am 18. IV. 1943 beendet, auf der *Brummer* sogar einige Minuten früher. Die *Brummer* eröffnet daraufhin das Feuer auf die feindlichen Batterien und Scheinwerfer. Von 00.57 bis 01.05 werden 40 Schuß 10,5-cm-Sprenggranaten gelöst, währenddessen der Wurfverband den Rückmarsch antritt. Etwa 01.07 verlegt der Feind sein Artilleriefeuer wieder auf die Petsamoeinfahrt, ohne einen Erfolg zu erzielen. 01.13 stellt er sein Feuer ein, obwohl der Verband nach Abzug des künstlichen Nebels für ihn klar erkennbar sein muß. Auch die Scheinwerfer schalten ab.
Es kann nur so sein, daß das feindliche Feuer in diesem Gebiet wegen der Anwesenheit russischer Schnellboote eingestellt worden ist. Kurz danach wird tatsächlich ein gegnerisches Schnellboot gesichtet. 01.18 erfolgt ein feindlicher S.-Boot-Angriff. Es werden zwei Torpedolaufbahnen beobachtet. Die Torpedos gehen fehl und detonieren unter Land. Zum Glück war die *Skagerrak* etwas achteraus gesackt, sonst wäre sie von dem zweiten Torpedo getroffen worden. Die gegnerischen Schnellboote beschießen den Verband nun auch mit leichten Waffen. Das Feuer wird von den Minenschiffen wie auch von den Minensuch- und Räumbooten mit 3,7- und 2-cm-Geschützen kräftig erwidert. Die *Brummer* feuert außerdem 29 Schuß 10,5-cm-Leuchtgranaten. Ein Erfolg wird nicht beobachtet. Eines der gesichteten Schnellboote läuft mit Höchstfahrt nach Nordosten ab. Der weitere Rückmarsch der Minenschiffe nach Tromsö verläuft ungestört. Der Admiral Polarküste, Vizeadmiral H. Nordmann, urteilt in seinem Kriegstagebuch:

„Vorbereitung und Durchführung der Unternehmung seitens des Führers des Verbandes, Korvettenkapitän Brill, war gut durchdacht, energisch angepackt, schneidig durchgeführt und verdient volle Anerkennung."

Unter den verschiedenartigen Vorbereitungen wurden jene für den Einsatz der Schiffsartillerie auf der *Brummer* und für das Einnebeln mit bemerkenswerter Sorgfalt betrieben. Von Beginn des Minenlegens als Nullzeit gerechnet, wurde der Artillerieeinsatz auf die Minute listenmäßig festgelegt. Die Liste baute auf den zu steuernden Zwangskursen und der Marschfahrt auf, die unbedingt einzuhalten waren, und auf der sich daraus ergebenden Kartenentfernung zu den bekannten feindlichen Batterien und Scheinwerferstellungen. Die Geschütze hatten von Beginn des Minenlegens an laufend nach Seite und Höhe mitzurichten. Sie konnten dadurch nach der Feuererlaubnis direkt oder indirekt sofort das Feuer eröffnen. Der Kommandant der *Brummer* hatte mit der Feuererlaubnis bis 00.57 gewartet, um den Standort des Wurfverbandes bei der bestehenden guten Nebeltarnung nicht vorzeitig zu verraten. Erst als dieser Grund durch unstrittiges Erkennen durch die feindlichen Scheinwerfer entfiel, ließ er das Feuer erwidern.
Auch für das Einnebeln haben sich die getroffenen Vorbereitungen als sehr zweckmäßig erwiesen. Nach den Erfahrungen ist es bei Windstärken über 3 bis 4 erforderlich, den Nebelaustritt auf den Schiffen so hoch wie möglich zu verlegen, da der Wind den an sich schweren Nebel auf die Wasserfläche herunterdrückt. Auf der *Brummer* wurden die Nebelfässer daher im Mastkorb montiert und sonst auf die höchsten Stellen des Schiffes so verteilt, daß bei jeder Lage des Schiffes zum Wind ohne eigene Behinderung genebelt werden konnte.
Auf der *Skagerrak* handelte man ähnlich. Hier lag der Nebelaustritt über dem achteren Flakstand.
Die Vernebelung des Seegebietes zwischen der feindlichen Küste und dem Wurfverband mit dem Dampfergeleit war die Aufgabe der hierfür bestimmten Räumboote. Aus der Unsicherheit der gegnerischen Scheinwerfer hatte der *Brummer*-Kommandant den Schluß gezogen, daß der dünne Nebelschleier unter der Küste eine größere Wirkung gab als der dichteste Nebel unmittelbar vor den Schutzobjekten.
Für das Minenschiff *Brummer* ist nach der Sperrlegung NW 15 SAGITTA der Einsatz im Nordraum zeitweilig beendet. Das Schiff wird dem F. d. Minsch. zur Verfügung gestellt und läuft am 21. IV. 1943 aus Tromsö zur Minenübernahme in Frederikshavn aus. Hier werden am 1. V. 1943 nacheinander 100 EMC und 102 Reißbojen übernommen. Sie sollen von der *Brummer* im Verband mit der *Ostmark* zur Verstärkung des „Westwalles" in der nördlichen Nordsee geworfen werden. Am 3. V. 1943 liegt die *Brummer* mit ihrer Ladung in Kristiansand-Süd zum Einsatz bereit.

6.2.4 Die Nordsee-Sperren 16 d SAMUEL und 14 a QUERSPRUNG

An den Nordsee-Sperren 16 d SAMUEL und 14 a QUERSPRUNG ist die *Brummer* vom 3. bis 5. V. und vom 6. bis 7. V. 1943 beteiligt. Einzelheiten siehe beim Führungsschiff *Ostmark* (Seiten 171/172). Die *Brummer* erhält nach diesen Sperrlegungen Zeit zur Kesselreinigung in Kiel und wird nach der Beendigung sonst noch vorgesehener Instandsetzungsarbeiten, der MES-Prüfung und dem Kompensieren am 19. V. 1943 mit 125 EMC und 30000 kg Artilleriemunition und sonstigem Material zum Transport in den Nordraum beladen. Das Schiff legt am 20. V. 1943 in Kiel zum Marsch nach Tromsö ab. Die mitgenommene Munition und die Materialien werden unterwegs abgegeben. Am 27. V. 1943 wird dann Tromsö erreicht und auf Reede geankert. Eine neue Minenaufgabe steht bevor.

6.2.5 Die Sperre NW 18 – Südteil Fuglöyfjord

Die neue Aufgabe lautet: Der Fuglöy-Sveet ist zwischen den Inseln Store Skoröy und Fuglöy durch zwei Teilsperren mit je einer EMC-Reihe und im Abstand von 300 m davon mit einer EMR-Reihe zu sperren. Als Bezeichnung der Sperre ist NW 18 vorgesehen. Als Sicherungsboote werden *M 302* und *R 56* zugeteilt. Das Räumboot erhält den Befehl, mit ausgefahrenem Gerät vorzulaufen. Das Minensuchboot fährt U-Boot-Sicherung je nach der offenen Seite.
Die Sperre wird planmäßig am 28. V. 1943 geworfen:
Teil 1 mit 38 EMC und 48 EMR,
Teil 2 mit 27 EMC und 42 EMR.
Dauer der Sperrlegung von 09.24 bis 10.00 bzw. 10.43 bis 11.12. Wetter: NO 3, See 1, klar. Eine feindliche Gegenwirkung erfolgt nicht.

6.2.6 Die Sperre NW 28 – OMGANG

Zum Schutz der Geleitwege gegen feindliche U-Boote ist im Abschnitt Omgang eine UMB-Sperre durch die Minenschiffe *Brummer* und *Skagerrak* zu werfen. Hierfür hat die *Brummer* am Sperrzeugamt Tromsö 241 UMB übernommen, während sich die *Skagerrak* in Tromsö aus dem Dampfer *Henry John* mit 130 UMB versorgte. Die Minen sind mit K.A. und 300 m AT ausgerüstet. Die Tiefeneinstellung ist mit −13 m befohlen. Die Sperrlänge beträgt 18500 m. Nach dem Sperr-

befehl des Admirals der norwegischen Polarküste ist die Lage der Sperre von
71° 7,4′ N, 28° 41,0′ O über
71° 7,1′ N, 28° 44,5′ O über
71° 5,7′ N, 28° 46,0′ O über
71° 5,2′ N, 28° 51,0′ O über
71° 3,3′ N, 28° 53,0′ O über
71° 3,0′ N, 29° 01,5′ O nach
71° 2,0′ N, 29° 03,0′ O.
Das Sperrfeld liegt etwa 8 bis 10 sm nordöstlich von Omgangsklubben. Die Sperre ist einreihig zu werfen. Als Minengeleit sind zugeteilt: *R 56, M 302* und *M 303,* als U-Boot-Sicherung die U-Boot-Jäger *UJ 1101, UJ 1103* und *UJ 1106.* Die taktische Führung des Verbandes hat der *Brummer*-Kommandant.
Da der Punktweg als minengefährdet gilt, läßt der Chef des Wurfverbandes von den Minensuchbooten das Suchgerät ausbringen. Ostwärts Honningsvag schätzt er die U-Boot- und die Fliegergefahr durch Bomben- und Torpedoflugzeuge höher ein. Deshalb erfolgt von hier ab eine Formationsänderung, indem nur ein Minensuchboot mit Gerät vorläuft, während das andere zusammen mit den drei U-Boot-Jägern sowohl engere U-Boot-Sicherung als auch einen Igel gegen Lufttorpedoangriffe bildet. *R 56* steht bei dieser Formation vor dem Verband und zackt mit gegebenem Fahrtüberschuß zur U-Boot-Sicherung.
Die U-Boot-Jäger erhalten den ausdrücklichen Befehl, U-Boote nur in dem Maße zu bekämpfen, daß sie ihre Position zur Sicherung des Verbandes auch einhalten können. Bei der laufend bestehenden U-Boot- und Luftgefahr erscheint es dem Verbandschef nicht tragbar, von den wenigen zugeteilten Booten noch eines oder sogar zwei zur intensiven U-Boot-Bekämpfung abzuzweigen. Die Marschfahrt wird mit Rücksicht auf die gerätefahrenden Boote und auf die U-Boot-Jäger auf 11 kn festgesetzt. Die Sperre soll mit 10 kn Wurffahrt ausgelegt werden.
Am Abend des 29. V. 1943 lichten die *Brummer* und die *Skagerrak* auf Tromsö-Reede die Anker und laufen mit *M 302, M 303* und *R 56* zur Sperrlegung aus. Querab von Hammerfest meldet sich am 30. V. 1943, 05.00, die UJ.-Gruppe 1101/03/06 zur Stelle. Sie erhält den Befehl, mit Höchstfahrt vorauszulaufen. 11.00, als der Verband Honningsvag passiert, ist die enge Luftsicherung zur Stelle. 14.30 wird Nordkyn erreicht. Das Wetter ist günstig. Der Wind kommt aus NNO in Stärke 4. Der Himmel ist bedeckt, die Sicht ist klar.
In zwei Stunden ist das Sperrfeld erreicht. Bei ONO 4, See 3, bedecktem Himmel wird am 30. V. 1943 die Sperre NW 28 von 16.29 bis 17.29 gelegt. Der Rückmarsch erfolgt auf gleichem Wege wie der Anmarsch. Am 31. V. 1943 ankern die Schiffe 18.00 auf Tromsö-Reede.

6.2.7 Freizeit im Sognefjord – ein Minenschiff als Urlaubsschiff

Nach der Sperrlegung NW 28 setzt das Minenschiff *Skagerrak* seine Tätigkeit allein fort. Das Minenschiff *Brummer* steht dem F. d. Minsch. jetzt für Minenaufgaben in der Nordsee zur Verfügung. Dazu marschiert es mit 15 kn Marschfahrt vom 3. bis 9. IV. 1943 abschnittsweise von Tromsö südwärts über Harstad, Narvik, Bodö nach Kristiansund-Nord. Hier erhält die *Brummer* den Befehl, am 18. VI. 1943 in Kristiansand-Süd klar zur Minenübernahme zu liegen.
Bis dahin sind es noch neun Tage!
Um der Besatzung für die bevorstehenden Pfingsttage eine Freude zu bereiten, beantragt der Kommandant, Korvettenkapitän d. R. Dr.-Ing. K.-F. Brill, beim MOK Norwegen, die zur Verfügung stehende Zeit zum Besuch des Sognefjordes mit dem Schiff ausnutzen zu dürfen. Der Antrag wird genehmigt. Auch der Admiral Westküste stimmt der Absicht zu und unterstützt die Durchführung durch seine örtlichen Dienststellen, nachdem der Marsch- und Zeitplan vorgelegt worden sind. Die *Brummer* läuft am 10. VI. 1943 in den weltberühmten malerischen Sognefjord ein und ankert 18.45 vor Gudvangen. Am 11. und 12. VI. 1943 hat die jeweilige Freiwache Gelegenheit für einen Ausflug nach Stalheim und den 30 km entfernten Wasserfällen. Anschließend verlegt das Schiff nach Balholmen. Die Besatzung ist begeistert von der Schönheit der Fjordlandschaften. Bescheiden, wie die Minenmänner nun einmal sind, fühlen sie sich mehr als genug für die vielen Sonn- und Feiertage entschädigt, die man in den letzten Monaten auf See zubringen mußte. Der Kommandant der *Brummer* hat die Einsatzpause vortrefflich für seine Männer zu nutzen gewußt. Es ist in der Marinegeschichte wohl auch einmalig zu nennen, daß ein Kommandant sein ganzes Schiff offiziell für eine Urlaubsfahrt zur Verfügung erhielt.

6.2.8 Die Nordsee-Sperren 18 a ERZENGEL, 20 a WILDSCHWEIN und 22 b STEINADLER

Die *Brummer* hat am 14. VI. 1943 von Balholmen den Weitermarsch nach Süden angetreten und am 18. VI. 1943 in Kristiansand-Süd geankert. Das Schiff nimmt dort 240 Reißbojen an Bord und tritt am 19. VI. 1943 zum Verband des mit der *Ostmark* und der *Elsaß* eintreffenden F. d. Minsch. Es ist vom 21. VI. bis 28. VI. 1943 an den Sperrlegungen 18 a ERZENGEL, 20 a WILDSCHWEIN und 22 b STEINADLER beteiligt. Einzelheiten dazu siehe im Bericht über das Führungsschiff *Ostmark* (Seiten 173–177).

6.2.9 Minentransporte · Kommandantenwechsel · Werftliegezeit

Nach Abschluß der Minenaufgaben in der Nordsee unter Führung des F. d. Minsch. hat die *Brummer* eine Minentransportaufgabe durchzuführen. Das Schiff nimmt am 6. VII. 1943 in Kiel 240 UMB an Bord und gibt sie am 14. VII. 1943 in Tromsö an das Minenschiff *Kaiser* ab. Im Verlauf dieser Transportaufgabe wird Korvettenkapitän d. R. Dr.-Ing. K.-F. Brill als Kommandant des Minenschiffes *Brandenburg* zum Deutschen Marinekommando Italien versetzt. Er tritt an die Stelle des durch Bordwaffenbeschuß eines feindlichen Flugzeuges gefallenen bisherigen Kommandanten der *Brandenburg,* Korvettenkapitän d. R. Dr. med. dent. O. Wunder. Zum neuen Kommandanten vom Minenschiff *Brummer* wird Korvettenkapitän H.-E. Kolster ernannt, bisher I. Offizier des Schiffes. Die Kommandoübergabe erfolgt am 22. VII. 1943 an der Langen Linie in Kopenhagen.
Das Schiff bekommt ab 26. VII. 1943 eine längere Werftliegezeit bei den Deutschen Werken in Kiel zugewiesen und ist bis zum 22. XI. 1943 außer Kriegsbereitschaft. Bei den anschließenden Maschinenerprobungen wird eine Dauerhöchstfahrt von 20,5 kn festgestellt, bei gesteigerter Fahrt kommt das Schiff sogar auf 21,2 kn.

6.2.10 Die Nordsee-Sperren 16e WANDSCHRANK und 16f HANDKOFFER

Noch am Tage der Wiederherstellung der Kriegsbereitschaft übernimmt die *Brummer* am 22. XI. 1943 in Kiel aus dem Minenprahm *Käthe* 220 Reißbojen. Mit dieser Ladung und einer weiteren gleicher Art und Zahl nimmt die *Brummer* an den Sperrlegungen 16e WANDSCHRANK und 16f HANDKOFFER im Verband mit der *Ostmark* und der *Elsaß* in der Nordsee teil. Für den erkrankten F. d. Minsch. ist der Kommandant der *Ostmark* als Führer des Wurfverbandes eingetreten.
Einzelheiten siehe im Bericht über das Führungsschiff *Ostmark* (Seiten 179/180).

6.2.11 Skagerrak-Überwachung

Nach den Sperrlegungen 16e und 16f in der Nordsee ist der Minenschiffverband *Ostmark, Elsaß* und *Brummer* am 9. XII. 1943 in Kopenhagen eingelaufen, wo die Schiffe am 12. XII. 1943 von dem nach einer Blinddarmoperation genesenen F. d. Minsch. gemustert werden. Die *Brummer* verlegt anschließend nach Pillau, um Meilenfahrten vor Neukrug durchzuführen. Hier erhält sie von der Gruppe Nord/Flotte am 19. XII. 1943 Befehl, für die Dauer der nächsten Neumondperiode zusammen mit der *Skagerrak* die Skagerrak-Überwachung zu verstärken. Die *Brummer* und die *Skagerrak,* die beim Befehlsempfang beide in Pillau liegen, laufen noch am 19. XII. 1943 aus Pillau aus. Das Minenschiff *Skagerrak* tritt am 21. XII. 1943 in Frederikshavn zur 16. VP.-Flottille und bezieht gegen ein- und auslaufende Blockadebrecher eine Auffangstellung in See. Das Minenschiff *Brummer* marschiert nach Kristiansand-Süd weiter und betreibt von dort aus die Überwachung des Skagerraks in Verbindung mit Einzelausbildung in See, Schießen der leichten Flak auf Ballone, E-Meß- und Koppelübungen.
Am 29. XII. 1943 besagt ein Funkspruch des BSO, es sei mit erhöhter Auslaufgefahr für Blockadebrecher und von zwei Handels-Schnellbooten zu rechnen. Trotz geschärfter Aufmerksamkeit zeigt sich bei dieser Überwachung bis zum Jahresende kein Erfolg.

6.3 Das Minenschiff »Ostmark«

Die Ostmark liegt seit Anfang 1943 zum Einbau einer Funkmeßanlage bei den Stettiner Oderwerken. Am 16. I. 1943 wird der hier eingeschiffte F. d. Minsch. von der Gruppe Nord unterrichtet, daß unter seiner Führung mit einem kurzfristigen Einsatz der Minenschiffe *Ostmark* und *Roland* zu rechnen sei, da zur Verstärkung des Skagerrak-Warngebietes die Sperren XVI und XVII ausgelegt werden sollen. Für beide Sperrvorhaben sind von der *Ostmark* 130 EMF und von der *Roland* 172 EMF an Bord zu nehmen. Die Beladung findet am 20. I. 1943 beim Sperrzeugamt Swinemünde statt.

6.3.1 Die Skagerrak-Sperre XVII

Mit dem Chef F. d. Minsch. an Bord laufen am 21. I. 1943 die *Ostmark* und die *Roland* hinter dem Sperrbrecher *Sp 25* ex *Ingrid Horn* aus Swinemünde aus und gehen am 23. I. 1943, 12.30, auf Kopenhagen-Reede vor Anker. Der Marsch verzögert sich durch Nebel, und der Verband ist gezwungen, unterwegs zweimal zu ankern. Um noch bei Tage die Sperrlücke am Nordausgang des Sundes zu passieren, setzen sich die Minenschiffe um 14.00 wieder in Marsch. Der Chef F. d. Minsch. bleibt zur Besprechung des Sperrvorhabens beim BSO in Kopenhagen zurück. Nach der Sperrplanung sollen bei einer Wurffahrt von 10 bis 12 kn Minen und Zeitsinkbojen mit 500 m AT geworfen werden. Abgesehen von der Stromversetzung, macht der F. d. Minsch. geltend, würden die Zeitsinkbojen bei der wesentlich kleineren Sinkgeschwindigkeit gegenüber der der Minen weitab von der Minenreihe zu stehen kommen und somit keine ausreichend genaue Navigationsgrundlage geben. Auf das Werfen von Zeitsinkbojen muß auch im Hinblick darauf verzichtet werden, daß Erfahrungen bei so großen Wassertiefen auf Minenschiffen nicht vorliegen. Diesem Einwand wird stattgegeben. Die Planung des Sperrvorhabens wird entsprechend geändert.

Die Minenschiffe *Ostmark* und *Roland* haben mit dem Sperrbrecher *Sp 25* am Abend des 23. I. 1943 den Ankerplatz Richard auf 57° 01,0′ N, 11° 43,0′ O erreicht und geankert. Der Chef F. d. Minsch. hat sich am 23. I. 1943, 19.30, auf dem Vorpostenboot *Vp 1701* eingeschifft und sein Eintreffen auf dem Ankerplatz Richard für den 24. I. 1943, 07.00, angemeldet. Aber schon das Auslaufen aus Kopenhagen verzögert sich wegen dichten Nebels bis 20.50. Unterwegs hat das Boot steifen Nordwind in Stärken von 6 bis 7 gegenan und kann zudem wegen völliger Vereisung nur eine Marschgeschwindigkeit von 8 kn halten. Als das Boot 11.10 auf dem Ankerplatz Richard eintrifft, ist ein Übersteigen des F. d. Minsch. auf den Verband bei der schlechten Wetterlage und dem herrschenden Seegang nicht möglich. Erst 17.00 wird bei Wind aus NzO in Stärken 3 bis 4 auf Position 57° 45′ N, 11° 0,60′ O mittels eines Kutters ein Übersteigen auf die *Ostmark* möglich.

18.32 ist das Geleit des Sperrbrechers beendet, und die 17. VP.-Flottille übernimmt nun mit den Booten *Vp 1701, Vp 1702, Vp 1704* und *Vp 1708* die Sicherung des Verbandes. 21.30 geht ein Funkbefehl des BSO ein, in der Nacht nur die Sperre XVII zu legen und dann Kristiansand-Süd einzulaufen. Nach Erreichen von Punkt Max auf 57° 59,5′ N, 7° 47,3′ O wird der Sperranfangspunkt mit Kurs 178° angesteuert und die Wurfformation gebildet. Mit einer Wurffahrt von 10 kn wird die Sperre XVII am 25. I. 1943 ab 03.39 ausgelegt von
57° 58,6′ N, 7° 47,4′ O nach
57° 53,2′ N, 7° 47,5′ O.

Auf jedem Schiff fallen 29 EMF. Ein zweites Teilstück der Sperre XVII wird nicht geworfen, nachdem nach dem Wurfbeginn an einem neuen Peilobjekt, dem Feuer Ryvingen, eine navigatorische Unsicherheit beobachtet wurde, die sich auf den Schiffsort und die Stromversetzung bezog. Nach dem Einlaufen in Kristiansand-Süd erhält der Verband erst Ruhe und am 26. I. 1943 von 18.00 ab einstündige Bereitschaft.

6.3.2 **Die Skagerrak-Sperre XVI**

Für eine sichere Durchführung der Aufgabe, die Skagerrak-Sperre XVI zu legen, ist eine Sicht von 6 bis 8 sm erforderlich. Da der Leuchtturm Ryvingen am 26. I. 1943, 18.00, nur eine Sichtweite von 1000 m meldet, verschiebt der F. d. Minsch. die Sperrlegung auf den 27. I. 1943, zumal auch mit einer Sichtbesserung bis 23.00 als dem spätesten Auslauftermin am 26. I. 1943 bei der herrschenden Wetterlage nicht zu rechnen ist.

Auf Grund der günstigen Wettervorhersage der Wetterwarte Kristiansand-Süd ergeht der Seeklarbefehl am 27. I. 1943 für 16.30. Der Verband läuft um diese Zeit bei SWzW-Wind in Stärke 4 zur Sperraufgabe aus. 20.12 ist der Punkt Hans auf 57° 54,06′ N, 7° 15,5′ O erreicht. Der Verband geht hier auf Kurs 170° und nimmt die Wurfformation ein. Um 20.40 beginnt das Minenwerfen für die Sperre XVI, Teilstück 1, auf
57° 50,8′ N, 7° 16,4′ O
und endet um 22.01 auf
57° 37,4′ N, 7° 20,8′ O.

Das Sperrstück wird zweireihig gelegt. Auf der *Ostmark* fallen 82 EMF, auf der *Roland* 81 EMF. Am Südpunkt der Sperre schwenkt der Verband mit großem Drehkreis nach Steuerbord und wirft das Teilstück 2 auf Kurs 339°. In diesem einreihigen Sperrstück beginnt die *Roland* mit dem Werfen von 62 EMF, gefolgt von der *Ostmark* mit 29 EMF. 23.33 ist die letzte Mine auf
57° 50,8′ N, 7° 9,5′ O
gefallen.

Der Rückmarsch der Minenschiffe geht nach Kopenhagen. Der Sperrbrecher *Sp 172* ex *Ophelia* übernimmt das Grundminengeleit am 28. I. 1943, 12.55, bei Punkt Schwarz 24, gleichzeitig sind die Vorpostenboote über Punkt Schwarz 21 nach Frederikshavn entlassen. 20.56 meldet der Sperrbrecher *Sp 172* auf 56° 43,3′ N, 11° 56,9′ O eine Grundminendetonation recht voraus. Der Abstand betrug 30 m. Schiff und Maschine blieben klar. Ohne weitere Störung laufen die *Ostmark* und die *Roland* am 29. II. 1943, 14.00, in Kopenhagen ein und machen an der Langen Linie fest. Beide Schiffe trennen sich am 4. II. 1943. Das Minenschiff *Roland* geht zum Umtausch seiner 8,8 cm C 13 in 8,8 cm C 30 zum Marinewaffenbetrieb nach Stettin. Die *Ostmark* folgt am 12. II. 1943 und ist wegen Ausfalls der Kreiselanlage und der Steuerbord-Hauptspeisepumpe bis zum 22. II. 1943 AKB. In dieser Zeit ergeht von der Gruppe Nord der Befehl für erneuten Mineneinsatz der *Ostmark* und der *Roland* zum Werfen von zwei Sperren zur Verstärkung des „Westwalles“ in der Nordsee.

6.3.3 **Die Nordsee-Sperre 16c KARLCHEN**

Die Nordsee-Sperre 16c KARLCHEN ist dreireihig geplant. Sperrmittelträger sind die Minenschiffe *Ostmark* und *Roland* sowie die Minensuchboote *M 103* und *M 104.* Die Führung des Verbandes liegt beim F. d. Minsch. auf der *Ostmark.* Schiffe und Boote übernehmen die Sperrmittel am 22. und 23. II. 1943 in Swinemünde: die *Ostmark* und die *Roland* je 130 EMC, dazu 80 bzw. 120 Reißbojen; die Minensuchboote je 160 Sprengbojen. Die Sperrlegung soll von Kristiansand-Süd aus erfolgen. Bei W-Wind in Stärke 2 und einer See in Stärke 1 sammelt der Verband am 24. II. 1943, 18.30, bei der Ansteuerungstonne Anton vor dem Hafen Swinemünde und tritt unter Sperrbrechergeleit den Marsch nach Norden an. Über Nacht vom 24. zum 25. II. 1943 wird auf Ankerplatz Richard geankert, der zwischen folgenden Eckpunkten gelegen ist:

1. 57° 0,0′ N, 11° 42′ O,
2. 57° 0,0′ N, 11° 44′ O,
3. 57° 2,0′ N, 11° 42′ O,
4. 57° 2,0′ N, 11° 44′ O. Siehe Skizze 63.

Skizze 63: Sperre 16 c KARLCHEN

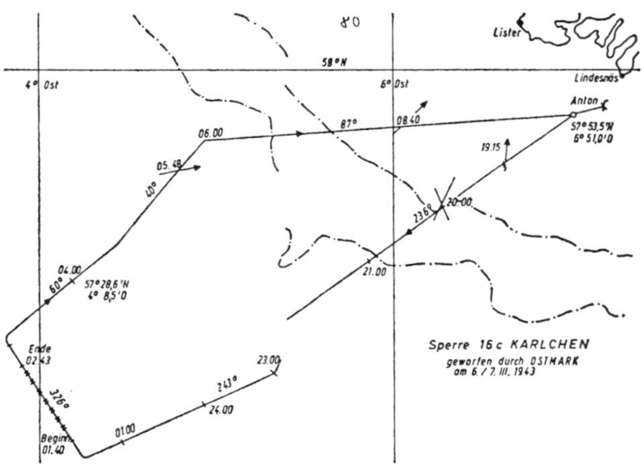

Der Weitermarsch wird im Geleit von Sperrbrecher *Sp 172* am 25. II. 1943, 10.30, angetreten. Es ist Wind aus SW in Stärken 2 bis 3. Die Sicht beträgt nur 2 sm, denn es ist dunstig. Nach Eintritt in das Skagerrak hat der Wind aus SW auf 4 bis 5 zugenommen. Er ist auffrischend auf 6 und dreht nach West. Die See läuft in Stärken 4 bis 5. 21.00 wird der Wind böig; er steigt auf Stärke 7 bis 8. Es steht jetzt eine schwere See, in der die Minenschiffe und Minensuchboote stark arbeiten. Der jetzt einlaufende, um 11.31 aufgegebene Wetterbericht sagt bis zur Sturmstärke 8 auffrischende Winde voraus. Bei rechtzeitigem Eingang dieser fast zehn Stunden alten Sturmwarnung hätte der F. d. Minsch. den Marsch nach Kristiansand-Süd gewißlich nicht fortgesetzt. Jetzt müssen die Schiffe durchhalten. Nach der Lotsenübernahme ankert der Verband am 26. II. 1943, 03.00, in der Fiskabucht von Kristiansand-Süd. Da die Schlechtwetterlage mehrere Tage anhält, muß die Sperrlegung KARLCHEN mehrfach verschoben werden.

Am 2. III. 1943, 07.00, gerät die *Roland* auf ihrem Ankerplatz bei NW-Wind 7 bis 8 und in Böen bis zu 10 ansteigendem Sturm ins Treiben. Bei dem Versuch, einen neuen Ankerplatz zu finden, schlägt das Schiff trotz Maschinenunterstützung in einer besonders schweren Bö quer und kommt an Backbord mit dem hier felsigen Grund in Berührung, über den es hinwegschliert. Danach liegt es an einer Schäre fest. Mit Schlepperhilfe kommt die *Roland* wieder frei und verholt zur Pier am Nickelwerk. Dabei fällt infolge eines Leinentörns beim Abschleppmanöver die Steuerbordschraube aus. Zur Beseitigung der Schrauben- und Wellenschäden muß das Schiff ins Dock. Seine Geschwindigkeit ist auf 11 kn herabgesetzt. Damit fällt die *Roland* für das geplante Sperrvorhaben aus. Sie marschiert am 6. III. 1943 von Kristiansand-Süd nach Kopenhagen. Da sich dort keine Dockmöglichkeit bietet, versucht man es in Kiel, wo alle Schäden bei den Deutschen Werken bis zum 10. IV. 1943 beseitigt werden.

Da kein anderes Minenschiff zur Verfügung steht, wird die Sperrplanung für KARLCHEN nach dem Ausfall der *Roland* geändert. Die Sperre soll nunmehr einreihig von
57° 4′ N, 4° 5′ O nach
57° 15′ N, 3° 52′ O
geworfen werden. Die Sprengbojenreihe ist westlich der Minenreihe zu legen. Sie soll über die Anfangs- und Endpunkte der Minenreihe um je 2 sm länger sein. Die Tiefe der Sperre soll durch unregelmäßige Kurse der Minensuchboote erreicht werden. Die Minenladung der *Ostmark* ist auf 180 EMC umzustellen.

Am 3. III. 1943 gibt die Gruppe Nord das Stichwort KARLCHEN für den folgenden Tag.

Um die Mittagszeit des 4. III. 1943 liegen widersprechende Wettermeldungen vor. Die Wetterwarte Kristiansand-Süd rechnet bei bereits eingetretenem Barometerfall mit schneller Wetterverschlechterung und auffrischendem Wind auf Stärke 6, was den Einsatz der Minensuchboote als fraglich erscheinen läßt. Die Wettervorhersage der Gruppe Nord ist dagegen günstiger. Sie lautet auf SW-Wind in Stärke 3, der im Laufe der Nacht auf höchstens 5 auffrischen wird. Der F. d. Minsch. glaubt, an Hand des Berichtes der Gruppe Nord ein Auslaufen verantworten zu können. Der Verband geht am 4. III. 1943, 15.00, in See. Als Sicherung begleitet das Kanonenboot *K 1* den Verband. Das Wetter ist anfangs sogar besser als erwartet. Es ist Wind aus SW in Stärken 4 bis 5. Es ist heiter, und es steht eine nur leichte Dünung. *K 1* bringt das OGG aus, und mit 15 kn Marschfahrt wird auf dem X-Weg der Punkt Anton auf 57° 53,5′ N, 6° 51′ O angesteuert, von dem aus mit Kurs 236° weitergelaufen wird.

Doch dann frischt der Wind stark auf. Bei SW in Stärken 6 bis 7 läuft bald eine grobe See 5 bis 6 und eine zunehmende Dünung. Der Himmel ist jetzt bedeckt. Der Barometerfall hält an. Wind und Seegang kommen quer zum Sperrkurs. Sie werden das Minen- und Sprengbojenwerfen unmöglich machen. Der F. d. Minsch. muß sich entschließen, die Unternehmung abzubrechen. Nachdem der größte Teil des Anmarsches bereits zurückgelegt worden ist, macht der Verband 23.00 auf 57° 20′ N, 5° 22′ O kehrt und läuft am 5. III. 1943, 08.30, in Kristiansand-Süd wieder ein.

Noch am gleichen Tage befiehlt die Gruppe Nord Sofortbereitschaft ab 14.30 zur Wiederholung des Einsatzes nach Entscheidung des F. d. Minsch. Nach der Vorhersage der Wetterwarte Kristiansand-Süd ist mit böigen NW-Winden in Stärken 5 bis 6 und mit zunehmendem Seegang zu rechnen. Auch die Großwetterlage ergibt kein klares Bild. Das Auslaufen wird vom F. d. Minsch. um 24 Stunden verschoben.

Die Vorhersage für den 6. III. 1943 lautet von der Wetterwarte Kristiansand-Süd wie auch im Wetterbericht der Gruppe Nord günstiger. Der Verband läuft daher um 15.00 bei NO-Wind in Stärke 2 aus. Nach Passieren von Punkt Anton empfängt die Schiffe eine starke Dünung. Aber der Verband hält durch. Die Sperre 16c KARLCHEN wird am 7. III. 1943 von 01.40 bis 02.43 bei noch immer hoher Dünung geworfen.

Die *Ostmark* und die Boote rollen stark. Die Sichtigkeit nimmt während des Sperrewerfens ab. Bei dem großen Abstand von den Funkfeuern Lister und Hanstholm und der dadurch bedingten Ungenauigkeit der Peilung ist eine einwandfreie Kontrolle des gekoppelten Schiffsortes nicht möglich. Die gemeldete Sperrlage besitzt daher nur einen Annäherungswert.

02.56 tritt der Verband den Rückmarsch mit Kurs 50° an. 04.00 ist der Schiffsort 57° 28,6′ N, 4° 8,5′ O, und 10.22 wird der Punkt Anton passiert. Dichter Nebel tritt auf, in dem *K 1* den Anschluß verliert und selbständig nach Kristiansand-Süd weiterläuft. Der Verbandschef entschließt sich 11.38, südlich von Lindesnes mit der *Ostmark* und den beiden Minensuchbooten zu ankern. Hier läßt er auch von *M 103* an die Gruppe Nord die Funkmeldung abgeben:

> „karlchen planmäßig, stehe in dichtem nebel südlich lindesnes."

Nach Aufgehen des Nebels läuft der Verband 18.00 in Kristiansand-Süd ein.

Die Einschiffung einer B-Dienstgruppe für eine von der Küste abgesetzte Minenunternehmung hat sich als sehr vorteilhaft erwiesen. Durch sofortige Auswertung des feindlichen Funkverkehrs war die Verbandsführung über die Luft- und Seelage laufend unterrichtet.

6.3.4 Die Nordsee-Sperre 16d KLEIN ERNA (nicht geworfen)

Die Sperrmittelübernahme für die Minenunternehmung Nordsee-Sperre 16d KLEIN ERNA ist für die *Ostmark* in Aarhus vorgesehen, für die Minensuchboote *M 103* und *M 104* in Frederikshavn. Beim Auslaufen des Verbandes aus Kristiansand-Süd hat *K 1* Grundberührung. Das Boot fällt aus und wird später durch das Kanonenboot *K 3* ersetzt. Am 9. III. 1943 gibt die Gruppe Nord den Stichwortbefehl KLEIN ERNA für den 11. III. 1943. Nach der Übernahme von 180 EMC tritt die *Ostmark* am 10. III. 1943, 11.00, den Marsch von Aarhus nach Kristiansand-Süd, dem Absprunghafen für die Sperrlegung KLEIN ERNA, an. Die Minensuchboote, mit je 160 Sprengbojen beladen, schließen sich von Frederikshavn ab an. Auf dem Marsch kommt Windwarnung für das Skagerrak für SW-Wind in Stärken 6 bis 7 und in Böen Sturm in 8. Der Verband erhält Befehl vom BSO, Frederikshavn-Reede anzulaufen und dort zu ankern. Erst am 11. III. 1943 abends wird der Weitermarsch über das Skagerrak angetreten. Für die Nacht war ein Abflauen des Windes auf die Stärken 2 bis 3 in Aussicht gestellt. Im Gegensatz hierzu meldet das *Vp 1708* um die Mitternachtsstunde zum 12. III. 1943 aus dem Qu. 4442 m (15 sm NNW Hirthals) W-Wind in Stärken 6 bis 7, böig. Tatsächlich hatte der Verband Wind und See gegen sich und machte bei Umdrehungen für 12 kn nur 9,5 sm/h über den Grund. Am 12. III. 1943, 10.15, ankern die Schiffe im Westhafen von Kristiansand-Süd.

Die Wetterlage bedingt eine viermalige Verschiebung der Unternehmung um je 24 Stunden. Erst am 16. III. 1943, 16.00, läuft die *Ostmark* mit *M 103* und *M 104* zur Unternehmung KLEIN ERNA aus. Gesichert wird der Verband durch das Kanonenboot *K 3*. Der Wind weht in Stärke 3 aus SW. Es ist heiter und leicht diesig. Ab 16.30 kommt dichter Nebel auf, und um 17.20 hat sich die Sichtweite auf 100 m verringert. Sie geht später sogar bis auf 50 m zurück. Der F. d. Minsch. hat bis dahin den Marsch in der Hoffnung fortgesetzt, daß es sich bei dem Nebel nur um eine Nebelbank handelt, die durchstoßen werden kann. Nun aber erscheint ihm das Zusammenhalten des Verbandes und die notwendige seemännische Sicherheit nicht mehr gewährleistet. In Übereinstimmung der angetroffenen örtlichen Verhältnisse mit der Nebelvorhersage der Gruppe Nord, nach der es nur nachmittags zeitweilig aufklaren soll, rechnet er jetzt damit, daß der Nebel nicht nur an der Küste, sondern auch im Operationsgebiet in gleicher Stärke vorhanden ist. Er entschließt sich daher, die Unternehmung abzubrechen. Der Verband macht kehrt und versucht mit Hilfe des Lotes und des Funkmeßgerätes den Ankerplatz südlich Lindesnes anzusteuern. Am 17. III. 1943 kommt der Verband nach einer Besserung der Sichtverhältnisse um die Mittagszeit in Kristiansand-Süd ein. Da *K 3* einen Zylinderkopf am Backbordmotor auswechseln muß, ist der Verband voraussichtlich erst am 18. III. 1943 nachmittags wieder auslaufbereit.

Die Gruppe Nord hat inzwischen die Durchführung der Aufgabe als dringlich dargestellt: „Zeitnot und Mondphase lassen, wenn irgend möglich, Ausnutzung jetziger unsichtiger Wetterlage sehr erwünscht erscheinen. Bei Nebel Durchführung eventuell auch bei Tage. Auf Ausnutzung Funkfeuer wird hingewiesen."

In einem weiteren Funkspruch wird der 18. III. 1943 als „Tag für den letzten Versuch" genannt.

Es weht aus OSO in Stärke 5. Der Himmel ist bedeckt, und es ist dunstig, als der F. d. Minsch. am 18. III. 1943 das Auslaufen für KLEIN ERNA auf 15.00 befiehlt. Nach den Wettervorhersagen der Gruppe Nord und der Wetterwarte Kristiansand-Süd ist nicht mit einem weiteren Auffrischen des Windes über die Stärke 6 hinaus zu rechnen. Eine zunehmende Sichtbesserung wird erwartet. Tatsächlich reißt die Wolkendecke noch vor dem Auslaufen aus Kristiansand-Süd plötzlich auf. Rasch ist der Punkt Anton erreicht, und auch der erst abgesagte Jagdschutz ist zur Stelle. Je weiter aber der Kurs nach West führt, um so mehr verschlechtert sich die Wetterlage. Der NO-Wind frischt auf 6 auf, der Seegang nimmt auf 4 zu. Später dreht der Wind auf ONO und weht erst in Stärken 6 bis 7 und dann in 8 und in den Böen sogar darüber, während sich der Seegang von 4 auf 5 und später auf 6 steigert.

Bei dem starken Schlingern der Fahrzeuge ist eine Standfestigkeit der Minen und Sprengbojen nicht mehr gegeben. Auch ist ein sicheres Minengeleit durch *K 3* bei dem starken Gieren des Bootes nicht gewährleistet. Der F. d. Minsch. bricht die Unternehmung auf 57° 27′ N, 6° 10′ O ab und geht auf Gegenkurs. Seine Hoffnung, daß der Wind stetig bleiben und die See mit dem fortschreitenden Marsch nach Südwesten nicht gröber werden würde, hat sich nicht erfüllt. Als die verabredete Wettermeldung der Wetterwarte Kristiansand-Süd eintrifft, enthält sie eine Sturmwarnung aus OSO in Stärke 8, die sich mit den tatsächlichen Verhältnissen deckt.

Am 19. III. 1943, 00.35, steht der Verband auf
57° 46,5′ N, 6° 40,0′ O
und nimmt mit seinem Funkmeß- und Beobachtungsgerät in 180° Schiffspeilung auf 1,78 m eine Ortung auf. Nach Art und Wellenlänge handelt es sich um einen suchenden, feindlichen Aufklärer, der den Verband jedoch nicht ortet. Der Wind kommt um diese Zeit aus Ost und ist in Böen stärker. Es herrscht heller Mondschein. 06.30 läuft der Verband in Kristiansand-Süd ein. Bedingt durch die besonders schwierigen Wetterverhältnisse in dieser Jahreszeit, ist es dem F. d. Minsch. trotz zweimaligen Versuches nicht möglich gewesen, die befohlene Aufgabe KLEIN ERNA durchzuführen. Sie muß wegen anderweitiger Verwendung der *Ostmark* auf später verschoben werden. Das Schiff ist dann nach Swinemünde in Marsch zu setzen und steht anschließend dem F. d. M. Ost an Stelle vom Minenschiff *Roland* zur Verfügung, das noch in der Werft liegt. Die *Ostmark* tritt am 20. III. 1943 den Verlegungsmarsch von Kristiansand-Süd nach Swinemünde bei OSO-Wind in Stärke 7 und Seegang 6 an. Nach der Wettervoraussage ist jetzt mit einem Auffrischen auf Sturm in Stärke 8 und in Böen bis zu 9 zu rechnen. Bis zum Abend flaut es jedoch bei mittelhoher Dünung langsam auf Ost in Stärken 2 bis 3 ab. Die begleitenden Minensuchboote *M 104* und *M 103* sowie das Kanonenboot *K 3* werden unterwegs nach Frederikshavn entlassen. Unter Sperrbrechergeleit marschiert die *Ostmark* über Kopenhagen, wo der Unterstab des F. d. Minsch. an Bord genommen wird, weiter nach Swinemünde. Hier macht das Schiff am 22. III. 1943 am Sperrzeugamt zur Minenabgabe fest. Die Beladung für Zwecke des F. d. M. Ost soll am 26. III. 1943 erfolgen. Hierzu kommt es schließlich nicht. Inzwischen meldet das Minenschiff *Roland* die Kriegsbereitschaft zum 10. IV. 1943 wiederhergestellt und gehört von nun ab einsatzmäßig zum F. d. M. Ost. Die *Ostmark* verlegt in die Stettiner Oderwerke, um einen neuen Diesel und eine Bord-Fernsprech-Anlage eingebaut zu bekommen. Es sind auch „sonstige Arbeiten" zu erledigen. Das Schiff meldet am 6. IV. 1943 aus der Werft die Kriegsbereitschaft unterbrochen und deren Wiederherstellung voraussichtlich am 1. V. 1943.

Aber bereits am 18. IV. 1943 drängt die Gruppe Nord auf eine vorzeitige Beendigung der Werftarbeiten. In Gemeinschaft mit dem Minenschiff *Brummer* soll die *Ostmark* zur Verstärkung des „Westwalles" zwei Nordsee-Sperren werfen. Dazu soll das Schiff am 29. IV. 1943 voll einsatzbereit in Kiel liegen. Die Fortsetzung und Beendigung der Werftarbeiten ist für später, und zwar für die Zeit vom 10. bis 28. V. 1943, vorgesehen. Danach ist ein Einsatz des Schiffes zusammen mit dem Minenschiff *Elsaß* beabsichtigt.

6.3.5 **Die Nordsee-Sperre 16 d SAMUEL**

Pünktlich, wie befohlen, liegt das Minenschiff *Ostmark* am 29. IV. 1943 am Sperrzeugamt Kiel-Jägersberg und nimmt 180 EMC mit 30 m untere Antenne an Bord. Am folgenden Morgen beginnt die Verlegung nach Kristiansand-Süd, dem Absprunghafen für die Unternehmung. In Kristiansand-Süd, wo die *Ostmark* am 2. V. 1943 einläuft, geht am 3. V. 1943 auch das Minenschiff *Brummer* 08.00 vor Anker. Das Schiff hat nach Durchführung der Aufgabe SAGITTA am 21. IV. 1943 von Tromsö aus den Marsch nach Frederikshavn angetreten, dort am 1. V. 1943 an Sperrmitteln 100 EMC und 102 Reißbojen übernommen und steht nun dem F. d. Minsch. zur Verfügung. Zusammen mit dem Torpedoboot *Möwe,* das mit 200 Sprengbojen beladen ist, soll auf das Stichwort SAMUEL eine dreireihige Sperre mit der Bezeichnung 16d geworfen werden. Als Geleitschutz und zur Sicherung sind die Torpedoboote *Jaguar* und *Greif* zugeteilt worden. Die Führung hat der F. d. Minsch., Kapitän z. S. H.-C. v. Schönermark, auf der *Ostmark.*

Das Stichwort fällt von der Gruppe Nord am 3. V. 1943. Die Metereologen sagen bis zum 4. V. 1943 morgens schwachwindiges Wetter voraus. Der Verband läuft am 3. V. 1943, 18.00, aus Kristiansand-Süd zur Unternehmung aus. Eine B-Dienstgruppe ist auf der *Ostmark* eingeschifft. Fliegerbegleitschutz ist bis 22.00 zur Stelle. Kurz danach meldet die Luftaufklärung: „Keine Feindsicht." Ab Punkt Anton setzen sich die Torpedoboote *Jaguar* und *Greif* vor die Minenschiffe mit ausgebrachtem OGG, und in der Tagmarschformation Doppelkiellinie wird mit 21 kn Fahrt der Sperransteuerungspunkt 56° 55,5′ N, 4° 17,6′ O angesteuert. Das Minenschiff *Brummer* kann diese Fahrt auf die Dauer nicht halten. Die Maschine des Schiffes hat zur Zeit 950 Betriebsstunden hinter sich. Der Leistungsrückstand wird in erster Linie auf die schon lange fällige Kesselreinigung zurückgeführt, die immer wieder hinausgeschoben wurde. Zum anderen wirkt sich der Beladungszustand mit starker Achterlastigkeit auf die Geschwindigkeit nachteilig aus. Ab 22.24 marschiert der Verband in Nachtmarschformation Kiellinie, wobei die *Brummer* hinter der *Ostmark* steht. Am 4. V. 1943 muß die Marschfahrt um 00.20 auf 19 kn herabgesetzt werden.

01.29 erhält der F. d. Minsch. eine Funkmeldung, wonach Luft- und B-Dienst ohne Erkenntnisse geblieben sind. Auch die auf der *Ostmark* eingeschiffte B-Dienstgruppe stellt nur schwache englische Lufttätigkeit fest. Als 02.00 die Wurfformation hergestellt wird, weht der Wind aus NW in Stärke 2, ist die See leicht bewegt, und es herrscht eine klare Sicht. Bei einer Wurffahrt von 18 kn wird die Sperre 16d SAMUEL von 02.14 bis 03.30 auf der Großen Fischerbank, eben nördlich von der NW-Ecke des eigenen Nordsee-Warngebietes, geworfen. Nach dem Sperrbefehl liegt sie von

56° 33,8′ N, 4° 36,0′ O über

56° 37,7′ N, 4° 27,5′ O nach

56° 52,4′ N, 4° 19,5′ O.

Siehe Skizze 1, Seite 20, und Skizze 64.

Die Sperrlegung erfolgt ohne Schwierigkeiten planmäßig. Der Rückmarsch geht nach Cuxhaven. Der Verband läuft am 5. V. 1943, 10.30, dort zur Minenübernahme ein. Danach gehen die Minenschiffe auf Cux-

Skizze 64: Nordsee-Sperre 16 d SAMUEL

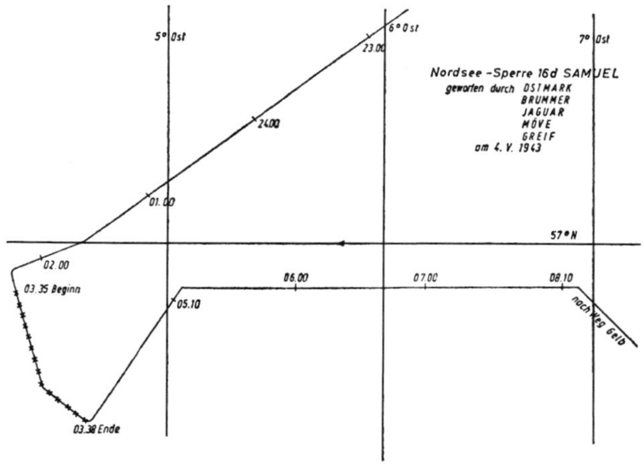

haven-Reede vor Anker. Für die gute Durchführung der Unternehmung SAMUEL spricht der Oberbefehlshaber der Gruppe Nord/Flotte allen Beteiligten seine Anerkennung aus.

6.3.6 Die Nordsee-Sperre 14a QUERSPRUNG

Zur Verstärkung des „Westwalles" ist die Sperre 14a QUERSPRUNG auszulegen von

56° 00′ N, 5° 40′ O nach

56° 15′ N, 5° 25′ O.

Siehe Skizze 1, Seite 20, und Skizze 65.

Die Sperre ist vierreihig mit zwei Minenreihen und zwei Reihen Sperrschutzmittel geplant. Als Sperrmittelträger stehen zur Verfügung:

Minenschiff *Ostmark*	mit 159 EMC
Minenschiff *Brummer*	mit 158 EMC
7 Minensuchboote	mit 249 Reißbojen
3 Minensuchboote	mit 500 Sprengbojen

Skizze 65: Nordsee-Sperre 14 a QUERSPRUNG

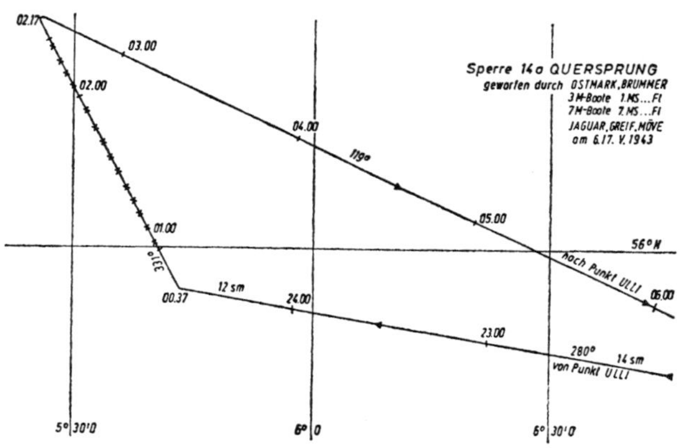

Von diesen Sperrmitteln sollen liegen in der

1. Reihe feindwärts	249 Reißbojen
2. Reihe *Ostmark*	159 EMC
3. Reihe	500 Sprengbojen
4. Reihe *Brummer*	158 EMC

Als OGG-Boote sind die Torpedoboote *Jaguar, Greif* und *Möwe* zugeteilt, als Sperrgeleit die Sperrbrecher *Sp 173* ex *Westland* und *Sp 27* ex *H. C. Horn* mit zwei schnellen Flakjägern.

Unter Führung des F. d. Minsch. auf der *Ostmark* gehen die Minenschiffe am 6. V. 1943, 07.00, auf Cuxhaven-Reede ankerauf und steuern elbeabwärts zur Unternehmung. Das Sperrgeleit marschiert voraus, die drei Minensuchboote der 1. MS.-Flottille mit den 500 Sprengbojen an Bord folgen in Kiellinie. Die sieben Minensuchboote der 7. MS.-Flottille mit den 249 Reißbojen an Bord laufen auf dem Weg Weiß für sich nach dem Punkt Ulli. Hier haben sie sich 21.00 dem zu gleicher Zeit dort eintreffenden F. d. Minsch.-Verband anzuschließen. Das ist die Wetterlage: Wind aus SSW 1, ruhige See, diesig. 10.45 räumt der Sperrbrecher *Sp 173* auf 54° 4,5′ N, 7° 39,5′ O zwei Grundminen. Die Maschine und das VES bleiben klar. 11.00 wird eine weitere Grundmine geräumt. 17.00 werden auf 55° 01,5′ N, 7° 15,5′ O die drei Torpedoboote *Jaguar, Greif* und *Möwe* entlassen, um ab Punkt Ulli auf dem Marschweg des Verbandes mit ausgebrachtem OGG eine Stichfahrt durchzuführen. Sie stoßen erst nach dem Sperrewerfen auf dem Rückmarsch bei Punkt Ulli wieder zum Verband. Ab 17.30 übernimmt eine Rotte FW 190 vorübergehend den Jagdschutz. Bei Punkt Richard werden die Sperrbrecher und die Flakjäger entlassen. Die drei Sprengbojenboote *M 8, M 3* und *M 37* setzen sich vor die Minenschiffe. Im Laufe des Nachmittags klart es auf. Der Wind dreht nach links, es frischt etwas auf. 19.52 kommen die sieben Minensuchboote mit den Reißbojen an Bord aus der Richtung Nordmannstief in Sicht. 21.58 steht der Verband bei Punkt Ulli. Die sieben Minensuchboote hängen sich zur Doppelkiellinie mit vier Booten an die *Ostmark* und mit drei Booten an die *Brummer* an. Der Wind kommt aus NW in Stärken 3 bis 4.

Der Sperransteuerungspunkt 55° 57,3′ N, 5° 43,0′ O wird jetzt angesteuert. Damit tritt der Wurfverband in das eigene Minenwarngebiet ein, in dem die Sperre zu werfen ist. Wegen der dort bereits ausliegenden Sperren ist die Anforderung an genaue Navigation besonders wichtig.

Kurz nach Mitternacht zum 7. V. 1943 wird die Wurfformation gebildet. Die Fahrt wird auf 12 kn verringert. 00.37 geht der Verband auf Wurfkurs 331°, und von 00.53 bis 02.20 wird die Sperre, wie angegeben, geworfen. Die Wetterlage ist weiter günstig, so daß das Minenwerfen keine Schwierigkeiten macht. Nach dem Auslegen der Sperre etwa 80 sm westlich von Lyngvig macht der Verband in breiter Wurfformation eine Kursänderung um 14 Dez auf 115°. Obwohl es sich um einen nicht eingefahrenen Verband handelt, gelingt die Kursänderung gut, wie auch nach dem Urteil des F. d. Minsch. dank der verständnisvollen Mitarbeit aller beteiligten Kommandanten die fahrtechnisch sehr schwierige Wurfaufgabe glatt verlaufen ist.

Die Torpedoboote *Jaguar, Greif* und *Möwe* stoßen 06.30 wieder zum Verband und übernehmen die Fla-Sicherung. Die Minensuchboote werden 06.43 nach Cuxhaven entlassen. 07.05 ist der Punkt Ulli erreicht, der Verband geht auf Südkurs. Eine Ju 88 und eine Rotte FW 190 fliegen kurze Zeit Jagdschutz. Der Wind kommt aus NW in Stärken 3 bis 4, als 08.50 der Punkt Richard erreicht wird. Hier nehmen die beiden Sperrbrecher mit den beiden Flakjägern das Sperrgeleit auf. Sie hatten zwischen dem Punkt Richard und dem Punkt Ulli in Erwartung des Verbandes während der Sperrlegung auf und ab gestanden. Der Rückmarsch endet für die *Ostmark* abends in Cuxhaven, für die *Brummer* abends in Wilhelmshaven. Abgesehen von der kurzen Anwesenheit von drei Flugzeugen gegen 07.00, hat sich während des Rückmarsches kein Flugzeug beim F. d. Minsch.-Verband gezeigt. Dagegen sollen die nach Cuxhaven entlassenen Minensuchboote auf Weg Weiß fast laufend begleitet worden sein.

Der Oberbefehlshaber der Gruppe Nord spricht dem Wurfverband mit gleichzeitiger Entlassung aus seinem Befehlsbereich Dank und Anerkennung für erfolgreiche Durchführung der Minenaufgabe aus.

6.3.7 F. d. Minsch.-Dienststelle in Kopenhagen

Nach den beiden Sperrlegungen 16 a SAMUEL und 14 a QUERSPRUNG setzt das Minenschiff *Ostmark* die unterbrochenen Werftarbeiten bei den Stettiner Oderwerken fort. Der Chef F. d. Minsch. schifft sich am 9. V. 1943 aus und begibt sich zu der neu eingerichteten Dienststelle nach Kopenhagen. Abgesehen für die Zeit der fallweisen eigenen Einschiffung bei Minenunternehmungen, leitet der F. d. Minsch. von hier aus den Minenschiffverband, dem seit dem 10. IV. 1943 auch die Minentransportschiffe *Otter, Rhein, Irben* und *Lauting* angehören.

6.3.8 Die Nordsee-Sperre 18 a ERZENGEL

Am 26. V. 1943 ist das Minenschiff *Ostmark* wieder kriegsbereit. Noch am gleichen Tage verlegt es von Stettin nach Swinemünde und läuft am Abend mit dem Minenschiff *Elsaß* nach Kopenhagen aus. Beide Einheiten machen am 27. V. 1943 an der Langen Linie fest und betreiben Ausbildungsdienst. Die *Elsaß* hatte nach längerer Werftliegezeit in Kiel und Stettin vor ihrem Einlaufen in Swinemünde Meilenfahrten erledigt und dabei eine Höchstgeschwindigkeit von 22 kn erreicht. Mit der *Ostmark,* der *Brummer* und der *Elsaß* stehen dem F. d. Minsch. nun drei Minenschiffe zur Verfügung, die eine größere Verbandsgeschwindigkeit durchhalten können. Damit hat sich ein von ihm seit langem gehegter Wunsch erfüllt.

Als erste Aufgabe für diese drei Schiffe ist eine Verstärkung des „Westwalles" in der nördlichen Nordsee vorgesehen. Es sind die Sperren 18a ERZENGEL, 20a WILDSCHWEIN und 22b STEINADLER auszulegen. Jede Sperre ist dreireihig geplant und besteht aus zwei Minenreihen und einer Reißbojenreihe. Die *Ostmark* und die *Elsaß* verlegen vom 14. zum 15. VI. 1943 zur Minenübernahme von Kopenhagen nach Kiel. Mit je 180 EMC beladen, treten Sie am 17. VI. 1943 den Marsch nach Kristiansand-Süd an. Von Aarhus kommend, schließen sich am 18. VI. 1943 morgens die Zerstörer *Z 27* und *Z 30* an. Sie sind dem Wurfverband zur Sicherung zugeteilt. Kurz vor dem Einlaufen in Kristiansand-Süd ist am 19. VI. 1943, 01.40, Fliegeralarm. Flugzeuggeräusche werden über dem Verband wahrgenommen, und ein Luftziel wird durch das Fu.M.B.-Gerät der *Elsaß* kurz erfaßt. Es ergeben sich keine Weiterungen. Im Hafen tritt das dort liegende Minenschiff *Brummer* mit 240 Reißbojen zum Verband. Das Auslaufen zur Unternehmung wird von der Gruppe Nord/Flotte zweimal verschoben; zuerst wegen der Wetterlage, dann wegen der Heimkehr von zwei schwedischen Frachtschiffen, die dem Verband nicht begegnen sollen.

Das Stichwort ERZENGEL fällt am 21. VI. 1943.

Unter Führung des F. d. Minsch. laufen die Minenschiffe *Ostmark, Brummer, Elsaß* mit den Zerstörern *Z 27* und *Z 30* am 21. VI. 1943, 18.00, bei SW-Wind in Stärke 3 aus Kristiansand-Süd aus. Als Jagdschutz sind vier FW 190 zur Stelle. Zur Aufklärung sind fünf Ju 88 und zwei BV 138 gestartet.

Der Anmarsch beginnt auf dem X-Weg mit 17 kn Fahrt. Die Minenschiffe stehen in Dwarslinie als Tagmarschformation. Die beiden Zerstörer sichern in 4-Dez-Peilung an Backbord und Steuerbord voraus von den Minenschiffen. Ab 19.15 wird als Nachtformation die Kiellinie eingenommen. Dabei marschiert *Z 30* mit ausgebrachtem OGG 900 m vor *Z 27* und den dann folgenden Minenschiffen. Bei Punkt X 9 wird auf 250° geschwenkt und die Fahrt auf 19 kn erhöht. Mehr ist für die *Brummer* nicht möglich. Ihre Hilfsmaschinen werden nur noch durch tatkräftigen und aufopfernden Einsatz ihres Maschinenpersonals betriebsfähig gehalten.

Später muß die Fahrt zeitweilig auf 17 kn verringert werden, da sich auf der *Elsaß* eine starke Achsialverschiebung bei der Steuerbord-ND-Turbine zeigt. Das Schiff erhält vom Verbandsingenieur Befehl, mit ungleicher Drehzahl der Turbinen weiterzulaufen, um damit eine Verringerung des Achsialschubs der Steuerbord-ND-Turbine zu erreichen.

Am 22. VI. 1943 wird der F. d. Minsch. 00.55 und 01.45 durch Funk davon unterrichtet, daß die Luftaufklärung und der B-Dienst keine besonderen Erkenntnisse erbracht haben. 02.38 ist der Ansteuerungspunkt auf 57° 39,7′ N, 3° 35′ O erreicht. Es wird auf Sperrkurs 325° geschwenkt und von 02.50 bis 04.00 die Sperre 18a ERZENGEL planmäßig geworfen. Während der Sperrlegung ist Wind aus SSW in Stärke 4 und eine See in Stärke 3. Es ist leicht bewölkt und eine gute Sicht. Allerdings rollen die Schiffe in der mittelhohen Dünung recht stark. Die Sperrlage entspricht dem Operationsbefehl von

57° 42′ N, 3° 32′ O nach

57° 58′ N, 3° 11′ O.

Siehe Skizze 66, Seite 175.

Der Verband schwenkt nach dem Sperrewerfen auf Kurs 90° und läuft in Kiellinie mit 19 kn Marschfahrt ab. Schon 04.19 ist eine Rotte FW 190 als Jagdschutz zur Stelle; bei 75 sm von der Küste eine vom F. d. Minsch. besonders anerkannte fliegerische Leistung. 05.10 steht der Verband auf 57° 58,5′ N, 3° 50′ O und ändert seinen Kurs auf 46° in Richtung Feiestein. 08.15 nimmt *Z 30* das OGG auf. Mit dem Einlaufen in Stavanger am 22. VI. 1943, 10.30, ist die Aufgabe 18a ERZENGEL ohne Störung beendet.

6.3.9 **Die Nordsee-Sperre 20a WILDSCHWEIN**

Im Laufe des 23. VI. 1943 beladen die Minenschiffe erneut. Die *Ostmark* und die *Elsaß* erhalten je 180 EMC, die *Brummer* 240 Reißbojen aus dem Minentransportschiff *Otter* und dem Motorsegler *Anna Peters.* Eine Untersuchung der Steuerbord-ND-Turbine auf der *Elsaß* hat inzwischen ergeben, daß das Drucklager ausgelaufen ist. Ein Einsatz des Schiffes kann nicht vor dem 24. VI. 1943 abends erfolgen. Und da der NW-Wind in den Nachmittagsstunden des 24. VI. 1943 zu Stärken 7 bis 8 auffrischt, wird eine Verschiebung der Unternehmung um weitere 24 Stunden nötig.

Am 25. VI. 1943 geht von der Gruppe Nord/Flotte 13.15 der Stichwortbefehl WILDSCHWEIN für die Sperre 20a ein. Die Wettervorhersagen lauten günstig. Die Minenschiffe *Ostmark, Brummer* und *Elsaß* laufen unter der Führung des F. d. Minsch. mit *Z 27* und *Z 30* 20.00 aus Stavanger aus. 21.23 ist Feiestein passiert, und die Tagmarschformation wird eingenommen. Die Marschfahrt beträgt 15 kn. Zwei Me 109 fliegen Jagdschutz, eine BV 138 ist als enge Luftsicherung zur Stelle. Die Marschfahrt wird 21.26 auf 17 kn und 21.50

Skizze 66:
Nordsee-Sperren 18 a
und 20 a

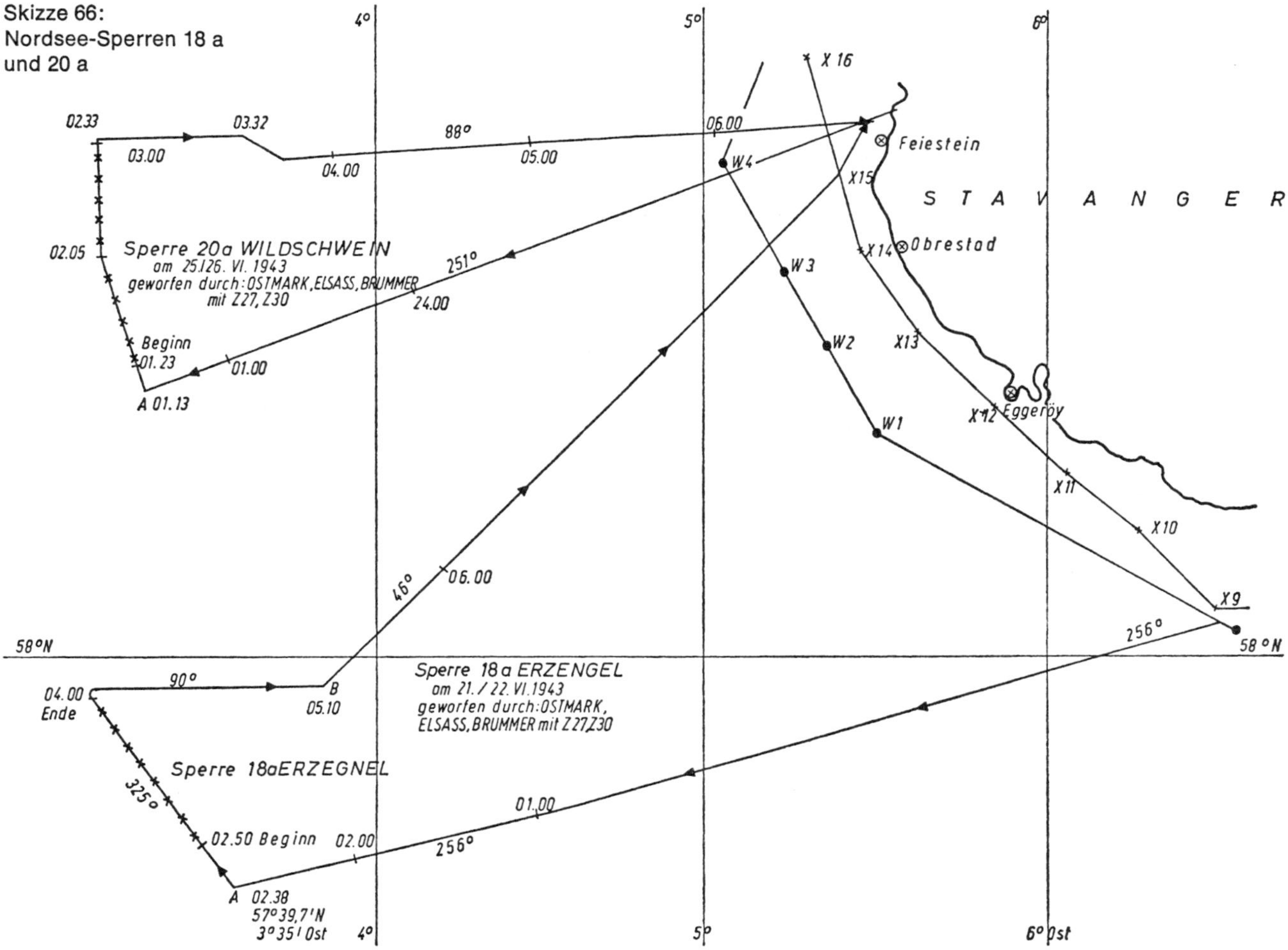

auf 19 kn erhöht. Sie muß aber 22.13 auf 18 kn verringert werden, weil die *Elsaß* die Umdrehungen für 19 kn nicht halten kann.

Z 27 gibt 22.30 U-Boot-Alarm und meldet Geräuschortung und S-Gerät-Ortung voraus. Der Verband ändert den Kurs von 250° auf 240°. *Z 27* bleibt zur weiteren U-Boot-Ortung zurück. 22.38 wird der alte Kurs 250° wieder eingenommen. *Z 27* bricht die Ortung ab, da kein Geräusch mehr festzustellen ist, und nimmt seinen Platz in der Sicherung wieder ein. Eine Fehlortung ist nach Meinung des F. d. Minsch. nicht ausgeschlossen. Sicherungsfahrzeuge des Admirals Westküste haben das Seegebiet seit 21.00 überwacht. Jagdschutz und enge Luftsicherung werden am 26. VI. 1943 kurz nach Mitternacht beendet. Die Wetterlage ist gut. Der Wind kommt in Stärke 3 aus NO. Die See läuft in Stärke 3. Der Himmel ist bedeckt, und die Sicht ist gut. 01.13 wird das Sperrfeld auf 58° 26,6′ N, 3° 20,2′ O erreicht. Es wird auf den 1. Sperrkurs geschwenkt. Auf Kurs 342° beginnt 01.23 das Minenwerfen. 02.05 wird auf 58° 39,8′ N, 3° 12,5′ O der 2. Sperrkurs mit 0° eingenommen, und 02.33 ist die Sperrlegung beendet. Bei der ruhigen Wetterlage gab es beim Minenwerfen keine Schwierigkeiten. Die Sperrlage ist nach dem Operationsbefehl von
58° 28,0′ N, 3° 20,0′ O über
58° 38,8′ N, 3° 12,5′ O nach
58° 47,6′ N, 3° 12,5′ O.
Siehe Skizze 66.

02.40 schwenkt der Verband auf 90° und tritt den Rückmarsch an. 03.25 kommen 2 Dez an Steuerbord voraus bei sehr guter Sicht zwei erleuchtete, auf Nordkurs liegende Schwedenschiffe in Sicht. Der Verband dreht 03.32 auf 120°, um den Schwedenschiffen ein Erkennen der Schiffstypen nach Möglichkeit zu erschweren. Die B-Dienstgruppe schaltet sofort auf die 600-m-Dampferwelle, um zu prüfen, ob die Schiffe etwa funken. Der F. d. Minsch. ist über das Auslaufen dieser Schiffe nicht unterrichtet. Der ihm gemeldete heimkehrende Schweden-Dampfer *Columbia* wird dagegen nicht gesichtet. Ab 03.37 sind Jagdschutz und enge Luftsicherung durch eine Rotte FW 190 und eine Do 24 beim Verband. 06.00 werden das Minenschiff *Brummer* und die beiden Zerstörer nach Bergen zur Übernahme von Reißbojen entlassen. Kanonenboot *K 2* und die Minensuchboote *M 1* und *M 2* übernehmen die Sicherung der *Ostmark* und der *Elsaß*. 07.00 wird Feiestein passiert und 08.30 in Stavanger eingelaufen. Die Minenschiffe werden aus dem Minentransportschiff *Otter* mit je 180 EMC beladen und verlegen am folgenden Morgen von Stavanger nach dem Grimstadfjord, dem Ausgangspunkt für die nächste Sperrunternehmung. *K 2, M 1* und *M 2* laufen zur Sicherung mit.

6.3.10 Die Nordsee-Sperre 22 b STEINADLER

Am 27. VI. 1943 erhält der F. d. Minsch. von Gruppe Nord/Flotte den Stichwortbefehl „STEINADLER 27. VI." zum Werfen der Nordsee-Sperre 22 b. Die *Ostmark*, die *Brummer* und die *Elsaß* sowie die beiden Zerstörer *Z 27* und *Z 30* sammeln 20.30 vor dem Grimstadfjord und treten von hier in Kiellinie mit 14 kn Fahrt den Marsch gemeinsam an. Das Minenschiff *Brummer* und der Zerstörer *Z 27* haben in Bergen 160 bzw. 40 EMR übergenommen. Die Sperre ist dreireihig zu legen:
1. Reihe feindwärts die Reißbojen,
2. und 3. Reihe Minen.

Ab 21.18 befinden sich eine Rotte Me 109 und eine Do 24 als Jagdschutz und enge Sicherung beim Verband. Um diese Zeit wird Marstein passiert und die Tagmarschformation eingenommen. Die Marschfahrt wird auf 18 kn erhöht. 21.45 ist vor dem Korsfjord der Punkt FW 5 erreicht. Die dorthin vorgeschickten Sicherungsfahrzeuge *M 1, M 2* und *K 2* werden entlassen. Der Verband schwenkt auf 222° in Richtung auf den Ansteuerungspunkt für die Sperre. Der Wind kommt aus NNW in Stärke 6. Die See läuft in Stärke 4. Bei der von achtern aufkommenden See rollen die Schiffe stark. Die *Brummer* legt sich zeitweilig bis zu 30° nach Steuerbord über. Ihre Ladung wiegt an Oberdeck 76,8 t, im Minendeck 115,2 t. Im Vertrauen auf die günstige Wettervorhersage für das Operationsgebiet setzt der F. d. Minsch. den Anmarsch fort. Gegen Mitternacht vom 27. zum 28. VI. 1943 sind Jagdschutz und enge Luftsicherung beendet. Die in Aussicht gestellte Wetterbesserung tritt tatsächlich ein. Die auf 18 kn erhöhte Vormarschgeschwindigkeit kann beibehalten werden.

Am 28. VI. 1943 steht der Verband 01.00 im Sperrgebiet. Die Wurfformation wird gebildet, und 01.25 schwenkt der Verband auf 59° 19,5′ N, 3° 25,1′ O auf den Sperrkurs 326° und beginnt 01.36 mit dem Minenlegen. Die Wurffahrt ist auf 17 kn festgesetzt. Bei

Skizze 67: Nordsee-Sperre 22 b STEINADLER

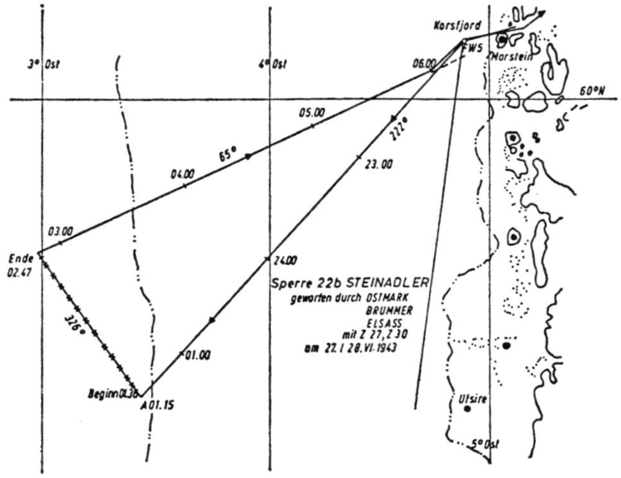

NNW-Wind in Stärke 4, bei Seegang 3, einer mittelhohen Dünung und 10 sm Sicht wird die Sperre 22 b STEINADLER bis 02.47 ohne Störung planmäßig geworfen von
59° 22′ N, 3° 22′ O nach
59° 39′ N, 3° 00′ O.
Siehe Skizze 67.

Die Sperrlänge ist mit 37 040 m angegeben, die Tiefeneinstellung der Minen mit −3 m, die der Reißbojen mit −8 m. Während des Minenlegens werden durch die Fu.M.B.-Geräte auf der *Ostmark* und der *Elsaß* laufend Impulse englischer Ortungsgeräte aufgenommen, doch scheint es nicht wahrscheinlich, daß der Wurfverband selbst geortet worden ist. Die Wahrnehmungen lassen einen bemerkenswerten Rückschluß zu auf die große Reichweite der englischen Funkmeßgeräte wie auch auf die Leistungsfähigkeit der eigenen Geräte.

Der Verband schwenkt nach der Sperrlegung auf Kurs 66° und tritt in Tagmarschformation mit 18 kn Fahrt den Rückmarsch an. Ab 05.02 übernehmen zwei Do 24 die enge Luftsicherung, ab 05.36 ist auch der Jagdschutz zur Stelle. Der Punkt FW 5 wird 06.20 erreicht. Der Kurs wird nun mit 78° auf Marstein abgesetzt. Bald melden sich die Sicherungsfahrzeuge *M 1, M 2* und *K 2* zur Aufnahme des Verbandes. Marstein wird um 06.55 passiert, und um 09.00 macht der Verband in Bergen fest. Die Auslegung der drei Nordsee-Sperren 18 a, 22 a und 22 b ist anscheinend vom Feind unbeobachtet erfolgt. Allerdings kann damit gerechnet werden, daß der am 25. VI. 1943 zurückkehrende Wurfverband von den schwedischen Schiffen gesichtet und später auf der englischen Kontrollstation mündlich gemeldet worden ist.

Der Oberbefehlshaber der Gruppe Nord/Flotte spricht dem F. d. Minsch., allen Kommandanten, Offizieren

und Besatzungen der beteiligten Schiffe und Boote noch am 28. VI. 1943 für die ausgezeichnete Durchführung wichtiger Minenaufgaben fernschriftlich seine besondere Anerkennung aus. Die *Ostmark*, die *Brummer* und die *Elsaß* verlegen vom 29. VI. bis zum 2. VII. 1943 von Bergen nach Kiel. Am 3. VII. 1943 werden die drei Schiffe zusammen mit dem ebenfalls gerade in Kiel liegenden Minenschiff *Kaiser* vom Oberbefehlshaber der Gruppe Nord/Flotte, Generaladmiral O. Schniewind, besichtigt, dem das seltene Zusammentreffen so vieler Minenschiffe in einem heimatlichen Hafen Anlaß gibt, die Männer von der Mitternachtsfront zu begrüßen.
Gemeinsame Aufgaben für die *Ostmark*, die *Brummer* und die *Elsaß* liegen zunächst nicht vor. Das Minenschiff *Ostmark* steht ab 7. VII. 1943 MOK Norwegen für Sperrlegungen im Nordraum zur Verfügung. Die *Brummer* bekommt nach der Durchführung einer Minentransportaufgabe von Kiel nach Tromsö ihre große Werftliegezeit in Kiel. Das Minenschiff *Elsaß* geht zur Reparatur seiner Stb.-Niederdruckturbine zu den Oderwerken nach Stettin in die Werft. Der F. d. Minsch. begibt sich mit dem auf der *Ostmark* eingeschifften Teil seines Stabes zur Dienststelle nach Kopenhagen.

6.3.11 **Die Sperre NW 31 MAX ABGELÖST**

Das Minenschiff *Ostmark* (Kommandant: Korvettenkapitän d. R. E. Barthel) hat am 7. VII. 1943, mit 153 UMB beladen, den Marsch von Kiel nach Tromsö angetreten. Es trifft dort am 14. VII. 1943 ein und kommt am 15. VII. 1943 zum Mineneinsatz.
Beim Auslaufen zur Sperraufgabe MAX ABGELÖST um 23.00 sind zur Sicherung die Räumboote *R 56* und *R 54* sowie die Minensuchboote *M 364, M 272* und *M 346* zugeteilt. Während des Minenwerfens erfolgt ein Fliegerangriff auf 70° 45,4′ N, 30° 16,5′ O (ungefähr 5 sm querab Makkaur). Fünf russische Bomber, die von drei Jägern begleitet sind, werfen 20 Bomben auf den Verband, doch kann die Sperrlegung mit 153 UMB zu Ende geführt werden.
Auf dem Rückmarsch kommt es im Seegebiet Gamvik auf 71° 7,25′ N, 28° 20′ O zu einem U-Boot-Angriff mit drei Torpedos. Ein Torpedo wird von der *Ostmark* ausmanövriert. Die beiden anderen Torpedos treffen *M 346*. Das Boot geht verloren. Die Besatzung wird von *M 272* geborgen, obwohl sich noch immer zwei feindliche U-Boote in nächster Nähe befinden. Der Verband läuft am 17. VII. 1943, 22.00, in Tromsö ein.

6.3.12 **Die Sperren NW 32, NW 33 und NW 34**

An diesen Sperrlegungen ist die *Ostmark* unter der Führung des Minenschiffes *Kaiser* beteiligt. Sie werden in der Zeit vom 21. VII. bis 16. VIII. 1943 geworfen und dienen dem Schutze des Nachschubweges für den Nordflügel der Ostfront. Näheres siehe beim Bericht über die *Kaiser* (Seiten 183–185). Anschließend sind beide Minenschiffe aus dem Bereich des MOK Norwegen entlassen und stehen dem BSO für Sperrlegungen im Skagerrak zur Verfügung. Sie verlegen vom 17. bis 24. VIII. 1943 von Tromsö nach Frederikshavn.

6.3.13 **Die Skagerrak-Sperre XVIII LITHIUM**

Die Skagerrak-Sperre XVIII LITHIUM soll zweireihig geworfen werden. *Die Ostmark* und die *Kaiser* werden dazu in Frederikshavn mit je 180 EMC beladen. Auf Grund der Wetterlage wird die Durchführung der Aufgabe durch den BSO vom 29. VIII. auf den 1. IX. 1943 verschoben. Die Schiffe laufen an diesem Tage um 08.00 aus Frederikshavn aus. Die Führung hat der Kommandant der *Ostmark*.
08.30 fällt auf der *Kaiser* der vordere Kessel aus. Da auf der *Kaiser* auch der hintere Kessel nicht zuverlässig arbeitet, bricht der Kommandant der *Ostmark*, Korvettenkapitän d. R. K.-E. Barthel, als Führer des Wurfverbandes die Unternehmung ab. Die Schiffe liegen 10.00 wieder im Hafen. Die *Kaiser* erhält nach einer Überprüfung der Mängel eine Werftliegezeit bei den Deutschen Werken in Hamburg und gibt nach dem Eintreffen der unter dem Kommando von Fregattenkapitän A. Westerkamp stehenden *Roland* in Frederikshavn ihre Minen am 18. IX. 1943 an diese ab. Am Tage darauf soll die Sperre gelegt werden.
Die *Ostmark* und die *Roland* gehen am 19. IX. 1943, 08.30, von Frederikshavn aus zur Durchführung der Aufgabe LITHIUM in See. Im Operationsgebiet treffen sie eine Wetterlage an, welche die Sperrlegung unmöglich erscheinen läßt. Der Kommandant der *Ostmark* bricht die Unternehmung ab. Am 20. IX. 1943, 16.00, liegen die Schiffe wieder in Frederikshavn. Am 21. IX. 1943 hat die *Roland* Kommandantenwechsel. Neuer Kommandant ist Korvettenkapitän d. R. K. Wehr. Am 22. IX. 1943 wird der nächste Versuch unternommen, die Sperre zu legen. Auch diese Unternehmung muß abgebrochen werden. Im Gegensatz zu der günstigeren Wettervorhersage des BSO hat der Wind im Operationsgebiet auf Stärken 6 bis 7 bei Seegang 5 bis 6 aufgefrischt. Die Schiffe laufen am 23. IX. 1943 in Frederikshavn ein und warten eine Besserung der Wetterlage ab. Ein Durchführungsbefehl des BSO, der am 29. IX. 1943 eintrifft, wird wegen der noch immer vorherrschenden schlechten Wetterlage noch am gleichen Tage vom BSO verschoben.
Erst am 8. X. 1943 läuft der Wurfverband aus Frederikshavn zur Unternehmung unter Sicherung von *M 426* und *M 445* aus. Dieses Mal mit Erfolg.

Skizze 67 a: Sperrlagen im Skagerrak

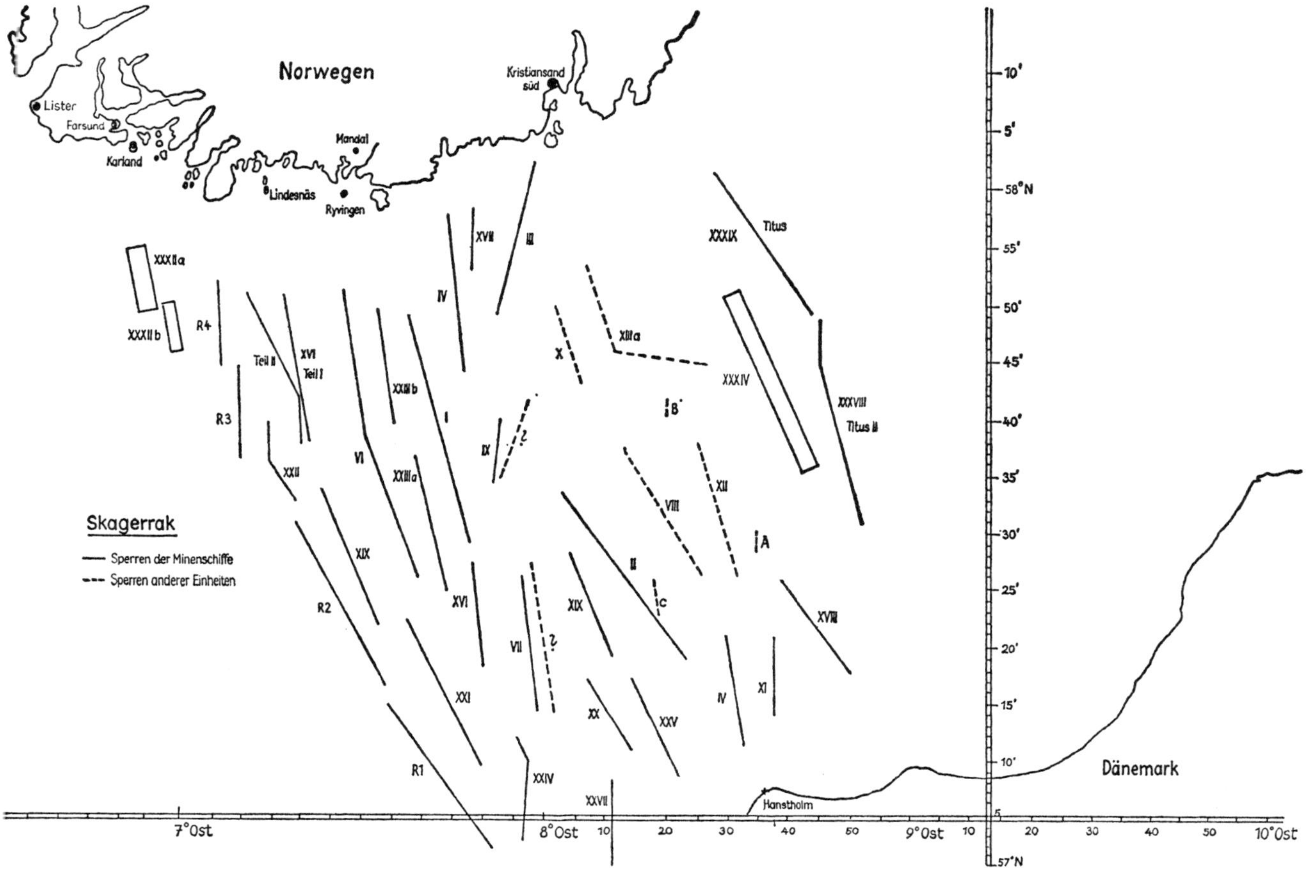

Die Sperre wird gelegt von
57° 18′ N, 8° 48,7′ O nach
57° 25,9′ N, 8° 39,5′ O.
Der Verband kommt am 9. X. 1943, 17.00, wieder in Frederikshavn ein. Die nächste Sperraufgabe steht bevor.

6.3.14 **Die Skagerrak-Sperre XIX NATRIUM**

Nach Übernahme von je 180 EMC am 10. X. 1943 in Frederikshavn haben die *Ostmark* und die *Roland* auf Befehl des BSO und unter Führung des Kommandanten der *Ostmark* die Minensperre XIX in der Nacht vom 11. zum 12. X. 1943 zu legen. Die Schiffe laufen dazu am 11. X. 1943, 09.30, aus Frederikshavn unter Sicherung von *M 406* und zwei Vorpostenbooten aus. Auf dem Anmarsch meldet der Chef der 29. MS.-Flottille, die Wegekontrolle sei durchgeführt und ohne Ergebnis geblieben. Auch sei eine Markierungsboje ausgelegt. Die Wetterlage wird im Operationsgebiet als gut bezeichnet. Bei diesen günstigen Verhältnissen wird die Sperrlegung planmäßig durchgeführt von
57° 28′ N, 8° 4,7′ O nach
57° 19,3′ N, 8° 11,5′ O.
Mit dem Wiedereinlaufen des Verbandes am 13. X. 1943, 15.00, in Frederikshavn ist die Durchführung der Aufgabe Sperre XIX NATRIUM beendet. Das Minenschiff *Ostmark* wird aus der Unterstellung beim BSO entlassen. Es verlegt vom 14. zum 15. X. 1943 von Frederikshavn nach Kopenhagen und macht dort an der Langen Linie fest. Wegen notwendig gewordener Reparaturen an Dampfleitungen, Ventilen und Armaturen ist das Schiff bis zum 31. X. 1943 AKB.

6.3.15 **Transportaufgabe und Flankensperre NW 60 (nördlich Utsire)**

Anfang November 1943 ist das Minenschiff *Ostmark* dem MOK Norwegen unterstellt. Zur Beladung mit 220 Reißbojen und Gerät für das Sperrwaffenkommando Horten sowie mit Netzbojen für Bergen verlegt es vom 2. zum 3. XI. 1943 von Kopenhagen nach

Kiel. Der Marsch wird im Verband mit der *Roland* im Geleit des BSO zurückgelegt. 19.13 läuft das *KFK Schulboot 99* in den Verband. Trotz sofortiger Ausweichmanöver der *Ostmark* wird das Boot gerammt und sinkt auf 54° 25,3′ N, 12° 8,3′ O. Die Besatzung des Bootes wird vollzählig und unverletzt übernommen. Das Minenschiff *Ostmark* hat am Bug einige Schäden davongetragen, die aber gelegentlich – nach der Durchführung der bevorstehenden Aufgaben – repariert werden können. Das Schiff ist jedenfalls einsatzbereit. Nach der Beladung in Kiel marschiert die *Ostmark* vom 8. zum 9. XI. 1943 zur Abgabe der Reißbojen und des Gerätes für Horten nach Kristiansand-Süd und vom 11. zum 12. XI. 1943 von hier weiter nach Bergen zur Netzbojenabgabe. Hier erteilt der Admiral der norwegischen Westküste dem Schiff eine Minenaufgabe. Die vorgesehene Flankensperre NW 60 liegt eben nördlich von Utsire. Sie kann im Rahmen einer Verlegung des Schiffes von Bergen nach Kristiansand-Süd ausgelegt werden, von wo aus die *Ostmark* im Verband mit der *Brummer* und der *Elsaß* an Sperrlegungen in der Nordsee zur Verstärkung des „Westwalles" teilzunehmen hat.

Die *Ostmark* läuft am 16. XI. 1943, 09.00, aus Bergen aus. Das Kanonenboot *K 2,* das Minensuchboot *M 2* und die Räumboote *R 301* und *R 300* bilden die Sicherung. Es werden 110 EMR und 55 EMF von
59° 20,3′ N, 4° 53′ O nach
59° 24,2′ N, 4° 53′ O
geworfen.

Das Schiff marschiert nach dem Sperrewerfen weiter nach Kristiansand-Süd und geht dort am 18. XI. 1943, 08.15, auf Reede vor Anker. Es hat Weisung, hier auf den Beladebefehl zu warten.

6.3.16 **Die Nordsee-Sperre 16e NANNI VIER (WANDSCHRANK)**

Mitte November 1943 sind im Seegebiet der Großen Fischerbank feindliche Räumverbände durch Luftaufklärung festgestellt worden. Geschnittene und angetriebene Minen aus den Nordsee-Sperren 16c KARLCHEN und 16d SAMUEL bestätigen die Räumtätigkeit. Als Gegenmaßnahme soll auf Befehl der Gruppe Nord/Flotte der „Westwall" in diesem Seegebiet durch zwei Minensperren verstärkt werden. Die Aufgabe wird den Minenschiffen *Ostmark, Brummer* und *Elsaß* unter Führung des F. d. Minsch., Kapitän z. S. H.-C. v. Schönermark, übertragen. Zur Sicherung des Wurfverbandes sind die Zerstörer *Hans Lody* mit dem Chef der 6. Z.-Flottille an Bord, *Z 31* und *Theodor Riedel* zugeteilt.

Als erste der geplanten Sperren ist die Nordsee-Sperre 16e zu werfen.

Nach Beendigung seiner Werftliegezeit und am Tage seiner Kriegsbereitschaftsmeldung am 22. XI. 1943 übernimmt das Minenschiff *Brummer* in Kiel 220 Reißbojen aus dem Minenprahm *Käthe.* Das Minenschiff *Elsaß* lädt am gleichen Tage 180 EMC beim Sperrzeugamt Kiel-Jägersberg. Das Minenschiff *Ostmark,* das seit dem 18. XI. 1943 in Kristiansand-Süd auf seinen Beladebefehl wartet, erhält dort am 24. XI. 1943 aus dem Minentransportschiff *Lauting* 180 EMC. Danach wartet die *Ostmark* das Eintreffen der Minenschiffe *Brummer* und *Elsaß* ab.

Die Verlegung dieser beiden Minenschiffe von Kiel nach Kristiansand-Süd wird durch die Wetterlage stark verzögert. Der Verband läuft am 23. XI. 1943, 07.45, aus Kiel im Geleit von Sicherungsfahrzeugen des BSO aus. Bei SSW-Wind in Stärke 7 und Böen bis zur Stärke 9 muß abends auf dem Ankerplatz im Großen Belt geankert werden, denn ein Gerätfahren durch *M 415* ist bei diesem Wetter nicht möglich. Der Weitermarsch kann erst am 25. XI. 1943 bei SW-Wind in Stärke 5 angetreten werden. Das Gerät von *M 415* wird dennoch zweimal unklar. Der Verband wird gezwungen, auf dem Wege zu ankern. Während des Weitermarsches frischt der Wind erneut auf. 18.00 weht es aus W in Stärke 7. Der Seegang hat auf 5 zugenommen. 22.35 hat der W-Wind die Stärken 7 bis 8 und der Seegang die Stärke 6 erreicht. Bei dieser Lage erhalten die Schiffe den Befehl, sich einem Grundminengeleit nach Frederikshavn anzuschließen. *M 415* wird 23.20 entlassen. Die Minenschiffe stehen auf Weg Schwarz bis zum 26. XI. 1943 gegen 02.00 auf und ab, bis das Vorpostenboot *Vp 904* eintrifft und das Grundminengeleit bis Frederikshavn-Reede übernimmt. Weitermarsch wird auf den 27. XI. 1943 verschoben. An diesem Tage muß sich der F. d. Minsch. ausschiffen, um am Blinddarm operiert zu werden. Gruppe Nord/Flotte überträgt die Führung des Wurfverbandes dem Kommandanten der *Ostmark,* Korvettenkapitän d. R. K.-E. Barthel.

Nach der Verlegung der Minenschiffe *Brummer* und *Elsaß* von Frederikshavn nach Kristiansand-Süd vom 27. zum 28. XI. 1943 und dem Hinzutreten der dort wartenden *Ostmark* ist der Wurfverband komplett. Am 2. XII. 1943 treffen die Zerstörer *Hans Lody, Z 31* und *Theodor Riedel* in Kristiansand-Süd ein. Sie haben als vorbereitende Maßnahme für die geplanten beiden Sperrvorhaben eine Kontrollfahrt durchgeführt. Am folgenden Tage gibt die Gruppe Nord/Flotte den Stichwortbefehl WANDSCHRANK.

Die drei Minenschiffe laufen mit den drei Zerstörern am 4. XII. 1943, 15.00, aus Kristiansand-Süd aus. Ab 15.35 ist die Marschfahrt 19 kn. Vier Jäger bilden den Jagdschutz bis 16.00. Der Wind kommt aus NNW in Stärke 5 und frischt bis 22.30 auf WNW 6 auf. Um diese Zeit wird die Wurfformation gebildet. Die Sperrlegung er-

folgt mit 15 kn Fahrt vom 4. zum 5. XII. 1943 von 23.22 bis 00.42. Außer einer Minendetonation, die 00.24 hinter dem Verband beobachtet wird, ergeben sich beim Sperrewerfen keine besonderen Vorkommnisse. Der Rückmarsch erfolgt planmäßig mit 19 kn Fahrt. Am 5. XII. 1943, 09.15, liegt der Verband in der Marvikenbucht von Kristiansand-Süd vor Anker. Die Sperrlage ist von
56° 34′ N, 4° 55′ O nach
56° 51′ N, 4° 36′ O.

6.3.17 Die Nordsee-Sperre 16f NANNI FÜNF (HANDKOFFER)

Die *Ostmark* und die *Elsaß* übernehmen am 5. XII. 1943 für die Sperre 16f NANNI FÜNF aus dem Minentransportschiff *Lauting* je 180 EMC. Die *Brummer* übernimmt 220 Reißbojen. Der Zerstörer *Hans Lody* wird dem Verband als Sicherung zugeteilt. Auf Grund des Stichwortbefehls HANDKOFFER läuft der Verband bei W-Wind in Stärke 6 unter Führung des *Ostmark*-Kommandanten am 6. XII. 1943, 15.15, aus Kristiansand-Süd aus. Die Marschfahrt beträgt 19 kn. Ab 16.00 fährt der Zerstörer *Hans Lody* OGG vor der Kiellinie.
22.15 wird die Wurfformation eingenommen und die Fahrt wegen eines Ölrohrbruches auf der *Elsaß* auf 14 kn verringert. Die Sperrlegung der Sperre 16f wird vom 6. zum 7. XII. 1943 von 23.00 bis 00.24 bei NW-Wind in Stärke 5 von
56° 56′ N, 4° 43′ O nach
57° 12′ N, 4° 22′ O
durchgeführt.
Nach dem Werfen wird der Rückmarsch mit 19 kn Fahrt angetreten. Die *Hans Lody* nimmt 05.28 das Gerät auf. 09.00 ankern die Schiffe in der Marvikenbucht von Kristiansand-Süd. Beide Aufgaben sind damit ungestört verlaufen.
Die drei Minenschiffe verlegen vom 8. zum 9. XII. 1943 von Kristiansand-Süd nach Kopenhagen, wo sie am 12. XII. 1943 von dem von seiner Operation genesenen F. d. Minsch. gemustert werden. Die *Brummer* und die Elsaß marschieren am 14. XII. 1943 gemeinsam nach Pillau. Das Minenschiff *Ostmark* hat ab 15. XII. 1943 Werftliegezeit in Stettin, die über das Jahresende andauert. Das Schiff ist 2 bis 3 Monate außer Kriegsbereitschaft.

6.4 Das Minenschiff »Roland«

Das Minenschiff *Roland* liegt über den Jahreswechsel 1942/43 hinaus noch in der Werft beim NDL in Bremerhaven. Die Werftliegezeit neigt sich dem Ende zu, und nach der Stabilitätsprüfung und den obligatorischen Meilenfahrten meldet die *Roland* ab 12. I. 1943 die Wiederherstellung der Kriegsbereitschaft. Es folgen noch ein kurzer Ausbildungsabschnitt und die MES-Prüfung in Stettin, dann steht das Schiff vom 19. bis 29. I. 1943 dem BSO zum Mineneinsatz zur Verfügung. Im Verband mit dem Minenschiff *Ostmark* und unter Führung des F. d. Minsch. ist die *Roland* im Skagerrak an folgenden Sperrlegungen beteiligt:
vom 21. I. bis 25. I. 1943 an der Sperre XVII,
vom 27. I. bis 29. I. 1943 an der Sperre XVI.
Einzelheiten hierzu siehe im Bericht über die *Ostmark*, dem damaligen Führungsschiff (Seiten 167/168). Anschließend an diese Sperrlegungen werden im Marine-Waffenbetrieb in Stettin die an Bord der *Roland* montierten zwei 8,8-cm-C-13-Kanonen gegen die moderneren zwei 8,8-cm-C-30-Kanonen umgetauscht. Es folgt ein Schießübungsabschnitt vor Swinemünde.
Ab 23. II. 1943 stehen die Minenschiffe *Ostmark* und *Roland* wieder gemeinsam zu Sperrlegungen in der Nordsee zur Verfügung. Es sollen von Kristiansand-Süd aus die bereits behandelten Sperren 16c KARLCHEN und 16d KLEIN ERNA geworfen werden. Einzelheiten über den Anmarsch zum Absprunghafen bei bis zu Sturmstärke auffrischenden Winden in der Zeit vom 24. bis 26. II. 1943 siehe im Bericht über Führungsschiff *Ostmark* (Seiten 168–171). Die *Roland* nimmt an den geplanten Sperrlegungen nicht teil, denn sie kommt trotz der Verankerung mit 90 m Kette bei Sturmstärke in Böen bis 10 ins Treiben und legt am 2. III. 1943, 07.00, nach leichter Grundberührung im Hafenbecken von Kristiansand-Süd an einer Schäre an. Auch Maschinenhilfe kommt zum Wechsel des Ankerplatzes nicht gegen die Gewalt des Sturmes an. Aber mit Hilfe von zwei Schleppern und eigener Maschinenkraft kommt das Schiff frei und verholt nach der Pier am Nickelwerk. Beim Loswerfen einer Schleppleine verwickelt sich diese in die Steuerbordschraube, wodurch sich das Verholmanöver erschwert. Nach dem Anlegen wird der Leinentörn durch Bordtaucher beseitigt. Das Schiff ist damit zwar voll fahrbereit, doch ist seine Geschwindigkeit auf 11 kn wegen eines Schraubenwellenschadens infolge der Grundberührung herabgesetzt. Die *Roland* muß, wie bereits berichtet, in die Werft. Da weder in Kristiansand-Süd noch in Kopenhagen ein Dock frei ist, muß die *Roland* nach Kiel, wo sie schließlich im Dock der Deutschen Werke eindocken und den Schaden beseitigen lassen kann. Die Kriegsbereitschaft ist am 9. IV. 1943 wiederhergestellt. Das Schiff steht nun dem F. d. M. Ost zur Verfügung. Es läuft am 11. IV. 1943 aus Kiel aus und geht zur Beladung nach Swinemünde.
Am 10. IV. 1943 hat die *Roland* Kommandantenwechsel. Kapitän z. S. K. v. Kutzleben, der seit 18. XII. 1939 das Schiff fast dreieinhalb Jahre geführt hat, ist zum

Führungsstab des MOK Ost versetzt worden. Sein Nachfolger, Fregattenkapitän A. Westerkamp, übernimmt das Kommando nach mehrwöchiger Einarbeitung. Nach der Beladung beim Sperrzeugamt Swinemünde marschiert die *Roland* vom 16. bis 18. IV. 1943 nach Reval und verlegt vom 21. bis 22. IV. 1943 von Reval nach Baltischport. Hier, im Befehlsbereich des F. d. M. Ost, liegt das Schiff mit Minen bereit, um bei einem Ausbruchsversuch russischer Flotteneinheiten eine Minensperre zu legen. Auch das Minenschiff *Kaiser* steht dem F. d. M. Ost für den gleichen Zweck zur Verfügung. Zum Minenlegen kommt es jedoch nicht. Der befürchtete Ausbruchsversuch findet nicht statt. Am 10. VI. 1943 wird das Minenschiff *Roland* zurückgezogen und dem MOK Norwegen zur Verfügung gestellt. Nach Abgabe seiner Minenladung tritt das Schiff am 10. VI. 1943 von Baltischport aus über Kiel den Marsch nach Tromsö an, wo es dem Admiral Polarküste für Sperrlegungen zur Verfügung steht. Hierzu wird es am 15. VI. 1943 in Kiel-Jägersberg mit 240 UMB beladen. Der Marsch nach Tromsö ist am 26. VI. 1943 beendet.

6.4.1 Die Minensperre KOFFER GEPACKT

Am Tage nach seiner Ankunft in Tromsö läuft das Minenschiff *Roland* zu seiner ersten Minenaufgabe zur Sicherung des Nachschubweges nach Kirkenes aus. Es hat unter dem Stichwortbefehl KOFFER GEPACKT eine Sperre vor dem Tanafjord zu legen. Die Sperre wird mit 240 UMB am 28. VI. 1943 geworfen. Am folgenden Tag liegt die *Roland* wieder auf Tromsö-Reede.

6.4.2 Der Minentransport Horten–Tromsö

Für die folgenden Sperrlegungen sind die Minen zum Teil vom Sperrzeugamt Horten zu holen. Die *Roland* ist dazu vom 1. VII. bis 15. VII. 1943 unterwegs, bis sie auf Tromsö-Reede wieder vor Anker geht.

6.4.3 Die Minensperre LORE ANGEKOMMEN

Zur Sicherung des Schärenweges und der Zufahrt zum Altafjord ist im Seegebiet zwischen Arnöy und Soröy eine EMC-Sperre auszulegen. Ausgehend von Tromsö, führt die *Roland* die Sperrlegung vom 17. VII. bis 18. VII. 1943 durch. Es fallen dabei 109 EMC m. K.A. und 16 EMC m. u. Ant.Z. Am 18. VII. 1943, 11.50, liegt die *Roland* wieder auf Tromsö-Reede. *R 63*, *R 89* und *M 381* gaben das Sicherungsgeleit.

6.4.4 Die Minensperre KONRAD BEGRÜSST

Zur Sicherung des Küstenweges zwischen Nordkyn und Kirkenes sind zwei Sperrstücke mit 119 bzw. 64 UMB zu werfen. Die *Roland* läuft mit Sicherungsfahrzeugen am 2. VIII. 1943, 10.00, aus Tromsö aus. Das Vorhaben gelingt ohne Störung. Am 4. VIII. 1943, 23.15, liegt das Schiff wieder auf Tromsö-Reede vor Anker.

6.4.5 Die Minensperre TORF GESTOCHEN

Am 17. VIII. 1943 verlegt die *Roland* von Tromsö-Reede nach Hammerfest-Reede. Hier geht das Schiff am 19. VIII. 1943 mit 267 UMB beladen ankerauf und läuft am gleichen Tage 21.15 in Kirkenes ein.
Der Marsch wird von den Minensuchbooten *M 363*, *M 383*, *M 273*, *M 364* und *M 272* gesichert. Die Sperre TORF GESTOCHEN fällt am 19. VIII. 1943 im Raume von Vardö. Am Abend ankert die *Roland* im Langfjord bei Kirkenes.
Am 26. VIII. 1943 wird der Rückmarsch nach Hammerfest angetreten. Die Sicherung bilden die Minensuchboote *M 273*, *M 364*, *M 272* und *M 306*. Auf dem Marsch wird der Verband von drei russischen Torpedofliegern angegriffen. Sie werden durch das Feuer der Sicherungsfahrzeuge abgedrängt. Die abgeworfenen Torpedos gehen fehl. Am 27. VIII. 1943 liegt die *Roland* auf Hammerfest-Reede. Es werden 105 UMB als Vorbereitung für die letzte Minenaufgabe des Schiffes im Raum des Admirals Polarküste übernommen.

6.4.6 Die Minensperre SCHLUSSAKKORD

Die Sperrlage ist nordwestlich Vardö zur Sicherung des Nachschubweges nach Kirkenes vorgesehen. Das auf Hammerfest-Reede liegende Minenschiff *Roland* geht am 6. IX. 1943, 03.45, ankerauf und tritt den Marsch zum Sperrgebiet unter Sicherung der Minensuchboote *M 302*, *M 303* und *M 381* an. Später treten noch zwei weitere Minensuchboote hinzu.
Querab von Nordkyn wird der Verband nun von einem feindlichen Aufklärungsflugzeug gesichtet. Er wird von diesem als Kreuzer mit sechs Torpedobooten gemeldet. Der Marsch nach Osten geht zunächst ungestört weiter. Die Minen werden rechtzeitig scharfgemacht, und planmäßig wird auf Wurfkurs gegangen. Es ist gegen Mitternacht vom 6. zum 7. IX. 1943, als ein aus der Mitternachtssonne kommendes feindliches Geschwader von 30 Bombern und Torpedoträgern im Tiefflug auf den Verband zuhält. Eine gleiche Zahl feindlicher Jäger deckt die tieffliegenden Flugzeuge. Die eigene Luftsicherung, die aus drei Jägern und drei

Zerstörerflugzeugen besteht, stürzt sich auf den feindlichen Pulk und bringt ihn in Verwirrung. Dennoch gelingt es einer Gruppe von acht bis neun Torpedoträgern durchzubrechen und ihre Torpedos zu lösen, obwohl in dem massiven Abwehrfeuer fünf dieser Flugzeuge abgeschossen werden.
Auf der *Roland* werden zwölf Torpedolaufbahnen beobachtet. Es scheint kaum möglich, sie alle auszumanövrieren. Immerhin gelingt es dem Minenschiff *Roland*, von zehn der Laufbahnen einwandfrei klarzukommen; die beiden letzten Torpedos jedoch laufen von Steuerbord und Backbord achtern auf das Schiff zu. Die Entfernung ist so kurz, daß jedes Ausweichmanöver scheitern muß. Das Achterschiff wird auf Befehl des Kommandanten von der Besatzung geräumt. Alle warten in höchster Spannung auf die unvermeidbare Detonation.
Da tritt ein ganz unwahrscheinlich anmutender Glückfall ein. Der von Backbord achtern auflaufende Torpedo wird 50 m hinter dem Schiff zu einem Kreisläufer und versinkt. Der Kommandant, Fregattenkapitän A. Westerkamp, braucht sich nun nur noch auf das Ausweichmanöver vor dem von Steuerbord achtern anlaufenden Torpedo zu konzentrieren.
War es nun der energische Versuch des Kommandanten, durch eine blitzschnelle Ruderlage nach „Hart Steuerbord", verbunden mit einem „Voll zurück" der Steuerbordschraube, das Heck des Schiffes noch aus der Laufbahn des Torpedos herauszubekommen, oder war es eine geringfügige Kursabweichung des Torpedos infolge des Schraubenwassers ... die von allen erwartete Detonation erfolgt nicht. Statt dessen läuft der Torpedo in etwa 2 m Tiefe und auf gleichem Kurs wie das Schiff in einem halben Meter Abstand an der Steuerbordseite von achtern so nach vorn, daß Gefahr besteht, er könnte das Vorschiff der noch immer nach Steuerbord drehenden *Roland* treffen. Durch sofortiges Umschalten der Maschine und Hart-Backbord-Ruderlage versucht der Kommandant, die Drehung des Schiffes nach Steuerbord so abzufangen, daß der Bug gerade eben noch vom Torpedo freikommt, womit auch tatsächlich die Lage geklärt und die Gefahr beseitigt worden ist.
Bei dem Abwehrfeuer gegen die feindlichen Flugzeuge erzielte die *Roland* zwei Alleinabschüsse und eine Beteiligung beim Abschuß eines weiteren Flugzeuges. *M 273* und *M 302* erhielten je einen Alleinabschuß zuerkannt. Durch Bordwaffenbeschuß von den feindlichen Flugzeugen ist auf der *Roland* ein Mann gefallen. Die Minensuchboote haben drei Tote. Im gesamten Verband hat es 20 Verletzte gegeben. Sie werden von einem Minensuchboot übernommen und zur ärztlichen Betreuung nach Kirkenes entlassen.
Am Ende des Gefechts wird der Verband neu formiert, der Sperrkurs wird eingenommen, und die Sperre SCHLUSSAKKORD wird nunmehr ohne weitere Zwischenfälle planmäßig geworfen. Am 7. IX. 1943 geht die *Roland* 01.15 im Langfjord bei Kirkenes vor Anker. Das Schiff erhält Befehl, noch am gleichen Tage den Marsch nach Süden anzutreten, um an einem Sperrvorhaben des BSO im Skagerrak als Ersatz für die durch Maschinenschaden ausgefallene *Kaiser* teilzunehmen. Auf diesem Marsch hat die *Roland* 240 veraltete Minen nach dem Sperrzeugamt Horten zu transportieren.
Mit dieser Ladung tritt das Minenschiff am 7. IX. 1943, 22.10, im Geleit von zwölf Handelsschiffen verschiedener Größe den Marsch von Kirkenes nach Tromsö an. Die *Roland* hat dabei die Führung des Geleits zu übernehmen. Das kleinste der im Geleit befindlichen Schiffe ist 900 BRT groß, das größte ist ein moderner Stinnesdampfer von 8000 BRT. Das Geleit wird von 32 Vorpostenbooten und U-Boot-Jägern gesichert. Die Marschfahrt ist auf 8 kn festgesetzt. Schon sehr bald stellt sich heraus, daß die 8-kn-Fahrt nicht gehalten werden kann. Der sich weit auseinanderziehende Geleitzug wird im Bussesund bei Vardö neu geordnet und die Marschfahrt auf 6,5 kn verringert. Dabei muß der Stinnesdampfer als letztes Schiff fahren. Seine Mindestgeschwindigkeit beträgt 9 kn. Er muß stark kurven und oft sogar zurücklaufen, um die Position zu halten. Der kleinste, nur 900 BRT große Dampfer, nach dessen maximaler Marschgeschwindigkeit sich alle anderen Einheiten zu richten haben, hat eine besonders wertvolle Ladung an Bord. Er muß deshalb unbedingt im Geleitzug verbleiben. Allerdings wird durch die dadurch bedingte geringe Marschgeschwindigkeit die Sicherheit des ganzen Geleitzuges aufs höchste gefährdet.
Am 8. IX. 1943 wird der Geleitzug in Höhe des Kongsfjordes von mehreren U-Booten gleichzeitig angegriffen. Es werden 14 Torpedolaufbahnen gezählt, von denen die *Roland* allein fünf ausmanövrieren kann. Auch die Handelsschiffskapitäne verhalten sich äußerst geschickt, auch sie wenden ihr Schiff aus Gefahrpositionen in den Fällen heraus, da sie das Ziel eines der Torpedos sind. Nur ein Schiff, ein 5000 BRT großer Frachter, vermag nicht mehr auszuweichen, hat aber das Glück, daß der zu tief eingestellte Torpedo das Schiff unterläuft. Dabei gerät die *Roland*, der die Sicht auf diese Torpedolaufbahn versperrt gewesen ist, in Gefahr, von diesem Torpedo getroffen zu werden, läuft doch der Aal nunmehr direkt auf das Minenschiff zu. Eine U-Boote suchende Arado erkennt aus der Luft die schwierige Lage des Schiffes, ohne indessen zu wissen, daß dieser Torpedo wahrscheinlich auch die *Roland* zu tief anläuft, um wirksam zu treffen. Der Pilot der Arado handelt sehr schnell. Er fliegt die Torpedolaufbahn von hinten an und über sie hinaus,

setzt zwei Wasserbomben davor mit dem Erfolg, daß der Torpedo 80 bis 100 m vor der *Roland* detoniert. Später ist der junge Flugzeugführer, dessen Name für diese Veröffentlichung leider nicht zu ermitteln war, mit dem EK I ausgezeichnet worden.
Mit dem Eintritt in das Schärengebiet rechnet der Kommandant der *Roland* nicht mehr mit weiteren Angriffen auf den Geleitzug. Er gibt die Geleitführung an den ältesten Flottillenchef ab. Unter Sicherung von drei Minensuchbooten marschiert die *Roland* mit dem Stinnesdampfer mit höchster Marschfahrt weiter nach Tromsö, wo man am 9. IX. 1943, 09.30, vor Anker geht. Auch der Geleitzug läuft später in Tromsö ein, ohne nochmals angegriffen worden zu sein. Am 10. IX. 1943 entläßt der Admiral Polarküste, Vizeadmiral H. Nordmann, das Minenschiff *Roland* aus seinem Befehlsbereich. Nach ungestörtem Marsch von Tromsö nach Horten gibt das Schiff seine Minenladung am 16. IX. 1943 am Sperrzeugamt ab. Am folgenden Tag liegt es zur Minenübernahme für den Einsatz im Skagerrak zusammen mit der *Ostmark* in Frederikshavn. Hier ist am 21. IX. 1943 Kommandantenwechsel. An Stelle von Fregattenkapitän A. Westerkamp, der zum MOK Norwegen abkommandiert ist, übernimmt Korvettenkapitän d. R. K. Wehr die *Roland.*

6.4.7 Die Skagerrak-Sperren XVIII LITHIUM und XIX NATRIUM

An diesen Sperrlegungen ist das Minenschiff *Roland* vom 8. zum 9. X. 1943 und vom 11. zum 13. X. 1943 beteiligt. Die Führung hatte der Kommandant des Minenschiffes *Ostmark*. Einzelheiten siehe im Bericht über die *Ostmark* (Seiten 177/178).

6.4.8 Die Skagerrak-Sperre KALIUM

Nach Eintreffen des Minentransportschiffes *Irben* in Frederikshavn übernimmt das Minenschiff *Roland* 50 LMF zum Auslegen im Skagerrak. Die *Roland* hat die gleiche Minenart und -zahl schon einmal im Skagerrak geworfen, und zwar vom 13. zum 14. VII. 1942 als Versuchssperre XV OPPELN. Nach dem Ablaufen wurden 21 Minendetonationen in der ausgelegten Sperre beobachtet. Wie damals ist die jetzt vorgesehene Sperrlegung als eine Sperre zur Erprobung der neuen Minenart anzusehen.
Die *Roland* läuft am 18. X. 1943, 13.00, aus Frederikshavn zur Durchfühung der Aufgabe aus. Die Sicherung stellen die Vorpostenboote *Vp 1704* und *Vp 1708,* außerdem das Minensuchboot *M 462.* Die Sperrlegung wird planmäßig durchgeführt. Detonationen werden nicht bemerkt. Die Roland wird anschließend von *M 462* nach Kopenhagen geleitet und ist dort vom 22. X. bis 1. XI. 1943 wegen einer Kesselreinigung und Vornahme kleinerer Reparaturen außer Kriegsbereitschaft. Außerdem werden in Kürze die Turbinen aufgenommen werden müssen.
Am 2. und 3. XI. 1943 verlegt die *Roland* daher von Kopenhagen nach Kiel. Nach einer Besichtigung durch den Flotteningenieur wird dem Schiff ab 5. XI. 1943 Werftliegezeit in Wesermünde beim Lloydbetrieb zugebilligt. Damit ist die *Roland* bis über das Jahresende hinaus nicht kriegsbereit.

6.5 Das Minenschiff »Kaiser«

Die Mitte Dezember 1942 bei der Deutschen Werft begonnene große Werftliegezeit der *Kaiser* ist am 2. III. 1943 beendet. Nach der Prüfung der MES-Anlage in Kiel-Holtenau, der Munitionsübernahme in Kiel-Dietrichsdorf und dem Kompensieren im Kieler Hafen werden beim Sperrzeugamt Kiel-Jägersberg 260 UMA übernommen. Mit dieser Ladung läuft das Minenschiff am 9. III. 1943 von Kiel nach Pillau und gibt hier auf Befehl des F. d. M. Ost 80 UMA an Kümos und die restlichen 180 an das Sperrzeugamt Peyse ab. Danach marschiert die *Kaiser* zur Beladung mit 170 EMF nach Swinemünde. Unterwegs werden alle an Bord befindlichen Waffen eingeschossen, wurden doch während der Werftliegezeit die beiden alten 8,8-cm und die 3,7-cm-S.K. gegen neue Geschütze gleichen Kalibers ausgetauscht.
Aufgabe des Schiffes während der jetzigen Unterstellung unter den F. d. M. Ost ist, mit Minen in einem baltischen Hafen bereitzuliegen, um im Falle des Ausbruchsversuchs russischer Seestreitkräfte aus der Kronstadtbucht eine Alarmsperre zu werfen. Am 18. III. 1943 legt das Schiff mit seiner Ladung in Swinemünde ab, marschiert über Libau nach Baltischport und macht dort am 25. III. 1943 an der Innenmole fest. Am 8. IV. 1943 wird die Minenladung in Reval an drei Kümos und an das Minentransportschiff *Irben* abgegeben. Die *Kaiser* liegt dann weiter in Baltischport, wo auch das Minenschiff *Roland* für den Alarmfall Position bezogen hat. Am 14. V. 1943 wird die *Kaiser* aus den Kümos *Annemarie* und *Marga* mit 139 EMC beladen, doch erhalten die beiden Kümos am folgenden Tag die Minen zurück, als das Minenschiff den Befehl bekommt, sofort nach Travemünde zu gehen, um sich der Torpedoschule für Schießlehrgänge zur Verfügung zu stellen. Die *Kaiser* ankert am 18. V. 1943 auf Travemünde-Reede und fährt ab 19. V. 1943 als Zielschiff.
Am 27. V. 1943 erhält die *Kaiser* durch einen Oberflächenläufer einen Treffer in die Backbordschraube. Das Schiff kann nur noch 8 bis 10 kn laufen.
Nach Beendigung des Lehrgangs wird es eingedockt.

Dabei wird festgestellt, daß ein Schraubenflügel teilweise abgebrochen, zwei Flügel verbogen und auch die Schraubenwelle verbogen sind. Nach Beendigung der Reparatur Ende Juni wird das Minenschiff dem Admiral Norwegen zum Mineneinsatz im Bereich des Admirals Polarküste unterstellt.
Die am 2. VII. 1943 in Kiel-Jägersberg übernommenen Minen gibt die *Kaiser* nach ihrem Marsch nach Norwegen am 13. VII. 1943 an das Sperrwaffenamt Tromsö ab. Am 14. VII. 1943 werden vom Minenschiff *Brummer* 240 UMB übergenommen, die für Sperrlegungen zusammen mit dem Minenschiff *Ostmark* unter der Führung der *Kaiser* bestimmt sind.

6.5.1 Die Sperre NW 32 PERLEN GEFISCHT

Auf das Stichwort PERLEN GEFISCHT ist eine UMB-Sperre im Seegebiet von Vardö zur Sicherung des Nachschubes für den Nordflügel der Ostfront auszulegen. Die Minenschiffe *Kaiser* und *Ostmark* haben für diese Sperre je 150 UMB geladen. Die Führung hat Korvettenkapitän d. R. H. Bohm, Kommandant der *Kaiser*. Die Minensuchboote *M 361, M 302, M 364 und M 272* werden als Sicherung zugeteilt. Der Verband läuft am 21. VII. 1943 aus Tromsö aus. Bei Honningsvag schließen sich die U-Boot-Jäger *UJ 1202, UJ 1209* und *N.H. 06* dem Verband an. Eine BV 138 bildet die enge Luftsicherung. Am 22. VII. 1943 wird der Verband 18.02 von einem russischen Aufklärungsflugzeug in einer Höhe von etwa 4500 m überflogen. Der sofort angeforderte Jagdschutz stellt sich 21.23 mit zwei Me 110 ein. Da die Flugzeuge zu spät Erkennungssignal abgeben, werden sie von der *Ostmark* und den Minensuchbooten kurz, aber gottlob erfolglos unter Feuer genommen.
Die Minenschiffe marschieren in Dwarslinie. Vor jedem Minenschiff steht ein Minensuchboot mit Gerät. Zwei Minensuchboote und die drei U-Boot-Jäger fahren die U-Boot-Sicherung. Die vorgesehene Marschfahrt von 12 kn kann nicht gehalten werden, weil die U-Boot-Jäger nicht mehr als 10 kn laufen. Die Aufklärungsmeldung des russischen Flugzeugs, die von der Marinefunkstelle Kirkenes 20.00 übermittelt wird, lautet:

> „18.15 drei frachter, sechs bewacher mit kurs 120°, 6 sm fahrt, gebiet nordkyn."

Es ist klar, damit ist der Minenschiffverband gemeint. 21.43 wird in Richtung 60° ein starker Pulk feindlicher Flugzeuge gesichtet, der den Wurfverband im Tiefflug anfliegt. Beim Näherkommen werden drei Torpedoflugzeuge und neun Jäger ausgemacht. Sobald die Maschinen in Reichweite sind, wird das Feuer eröffnet. Während die Torpedoflugzeuge im Tiefflug verharren, ziehen die Jäger hoch, um eine Feuerverteilung zu erreichen. Die Torpedoflugzeuge werfen auf 1000 bis 1200 m Abstand drei Torpedos ab. Das Minenschiff *Ostmark* dreht mit äußerster Kraft auf die Abwurfstelle zu. Zwei Torpedos passieren das Schiff parallel zur Bordwand in 30 und 80 m Entfernung. Der dritte Torpedo fährt in 3 m Abstand am Heck der *Kaiser* vorbei. Die russischen Jäger unterstützen den Lufttorpedoangriff und fliegen die Schiffe und Boote bis auf 50 m an. Eine geschickte Feuerverteilung auf die angreifenden Torpedoflieger und Jäger haben einen verfrühten Torpedoabwurf erzwungen, so daß das Ausmanövrieren der Torpedos gelingt. Ein feindliches Torpedoflugzeug erhält von der *Ostmark* drei Treffer und zieht mit Rauchfahne ab. Bombenabwürfe erfolgen nicht. Beschädigungen im Verband sind nicht eingetreten. Zwei deutsche beim Verband Sicherung fliegende Zerstörerflugzeuge und eine BV 38 haben sich ohne beobachteten Erfolg eingesetzt. Drei eigene Jäger erscheinen kurz nach dem Gefecht.
Der unterbrochene Anmarsch zum Sperrgebiet wird fortgesetzt. Bei Wind aus WNW in Stärke 4 und einem Seegang in Stärke 2 bis 3 mit hoher Dünung, die ein starkes Rollen der Schiffe verursacht, wird die Sperre NW 32 PERLEN GEFISCHT am 23. VII. 1943 ab 03.22 geworfen von
70° 27,6′ N, 31° 13,0′ O über
70° 29,6′ N, 31° 15,8′ O über
70° 30,2′ N, 31° 06,8′ O nach
70° 33,2′ N, 31° 07,7′ O.
Auf dem Rückmarsch meldet die BV 38 ein feindliches U-Boot und wirft drei Wasserbomben. Das Minenschiff *Kaiser* dreht mit Höchstfahrt auf die Abwurfstelle zu und wirft noch vier Wasserbomben. Danach wird das vermeintliche U-Boot als Wal erkannt, der querab hochkommt.
Vor der Sperrlücke bei Mageröy wird der Verband erneut von einem russischen Aufklärungsflugzeug, aber außer Reichweite der Bordgeschütze, angeflogen. Jedoch erfolgt auf dem weiteren Rückmarsch kein neuer Angriff von herbeigerufenen Torpedo- oder Bombenflugzeugen. Der Verband läuft am 24. VII. 1943 in Tromsö ein.

6.5.2 Die Sperren NW 33 MARIE AUFGESUCHT und NW 34 LUISE AUFGESUCHT

Die beiden Sperrstücke NW 33 MARIE AUFGESUCHT und NW 34 LUISE AUFGESUCHT liegen im Seegebiet zwischen Vardö und Ekkeröy. Sie sollen von den Minenschiffen *Kaiser* und *Ostmark* unter Führung des Kommandanten der *Kaiser* ausgelegt werden. Die Schiffe erhalten ihre Minen am 27. VII. 1943 aus dem auf Tromsö-Reede liegenden Minentransportschiff *Rhein*. Die Ladung besteht aus 220 UMB mit 300 m AT. Als

Sammelplatz für den Wurfverband ist der Langstrandfjord bestimmt. Am 9. VIII. 1943 abends sind die letzten Vorbereitungen getroffen. Der Verband geht am 10. VIII., 08.05, ankerauf. Die Minensuchboote *M 272* und *M 302* fahren mit Gerät vor den Minenschiffen, und *M 361* und *M 381* bilden die Seitensicherung. 13.49 stoßen noch *M 303* und *M 306* zum Verband und verstärken die Sicherung. 13.50 wird Honningsvag passiert. Ab Nordkyn, das 17.12 querab ist, stehen die U-Boot-Jäger *UJ 1202, UJ 1207* und *UJ 1208* zur weiteren Sicherung beim Verband. Die enge Sicherung aus der Luft fliegen eine BV 138 und zwei Me 110. Der Wind kommt aus OzS in Stärke 3, der Seegang hat die Stärken 2 bis 3. Es steht eine hohe Dünung. Die Schiffe stampfen stark.
17.50 überfliegt ein russisches Aufklärungsflugzeug in etwa 3000 m Höhe den Verband. Es wird unter Feuer genommen und von eigenen Jägern verfolgt. 18.45 werden die drei U-Boot-Jäger entlassen, da sie die Fahrt nicht halten können. 19.04 nehmen die Minensuchboote das Gerät auf, und der Verband geht auf 14 kn Marschfahrt. Dabei werden Zick-Zack-Kurse gesteuert. Die Luftsicherung hat sich nach und nach wesentlich verstärkt. 19.40 sind zwei BV 138, sechs Me 110 und sechs Me 109 beim Verband. Um 21.17 werden 2 Dez Steuerbord voraus ein Absturz beobachtet und zwei Detonationen wahrgenommen. 21.19 greifen zwei russische Torpedoflugzeuge aus den Wolken heraus im Tiefflug an und werfen vier Torpedos ab. Zwei Laufbahnen werden beobachtet und mit hartem Abdrehen ausmanövriert. Die Flugzeuge werden beschossen und von eigenen Jägern verfolgt. Wie später festgestellt wurde, ist der Feindverband bei seinem Anflug so nachhaltig von der angeforderten Luftsicherung erfaßt worden, daß von acht Torpedoflugzeugen nur zwei an den Minenschiffverband herankommen konnten. Der Einsatz der Luftwaffe, die im Zuge der Sicherung des Minenunternehmens 12 Mann fliegendes Personal verlor, verdient hohe Anerkennung. Bei dem beobachteten Absturz hat es sich um ein eigenes Flugzeug gehandelt.
Die Sperrstücke NW 33 und NW 34 werden am 11. VIII. 1943 von 02.56 bis 04.18 auf die Signalgebung der *Kaiser* nacheinander ausgelegt. Die Wetterlage ist nicht besonders. Bei Wind aus SO in Stärken 4 bis 5 steht eine See in Stärke 4. Die Dünung läuft lang und hoch. Der Himmel ist bedeckt, und die Sicht ist nicht über 3 sm. Die Schiffe stampfen und rollen stark. Dennoch gelingt es, die Sperren planmäßig zu werfen. Zwei Stunden danach wird Ekkeröy passiert, und 08.30 haben die Schiffe und Boote auf den ihnen zugewiesenen Plätzen bei Kirkenes geankert. Der Rückmarsch nach Tromsö wird am 14. VIII. 1943, 17.00, angetreten. Enge Luftsicherung und Jagdschutz sichern beim Verband, der seinen Marsch ohne Störung am 16. VIII., 00.15, auf Tromsö-Reede beendet. Damit endet auch der Mineneinsatz der beiden Schiffe im Befehlsbereich des Admirals Polarküste.Sie stehen nun dem BSO für Sperraufgaben im Skagerrak zur Verfügung.

6.5.3 Das Minenschiff »Kaiser« als Erprobungsschiff zum SEK

Auf dem Verlegungsmarsch von Tromsö nach Frederikshavn, der im Verband mit der *Ostmark* vom 16. bis 24. VIII. 1943 durchgeführt wird, hat das Minenschiff *Kaiser* am 18., 20. und 24. VIII. Kesselstörungen durch Rohrleckagen. Ob die *Kaiser* daher weiterhin als Führungsschiff Verwendung finden kann, ist mehr als zweifelhaft. Aus diesem Grunde wird die Führung für die geplanten Sperrvorhaben im Skagerrak dem Kommandanten des Minenschiffes *Ostmark* übertragen. In Frederikshavn laden beide Schiffe je 180 EMC für die Skagerrak-Sperre XVIII LITHIUM. Auf Grund der Wetterlage wird die Durchführung der Aufgabe mehrfach verschoben. Am 1. IX. 1943 laufen die Schiffe 08.00 aus Frederikshavn aus. 08.30 meldet der Kommandant der *Kaiser,* daß sein Schiff die Unternehmung wegen erneuter Rohrleckage und Ausfall des vorderen Kessels abbrechen muß. Auch der hintere Kessel arbeitet nicht zuverlässig.
In der Folge wird die *Kaiser* für das Auslegen der Skagerrak-Sperren durch das Minenschiff *Roland* ersetzt. Sie selbst gibt ihre Minenladung an die *Roland* ab und verholt zur Reparatur in die Deutsche Werft in Hamburg. Ihre Fertigstellung ist zwar bereits für den 7. XI. 1943 vorgesehen, doch kehrt das Schiff in seine alte Verwendung als Minenschiff zunächst nicht wieder zurück.
Auf Grund einer Entscheidung im OKM scheidet die *Kaiser* mit dem 1. X. 1943 aus dem Verband der Minenschiffe aus und tritt in den Dienst des SEK (Sperrmittel-Erprobungs-Kommando). Damit bleibt das bisherige Minenschiff zumindest der Sperrwaffe verbunden, für die es nach Jahresfrist auch wieder aktiv werden kann, dann nämlich, als man die *Kaiser* wieder zu Sperrunternehmungen im Skagerrak abkommandiert. Einzelheiten hierüber werden im Rahmen des Zeitablaufs berichtet.

6.6 Das Minenschiff »Linz«

Die *Linz,* ein Bauauftrag des NDL, Bremen, war nach einer verzögerten Bauzeit von zwei Jahren im September 1942 auf der Staalskipsvaerft Odense vom Stapel gelaufen und steht Ende Juli 1943 kurz vor ihrer Indienststellung als Minenschiff. Wegen eines Sabotagefalles auf dem in Odense liegenden finnischen Dampfer *Gottfried* sind für die *Linz* ab 22. VII. 1943 weitgehende Sicherungsmaßnahmen getroffen worden. Dennoch explodiert am 28. VII., 21.00, ein Sprengkörper, der außenbords in Höhe des Backbord-Maschinenraums angebracht worden war. Es entsteht ein 50 mal 100 cm großes Leck unterhalb der Wasserlinie.

Das Schiff läuft voll, setzt sich bei 5 m Wassertiefe auf Grund. Am 29. VII. 1943 ist das Leck gedichtet, das Wasser ausgepumpt und entschieden, daß die *Linz* zunächst ins Dock nach Korsör gebracht wird. Nach der Reparatur soll das Schiff zum Fertigbau in die Stettiner Oderwerke überführt werden

Zunächst wird die *Linz* am 3. VIII. 1943 mit einer Flaggenparade in Dienst gestellt. Kommandant ist der Korvettenkapitän d. R. Dr. H. Behlen. Dem Eindocken in Korsör am 6. VIII. 1943 folgt die Überführung nach Stettin durch die Schlepper *Orkan* und *Capella* vom 13 bis zum 15. VIII. 1943. Ab 1. XI. 1943 beginnt das Schiff mit den Probefahrten. Es folgen der übliche Ausbildungsdienst und die daran anschließenden Restarbeiten, die ab 20. XII. 1943 bei den Stettiner Oderwerken beginnen und sich über das Jahresende hinziehen.

6.7 Das Minenschiff »Elsaß«

Nach Erledigung von Werftarbeiten in Kiel und Stettin sowie nach Durchführung von Meilenfahrten, bei denen das Schiff eine Geschwindigkeit von 22 sm erreichte, verlegt Minenschiff *Elsaß* (Kommandant Korvettenkapitän d. R. F. Dyckerhoff) Ende Mai 1943 seinen Liegeplatz von Swinemünde nach Kopenhagen. Es bildet nun mit den Minenschiffen *Ostmark* und *Brummer* eine schnelle Minenschiffgruppe und nimmt 1943 mit diesen Schiffen an folgenden Sperrlegungen teil:

21./22. 6. 43	Sperre 18 a	ERZENGEL	mit 180 EMC
25./26. 6. 43	Sperre 20 a	WILDSCHWEIN	mit 180 EMC
27./28. 6. 43	Sperre 22 b	STEINADLER	mit 180 EMC
4./5. 12. 43	Sperre 16 e	*Nanni vier* WANDSCHRANK	mit 180 EMC
6./7. 12. 43	Sperre 16 f	*Nanni fünf* HANDKOFFER	mit 180 EMC

Die Führung bei allen Einsätzen dieser Gruppe hat das Minenschiff *Ostmark.* Einzelheiten siehe bei *Ostmark,* siehe Seite 173–177 und 179/180.

Nach den ersten drei Einsätzen, bei denen das Drucklager der Stb.-Niederdruckmaschine ausgelaufen war, erfolgt die Reparatur in den Stettiner Oderwerken. Nach den Dezember-Einsätzen bekommt das Schiff große Werftliegezeit über das Jahresende bei der gleichen Werft. In den einsatzlosen Zeiten steht das Schiff den Schulen zu Ausbildungszwecken zur Verfügung.

6.8 Das Minenschiff »Lothringen« ex »Londres«

Das Schiff befindet sich noch das ganze Jahr 1943 über in Le Havre im Fertigbau.

7. Das Jahr 1944

Zur Lage

Der Zusammenbruch der Ostfront mit schweren und schwersten Rückzugskämpfen, die Landungen der Westalliierten in Westfrankreich (6. VI. 1944) und in Südfrankreich (18. VIII. 1944), wie auch die Kämpfe in Mittelitalien bestimmen den Fortgang des Krieges, dazu weitere unaufhörliche Luftbombardements deutscher Städte, die mitsamt kriegswichtigen Industrien in Trümmer sinken. Am Ende des Jahres 1944 stehen sowjetische Truppen an den Grenzen von Ostpreußen, in Polen, in Rumänien und Ungarn. Dagegen haben die westlichen Alliierten praktisch den Rhein erreicht (Straßburg 27. XI.). Daran hat auch die Ardennenoffensive mit Beginn am 16. XII. nichts geändert.
Die deutschen Balkanstreitkräfte haben Griechenland aufgegeben und sind hinter die Save zurückgedrängt worden. Die Finnen haben den Kampf eingestellt, und die deutsche Lapplandarmee zieht sich nach Nordnorwegen zurück. Starke Teile der Heeresgruppe Nord sind in Kurland eingeschlossen.
Die deutsche U-Boot-Waffe befindet sich noch immer in der Umrüstung auf neue Typen (Elektroboote), die in großen Stückzahlen in der Endfertigung und Erprobung stehen, während die zum Teil mit Schnorchel ausgerüsteten U-Boote der bisher üblichen Typen einen verzweifelten und nachgerade tödlichen Kampf gegen alliierte Handels- und Kriegsschiffe versuchen. Doch schon seit Dezember 1942 bringen die Alliierten immer mehr BRT an Neubauten in Fahrt, als von U-Booten versenkt werden konnten.
In der Ostsee und im Skagerrak hilft der noch verbliebene Teil der Überwasserstreitkräfte den Minenschiffen, andere stehen in der östlichen Ostsee im Einsatz. In Norwegen wird das Schlachtschiff *Tirpitz* vor Tromsö das Ziel eines Luftangriffs, wobei es, von Bomben getroffen, auf flachem Grund kentert.
Schnellboote und Kleinst-U-Boote verschiedener Typen stehen in den noch in deutscher Hand befindlichen Küstenbereichen im harten Kampf. Ihre Erfolge sind zwar bemerkenswert, auf die Gesamtlage jedoch ohne Einfluß. Noch immer ist der Transportweg nach Norwegen durch die Minensperren im Skagerrak und in der Nordsee, wie auch durch örtliche Sperren, hinreichend gesichert. Nach wie vor sind die Minenschiffe hier wie auch in der östlichen Ostsee im Einsatz, desgleichen neu in Dienst gestellte Minenleger im Mittelmeer (siehe 9. Der Mineneinsatz im Südraum, Seite 223).

Von den sechs Minenschiffen des Minenschiffverbandes sind am Anfang des Jahres 1944 nur die *Brummer* und die *Skagerrak* kriegsbereit. Sie sind bei der Überwachung des Skagerraks gegen feindliche Blokkadebrecher eingesetzt, werden aber am 3. I. 1944 aus dieser Aufgabe entlassen. Die übrigen vier Minenschiffe *Elsaß, Linz, Roland* und *Ostmark* haben Werftliegezeit. Bei den Minenschiffen *Elsaß, Linz* und *Roland* ist die Kriegsbereitschaft Ende Januar wiederhergestellt, bei der *Ostmark* ist dies erst am 8. III. 1944 der Fall. Nach der Einstellung der Bewachung des Skagerraks hat das Minenschiff *Brummer* Schießübungen und begibt sich dazu nach Saßnitz. Das Minenschiff *Skagerrak* geht zur Beladung nach Swinemünde.

7.1 **Der Verlust der »Skagerrak«**

Als erste Aufgabe im neuen Jahr erhält das Minenschiff *Skagerrak* den Befehl, 110 EMC nach Bergen zu transportieren. Nach der Minenübernahme in Swinemünde marschiert das Schiff in der Zeit vom 5. bis 12. I. 1944 nach Bergen. Hier wird es entladen und verlegt anschließend zu einer Munitionstransportaufgabe nach Drontheim. Nach der Übernahme der Munition tritt die *Skagerrak* am 17. I. 1944 den Marsch von Drontheim nach Süden an, liegt in der Nacht zum 18. I. in Molde und vom 19. zum 20. I. 1944 in Stavanger. Unter der Sicherung der Minensuchboote *M 427* und *M 489* wird am 20. I. 1944 der Marsch nach Süden fortgesetzt. 11.35 erfolgt ein Anflug von acht feindlichen Torpedoflugzeugen aus der Sonne. Das Schiff steht um diese Zeit 5 sm südwestlich von Egersund. Ein voraus der *Skagerrak* stehender Dampfer erhält einen Torpedotreffer und bleibt liegen. Die *Skagerrak* selbst wird in zwei Wellen angegriffen. Die vordere Welle der feindlichen Flugzeuge schießt mit Bordwaffen, anscheinend mit Raketen. Auf der *Skagerrak* wird dabei das Vierlingsgeschütz zerstört. Die *Skagerrak* und die beiden Minensuchboote haben das Feuer auf 3500 m eröffnet. Ein Flugzeug stürzt ab.
Die hintere Welle wirft 4 Strich an Steuerbord der *Skagerrak* Torpedos ab. Der Kommandant, Korvettenkapitän z. V. Dr. K. Silex, dreht mit Hartruder auf die Abwurfstelle zu und manövriert einen der Torpedos aus. Ein zweiter Torpedo trifft das Vorschiff, während die *Skagerrak* eines der vorbeifliegenden Torpedoflugzeuge abschießt.
Das Vorschiff läuft voll Wasser und sackt ab. Die Kutter werden gefiert. Es folgt der Befehl: „Alle Mann aus dem Schiff!" 11.42 versinkt die *Skagerrak.* Die beiden Minensuchboote retten in vorbildlicher Weise die Besatzung bis auf fehlende sieben Mann, die leider vermißt bleiben. Ein Schwer- und zwölf Leichtverwundete werden in Egersund gelandet. Vier Jagdflugzeuge haben die Verfolgung des Gegners aufgenommen. Von den Minensuchbooten wird ein dritter Abschuß durch Sicherungsstreitkräfte beobachtet.
Das Wrack der *Skagerrak* liegt auf
58° 19,8′ N, 6° 1,1′ O.
Die Wassertiefe beträgt hier 120 m. Die Besatzung wird nach Kopenhagen gebracht und auf Befehl zusammengehalten. Sie wird später unter dem gleichen Kommandanten das Minenschiff *Lothringen* in Dienst stellen.

7.2 **Das Minenschiff »Brummer«**

Als Räumschutz für die Sperren im Skagerrak sind an der Westseite des Skagerrak-Warngebietes über die ganze Breite vier Räumschutzsperren auszulegen. Die Aufgabe wird den Minenschiffen *Brummer, Linz* und *Roland* übertragen. Die Führung des Wurfverbandes hat der Kommandant der *Brummer,* Korvettenkapitän H.-E. Kolster. Die Schiffe beladen am Sperrzeugamt

Kiel-Jägersberg. Die *Brummer* verlegt vom 29. zum 31. I. 1944 von Kiel nach Kristiansand-Süd. Die *Linz* und die *Roland* folgen vom 4. zum 6. II. 1944. Damit ist der Wurfverband komplett. Das Geleit der *Linz* und der *Roland* mußte mehrfach verschoben werden, weil die Wetterlage auf den stark minengefährdeten Wegen der westlichen Ostsee ein sicheres Geleitfahren nicht erlaubte. Auch beim Geleit der *Brummer* zeigte sich eine schwierige Lage. Der Sperrbrecher *Sp 172* ex *Ophelia* räumte eine Grundmine in der Kieler Bucht auf 54° 31,2′ N, 10° 29,3′ O.

7.2.1 Die Räumschutzsperre R 1 DOROTHEA ANTON

Die Minenschiffe *Brummer* und *Linz* stehen dem BSO zur Verfügung, um eine zweireihige Reißbojensperre als Räumschutzsperre R 1 DOROTHEA ANTON zu werfen. Die *Brummer* ist mit 200, die *Linz* mit 256 Reißbojen beladen. Zur Sicherung werden die Zerstörer *Z 39, Z 28* und *Erich Steinbrinck* zugeteilt. Die Durchführung der Aufgabe verzögert sich infolge Schlechtwetterlage. Ab 10. II. 1944 tritt eine Wetterbesserung ein. Bei meist wolkenlosem Himmel und hellen Vollmondnächten ist die Sicht sehr gut.
Im Gebiet Lister und Kristiansand-Süd sind an den letzten Abenden zwischen 19.00 und 22.00 mehrfach feindliche Flugzeuge aufgetreten. Also ist mit Fliegergefahr zu rechnen, es sei denn, die Durchführung der Aufgabe wird bis nach Monatsmitte verschoben. Dann nimmt der Mond ab und geht auch erst nach 23.00 auf. Ein in dieser Richtung gemachter Vorschlag des Kommandanten der *Brummer* wird von MOK Ost abgeschlagen, da die Minenschiffe sofort nach den Sperrlegungen im Skagerrak dem F. d. M. Ost für den Einsatz im Finnischen Meerbusen zur Verfügung stehen sollen. Nach Stichfahrten von drei Minensuchbooten der 29. MS.-Flottille auf dem Sperrkurs und den Anmarsch- und Rückmarschwegen fällt am 12. II. 1944 beim BSO die Entscheidung für die Durchführung der Aufgabe. Die Anker werden gelichtet, und der Verband sammelt vor Odderöy. *Z 28* und *Erich Steinbrinck* fahren Bugschutzgerät, die Minenschiffe und *Z 39* folgen in Kiellinie. Die Marschfahrt von anfänglich 15 kn muß später auf 13 kn herabgesetzt werden, weil die *Linz* die höhere Fahrtstufe nicht halten kann.
Bei Wind aus ONO 5, 4/10 bedecktem Himmel und sehr guter Sicht wird die Sperre R 1 vom 12. zum 13. II. 1944 von 23.52 bis 01.22 geworfen. Die Sperrlage ist gemeldet von
57° 14,8′ N, 7° 34′ O nach
56° 59′ N, 7° 55,5′ O. Siehe Skizze 67 a, Seite 178.
Während des Minenlegens ist der Verband durch starke Strömung um etwa 2 sm nach SW aus dem Skagerrak heraus versetzt worden.

Der Rückmarsch nach Kristiansand-Süd ist am 13. II. 1944, 08.25, beendet. Die Schiffe ankern in der Marwikenbucht und beladen für die folgende Sperraufgabe R 2.

7.2.2 Die Räumschutzsperre R 2 DOROTHEA BRUNO

Beim Legen der Räumschutzsperre R 2 DOROTHEA BRUNO sind die *Brummer*, die *Linz* und die *Roland* beteiligt. Die Schiffe haben zusammen 256 Reißbojen und 180 EMR an Bord. Die Zerstörer *Erich Steinbrinck* und *Hans Lody* sind als Sicherung zugeteilt. Auf den Stichwortbefehl des BSO sammelt der Verband am 15. II. 1944, 19.00, vor Odderöy. 23.45 ist das Sperrgebiet erreicht. Die Wurfformation wird eingenommen. Die Wurffahrt ist auf 12 kn befohlen. Der Wind kommt aus SO in Stärke 6. Der Seegang hat die Stärke 3. Der Himmel ist bedeckt. Es ist eine sehr gute Sicht. Die Schutzsperre R 2 DOROTHEA BRUNO fällt am 16. II. 1944 von 00.05 bis 01.25 planmäßig. Die Lage ist angegeben von
57° 30,7′ N, 7° 19,5′ O nach
57° 16,5′ N, 7° 34,0′ O. Siehe Skizze 67 a, Seite 178.
08.00 liegen die drei Minenschiffe in der Marwikenbucht von Kristiansand-Süd wieder vor Anker. *Brummer* und *Roland* haben sofort Sperrmittelübernahme für die nächste Aufgabe.

7.2.3 Die Räumschutzsperre R 3 DOROTHEA CÄSAR

An der Räumschutzsperre R 3 DOROTHEA CÄSAR sind die Minenschiffe *Brummer* mit 155 EMR und *Roland* mit 180 EMR beteiligt. Nachdem am 16. II. 1944 der Stichwortbefehl eingegangen ist, folgt 09.35 die Sperrmittelübernahme. Dabei benutzt die *Brummer* erstmals ihren eigenen Ladebaum, der sich sofort bewährt. 18.30 sammelt der Verband vor Odderöy in Kiellinie wie folgt: *Brummer, Roland, Hans Lody*. Der außerdem noch zugeteilte Zerstörer *Erich Steinbrinck* läuft vor. Das Wetter ist miserabel. Der Wind kommt aus SSO in Stärke 5. Schneeschauer vermindern die ohnehin schlechte Sicht. 19.02 meldet die *Brummer* Ruderversager, im Westregapet, 0,5 sm vor dem Leuchtturm von Flekkeröy. Das Schiff dreht nach Steuerbord auf die Felsenküste zu. Im letzten Augenblick gelingt es mit „Äußerste Kraft zurück“, das Schiff zum Stehen zu bringen. Mit Handruder und Kleiner Fahrt kann aus dem Westregapet herausgesteuert werden. Vor der Küste herrscht Seegang 3. Die Nacht ist dunkel, die Sicht mäßig. Sie wird bei den einzelnen Schneeschauern schnell noch schlechter. Der Wind aus SO hat auf die Stärken 5 bis 6 aufgefrischt.
Die Ruderstörung auf der *Brummer* ist auf den Aus-

fall der hydraulischen Glycerindrucksteuerung zurückzuführen. Sie kann in See nicht beseitigt werden. Das Weitersteuern mit dem Handruder über eine Zeit von 9 bis 10 Stunden erscheint bei der herrschenden Wetterlage äußerst schwierig. Die Genauigkeit der Navigation, die für die *Brummer* als Führungsschiff so eminent wichtig ist, ist echt in Frage gestellt. Hinzu kommt, daß das Handruder auf der Schanze steht und die Handrudergäste während des Werfens der Sperre in ihrer Tätigkeit am Ruder stark behindert werden. Auch ist dadurch die Befehlsübermittlung zum Handruder erschwert. Bei dieser Lage entschließt sich der Kommandant der *Brummer,* mit dem Verband umzukehren und wieder einzulaufen. 21.00 liegen die Schiffe auf den alten Plätzen vor Anker. Die Störung auf der *Brummer* wird über Nacht beseitigt.

Am 17. II. 1944 kann die Unternehmung dann durchgeführt werden. Nach dem Auslaufen 18.30 und der Einnahme der Wurfformation 22.05 wird die Sperre R 3 DOROTHEA CÄSAR von 22.20 bis 23.43 gelegt. Dabei herrscht NNO-Wind in Stärke 5, eine See in Stärken 1 bis 2. Der Himmel ist bedeckt. Die Sicht ist gut.

Die Sperrlage ist gemeldet von
57° 45,4′ N, 7° 8,4′ O nach
57° 36,3′ N, 7° 16,0′ O. Siehe Skizze 67 a, Seite 178.

Die Minenschiffe ankern am 18. II. 1944, 05.30, fn der Marwikenbucht von Kristiansand-Süd und beladen für die folgende Aufgabe.

7.2.4 Die Räumschutzsperre R 4 DOROTHEA DORA

Als Sperrmittelträger sind für die Räumschutzsperre R 4 DOROTHEA DORA die Minenschiffe *Brummer* und *Roland* vorgesehen. Jedes Schiff ist mit 90 EMR beladen. Die Zerstörer *Erich Steinbrinck* und *Hans Lody* bilden die Sicherung. Der Verband sammelt am 18. II. 1944, 18.30, vor Odderöy und läuft bei NNO-Wind in Stärke 4, Seegang in Stärke 1 und bedecktem Himmel aus. 21.27 wird die Wurfformation eingenommen. Die Sperrlegung erfolgt von 21.42 bis 22.21 von
57° 52,0′ N, 7° 5,0′ O nach
57° 44,4′ N, 7° 5,6′ O. Siehe Skizze 67 a, Seite 178.

Anschließend laufen die Schiffe in Kristiansand-Süd ein und gehen am 19. II. 1944, 02.35, in der Marwikenbucht vor Anker.

Die geplanten vier Räumschutzsperren sind damit ausgelegt. Die drei Minenschiffe verlegen vom 19. bis 21. II. 1944 von Kristiansand-Süd nach Kopenhagen. Dort wird auf der *Roland* eine neue Kreiselanlage eingebaut. Das Schiff ist damit bis zum 4. III. 1944 außer Kriegsbereitschaft.

7.2.5 Wechsel in der Führung des Minenschiffverbandes

Am 22. II. 1944 übergibt der bisherige Verbandschef, Kapitän z. S. H.-C. v. Schönermark, nach fast zweijähriger Kommandoführung den Minenschiffverband an seinen Nachfolger, Kapitän z. S. H. Pahl. Nach der Abschiedsmusterung an der Langen Linie in Kopenhagen ergeht von dem scheidenden Chef folgendes Fernschreiben an alle unterstellten Schiffe:

> „seit neubildung des verbandes im april 1942 haben die mir unterstellten schiffe teils zusammengefaßt, teils einzeln auf sämtlichen nördlichen kriegsschauplätzen in höchster einsatzbereitschaft die ihnen gestellten aufgaben durchgeführt stop heute allen kommandanten und besatzungen für die stete einsatzbereitschaft und die geleistete arbeit zu danken ist mir ein aufrichtiges bedürfnis stop ich bin der festen zuversicht, daß der gesamte verband auch in zukunft, wie bisher, in treuester pflichterfüllung und bester kameradschaft seine aufgaben erfüllen wird stop meine wärmsten wünsche begleiten den verband auf allen seinen zukünftigen kriegsfahrten stop die verbundenheit, die zwischen den schiffen und mir in so langer kriegszeit fest geschlossen wurde, soll auch in zukunft bestehen bleiben."

Kapitän z. S. H. Pahl übernimmt am 29. II. 1944 in Kopenhagen die Dienstgeschäfte als Führer der Minenschiffe (F. d. Minsch.). Seine erste Minenaufgabe ist das Werfen einer dreireihigen Sperre im Skagerrak.

7.2.6 Die Skagerrak-Sperre XX GROSSGÖRSCHEN

Zur Verstärkung des Skagerrak-Warngebietes soll die Sperre XX geworfen werden. Als Sperrmittelträger sind die Minenschiffe *Brummer, Linz* und *Roland* bestimmt. Als Sicherung werden fünf Boote der 29. MS.-Flottille zugewiesen. Die *Brummer* und die *Roland* werden mit je 125 EMC beladen, die *Linz* nimmt 200 Reißbojen an Bord. Zur Beladung marschieren die *Linz* mit dem neuen F. d. Minsch., Kapitän z. S. H. Pahl, an Bord und die *Brummer* am 1./2. III. 1944 von Kopenhagen zum Sperrzeugamt Kiel-Jägersberg. Auf dem Rückmarsch, der mit Einlaufen in Kopenhagen am 4. III. 1944 endet, hat sich der F. d. Minsch. auf der *Brummer* eingeschifft. Von diesem Schiff aus führt er die nächsten Sperrunternehmungen. Das Minenschiff *Roland* hat nach Einbau einer neuen Kreiselanlage am 4. III. 1944 die Kriegsbereitschaft wiederhergestellt und in Kopenhagen beladen.

Der Verband läuft am 4. III. 1944, 22.00, zur Unternehmung aus Kopenhagen aus. Die Minensuchboote *M 462* und *M 406* übernehmen die Minensicherung mit Ge-

räuschboje und Heckgerät. Wegen dichten Nebels muß am 5. III. 1944, 08.05, auf 57° 6,1' N, 11° 40,5' O geankert werden. 09.37 geht der Stichwortbefehl GROSSGÖRSCHEN vom BSO ein. 13.00, als sich die Sicht bessert, wird der Marsch fortgesetzt. 18.15 steuern die Schiffe mit Westkurs in das Skagerrak ein. 20.00 stoßen *M 301* und *M 426* zum Verband und übernehmen Steuerbord und Backbord voraus die Marschsicherung. Der Wind kommt aus NNW in Stärken 2 bis 3. Der Himmel ist halb bedeckt. Es ist gute Sicht. Bei hellem Mondschein wird bei 11 kn Fahrt 22.05 die Nachtmarschformation eingenommen. Vom BSO ist Fernaufklärung und enge Luftsicherung sowie unmittelbarer Begleitschutz beantragt worden. Dem Antrag wurde entsprochen.
Die Minensuchboote erhalten am 6. III. 1944, 03.30, Befehl vom Verbandschef, ihr Gerät auszubringen. Es dauert fast eine ganze Stunde. Währenddessen läuft der Verband nur zwischen 2 bis 5 kn Fahrt. Die Signalstelle Hanstholm fordert ab 03.45 mit hellem Scheinwerfer unentwegt die Namen der Schiffe an, auch nachdem die *Brummer* den eigenen Namen gegeben hatte. Erst auf Befehl des F. d. Minsch. stellt sie das verräterische Morsen ein. Ein einfacher ES-Austausch hätte genügt.
Nachdem die Minensuchboote das Gerät ausgebracht haben, wird 04.42 die Wurfformation eingenommen. 05.20 liegt der Verband mit 10 kn Fahrt auf Wurfkurs 329°. Die Sperre XX GROSSGÖRSCHEN fällt am 6. III. 1944 von 05.34 bis 06.22 und liegt von
57° 10,7' N, 8° 14' O nach
57° 17,2' N, 8° 6,5' O. Siehe Skizze 67 a, Seite 178.
Der Rückmarsch geht mit 14 kn Fahrt nach Kopenhagen. Von 07.00 bis 18.00 sichern zwei Jäger und eine Arado den Verband aus der Luft. Am 7. III. 1944, 08.00, machen die Schiffe an der Langen Linie fest.

7.2.7 Sperrlegungen im Ostseeraum

Die Minenschiffe *Brummer, Linz* und *Roland* werden ab 7. III. 1944 dem F. d. M. Ost, Konteradmiral K. Böhmer, unterstellt. Unter Führung des F. d. Minsch. auf der *Brummer* treten die Einheiten am 9. III. 1944 den Marsch von Kopenhagen nach Pillau an. Dabei wird die *Linz* unterwegs am 10. III. 1944 zu einer Minentransportaufgabe nach Saßnitz entlassen. Das Schiff soll von hier 135 EMF nach Peyse bringen. Die *Brummer* und die *Roland* setzen den Marsch nach Osten fort. 16.00 stoßen die Minenschiffe *Ostmark* und *Elsaß* zum Verband. Beide Schiffe haben ihre Werftliegezeit beendet und sich auf Befehl des F. d. Minsch. auf einem Treffpunkt 6,5 sm nördlich von Hammer Odde eingefunden. Unter Leitung des neuen Verbandschefs, Kapitän z. S. H. Pahl, werden von den vier Minenschiffen gemeinsam Fahrübungen durchgeführt, so Verbandsfahren, Evolutionieren, Zickzackbilder, Verbandsnebelfahrt usw. Am 11. III. 1944 laufen die Schiffe 09.00 in Pillau ein. Das Minenschiff *Linz* vervollständigt den Verband am 13. III. 1944, nachdem es die Minenladung in Peyse abgegeben hat. Somit liegen fünf Minenschiffe gleichzeitig im Hafen von Pillau.
Wegen der verschiedenen Aufgaben wird der Verband geteilt. Während die *Brummer,* die *Linz* und die *Roland* unter Führung des F. d. Minsch. im Osten zum Einsatz im Finnischen Meerbusen verbleiben, werden die *Ostmark* und die *Elsaß* dem BSO für Sperraufgaben im Skagerrak zur Verfügung gestellt. Hierüber wird später berichtet. Die *Brummer,* die *Linz* und die *Roland* nehmen in Pillau Minen an Bord und laufen unter Führung des F. d. Minsch. am 15. III. 1944, 06.00, aus Pillau aus. Das Geleit stellt die 3. Sicherungsflottille. 18.06 werden die *Roland* und die *Linz* nach Libau entlassen. Die *Brummer* mit dem F. d. Minsch. an Bord setzt den Marsch fort und läuft am 16. III. 1944, 13.00, in Reval ein. Hier wird der F. d. Minsch. vom F. d. M. Ost über die geplanten Minenaufgaben unterrichtet. Sobald das Eis aufgeht, sollen die ausliegenden SEEIGEL-Sperren verstärkt werden.
Aus Luftschutzgründen erhält die *Brummer* einen Ankerplatz auf Reval-Reede auf deren Ostseite dicht unter Land zugewiesen. Für alle Schiffe beginnt eine lange Wartezeit, denn vorläufig erlaubt die Eislage noch keine Durchführung von Sperrunternehmungen. Hinzu kommt, daß die wechselnden Eisbewegungen in letzter Zeit in neu ausgelegten Sperren Minen zur Detonation gebracht haben. Am 29. III. 1944 verschlechtert sich die Eislage sogar noch weiter.
Um die Zeit zu nutzen, gibt das Minenschiff *Brummer* am 30. III. 1944 seine Minenladung in Baltischport an einen Leichter ab, läuft am 31. III. 1944 in Pillau ein und nimmt in Peyse eine neue Ladung Minen an Bord. Anschließend wartet das Schiff in Pillau auf weitere Befehle. Der F. d. Minsch. begibt sich am 31. III. 1944 von Pillau zu seiner Dienststelle nach Kopenhagen und schifft sich erst am 9. IV. 1944 auf die in Pillau noch immer wartende *Brummer* wieder ein. Am gleichen Tage verlegen die *Roland* und die *Linz* von Libau nach Baltischport. Die *Brummer* will am 10. IV. 1944 folgen, doch ist der Auslaufweg wegen der an diesem Tage von feindlichen Flugzeugen abgeworfenen Minen gesperrt.
Pillau hatte am 10. IV. 1944 von 01.35 bis 03.05 Fliegeralarm. Trotz starker Flakabwehr und Vernebelung war es feindlichen Flugzeugen gelungen, Minen vor die Einfahrt und auf den Zwangsweg 78 zu werfen.
Sechs dieser Minen werden im Laufe des Tages zwischen der Moleneinfahrt und der Ansteuerungstonne Pillau geräumt, davon eine erst nach fünfmaligem

Überlaufen, ein Zeichen dafür, daß der Feind mit modernstem Minenmaterial ausgerüstet ist. Das Auslaufen der *Brummer* gelingt am 11. IV. 1944, 06.00, unter starkem Minengeleit. Das Schiff hält sich dabei hart an den gelegten Bojenstrich bei nur 3,5 kn Fahrt. Das Geleit wird 08.40 entlassen und Marschfahrt für 12 kn aufgenommen.
11.05 gibt eine Ju 88 Backbord voraus Seenotzeichen. Die *Brummer* dreht auf die Unfallstelle zu. Bei Wind aus SO in Stärke 1 und glatter See wird inmitten treibender Flugzeugwrackteile die vierköpfige Besatzung der Ju 88 aus Schlauchbooten geborgen, darunter der verstorbene Flugzeugführer. Die Männer werden dem Marinelazarett Memel übergeben. Nach dem Auslaufen aus Memel wird der Marsch nach Norden mit 19 kn Fahrt fortgesetzt. Am 12. IV. 1944 macht die *Brummer* 09.15 in Reval-Hafen fest. Die *Roland* und die *Linz* kommen von Baltischport und gehen 13.10 auf Reval-Reede vor Anker. Der Wurfverband ist somit versammelt. Die Durchführung der ersten Aufgabe wird aber wegen der Wetterlage auf die Nacht vom 13. zum 14. IV. 1944 verschoben.

7.2.8 **Die Minensperre SEEIGEL 6b**

In der Narwa-Bucht ist südlich der Insel Groß-Tütters die Sperre SEEIGEL 6b auszulegen.
Als Sperrmittelträger sind bestimmt: die Minenschiffe *Brummer, Roland, Linz,* die Zerstörer *Z 28, Z 35, Z 39* von der 6. Z.-Flottille, das Torpedoboot *T 30* und die Minensuchboote *M 14* und *M 22.*
An Sperrmitteln hat der Verband an Bord: 300 EMC, 180 UMB, 92 EMF, 200 Reißbojen und 80 EMR, zusammen also 852 Sperrmittel verschiedener Art, deren Tiefeneinstellung unterschiedlich ist. Sie beträgt bei den EMC −1,5 m, bei den UMB −1 m, bei den EMF −15 m, bei den RB −4 m und bei den EMR −3 m.
Die Sperre soll in zwei Teilstücken geworfen werden, und zwar das Teilstück 1 von Süden nach Norden, das Teilstück 2 in umgekehrter Richtung. Jedes Teilstück hat mehrere Reihen nach der Zahl der dabei eingesetzten Sperrmittelträger.
Die Feindlage läßt eine Gegenwirkung von Überwasserstreitkräften nicht oder kaum erwarten. Sollten feindliche Flugzeuge angreifen, so sind diese abzuwehren. Dabei ist die gestellte Aufgabe weiter durchzuführen. Bei einem Auftreffen auf Minen jedoch ist die Unternehmung abzubrechen.
Zwei Bergungsdampfer liegen klar in Lokso. Sie sind im Bedarfsfalle über die Bergungsgruppe Reval durch FT anzufordern. Zur Bestimmung des Schiffsortes sind auf der Insel Groß-Tütters zwei Scheinwerfer bestellt worden. Der Scheinwerfer Hans hat den Befehl, von 23.00 bis 02.30 alle fünf Minuten viermal den Buchstaben E zu geben; der Scheinwerfer Dora wird in der gleichen Zeit alle zehn Minuten dreimal den Buchstaben T morsen.
Die Führung des Verbandes hat der F. d. Minsch. auf der *Brummer.* Für den Anmarsch ab Reval bis zum Sperrgebiet teilt er den Verband in zwei Gruppen:
1. Gruppe Minenschiffe,
2. Gruppe Zerstörer.

Die 1. Gruppe geht am 13. IV. 1944, 16.00, von Reval-Reede ankerauf und läuft in Kiellinie in der Reihenfolge *Brummer, M 14, Linz, M 22, Roland* zur Unternehmung aus. Die Marschfahrt beträgt 13 kn. Die Minensuchboote übernehmen ab 17.00, Backbord vorn und achtern herausgestaffelt, die Sicherung. 20.00 wird das Kap Juminda passiert. 20.30 gehen die Minensuchboote wieder auf ihre alten Plätze in der Kiellinie zurück. Von 21.11 bis 22.10 laufen Fliegermeldungen ein: Danach werden feindliche Flugzeuge ostwärts Groß-Tütters und im Abschnitt der Insel Hochland gemeldet. An Land, Steuerbord voraus, wird Flakfeuer beobachtet und in der Luft das Aufblitzen einer starken Lichtquelle. Es kann sich hierbei nur um Blitzlichtaufnahmen durch feindliche Flugzeuge handeln. Die akute Luftgefahr hält von 22.00 bis 22.52 an.
Die 2. Gruppe mit *Z 28, Z 35, Z 39* und *T 30* steht unter der Führung des Chefs der 6. Z.-Flottille, Kapitän z. S. F. Kothe. Sie hat Reval 19.00 verlassen und holt mit 20 kn Marschfahrt die 1. Gruppe 23.15 ein. Die Schiffe formieren sich nunmehr in der Reihenfolge *Brummer, M 14, Z 28, Linz, M 22, Z 39, T 30, Roland* und *Z 35.* Der Abstand der Einheiten in der Kiellinie beträgt 300 m. Unter Einrechnung der Länge der Schiffe und der Boote ergibt sich eine Kiellinienformation von über 3 km.
Der Anmarsch zum Sperrgebiet ist bei allen folgenden Sperrunternehmungen vom F. d. Minsch. in zwei Gruppen befohlen und so durchgehalten worden. Gewisse Nachteile wurden bewußt in Kauf genommen. Einmal wäre die Abwehrkraft gegenüber feindlichen Flugzeugen beim gemeinsamen Marsch der beiden Gruppen stärker gewesen, zum anderen ergab sich nach Aussage Beteiligter am Treffpunkt stets ein reger Morseverkehr, bis alle Fahrzeuge ihren Platz in der Kiellinie eingenommen hatten. Eine Beobachtung dieses Verkehrs durch den Gegner erscheint nicht unbedingt ausgeschlossen.
23.53 wird die Wurfformation durch eine Wendung nach Backbord hergestellt. Die Schiffe gehen auf Wurfkurs 357°. Die *Brummer* läßt sich sacken und nimmt in der nun gebildeten Dwarslinie den Platz zwischen *M 22* und *Z 39* ein. Der Wind weht aus Ost in Stärken 2 bis 3, die See ist ruhig und wird mit Stärke 0 vermerkt. Der Himmel ist zu einem Drittel bedeckt. Es herrscht eine sehr gute Sicht.
Nach dem Sperrbefehl des F. d. M. Ost soll die Sperr-

legung in der Morgendämmerung, aber bei unsichtigem Wetter erfolgen. Nun ist man am Platz, ohne daß diese Voraussetzung eingetroffen ist. Das Teilstück 1 der Sperre SEEIGEL 6b wird dennoch am 14. IV. 1944 planmäßig von 00.08 bis 00.38 mit 10 kn Wurffahrt auf nördlichem Kurs ausgelegt. Zur Unterstützung der Navigation für das Werfen des Teilstückes 2 wirft *Z 35* auf der Westseite des Teilstückes 1 jede Seemeile eine beleuchtete Zeitsinkboje. Nach Beendigung des Sperrewerfens wendet der Verband um 9 Dez nach Backbord und läuft nach Westen ab, um sich für die Sperrlegung des Teilstückes 2 neu zu formieren, denn *T 30, M 14* und *M 22* haben sich leergeworfen. Sie scheren aus und laufen bei der Auslegung westlich des Teilstückes 2 auf Südkurs mit.
Beim Formieren zum Teilstück 2 geraten die Minenschiffe und Zerstörer südlich Groß-Tütters zunächst in loses Treibeis, dann in ein festes, mindestens 20 cm starkes, geschlossenes Eisfeld. Die *Brummer* und die *Roland* kommen mit 12 kn Fahrt im Eis fest. Auf beiden Schiffen werden die Schrauben beschädigt. Teilweise entstehen auch Rammpositionen. Es geht aber schließlich alles klar. Allmählich gelingt es den Schiffen, sich aus der Eisumklammerung herauszuziehen. Sie formieren sich zur Wurffahrt auf Kurs 178° in der Reihenfolge von Ost nach West: *Z 35, Brummer, Roland, Linz, Z 28* und *Z 39.* Die Navigation bereitet keine Schwierigkeiten, denn Groß-Tütters ist klar zu erkennen. Die Scheinwerfer arbeiten wie angefordert. Sie sind indessen derart stark, daß sie den Verband blenden. Bei zukünftigen Aufgaben soll nur ein Scheinwerfer mit 10° Erhöhung leuchten.
01.40 ist die Wurfformation im Eis eingenommen. Auf Befehl des F. d. Minsch. läuft der Verband mit 10 kn Fahrt an. Die Sperrlegung erfolgt von 01.50 bis 02.20. Da die Anfangsposition der Sperre im Norden wegen des Eises nicht erreicht werden konnte, wird das Teilstück 2 nach Süden entsprechend verlängert. *Z 35* schießt während des Sperrewerfens die ausgelegten, beleuchteten Zeitsinkbojen ab. Die Lage der Sperre SEEIGEL 6b wird gemeldet von
59° 42,0′ N, 27° 15,9′ O nach
59° 47,6′ N, 27° 15,4′ O nach
59° 47,9′ N, 27° 13,5′ O nach
59° 47,9′ N, 27° 11,5′ O nach
59° 42,3′ N, 27° 12,1′ O.
Siehe Skizze 68.
Der Rückmarsch erfolgt gruppenweise. Die Zerstörer und *T 30* werden 02.30 nach Reval entlassen. Die Minenschiffe werden auf ihrem Marsch durch *M 14* und *M 22* gesichert. Der Inselkommandant von Groß-Tütters meldet 04.20 in seiner Morgenlage geringe Aufklärungstätigkeit der feindlichen Luftwaffe. Hieraus schließt der F. d. Minsch., daß die Sperrlegung vom Feind unbeobachtet erfolgen konnte. Andernfalls

Skizze 68: Sperre SEEIGEL 6 b

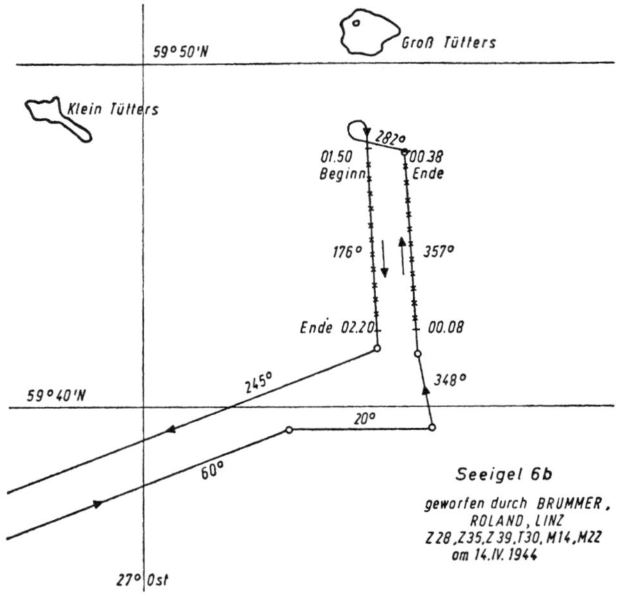

hätte eine stärkere Lufttätigkeit eingesetzt. Ab 04.40 befinden sich zwei Flugzeuge beim Verband. Die Minensuchboote werden 05.45 zur Narwabewachung entlassen. 08.00 läuft das Minenschiff *Linz* in Reval ein. Die Minenschiffe *Brummer* und *Roland* marschieren weiter nach Baltischport zur Minenübernahme. Alle Schiffe haben Befehl, nach Beladung auf Reval-Reede zu sammeln.

7.2.9 Die Minensperren SEEIGEL 3b und SEEIGEL 7b, 1. Teilstück

In der Narwabucht sind westlich der Halbinsel Kurgale die Sperren SEEIGEL 3b und SEEIGEL 7b, 1. Teilstück, auszulegen. Beide Sperren sind im Rahmen einer Unternehmung zu werfen.
Die Führung des Wurfverbandes hat der F. d. Minsch. auf der *Brummer.* Die Durchführung der Aufgabe ist vom F. d. M. Ost für die Nacht vom 16. zum 17. IV. 1944 befohlen. Beteiligt sind die nachstehend genannten Fahrzeuge mit folgenden Sperrmitteln:

SEEIGEL 3b:

1. Reihe	*T 30*	mit 60 Reißbojen,
2. Reihe	*Z 39*	mit 60 Reißbojen,
3. Reihe	*Brummer*	mit 77 UMB,
4. Reihe	*Z 35*	mit 80 Reißbojen,
5. Reihe	*Roland*	mit 77 UMB;

SEEIGEL 7b, 1. Teilstück:

Linz	mit 180 Reißbojen,
Z 28	mit 80 UMB.

Die Sperrlegung von SEEIGEL 3b ist mit Kurs 90° geplant. Sie reicht bis zur 10-m-Linie und ist hier auf jeden Fall abzubrechen, da sich bei den Sperrmitteln sonst Oberflächenstände ergeben. Der östliche Endpunkt der Sperre liegt etwa 4 sm vor der Küste der russisch besetzten Halbinsel Kurgale. Ein Nebeleinsatz ist entweder bei Beschuß oder bei einem Scheinwerfersuchen von der gegnerischen Küste aus vorgesehen und nur bei westlichen Winden. Der Chef 1. R.-Flottille steht mit *R 69* und *R 73* für die Nebelaufgabe zur Verfügung. *R 69* hat Aufstellung zu nehmen etwa 1 km nördlich des geplanten Endpunktes der Sperre an der 10-m-Linie, *R 73* etwa 1 sm südlich vom Endpunkt der Sperre.

Die Feindlage wird als unverändert angegeben. Der Anmarsch zum Sperrfeld erfolgt in zwei Gruppen. Die Küstenstellen und der Inselkommandant von Groß-Tütters sind unterrichtet. Scheinwerferleuchten und ES-Anforderung seitens dieser Stellen hat zu unterbleiben. Zur Unterstützung beim Werfen ist eine mit weißer Laterne beleuchtete Fahrwasserboje auf 59° 42′ N, 27° 40′ O ausgelegt worden. Die 1. Gruppe mit den Einheiten *Brummer, Roland, Linz, R 69* und *R 73* lichtet am 16. IV. 1944, 16.00, auf Reval-Reede die Anker und läuft zur Unternehmung aus. Die beiden Räumboote übernehmen 800 m Backbord querab von der *Brummer* und der *Linz* die Sicherung. Der Wind kommt in Stärke 2 aus SSW. Der Himmel ist bedeckt. Die Sicht ist mäßig. Die Marschfahrt beträgt 14 kn. 18.30 wird Kap Juminda passiert. 21.40 wird das Minenschiff *Linz* kurz nach Passieren von Punkt Violett 16 zur Durchführung der eigenen Aufgabe SEEIGEL 7b, 1. Teilstück, entlassen.

Die Linz marschiert mit 14,5 kn Fahrt auf einem vom Chef der 6. Z.-Flottille befohlenen Kurs weiter, bis dieser auf *Z 28* die Führung übernimmt, um das Teilstück zu werfen, das vom Südpunkt mit nördlichem Kurs auszulegen ist, so daß sich beide Verbände nach den Sperrlegungen genähert haben und den Rückmarsch gemeinsam antreten.

Skizze 69: Sperre SEEIGEL 3 b

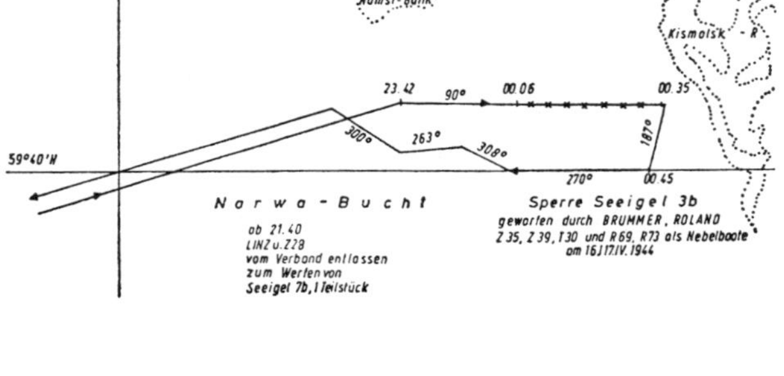

Die 2. Gruppe hat Reval 18.30 verlassen und stößt 23.00 mit *Z 35, Z 39* und *T 30* zum Verband und hängt sich der Kiellinie an. *Z 28* hat sich zur *Linz* zum Auslegen des 1. Teilstückes der Sperre SEEIGEL 7b begeben. Die Nebelboote *R 69* und *R 73* gehen 23.40 auf ihre Positionen. Um die gleiche Zeit erfolgt der Befehl zum Einnehmen der Wurfformation. Es stehen in Dwarslinie auf Kurs 90° von Norden nach Süden *T 30, Z 39, Brummer, Z 35* und *Roland*. Die Fahrt beträgt 10 kn. Die ausgelegte Fahrwasserboje ist 23.57 querab.

Der Wind kommt aus SO in Stärken 2 bis 3. Die See ist mit Seegang in Stärke 1 fast ruhig. Der Himmel ist halb bedeckt. Es herrscht eine ziemlich gute Sicht.

Kurz nach Mitternacht zum 17. IV. 1944 wird die Sperre SEEIGEL 3b von 00.06 bis 00.31 planmäßig geworfen.

Die Sperrlage wird gemeldet von

59° 42,2′ N, 27° 44,8′ O nach

59° 42,2′ N, 27° 53,0′ O.

Siehe Skizze 69.

Nach der Beendigung des Sperrewerfens wendet der Verband um 9 Dez nach Steuerbord zur Kiellinie und setzt sich mit Kurs 180° von der Sperre ab. Das im Norden stehende Nebelboot *R 69* läuft an Backbord achteraus gestaffelt von *T 30* mit nach Süden, klar zum sofortigen Einsatz bei Beschuß oder Scheinwerferleuchten von Land. Nach dem Freilaufen von der geworfenen Sperre wendet der Verband abermals um 9 Dez nach Steuerbord auf Kurs 270° und bildet Kiellinie in Reihenfolge *Brummer, Roland, Z 35, Z 39* und *T 30*. Die beiden Räumboote übernehmen die Sicherung an Steuerbord.

01.00 leuchtet acht Seemeilen achteraus in Kompaßpeilung 93° an der feindlichen Küste ein starker Scheinwerfer auf. Er sucht hauptsächlich das Gebiet des Ostendes der ausgelegten Sperre ab. Auch der Verband wird mehrfach angeleuchtet, jedoch nach Ansicht des F. d. Minsch. nicht erfaßt. Das Aufleuchten des Scheinwerfers wiederholt sich noch zweimal. Dabei wird stets das Seegebiet besonders abgesucht, in dem die Sperre geworfen worden ist. Die Peilung ergibt als wahrscheinlichen Standort des Scheinwerfers eine Erhöhung an Land auf 59° 39,6′ N, 28° 4,2′ O. Der F. d. Minsch. hält es für möglich, daß der Verband geortet worden ist und der Scheinwerfer daraufhin gesucht hat. Der Verband wurde jedoch nicht erfaßt, weil er inzwischen nach Süden und dann nach Westen abgelaufen war. Die auf den Nebelpositionen stehenden Räumboote haben den Verband auf 2 bis 3 sm Abstand gesichtet. Nach Ansicht des Chefs der 1. R.-Flottille konnte der Verband von Land aus wegen der bestehenden Sichtverhältnisse mit etwas verschmierter Kimm und dunklen Wolken gar nicht gesehen worden sein. Dagegen war das Heulen der Sirenen, mit dem der Beginn und die Beendigung des Minenlegens

akustisch angezeigt wurde, sehr laut zu hören. Es kann sein, daß dies die Aufmerksamkeit des Feindes erregt hat.
Das Minenschiff *Linz* und der Zerstörer *Z 28* kommen am 17. IV. 1944, 01.13, etwa 2 sm an Backbord in Sicht. Sie sind noch beim Auslegen der SEEIGEL-Sperre 7 b, 1. Teilstück. Sie hängen sich 01.40 nach Beendigung des Werfens an den Verband an. Nach der Meldung der *Linz* ist die Sperre von
59° 27,4′ N, 27° 55,1′ O nach
59° 41,7′ N, 27° 37,4′ O
gefallen.
01.50 wird der Chef der 6. Z.-Flottille mit den Zerstörern und dem Torpedoboot *T 20* aus dem Verband entlassen, um 04.30 auch die beiden Räumboote. Die *Roland* und die *Linz* marschieren ab 05.25 weiter nach Baltischport, die *Brummer* nimmt Kurs auf Reval und macht 08.45 im Hafen fest. Alle Schiffe haben den Befehl, neu zu beladen. Sie ankern danach auf Reval-Reede. Am 18. IV. 1944 wird der Einsatz wegen der Wetterlage abgesetzt.

7.2.10 Die Minensperre SEEIGEL 7 b, 2. Teilstück

In der Narwabucht ist die Sperre SEEIGEL 7 b durch Auslegen des 2. Teilstückes zu verstärken. Anschließend an die vom Minenschiff *Linz* und dem Zerstörer *Z 28* gelegten beiden Reihen sind die Reihen 3 bis 8 mit 1 195 Sperrmitteln verschiedener Art zu werfen. Dazu werden eingesetzt in der:

3. Reihe	*Z 35* und *T 30*	mit 80 und 65 UMB,
4. Reihe	*Brummer*	mit 192 RB und 48 Spr.B.,
5. Reihe	*Roland*	mit 240 UMB,
6. Reihe	*Z 28* und *Z 35*	mit 64 RB, 16 Spr.B., 80 UMB,
7. Reihe	*Linz*	mit 170 EMC,
8. Reihe	*Linz*	mit 240 Reißbojen (RB).

Die Führung des Wurfverbandes hat der F. d. Minsch., Kapitän z. S. H. Pahl, auf der *Brummer*. Die Durchführung der Aufgabe wird vom F. d. M. Ost für die Nacht vom 19. zum 20. IV. 1944 befohlen.
Der Anmarsch zum Sperrgebiet erfolgt gruppenweise. Die 1. Gruppe mit den Minenschiffen *Brummer, Roland* und *Linz* geht am 19. IV. 1944, 15.00, auf Reval-Reede ankerauf und läuft ohne Sicherungsfahrzeuge aus. Der Wind weht aus SSW in Stärke 3, die See ist bei Stärke 0 absolut still zu nennen. Der Himmel ist $^{1}/_{10}$ bedeckt. Es herrscht eine sehr gute Sicht.
19.30 wird das Ausliegen einer beleuchteten Fahrwasserboje durch Funk gemeldet, die beim Finden der Ausgangsposition für das Minenlegen behilflich sein soll. Die Bojenlage ist im Sperrbefehl des F. d. M. Ost angegeben mit
59° 42,45′ N, 27° 35,5′ O.
Ab 20.00 fordern mehrere noch sehr weit ostwärts stehende Boote mit hellen Scheinwerfern ES an, obwohl alle Stellen über den anmarschierenden Verband unterrichtet sein sollen und Befehl gegeben war, kein ES zu verlangen. Das ES wird zunächst nicht erwidert, da sich der eigene Scheinwerfer gegen die feindliche Küste richten müßte und der Richtblinker auf diese Entfernung nicht durchdringt. Als 20.15 noch immer eine ES-Abgabe verlangt wird, erfolgt die Erwiderung. Ab 21.00 zeigt sich eine rege Lufttätigkeit. In großer Entfernung werden an Steuerbord querab über Land Flakfeuer und Leuchtschirme beobachtet. Reval hat 21.39 Fliegeralarm.
21.45 befiehlt der F. d. Minsch. für den eigenen Verband Fliegeralarm. Zehn Minuten später wird Motorengeräusch steuerbord voraus gehört. Flie-Meldung wird abgegeben: „Flugzeuge im eigenen Quadrat kurven über uns."
22.05 stößt die 2. Gruppe mit *Z 28, Z 39, Z 35* und *T 30* zum Verband und hängt sich an. 22.20 erfolgt eine Wendung nach Steuerbord auf Wurfkurs 148°.
Der Verband stoppt, die Wurfformation wird eingenommen. Danach wird in der Nacht vom 19. zum 20. IV. 1944 von 22.40 bis 00.07 die 3. bis 7. Reihe der Sperre SEEIGEL 7 b, 2. Teilstück, gelegt. Die Wurffahrt beträgt 13 kn.
Während des Werfens enden in Reval die Luftgefahr und der Fliegeralarm. Dagegen wird an Land starkes Flakfeuer und LG-Schießen beobachtet.
Nach Werfen der Sperre wird der Chef der 6. Z.-Flottille mit den Zerstörern und dem Torpedoboot *T 30* nach Westen entlassen. Das Minenschiff *Roland* folgt im Alleinmarsch und geht nach Reval zur Beladung, danach ankert es auf der Reede vor Reval.
Das Minenschiff *Brummer* ist bei der *Linz* geblieben, die nach dem Auslegen der 7. Reihe noch eine Reißbojenreihe zu werfen hat. Die Sperrlegung dieser 8. Reihe verläuft planmäßig auf Wurfkurs 327°. Die *Brummer* läuft westlich vom Sperrkurs zur Sicherung mit. 01.40 ist auch dieses Werfen beendet und das 2. Teilstück damit ganz ausgelegt. Beide Einheiten gehen auf Westkurs und laufen mit 15 kn Fahrt ab. Als Hilfsmittel für das Werfen der Reißbojenreihe hat die *Linz* beim Auslegen der 7. Reihe auf Kurs 148° alle 2 sm eine Zeitsinkboje mit weißem Licht mit einer Brenndauer von vier Stunden geworfen. Die Sperrlegung auf Gegenkurs ist in Anlehnung und Abstand von dem beleuchteten Bojenstrich erfolgt.
Am Anfang und am Ende der 8. Reihe hat das Minenschiff *Linz* zugleich mit dem Fallen der ersten und letzten Reißboje je eine Fahrwasserboje geworfen, von denen die erstere mit einer schwarzen Tuchfahne, die letztere mit einer weißen Tuchfahne auszustatten war. Beide Bojen sollen als Hilfsmittel bei der Sperrlegung von SEEIGEL 7 b, 3. Teilstück, dienen. Nach

dem Sperrbefehl des F. d. M. Ost ist außerdem für die dritte Unternehmung das Auslegen einer mit einer weißen Laterne beleuchteten Fahrwasserboje auf 59° 42,9′ N, 27° 30,6′ O beabsichtigt.
Während des Rückmarsches der beiden Schiffe kommt es erneut zur regen Lufttätigkeit. 01.52 wird 5 sm südlich der Insel Hochland niedriges Flugzeuggeräusch mit Kurs Südwest gemeldet. Eine Minute später fliegen einige Maschinen vor dem Verband *Brummer/Linz* vorbei. Auf den Schiffen ist Fliegeralarm. Zahlreiche Scheinwerfer auf Hochland suchen den Himmel ab. Erst 03.25 ist der Alarm beendet. Der F. d. Minsch. nimmt an, der Verband sei geortet und daraufhin Luftaufklärung angesetzt worden. Vermutlich sei der Verband von der feindlichen Luftwaffe erfaßt, das Minenwerfen selbst anscheinend nicht beobachtet worden. Ab 04.48 sind vier Jäger beim Verband. Die *Brummer* und die *Linz* marschieren nach Baltischport zur Minenübernahme. Nach der Beladung verlegen die Schiffe nach Reval-Reede und warten mit der ebenfalls dort ankernden *Roland* den Einsatzbefehl für die nächste Minenaufgabe ab.
Die Sperrlage von SEEIGEL 7 b, 2. Teilstück, ist von

Skizze 70: Sperre SEEIGEL 7 b, 2. Teilstück

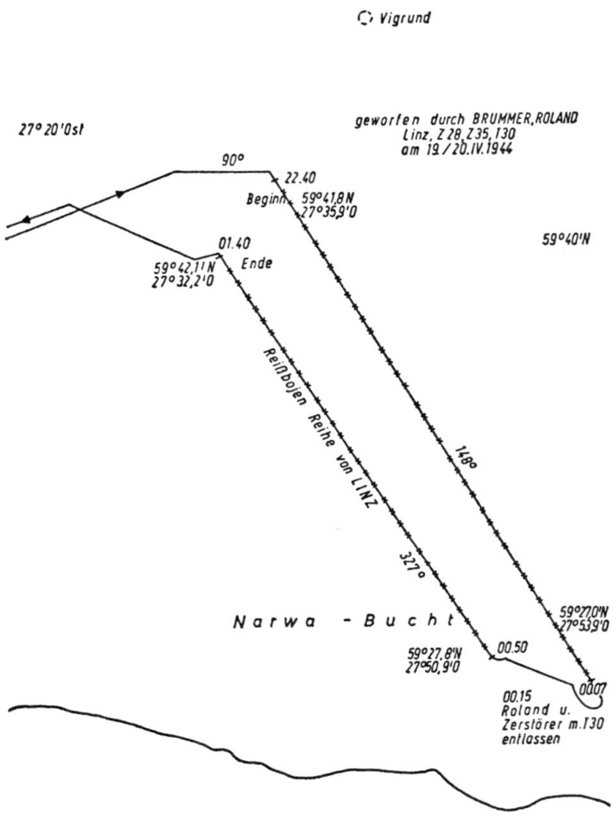

der *Brummer* für seine Reihe gemeldet von
59° 41,8′ N, 27° 35,9′ O nach
59° 27,0′ N, 27° 53,9′ O.
Siehe Skizze 70.
Die vom Minenschiff *Linz* als 8. Reihe geworfenen Reißbojen liegen von
59° 27,8′ N, 27° 50,9′ O nach
59° 42,1′ N, 27° 32,2′ O.

7.2.11 Die Minensperre SEEIGEL 7 b, 3. Teilstück, (nicht gelegt) · Der Verlust des Minenschiffes »Roland«

In der Narwabucht ist das 3. Teilstück der Sperre SEEIGEL 7 b auszulegen. Die beteiligten Fahrzeuge sind: das Minenschiff *Brummer* (Kommandant: Korvettenkapitän H. E. Kolster), das Minenschiff *Roland* (Kommandant: Korvettenkapitän d. R. K. Wehr), das Minenschiff *Linz* (Kommandant: Korvettenkapitän d. R. Dr. H. Behlen) und das Minensuchboot *M 37,* ferner der Chef der 6. Z.-Flottille (Kapitän z. S. Fr. Kothe) mit den Zerstörern *Z 28, Z 35, Z 39* und dem Torpedoboot *T 30.* Die Führung des Wurfverbandes hat der F. d. Minsch., Kapitän z. S. H. Pahl, auf der *Brummer.* Schiffe und Boote sind mit insgesamt 950 EMC beladen, davon haben die drei Minenschiffe je 200 an Bord. Das Minenschiff *Linz* trägt außerdem noch 92 EMR und 8 Reißbojen. Die Sperre ist auf Befehl des F. d. M. Ost, Konteradmiral K. Böhmer, in der Nacht vom 21. zum 22. IV. 1944 zu werfen.
Der Anmarsch zum Sperrfeld erfolgt gruppenweise.
Die 1. Gruppe lichtet am 21. IV. 1944, 15.00, die Anker auf Reval-Reede und sammelt bei der Ansteuerungstonne zur Kiellinie in der Reihenfolge: *Brummer, Roland, Linz* und *M 37.* Die Marschfahrt beträgt 14 kn.
Die 2. Gruppe mit *Z 28, Z 35, Z 39* und *T 30* folgt 17.30 ab Reval-Reede mit einer Marschfahrt von 22 kn. Das Einscheren in die Kiellinie hinter den Minenschiffen ist beim Punkt Violett 16 etwa 5 sm östlich Kap Kunda vorgesehen.
Die 1. Gruppe passiert Kap Juminda um 17.35.
Gegen 18.00 kommt die erste Flieger-Meldung: „9 sm südlich Groß-Tütters sechs Flugzeuge, Kurs West."
18.05 folgt eine zweite Flieger-Meldung: „Südlich Groß Tütters 24 Flugzeuge, Kurs West."
Auf den Schiffen ist von 18.05 bis 18.15 Fliegeralarm.
18.20 ist der Ekholm-Leuchtturm Steuerbord querab.
Um 22.00 kommt der Wind in Stärke 4 aus SSO, die See ist in Stärke 1 kaum bewegt. Der Himmel ist nahezu bedeckt.
20.32, als der Verband der Minenschiffe auf 59° 34,1′ N, 26° 48′ O steht, wird auf 65°-Kurs gegangen. 21.54 ist erneut starkes Motorengeräusch von voraus und in geringer Höhe – nach Steuerbord achteraus abklingend – zu beobachten. Zu sehen sind die Flugzeuge

indessen nicht. Um diese Zeit scheren die Zerstörer und das Torpedoboot *T 30* in die Kiellinie ein. Das Wetter hat sich inzwischen nicht sonderlich verändert. Der Wind weht in Stärke 4 jetzt aus SO, und die See ist in Stärken 1 bis 2 etwas bewegter geworden. Der Himmel ist nach wie vor bedeckt. Die Sicht ist mäßig, und die Temperatur beträgt + 4° C.
22.12 passiert *M 20* den Verband auf Gegenkurs und meldet durch Morsespruch:

„nordboje liegt 1 sm westlicher als auf befohlener position reißbojen."

Um die Ansteuerung des Anfangspunktes der Sperre zu erleichtern, hatte *M 20* Befehl, die von der *Linz* am Ende der zuletzt geworfenen Reißbojenreihe ausgelegte Fahrwasserboje mit einer weißen Lampe zu versehen. Es erübrigt sich dadurch das Auslegen der weißen Bojenleuchte gemäß Sperrbefehl des F. d. M. Ost auf 59° 42,9′ N, 27° 30,6′ O. Auf Grund des Morsespruches von *M 20* rechnet der F. d. Minsch. nicht mit dem Ausliegen der Bojenleuchte. Die von der *Linz* geworfene Boje wird um 22.14 gesichtet und festgestellt, daß sie genau auf der von *M 20* angegebenen Position liegt. Die Fahrt wird auf 5 sm verringert. Der Verband geht 22.14 auf Kurs 83° und hat jetzt die Boje voraus.
Der F. d. Minsch. beabsichtigt, die ausliegende Boje eben an Steuerbord der *Brummer* zu lassen und läßt nach dem Passieren der Boje durch die *Brummer* alle Schiffe auf Wurfkurs 147° gehen. Die Boje ist 22.35 in einem Abstand von 100 m Steuerbord querab von der *Brummer* und verlischt plötzlich. 22.36 folgt der Befehl zur Wendung nach Steuerbord auf Sperrkurs und zur Einnahme der Wurfformation. Die *Brummer* liegt eine Minute später auf Wurfkurs und hat gestoppt. Der F. d. Minsch. steht in der Steuerbord-Brückennock der *Brummer* und beobachtet das Aufdampfen und Wenden der folgenden Schiffe. Da durchbricht 22.38 ein heller Feuerschein mit nachfolgender Detonation das Dunkel der Nacht. Das Minenschiff *Roland,* das auf 250 m Abstand dem Führerschiff *Brummer* folgt, hat beim Aufdrehen auf Wurfkurs an der Backbordseite einen Minentreffer erhalten. Kurz darauf wird eine weitere, diesmal eine dumpfe Detonation wahrgenommen. Dabei werden außer einem hellen Feuerschein in Verbindung mit den Geräuschen von Splittern und Bersten von Holz, Eisen und Stahl herumfliegende kleine und kleinste Teile beobachtet. Im kurz aufleuchtenden Scheinwerfer der *Brummer* zeigt die *Roland* schnell zunehmende Schlagseite nach Steuerbord. Das Heck des Schiffes sackt tiefer und tiefer.
22.41 am 21. IV. 1944 sinkt das Minenschiff *Roland* über den Achtersteven auf 59° 42,3′ N und 27° 30,9′ O. Die Wassertiefe beträgt hier 35 m.
Der F. d. Minsch. hat gleich bei der ersten Detonation einen Minentreffer angenommen. Er vermutet, daß das Gebiet, in dem der Verband jetzt steht, minenverseucht ist. Die Unternehmung wird daher abgebrochen. Damit nicht auch andere Schiffe auf Minen laufen, befiehlt der F. d. Minsch. 22.41:

„aus dem gefahrenbereich zurückziehen, eine seemeile nach westen ablaufen, dann boote aussetzen und rettungsmaßnahmen einleiten."

Zur gleichen Zeit erhält *M 37* den Befehl:

„an unfallstelle gehen zur bergung *roland*-besatzung."

Wie kam es zum Verlust der *Roland*?
Der Kommandant der *Roland* hatte beim Aufdrehen des Schiffes nach Steuerbord zum Wurfkurs seinen Platz von der Steuerbord-Brückenseite nach der Backbordseite verlegt, dem Richtungsschiff *Brummer* zugewandt. Die laufend vorgenommenen Peilungen ergaben einen einwandfreien Schiffsort. Er bestätigte, daß die ausgelegte Fahrwasserboje weiter westlich lag, als sie ursprünglich liegen sollte, daß sie aber auch frei von eigenen Minen war. Nach Angaben des *Roland*-Kommandanten war die erste Detonation an der Backbordseite zwischen Brücke und Schornstein mit einem scharfen, ausgesprochen harten Knall erfolgt. Im Schiff wurde eine kurze, heftige Erschütterung bemerkt. Es entstand Schlagseite nach Backbord. Nacheinander kam es dann zu den Befehlen:
„Stopp."
„Alle Mann in die Boote."
„Flöße zu Wasser."
Das Brücken- und Signalpersonal sprang teils von der Brücke, teils vom Oberdeck ins Wasser.
Die zweite Detonation verspürte der Kommandant auf der Steuerbordseite der Brücke als heftigen Stoß, ohne einen Knall zu hören. Das Schiff krängte nun nach Steuerbord über. Bald lagen die achteren Aufbauten im Wasser.
Die letzten Männer sprangen über Bord.
Als das Wasser dem Kommandanten auf der Brücke bis zur Brust reichte, stieg er über die Brückenreling an Steuerbord aus. Mit den Füßen stieß er sich vom Schiff ab. Als er den Kopf wandte und zurückblickte, sah er das Schiff gewissermaßen auf sich zu fallen. Er setzte sich mit kräftigen Schwimmstößen weiter ab. Als er sich erneut umsah, war der Mast wieder hoch und gerade aufgerichtet, lag das Schiff fast auf ebenem Kiel, nur mit dem Heck tiefer im Wasser. Wenig später richtete sich der Bug hoch und steil aus dem Wasser auf, und das Schiff sackte über den Achtersteven ab. Das Ganze hatte nicht länger als knapp zwei Minuten gedauert. Schließlich entdeckte der Kommandant ein kieloben treibendes Schlauchboot. An ihm klammerte er sich fest. Sich auf das Boot hinaufzuziehen vermochte er vor Kälte und Entkräftung nicht. Nach und nach fanden sich 15 Mann der Besatzung ein, die sich ebenfalls an dem Boot fest-

krallten, darunter war auch noch ein Offizier. Diesen und weiteren zehn Mann verließen in der Kälte die Kräfte. Nacheinander glitten diese Männer ab.
M 37, das wegen seines geringen Tiefgangs durch Minen nicht gefährdet war, begann befehlsgemäß sofort mit den Rettungsmaßnahmen. Auch auf der *Linz* wurden die Rettungsboote ausgeschwungen, konnten aber wegen des Befehls, das Schiff, um weitere Verluste zu vermeiden, erst aus der Gefahrenzone herauszuziehen, nicht sofort zu Wasser gelassen werden. Danach aber konnte ein Kutter der *Linz* noch Schiffbrüchige bergen.
Auf der *Brummer* wurden 23.00 das V-Boot und um 23.14 das K-Boot zur Unfallstelle geschickt. Ein Boot der *Linz* beleuchtete mit der Vartalampe die Trümmer und treibenden Flöße und unterstützte so die Bergungsarbeiten der inzwischen eingetroffenen Motorboote der *Brummer.*
Daß der Befehl, die unversehrten Minenschiffe bei der unklaren Situation erst aus der Gefahrenzone herauszuziehen, vom Verbandsführer schweren Herzens gegeben und ebenso schweren Herzens befolgt wurde, bedarf an sich unter Seeleuten keiner Betonung. Trotzdem sei erwähnt, daß der von dem sofort eingesetzten *M 37* gerettete I. Offizier der *Roland* in einem Bericht u. a. niedergelegt hat, daß die Verbandsführung alle zur Rettung der Überlebenden notwendigen Maßnahmen umgehend eingeleitet und mit Umsicht durchgeführt hat.
Da die *Roland* in Sekundenschnelle gesunken ist, nahm sie das gesamte Maschinen- und sonstige unter Deck befindliche Personal mit in die Tiefe.
Von der 203 Köpfe starken Besatzung des Minenschiffes *Roland* sind 130 gefallen, vermißt oder nach der Bergung an Erschöpfung und Unterkühlung gestorben. Unter ihnen sind fünf Offiziere einschließlich dem Schiffsarzt, der Obersteuermann und die seemännische Nr. 1 des Schiffes. Auch die mit dem EK 1 ausgezeichneten, so tüchtigen Maschinenobermaate Henning und Nintzel, die aus der Friedensbesatzung des Schiffes mitübernommen waren, gehören nicht zu den Geborgenen.
Die Bergungsarbeiten werden am 22. IV. 1944, 00.57, eingestellt. *M 37* wird zur Versorgung der aufgenommenen Verletzten mit Höchstfahrt nach Reval entlassen. Nach Rückkehr aller Beiboote des Verbandes wird 01.45 der Rückmarsch angetreten. Die Zerstörer werden als Voraussicherung vorgesetzt, dahinter folgen die Minenschiffe *Brummer* und *Linz* und das Torpedoboot *T 30.* Die Marschfahrt beträgt 15 kn. 04.00 melden sich die Räumboote *R 119* und *R 68,* um Verwundete abzuholen. Da dies nicht mehr erforderlich ist, werden die Boote zur Sicherung eingesetzt. 05.00 werden die Zerstörer und das Torpedoboot *T 30* nach Reval entlassen. 07.15 folgen die Räumboote. 08.15 ankern die Minenschiffe *Brummer* und *Linz* auf der Reede von Reval.
Nach der Lage der Untergangsstelle der *Roland* zu urteilen, ist ein Auftreffen auf eigene Minen auszuschließen. Es gibt jedoch gewisse Anhaltspunkte, die auf einen Minenabwurf durch feindliche Flugzeuge verweisen. Schließlich hatte der Wurfverband vor dieser Unternehmung zweimal im gleichen Seegebiet operiert. Nach Urteil des F. d. Minsch. wurde er dabei vom Gegner erfaßt, wenn auch die Sperrlegungen selbst vermutlich nicht beobachtet worden sind. Die stärker gewordene Lufttätigkeit läßt auf vorbereitete Gegenmaßnahmen schließen. Während des Anmarsches sind teilweise niedrig fliegende feindliche Flugzeuge über dem Verband beobachtet worden. Der Kommandant von *M 37* hat später gemeldet, er habe ein Flugzeug nur etwa 100 m hoch beim Überfliegen des Verbandes im Scheinwerferlicht von Groß-Tütters gesehen. Das Ausliegen der beleuchteten Ansteuerungsboje kann vom Gegner erkannt worden sein und ihn zum Abwurf von Minen an dieser Stelle angeregt haben. Der Kommandant von *Z 35* hat auf dem Anmarsch der 2. Gruppe bei den 21.54 gemeldeten feindlichen Flugzeugen den Eindruck von Bombenabwürfen auf die vorlich von ihm stehenden Minenschiffe gehabt. Auch der Kommandant der *Brummer* ist der Auffassung, daß gerade diese Gruppe feindlicher Flugzeuge die Stelle um die beleuchtete Fahrwasserboje mit aus der Luft geworfenen Seeminen verseucht hat.
Der F. d. Minsch. schließt seinen Bericht, daß der Untergang der *Roland* auf die Feindeinwirkung durch zwei Minentreffer zurückzuführen ist.

7.2.12 **Die Minensperre SEEIGEL 7b, 3. Teilstück**

In der Narwabucht ist das 3. Teilstück der Sperre SEEIGEL 7b nach Verlust vom Minenschiff *Roland* nun in abgeänderter Form auszulegen. Anschließend an die acht Reihen des 1. und 2. Teilstückes werden eingesetzt für die

9. Reihe	*Brummer*	mit 200 EMC,
10. Reihe	*Linz*	mit 225 EMC, 92 EMR, 8 Reißb.,
11. Reihe	*Z 35*	mit 76 EMC,
11. Reihe	*T 30*	mit 49 EMC,
12. Reihe	*Z 28*	mit 80 EMC,
12. Reihe	*Z 39*	mit 60 EMC,
12. Reihe	*M 37*	mit 40 EMC.

Die Sperrlegung wird vom F. d. M. Ost für die Nacht vom 23. zum 24. IV. 1944 befohlen. Die Führung hat der F. d. Minsch. auf der *Brummer.* Als Minenschutz sind zugeteilt der Chef 1. R.-Flottille mit *R 69, R 70,*

R 72 und *R 127*. Sie sollen den werfenden Fahrzeugen mit ausgebrachtem Gerät vorauslaufen. Als Ansteuerungspunkt für das Sperrewerfen hat die 17. VP.-Flottille auf 59° 27,9′ N, 27° 49,5′ O eine Fahrwasserboje mit weißem Licht auszulegen. Neben die Boje ist ein Markboot zu legen. Falls die Boje an anderer Stelle geworfen wird, ist dies mit FT zu melden.

Der Anmarsch zum Sperrgebiet erfolgt – wie bei allen früheren Unternehmungen – gruppenweise. Die 1. Gruppe mit den Minenschiffen *Brummer* und *Linz,* dem Minensuchboot *M 37* und den vier Räumbooten sammelt am 23. IV. 1944, 16.46, bei der Ansteuerungstonne Reval und läuft in Kiellinie aus. Die Räumboote übernehmen auf dem Marsch die Sicherung an der Backbordseite 500 m querab von den Minenschiffen. Der Wind kommt in Stärke 4 aus W. Die See ist mit Stärke Null noch ruhig. Der Himmel ist 6/10 bedeckt. Die Sicht ist sehr gut. Kap Juminda wird 19.02 passiert, der Ekholm-Leuchtturm 19.48. Als der Verband 21.56 auf 59° 34,1′ N, 26° 48′ O steht, ändert er den Kurs auf 90° und hat um diese Zeit die 2. Gruppe mit den drei Zerstörern und dem Torpedoboot *T 30* achteraus in Sicht. Recht voraus und Steuerbord voraus ist von jetzt ab wieder laufend Artilleriefeuer der kämpfenden Landfront zu sehen. 23.00 ist die 2. Gruppe aufgekommen und in die Kiellinie in der Reihenfolge *Brummer, Linz, Z 35, T 30, Z 28, Z 39* und *M 37* eingeschoren. Der 1. Admiralstabsoffizier des F. d. M. Ost, Fregattenkapitän G. Forstmann, nimmt an der Unternehmung teil und hat sich auf *Z 28* beim Chef der 6. Z.-Flottille eingeschifft.

Die Räumboote laufen 23.10 vor und bringen das Gerät aus. Ab 23.49 stehen sie mit ausgebrachtem Gerät vor dem Verband. Das Südende der Sperre wird angesteuert. Die Boje mit weißer Leuchte und *M 204* als Markboot liegen genau auf der angegebenen Position. 00.14 ist der Sperranfangspunkt erreicht. Der Verband wendet zum Wurfkurs 327° und nimmt die Wurfformation ein. Dabei gehen *Z 39* und *M 37* in die Backbordstaffel zu *Z 28,* während *T 30* sich in die Steuerbordstaffel zu *Z 35* begibt. Damit liegen *Z 28* und *Z 35* in Dwarslinie mit der *Linz* und der *Brummer* und in der Reihenfolge von Westen nach Osten. Die vier Räumboote laufen den werfenden Fahrzeugen mit ausgebrachtem Gerät voraus. Die Wurffahrt beträgt 10 kn.

Die Sperrlegung von SEEIGEL 7 b, 3. Teilstück, erfolgt am 24. IV. 1944 von 00.20 bis 01.57. Die Sperrlage wird vor

59° 27,9′ N, 27° 49,6′ O nach

59° 41,4′ N, 27° 32,8′ O

gemeldet.

Siehe Skizze 71.

Beim Auslegen der Sperre ergaben sich keine Schwierigkeiten, auch die erwartete feindliche Lufttätigkeit

Skizze 71: Sperre SEEIGEL 7 b

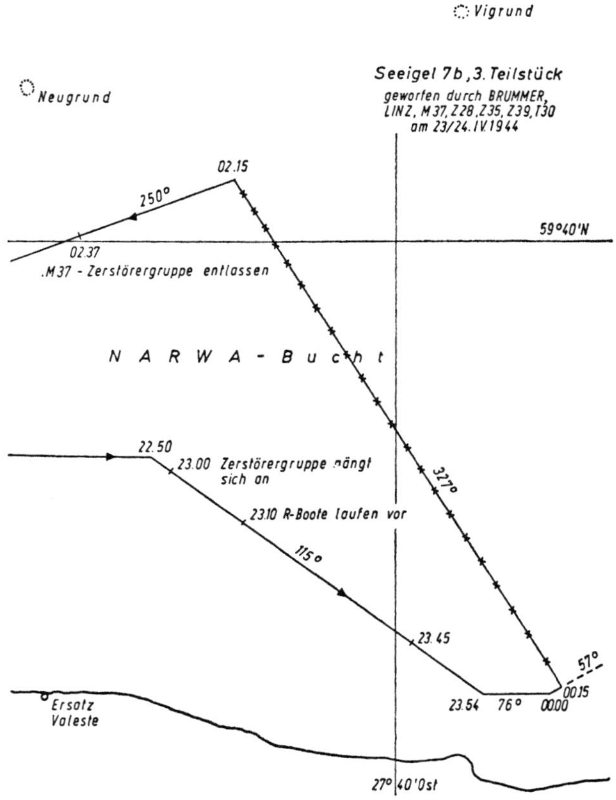

blieb während der ganzen Nacht und auch nach Hellwerden aus.

Der Rückmarsch der Zerstörer nach Reval und der Minenschiffe nach Baltischport vollzieht sich ohne Störung. Russische Scheinwerfer haben von der Küste und von der Insel Lavansaari aus mehrfach die See abgeleuchtet. Anhaltspunkte, daß der Verband geortet oder sonstwie vom Feinde erfaßt wurde, ergaben sich nicht.

7.2.13 **Die Minensperre SEEIGEL 8 b**

In der Narwabucht ist südlich Neugrund eine Minensperre – SEEIGEL 8 b genannt – in zwei Teilstücken auszulegen. Das nördliche Teilstück ist von West nach Ost, das südliche Teilstück in entgegengesetzter Richtung zu werfen. Es sind eingeteilt:

beim 1. Teilstück in Dwarslinie von Nord und Süd

M 20	mit	60 Reißbojen (RB),
Z 39	mit	15 UMB und 30 RB,
M 204	mit	55 UMB,
Z 28	mit	80 RB,
Brummer	mit	80 UMB und 6 EMR,
Linz	mit	120 RB und 25 Spr.B.;

beim 2. Teilstück in 2-Dez-Bb.-Staffel von Nord nach Süd

Z 35	mit	74 EMC,
Brummer	mit	82 EMC und 41 EMR,
Linz	mit	130 EMC, 29 EMR, 12 Spr.B., 14 RB,
T 30	mit	58 EMC,
Z 39	mit	42 EMC.

Die Durchführung der Aufgabe ist vom F. d. M. Ost für die Nacht vom 25. zum 26. IV. 1944 befohlen. Die Führung des Wurfverbandes hat der F. d. Minsch. Als Minensicherung ist der Chef 1. R.-Flottille mit vier Räumbooten zugeteilt. Der Anmarsch zum Sperrfeld erfolgt gruppenweise. Die 1. Gruppe mit den Minenschiffen *Brummer* und *Linz* und den Minensuchbooten *M 20* und *M 204* läuft am 25. IV. 1944, 17.00, von Reval-Reede aus. Sie wird von den Räumbooten *R 70, R 72, R 119* und *R 127* gesichert. Kap Juminda wird 19.46 und der Ekholm-Leuchtturm 20.38 passiert. Das Wetter verschlechtert sich. 22.00 herrscht NO-Wind in Stärke 6 und Seegang in Stärke 3. Der Himmel ist bedeckt. Es erscheint fraglich, ob die Räumboote das Gerät bei dem harten Wind überhaupt ausbringen können. Der F. d. Minsch. entschließt sich aber, dennoch durchzuhalten. Auf Punkt Violett 16 wird 22.39 der Kurs auf 68° nach Punkt 59° 38,9′ N, 27° 5,3′ O geändert. Wenig später ist die 2. Gruppe mit *Z 28, Z 35, Z 39* und *T 30* herangeschlossen. 23.10 kommt die auf Befehl des F. d. M. Ost ausgelegte Ansteuerungstonne mit weißem Licht in Sicht. Sie liegt auf 59° 40,7′ N, 27° 12,5′ O und soll bei Wurfbeginn an Steuerbord gelassen werden. Die Räumboote erhalten 23.30 den Befehl, das Gerät auszubringen. Sie melden 23.59 klar.

Inzwischen hat der Verband die Wurfformation für das 1. Teilstück gebildet. Von Nord nach Süd stehen in Dwarslinie *M 20, Z 39, M 204, Z 28,* die *Brummer* und die *Linz.* Die Sperrlegung erfolgt planmäßig am 26. IV. 1944 von 00.05 bis 00.47 auf Kurs 81° mit einer Wurffahrt von 10 kn. Es ist Wind aus NNO in Stärken 3 bis 4, Seegang in Stärke 2 und 7/10 bedeckter Himmel.

Z 35 steht bei Beginn des Sperrewerfens am Südende der Dwarslinie an Steuerbordseite der *Linz* und hat *T 30* in der Steuerbordstaffel bei sich. Beide Einheiten sind bei der Sperrlegung des 1. Teilstückes nicht beteiligt. Dagegen wirft *Z 35* auf dem Wurfkurs jede Seemeile mit erhöhter Fahrt eine mit rotem Licht versehene Zeitsinkboje als Anhalt für die *Linz* und die das Minengeleit fahrenden Räumboote sowie als Bojenstrich beim Auslegen des 2. Teilstückes auf Gegenkurs. Nach dem Fallen der letzten Boje mit rotem Licht geht *Z 35* mit *T 30* auf 400 m Abstand südlich davon auf neuem Sperrkurs in Wartestellung, bis sich der Wurfverband für das 2. Teilstück neu formiert.

Das Ende des 1. Teilstückes wird von jedem Fahrzeug durch eine Fahrwasserboje mit grünem Licht bezeichnet. Die *Linz* wirft zur Bezeichnung des Südendes der Sperre zwei Bojen mit weißem Licht. Auch alle diese Bojen sind als Zeitsinkbojen eingerichtet. Der Verband wendet nach der Sperrlegung zur Kiellinie auf Kurs 144° nach Steuerbord, läuft hinter den vorgesetzten Räumbooten an der grünen Bojenreihe entlang und an *Z 35* vorbei, wendet dann erneut nach Steuerbord auf Wurfkurs 261° und bildet die Wurfformation für das 2. Teilstück in der 2-Dez-Bb.-Staffel von Nord nach Süd: *Z 35, Brummer, Linz, T 30, Z 39.* In Anlehnung an den von *Z 35* geworfenen roten Bojenstrich, jedoch auf 400 m Abstand davon, wird das 2. Teilstück der Sperre SEEIGEL 8b von 01.06 bis 01.49 geworfen. Damit ist die ganze Sperre ausgelegt von
59° 39,9′ N, 27° 14,5′ O nach
59° 40,0′ N, 27° 29,1′ O
und von
59° 40,0′ N, 27° 29,1′ O nach
59° 38,6′ N, 27° 15,0′ O. Siehe Skizze 72.

Skizze 72: Sperre SEEIGEL 8 b

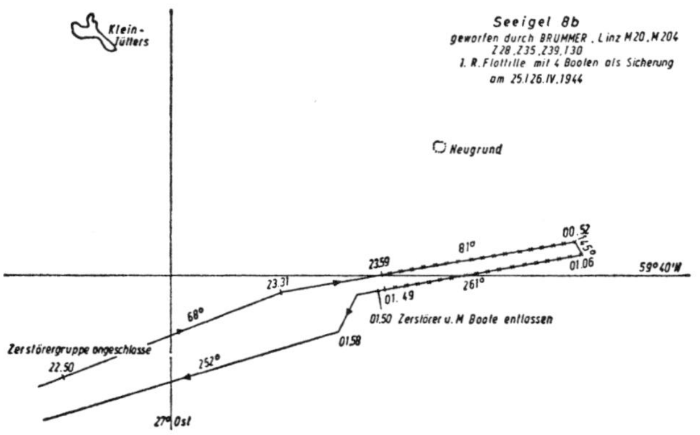

Die Zerstörer mit dem Chef 6. Z.-Flottille an Bord werden sofort nach der Sperrlegung, 01.50 genau, entlassen. Die *Brummer,* die *Linz* und *T 30* treten unter Sicherung durch die vier Räumboote den Rückmarsch nach Reval an. *T 30* wird 04.55 beim Ekholm-Leuchtturm entlassen.

07.50 ankern die Minenschiffe auf Reval-Reede.

Damit sind die vom F. d. M. Ost für die Minenschiffe vorgesehenen Sperren gelegt. Die Besatzungen der beiden Schiffe und der Rest der *Roland*-Besatzung werden am 27. IV. 1944 vom F. d. M. Ost, Konteradmiral K. Böhmer, gemustert und ausgezeichnet. Um 14.00 werden 20 Gefallene und Verstorbene vom Minenschiff *Roland* auf dem Friedhof von Reval beigesetzt.

7.2.14 Alarmbereitschaft im Finnischen Meerbusen

Für den Fall eines Ausbruchsversuches der russischen Flotte sollen die Minenschiffe *Brummer* und *Linz* in beladenem Zustande bereitliegen, um bei Alarm sofort eine Sperre werfen zu können. Zunächst wird den Schiffen aber Zeit gegeben, um Schraubenschäden zu beseitigen, die sie sich im Eis bei einer Sperrlegung in der Narwabucht zugezogen haben. Auch stehen kleinere Instandsetzungsarbeiten an, die jetzt miterledigt werden können.

Beide Schiffe lichten am 1. V. 1944 auf Reval-Reede die Anker und laufen mit Libau als dem ersten Ziel aus. Die *Brummer* hat in der Koplibucht die Restbesatzung des Minenschiffes *Roland* an Bord genommen, um sie nach Kopenhagen zu überführen. Libau wird am 2. V. 1944 erreicht, und die *Linz* wird hier zur Werft entlassen. Die *Brummer* setzt abends den Marsch nach Kopenhagen fort und macht dort am 4. V. 1944 fest. Die *Roland*-Besatzung geht von Bord und steht dem 2. A.d.O. für die Aufstellung der Besatzung der *Peter Wessel* zur Verfügung. Auch der Chef F. d. Minsch. geht von Bord und begibt sich zu seiner Dienststelle in Kopenhagen.

Das Minenschiff *Brummer* verlegt vom 9. zum 10. V. 1944 von Kopenhagen zur Werft nach Gotenhafen. Damit sind die Minenschiffe *Linz* und *Brummer* AKB. Als Ersatz wird das unter dem Kommando von Korvettenkapitän d. R. F. Dyckerhoff stehende Minenschiff *Elsaß* dem F. d. M. Ost zugewiesen. Das Schiff verlegt nach Behebung kleinerer Schäden vom 15. zum 16. V. 1944 von Kopenhagen nach Pillau, nimmt in Peyse 230 UMB an Bord und läuft noch am 16. V. 1944 abends nach Baltischport aus, wo es ab 18. V. 1944 auf Reede bereitliegt. Am 30. V. 1944 ist Minenschiff *Brummer* wieder kriegsbereit. Nach der Minenübernahme in Peyse läuft das Schiff am 31. V. 1944 mit 190 EMC von Pillau aus nach Reval. Die *Elsaß* schließt sich am 2. VI. 1944 von Baltischport aus an. Beide Schiffe ankern noch am selben Tage auf Reval-Reede. Am 4. VI. 1944 verlegt die *Elsaß* nach Baltischport zurück.

Am 11. VI. 1944 meldet sich das Minenschiff *Linz* wieder kriegsbereit. Es wird sofort in Peyse mit 335 UMB und 30 EMC beladen und ankert danach, am 14. VI. 1944, auf Reval-Reede. Somit liegen drei vollausgerüstete einsatzklare Minenschiffe bereit, um für Alarmsperren im finnischen Raum abgerufen werden zu können. Die Beladung der *Linz* wird am 15./16. VI. 1944 in Baltischport auf 370 UMB umgestellt. Auf dem Marsch von Pillau nach Reval-Reede war übrigens ein Torpedoabwurf gegen die *Linz* erfolgt, bei dem das Schiff aber nicht getroffen wurde.

Während der langen Liegezeit in Alarmbereitschaft verlassen die Minenschiffe *Brummer* und *Linz* nur zweimal ihren Ankerplatz, als sie nämlich am 29. und 30. VI. 1944 tagsüber zu gemeinsamen Übungen in See auslaufen, für die Nacht aber wieder auf Baltischport-Reede liegen. Das Minenschiff *Elsaß* dagegen wird während dieser Zeit – und zwar am 22. VI. 1944 – zweimal von Tieffliegern angegriffen, ohne dabei Ausfälle zu haben. Dagegen wird der Zerstörer *Z 39* von einer Bombe getroffen.

Da die für das Minenschiff *Elsaß* fällige Werftliegezeit nicht mehr aufzuschieben ist, werden die Minen abgegeben, und das Schiff läuft am 30. VI. 1944 nach Königsberg aus, wo es am 1. VII. 1944 in der Schichauwerft festmacht. Erst Mitte November 1944 ist die *Elsaß* wieder fahrbereit. Sie kommt bis Jahresende nicht mehr zum Einsatz.

Die Bereitschaft der *Brummer* und der *Linz* wird auf Befehl der 9. Sicherungsdivision vom 7. VII. 1944 ab in den finnischen Schären fortgesetzt. Nach einem gemeinsamen, von Reval ausgehenden Marsch über den Finnischen Meerbusen geht die *Linz* nach der Fagerwik, während die *Brummer* erst bei Skogby und ab 10. VII. 1944 im Ekenäsfjord in der Källwik auf

59° 56,6′ N, 23° 22,9′ O

ankert. Das Schiff wird zusätzlich noch mit Leinen an Land festgemacht und seiner Umgebung durch Tarnung völlig angepaßt. Durch eine 150 m lange Schlauchleitung wird von Land Quellwasser in die Frischwasserzellen an Bord geleitet, so daß sich ein weitläufiger Antransport mit dem Wasserprahm von Hangö aus erübrigt. Am 18. VII. 1944 wird die *Brummer* durch ein finnisches Küstenartillerieregiment von Ekenäs aus an das Luftwarnnetz angeschlossen. Fast täglich gibt es Flieger- oder Flakalarm, doch keinen Waffeneinsatz.

Das Minenschiff *Linz* führt in dieser Zeit eine Minentransportaufgabe durch. Es gibt die an Bord befindlichen 370 UMB ab und marschiert in der Zeit vom 24. zum 27. VII. 1944 von der Fagerwik über Baltischport nach Pillau. In Peyse wird es mit 330 EMC beladen. Der Rückmarsch nach der Fagerwik erfolgt vom 28. bis 30. VII. 1944. Ab 18. VIII. 1944 haben die Minenschiffe auf Befehl der 9. Sicherungsdivision fünfstündige Bereitschaft; ab 2. IX. 1944 Sofortbereitschaft. Am 3. IX. 1944 kommt der Befehl, nach Reval-Reede zu verlegen, wo beide Schiffe 13.20 ankern. Sie sollen an der Minenunternehmung SEETEUFEL teilnehmen, deren Zweck eine Verstärkung des Sperrsystems SEEIGEL ist. Vier Minensuchboote der 3. MS.-Flottille und sieben Räumboote der 1. R.-Flottille sind eingeplant. Die Sperrlegung wird erst wegen zu schlechter Wetterlage verschoben, dann wegen anderweitiger Aufgaben der Minensuchboote nicht durchgeführt.

Die Führung des Wurfverbandes sollte in diesem Falle nicht wie bisher bei dem ältesten Minenschiffkommandanten liegen, sondern beim Flottillenchef

der 3. MS.-Flottille. Dem Einspruch des F. d. Minsch. mit der Begründung, das Legen einer Minensperre erfordere genaue navigatorische Unterlagen, und die Minenschiffe seien hierfür besonders ausgerüstet, auch verfügten sie über entsprechend eingearbeitetes Personal, wird vom Chef der 9. Sicherungsdivision, Kapitän z. S. A. v. Blanc, nicht beigepflichtet. Gerade weil die geplante Sperre genaueste Navigation erfordere, so argumentiert der Chef der 9. Sicherungsdivision, sei der Flottillenchef der 3. MS.-Flottille mit der Führung des Wurfverbandes beauftragt worden. Er sei mit den besonders schwierigen navigatorischen Verhältnissen im Sperrgebiet seit zwei Jahren voll vertraut. Die navigatorische Ausrüstung des führenden Minensuchbootes stehe der eines Minenschiffes nicht nach, und das Personal sei durch ununterbrochene Seefahrt in schwierigen Gewässern besonders gut eingearbeitet. Im übrigen verfüge der Chef der 3. MS.-Flottille naturgemäß über größere Erfahrung in der Führung eines größeren Verbandes.
Diesen Überlegungen stimmt der Admiral der östlichen Ostsee, Vizeadmiral W. Burchardi, grundsätzlich zu. Fehler in der Verbandsführung in Unkenntnis örtlicher Verhältnisse – Strom, nicht zutreffende Tiefenangaben – und vor allem der Kampfesweise des Gegners können durch Kriegserfahrung ausgeschaltet werden. Das Dienstalter dürfe dabei keine Rolle spielen.
Am 14. IX. 1944 verlegen die Minenschiffe *Linz* und *Brummer* von Reval-Reede nach Tachkona (Dagö). Sie gehen 2,6 sm östlich von Kap Lechtma vor Anker. Für eine neue Minenaufgabe werden sie am 18. IX. 1944 nach Baltischport verlegt.

7.2.15 **Die Minensperre NILHORN I**

Zur Verstärkung des Sperrsystems NASHORN ist die Sperre NILHORN I in zwei Sperrstücken auszulegen. Als Sperrmittelträger sind bestimmt die Minenschiffe *Brummer* und *Linz,* das Minensuchboot *M 29* und die Torpedoboote *T 23* und *T 28.* Die *Brummer* hat 190 EMC und die *Linz* 330 EMC zu werfen. Die Führung des Wurfverbandes hat der Kommandant der *Brummer,* Korvettenkapitän H. E. Kolster.
Der Sperrbefehl geht am 17. IX. 1944 beim Minenschiff *Brummer* ein. Die Verlegung der Schiffe von Kap Lechtma nach Baltischport-Reede, das Herrichten der Minen und einer großen Zahl von Zeitsinkbojen benötigt so viel Zeit, daß die Sperrlegung nicht, wie geplant, in der Nacht vom 18. zum 19. IX. 1944 möglich ist. Sie wird um 24 Stunden verschoben. Bis dahin ergibt sich auch eine notwendige Änderung der Sperrlage. Der Gruppenführer der Netzbewachung meldet Reste des vorjährigen Netzes, das sich über den ganzen Finnischen Meerbusen zog, etwa 200 m nördlich einer für die Sperrlegung ausgelegten Leuchtboje. Leicht hätte eines der beteiligten Fahrzeuge in die Netzreste laufen können. Die Sperre soll nun 1,5 sm weiter westlich fallen. Zwei Bojen werden auf
59° 46,9′ N, 24° 14,5′ O und
59° 43′ N, 24° 16′ O
neu ausgelegt.
Der Verband geht am 19. IX. 1944, 20.00, von Baltischport-Reede ankerauf und läuft nach Norden aus. 21.30 steht er auf 59° 30′ N, 24° 16,3′ O. Es weht aus Ost in Stärke 4. Der Himmel ist wolkenlos. Die Sicht ist gut. 22.00 wird auf Wurfkurs 349° gegangen und die Wurfformation eingenommen. Die Reihenfolge von West nach Ost ist: *Brummer, Linz* und *T 23. M 29* ist vorgesetzt, *T 28* ist angehängt. Die Sperre NILHORN I wird mit 8 kn Fahrt gelegt. Das 1. Teilstück fällt am 19. IX. 1944 von 22.38 bis 23.03 auf Kurs 349° und von 23.03 bis 23.39 auf Kurs 302°. Die Torpedoboote, die sich am Ende des 1. Kurses leergeworfen haben, setzen sich nach Steuerbord zur Sicherung heraus.
Am Ende des 1. Teilstückes schwenken die Minenschiffe auf Gegenkurs und legen das 2. Teilstück in der Nacht vom 19. zum 20. IX. 1944 von 23.49 bis 00.21 auf Wurfkurs 122° und von 00.21 bis 00.51 auf Kurs 169°. Die Torpedoboote und das Minensuchboot *M 29* sichern an Steuerbordseite. Nach dem Sperrewerfen marschieren die Minenschiffe mit 12 kn Fahrt zur Beladung nach Baltischport. Die Boote werden 02.00 nach Reval entlassen. Die Sperrlage ist gemeldet als Sperrfeld
59° 43,0′ N, 24° 16,0′ O und
59° 42,9′ N, 24° 15,2′ O nach
59° 47,2′ N, 24° 15,1′ O und
59° 46,8′ N, 24° 14,8′ O nach
59° 49,8′ N, 24° 06,9′ O und
59° 49,5′ N, 24° 06,3′ O.

7.2.16 **Die Minensperre NILHORN II**

Im Anschluß an die Sperre NILHORN I ist als weitere Verstärkung des Sperrsystems NASHORN die Sperre NILHORN II auszulegen. Beteiligt sind die Minenschiffe *Brummer* mit 188 EMC und 2 UMB und *Linz* mit 318 EMC und 20 UMB und die Torpedoboote *T 23* und *T 28* mit je 88 Reißbojen. Dazu kommen die Minensuchboote *M 18* und *M 29.* Die Führung des Wurfverbandes liegt beim Kommandanten der *Brummer.*
Der Verband lichtet am 20. IX. 1944, 21.45, die Anker und läuft in Kiellinie von Baltischport-Reede nach Norden aus. Genau um Mitternacht zum 21. IX. 1944 wird die Wurfformation in Dwarslinie von West nach Ost in der Reihenfolge gebildet: *Brummer, Linz, T 23* und *T 28.* Die Minensuchboote *M 18* und *M 29* sind bei

T 23 angehängt. Das 1. Teilstück der Sperre NILHORN II wird am 21. IX. 1944 von 00.29 bis 01.37 auf Wurfkurs 309° mit 10 kn Fahrt geworfen. Das 2. Teilstück legen die Minenschiffe allein auf Gegenkurs 129° von 01.43 bis 02.51. Das Wetter ist günstig; der Wind kommt in Stärke 4 aus SO; der Himmel ist 3/10 bedeckt; es herrscht gute Sicht; die Lufttemperatur beträgt + 13° C.
Die Sperrlegung vollzieht sich planmäßig von
59° 35,0′ N, 24° 26,2′ O und
59° 34,7′ N, 24° 24,6′ O nach
59° 42,1′ N, 24° 09,0′ O und
59° 41,8′ N, 24° 08,4′ O.
Unmittelbar nach dem Auslegen des 1. Teilstückes werden die Torpedoboote nach Reval entlassen. Die Minensuchboote laufen beim Werfen des 2. Teilstückes an der Steuerbordseite vom Verband als Sicherung mit.
Nach Beendigung des Legens des 2. Teilstückes werden auch die Minensuchboote nach Reval entlassen. Die Minenschiffe gehen nach Baltischport zur Minenübernahme. Es werden dort beladen: die *Brummer* mit 129 UMB und 82 UMA, die *Linz* mit 20 EMC, 102 UMA, 268 UMB und 75 Wasserbomben. Anschließend ankern die Schiffe am 21. IX. 1944 ab 19.00 auf Baltischport-Reede.
22.05 stehen zwei Leuchtbomben über den Schiffen. Im weiten Umkreis ist es taghell. Zehn Bombeneinschläge werden an Land und auf Reede gezählt. Der Kommandant der *Brummer* entschließt sich, die Ankerplätze aus dem Bereich des hell brennenden Baltischports mehr nach Norden und von der Reede weg zu verlegen. 20.00 ankern die Schiffe daher querab vom Pakerort-Leuchtturm.

7.2.17 **Die Räumung von Reval und Baltischport · Geleit vom Truppentransporter »Malaga«**

Am Morgen des 22. IX. 1944 verlegen die Minenschiffe *Brummer* und *Linz* den Ankerplatz von Pakerort-Leuchtturm wieder nach Baltischport-Reede. Die Lage an Land hat sich zugespitzt. Das Sperrwaffenamt Baltischport hat kein Personal mehr, um die an der vollen Ladung der *Brummer* noch fehlenden 19 UMA an Bord zu geben. 12.40 kommt der Räumungsleiter der 9. Sicherungsdivision mit einem Schnellboot längsseit, da sein FT-Auslaufbefehl offenkundig nicht durchgekommen ist. Auf Befehl des Räumungsleiters sollen die Minenschiffe sofort nach Westen auslaufen, denn Reval ist geräumt worden. Die Hafenanlagen wurden gesprengt.
13.00 erhalten die *Brummer* und die *Linz* von der 9. Sicherungsdivision den Befehl, das Geleit für den 2146 BRT großen Truppentransporter *Malaga* zu übernehmen, der nach Gotenhafen bestimmt ist. Er hat 900 Soldaten und Wehrmachtgut an Bord.
Der Konvoi tritt 15.00 von Baltischport aus den Marsch nach Westen an. Obwohl mit Minen beladen, bilden die beiden Minenschiffe die Sicherung.
16.22 greifen auf 59° 30′ N, 23° 32′ O vier Boston im Tiefflug von Norden her an. Die Minenschiffe eröffnen das Abwehrfeuer mit schwerer und leichter Flak. Die erste der angreifenden Maschinen wirft, deutlich sichtbar, auf 3000 m einen Torpedo ab. Eine Laufbahn wird aber nicht gesichtet; vermutlich wurde der Torpedo zum Grundgänger. Die Maschine dreht nach Osten ab. Die anderen drei Boston behalten unbeirrt Kurs auf die *Malaga* beziehungsweise auf das Minenschiff *Linz.* Kurz vor dem Truppentransporter wird der Abwurf von zwei torpedoähnlichen Gegenständen beobachtet, die beim Aufschlagen auf das Wasser wieder hochspringen. Der eine detoniert nach dem erneuten Aufprall auf das Wasser an der Bordwand der *Malaga.* An zwei der drei Flugzeuge werden Treffer beobachtet. Die Maschinen kurven nach Osten und fliegen nach Norden ab.
Die *Malaga* meldet: „Maschine unklar, brauche Schlepper."
Hilfe wird von einem vorausstehenden großen Verband mit kleinen Fahrzeugen angefordert. Bei der sehr günstigen und ruhigen Wetterlage versucht inzwischen das Minenschiff *Linz,* die *Malaga* in Schlepp zu nehmen. Der erste Versuch mißlingt, denn die Trosse bricht. Mit einer stärkeren Schleppleine geht der zweite Versuch aber klar. 18.00 wird das Geleit mit der *Malaga* im Schlepp mit 8 kn Fahrt nach Westen fortgesetzt. Dabei stoßen das Minensuchboot *M 293* mit einem Schlepper und der *Flakjäger 25* aus dem vorlich stehenden Verband zum Geleit.
Während der Flugzeugangriffe haben die Schiffe unter Bordwaffenbeschuß gelegen. Auf der *Linz* gab es drei Leichtverletzte. Auf der *Malaga* stürzte ein Mann über Bord. Er wurde durch das V-Boot der *Brummer* gerettet. Die *Brummer* selbst hatte nach der Feuereröffnung einen Hülsenreißer beim 1. Geschütz. Das 3. Geschütz kam wegen der Minenladung auf dem Achterdeck nicht zum Feuern. So war von der schweren Flak des Schiffes an der Abwehr nur das 2. Geschütz beteiligt gewesen. Um bei erneutem Angriff auch das 3. Geschütz zum Einsatz bringen zu können, läßt der Kommandant der *Brummer* 11 UMA vom Achterdeck als Stuhlstände über Bord werfen.
Die *Malaga* ist durch die Detonation an der Bordwand leckgeschlagen. Raum 3 und 4 machen Wasser. Die Maschine ist durch Rohrreißer ausgefallen, ebenso die E-Anlage und das MES, die elektrische Ruderanlage und der Kompaß. Das Schiff wird mit Handruder gesteuert. Das eindringende Wasser wird von den eingeschifften Soldaten über Eimerketten gelenzt.

21.17 bricht die Schleppleine. Die *Malaga* hat aber um diese Zeit einen der Kessel wieder klar und kann 8 kn laufen. Die Hilfe des beim Geleit stehenden, ohnehin verhältnismäßig schwachen Schleppers wird nicht mehr benötigt.
Am 23. IX. 1944, 02.30, erhalten die *Brummer* und die *Linz* vom Admiral östliche Ostsee den Befehl, als Zielhafen Pillau anzulaufen. Der Kommandant der *Brummer* fordert 03.50 Jagdschutz für das Geleit an, das bei Südwind in Stärke 7 und Seegang in Stärken 3 bis 4 unterwegs ist. Der Himmel ist 8/10 bedeckt. Von 07.08 bis 07.20 ist erneut Fliegeralarm. Es wird eine zweimotorige Maschine mit Schwimmern gesichtet. Um was für einen Typ es sich handelt, ist nicht auszumachen. Das Vorpostenboot *Vp 1706* stößt zum Verband und bietet sich als Geleitverstärkung an. 10.30 steht der Konvoi auf 58° 20′ N, 21° 11′ O. Es weht, wenn nun auch aus SSO, noch immer in Stärke 7. Die See ist mit Stärken 3 bis 4 entsprechend. Von 13.20 bis 13.28 gibt es wieder Fliegeralarm. Ein Flugzeug, dessen Typ wieder nicht festzustellen ist, fliegt von Backbord voraus nach Backbord achtern ab. Es wird vermutet, daß es sich um einen gegnerischen Aufklärer handelt.
Der Dampfer *Malaga* teilt 17.00 auf Anfrage mit, daß sich das Schiff lenz halten läßt. Der Kapitän des Schiffes hält das Einbringen nach Gotenhafen ohne Schlepper und Bergungsdampfer für möglich. 18.30, als der Verband auf 57° 18′ N, 20° 0′ O steht, beträgt die Fahrt 9 kn. Am 24. IX. 1944 frischt der Wind auf. 04.00 weht er aus S in Stärken 7 bis 8, die See läuft in Stärke 3. Die *Malaga* läuft jetzt 10 kn. Eine unmittelbare Gefahr besteht auch bei dem schlechter werdenden Wetter und dem zunehmenden Seegang für das Schiff nicht.
05.30 gibt es Fliegeralarm. Ein Kondensstreifen zieht sich über dem Konvoi am Himmel dahin. Auch ist Motorengeräusch zu hören. Es handelt sich um einen Aufklärer, der den Geleitzug erfaßt hat. Der Kommandant der *Brummer* fordert erneut Jagdschutz an. Es ist 09.00, als die Position 55° 24′ N, 19° 15′ O erreicht wird. Der aus SSO kommende Wind weht nur noch in Stärken 6 bis 7, die See läuft in Stärke 3. Die *Brummer* fordert Grundminengeleit für das Einlaufen in Pillau an.
Nachdem der Kapitän der *Malaga* auf nochmalige Anfrage versichert, mit dem Schiff ohne Hilfeleistung Gotenhafen zu erreichen, gibt das Minenschiff *Brummer* das Geleit an *Vp 1706* und den Flakjäger *FJ 25* ab und läuft zusammen mit der *Linz* in Pillau ein, während die *Malaga,* laut Meldung des sie begleitenden Vorpostenbootes, 17.06 in Gotenhafen festmacht.
Nach dem Einlaufen der Minenschiffe in Pillau beanstandet der F. d. Minsch. den von der 9. Sicherungsdivision anbefohlenen Geleit- und Sicherungsdienst durch zwei mit 600 Minen und Wasserbomben beladene Minenschiffe. Schließlich sind es normalerweise die Minenschiffe, die, ob mit oder ohne Ladung an Bord, Geleitschutz zu beanspruchen haben und auch erhalten müssen. Die 9. Sicherungsdivision entgegnet und betont, daß die Heranziehung der Minenschiffe zum Geleitdienst aus der Lage heraus notwendig und kriegsbedingt gewesen sei. Bei der Räumung Revals habe es für die zahlreichen mit Truppen und Flüchtlingen beladenen Transporter an Geleitfahrzeugen gemangelt. Deshalb und im Hinblick auf die Luftlage sei ausnahmsweise für den Geleitschutz auf die gut bewaffneten Minenschiffe zurückgegriffen worden.

7.2.18 **Die Minensperre KROKODIL SÜD**

Zweck der Sperre KROKODIL SÜD ist die Verhinderung eines Durchbruchs feindlicher Kräfte aus dem Moonsund in den Rigaischen Meerbusen sowie die Vereitelung einer überholenden Landung an der Südostküste von Ösel. Sperrmittelträger sind die Minenschiffe *Brummer* und *Linz* und die Minensuchboote *M 17, M 18* und *M 29.* Die Minenschiffe haben je 217 UMB an Bord, die Minensuchboote sind mit je 66 Reißbojen beladen. Führer des Verbandes ist der Kommandant der *Brummer.*
Nach der Sperrmittelübernahme am 1. X. 1944 in Peyse verlegen die *Brummer* und die *Linz* auf Befehl der 9. Sicherungsdivision in der Zeit vom 3. zum 4. X. 1944 von Pillau nach Windau, wo die gestellte Aufgabe an Bord der *Rugard* besprochen wird. Das ist die Lage: Es besteht ein starker feindlicher Übersetzverkehr zwischen den Inseln Werder und Moon. Eigene Seestreitkräfte haben diesen Verkehr in den letzten Nächten erheblich gestört. Es ist damit zu rechnen, daß der Feind jetzt den Südausgang des Moonsundes überwacht, und zwar von Land wie auch durch Schnellboote auf See.
Eigene Schnellboote sollen in derselben Nacht, die für die Sperrlegung KROKODIL SÜD vorgesehen ist, den Südausgang des Moonsundes mit Minen verseuchen. Diese Aufgabe soll bis 23.00 beendet sein. Die Sperrlegung der Minenschiffe soll anschließend zwischen 01.00 und 03.00 erfolgen. Räumboote als zusätzliche Sicherung des Verbandes und als Minengeleit können nicht gestellt werden.
Der Minenschiffverband läuft am 4. X. 1944, 16.40, aus Windau zur Unternehmung aus. Der Marsch geht über den Weg Blau. Bei Punkt Blau 23 wird 21.15 mit Kurs 34° Richtung auf das Sperrgebiet genommen. In diesem hat nachmittags die 7. A.-Flottille operiert und schweres Feuer auf 16 500 m Entfernung von Moon, Werder und vom Festland her erhalten. Die erkannten Batteriestellungen wurden gemeldet.
Auf Grund dieser Meldung hält der Kommandant der *Brummer* eine Verlegung der Sperrlage für angezeigt

und gibt dies durch FT bekannt. Er erhält von der 9. Sicherungsdivision Befehl, die Sperre auf befohlener Lage zu werfen. Der FT-Gebrauch, der an sich nur bei Feindberührung gestattet ist, wird nachträglich von der 9. Sicherungsdivision beanstandet, denn die akute Einpeilgefahr durch den Feind konnte die Unternehmung gefährden. Der Sperrbefehl hatte zudem die klare Weisung enthalten, den Rückmarsch nach Windau anzutreten, wenn die Sperre an dem beabsichtigten Platz nicht ausgelegt werden kann.
23.07 meldet der Chef der 5. S.-Flottille durch Stichwort die planmäßige Durchführung der eigenen Aufgabe ohne Feindberührung. Damit ist eine Begegnung im Sperrgebiet mit eigenen Schnellbooten ausgeschaltet. Der Verband geht am 5. X. 1944, 00.52, in Wurfformation. Die Sperre KROKODIL SÜD wird in Teilstücken von 01.03 bis 02.51 bei Wind in Stärken 3 bis 4, Seegang in Stärken 1 bis 2, diesiger Luft und mäßiger Sicht geworfen. Die Sperrlage wird gemeldet von

58° 23,5′ N, 23° 35,8′ O und
58° 24,1′ N, 23° 35,5′ O nach
58° 27,7′ N, 23° 23,5′ O und
58° 27,1′ N, 23° 23,8′ O nach
58° 27,4′ N, 23° 22,8′ O und
58° 27,4′ N, 23° 22,1′ O.

Die Sperre liegt dicht unter Land an beiden Enden des Südausganges des Moonsundes. Die Befehlsgebung im Verband wurde wegen Feindnähe nicht durch Licht- und akustische Signale ausgeübt. Es wurden nur UKW-Befehle durchgesagt. Zu Störungen oder zu Mißverständnissen kam es nicht. Das Wetter war für die Unternehmung insofern besonders günstig, als die Sicht gerade in Feindnähe durch Staubregen stark beeinträchtigt wurde. Gegen Ende des Minenwerfens setzte schweres Trommelfeuer von Moon in Richtung Ösel im Abstand von 13500 m ein. Auf der Insel Ösel wurden schnell entstehende, hoch aufflackernde Brände beobachtet.
Auf dem Rückmarsch kommt 05.13 eine Meldung der Funkleitung durch, wonach der Dampfer *Leda* von einem feindlichen U-Boot einen Torpedotreffer auf 56° 10′ N, 20° O erhalten hat. Der Ort liegt 35 sm westlich von Pappensee. Also ist in der Ostsee von jetzt an zusätzlich auch noch mit U-Boot-Gefahr zu rechnen. Zielhafen für die Minenschiffe ist Pillau. Sie laufen am 6. X. 1944, 03.45, ein und finden einen neuen Beladebefehl von der 9. Sicherungsdivision vor. Danach haben die *Brummer* 190 EMC und die *Linz* 325 EMC in Peyse zu übernehmen. Beide Einheiten laufen nach der Minenübernahme am 7. X. 1944, 20.00, aus Pillau aus und liegen am 8. X. 1944, 09.45, im Vorhafen von Libau auf Reede. Ihr Mineneinsatz richtet sich nach der Entwicklung der militärischen Lage.

7.2.19 **Alarmbereitschaft in Libau**

Die Minenschiffe *Brummer* und *Linz* haben in Libau in der Zeit vom 9. bis 22. X. 1944 eine sehr unruhige Wartestellung. Tags und nachts ist Flieger- und Flakalarm. Feindliche Flugzeuge werfen Bomben auf die Stadt und den Hafen von Libau. Die Minenschiffe sind durch ihre Ladung besonders gefährdet. Die Reede im Vorhafen von Libau ist stark belegt. Je nach Lage gehen die Minenschiffe ankerauf und verlegen zur Außenreede, um die Abwehrbereitschaft zu erhöhen und um bessere Ausweichmöglichkeiten gegen Bomben und Torpedos zu haben. Am 9. und 10. X. 1944 beteiligen sich die Schiffe am Abwehrfeuer.
Am 22. X. 1944 ist um 14.00 Fliegeralarm. 33 Feindmaschinen vom Typ PE sind mit Jagdschutz gemeldet. Die *Brummer* und die *Linz* liegen gerade auf Außenreede und lichten die Anker. 14.14 fallen neun Bomben in nächster Nähe der *Linz*. Es gibt keine Ausfälle. Ein Abschuß über Land wird beobachtet. 14.52 erfolgt ein neuer Anflug von 50 PE 2 in Jägerbegleitung mit Bombenabwürfen über Land und dem Hafengebiet. Um 15.36 ist der Alarm beendet. Die Schiffe gehen wieder auf Außenreede vor Anker. Ein kurzer Fliegeralarm folgt von 15.42 bis 16.00, ein weiterer um 17.35. Die Schiffe gehen wieder ankerauf, laufen nach See zu ab und steuern wechselnde Kurse. Zahlreiche Leuchtschirme stehen über Libau, nach deren Verlöschen neue geworfen werden. Weit im Umkreis ist alles taghell erleuchtet. In der Stadt lodern Brände auf. Die Bombenabwürfe setzen sich fort. Erst 19.00 ist der Alarm beendet. Die Schiffe bleiben auf der Außenreede und liegen ab 19.30 vor Anker. Die wachsende Gefahr für die beladenen Minenschiffe führt auf Befehl des Admirals östliche Ostsee am 23. X. 1944 zu ihrer Verlegung nach Pillau, wo sie zunächst weiter für einen Mineneinsatz in Bereitschaft bleiben.
Am 3. XI. 1944 trennen sich die *Brummer* und die *Linz* zu verschiedenen Aufgaben. Die *Linz* verlegt nach Gotenhafen, die *Brummer* erhält eine Sonderaufgabe.

7.2.20 **Sonderaufgabe für das Minenschiff »Brummer«**

Auf Befehl der 9. Sicherungsdivision hat das Minenschiff *Brummer* am 6. XI. 1944 die Beladung gewechselt und an Stelle der bisherigen 190 EMC in Peyse 200 UMB an Bord genommen. Nun kommt der Befehl, nach dem die *Brummer* ab 11. XI. 1944 einsatzmäßig dem Admiral Skagerrak untersteht. Das Schiff soll nach dem Einbau einer neuen Flakarmierung in Gotenhafen in Swinemünde Minen bis zum Höchstfassungsvermögen übernehmen und anschließend den Marsch nach dem Oslofjord antreten.

Die *Brummer* gibt ihre Minenladung am 12. XI. 1944 in Peyse ab, verlegt am 13. XI. 1944 nach Gotenhafen, hat am 14. XI. 1944 den Umtausch der Fla-Waffen beendet und marschiert vom 15. zum 16. XI. 1944 im Geleit nach Swinemünde. Nach der Übernahme von 180 EMC am 17. XI. 1944 erhält die *Brummer* den Befehl, noch sieben 3,7-cm-Fla-Waffen für den Leichten Kreuzer *Emden* nach Horten mitzunehmen. Am 20. XI. 1944 ist alles an Bord, und das Schiff läuft mit der befohlenen Ladung im Geleit von *Vp 207* aus Swinemünde nach Norden aus. Auf der Höhe von Stubbenkammer erhält das Geleit den Befehl, unverzüglich zurückzukehren und auf Saßnitz-Reede zu ankern. Das ganze Gebiet zwischen Saßnitz, Bornholm und Südausgang Sund-Gjedser ist wegen U-Boot-Verdacht gesperrt. Die Verlegung der *Brummer* nach dem Oslofjord wird am 23. XI. 1944 aufgehoben. Das Schiff steht erneut dem Admiral östliche Ostsee zum Mineneinsatz zur Verfügung. Die *Brummer* gibt daraufhin ihre Ladung in Swinemünde ab und marschiert im Geleit nach Pillau. Am 27. XI. 1944 wird das Schiff in Peyse mit 180 EMC beladen. Unter der Führung der *Linz* (unter Fregattenkapitän H. Abel) nimmt das Minenschiff Brummer an folgenden Sperrlegungen zur Abriegelung des Rigaischen Meerbusens teil:
30. XI. 1944 an der Sperre NORDLICHT II,
4. XII. 1944 an der Sperre NORDLICHT IV.
Näheres über diese Sperrlegungen siehe im Bericht über die *Linz.*
Siehe Seite 211.
Die *Brummer* erhält hiernach Zeit für die Überholung ihrer E-Maschinen. Sie geht dazu am 7. XII. 1944 nach Gotenhafen und ist bis zum 11. XII. 1944 AKB. Danach ist sie bis zum 26. XII. 1944 in Gotenhafen einsatzbereit. Am 1. I. 1945 beginnt für die *Brummer* die planmäßige Werftliegezeit. Dazu marschiert das Schiff in der Zeit vom 27. bis zum 30. XII. 1944 von Gotenhafen nach Kiel, ist mit dem 1. I. 1945 AKB und kommt bis Kriegsende nicht mehr zum Einsatz.

7.3 Das Minenschiff »Ostmark«

Bei Jahresbeginn 1944 ist das in den Oderwerken Stettin liegende Minenschiff *Ostmark* AKB. Das Schiff hat seit Mitte Dezember 1943 große Werftliegezeit. Es meldet ab 8. III. 1944 beschränkte Kriegsbereitschaft, und ab 26. III. 1944 ist die Kriegsbereitschaft wieder voll hergestellt. Ab 27. III. 1944 untersteht die *Ostmark* dem MOK Ost bzw. dem BSO für Sperrlegungen im Skagerrak, die in Gemeinschaft mit der *Elsaß* und der *Kaiser* durchgeführt werden. Die Führung hat der Kommandant der *Ostmark,* Korvettenkapitän d. R. K. E. Barthel.

7.3.1 Die Skagerrak-Sperre XXIII – KATZBACH (ANTON)

Die Minenschiffe *Ostmark* und *Elsaß* verlegen vom 26. zum 27. III. 1944 von Pillau nach Swinemünde. Dort treffen sie mit der *Kaiser* zusammen, die für die geplanten Sperrlegungen vom SEK zur Verfügung gestellt worden ist. Nach der Sperrmittelübernahme marschieren die drei Minenschiffe in der Zeit vom 28. III. bis zum 1. IV. 1944 von Swinemünde über Kopenhagen nach Kristiansand-Süd, wo die Ladung aus dem Minentransportschiff *Lauting* auf insgesamt 230 EMF und 230 EMR ergänzt wird. Es sind zwei Minenreihen und eine EMR-Reihe auszulegen. Die Tiefeneinstellung der EMF liegt bei −15 m und die der EMR bei −5 bis −7 m. Die Zerstörer *Erich Steinbrinck* und *Hans Lody* sowie die Minensuchboote *M 462, M 406, M 301* und *M 381* treten zum Verband. Am 1. IV. 1944 läuft der Verband aus Kristiansand-Süd zur Unternehmung aus. Nach Unterrichtung durch den BSO wird in der Nacht vom 1. zum 2. IV. 1944 westlich der Linie Hirtshals–Kristiansand-Süd in Höhen über 1 000 m Nachtjagd geflogen. Die Sperrlegung erfolgt ohne Störung von
53° 35,9′ N, 7° 39,7′ O nach
57° 23,8′ N, 7° 45,0′ O. Siehe Skizze 67 a, Seite 178.
Am 2. IV. 1944 liegen die Schiffe wieder in Kristiansand-Süd und werden neu beladen.

7.3.2 Die Skagerrak-Sperre XXIII – KATZBACH (BRUNO)

Die Minenschiffe *Ostmark* und *Kaiser* sind mit je 110 EMF beladen. Die *Elsaß* hat 160 EMR übernommen. Der Zerstörer *Hans Lody* trägt 60 EMR. Insgesamt sind je 220 EMF und je 220 EMR zu werfen.
Der Verband, zu dem auch der Zerstörer *Erich Steinbrinck* und die Minensuchboote *M 462, M 301* und *M 406* gehören, läuft am 2. IV. 1944, 22.00, aus Kristiansand-Süd aus. Der Marschweg führt dicht an der früher ausgelegten Skagerrak-Sperre I entlang. Ein Minensuchboot schneidet mit seinem Gerät dabei eine Mine aus dieser Sperre heraus und weist damit auf die Gefahr hin, die für den Verband besteht. Der Kommandant der *Ostmark* entschließt sich als Verbandschef, die Aufgabe abzubrechen. Für einen neuen Anlauf ist es zu hell geworden; auch beabsichtigt er, eine bessere Wetterlage abzuwarten. Der Verband kehrt nach Kristiansand-Süd zurück.
Nach Änderung der geplanten Sperrlage durch das MOK Ost gibt der BSO am 6. IV. 1944 erneut den Befehl für die Durchführung der Sperre XXIII – KATZBACH (BRUNO).

Die Sperre wird in der Nacht vom 6. zum 7. IV. 1944 ohne Störung von
57° 38′ N, 7° 36,1′ O nach
57° 49,5′ N, 7° 32,5′ O
geworfen. Siehe Skizze 67 a, Seite 178.
06 40 liegen die Schiffe wieder in Kristiansand-Süd vor Anker. Im Laufe des 7. IV. 1944 erhalten sie den Befehl, zur Sperrmittelübernahme nach Kopenhagen zu gehen. Der Marsch dorthin wird vom 7. zum 8. IV. 1944 durchgeführt.

7.3.3 **Die Skagerrak-Sperre XXI – LEIPZIG**

Nachdem das Minentransportschiff *Lauting* in Kopenhagen eingetroffen ist, werden am 13. IV. 1944 folgende Sperrmittel übergenommen: die *Ostmark* und die *Kaiser* je 140 EMF, die *Elsaß* 260 Reißbojen, der Zerstörer *Hans Lody* 90 Reißbojen.
Der Verband läuft am 14. IV. 1944, 21.15, aus Kopenhagen zur Unternehmung aus. Der Zerstörer *Erich Steinbrinck* und vier Minensuchboote bilden die Sicherung. In der Nacht vom 15. zum 16. IV. 1944 wird die Sperre XXI – LEIPZIG geworfen von
57° 22,4′ N, 7° 38,2′ O nach
57° 9,2′ N, 7° 49,0′ O. Siehe Skizze 67 a, Seite 178.
Anschließend marschiert der Verband in der Zeit vom 16. bis zum 18. IV. 1944 zur Sperrmittelübernahme nach Kiel.

7.3.4 **Die Skagerrak-Sperre XXIV – LIGNY**

Nach der in Kiel erfolgten Übernahme der Sperrmittel für die Skagerrak-Sperre XXIV – LIGNY marschieren die *Ostmark* und die *Kaiser* mit je 99 EMF und die *Elsaß* mit 265 Reißbojen an Bord vom 20. bis zum 22. IV. 1944 nach Frederikshavn. Hier fällt das Minenschiff *Kaiser* wegen Unklarsein der Kondensatorpumpe bis zum 25. IV. 1944 aus, so daß die Sperre XXIV – LIGNY erst in der Nacht vom 25. zum 26. IV. 1944 von
57° 12,9′ N, 7° 53,9′ O über
57° 9,7′ N, 7° 56,5′ O nach
57° 3,0′ N, 7° 55,5′ O
ausgelegt werden kann. Siehe Skizze 67 a, Seite 178.
Am Abend des 26. IV. 1944 liegt der Verband wieder in Frederikshavn. Die Zerstörer *Hans Lody* und *Erich Steinbrinck* waren zusammen mit vier Minensuchbooten an der Unternehmung als Sicherungsfahrzeuge beteiligt.

7.3.5 **Die Skagerrak-Sperre XXII – WATERLOO**

Als Sperrmittelträger sind für die Skagerrak-Sperre WATERLOO die Minenschiffe *Ostmark* und *Elsaß* mit je 150 UMB und vom Sperrmittel-Erprobungs-Kommando das ehemalige Minenschiff *Kaiser* eingesetzt. Die Minenübernahme hat in Frederikshavn stattgefunden. Hier liegen die Schiffe in Erwartung des Einsatzbefehls vom 1. V. 1944 ab auf Reede. Vom 4. zum 5. V. 1944 erfolgt die Verlegung nach Kristiansand-Süd, von wo aus die Sperrlegung durchgeführt werden soll.
Die Sperre WATERLOO wird in der Nacht vom 7. zum 8. V. 1944 ausgelegt. Die Minensuchboote *M 15* und *M 29* bilden die Sicherung des Verbandes. Die Sperrlage ist gemeldet von
57° 32,1′ N, 7° 18′ O über
57° 35,7′ N, 7° 13,8′ O nach
57° 39,3′ N, 7° 12,6′ O. Siehe Skizze 67 a, Seite 178.
Der Rückmarsch des Verbandes führt nach Kristiansand-Süd auf die alten Liegeplätze.
Nach der Ausführung der Operation WATERLOO sind die vorgesehenen fünf Sperrlegungen im Skagerrak durchgeführt. Weitere Minenaufgaben liegen für diesen Raum zunächst nicht vor. Die Minenschiffe *Ostmark* und *Elsaß* verlegen daher am 8. und 9. V. 1944 von Kristiansand-Süd nach Kopenhagen. Die im Verband mitfahrende *Kaiser* wird unterwegs nach Frederikshavn entlassen und tritt zum SEK zurück. Das Minenschiff *Elsaß* wird ab 10. V. 1944 dem F. d. M. Ost unterstellt und tritt am 15. V. 1944 den Marsch zum Sperrzeugamt Peyse an.

7.3.6 **Das Minenschiff »Ostmark« im Geleitdienst**

Am 25. V. 1944 stellt das MOK Ost anheim, unter besonderer Berücksichtigung der Öllage das Minenschiff *Ostmark* gelegentlich im Schnellverkehr Frederikshavn–Frederikstad einzusetzen. Zu diesem Zweck verlegt die *Ostmark* in der Zeit vom 30. bis zum 31. V. 1944 von Kopenhagen nach Frederikshavn. Ab 3. VI. 1944 wird das Schiff einsatzmäßig der 8. Sicherungsdivision unterstellt.
Nachdem beabsichtigt ist, die *Ostmark* als Flakschutz an das Aarhus-Oslo-Geleit anzuhängen, verlegt das Schiff in der Zeit vom 5. zum 6. VI. 1944 von Frederikshavn nach Aarhus. Vom 15. bis zum 17. VI. 1944 ist die *Ostmark* erstmalig als Flakschutz für ein Geleit von Aarhus nach Oslo eingesetzt. Damit ist aber seine Aufgabe im Geleitdienst schon beendet, da das MOK Norwegen am 16. VI. 1944 die Zuteilung des Schiffes für eine Minenaufgabe bei Stadtlandet beantragt hat. Diesem Antrag wird am 18. VI. 1944 entsprochen und das Schiff dem MOK Norwegen unterstellt. Es verlegt in der Zeit vom 19. zum 20. VI. 1944 von Olso/Horten nach Kopenhagen, wo sich der F. d. Minsch., Kapitän z. S. H. Pahl, einschifft. Nach der Übernahme von 180 EMF in Swinemünde tritt die *Ostmark* am 23. VI. 1944 den Marsch nach Norden an und ankert am 28. VI. 1944 im Grimstadfjord.

7.3.7 **Die Minensperre NW 107 A MÜNCHEN**

Zum Schutze des Geleitweges um Stadtlandet gegen Angriffe feindlicher U-Boote ist auf Befehl des 5. Küsten-Sicherungs-Verbandes (KSV) eine zweireihige Sperre in zwei Sperrstücken auszulegen. Als Minenträger sind beteiligt: das Minenschiff *Ostmark* mit 124 EMF, das Minenräumschiff *MRS 25* mit 82 EMF und das Kanonenboot *K 2* mit 42 EMF. Die Minen haben verschiedene Ankertaulängen von 200 und 300 m. Die Tiefeneinstellung ist auf − 15 m befohlen.
Zur Sicherung des Verbandes sind zugeteilt worden: das Minensuchboot *M 437*, vier Boote der 53. VP.-Flottille und vier Räumboote der 52. MS.-Flottille. Die Führung des Wurfverbandes hat der F. d. Minsch. an Bord der *Ostmark*. Nach seinem Befehl sammelt der Verband auf das Stichwort MÜNCHEN am 4. VII. 1944 in der Davikenbucht bei Bergen und läuft 05.00 aus. Eine Stunde später meldet *K 2*, ihre Minenladung sei falsch gestaut. Die Minen mit je 200 m AT stehen so in der Mitte, daß sie nicht zuerst geworfen werden können. Der Verband macht kehrt. Die Unternehmung wird um 24 Stunden verschoben.

Skizze 73: Sperre NW 107 A MÜNCHEN

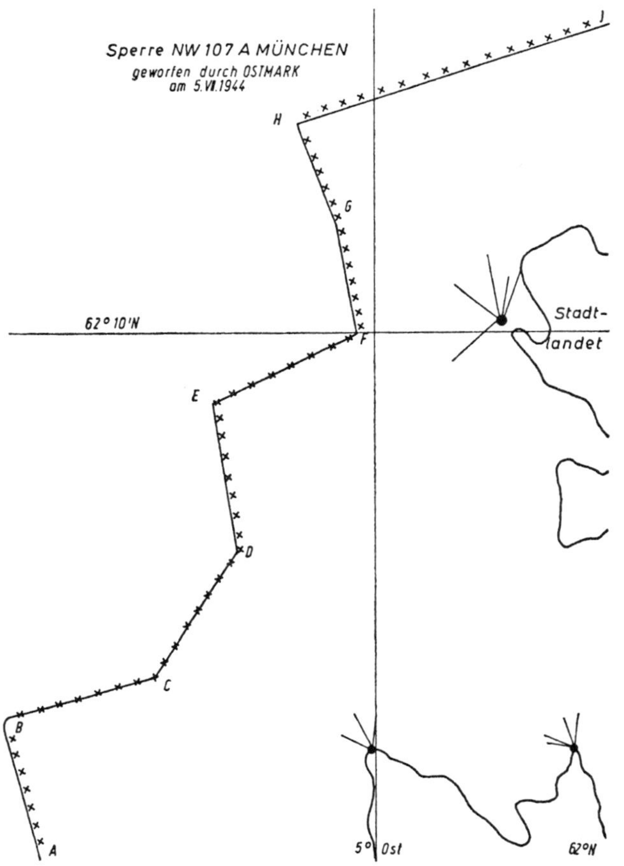

Die Auslegung der Minensperre NW 107 A erfolgt am 5. VII. 1944 von 06.55 bis 09.27 nach Plan. Dabei weht Wind aus SO in Stärken 1 bis 2. Die See ist mit Stärke 0 ruhig. Der Himmel ist bedeckt. Die Sicht ist gut.
1. Teilstück von
62° 0,5′ N, 4° 46,2′ O nach
62° 2,75′ N, 4° 45,1′ O;
2. Teilstück von
62° 5,85′ N, 4° 52,5′ O nach
62° 6,03′ N, 4° 54,3′ O,
62° 8,86′ N, 4° 53,4′ O nach
62° 10,00′ N, 4° 59,5′ O,
62° 12,22′ N, 4° 58,7′ O nach
62° 13,94′ N, 4° 57,15′ O,
62° 15,87′ N, 5° 09,5′ O.
Siehe Skizze 73.
Während des Minenlegens gibt es auf Grund von Flie-Meldungen mehrfach Fliegeralarm. Es kommt aber zu keinem Waffengebrauch. An Land wird Flakbeschuß auf eine Maschine beobachtet, die in NO außer Sicht kommt.

7.3.8 **Die Minensperre NW 107 B**

Zweck der Sperre NW 107 B ist die Verstärkung der Follafjord-Sperren und das Schließen seitheriger Sperrlücken. Die Sperre ist als U-Boot-Sperre geplant und soll teils einreihig, teils zweireihig geworfen werden. Als Minenträger stehen zur Verfügung: das Minenschiff *Ostmark* mit 113 EMF und das Minenräumschiff *MRS 25* mit 67 EMF. Die Tiefeneinstellung der Minen ist auf − 15 m befohlen. Als Sicherung des Verbandes sind die Räumboote *R 238* und *R 121* sowie die Minensuchboote *M 401* und *M 421* zugeteilt worden. Die Führung des Wurfverbandes hat der F. d. Minsch.
Zur Bereitstellung der benötigten 180 EMF mit 200 m und 300 m AT marschiert die *Ostmark* in der Zeit vom 7. bis 12. VII. 1944 von Bergen nach Swinemünde und tritt nach der Minenübernahme am 13. VII. 1944 den Rückmarsch an. Am 18. VII. 1944 ankert das Schiff auf der Reede von Drontheim, dem Ausgangshafen für die geplante Sperrlegung. Die Sperrmittelverteilung erfolgt so, daß das Minenschiff *Ostmark* 79 EMF mit 300 m AT und 34 EMF mit 200 m AT behält und 67 EMF mit 300 m AT an das Minenräumschiff *MRS* 25 abgibt.
Am 19. VII. 1944, 08.00, gehen die *Ostmark* und *MRS 25* auf Drontheim-Reede ankerauf und steuern im Geleit von *R 238* und *R 121* nach Norden. 11.30 gibt der Admiral Nordküste die Sperrlegung durch Funkspruch frei.
13.43 ist Fliegeralarm. In der niedrigen Wolkendecke über dem Verband sind Flugzeuggeräusche zu hören. *MRS 25* sichtet kurz ein Flugzeug, das mit Kurs 310° über den Verband streicht und ihn zweimal überfliegt.

Inzwischen ist eine feindliche Flugzeugträgergruppe im Gebiet Admiral Polarküste gemeldet worden. Die Schiffahrt auf allen Geleitwegen wird gestoppt. In Anpassung an diese Situation entschließt sich der F. d. Minsch., mit dem Verband 16.42 zu ankern und die weitere Entwicklung der Lage abzuwarten. 23.10 werden die Anker gelichtet, und der Anmarsch zum Sperrgebiet wird fortgesetzt.
Die Sperre NW 107 B wird am 20. VII. 1944 von 02.34 bis 04.11 planmäßig geworfen. Die Wetterlage ist günstig. Der Wind kommt in Stärken 2 bis 3 aus N, die See ist mit Stärke 1 bei leichter Dünung leicht bewegt. Der Himmel ist bewölkt. Trotz einzelner Schauer ist sonst gute Sicht. Das Echolot auf der *Ostmark* ist 03.27 ausgefallen. Die Lotreihe von *MRS 25* ergibt im letzten Drittel der Sperrlegung Wassertiefen von 200 bis 300 m. Die Minen der *Ostmark* mit 200 m AT werden tiefer als −15 m stehen. Der Rückmarsch der *Ostmark* führt nach Drontheim-Reede. *MRS 25* und die zugeteilten Minensuch- und Räumboote werden 12.45 entlassen. Die *Ostmark* ankert 13.15 auf Drontheim-Reede.
Die Sperrlage wird wie folgt gemeldet vom Punkt
A = 64° 28,6′ N, 10° 13,7′ O,
B = 64° 30,2′ N, 10° 15,0′ O,
C = 64° 31,5′ N, 10° 18,0′ O,
D = 64° 33,9′ N, 10° 22,6′ O,
E = 64° 35,0′ N, 10° 25,5′ O,
F = 64° 36,7′ N, 10° 25,3′ O,
G = 64° 37,6′ N, 10° 25,6′ O,
H = 64° 39,2′ N, 10° 27,3′ O,
I = 64° 41,0′ N, 10° 31,9′ O.
Am 21. VII. 1944 wird der F. d. Minsch. durch KR-Blitz-Fernschreiben über das Attentat auf Adolf Hitler (20. VII. 1944) unterrichtet. Vom ObdM ist Alarmstufe I = Vollalarm befohlen worden. Der Alarm wird noch am gleichen Tage aufgehoben.
Weitere Minenaufgaben im Bereich des MOK Norwegen liegen für die *Ostmark* nicht vor. Das Schiff soll dagegen bei Sperrlegungen im Skagerrak eingesetzt werden. Es tritt am 22. VII. 1944 mit wechselndem Geleit von der Reede von Drontheim den Marsch nach Süden an und macht am 27. VII. 1944, 11.20, im Hafen von Frederikshavn fest. Die letzten fünf Stunden hat sich das Schiff der auf dem Marschwege angetroffenen Oslo-Aarhus-Staffel angeschlossen.

7.3.9 Die Skagerrak-Sperre XXVII KALAHARI

Die folgenden zwei Sperrlegungen im Bereich des Admirals Skagerrak, Vizeadmiral H. H. Wurmbach, erfolgen auf Befehl der 8. Sicherungsdivision, Kapitän z. S. d. R. M. Klein.
Als Sperrmittelträger für die Sperre XXVII KALAHARI werden die Minenschiffe *Ostmark* und *Kaiser* sowie vier Zerstörer eingesetzt.

Das Minenschiff *Kaiser* gehört, wie bereits berichtet, seit dem 15. X. 1943 als Erprobungsschiff zum SEK und wird zu Sperrlegungen im Skagerrak zeitweilig zur Verfügung gestellt. Sein Kommandant ist Korvettenkapitän d. R. E. Biet, der, wie berichtet, beim Untergang der *Ulm* am 24. VIII. 1942 in englische Kriegsgefangenschaft geriet und nach über einjähriger Gefangenschaft krankheitshalber in die Heimat entlassen wurde. Er hat das Schiff dann als Kommandant ab 1. I. 1944 bis zum Kriegsende geführt.
Zur Verstärkung des Sperrsystems im Südteil des Skagerrak-Warngebietes soll eine dreireihige Minensperre ausgelegt werden. Die Verteilung der Sperrmittel ist wie folgt:

1. westliche Reihe

Minenschiff *Ostmark*	152 EMR
Zerstörer *Karl Galster*	39 EMR
	191 EMR

Skizze 74: Sperre XXVII KALAHARI

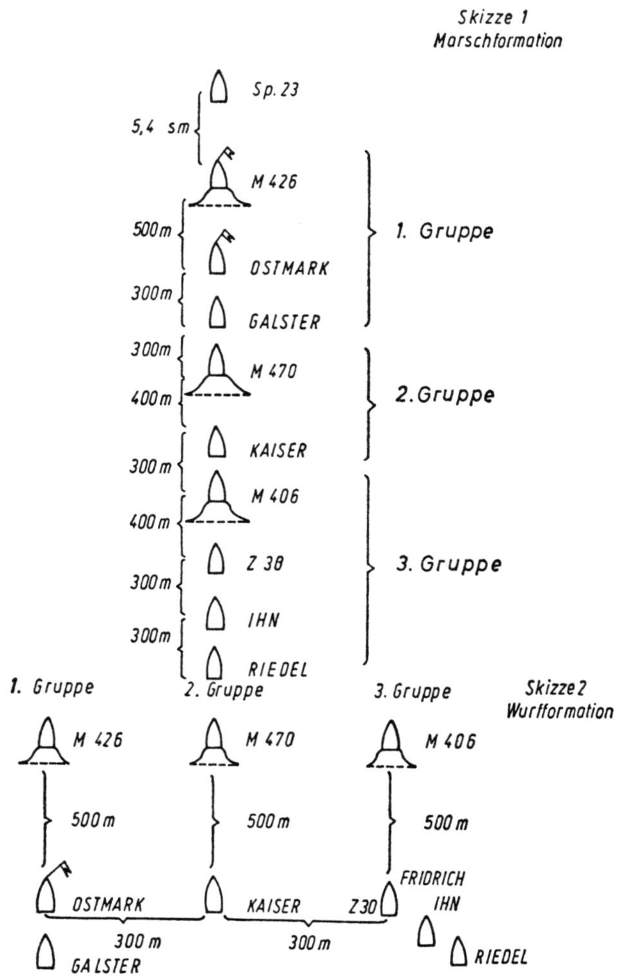

2. mittlere Reihe

Minenschiff *Kaiser*	144 EMC

3. östliche Reihe

Zerstörer *Z 30*	47 EMC
Zerstörer *Theodor Riedel*	47 EMC
Zerstörer *Friedrich Ihn*	48 EMC
	142 EMC

Der Sperrbrecher *Sp 23* und die Minensuchboote *M 426, M 470* und *M 406* von der 29. MS.-Flottille sind zur Sicherung zugeteilt. Die Führung des Verbandes hat der F. d. Minsch. auf dem Minenschiff *Ostmark.*
Siehe Skizze 74, Seite 208.
Die Sperrmittelübernahme erfolgt in Frederikshavn. Am 31. VII. 1944 geht mit dem Stichwort KALAHARI der Durchführungsbefehl ein. Die Minensuchboote laufen zum Absuchen des Wurfkurses aus. Der Verband sammelt am 1. VIII. 1944, 07.00, bei der Ansteuerungstonne Frederikshaven und tritt den Marsch nach dem Sperrfeld an. 11.00 wird auf der *Ostmark* festgestellt, daß alle an Bord befindlichen EMR einen Kettenvorlauf von 50 m haben. Bei Wassertiefen im Sperrgebiet von nur 25 bis 30 m sind die Sperrmittel so nicht zu verwenden. Eine Möglichkeit, die Ketten an

Skizze 75: Sperre XXVII KALAHARI
geworfen durch *Ostmark, Kaiser, Galster, Z 30, Friedrich Ihn, Theodor Riedel*
am 3./4. VIII. 1944

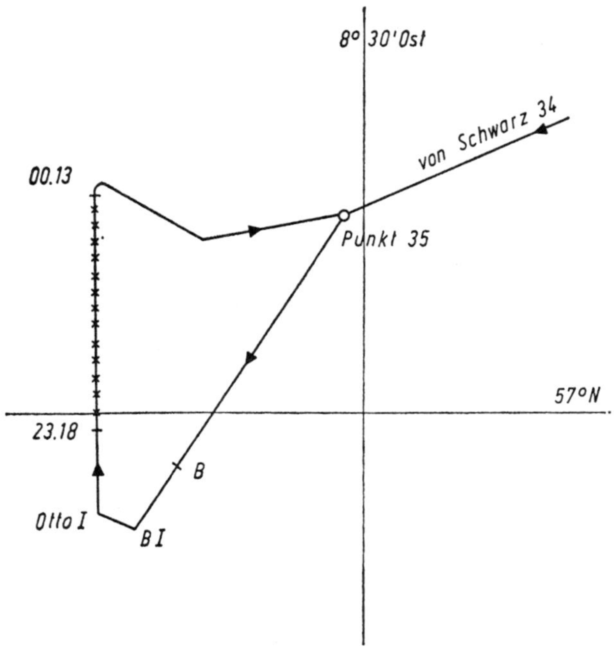

Bord zu verkürzen, besteht nicht. Der Verband macht kehrt und ankert 16.35 auf Frederikshavn-Reede.
Die *Ostmark* und auch der Zerstörer *Karl Galster* machen dann im Hafen zur Änderung der Kettenlängen fest. Die Arbeiten sind am 2. VIII. 1944, vormittags, beendet. Der neue Stichwortbefehl für die Sperre XXVII geht für den 3. VIII. 1944 ein. Als Protest gegen die mit Minenladung im Hafen vor Anker liegenden Schiffe haben die Arbeiter der dänischen Werft in Frederikshavn am 2. VIII. 1944, 12.00, die Arbeit eingestellt. Für den F. d. Minsch. besteht keine Veranlassung einzugreifen.
Der Anmarsch zum Sperrgebiet verläuft am 3. VIII. 1944 planmäßig. Die Sperrlegung wird in der Nacht vom 3. zum 4. VIII. 1944 von 23.18 bis 00.13 durchgeführt. Dabei weht Wind aus NO in Stärken 1 bis 2. Die See ist ruhig (Stärke 0). Bei hellem Mondschein ist eine gute Sicht. Die Sperrlage wird gemeldet von
56° 59,7′ N, 8° 10,5′ O nach
57° 8,5′ N, 8° 10,6′ O.
Siehe Skizze 75 und Skizze 67 a, Seite 178.
Auf dem Rückmarsch gibt es auf Grund von Ortungen und Flugzeuggeräuschen zweimal Fliegeralarm. Es handelte sich vermutlich um Kuriermaschinen. Jagdschutz war angefordert, wurde jedoch wegen Kräfte- und Brennstoffmangels nicht gestellt.
Der Verband läuft am 4. VIII. 1944 in Frederikshavn ein und nimmt sofort neue Sperrmittel an Bord. Nach der Beladung ankern die Schiffe auf Reede.

7.3.10 **Die Skagerrak-Sperre XXV SAMBESI**

Auch mit der Skagerrak-Sperre XXV SAMBESI soll das Sperrsystem im Südteil des Skagerrak-Warngebietes verstärkt werden. Als Sperrmittelträger werden eingesetzt:

Minenschiff *Ostmark*	mit 147 EMR,
Zerstörer *Karl Galster*	mit 52 EMR,
Minenschiff *Kaiser*	mit 157 EMC,
Zerstörer *Z 30*	mit 52 EMC,
Zerstörer *Friedrich Ihn*	mit 52 EMC,
Zerstörer *Theodor Riedel*	mit 52 EMC.

Die Sperre ist dreireihig zu werfen, wobei die vorstehende Gruppeneinteilung einzuhalten ist. Die EMR-Reihe soll als Räumschutz feindwärts stehen, das heißt im Westen vor den beiden Minenreihen. Die Minen sind mit 100 m AT, Kettenvorlauf und Reißleine versehen. Auch die EMR haben 100 m AT. Die Tiefeneinstellung der Minen ist auf −3 m, die der EMR auf −5 bis −7 m befohlen.
Als Sicherung werden zugeteilt: der Sperrbrecher *Sp 23* und von der 29. MS.-Flottille die Minensuch-

boote *M 426, M 470* und *M 415*. Die Verbandsführung hat der F. d. Minsch. auf der *Ostmark*. Die 8. Sicherungsdivision gibt das Stichwort SAMBESI für die Nacht vom 5. zum 6. VIII. 1944.
Der Verband sammelt am 5. VIII. 1944, 10.15, bei der Ansteuerungstonne Frederikshavn und läuft zur Unternehmung aus. Er folgt hinter dem Sperrbrecher *Sp 23* auf Zwangswegen gruppenweise in Kiellinie. Die Minensuchboote haben in der vergangenen Nacht den Marschweg abgelaufen. Sie stoßen 20.55 mit ausgebrachtem Gerät zum Verband und scheren in die Kiellinie ein, wobei sich jedes der drei Boote vor seine Gruppe setzt. Ab 22.30 werden die Minen scharfgemacht. Kurz nach Mitternacht wird die Wurfformation eingenommen. Der Sperrbrecher ist auf dem Zwangsweg zurückgeblieben und nimmt den Verband nach dem Sperrewerfen wieder auf. Er herrscht Wind aus SW in Stärken 3 bis 4. Die See läuft in Stärken 1 bis 2. Es ist bewölkt und gute Sicht.
Die Sperre fällt am 6. VIII. 1944 von 00.59 bis 02.15. Sie hat die Lage von
57° 8,5′ N, 8° 21,5′ O nach
57° 17,8′ N, 8° 13,5′ O. Siehe Skizze 67 a, Seite 178.
Auf dem Rückmarsch wird auf Grund von Ortungen auf der *Kaiser* und der *Karl Galster* von 09.13 bis 09.55 Fliegeralarm ausgelöst. Feindmaschinen werden jedoch nicht gesichtet. Vor dem Einlaufen der Minenschiffe in Frederikshavn werden die Zerstörer und Minensuchboote für eigene Aufgaben entlassen. 18.30 liegen die *Ostmark* und die *Kaiser* im Hafen. Beide Schiffe werden nun getrennten Aufgaben zugeführt.
Während die *Kaiser* dem Admiral Skagerrak weiter zur Verfügung steht, liegt für die *Ostmark* seit dem 20. VII. 1944 der Befehl für die große Werftliegezeit in Stettin vor. Dazu verlegt das Minenschiff am 8. VIII. 1944 von Frederikshavn nach Kopenhagen, wo sich der F. d. Minsch. ausschifft, und marschiert in der Zeit vom 14. bis zum 16. VIII. 1944 zu den Stettiner Oderwerken. Das Schiff ist von hier ab außer Kriegsbereitschaft.

7.3.11 Die Beschädigung der »Ostmark« bei Luftangriffen auf Stettin

In der Werft erlebt das Minenschiff *Ostmark* zwei Fliegerangriffe auf Stettin. Beim ersten Angriff am 17. VIII. 1944 entsteht durch Brandbombentreffer ein nur geringer Schaden in Höhe des Schornsteins. Beim zweiten Angriff am 30. VIII. 1944 verursacht der Luftdruck leichte Schäden am Ruder- und Kartenhaus sowie in den Kammern und an Oberdeck. Durch dicht an der Bordwand gefallene Sprengbomben entstehen geringe Splitterschäden oberhalb der Wasserlinie. Dicht am Schiff niedergegangene Brandbomben verursachen keinen Schaden. Von der Besatzung wird niemand verletzt. Nach diesem Angriff leistet die Besatzung der *Ostmark* den Verletzten der Nachbarschiffe Erste Hilfe. Sie beteiligt sich auch bei Lösch- und Bergungsarbeiten innerhalb der Werft, in Wohnsiedlungen der Werft und in der Stadt.
Die Oderwerke haben schwer gelitten. Eine Verzögerung der Werftarbeiten ist die Folge. Sie ist im wesentlichen durch Ausfall der Belegschaft bedingt, die zu Aufräumungsarbeiten herangezogen werden muß. Die Instandsetzungsarbeiten auf der *Ostmark* ziehen sich daher so sehr in die Länge, daß das Schiff 1944 nicht mehr zum Einsatz kommt.

7.4 Das Minenschiff »Linz«

Das Minenschiff *Linz* hat Ende Januar 1944 seine Restarbeiten bei den Stettiner Oderwerken abgeschlossen und hat sich am 25. I. 1944 kriegsbereit gemeldet. Unter der Führung der *Brummer* hat die *Linz* unter dem Kommando von Korvettenkapitän d. R. Dr. H. Behlen an folgenden Sperrlegungen teilgenommen vom/am

12. zum 13. II. 1944:	R 1 im Skagerrak,
16. II. 1944:	R 2 im Skagerrak,
6. III. 1944:	Sperre XX im Skagerrak,
14. IV. 1944:	SEEIGEL 6 b im Finnischen Meerbusen,
17. IV. 1944:	SEEIGEL 7 b, 1. Teilstück, im Finnischen Meerbusen,
19. zum 20. IV. 1944:	SEEIGEL 7 b, 2. Teilstück, im Finnischen Meerbusen,
21. IV. 1944:	abgebrochen wegen Minentreffer und Verlust der *Roland,*
24. IV. 1944:	SEEIGEL 7 b, 3. Teilstück, im Finnischen Meerbusen,
26. IV. 1944:	SEEIGEL 8 b im Finnischen Meerbusen,
19. zum 20. IX. 1944:	NILHORN I im Finnischen Meerbusen,
21. IX. 1944:	NILHORN II im Finnischen Meerbusen,
5. X. 1944:	KROKODIL SÜD am Nordeingang zum Rigaischen Meerbusen.

Nach dem Werfen der Sperre SEEIGEL 8 b verlegt das Minenschiff *Linz* unter Führung der *Brummer* nach Libau und wird hier zur Werft entlassen. Die Kriegsbereitschaft ist unterbrochen. Am 11. VI. 1944 ist die volle Kriegsbereitschaft wiederhergestellt. Das Schiff wird in Peyse beladen und marschiert vom 12. bis zum 14. VI. 1944 nach Reval. Hier und ab 7. VII. 1944 in der Fagerwik in den finnischen Schären nordwestlich Porkalla liegt die *Linz* mit ihrer Minenladung bereit, um bei einem Ausbruchsversuch russischer Seestreitkräfte eine Alarmsperre zu werfen. Auch die *Brummer* wartet mit gleicher Aufgabe in den finnischen Schären. Beide Schiffe verlegen am 3. IX. 1944 wieder nach Reval-Reede und ab 14. IX. 1944 in eine Wartestellung an der Nordspitze der Insel Dagö. Erst in der Nacht vom 19. zum 20. IX. 1944 kommt es unter der Führung der *Brummer* wieder zum Mineneinsatz bei den vorgenannten NILHORN- und KROKODIL-Sperren. Nach der Auslegung der NILHORN-Sperren erfolgt die unter dem Druck der Sowjets notwendige Räumung von Reval und Baltischport. Unter Führung der *Brummer* nimmt die *Linz* an einer Geleitdienstaufgabe für den Truppentransporter *Malaga* teil. Dabei wird das Schiff von russischen Flugzeugen mit Bordwaffen beschossen. Auf der *Linz* wurden drei Mann der Besatzung leicht verletzt. Einzelheiten hierüber, wie auch über die Sperrlegungen, siehe bei den Darstellungen über das Führungsschiff *Brummer,* desgleichen über die Alarmbereitschaft in Libau vom 8. bis 22. X. 1944 und in Pillau vom 23. X. bis 23. XI. 1944.

7.4.1 **Der Kommandantenwechsel auf der »Linz«**

Am 3. XI. 1944 trennen sich die Minenschiffe *Brummer* und *Linz* zu verschiedenen Aufgaben. Die *Linz* verlegt mit Minen an Bord von Pillau nach Gotenhafen und hat am 4. XI. 1944 Kommandantenwechsel. An Stelle von Korvettenkapitän d. R. Dr. H. Behlen übernimmt Fregattenkapitän H. Abel das Kommando. Zu neuem Mineneinsatz läuft das Schiff am 13. XI. 1944 nach Pillau zurück und wechselt beim Sperrzeugamt Peyse die Ladung. Nach Abgabe der an Bord befindlichen 325 EMC werden 370 UMB übernommen.

7.4.2 **Die Minensperre NORDLICHT I**

Zweck der Sperre ist die Abriegelung des Rigaischen Meerbusens zur Ostsee in der Irbenstraße. Als Sperrmittelträger sind das Minenschiff *Linz* und drei Minensuchboote bestimmt worden. Die Führung hat der Kommandant der *Linz,* Fregattenkapitän H. Abel. Der Anmarsch zur Sperrlegung erfolgt von Windau aus, wohin die *Linz* vom 24. zum 25. XI. 1944 verlegt. Noch am 25. XI. 1944 läuft der Verband 23.00 aus Windau zum Sperrgebiet aus. Es werden von der *Linz* 211 UMB geworfen. Die Lage der Sperre NORDLICHT I wird gemeldet von
57° 50,2′ N, 22° 2,5′ O über
57° 48,1′ N, 22° 5,0′ O nach
57° 45,7′ N, 22° 3,5′ O,
danach von
57° 50,5′ N, 22° 3,8′ O über
57° 48′ N, 22° 6,5′ O nach
57° 46,0′ N, 22° 5,1′ O.

In der Nacht vom 26. zum 27. XI. 1944 verlegt die *Linz* von Windau nach Pillau zur Beladung und für einen erneuten Mineneinsatz in Gemeinschaft mit der *Brummer.* Das Schiff nimmt in Peyse 238 EMC und 84 UMA an Bord. Danach verlegen beide Einheiten nach Windau.

7.4.3 **Die Minensperre NORDLICHT II**

Zur weiteren Abriegelung des von den Sowjets bedrohten Rigaischen Meerbusens ist in der Irbenstraße die Sperre NORDLICHT II auszulegen. Als Sperrmittelträger werden eingesetzt die Minenschiffe *Linz* und *Brummer* sowie die Minensuchboote *M 155* und *M 203.* Die Führung des Verbandes hat der Kommandant der *Linz.* Die Durchführung der Aufgabe ist von der Wetterlage abhängig, da in der gleichen Nacht Schnell- und Räumboote zwei Sperren werfen. Die Sperrlegung durch die Minenschiffe soll erst nach Mitternacht erfolgen. 19.30 meldet die S.-Flottille die planmäßige Durchführung der ihr übertragenen Aufgabe VEILCHEN.
Die Minenschiffe und die beiden Minensuchboote laufen am 29. XI. 1944, 22.00, aus Windau zum Sperrgebiet aus. Die Reihenfolge der Kiellinie der Schiffe ist: 1. *Linz,* 2. *Brummer,* 3. *M 155* und 4. *M 203.*
In der gleichen Folge wird bei SSW-Wind in Stärken 5 bis 6 und Seegang in Stärke 3 die Wurfformation von West nach Ost eingenommen.
Die Sperrlegung NORDLICHT II erfolgt am 30. XI. 1944 in zwei Teilstücken von 01.11 bis 03.05. Auf der *Linz* fallen 238 EMC und 84 UMA, auf der *Brummer* 180 EMC. Die Sperrlage wird gemeldet von
57° 48,8′ N, 21° 55,4′ O über
57° 44,3′ N, 21° 51,5′ O nach
57° 41,2′ N, 21° 55,5′ O
und von
57° 48,8′ N, 21° 55,0′ O über
57° 44,2′ N, 21° 50,7′ O nach
57° 41,4′ N, 21° 53,7′ O.
Der Verband läuft nach dem Sperrewerfen am 30. XI. 1944, 05.50, in Windau ein und ankert im Vorhafen. Zur Neubeladung verlegt er in der Nacht vom 30. XI. zum 1. XII. 1944 von Windau nach Pillau. Die Schiffe übernehmen Sperrmittel in Peyse und ankern am 3. XII. 1944, 08.15, wieder im Vorhafen von Windau.

7.4.4 **Die Minensperre NORDLICHT IV**

Auch diese Sperre dient der Abriegelung der zum Rigaischen Meerbusen führenden Irbenstraße. Sperrmittelträger sind die Minenschiffe *Linz* und *Brummer;* zur Sicherung sind die Minensuchboote *M 17* und

M 203 zugeteilt. Die Führung des Verbandes hat der Kommandant der *Linz.* Die Wettervorhersage verspricht SO-Wind in Stärken 7 bis 8. Der Himmel ist bedeckt. Die Sicht beträgt 5 sm, sinkt indessen in Schneeschauern bis auf 1 sm ab. Die Sperrlegung soll trotz dieser ungünstigen Wetterlage durchgeführt werden, und zwar möglichst bis zum Mondaufgang 19.15. Es wird angenommen, daß der Seegang bei dem gegebenen Landschutz im Sperrgebiet nicht so stark ist und das Minenwerfen nicht behindert.
Der Verband geht am 4. XII. 1944, 16.00, von Windau aus in See. 18.00 werden Leuchtgranaten in Richtung Zerel beobachtet. Das Auslegen der Sperre geht von 18.16 bis 19.34 ohne Störung vor sich. Die *Linz* und die *Brummer* werfen je 90 UMB in zwei Teilstücken. Der Seegang ist durch den Landschutz mit Stärke 2 erwartungsgemäß gering. Das Minenwerfen wird durch das Wetter – es herrscht SO-Wind in Stärken 6 bis 7 – nicht beeinträchtigt. 22.45 ankern die Schiffe wieder im Vorhafen von Windau. Die Sperre ist gelegt von
57° 44,3′ N, 22° 4,4′ O über
57° 43,7′ N, 22° 0,8′ O nach
57° 44,1′ N, 22° 9,3′ O
und von
57° 44,1′ N, 22° 4,3′ O über
57° 43,5′ N, 22° 7,8′ O nach
57° 44,0′ N, 22° 9,5′ O.
Weitere Aufgaben liegen im Bereich des Admirals östliche Ostsee für die Minenschiffe nicht vor. Die *Linz* und die *Brummer* verlegen am 5. und 6. XII. 1944 von Windau nach Pillau. Die *Brummer* erhält Zeit für die Überholung ihrer E-Maschinen und später ihre große Werftliegezeit.
Die Schiffe trennen sich. Nach dem Auslaufen der *Brummer* ist die *Linz* das einzige einsatzbereite Minenschiff im Ostraum; doch vom 20. zum 21. XII. 1944 verlegt auch dieses Schiff zum späteren Einsatz im Skagerrak von Pillau nach Swinemünde, wo es den Jahreswechsel 1944/45 verbringt.

7.5 Das Minenschiff »Roland«

Das Minenschiff *Roland* hat unter dem Kommando von Korvettenkapitän d. R. K. Wehr über den Jahreswechsel 1943/44 große Werftliegezeit gehabt und am 25. I. 1944 die Kriegsbereitschaft wiederhergestellt. Das Schiff steht zunächst dem BSO für das Auslegen von Räumschutzsperren im Skagerrak zur Verfügung. Unter der Führung des Minenschiffes *Brummer* nimmt die *Roland* an nachstehenden Sperrlegungen teil am
16. II. 1944: Räumschutzsperre R 2,
17. II. 1944: Räumschutzsperre R 3,
18. II. 1944: Räumschutzsperre R 4,
6. III. 1944: Skagerrak-Sperre XX GROSS-GÖRSCHEN.
Einzelheiten siehe im Bericht über das Minenschiff *Brummer.* Siehe Seite 188/189.
Nach dem Auslegen der Sperre R 4 muß die *Roland* in Kopenhagen bis zum 4. III. 1944 außer Kriegsbereitschaft gestellt werden, da der Einbau einer neuen Kreiselanlage notwendig geworden ist. Ab 7. III. 1944 untersteht das Schiff dem F. d. M. Ost zum Mineneinsatz im Finnischen Meerbusen. Hier ist die *Roland* unter der Führung der *Brummer* mit dem F. d. Minsch. an Bord an folgenden Minenunternehmungen beteiligt:
14. IV. 1944: SEEIGEL 6b,
17. IV. 1944: SEEIGEL 3b,
19. und 20. IV. 1944: SEEIGEL 7b, 2. Teilstück,
21. IV. 1944: SEEIGEL 7b, 3. Teilstück = abgebrochen.
Am 21. IV. 1944, beim Aufdrehen zum Wurfkurs für die Sperre SEEIGEL 7b, 3. Teilstück, erhält das Minenschiff *Roland* erst an Backbord und dann an Steuerbord je einen Minentreffer.
Das Schiff geht verloren und mit ihm zwei Drittel seiner braven Besatzung. Näheres siehe im Bericht über das Führungsschiff *Brummer.* Siehe Seite 191–195.

7.6 Das Minenschiff »Elsaß«

Nach Beendigung der großen Werftliegezeit hat das unter dem Kommando von Korvettenkapitän d. R. F. Dyckerhoff stehende Minenschiff *Elsaß* die Schichauwerft in Königsberg verlassen und ist am 10. III. 1944 mit der *Ostmark* zum F. d. Minsch.-Verband gestoßen, der, unter der Führung des Chefs F. d. Minsch. stehend, mit den Minenschiffen *Brummer, Roland* und *Linz* auf dem Marsch von Kopenhagen nach Pillau ist. Das Treffen wird vom Chef F. d. Minsch. zu Verbandsübungen genutzt, doch kommt es nach dem Einlaufen in Pillau auf Grund verschiedener Aufgaben zur Teilung des Verbandes. Die dem Chef F. d. Minsch. unterstehenden Minenschiffe *Brummer, Roland* und *Linz* stehen nunmehr dem F. d. M. Ost für die Sperrlegungen im Finnischen Meerbusen zur Verfügung, während die Minenschiffe *Ostmark* und *Elsaß* Minenaufgaben im Skagerrak durchführen sollen, wozu vom SEK noch das Minenschiff *Kaiser* zur Verfügung gestellt wird. Unter Führung der *Ostmark* hat die *Elsaß* an folgenden Unternehmungen teilgenommen vom
1. zum 2. IV. 1944: Skagerrak-Sperre KATZBACH (ANTON),
6. zum 7. IV. 1944: Skagerrak-Sperre KATZBACH (BRUNO),
15. zum 16. IV. 1944: Skagerrak-Sperre LEIPZIG,
25. zum 26. IV. 1944: Skagerrak-Sperre LIGNY,
7. zum 8. V. 1944: Skagerrak-Sperre WATERLOO.
Siehe Seite 205/206.
Einzelheiten über das Auslegen dieser fünf Sperren siehe im Bericht über das Führungsschiff *Ostmark.*

Nach der Behebung kleinerer Schäden steht das Minenschiff *Elsaß* ab 15. V. 1944 dem F. d. M. Ost zur Verfügung. Die Einheit läuft noch am gleichen Tage von Kopenhagen nach Pillau aus, nimmt in Peyse 230 UMB an Bord und marschiert am 16. V. 1944 von Pillau weiter nach Baltischport. Hier liegt das Schiff ab 18. V. 1944 auf der Reede in Bereitschaft.
Nach den Befehlen des F. d. M. Ost soll die *Elsaß* bei einem Ausbruchsversuch sowjetischer Seestreitkräfte Alarmsperren werfen. Da die Minenschiffe *Brummer* und *Linz* zur Zeit für kleinere Reparaturen in der Werft liegen, steht zur Stunde nur das Minenschiff *Elsaß* für diese so wichtige Aufgabe zur Verfügung. Wochen später, am 22. VI. 1944, wird die *Elsaß* auf der Reede von Baltischport zweimal von Tieffliegern angegriffen. Die Angriffe verlaufen jedoch für Schiff und Besatzung ohne irgendwelche Folgen. Inzwischen sind die Minenschiffe *Brummer* und *Linz* wieder kriegsbereit geworden und haben Alarmpositionen in den finnischen Schären bezogen. Für das Minenschiff *Elsaß* steht Werftliegezeit an. Es wird aus der Alarmbereitschaft entlassen, gibt seine Minen ab und beginnt am 1. VII. 1944 mit Instandsetzungsarbeiten bei der Schichauwerft in Königsberg. Die Arbeiten sind am 22. XI. 1944 beendet. Danach liegt das Schiff einsatzbereit in Gotenhafen, um nach dem Westen verlegt zu werden.
Während der Werftliegezeit erlebte die *Elsaß* einen großen englischen Luftangriff auf Königsberg. Dabei wurde die alte Stadt fast völlig zerstört. Die Besatzung des Minenschiffes beteiligte sich an den Rettungsarbeiten von 24.00 bis zum folgenden Abend. Sie half in ununterbrochenem Einsatz, verschüttete Bunker frei zu machen und Menschen herauszuholen.
In der Zeit vom 22. bis 25. XI. 1944 verlegt das Minenschiff von Gotenhafen nach Saßnitz. Dabei marschiert die *Elsaß* im Geleit. Schon kurz hinter Hela erhält der Vordermann, ein Frachter von 5000 BRT, einen Minentreffer oder – wahrscheinlicher – einen Torpedotreffer. Der Havarist kann aber noch im flachen Wasser auf Grund gesetzt werden. Und da beim Weitermarsch auf hoher See das Rettungsboot eines deutschen Fischdampfers angetroffen wird, der gerade von einem russischen U-Boot torpediert worden ist, setzt sich die *Elsaß* unter diesen Umständen von dem langsam fahrenden Geleit ab und läuft mit erhöhter Geschwindigkeit allein weiter. Querab von Peenemünde gibt es Fliegeralarm. Man hört Flugzeuggeräusche über der niedrigen Wolkendecke. Die flugzeugmotorenähnlichen Geräusche stammen aber nicht von Flugzeugen, sondern von V 1-Geschossen, die anscheinend zur Erprobung abgefeuert wurden und nun neben dem Schiff ins Wasser stürzen. Auf eine abgegebene Funkmeldung wird nichts weiter gehört.
Die *Elsaß* verlegt vom 1. zum 2. XII. 1944 von Saßnitz nach Sonderburg, wo sich die Befehlsstelle des F. d. Minsch. eingerichtet hat. Dieser Marsch wird zusammen mit dem Minenschiff *Lothringen* durchgeführt. Ebenfalls zusammen mit der *Lothringen* erfolgt vom 9. zum 10. XII. 1944 ein Marsch von Sonderburg nach Aarhus und vom 19. zum 20. XII. 1944 wieder zurück. Über das Jahresende 1944/45 liegt die *Elsaß* in Sonderburg.

7.7 **Das Minenschiff »Lothringen«**

Das Minenschiff *Lothringen* hat bis Ende Mai 1944 dem Kommandierenden Admiral „U-Boote" zur Verfügung gestanden. Es tritt ab 1. VI. 1944 zum Minenschiffverband und geht am 14. VI. 1944 zu Umbauarbeiten in die Schichauwerft nach Königsberg. Hier wird es am 24. VI. 1944 mit der Besatzung der verlorengegangenen *Skagerrak* unter dem gleichen Kommandanten, Korvettenkapitän z. V. Dr. K. Silex, als Minenschiff in Dienst gestellt.
Wegen notwendiger Umbauarbeiten und wegen der sich anschließenden Probefahrten und Übungen ist das Schiff erst wieder vom 18. XI. 1944 einsatzbereit. Mit dem Minenschiff *Elsaß* verlegt die *Lothringen* vom 1. zum 2. XII. 1944 von Saßnitz nach Sonderburg und liegt nach der Durchführung der beiden vorerwähnten Märsche mit der *Elsaß* nach Aarhus und zurück über das Jahresende 1944/45 einsatzbereit in Sonderburg.

7.8 **Das Minenschiff »Kaiser«**

Mit dem 1. X. 1943 ist das Minenschiff *Kaiser* aus dem Minenschiffverband ausgeschieden und zum Sperrmittel-Erprobungs-Kommando (SEK) übergetreten. Kommandant der *Kaiser* ist seit Januar 1944 der aus Kriegsgefangenschaft entlassene frühere Kommandant des Minenschiffes *Ulm*, Korvettenkapitän d. R. z. V. E. Biet. Im Laufe des Jahres nimmt das vom SEK zur Verfügung gestellte Minenschiff an folgenden Sperrlegungen teil, vom

1. zum 2. IV. 1944:	Skagerrak-Sperre KATZBACH (ANTON)
6. zum 7. IV. 1944:	Skagerrak-Sperre KATZBACH (BRUNO)
15. zum 16. IV. 1944:	Skagerrak-Sperre LEIPZIG
25. zum 26. IV. 1944:	Skagerrak-Sperre LIGNY
7. zum 8. V. 1944:	Skagerrak-Sperre WATERLOO
3. zum 4. VIII. 1944:	Skagerrak-Sperre XXVII (KALAHARI)
am 6. VIII. 1944:	Skagerrak-Sperre XXV (SAMBESI)

Einzelheiten über diese Sperrlegungen siehe im diesbezüglichen Beitrag über das Führungsschiff *Ostmark*. Siehe Seite 205/206 und Seite 208–210.

7.8.1 Die Skagerrak-Sperre XXX

Das Minenschiff *Kaiser* wird nach der Sperrlegung vom 6. VIII. 1944 dem Admiral Skagerrak zur Verfügung gestellt. Das Schiff soll eine LMB-Sperre werfen. Die Minen treffen erst nach Tagen in Frederikshavn ein und werden dort vom 21. bis 26. VIII. 1944 geprüft und übernommen. Mit 117 LMB an Bord läuft die *Kaiser* am 27. VIII., 23.00, zusammen mit dem *VS 906* aus Frederikshavn aus. Nach 20 Minuten wird der Marsch auf Punkt Schwarz 17 abgebrochen, da auf *VS 906* das Aggregat ausgefallen ist. Die *Kaiser* ankert 23.42 auf dem Ankerplatz „U" vor Frederikshavn, bis *VS 906* durch *VS Hagen* ersetzt ist. Die Sperre XXX wird in der Nacht vom 28. zum 29. VIII. 1944 bei SSW-Wind in Stärken 4 bis 5 und einer See in Stärke 3 geworfen.
Das 1. Sperrstück mit 15 LMB fällt am 29. VIII. 1944 von 00.38 bis 00.48, das 2. Sperrstück mit 102 LMB von 01.02 bis 02.13. Vermutlich handelt es sich um eine Versuchssperre mit einer Minenart, die erst erprobt werden soll.

7.8.2 Die Skagerrak-Sperre XXXIV KLAUDIUS

Zur Verstärkung des Sperrsystems im Skagerrak-Warngebiet ist eine dreireihige Minensperre auszulegen, wobei folgende Streitkräfte beteiligt sind:

westliche Reihe:	
Minenschiff *Kaiser*	126 EMC u. 50 EMF;
mittlere Reihe:	
Leichter Kreuzer *Emden*	78 EMC u. 32 EMF,
Zerstörer *Z 4, Richard Beitzen*	42 EMC u. 18 EMF;
östliche Reihe:	
Zerstörer *Z 20, Karl Galster*	32 EMC u. 14 EMF,
Zerstörer *Z 6, Theodor Riedel*	42 EMC u. 18 EMF,
Zerstörer *Z 14, Friedrich Ihn*	42 EMC u. 18 EMF.

Die Zerstörer dienen dem Verband gleichzeitig als Sicherung. Die Führung des Wurfverbandes hat der F. d. Minsch., Kapitän z. S. H. Pahl. Enge Luftsicherung und unmittelbarer Begleitschutz auf dem Marsch ist von der 8. Sicherungsdivision beantragt, ebenso Luftaufklärung nach Westen für den Abend der Durchführung.
Der Feind hat zuletzt am 11. IX. 1944, 15.00, die 29. HS.-Flottille in Höhe von Kristiansand-Süd mit 20 Beaufighter angegriffen. Erfassung des Minenschiffverbandes durch den feindlichen Agentendienst und die Luftaufklärung ist also durchaus möglich. Also muß mit Bomben- und LT-Angriffen gerechnet werden. Außerdem liegen feindliche Invasionsaktionen im Skagerrakraum im Bereich des Möglichen.
Die Minenübernahme auf die *Kaiser* und die vier Zerstörer ist in Frederikshavn erfolgt. Dort hat sich der F. d. Minsch. zunächst auf der *Kaiser* eingeschifft und ist nach Verlegung zum Oslofjord am 19. IX. 1944 auf den Leichten Kreuzer *Emden* umgestiegen. Auf den Stichwortbefehl KLAUDIUS sammelt der Verband am 19. IX. 1944, 14.30, vor Maggeröy und läuft zur Durchführung der Aufgabe aus. Jagdschutz durch eine Me 110 ist in Lister bereitgestellt worden. Betriebsstoff und auch Flugzeugmangel lassen eine enge Sicherung beim Verband nicht zu.
Während des Anmarsches entlang der südnorwegischen Küste wird der Verband laufend von Signalstellen und Küstenbatterien mit Scheinwerfern und hellen Lampen angerufen und zur Abgabe sämtlicher Morsenamen der beteiligten Schiffe aufgefordert. Anscheinend hat eine Unterrichtung dieser Stellen über den Marschweg des Verbandes nicht stattgefunden.
23.00 fällt auf der *Kaiser* eine Maschinenstörung an. Der Verband muß die Fahrt verringern und zeitweilig sogar eine längere Zeit stoppen. Kaum hat das Schiff die Fahrt wieder aufgenommen, zeigt sich die Störung erneut. Dadurch kommt Unruhe in den Verband. 1 sm vor Punkt Schwarz 26, dem Wendepunkt zur Wurfformation, gibt es eine zweite Behinderung. Ein entgegenlaufender Geleitzug mit schwach gesetzten Lichtern steuert zu dieser Zeit genau in den Wendepunkt ein. Der Verband wird gezwungen, etwa 2 sm weiterzulaufen. Danach, im Augenblick des Andrehens auf Wurfformation, tauchen hinter dem Geleitzug noch drei abgeblendet fahrende U-Boote auf, das letzte davon auf 1 000 m Abstand von seinem Vordermann. Der Verband wird genötigt zurückzuwenden und gerät damit in völlige Unordnung. Das Durcheinander kann jedoch noch eben und mit Mühe bis zum Beginn des Minenwerfens behoben werden, zumal auch die *Kaiser* wieder nicht mithalten konnte. Das Besteck wurde durch das dauernde Kringeln zunächst recht ungenau. Die Feuer sind aber gut zu sehen, so daß der Sperranfangspunkt trotz der Erschwernisse beim Anmarsch leicht zu bestimmen ist.
Beim Insichtkommen der U-Boote hinter dem Geleitzug sind im Verband zudem Zweifel über deren Nationalität entstanden, muß doch an der südnorwegischen Küste stets mit einem Auftreten feindlicher U-Boote gerechnet werden. Der F. d. Minsch. hält es für unbedingt erforderlich, daß ein auf Unternehmung befindlicher Verband von allen möglichen Begegnungen mit Einzelfahrzeugen, Geleitzügen und deren Sicherung usw. rechtzeitig unterrichtet wird. In diesem Fall wurde nachträglich ein Fehler im Lagezimmer der 8. Sicherungsdivision festgestellt.
Die Sperre XXXIV KLAUDIUS wird vom 19. zum 20. IX. 1944 von 23.42 bis 01.20 geworfen. Während der Sperrlegung herrscht ONO-Wind in Stärken 3 bis 4 vor. Die See ist in Stärken 2 bis 3 bewegt. Es regnet, und es ist diesig. Gemeldet wird die Sperrlage als Rechteck mit folgenden Punkten:

Skizze 76: Sperre XXXIV KLAUDIUS
geworfen durch Kreuzer *Emden*, Minenschiff *Kaiser*,
Karl Galster, Richard Beitzen, Friedrich Ihn, Theodor Riedel
am 19./20. IX. 1944

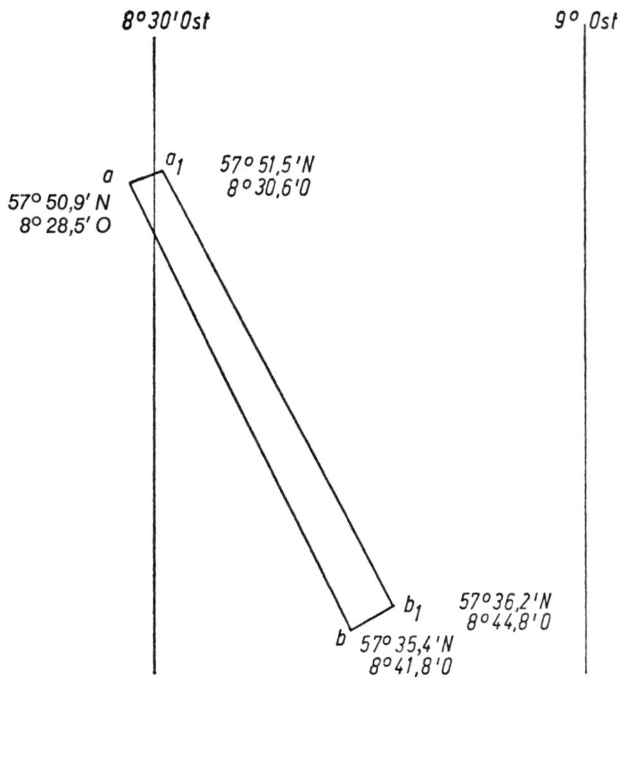

a) 57° 50,9' N, 8° 28,5' O,
a_1) 57° 51,5' N, 8° 30,6' O,
b) 57° 35,4' N, 8° 41,8' O,
b_1) 57° 36,2' N, 8° 44,8' O.
Siehe Skizze 76 und Skizze 67 a, Seite 178.

Während des Minenwerfens wurden voraus mehrere Lichter gesichtet, die nach der Seite nicht auswanderten. Es handelte sich um die Lichter von etwa zehn dänischen und schwedischen Fischereifahrzeugen, die kurz vor der Beendigung des Werfens mit ausgebrachten Netzen vor dem Verband standen. Durch laufende Entfernungsmessungen wurde erleichtert festgestellt, daß der Abstand zwischen den fischenden Fahrzeugen und dem Wurfverband gerade ausreichte, um die Sperre noch planmäßig zu Ende zu werfen. Der F. d. Minsch. hatte zwar vor dem Auslaufen um zwei Vorpostenboote zur Freihaltung dieses Seegebietes von den dort stets fischenden Fahrzeugen gebeten. Die Boote waren auch zugesagt worden, konnten dann aber wegen Kräftemangels doch nicht gestellt werden.

Kurz nach Beginn des Minenlegens mußte übrigens die *Kaiser* wegen Maschinenstörung erneut stoppen. Sie brachte damit die Zerstörer in einige kritische, zum Teil gefährliche Positionen. Die Kiellinie einzunehmen und die Schwenkung nach Backbord durchzuführen war nicht ohne weiteres möglich, denn es mußte auf die Bojen geachtet werden, die zur Kennzeichnung der Fischereigrenze ausgelegt worden waren. Außerdem standen die oben erwähnten Fischereifahrzeuge gerade an Backbord querab von der *Emden*. Ein Durchlaufen der Fischereiflottille kam wegen der dort ausgebrachten Netze nicht in Betracht. Der Verband mußte also stoppen, und es kam erneut zu einem völligen Durcheinander. Erst nach längerer Zeit konnte der Verband die Backbordschwenkung durchführen und die Fahrt wiederaufnehmen.

Jetzt, nach dem Legen der Sperre, erhalten zwei der leergeworfenen Zerstörer den Befehl, die Fischer nach Süden zu verweisen.

Der Rückmarsch wird ab 01.50 mit 15 kn Fahrt angetreten. Der Wind kommt jetzt aus SO in Stärken 4 bis 5. Der Seegang, jetzt noch in Stärke 4, nimmt zu. Der Himmel ist bedeckt, es regnet.

04.00 meldet die *Kaiser* die Kondensatorpumpe undicht und ausgefallen. Das Schiff vermindert seine Fahrt. Der F. d. Minsch. entschließt sich, das Minenschiff *Kaiser* unter dem Geleit der Zerstörer *Karl Galster* und *Richard Beitzen* nach Arendal zu entlassen. Hier wird beim Aufnehmen der Pumpe festgestellt, daß sich Kettenglieder, Schäkel und andere Eisenteile in der Pumpe befinden. Sabotage ist somit als sicher anzunehmen. Nach der Entfernung der Fremdkörper läuft die Pumpe wieder einwandfrei.

Am 26. IX. 1944 liegt die *Kaiser* am Sperrzeugamt Swinemünde und wird mit 240 UMB beladen. Sie läuft am 27. IX. 1944 aus Swinemünde mit dem Ziel Kristiansand-Süd aus und ankert am 29. IX. 1944 im Topdalfjord. Damit ist der Einsatz des Minenschiffes *Kaiser* im Befehlsbereich des F. d. Minsch. für 1944 beendet.

Die beiden Zerstörer, welche die *Kaiser* nach Arendal begleitet haben, stehen 06.30 wieder beim Verband, der seinen Marsch nach dem Oslofjord fortsetzt. Der Leichte Kreuzer *Emden* ankert 12.40 in der Falkenstenbucht. Die Einheit hat Befehl, aus Tarnungsgründen täglich den Liegeplatz zu wechseln. Da bei keinem der vorgesehenen Liegeplätze ein Telefon oder eine sonstige Signalverbindung vorhanden ist, richtet der F. d. Minsch. eine Einsatzdienststelle an Land ein. Er selbst schifft sich am 21. IX. 1944 aus und begibt sich zu seiner Dienststelle nach Kopenhagen. Inzwischen ist die Verlegung dieser Dienststelle nach Sonderburg befohlen worden. Die Verlegung wird ab 27. IX. 1944 durchgeführt.

7.8.3 **Die Skagerrak-Sperre XXXII b KALIGULA**

Zur Verstärkung des Skagerrak-Warngebietes ist in dessen Nordteil eine vierreihige Minensperre mit einer westlich davor gesetzten Räumschutzreihe auszulegen. Als Sperrmittelträger sind vorgesehen:

EMR-Reihe	Leichter Kreuzer *Emden*	mit 86 EMR
Minenreihen	Z 20 *Karl Galster*	mit 28 EMC u. 15 EMF
	Z 4 *Richard Beitzen*	mit 28 EMC u. 15 EMF
	Z 14 *Friedrich Ihn*	mit 27 EMC u. 16 EMF
	Z 6 *Theodor Riedel*	mit 27 EMC u. 16 EMF

Obwohl kein Schiff des Verbandes der Minenschiffe an der Unternehmung teilnimmt, ist die Führung des Wurfverbandes dem F. d. Minsch. übertragen worden. Nach der Besprechung der Aufgabe bei der 8. Sicherungsdivision in Aarhus schifft sich der F. d. Minsch. in Frederikshavn auf der *Karl Galster* ein und läuft in Begleitung der *Richard Beitzen* am 29. IX. 1944 nach Horten aus. Hier steigt er am 30. IX. 1944 auf die *Emden* um. Am 1. X. 1944 erhält er den Stichwortbefehl KALIGULA. Danach ist die Aufgabe am gleichen Tage durchzuführen.

Der aus der *Emden* und den vier Zerstörern bestehende Verband läuft am 1. X. 1944, 16.00, aus Horten aus. Der Wind kommt in Stärke 2 aus SW. Die See ist mit Stärke 1 ruhig zu nennen. Es herrscht mäßige Sicht. Die angeforderte enge Luftsicherung kann wegen Kräftemangels nicht gestellt werden. Dagegen ist Sitzbereitschaft befohlen und muß genügen. 21.40 passieren drei U-Boote auf Gegenkurs und haben mit *Karl Galster* ES-Austausch. Der Verband hat von dieser zu erwartenden Begegnung vorher keine Kenntnis erhalten. Auf der *Emden* werden ab 22.55 mit dem Funkmeßgerät laufend Luft- und Seeziele erfaßt. 23.05 fliegt ein Ziel an Steuerbord schnell nach achtern ab. 23.55 berichtet die 8. Sicherungsdivision, die Luftaufklärung an der Westkante des Skagerrak-Warngebietes sei ohne Ergebnis geblieben. 00.39 am 2. X. 1944 ist Fliegeralarm. Eine Maschine fliegt dicht über Wasser an Steuerbordseite von vorn nach achtern am Verband mit Kurs nach Land vorbei. Das Absetzen einer Flie-Meldung verzögert sich um über eine Stunde. Eine Luftwarnung von Land erfolgt nicht.

00.41 ist das Sperrgebiet erreicht. Es wird Wurfformation eingenommen. Die Sperre XXXII b KALIGULA fällt von 01.00 bis 01.26. Der Fliegeralarm ist inzwischen um 01.15 aufgehoben worden.

Kurz vor dem Fallen der letzten EMR auf der *Emden* wurde der Leichte Kreuzer – überraschend aus Mondlee – von einer Feindmaschine angegriffen. Es gab erneut Fliegeralarm. Auf der *Emden* wurde ein Torpedoabwurf etwa 300 m ab vom Zerstörer *Karl Galster* beobachtet. Der Torpedo unterlief den Zerstörer und

Skizze 77: Sperre XXXII b KALIGULA

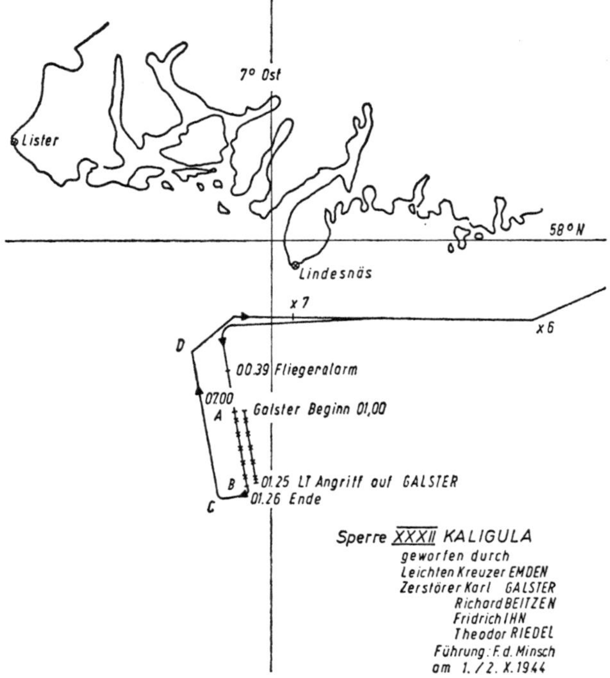

detonierte nach vier Minuten. Die Maschine kam unbemerkt aus dem toten FUMO-Sektor. Sie flog, von Backbord achtern aufkommend, sehr schnell am Verband vorbei und kam sofort außer Sicht. Das Feuer wurde nicht eröffnet, das Minenwerfen zu Ende geführt.

Die Sperrlage ist als Rechteck mit folgenden Eckpunkten gegeben:

a) 57° 50,0′ N, 6° 56,3′ O,
b) 57° 50,2′ N, 6° 58,1′ O,
c) 57° 45,5′ N, 6° 59,4′ O,
d) 57° 45,4′ N, 6° 57,7′ O.

Siehe Skizze 77.

Nach dem Sperrewerfen tritt der Verband mit 21 kn Fahrt den Rückmarsch an. 01.43 befiehlt der F. d. Minsch.: „Dampf auf für Höchstfahrt, denn es muß mit weiteren Angriffen gerechnet werden. Die Zerstörer übernehmen die U-Boot- und Fla-Sicherung."

01.58 erfolgt ein neuer Angriff aus der Luft. Sofort ist Fliegeralarm, und sofort setzt die Flakabwehr mit Sperrfeuer ein. Die tief in 90° anfliegende Maschine dreht ab. 02.01 folgt ein weiterer Anflug, wieder tief, aber aus 110°, vielleicht vom gleichen Flugzeug. Die Flakabwehr setzt erneut ein. Das Flugzeug dreht ab. 02.30 und 02.32 erfaßt das FUMO-Gerät der *Friedrich Ihn* je ein Flugziel achteraus und an Steuerbord, ohne daß ein Ziel in Sicht kommt. 04.03 wird der Fliegeralarm beendet. Der Verband geht 10.15 auf verschiedenen Plätzen im Oslofjord vor Anker. Von der 8. Sicherungsdivision wird ein neuer Beladeplan übermittelt, demzufolge die Minenübernahme der Zerstörer auf den 3. X. 1944 in Frederikshavn festgelegt wird.

7.8.4 **Die Skagerrak-Sperre XXXII ANTON (VESPASIA)**

Zweck auch dieser Sperrlegung ist die Verstärkung des Skagerrak-Warngebietes im Norden. Wie bei XXXII b sind vier Minenreihen und eine feindwärts davor gesetzte Räumschutzreihe zu werfen. Sperrmittelträger sind der Leichte Kreuzer *Emden* mit 114 EMR und die vier Zerstörer *Karl Galster, Richard Beitzen, Friedrich Ihn* und *Z 30* mit je 35 EMC und je 22 EMF. Die Verbandsführung hat der F. d. Minsch., Kapitän z. S. H. Pahl, auf der *Emden.* Nach der Minenübernahme in Frederikshavn durch die Zerstörer liegt der Verband am 5. X. 1944 einsatzbereit in Horten beziehungsweise im Oslofjord.
09.00 drahtet die Luftflotte 5, daß eine enge Luftsicherung auch in diesem Falle nicht möglich ist, dagegen sei Sitzbereitschaft in Lister befohlen. 13.00 geht von der 8. Sicherungsdivision für die kommende Nacht der Stichwortbefehl VESPASIA ein.
Wie bei der Sperrlegung KALIGULA sammelt der Verband am 5. X. 1944, 17.00, bei Fulshuk und läuft zur Unternehmung aus. Der Anmarsch nach der Westkante des Warngebietes erfolgt auf Zwangswegen über Schwarz 29 – 28 – 30 – 26 und dann über den X-Weg bis X 8. Von hier führt der Marsch weiter nach Punkt A auf 57° 54,8′ N, 6° 52,5′ O und Punkt B auf 57° 49,4′ N, 6° 54,6′ O. Die Sperrlegung ist zwischen den Punkten A und B vorzunehmen. Der Rückmarsch soll über die Punkte C auf 57° 49,5′ N, 6° 50,5′ O und D auf 57° 55′ N, 6° 49′ O nach Punkt X 8 erfolgen und weiter auf dem X-Weg und Weg Schwarz wie beim Anmarsch nach dem Oslofjord führen.
Die Sperre ist gemischt zu werfen, so daß nach je 5 EMC je 3 EMF folgen, eine Reihenfolge, die bereits bei der Beladung berücksichtigt wurde. Die Tiefeneinstellung ist bei den EMC mit – 3 m befohlen, bei den EMF mit – 15 m und bei den EMR mit – 5 bis – 7 m. Die Sperrlänge beträgt 10 220 m. 19.30 und 22.00 erfaßt der Zerstörer *Z 30* Ortungsziele an Steuerbord. Um Mitternacht hat der Zerstörer *Karl Galster* eine Feindortung.
Es wird jedoch weder akustisch etwas gehört noch optisch etwas gesehen. Der Wind kommt in Stärken 3 bis 4 aus WNW, und die See läuft in Stärke 2. Es ist teilweise bewölkt. Die Sicht ist gut.
Seit 20.25 haben vom 6. Küsten-Sicherungs-Verband drei Minensuchboote und zwei U-Boot-Jäger eine Standlinie von 58° 0′ N, 6° 37′ O nach 57° 43′ N, 6° 37′ O besetzt, während der Verband am 6. X. 1944, 00.40, auf Sperrkurs 167° geht und die Wurfformation bildet.

Skizze 78: Sperre XXXII ANTON (VESPASIA)
geworfen durch Kreuzer *Emden*, Zerstörer *Karl Galster, Richard Beitzen, Friedrich Ihn, Z 30*
Führung: F. d. Minsch.
am 5./6. X. 1944

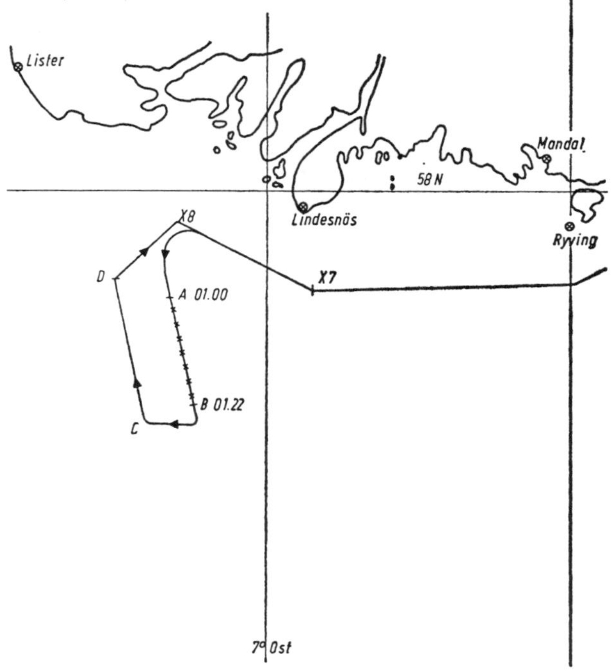

Die Sperrlegung der Sperre XXXII a VESPASIA erfolgt von 01.00 bis 01.22. Die Sperrlage ist als Rechteck wie folgt gemeldet:
a) 57° 54,9′ N, 6° 50,5′ O,
b) 57° 55,1′ N, 6° 53,1′ O,
c) 57° 49,1′ N, 6° 55,5′ O,
d) 57° 48,8′ N, 6° 52,7′ O.
Siehe Skizze 78 und Skizze 67 a, Seite 178.
Auf dem Rückmarsch läuft der Verband ab 01.45 Fahrt für 23 kn. Die Zerstörer werden 10.25 entlassen. Der Leichte Kreuzer *Emden* läuft 12.30 in Horten ein. Der F. d. Minsch. begibt sich zu seiner Einsatzdienststelle. Hier erhält er am 6. X. 1944 den Operationsbefehl für eine Sperrlegung unter dem Stichwort AUGUSTUS.

7.9 **Die Lage bis Ende 1944**

Durch den Verlust der Minenschiffe *Skagerrak* und *Roland* und die bevorstehenden Werftarbeiten an den anderen Minenschiffen ist ein fühlbarer Mangel an Sperrmittelträgern eingetreten. Um dem abzuhelfen, wurde auf das Minenschiff *Kaiser* zurückgegriffen, das als Erprobungsschiff zum Sperrmittel-Erprobungs-Kommando überführt worden war. Bei späteren Minenaufgaben wurde der Leichte Kreuzer *Emden* hinzugezogen. Für weitere Sperrlegungen wurden ab 6. X. 1944 außer der *Emden* auch die Leichten Kreuzer *Köln*

und *Leipzig* dem MOK Ost einsatzmäßig unterstellt. Hierbei wurde vom OKM/1. Skl. bemerkt, daß die Führung des Wurfverbandes später durch den Führer der Zerstörer (F. d. Z.) oder durch den Flottenchef vorgesehen sei.
Am 9. X. 1944 übermittelt die 8. Sicherungsdivision den Zeitplan für die Sperre AUGUSTUS. Als Minenträger sind vorgesehen die Leichten Kreuzer *Emden* und *Köln,* ferner die Zerstörer *Karl Galster, Richard Beitzen, Friedrich Ihn* und *Z 30.* Die Führung des Verbandes liegt beim F. d. Minsch. Auf seinen Antrag soll der Anmarsch zum Sperrgebiet mit vorgesetzten Räumbooten erfolgen, da früher ausgelegte Sperren dicht neben der jetzt befohlenen Sperrlage AUGUSTUS liegen. Außerdem muß der Verband ein bisher nicht freigesuchtes Seegebiet durchfahren. Die operative Leitung der Unternehmung ist ab 10. X. 1944 von der 8. Sicherungsdivision an den Admiral Skagerrak übergegangen. Luftsicherung kann von der Luftflotte 5 wegen Kräftemangels nicht gestellt werden.
Am 11. X. 1944 läuft der Stichwortbefehl AUGUSTUS für den 12. X. 1944 ein. Der Leichte Kreuzer *Köln* hat in Swinemünde 90 EMC an Bord genommen und ist am 11. X. 1944, 12.00, in der Frebergvikenbucht vor Anker gegangen. Die für die Unternehmung vorgesehenen Kräfte sind damit im Oslofjord versammelt. Die U-Boote *U 299* und *U 294* haben Befehl, am 1. X. 1944 abends zur Sicherung des Wurfverbandes eine Vorpostenstellung im westlichen Skagerrak-Warngebiet zu besetzen. Die Boote stehen getrennt auf Position Nord von 57° 43′ N, 6° 41′ O nach 57° 23′ N, 7° 6′ O und auf Position Süd von 57° 15′ N, 7° 16′ O nach 56° 52′ N, 7° 40′ O.
Am 12. X. 1944 nachmittags entschließt sich der F. d. Minsch., das Auslaufen wegen schlechter Wetterlage und auch, weil die Vorhersage schlecht ist, um 24 Stunden zu verschieben. Am folgenden Tag schon geht der Befehl für eine weitere Sperraufgabe mit dem Stichwort TITUS bei ihm ein.
Die Sperrlegung AUGUSTUS muß indessen wegen der gleichbleibend schlechten Wetterlage mehrfach verschoben werden, teils auf Befehl des F. d. Minsch., teils auf Befehl des Admirals Skagerrak. Auch spielen laufende Geleitaufgaben dabei eine Rolle. Erst am 20. X. 1944 ist die Wettervorhersage für die Durchführung der Aufgabe günstig genug. Nun aber erhält der noch im Einsatz bei einer Geleitaufgabe stehende Zerstörer *Z 30* einen Minentreffer und fällt für die Unternehmung aus. Auch können die Räumboote, die als Minensicherung angefordert und zugesagt waren, nicht rechtzeitig bereitgestellt werden. Der Zeitplan verschiebt sich zudem wegen notwendiger Reparaturen auf den beteiligten Zerstörern weiterhin bis zum 29. X. 1944.
Die Luftlage hat sich inzwischen wesentlich verschärft. Am 14. X. 1944 wird bekannt, daß nach einer Warnung General Eisenhowers der gesamte Schiffsverkehr nach Norwegen rücksichtslos angegriffen werden wird. Am 15. X. 1944 fliegen 35 feindliche Maschinen einen Geleitzug zwischen Kristiansand-Süd und Arendal an. Sie versenken einen Dampfer und ein Geleitboot. In der Nacht zum 16. X. 1944 sind etwa 25 feindliche Aufklärungsflugzeuge über dem Zwangsweg im Skagerrak und greifen den Oslo-Aarhus-Konvoi mit Bomben an. Am 18. X. 1944 befindet sich ein feindlicher Verband von 35 bis 40 Mosquitos und Beaufighters über Kristiansand-Süd bis Arendal. In der Nacht zum 20. X. 1944 sind laufend Einflüge von Aufklärern in den Raum Ausgang Oslofjord und norwegische Südküste zu vermerken. Am 22. X. 1944 wird vom Gegner auch das Gebiet weiter südlich bis Frederikshavn eingeschlossen. Der Kampf gegen den deutschen Konvoiverkehr zwischen Dänemark und Norwegen ist, wie von dem alliierten Oberbefehlshaber angekündigt, massiert aufgenommen worden.
Während die Wetterlage und die Geleitaufgaben, zu denen auch die Zerstörer des Wurfverbandes nach Abgabe der Minen herangezogen worden sind, die Durchführung AUGUSTUS ständig verzögern, trifft der Minennachschub für die weiteren Sperraufgaben laufend in Horten ein. Das Sperrzeugamt ist derart überfüllt, daß Minen im Freien gelagert werden müssen. Am 27. X. 1944 befiehlt der Admiral Skagerrak die Verschiebung der Minenunternehmung wegen Vollmondphase bis etwa 7. XI. 1944.

7.10 Änderung der Befehlsführung

Der Einsatz von Flotteneinheiten im Skagerrak, der allmählich auf zwei Kreuzer und fünf Zerstörer angewachsen ist, hat schon am 18. X. 1944 zu einem Antrag der Flotte geführt, den F. d. Z. an Stelle des F. d. Minsch. bei der Durchführung von Sperraufgaben einzusetzen. Die Seekriegsleitung stimmt diesem Antrag am 21. X. 1944 grundsätzlich zu. Die Einsatzdienststelle des F. d. Minsch. in Horten wird daher am 1. XI. 1944 aufgelöst. Die Übergabe der Führung des Wurfverbandes vom F. d. Minsch. an den F. d. Z. erfolgt am 5. XI. 1944 in Aarhus. Der F. d. Minsch. begibt sich anschließend zu seiner Befehlsstelle nach Sonderburg. Zu Sperrlegungen unter der Führung des F. d. Minsch. kommt es bis zum Jahresende 1944 nicht mehr.
Am 10. XI. 1944 wird das Kommando „Befehlshaber der Sicherungsstreitkräfte" (B. d. Sich.) unter dem Befehl von Konteradmiral E. Lucht eingerichtet. Der F. d. Minsch. und damit alle Schiffe des Minenschiffverbandes sind von jetzt ab nicht mehr der Flotte, sondern dem B. d. Sich. unterstellt.

8. Das Jahr 1945

Zur Lage

Von den U-Booten der neuen Typen kommt keines mehr zum Einsatz. Die Erfolge der schnorchelbewehrten U-Boote fallen für eine Beeinflussung des Krieges nicht mehr ins Gewicht, auch nicht die der Schnellboote, der Kleinst-U-Boote und der Kampfschwimmer, die noch immer mit ungebrochenem Einsatzwillen an der Front stehen, die mit jedem Tag und jeder Nacht (auch auf See) zusammenschrumpft. Und noch immer sinken weitere deutsche Städte unter den Angriffen alliierter Bomber in Trümmer, praktisch unbehindert von der geschwächten und fast ausgeschalteten deutschen Luftwaffe.
Was von der deutschen Kriegsmarine und Handelsflotte an Einheiten noch schwimmt, wird in der letzten Phase des Krieges zu einer Tat herangezogen, die ihresgleichen in der internationalen Marine- und Schiffahrtsgeschichte sucht: der Abtransport von nahezu drei Millionen Soldaten und Flüchtlingen aus den von den Russen abgeschnittenen Ostgebieten über die Ostsee in den Westen. Die Verluste bei diesen Transporten sind mit 0,6 Prozent berechnet worden; sie sind, gemessen an den Gefahren, welchen die Flüchtlingsschiffe durch sowjetische U-Boote und alliierte und sowjetische Flugzeuge ausgesetzt sind, gering zu nennen. Auch die Minenschiffe beteiligen sich an dieser Aktion.
Als am 7. V. 1945 – Generaladmiral von Friedeburg ist inzwischen (am 1. V. 1945) ObdM geworden – die deutsche Wehrmacht kapituliert, sind von den größeren Einheiten der Kriegsmarine nur der Schwere Kreuzer *Prinz Eugen* und der Leichte Kreuzer *Nürnberg*, vierzehn Zerstörer und zwölf Torpedoboote vorhanden. Die U-Boot-Waffe ist stärker denn je. Das Schicksal der Marine hat sich erfüllt, wie Großadmiral Dr. h. c. E. Raeder es Hitler 1939, kurz vor Kriegsbeginn, prophezeite: „Mein Führer, die Marine kann nur kämpfen und kämpfend untergehen."

8.1 Nur noch vier Minenschiffe einsatzbereit

Bei Beginn des Jahres 1945 sind noch folgende Minenschiffe einsatzbereit:
die *Elsaß* unter Korvettenkapitän d. R. F. Dyckerhoff,
die *Linz* unter Fregattenkapitän H. Abel,
die *Lothringen* unter Korvettenkapitän z. V. Dr. K. Silex,
die *Ostmark* beendet unter Korvettenkapitän d. R. K. E. Barthel ihre Werftliegezeit im Laufe des Januar,
die *Brummer* (Fregattenkapitän H.-E. Kolster) dagegen hat am 1. I. 1945 bei den Deutschen Werken in Kiel mit der großen Werftliegezeit begonnen.

8.2 Verlust vom Minenschiff »Elsaß«

Der Leichte Kreuzer *Nürnberg* und die Minenschiffe *Linz* und *Elsaß* laufen am 3. I. 1945 in beladenem Zustand aus Swinemünde nach dem Oslofjord aus. Es stehen Minenaufgaben im südnorwegischen Raum bevor. Die Nacht vom 4. zum 5. I. 1945 wird auf einem Ankerplatz südlich Kalundborg im Großen Belt verbracht. Am 5. I. 1945 geht der Marsch 03.45 im Geleit in der Reihenfolge weiter:
zwei Minensuchboote als Geleitsicherung,
Nürnberg,
Linz,
Elsaß und zum Schluß
ein Minensuchboot.
Kurz nachdem sich der Verband formiert hat, erhält das Minenschiff *Elsaß* in der Nähe der Ansteuerungs- und Wegetonne in Höhe von Kalundborg 04.21 Steuerbord achtern einen schweren Grundminentreffer.
Das Schiff bekommt sofort starke Schlagseite nach Steuerbord und kentert nach dieser Seite innerhalb weniger Minuten. Die Besatzung, die sich mit angelegten Schwimmwesten auf Kriegswachstationen befand, erhielt den Befehl: „Alle Mann aus dem Schiff!" Die Männer gingen ohne Panik von Bord. Sie verteilen sich nun auf die vorhandenen Schlauchboote und Rettungsgeräte. Soweit darin kein Platz ist, hält man sich – das Wasser ist eisigkalt – an den Fangleinen fest. Die vorausfahrenden Schiffe werden, so lange die *Elsaß* noch schwimmt, durch Leuchtsignale auf die Lage aufmerksam gemacht. Die Rettungsaktion, die sofort einsatzbereit und energisch von der vorausfahrenden *Linz* und dem hinter der *Elsaß* stehenden Minensuchboot eingeleitet wird, gestaltet sich wegen der sehr dunklen Nacht sehr schwierig und langwierig. Wind und Seegang werden zwar nur in Stärken 2 bis 3 vermerkt. Es herrscht aber eisige Kälte mit Wassertemperaturen von max. + 1° C. Irgendwelche Beleuchtungen durch Scheinwerfer oder Lampen verbieten sich wegen der akuten Fliegergefahr von selbst.
Der günstige Umstand, daß die Schwimmwesten noch vor dem Auslaufen mit kleinen, im Nahbereich gut sichtbaren Nachtrettungslampen ausgestattet wurden, hat sich für viele als lebensrettend erwiesen. Der Kommandant wird nach etwa anderthalb Stunden, bewußtlos in der Schwimmweste treibend, zusammen mit dem Navigationsoffizier aufgefischt. Von der Besatzung werden etwa 160 Mann lebend geborgen, während 82 – größtenteils durch die Einwirkung der Kälte von Luft und Wasser – ihr Leben ließen. Nach Einstellung der Rettungsarbeiten setzt das Geleit seinen Marsch fort und geht am 8. I. 1945 im Oslofjord vor Anker.

8.3 Verlust vom Minenschiff »Brummer«

Das Minenschiff *Brummer* hat am 1. I. 1945 seine große Werftliegezeit bei den Deutschen Werken in Kiel angetreten. Es wechselt am 25. III. 1945 den Kommandanten. Korvettenkapitän d. R. C. Tillessen übernimmt das Kommando von Fregattenkapitän H.-F. Kolster. Als Anfang April die Wiederherstellung der Kriegsbereitschaft der *Brummer* bevorsteht, wird das Schiff am 3. IV. 1945 bei einem Bombenangriff auf die Deutschen Werke in Kiel vernichtet. Das Wrack wird später, bei den Demontagearbeiten nach dem Kriege, gesprengt.

8.4 Das Minenschiff »Ostmark«

8.4.1 Nach der Werftliegezeit

Ende Januar 1945 hat das Minenschiff *Ostmark* seine große Werftliegezeit beendet. Nach einem Flüchtlingstransport hat das Schiff in Swinemünde Sperrmittelübernahme und kehrt damit zu seiner Kriegsaufgabe zurück.

8.4.2 Die Skagerrak-Sperre TITUS II

Als Sperrmittelträger dienen die Minenschiffe *Ostmark, Linz* und *Lothringen.* In der Zeit vom 10. zum 11. II. 1945 verlegt der Verband von Swinemünde, wo auch die *Linz* und die *Lothringen* ihre Sperrmittel übernehmen, nach Kopenhagen. Die Führung hat der F. d. Minsch., Kapitän z. S. H. Pahl, der sich auf der *Ostmark* eingeschifft hat. Siehe Skizze 67 a, Seite 178.
Der Weitermarsch der Schiffe nach Frederikshavn wird durch Luftminenabwürfe und der damit verbundenen Wegesperrung behindert. Er kann erst vom 16. zum 17. II. 1945 erfolgen. In Frederikshavn ankern die Schiffe auf Reede. Während der Bereitschaft werden auch hier Minen abgeworfen. Ein Sperrbrecher und ein Prahm laufen auf. Die Unternehmung muß verschoben werden. Die Schiffe marschieren in der Zeit vom 21. zum 22. II. 1945 nach Kopenhagen zurück.
Vom 6. zum 7. III. 1945 gelingt die Überführung des Verbandes von Kopenhagen nach Kristiansand-Süd. Sie vollzieht sich nicht ungestört. Ab 23.00 werden die Schiffe laufend von Flugzeugen angegriffen. Es gibt Bombenabwürfe in nächster Nähe. Die Schiffe wehren die Angreifer mit massiertem Sperrfeuer der Bordflak nach allen Seiten mit dem Erfolg ab, daß um die Mitternachtsstunde nicht nur Ruhe eintritt, sondern daß bis dahin auch keines der Flugzeuge einen gezielten Treffer anbringen konnte.
Die Sperre TITUS II wird in der Nacht vom 7. zum 8. III. 1945 von Kristiansand-Süd aus geworfen. Auf dem Rückmarsch nach Lillesand, Kagerö und Larvik werden zwei feindliche Torpedoflieger durch das Flakfeuer der Schiffe zum Abdrehen gezwungen. Im Oslofjord werden die Schiffe erneut beladen.

8.4.3 Die Skagerrak-Sperre AUGUSTUS

Der Wurfverband mit den Minenschiffen *Ostmark, Linz* und *Lothringen* verlegt am 13. III. 1945 vom Oslofjord nach Kristiansand-Süd. Der Zerstörer *Karl Galster* wird als zusätzlicher Sperrmittelträger zugeteilt. Boote der 3. T.-Flottille übernehmen die Sicherung. Die Führung des Wurfverbandes hat der F. d. Minsch. auf der *Ostmark.* Siehe Skizze 67 a, Seite 178.
Die Sperre AUGUSTUS wird am 18. III. 1945 geworfen. Während des Werfens hat die in Steuerbordstaffel zur *Ostmark* fahrende *Lothringen* Ruderversager. Das Ruder klemmt nach Backbord, und das Schiff kreuzt mit Backbordkurs über die eben geworfene Minenreihe der *Ostmark.* Der Kommandant der *Ostmark,* Korvettenkapitän d. R. K. E. Barthel, erfaßt die für die *Lothringen* gefährliche Lage. Er läßt das Minenwerfen auf seinem Schiff sofort stoppen, kann jedoch nicht vermeiden, daß eine soeben von seinem Schiff geworfene und noch nicht auf Tiefe gegangene Mine an der Bordwand der *Lothringen* entlangschliert. Sie kommt, ohne Schaden anzurichten, wenige 100 m hinter der *Lothringen* zur Detonation.
Der Ruderversager auf der *Lothringen* kann sehr schnell beseitigt werden, und das Schiff nimmt seine alte Position wieder ein. Da die *Ostmark* das Minenwerfen eingestellt hat, ist der Weg dorthin nicht behindert. Als die *Ostmark* dann das Minenwerfen fortsetzt, explodiert gleich hinter dem Schiff mit ohrenbetäubender Detonation eine Mine. Eine hohe Feuerwand bricht aus dem Wasser heraus, und eine heiße Druckwelle brandet gegen die Wurfbühne des Schiffes. Ein Schaden entsteht glücklicherweise nicht.
Während des Werfens wird achteraus in ziemlich großer Entfernung abermals eine Detonation beobachtet. Die Ortungsstelle hatte dort vorher ein Unterwasserziel erfaßt, danach nicht mehr. Vielleicht hat jetzt die Sperrlegung einen Erfolg gebracht.
Der Rückmarsch führt nach Kristiansand-Süd zu den alten Liegeplätzen. Die Schiffe werden getarnt und am 22. III. 1945 erneut beladen.

8.4.4 Die Skagerrak-Sperre NERO (nicht geworfen)

Von den in Kristiansand-Süd bereitliegenden Minenschiffen *Ostmark, Linz* und *Lothringen* hat die *Lothringen* am 5. IV. 1945 Kommandantenwechsel. Neuer Kommandant ist Korvettenkapitän H. Schuur, der an die Stelle von Korvettenkapitän d. R. Dr. K. Silex tritt. Die Schiffe laufen unter Führung des F. d. Minsch. auf der *Ostmark* zum Werfen der Sperre NERO dreimal aus.
Beim ersten Auslaufen am 7. IV. 1945 erzwingt die Wetterlage eine Verschiebung. Am 11. und 12. IV. 1945 muß das Unternehmen wegen der Luftlage abgebrochen werden. Es wird danach auf höheren Befehl ganz aufgegeben. Die Schiffe werden entladen und auf ihren Liegeplätzen bei Kristiansand-Süd getarnt für längere Zeit in Wartestellung gelegt.

8.4.5 Der Verlust der »Ostmark«

Am 19. IV. 1945 treten die Minenschiffe *Ostmark* und *Lothringen* von Kristiansand-Süd aus den Marsch nach Kopenhagen an, während die *Linz* in ihrer Tarnstellung zurückbleibt. Unterwegs gehen Luftwarnungen ein. Alle Waffen sind besetzt. Am 24. IV. 1945 ankert der Verband auf Frederikshavn-Reede. Der F. d. Minsch. steigt aus und begibt sich zu seiner Dienststelle nach Sonderburg. Während der Liegezeit auf Reede greifen Feindflugzeuge an. Das Abwehrfeuer wird blitzschnell eröffnet, jedoch bleibt es ohne direkten Erfolg. Auf Reede liegen noch acht große Geleitzugschiffe, denen der abgewehrte Angriff ebenso galt. 16.00 gehen die *Ostmark* und die *Lothringen* zum Weitermarsch nach Kopenhagen. Das Minensuchboot *M 293* bildet die Minensicherung. Das Wetter ist unfreundlich. Der Wind weht in Sturmstärke 8, und die See ist mit Stärke 6 entsprechend. Die Marschfahrt beträgt 7 bis 8 kn. 22.00 ist Fliegeralarm. Auf der *Ostmark* wird der Sperrballon auf 500 m Höhe ausgefahren. Er soll gegen gezielte Tiefanflüge schützen. Alle Geschütze sind klar zum Ringsum-Sperrfeuer. Bei der Feuererlaubnis schießen auf der *Ostmark* zwei 10,5-cm, neun 4-cm, sechzehn 2-cm, vier MG und siebzig Raketenwerfer 7,3 cm mit insgesamt 101 Rohren. Der Gegner wirft trotz des massiven Abwehrfeuers Bomben ab. Er greift mehrfach an, wieder und immer wieder. Die Aufschläge der Bomben liegen zunächst zwischen *M 293* und der *Ostmark,* dann aber, 24.00, dicht beim Minenschiff. Wenig später, genau 00.30 des 21. IV. 1945, wird die *Ostmark* von zwei Bomben getroffen. Die eine fährt anscheinend in die vordere Munitionskammer. Die unmittelbar darauf folgende gewaltige Explosion reißt das ganze Vorschiff bis zur Brücke ab. Die zweite Bombe schlägt zwischen Schornstein und den davor befindlichen Aufbauten ein. Mittschiffs bricht Feuer aus, und nach und nach wird die dort lagernde Bereitschaftsmunition entzündet. Die *Ostmark* liegt mit leichter Schlagseite nach Steuerbord. Sie liegt fast bewegungslos. Eine feindliche Leuchtbombe beleuchtet das Schiff fast taghell. Der I. O. ist tödlich verwundet, der Kommandant ist am Bein verletzt. Unter der Mannschaft hat es große Verluste gegeben.
Der Mast ist bis zur Großrah gebrochen. Die Spitze hängt nach unten und verklemmt die Dampfpfeife, die nun ohne Unterbrechung heult. Dieses Heulen ist wie eine schauerliche Klage, ist ein grausiger nächtlicher Grabgesang. Das schwerverwundete Minenschiff legt sich weiter und immer weiter nach Steuerbord über. Der Befehl „Alle Mann aus dem Schiff" erlaubt den Männern, sich in Sicherheit zu bringen. Zwei Kutter und eine Jolle können noch auf ebenem Kiel zu Wasser gebracht werden. Die Flöße werden einfach über Bord geworfen. 01.00 kentert die *Ostmark* nach Steuerbord. Mit dem Bug voran geht sie im Kattegat 2 sm südsüdöstlich von der Insel Anholt in die Tiefe. Noch immer fallen Bomben. Einige davon krepieren mitten in den Pulks der Schiffbrüchigen, die im Wasser umhertreiben. Viele werden getötet, andere schwer oder leicht verletzt.
Die *Lothringen* und *M 293* sind bemüht, die Überlebenden aufzunehmen. Von rund 250 Besatzungsmitgliedern können 138 gerettet werden. Sieben der Geretteten sterben später noch. Die Geborgenen unter den Gefallenen finden am 26. IV. 1945 auf dem Friedhof Vestre Kierkegaard von Kopenhagen ihre letzte Ruhe.
Mit der *Ostmark* ist das Führerschiff des Minenschiffverbandes gesunken. Es ist wie ein Fanal:
Von diesem Augenblick ab werden von Minenschiffen keine Minen mehr geworfen.

8.5 Das Minenschiff »Linz«

8.5.1 Die Skagerrak-Sperre XXXIX TITUS

Das Minenschiff *Linz* hat am 3. I. 1945, 05.00, mit 325 EMC Swinemünde verlassen und den Marsch zum Oslofjord angetreten. Es marschiert im Verband mit dem Leichten Kreuzer *Nürnberg* und dem Minenschiff *Elsaß,* das auf der Höhe von Kalundborg durch Grundminentreffer verlorengeht. Vom Oslofjord aus ist die Sperre XXXIX auf den Stichwortbefehl TITUS an der Ostseite des Sperrsystems im Skagerrak-Warngebiet auszulegen. Der Leichte Kreuzer *Nürnberg,* zwei Zerstörer, zwei Torpedoboote und die Boote der 8. R.-Flottille sind an der Unternehmung beteiligt. Das Minenschiff *Linz* ist für die Sperrlegung mit 185 EMR beladen.
Der Verband läuft am 13. I. 1945, 16.45, aus dem Oslofjord aus und kehrt am 14. I. 1945, 10.00, dorthin zurück. Unterwegs erfolgt ein Bombenangriff, der jedoch ohne Schäden bleibt. Die Sperre XXXIX wird von
58° 1,3′ N, 8° 26,1′ O nach
57° 49,4′ N, 8° 43,2′ O
geworfen. Siehe Skizze 67 a, Seite 178.
Unter der Führung des Minenschiffes *Ostmark* legt das Minenschiff *Linz* später folgende Sperren:
vom 7. zum 8. III. 1945: die Sperre TITUS II im Skagerrak;
am 18. III. 1945: die Sperre AUGUSTUS im Skagerrak;
vom 7. bis 11. und am 12. IV. 1945: beteiligt beim Versuch, die Sperre NERO zu werfen.
Einzelheiten siehe beim Kapitel über das Führungsschiff *Ostmark.*

8.5.2 Der Verbleib der »Linz«

Am 15. VI. 1945 wird die Besatzung der *Linz* nach einem Einsatz beim „Unternehmen Rettung" der Kriegsmarine (siehe 11.) auf einen kleinen Stamm reduziert. Am 20. VII. 1945 geht die *Linz* bei der Torpedo-Versuchs-Anstalt Eckernförde längsseit. Hier werden durch die Engländer sämtliche Geschütze sowie die E-Meßanlage von Bord geholt.
Danach, am 23. VII. 1945, marschiert die *Linz* unter englischer Bewachung nach Hamburg, wo der Rest der Besatzung aussteigt und in englische Kriegsgefangenschaft abgeführt wird. Das Schiff selbst wird englische Kriegsbeute und in *Empire Wansbeck* umbenannt.

8.6 Das Minenschiff »Lothringen«

Nachdem der aus den Einheiten Leichter Kreuzer *Nürnberg* und den Minenschiffen *Linz* und *Elsaß* bestehende Wurfverband am 5. I. 1945 die *Elsaß* durch Grundminentreffer verlor, wird das in Sonderburg liegende Minenschiff *Lothringen* als Ersatz herangezogen. Das Schiff ankert am 18. I. 1945 im Oslofjord, wo es auch beladen wird. Es kommt jedoch nicht zum Mineneinsatz. Die Minen werden am 23. I. 1945 wieder abgegeben. Die *Nürnberg* marschiert mit der *Linz* wie auch mit der *Lothringen* in der Zeit vom 24. zum 25. I. 1945 vom Oslofjord nach Kopenhagen. Hier erhält die *Lothringen* den Befehl, sich am Abtransport von Flüchtlingen aus Pillau zu beteiligen (siehe 9.).

8.6.1 Teilnahme an Sperrlegungen

Unter Führung der *Ostmark* mit dem F. d. Minsch. an Bord nimmt die *Lothringen* an folgenden Sperrlegungen teil:
vom 7. zum 8. III. 1945: Skagerrak-Sperre TITUS II;
am 18. III. 1945: Skagerrak-Sperre AUGUSTUS;
vom 7. bis 11. und am 12. IV. 1945: abgebrochene Unternehmung NERO. Siehe Seite 220.
Weitere Einzelheiten siehe beim Führungsschiff *Ostmark.* Vor dem Auslaufen zum Unternehmen NERO war am 5. IV. 1945 Kommandantenwechsel. An die Stelle von Korvettenkapitän z. V. Dr. K. Silex tritt Korvettenkapitän H. Schuur als neuer Kommandant vom Minenschiff *Lothringen.*
Nach Aufgabe der Sperrlegung NERO steht die *Lothringen* im Geleit mit der *Ostmark* auf dem Rückmarsch nach Kopenhagen und erlebt deren Untergang am 21. IV. 1945 zwischen Insel Anholt und Nordeingang Sund. Die *Lothringen* beteiligt sich an den Rettungsarbeiten und nimmt Überlebende auf. Sie werden in Kopenhagen ausgeschifft.

8.6.2 Der Verbleib der »Lothringen«

Die *Lothringen,* ex *Londres,* wird nach dem Kriege an Frankreich zurückgegeben.

9. Der Mineneinsatz im Südraum (Mittelmeer)

Vorspann statt Lagebericht

Der Einsatz von Minenschiffen im Mittelmeer ist bewußt nicht in den vorstehenden Kapiteln über die Minenschiffe behandelt worden, um ihn geschlossen darstellen zu können. Dasselbe trifft zu für den Einsatz von Minenschiffen im Schwarzen Meer.
Der Gedanke, den Minenkrieg auch im Mittelmeer zu führen, kam erstmals 1942 auf. Die hier und in den angrenzenden Seegebieten eingesetzten Minenschiffe waren dem F. d. Minsch. truppendienstlich unterstellt, während der Waffeneinsatz durch die örtlichen Dienststellen erfolgte.
Als erste Maßnahme wurden zur Abwehr möglicher Landungsversuche der Alliierten zunächst an der westitalienischen Küste Flankensperren geworfen, und zwar:
von der Bucht von Salerno bis La Spezia,
im Golf von Genua und
vor der französischen Küste.
Entsprechende Sperren wurden auch an der italienischen Adriaküste bis in die Bucht von Triest geworfen. Auch an den Küsten Sardiniens, Korsikas und der Ägäis waren Minenschiffe im Einsatz.
Im Schwarzen Meer warfen rumänische Minenschiffe mit teilweise deutscher Besatzung Sperren nach den Plänen deutscher Dienststellen.
In personeller Hinsicht ist zu sagen, daß vom F. d. Minsch. wiederholt einsatzerprobte Kommandanten, Offiziere und Besatzungsmitglieder an die Minenschiffe im Südraum abgegeben wurden.
Nachstehend der Einsatz der Südraum-Minenschiffe einzelschiffweise.

9.1 Die Minenschiffe »Brandenburg« und »Pommern«

Korvettenkapitän d. R. Dr. med. dent. O Wunder, bisher Kommandant des Minenschiffes *Skagerrak,* wird am 22. II. 1943 nach Italien kommandiert und stellt am 1. V. 1943 das Minenschiff *Brandenburg* in Dienst. Am gleichen Tage folgt die Indienststellung des Minenschiffes *Pommern.* Das Kommando hat Kapitänleutnant d. R. E. Heydemann, der im Minenschiffverband auf der *Preußen* und der *Ostmark* Dienst getan hatte. Beide Schiffe werden abgezweigt, truppendienstlich der 3. Geleitflottille der 7. Sicherungsdivision unterstellt. Die Schiffe sind 3894 BRT und 2956 BRT groß und fuhren unter der Bezeichnung *Kita* und *Bélain* für französische Reedereien als Obsttransporter. 1943 wurden sie in Marseille bzw. in La Ciotat zu Minenschiffen umgebaut. Die Besatzungsstärke liegt bei 200 Mann, die Ladekapazität an Minen beträgt 200 Minen je Schiff.
Der erste gemeinsame Einsatz erfolgt in der Bucht von Cagliari. Anschließend warten die Schiffe im Golf von Neapel längere Zeit auf das Eintreffen von Minen vom deutschen Sperrwaffenkommando. Nach dem Eintreffen der Minen erfolgt vor Miseno Minenübernahme mit eigenem Geschirr aus Leichtern. Es folgen im Juni/Juli 1943 Sperrlegungen

- am Westeingang der Bonifacio-Straße,
- im Golf von Asinari und
- im Golf von Oristano.

Auf dem Marsch von Maddalena nach Livorno wird die *Brandenburg* auf der Höhe von Monte Christo von einem feindlichen U-Boot aus achterlicher Stellung angegriffen. Die Blasenbahn wird wenige Meter an Backbord – parallel zum Schiffskurs vorbeilaufend – beobachtet. In Livorno nehmen die Schiffe italienische Truppen zum Transport nach Bastia an der Ostküste von Korsika an Bord. Es folgt eine Geleitaufgabe für einen französischen Postdampfer von Ajaccio nach Toulon. Hier werden dann Minen für eine Sperrlegung im Golf von Cagliari übernommen. Der Marsch dorthin führt über Maddalena. Das angeforderte Feuer an der Südostspitze Sardiniens brennt unverständlicherweise mit voller Friedensstärke. Hierdurch angelockt, kommt es zu einer Begegnung mit feindlichen Flugzeugen, deren Angriff aber ohne Erfolg bleibt.
Die Sperre wird am 11. VII. 1943 von 06.19 bis 08.02 geworfen.
Auf dem Rückmarsch nach Maddalena greifen am 11. VII. 1943, 14.02, sieben Bristol-Beaufort aus Richtung 90° die in Dwarslinie fahrenden Minenschiffe und das vorgesetzte, zum Verband gehörende italienische Torpedoboot *Vivaldi* an. Der Hauptangriff richtet sich gegen die *Brandenburg.* Die Flugzeuge teilen sich in zwei Gruppen zu je drei Maschinen und fliegen, um das Abwehrfeuer zu verteilen, aus Richtung 40° und 130° an. Das 7. Flugzeug greift allein von achtern an, um die Geschützbedienungen mit Bordwaffenbeschuß niederzuhalten.
Die Schiffe eröffnen das Feuer auf 3500 m. Treffer werden beobachtet. Torpedoabwürfe erfolgen auf 600 bis 1000 m auf das Minenschiff *Brandenburg.* Fünf Laufbahnen werden gesichtet und durch Hartruderlegen ausmanövriert. Zwei Maschinen stürzen nach Überfliegen des Schiffes ab. An Bord hat es durch den Bordwaffenbeschuß einen Schwerverletzten gegeben. 14.21 kann der Fliegeralarm beendet werden.
Noch am gleichen Tage gibt es 15.21 erneut Fliegeralarm. Dieses Mal greifen sechs Bristol-Beaufort im Tiefflug aus Richtung 90° bis 100° an. Das Abwehrfeuer wird mit allen Rohren eröffnet. Daraufhin teilt sich der Flugzeugverband. Die Maschinen fliegen einzeln in Schlangenlinien an. Eines der Flugzeuge fliegt – weiter abgesetzt – dann von achtern an. Bereits im Anflug wird von allen Maschinen starker Bordwaffenbeschuß ausgeübt. Infolge des starken Abwehrfeuers durch den schwimmenden Verband werden in den Flugzeugen die Torpedos bereits auf 1500 bis 2000 m querab von der *Brandenburg* ausgelöst. Auch die von achtern anfliegende Maschine wirft ihren Torpedo weit aus achterlicher Richtung gegen die *Brandenburg* ab. Allen Laufbahnen wird durch Hartruderlegen ausgewichen. Zwei Flugzeuge werden von der *Brandenburg,* ein weiteres von der *Pommern* abgeschossen. 15.23 wird der Kommandant der *Bran-*

denburg, Korvettenkapitän d. R. Dr. med. dent. O. Wunder, durch Bordwaffenbeschuß auf der Brücke tödlich verwundet. Das Kommando übernimmt der I. Offizier, Oberleutnant z. S. d. R. P. Wienbeck. Acht Besatzungsmitglieder sind schwer und dreizehn leicht verletzt worden.

Ohne weitere Behinderungen kehrt der Verband in seinen Ausgangshafen Maddalena zurück.

Nach neuer Beladung in Toulon werfen beide Schiffe eine Minensperre bei Kap Teulada an der Südwestspitze Sardiniens. Dabei wird auf der *Pommern* ein Mann durch eine ausrauschende Bojenleine gegen die Reling gepreßt und über Bord gerissen.

Die Schiffe erhalten nach dieser Unternehmung eine notwendige, wenn auch nur kurze Werftliegezeit, die *Brandenburg* in Toulon, die *Pommern* in La Ciotat. In diesem Zeitabschnitt übernimmt als Nachfolger des gefallenen Korvettenkapitäns d. R. Dr. med. dent. O. Wunder Korvettenkapitän d. R. Dr.-Ing. K.-F. Brill das Kommando auf der *Brandenburg.*

Im August 1943 legen die *Brandenburg* und die *Pommern* von Toulon aus Sperren im Golf du Lion nahe der spanisch-französischen Grenze, ferner südlich La Spezia und von Miseno aus eine Sperre im Golf von Salerno. Nach der Beladung in La Spezia schließt sich eine Unternehmung in die Gaeta-Bucht an. Hier wird der Verband nachts und zudem noch bei Nebel von einem feindlichen Aufklärer erfaßt. Dieser wirft Leuchtkörper in unmittelbarer Nähe der Schiffe auf mitlaufendem Kurs und in größeren Abständen ins Wasser.

Am 17. VIII. 1943 morgens stößt ein italienisches Torpedoboot zum Verband und will – wie bisher üblich – die Führung übernehmen. Der Kommandant der *Brandenburg,* Korvettenkapitän d. R. Dr.-Ing. K.-F. Brill, gibt die Führung nicht ab, da er vom Nordraum her eine andere Praxis gewohnt ist.

Nachdem das italienische Torpedoboot seine Minen geworfen hat, setzt es sich ungefähr 1 000 m nach Steuerbord ab. Gegen 08.00 erscheint ein italienisches Flugzeug, kreist ein paarmal, schießt ins Wasser und verschwindet. Kurz darauf erfolgt ein Anflug von acht feindlichen Torpedofliegern. Mit der 10,5-cm wird auf eine Entfernung von 4 000 m sofort Zonenfeuer eröffnet. Bei 2 000 m setzen die leichten Fla-Waffen ein. Eine der Maschinen dreht aus unbekannten, unerklärlichen Gründen ab. Die übrigen sieben Maschinen fliegen weiter an und werfen Torpedos ab. Sie haben keinen Erfolg. Fünf Maschinen werden abgeschossen.

Das Minenwerfen wurde – im Gegensatz zu den von italienischer Seite vorliegenden Befehlen – während des Angriffes fortgesetzt. Nach den italienischen Befehlen sollte das Minenwerfen bei Fliegerangriffen abgebrochen, im Zickzackkurs abgelaufen und der Angriff abgewehrt werden.

Der Rückmarsch führt nach Toulon, von wo Sperren südlich La Spezia ausgelegt werden. Am 9. IX. 1943, am Tage nach dem italienischen Zusammenbruch, liegen die Schiffe in Livorno. Sie wirken am 11. IX. 1943 bei der Besetzung der Akademie von See aus mit. Die Akademie wird kampflos übergeben. Am 12. IX. 1943 erhalten die *Brandenburg* und die *Pommern* den Befehl, alle italienischen Schiffe aufzuhalten, die La Spezia verlassen haben und versuchen, nach Süden zu entkommen. Ein italienisches Sicherungsfahrzeug läuft nach einer Aufforderung durch die *Pommern* in Livorno ein. Zwischen Livorno und Piombino zwingt die *Brandenburg* einen beladenen Dampfer durch Artilleriefeuer, sich auf die Felsen zu setzen. Später verfolgt die *Pommern* ein Schiff mit einer italienischen Admiralsflagge im Top, das das Feuer des deutschen Minenschiffes sofort erwidert. Es nebelt sich ein und geht dicht unter die Küste. Die Besatzung verläßt das Schiff, das am nächsten Tage durch die *Brandenburg* versenkt wird.

Auf dem Rückmarsch nach Toulon hält die *Brandenburg* vor Livorno ein Sicherungsfahrzeug an, das sich nach den ersten Treffern auf eine Untiefe aufsetzt. Währenddessen fordert die *Pommern* ein italienisches Minentransportschiff zum Einlaufen auf. Es setzt sich zur Wehr. Nach Treffern in der Brücke springt die Besatzung bis auf den Kommandanten und einen Ingenieur über Bord. Das Schiff wird durch ein Kommando der *Brandenburg* nach Livorno gebracht.

Nach ihrem Eintreffen in Toulon werden wieder Minen an Bord genommen, mit denen die West- und Ostzugänge zur Straße von Bonifacio geschlossen werden.

9.1.1 Der Verlust der »Brandenburg« und der »Pommern«

Am 21. IX. 1943 soll das Minenschiff *Brandenburg* vor Bastia eine Sperre legen. Die Einheit wird noch beim Anmarsch auf der Höhe der Insel Capraia von dem britischen U-Boot *Unseen* torpediert und sinkt. 25 Mann werden vermißt, sieben Mann sind schwer- und 23 leichtverletzt. Der Kommandant, Korvettenkapitän d. R. Dr.-Ing. K.-F. Brill, wird gerettet.

Von der *Pommern* werden Sperren südlich und östlich der Insel Gorgona geworfen. Als das danach für eine Unternehmung nördlich von Kap Corse beladene Minenschiff am 5. X. 1943 auf dem Wege von Toulon nach Imperia steht, läuft es ostwärts von San Remo auf eine italienische Minensperre und geht verloren. An Verlusten sind 20 Mann zu beklagen. Der Fall erinnert an das tragische Ende der Minenschiffe *Tannenberg, Hansestadt Danzig* und *Preußen,* das in 4 ausführlich behandelt wurde.

9.2 **Das Minenschiff »Juminda«**

Seit dem Eintreffen von Korvettenkapitän d. R. Dr.-Ing. K.-F. Brill als Kommandant der *Brandenburg* besteht beim Deutschen Marinekommando Italien die Absicht, unter seiner Führung eine Minenschiffgruppe Westitalien zu bilden. Im Rahmen der hierzu erforderlichen Maßnahmen stellt Brill am 9. IX. 1943 ein kleines, ehemals italienisches Minenschiff in Dienst, dem er den Namen *Juminda* in Erinnerung an die Minenschlacht vor gleichnamigem Kap an der estländischen Küste ostwärts von Reval gibt, an deren Erfolg er maßgeblich beteiligt gewesen und mit dem Ritterkreuz ausgezeichnet worden ist. Als Kommandant des Schiffes wird Kapitänleutnant z. V. W. v. Stosch an Bord befohlen. Die *Juminda* ist zwar ein kleines Schiff, kann aber dennoch 60 bis 80 italienische Minen laden. Zunächst führt sie mit der jeweiligen Anzahl Minen an Bord einige Sperrunternehmungen in Richtung Bastia und südlich von Elba durch. Als dann eine weitere Minenaufgabe ansteht, schifft sich Korvettenkapitän Dr.-Ing. K.-F. Brill auf ausdrücklichen Befehl des Deutschen Marinekommandos Italien zusätzlich auf der *Juminda* ein. Noch bevor es zum Legen der Minen kommt, erhält das Schiff am 22. X. 1943, 01.48, einen von einem Schnellboot abgefeuerten Torpedo, der sofort eine starke Schlagseite nach Backbord zur Folge hat. Nach einem zweiteren Torpedotreffer und – nach Aussagen von Besatzungsmitgliedern der drei begleitenden Räumboote – mehreren inneren Detonationen an Bord, die auf ein Hochgehen der Minenladung schließen lassen, sinkt das Schiff innerhalb weniger Sekunden 2 sm westlich Porto San Stefano.
Von der Besatzung können nur 16 Mann, unter diesen acht Verletzte, gerettet werden. Der Kommandant, Kapitänleutnant W. v. Stosch, wie auch Korvettenkapitän Dr.-Ing. K.-F. Brill, sind nicht unter denen, die das Ende der *Juminda* überleben.
Karl-Friedrich Brill, dessen Leiche am 24. X. 1943 gefunden und geborgen wird, findet am 28. X. 1943 auf dem Friedhof in San Stefano seine letzte Ruhestätte. Mit ihm hat der Minenschiffverband einen Offizier verloren, der stets ein Vorbild höchster Pflichterfüllung und soldatischer Einsatzbereitschaft gewesen ist. Zu dem Ritterkreuz, das er als einziger Minenschiffskommandant getragen hat, wird ihm nachträglich das Eichenlaub verliehen.

9.3 **Das Minenschiff »Niedersachsen«**

Nach Untergang der *Brandenburg* wird vom Deutschen Marinekommando Italien die Indienststellung des ehemals italienischen Minenlegers *Aqui* befohlen mit der Restbesatzung der *Brandenburg* und ihrem Kommandanten, Korvettenkapitän d. R. Dr.-Ing. K.-F. Brill. Das Schiff erhält den Namen *Niedersachsen.*
Die Indienststellung verzögert sich bis zum Dezember 1943, und, nachdem Dr.-Ing. K.-F. Brill gefallen ist, wird der bisherige Kommandant der *Skagerrak,* Korvettenkapitän d. R. Dipl.-Ing. H. Boekholt, Kommandant der *Niedersachsen.* Unter seiner Führung kommt es zusammen mit den Torpedobooten *TA 23* und *TA 24* am 22. und 23. XII. 1943 nördlich von Korsika zum Minenunternehmen ATTACKE und danach, im Januar 1944, zu drei Sperrunternehmungen. Am

9. I. 1944 fallen vor Imperia (Nordwestitalien) 260 Minen,
19. I. 1944 fallen südlich von Elba 225 Minen,
23. I. 1944 fallen nördlich von Nettuno (Westküste Mittelitalien) 173 Minen und 77 Sprengbojen.

Bei der letzten dieser Unternehmungen wünscht das Marinekommando Italien, den Einsatz mit Rücksicht auf die Vollmondphase zu verschieben. Vom OB Südwest kommt jedoch der Befehl: „Schiff und Besatzung sind einzusetzen."
Die Sperrlegung gelingt.
Die *Niedersachsen* führt am 7. II. 1944 eine Geleitaufgabe von La Spezia nach Marseille durch. Infolge eines Irrtums bei der Abgabe des für diesen Tag gültigen Erkennungssignals kommt es zum Beschuß durch eigene Seestreitkräfte. Ein Toter ist zu beklagen.
Auf dem Rückmarsch wird das Schiff am 15. II. 1944, 17.18, 3 sm vor Toulon auf 43° 0,3′ N, 0,5° 54′ O vom britischen U-Boot *Upstart* mit einem Vierfächer angegriffen. Die *Niedersachsen* wird zweimal getroffen und kentert 17.23. Elf Besatzungsmitglieder sind gefallen, viele andere sind verletzt.
Da der Kommandant das Schiff in sämtlichen Laderäumen mit Fässern hatte vollstauen lassen, hat es sich durch diese Vorsorge – gewissermaßen auf seiner Ladung schwimmend – herumgewälzt, so daß die Besatzung, soweit sie durch die Treffer nicht unmittelbar ausgefallen war, vollständig geborgen werden konnte.

9.4 **Die Minenschiffgruppe Westitalien**

Nach dem Untergang der *Niedersachsen* wird Korvettenkapitän d. R. Boekholt zum Chef der schon seit längerer Zeit geplanten Minenschiffgruppe Westitalien ernannt. Hierzu zählen die Minenschiffe:
Oldenburg, Kommandant: Kapitänleutnant d. R. G. Heydemann,
Dietrich von Bern, Kommandant: Kapitänleutnant H. Luckey,
Kehrwieder, Kommandant: Oberleutnant z. S. d. R. Flörken.

Außerdem gehören dazu zwei alte italienische Torpedoboote, zwei ehemalige Zerstörer und eine Marinefährprahmgruppe.
Mit diesen Fahrzeugen hat der Chef der Minenschiffgruppe Westitalien vom 4. IV. bis 9. VI. 1944 noch sechs Minenunternehmungen durchgeführt, wobei 739 Minen und 69 Sprengbojen geworfen wurden. Nach Übernahme des Chefs der Minenschiffgruppe Westitalien in den Stab des Deutschen Marinekommandos wird kein Nachfolger mehr ernannt. Die Gruppe geht ein.

9.4.1 Das Minenschiff »Oldenburg«

Nach dem Verlust der *Pommern* wird unter dem gleichen Kommandanten, Kapitänleutnant d. R. G. Heydemann, das italienische Trajektschiff *Garigliano* im November 1943 als Minenschiff in Dienst gestellt. Es erhält zunächst den Namen *Dwarsläufer.* Bug und Heck des Schiffes haben die gleiche Form, und es ist etwa 1 000 BRT groß. Es legt bis Jahresende 1943 Minensperren südlich Elba und ostwärts von Savona im Golf von Genua. Im Januar 1944 wird es auf den Namen *Oldenburg* umbenannt.
Nach einer Sperrlegung am 4. I. 44 südlich Elba unter Oberleutnant z. S. Molitor als Kommandant i. V. erfolgt ein Angriff englischer Gun-Boote auf kurze Entfernung. Das Schiff erhält Einschüsse im Vorschiff. Es macht Mühe, es über Wasser zu halten. Deshalb wird es in Livorno auf Grund gesetzt, gelenzt und dann nach La Spezia überführt.
Weitere Unternehmungen unter Heydemann – nämlich vom 3. bis 8. IV. 1944 die Sperrlegungen HERZ DAME, HERZ KÖNIG, HERZ BUBE – erfolgen südlich Elba zwischen Giglio–Gianutrio–Pianosa sowie nördlich von Elba bei Capraia. Diese Unternehmungen werden wegen der geringen Geschwindigkeit des Schiffes in Etappen ausgeführt:
1. Nacht: Marsch von La Spezia nach Livorno oder Porto Ferraio,
2. Nacht: Sperrlegung und zurück nach Livorno oder Piombino,
3. Nacht: Rückmarsch nach La Spezia.

Im März 1944 legt das Schiff mehrere Sperren nordwestlich von Gorgona. Bei einem Luftangriff auf La Spezia im April 1944 bricht nach einem Bombeneinschlag in unmittelbarer Nähe des Liegeplatzes Feuer an Bord aus. Es wird durch tatkräftiges Eingreifen der Besatzung verhältnismäßig schnell gelöscht.
Ab 1. V. 1944 wechselt der Kommandant. Neuer Kommandant ist der Oberleutnant z. S. W. Rosenbusch. Unter seiner Führung werden Sperren südlich La Spezia und im Golf von Genua geworfen. Bei der Räumung von Genua im April 1945 wird das Schiff von der Besatzung versenkt.

9.4.2 Das Minenschiff »Dietrich von Bern«

Ursprünglich ist die 984 BRT große *Dietrich von Bern* ein italienisches Fahrgastschiff mit einer Höchstgeschwindigkeit von 13,5 sm gewesen. Die Italiener haben es während des Krieges als Minenleger vor Korsika eingesetzt, bis es am 2. IV. 1944 unter seinem neuen Namen von der deutschen Kriegsmarine in Genua in Dienst gestellt wird. Der Kommandant ist Kapitänleutnant H. Lukey, einer der Überlebenden nach dem Untergang der *Juminda.* Das Schiff hat vom 20. IV. bis 21. VII. 1944 zwischen La Spezia und Genua sechs Geleitaufgaben und neun von La Spezia und Livorno ausgehende Sperrunternehmen durchgeführt
Bei Sperrunternehmen im Verbande, teils mit der *Oldenburg,* teils mit der *Kehrwieder,* hat sich der Chef der Minenschiffgruppe Westitalien, Korvettenkapitän d. R. H. Boekholt, auf der *Dietrich von Bern* eingeschifft. Einige Aufgaben leiteten der Chef der 13. Sicherungsflottille und der Chef der 10. T.-Flottille, wenn Boote dieser Flottille beteiligt waren.
Trotz laufender Überwachung des Seegebietes durch feindliche Schnellboote und Flugzeuge sind alle Aufgaben gelungen. Am 13. VIII. 1944, 22.34, erhält die *Dietrich von Bern* bei einem britischen Luftangriff auf Genua einen Bombentreffer zwischen Schornstein und Brücke. Das Schiff bekommt starke Schlagseite nach Steuerbord. Bei diesem Überkrängen fallen in unmittelbarer Nähe der Bordwand mehrere Bomben ins Wasser und krepieren. Die *Dietrich von Bern* kentert 22.50 nach der Steuerbordseite. Von der Besatzung, die im Bunker an Land Schutz suchte, ist ein Mann auf dem Wege dorthin von einem Bombensplitter getroffen und getötet worden.

9.4.3 Das Minenschiff »Kehrwieder«

Das ehemalige deutsche Minensuchboot *M 120,* das von den Italienern als Minenleger Verwendung fand, wird im Oktober 1943 als Minenschiff *Kehrwieder* in Dienst gestellt. Kommandant ist der Oberleutnant z. S. Flörken. Das Schiff wird für Sperrunternehmungen vor Bastia, südlich und nördlich Elba und bei der Insel Capraia eingesetzt. Am 14. III. 1944 wird die *Kehrwieder* beim Auslaufen zur Unternehmung vor La Spezia durch Flugzeuge mit Splitterbomben angegriffen. Hierbei fällt der Obersteuermann. Es gibt mehrere Schwer- und Leichtverletzte. Im April 1944 wird das Schiff bei einem Luftangriff auf La Spezia im Arsenal so schwer beschädigt, daß es sinkt. Nachdem es gehoben worden ist, wird es außer Dienst gestellt, da sich die Reparatur als Minenschiff nicht lohnt.

9.4.4 Das Minenschiff »Nymphe«

Auch bei dem Minenschiff *Nymphe* handelt es sich um ein ehemaliges deutsches Minensuchboot. Es wird als Ersatz für die *Kehrwieder* unter dem gleichen Kommandanten, unter Oberleutnant z. S. Flörken also, im Mai 1944 in Dienst gestellt. Sein Tätigkeitsgebiet als Minenschiff ist das Seegebiet südlich La Spezia und der Golf von Genua. Die *Nymphe* wird im April 1945 im Hafen von Genua von der Besatzung versenkt, nachdem das Schiff seine letzte Aufgabe – eine Verminung vor und im Hafen von Genua – durchgeführt hat.

9.4.5 Das Minenschiff »Westmark«

Ein im September 1943 vor Livorno aufgebrachtes italienisches Minentransportschiff von 916 BRT wird im September 1944 von der Besatzung der nach Bombentreffern im Hafen von Genua gesunkenen *Dietrich von Bern* mit deren Kommandanten, Kapitänleutnant H. Luckey, als Minenschiff *Westmark* in Dienst gestellt. Sperrunternehmungen werden südlich von La Spezia und im Golf von Genua durchgeführt. Im November/Dezember 1944 kommt es an Land zum Einsatz der Besatzung zur Bekämpfung von Partisanen. Bei Kriegsende liegt das Schiff in La Spezia. Hier wird es am 19. IV. 1945 von seiner Besatzung, die sich von da ab am Landeinsatz beteiligt, versenkt.

9.5 Der Minenkrieg in der Adria

Die Sperrlegungen in der Adria erfolgen im Jahre 1943 auf Befehl des Admirals Adria und 1944/45 nach den Befehlen der 11. Sicherungsdivision, Triest. Hierbei sind die nachstehend ausführlich behandelten Minenschiffe *Kiebitz* und *Fasana* einzeln wie auch gemeinsam die Hauptträger des Kampfes gewesen.

9.5.1 Das Minenschiff »Kiebitz«

Ursprünglich italienisches, 4000 BRT großes und 20 kn schnelles Motorschiff *Ramb III,* kam das unter dem Namen *Kiebitz* in Dienst gestellte Minenschiff im März 1944 unter seinem Kommandanten, Korvettenkapitän W. von Hansmann, erstmalig zum Einsatz. Die *Kiebitz,* die bei diesem ersten Einsatz noch ohne Kreiselkompaß zur See fuhr und deshalb von einem vorausfahrenden Navigationsboot begleitet wurde, sollte eine dreireihige Minensperren im Quarnero legen, um den Golf von Fiume abzusperren. Das Unternehmen wurde abgebrochen, nachdem das als Navigationsboot vorausfahrende Torpedoboot mit dem Chef der 11. Sicherungsdivision, Korvettenkapitän d. R. J. von Kleist, an Bord in eine alte italienische Minensperre geriet, deren Lage nicht einwandfrei bekannt war. Das Boot ging verloren. Die *Kiebitz* hat einige Tage später diese Sperre und noch zwei weitere im Quarnero ausgelegt (darunter am 19. und 20. IV. 1944 zusammen mit dem Räumboot *R 185* von Pola ausgehend auch die Minenunternehmung HERMELIN). Damit wurde die Aufgabe, den Golf abzusperren, voll erfüllt.
Das Minenschiff *Kiebitz* hat im adriatischen Raum etwa 5000 Minen geworfen, meist allein und meist mehrreihige Sperren, verschiedentlich gesichert, so am 3. XI. 1944 beim Legen einer Sperre in der nördlichen Adria durch die Torpedoboote *TA 40, TA 44* und *TA 45.* Einige Sperren wurden mit der *Fasana* zusammen ausgelegt. Die Gegenwehr durch feindliche Flieger war beträchtlich. Dabei fiel bei einem der Angriffe eine der Bomben ins Minendeck, glücklicherweise ohne zu zünden. Die Bombe wurde am nächsten Tage entdeckt und entschärft.
Bei einer Minenunternehmung gegen den schon in feindlicher Hand befindlichen Hafen Ancona von Pola aus konnte die beabsichtigte dreireihige Sperre nicht voll ausgelegt werden. Nach dem Werfen der ersten Minenreihe lief die *Kiebitz* beim Wenden auf Gegenkurs entweder auf eine Mine oder erhielt einen Torpedotreffer. Es entstand ein Leck in einer Länge von 2 m. Das Vorschiff lief bis zum ersten Schott voll Wasser, außerdem klemmte das Ruder. Es gelang, das Vorschott zu versteifen, während das Schiff bei dieser Arbeit eine Stunde lang über das Heck manövrierte. Über Pola erreichte es dann, wieder über den Bug fahrend, Triest zum docken.
Die *Kiebitz* erhielt schließlich im Hafen von Fiume am 9. XI. 1944 bei einem US-Luftangriff drei Bombentreffer. Eine der Bomben war in den Öltank gegangen. Das Schiff geriet in Brand und war nicht mehr zu löschen. Es sank mit geradem Kiel, die Aufbauten ragten aus dem Wasser. Mit der *Kiebitz* gingen auch *TA 21* und das Geleitboot *G 104* verloren.

9.5.2 Das Minenschiff »Fasana«

Die 600 BRT große *Fasana* war unter diesem Namen ursprünglich als italienisches Minenschiff gebaut. Bei geringer Geschwindigkeit von nur 10 kn hatte es einen Tiefgang von nur 1 bis 1½ m und war daher zum Legen von Sperren in seichten Gewässern sehr geeignet. Das Schiff, das unter italienischer Flagge im Sommer 1943 eine Sperre mit 137 Minen in der Adria legte, wurde am 20. IV. 1944 in der Werft San Rocco bei Triest unter der deutschen Flagge und seinem Kommandanten, Oberleutnant z. S. W. Matschoß, in Dienst gestellt.

Auf Minenunternehmungen werden bis Ende 1944 teils allein, teils zusammen mit dem Minenschiff *Kiebitz* 15 Sperren gelegt, davon die Sperren SKUNKS und OZELOT am 26. und 27. V. 1944 sowie die Sperre UMAGO mit der *Kiebitz* als Führungsschiff. Absprunghafen ist bei fünf Unternehmungen Triest, zwei Aufgaben werden von Venedig bzw. Lido-Reede aus durchgeführt, vier Unternehmen haben Pola zum Ausgangspunkt.
Außer SKUNKS, OZELOT und UMAGO sind als Sperrbezeichnungen genannt: TRIEST, ZOBEL 1 bis 6, EMMA 1 und EMMA 2 sowie ALPHA 1 und 3. Zwischen den Sperrlegungen ZOBEL 5 und ZOBEL 4 erfolgt am 24. VI. 1944 der Angriff eines feindlichen Aufklärers vom Typ Marauder, der nach Waffeneinsatz abdreht.
Nach dem Verlust der *Kiebitz* am 9. XI. 1944 wurde deren Kommandant, Korvettenkapitän v. Hansmann, zum Chef der 2. Geleitflottille ernannt, zu der auch die *Fasana* gehörte. Als Flottillenchef hat er fast alle Unternehmungen der *Fasana* mitgefahren, so auch den letzten Weg bis zur Kapitulation, über den er berichtet:
„Die letzten Tage von Triest waren turbulent. Die SS hatte die Stadt verlassen und alle Waffen zurückgelassen, die prompt in die Hände der Partisanen fielen. Wir verteidigten den Hafen noch einen Tag lang und liefen dann auf Befehl des Chefs der 9. T.-Flottille, Fregattenkapitän F.-K. Birnbaum, nach Venedig aus. Beteiligt waren etwa 20 Schiffe, alle voll bepackt mit flüchtenden Soldaten. In der Nacht kam die Radionachricht vom Tode Hitlers (30. IV. 1945). Im Morgengrauen überflogen uns bei der Tagliamentomündung Jabos, die aber keine Bomben warfen, obwohl sie von uns aus allen Rohren beschossen wurden. Dann liefen britische Gun-Boote mit weißer Flagge am Stock an. Sie erklärten, daß die Südfront kapituliert habe, und forderten uns zur Übergabe auf. An Land stand ein neuseeländisches Panzerregiment. Dessen Kommandeur forderte uns ebenfalls zur Übergabe auf und gab eine Bedenkzeit von einer Stunde. Widerstand wäre sinnlos gewesen. Es wurde uns noch erlaubt, Proviant von den Schiffen an Land zu bringen. Bevor das letzte Boot von der *Fasana* ablegte, gab ich den Befehl, die Öltanks in Brand zu setzen. Aus unbekannten Gründen hat sich das Feuer nicht ausgebreitet. Es erlosch nach etwa einer Stunde. Die bei dem Geleit mitgefahrenen Räumboote der 6. R.-Flottille haben sich auf Befehl ihres Flottillenchefs, Kapitänleutnant H. Klemm, selbst versenkt."
Der Erwähnung verdient noch, daß der Gegner bei den Selbstversenkungsmaßnahmen nicht eingriff. Er duldete diesen Schlußakt.

9.6 **Der Minenkrieg in der Ägäis**

Hauptminenträger in der Ägäis waren die Minenleger *Bulgaria* und *Drache.* Nach dem Abfall Italiens wurde der italienische Minenleger *Francesco Morosini* als Minenschiff *Zeus* von der Kriegsmarine übernommen, während es dem zweiten italienischen Minenleger, der *Barletta,* gelungen war zu entkommen. Alle Minenschiffe unterstanden der 21. UJ.-Flottille, deren Chef, Korvettenkapitän d. R. G. Brandt, bei zahlreichen Sperrlegungen 1943/44 als Verbandsführer eingeschifft gewesen ist. Die Planung des Mineneinsatzes lag beim Admiral Ägäis, dem die 21. UJ.-Flottille unterstellt war. Die Gesamtverantwortung hatte das MOK Süd.

9.6.1 **Das Minenschiff »Drache«**

Die 1870 BRT große *Drache,* die am 20. VIII. 42 unter dem Kommando von Korvettenkapitän d. R. J. Wünning in Dienst gestellt worden war, konnte etwa 240 Minen an Bord nehmen. Das Schiff führte seine Minenunternehmungen zum großen Teil zusammen mit der *Bulgaria* aus. Sperrlegungen im Jahre 1942 wurden vor den Dardanellen, in der Bucht von Saloniki und vor Piräus und Kap Sunion durchgeführt. Hierbei war Korvettenkapitän d. R. W. Schroeder vom Stab des Admirals „Ägäis" zeitweise der Verbandschef. 1943 betätigte sich die *Drache* im Bereich der gesamten Ägäis. Zusammen mit den italienischen Minenschiffen *Barletta* und *Morosini* (später deutsch *Zeus*) legt die *Drache* mit der *Bulgaria* in der Zeit vom 1. V. bis 20. VII. 1943 an der griechischen Westküste 26 Sperren, die italienischen Minenschiffe *Vieste* und *Buffalo* eine weitere mit zusammen 3156 Minen. Danach (während der Zeit vom 19. VII. bis 4. IX. 1943) legen die *Drache* und die *Bulgaria* in der Ägäis 15 Sperren mit 690 Minen.
Die erfolgreichste Sperrlegung der *Drache* wurde ostwärts der Inseln Kalymnos und Pserimo in der Nacht vom 15. zum 16. X. 1943 durchgeführt. Auf dieser Sperre sanken die beiden britischen Zerstörer *Hurworth* und *Eclipse,* während dem griechischen Zerstörer *Adrias* das Vorschiff weggerissen wurde. Dennoch gelang es diesem Schiff, den Hafen von Alexandria mit eigener Kraft zu erreichen.
Für den erkrankten Kommandanten führte Kapitänleutnant Düvelius bei der Sperrlegung das Schiff. Die ausgelegte Sperre diente zum Schutz für das Aufmarschgebiet zur Eroberung der Insel Leros, die ihren Ausgangspunkt hauptsächlich von der Insel Cos aus nahm. Weitere Aufgaben der *Drache,* die am 8. und 9. V. 1944 zusammen mit den Torpedobooten *TA 17* und *TA 19* in der Ägäis Minen legte, waren Geleite,

Transporte und U-Boot-Jagd, bis sie am 22. IX. 1944 in der Bathi-Bucht von Samos bei einem Angriff britischer Beaufighters durch Bombentreffer mit nachfolgender Explosion verlorenging. Der Kommandant, Korvettenkapitän d. R. J. Wünning, verlor dabei sein Leben.

9.6.2 **Das Minenschiff »Bulgaria«**

Die *Bulgaria* wurde im Mai 1942 als Minenschiff in Dienst gestellt. Sie war 1108 BRT groß und konnte etwa 120 Minen tragen. Sie war im gleichen Seegebiet eingesetzt wie das Minenschiff *Drache* und fuhr vielfach mit diesem Schiff gemeinsam. Allein legte die *Bulgaria* während der Zeit von Mai bis Juli 1943 drei Sperren in der Ägäis mit 140 Minen. Sie sollte auch an den Vorbereitungen zur Eroberung der Insel Leros teilnehmen und befand sich, mit Nachschub beladen, mit der *Drache* am 8. X. 1943 auf dem Marsch von Piräus nach Cos. 08.30 erfolgte westlich von Siriphos ein erster U-Boot-Angriff auf die *Drache.* 09.40 ortete der Verband ein weiteres U-Boot zwischen Seriphos und Siphnos und fuhr mehrere Wasserbombenangriffe. 15.00 erfolgte südlich der Westspitze von Amorgos durch das britische U-Boot *Unruly* ein Torpedoangriff auf das Minenschiff *Bulgaria.* Ein Torpedo traf an Backbord direkt unter der Brücke. Das Schiff sank innerhalb einer Minute. Die *Drache* griff – vom U-Boot *Unruly* ebenfalls beschossen, aber verfehlt – das U-Boot sofort mit Wasserbomben an. Von den 84 Mann, mit denen die *Bulgaria* in See gegangen war, fanden mit dem Kommandanten, Oberleutnant z. S. d .R. Dr. Heyck, insgesamt 38 Mann der Besatzung den Tod. Wie viele Soldaten von den eingeschifften Truppen (350 Mann) umkamen, ist nicht bekannt. Die Rettungsaktion wurde durch die glatte See und durch die zahlreich vorhandenen Flöße erleichtert. Es erschienen nach einiger Zeit drei Arados, welche die Flöße an die Küste von Amorgos schleppten. Dazu kamen noch Seenotflugzeuge und Räumboote, die von Cos her in Marsch gesetzt worden waren. Am Morgen des 9. X. 1943 waren die letzten Schiffbrüchigen geborgen.

9.6.3 **Das Minenschiff »Zeus«**

Das 2423 BRT große Minenschiff *Zeus* hat an mehreren Unternehmungen der Minenschiffe *Drache* und Bulgaria teilgenommen. Als italienischer Minenleger *Francesco Morosini* war das Schiff vor dem Abfall Italiens zusammen mit dem ebenfalls italienischen Minenschiff *Barletta* in der Ägäis eingesetzt. Es wurde am 30. X. 1944 im Golf von Saloniki durch Fliegerbomben vernichtet. Sein Kommandant war bis zum April 1943 Oberleutnant z. S. d. R. G. Schunak, von da ab Kapitänleutnant H. Brandt.

9.6.4 **Die Minenleger »Alula«, »Otranto« und »Galipoli«**

Bei den Minenlegern *Alula, Otranto* und *Galipoli* handelte es sich um drei ehemalige italienische Fischdampfer, die nach dem Verlust vom Minenschiff *Drache* als Minenleger eingesetzt wurden. Die Boote, deren Höchstgeschwindigkeit bei etwa 7 kn lag, konnten zusammen etwa 100 Minen tragen. Sie wurden im August 1944 einsatzbereit.

Unter Führung des Chefs der Minensuchgruppe der Küstenschutzflottille Attika, Korvettenkapitän d. R. Werther, haben die Boote etwa 25 Minenunternehmungen durchgeführt.

Infolge totaler Geheimhaltung aller Vorhaben und des tapferen Verhaltens der Besatzungen laufen alle Unternehmungen trotz Feindeinwirkungen planmäßig ab. Kein Boot geht verloren, doch sind etwa 20 Mann gefallen. Vor der Räumung werden die Boote im Hafen von Saloniki versenkt.

9.7 **Der Minenkrieg im Schwarzen Meer**

Schon 1941 waren zum Schutze von Konstanza Minensperren ausgelegt worden. Diese galten 1943 durch Seegang und Eisdrift als stark gelichtet und in ihrer Wirkung herabgesetzt. Sie werden daher 1943 durch drei neue Sperrstücke ergänzt. Als Minenträger betätigen sich die rumänischen Minenschiffe *Admiral Murgescu, Romania* und *Dacia.* Als Kommandant der *Murgescu* hat sich der Kapitän z. S. Roca einen Namen gemacht.

Zur Bekämpfung der feindlichen U-Boote werden fünf tiefstehende Sperren in der Nähe der eigenen Nachschubwege vor Sulina, dem Bosporus und in der Eupatoria-Bucht geworfen. Der Einsatz der rumänischen Minenschiffe erfolgt unter rumänischer Führung, jedoch nach deutschen Plänen und Weisungen. Die Leitung liegt bis zur Räumung bei der 10. Sicherungsdivision in Konstanza. Das 3152 BRT große Minenschiff *Romania* wird im Mai 1945 auf dem Wege von Sebastopal nach Konstanza durch eine Fliegerbombe versenkt.

10. Die Hilfsminenschiffe in Übersee

Vorspann statt Lagebericht

Abschließend sei noch derjenigen Minenschiffe gedacht, die als Hilfsminenschiffe in überseeischen Gewässern operiert haben[19a]. Ihre Einsätze sind klassische Improvisationen des Schwächeren auf See im Kampf gegen eine weltmeerbeherrschende Seemacht. Ihre Einsätze sind auch beispiellos in der Geschichte der Minenschiffe schlechthin, auch was ihre Erfolge betrifft, die primären durch die Versenkung gegnerischen Schiffsraums und die sekundären durch die Bedrohung wichtiger Schiffahrtsstraßen, die zum Teil gesperrt und erst geräumt werden mußten. Darüber hinaus wird auf das einschlägige Schrifttum verwiesen, daß sich im Gegensatz zu den Minenschiffen in europäischen deutsch-kontrollierten Seegebieten bereits ausführlich in den verschiedensten Editionen mit den deutschen Hilfskreuzern und damit auch mit den nachstehend zusammenfassend behandelten Minenschiffen in Übersee befaßt hat.

10.1 Das Minenschiff »Passat« ex »Storstad«

10.1.1 Der Plan, Minen vor Australien mit mehreren Schiffen zu legen

Am 7. X. 1940 wurde auf der Position 15° 06′ S, 107° 47′ O der unbewaffnete norwegische Tanker *Storstad* durch den als Handelsstörkreuzer (HSK) operierenden Hilfskreuzer *Schiff 33, Pinguin* genannt, „lautlos" aufgebracht. Der Kommandant der *Pinguin,* Kapitän z. S. E. F. Krüder, sieht in dem 8993 BRT großen Tanker die Möglichkeit, seinen ureigensten Plan zu realisieren, dieses Schiff zum Minenschiff umzubauen. Er ging dabei von der fast raffiniert zu nennenden „Trojanischen-Pferd"-Überlegung aus, daß auch der argwöhnischste Gegner niemals auf den Gedanken kommen wird, ein Tanker, dazu noch ein typisch norwegisches Schiff, könnte ein Minenleger sein. Begünstigend kam noch hinzu, daß diese im Charter der Standard Oil, New York, fahrende *Storstad* in australischen Gewässern nicht unbekannt war.
Bereits am 22. IX. 1940 hatte Krüder für eine Minenoperation vor der australischen Küste die nachstehend im Wortlaut aus dem KTB zitierten Überlegungen angestellt:
„1. Aus den vorgefundenen schriftlichen Anweisungen und den mündlichen Aussagen der Kapitäne geht hervor, daß alle Schiffe Anweisung haben, wo irgend möglich, außerhalb der 200-m-Linie zu fahren.
2. Ein Verseuchen von Kaps oder sonstigen navigatorischen Ansteuerungspunkten ist deshalb zwecklos, weil in den meisten Fällen unter Inkaufnahme mehr oder weniger großer Umwege eine Umgehung außerhalb 200 m Wassertiefe möglich ist.
3. Für Minenlegen kommen in Betracht:
a) an der Ostküste: Brisbane, Newcastle, Sydney, die Osteinfahrt zur Bass-Straße, Bank-Straße;
b) an der Südküste: Hobart (Südspitze Tasmaniens), Westeinfahrt zur Bass-Straße (Kap Otway), Spencer-Golf, Albany;
c) an der Westküste: Fremantle, Geraldton, Shark-Bay.
4. Alle Plätze hintereinander und nur mit einem Schiff zu verseuchen ist nicht möglich, da der erste Minentreffer an einer Stelle an allen anderen Plätzen entsprechende Abwehr und Bewachung auslösen wird. Ein geringer Ausgleich dieses Nachteils ist durch Verwendung der Minen mit Uhrwerkverzögerung (bis zu 48 Stunden) möglich. Es befinden sich 100 Minen mit dieser Uhrwerkverzögerung an Bord.
5. Hiermit scheint ein Verseuchen mehrerer Plätze der Süd- und Ostküste in *einer* Wurfperiode möglich; die Westküste wird daher zunächst außer Betracht gelassen.
6. Die allgemeine Ansteuerung der Häfen der Ostküste wird senkrecht zur Küste den kürzesten Weg über flaches Wasser bevorzugen. Auf diesen Ansteuerungen vor den Häfen muß mit Bewachung und außerdem mit regelmäßiger Flugaufklärung gerechnet werden.
7. Am geeignetsten erscheint unter diesen Umständen der Osteingang zur Bass-Straße sowie die Bank-Straße.
8. Auch ein Verseuchen der Einfahrt des an der Südspitze Tasmaniens liegenden Hafens Hobart wird für möglich gehalten.
9. Am Westeingang zur Bass-Straße, bei Kap Otway, hat seinerzeit *Schiff 36* Minen geworfen. Da seit langem nichts mehr darüber gehört worden ist, nehme ich an, daß diese Minen geräumt sind[20].
10. Über weitere Minenunternehmungen von *Schiff 36* in Australien ist nichts bekanntgeworden. Eine erwartete Mitteilung der Skl. darüber liegt nicht vor.
11. Es kann daher auch eine Verseuchung im Spencer-Golf in Frage kommen, obgleich hier so zahlreiche Umgehungsmöglichkeiten vorhanden sind, daß nur mit einem Treffer gerechnet werden kann.
12. Für den kleinen Hafen Albany (befestigter Liegeplatz und Brennstoffstation) gilt das von den Osthäfen unter 6. Gesagte, nur daß Bewachung und Aufklärung weniger stark sein werden.
13. Unter Ausnutzung der in den Minen mit Uhrwerkverzögerung gegebenen Möglichkeiten beabsichtige ich, die Verseuchung an möglichst zahlreichen Plätzen schlagartig zu gleicher Zeit wirksam werden zu lassen. Ich verspreche mir davon nicht nur eine größere Wirkung auf den Gegner, sondern auch die größere Wahrscheinlichkeit, die einzelnen Vorhaben ohne Störung durch bereits eingetretene Minenwirkung durchführen zu können.
14. Am günstigsten ließe sich diese Aufgabe mit mehreren Schiffen zu gleicher Zeit durchführen. Ich habe die Absicht, den nächsten angetroffenen Dampfer auf die Möglichkeit einer Verwendung als Hilfsminenschiff zu untersuchen.
15. Da ich die unmittelbare Verminung der Hafenan-

steuerungen vor Sydney nur unter vollem Einsatz des Schiffes für möglich halte, mit dem dann vielleicht nur ein einziger Erfolg erkauft werden würde, ich andererseits eine Verminung an einer Stelle der langgestreckten Ostküste für wünschenswert halte, habe ich eine Verseuchung auf flachem Wasser zwischen Sydney und Newcastle ins Auge gefaßt. Hier besteht die Möglichkeit, den regen Verkehr des wichtigen Kohlenplatzes Newcastle ebenso wie den nach Sydney zu schädigen und zu beunruhigen. Hier wären Minen mit 48stündiger Uhrwerkverzögerung zu verwenden.
Diese Unternehmung ist als erste geplant, da nach dem Süden zu günstigere Ausweichmöglichkeiten bestehen.
16. Anschließend beabsichtige ich in jeweils einer Nacht Verseuchung der Osteinfahrt der Bass-Straße, dann der Bank-Straße und schließlich der Einfahrt von Hobart.
17. Auf Grund der dann vorliegenden Erfahrungen und nach dem derzeitigen Stand der Alarmierung ist danach zu entscheiden, ob weitere Aufgaben, z. B. an der Westeinfahrt der Bass-Straße und im Spencer-Golf, durchführbar sind."

10.1.2 **Umbau der »Storstad« in das Minenschiff »Passat«**

Mit der Aufbringung der *Storstad* und deren Ausrüstung als Minenschiff war die Realisierung für den Punkt 14 gegeben. Der norwegische Tanker, dessen hochwertiges Öl auch für die Antriebsanlage der *Pinguin* (ex *Kandelfels* der DDG Hansa, Bremen) geeignet war und mit dem die Bunkerbestände des Hilfskreuzers (mit 1 200 t) wieder voll aufgefüllt werden konnten, wurde in drei Tagen und drei Nächten, und zwar vom 9. bis zum 11. X., für seine Aufgabe vorbereitet. In der dem Heck zugewandten Front des auf Tankern achtern liegenden Deckshauses wurde ein großes Schott als „Minentor" herausgeschweißt, das bei normaler Fahrt, um kein Mißtrauen zu erregen, mit einer aufgehängten Persenning abgedeckt werden konnte. Das Innere des Deckshauses wurde vollkommen ausgeräumt, das heißt, die hier eingebauten Kammern und Gangverschalungen wurden entfernt, so daß am Ende ein großer hallenähnlicher Raum entstand. Danach wurden in den Raum und bis zur nunmehr abnehmbaren Heckreling die Schienen für die Minen gelegt, die danach an Bord geschafft wurden. Allein der Minentransport von Schiff zu Schiff über eine ziemlich dünende See war eine bemerkenswerte Leistung, über die es in [2] heißt:
„Erst wollte man die Minen im Schlauchboot über die See schleppen. Schon der erste Versuch aber ließ erhebliche Bedenken aufkommen. Also mußten die Kutter dran glauben, so sehr die Nummer Eins auch lamentierte. Die Böden der Boote wurden mit Polstern und Matten ausgelegt, um ein Durchbrechen der Spanten zu verhindern. An den aufgeschirrten Ladebäumen hängend, schweben die Minen aus dem *Pinguin*-Bauch heraus an die frische Luft, um dann ganz langsam in die Boote gefiert zu werden. Das ist kein einfaches Manöver, denn die Kutter liegen in der See nicht still, sondern torkeln an der Bordwand auf und nieder. Es gilt nun, den richtigen Augenblick, die richtige Sekunde zu erfassen, um die Mine aus ihrer Halterung zu lösen. Ein Zu-Früh oder Zu-Spät würde zur Folge haben, daß der viele Zentner schwere Koloß in das Boot stürzt und dieses zerschlägt. Hier hilft der von einem Mechanikermaaten konstruierte Schlipphaken für den Flugzeugkran. Die Aufnahme des nach dem Einsatz gewasserten Flugzeuges geschieht ja unter gleichen schwierigen Bedingungen. Der betreffende Maat hat daher einen Haken gefertigt, der mittels einer einfachen Reißleine auszulösen ist.
Sämtliche Minen – es sind 110 EMC – gelangen ohne Zwischenfall auf das Deck der *Storstad.*
Das ist eine echte seemännische Leistung.
Der letzten der Minen für die *Storstad* erweisen sie auf der *Pinguin* feierlichen Abschied. Bunte Flaggen schmücken die Reling, und auf das schwarze Metall des Ungetüms kleben Matrosenhände ein mit einem Gedicht beschriebenes Blatt. Ein literarisches Kunstwerk ist dieses Erzeugnis natürlich nicht. Soll es auch gar nicht sein. Es reimt sich, und es drückt auch so alle echten, tiefen Empfindungen der Männer aus."
Kommandant des für die Dauer der Minenunternehmung in *Passat* umbenannten Tankers *Storstad* wurde der von E. F. Krüder vom Leutnant (S) in Kapitänleutnant (S) umbenannte frühere NDL-Offizier E. Warning, dem zwei weitere Offiziere, neun Unteroffiziere und 19 Mann zugeteilt wurden. Zur betriebstechnischen Versorgung der Maschinen erhielt Warning aus der Tankerbesatzung zusätzlich noch fünf Norweger (drei Ingenieure, einen Heizer, einen Motorenmann) und für sonstige Arbeiten an Bord auch noch den hilfsbereiten norwegischen Zimmermann zugewiesen.

10.1.3 **Die Aufgaben der »Passat« und der »Pinguin« und deren Sperren**

Am 12. X. 1940, 00.30, wurde die *Passat* zur Durchführung der ihr gestellten Aufgaben entlassen. Danach waren mit Minen zu verseuchen:
1. die Bank-Straße,
2. die Osteinfahrt und
3. die Westeinfahrt der Bass-Straße.

An Bord waren:
1. 30 EMC mit Uhrwerkverzögerung, eingestellt auf 48 Stunden Verzögerung,

2. 40 EMC, davon 30 mit Uhrwerkverzögerung von 48 Stunden,
3. 40 EMC.

Laut Plan sollte das Minenwerfen für die *Passat* am 29. X. 1940 beginnen. Die Gesamtoperation sah den nachstehenden Verminungsplan vor:

	Pinguin	*Passat*
28. X. 1940	Sydney–Newcastle (48 Stunden Verzögerung)	–
29. X. 1940	–	Bank-Straße (48 Stunden Verzögerung)
30. X. 1940	–	Osteinfahrt Bass-Straße (48 Stunden Verzögerung)
31. X. 1940	Einfahrt Hobart	Westeinfahrt Bass-Straße

Der Ablauf der Operation erfolgte für die *Pinguin* genau nach Plan, beginnend mit dem 28. X. 1940, als das Schiff 12.00 auf 32° 48′ S, 153° 31′ O stand und 17.45 auf Wurfkurs 244° ging. Der 1. Wurfabschnitt begann in Sichtweite der friedensmäßig brennenden Feuer von Newcastle 20.13 auf 188 m Wassertiefe. Bis 00.01 fielen in vier Feldern 40 Minen innerhalb der Gewässer zwischen Sydney und Newcastle sowie in den Küstengewässern von New South Wales.

Die *Pinguin* lief danach mit hoher Fahrt nach Süden ab und ging am Abend des 31. X. 1940, 21.05, vor der Einfahrt von Port Hobart an der Südküste Tasmaniens auf Wurfkurs 45°. 21.20 fiel die erste Mine auf 100 m Wassertiefe. Bis zum 1. XI. 1940, 00.30, wurden 40 Minen in zwei Feldern gelegt. *Schiff 33* lief danach mit 15 kn Fahrt von der Küste ab. Als dann am 3. XI. 1940 ein Kurzsignal der *Passat* über die planmäßige Erledigung der Aufgabe einging, entschloß sich Krüder, auch noch Minen in den Spencer-Golf vor Adelaide zu legen. Am 6. XI. 1940, 22.40, ging die *Pinguin,* die inzwischen Tasmanien umrundet hatte und vor dem Spencer-Golf stand, auf Minenwurfkurs 134° und legte ab 23.03 mit der ersten Mine auf 118 m Wassertiefe bis zum 7. XI. 1940, 00.20, eine Sperre in drei Feldern. Danach lief das Schiff mit 250°-Kurs ab und stand mittags um 12.00 auf 36° 39′ S, 132° 31′ O.

10.1.4 Die Sperrlegungen der »Passat«

Die *Passat* ex *Storstad* hat auf ihrem Anmarsch ins Operationsgebiet mit orkanhaftem Wetter, mit Wind und Böen in Stärke 12 zu kämpfen. Am 18. X. 1940, 01.45, steht der Tanker, der erste und einzige Minentanker der Welt, etwa 70 sm querab vom Kap Leeuwin an der Südwestecke von Australien. In den ersten Morgenstunden passierte ein bewaffneter 9000-Tonner, von dem Warning meint, es könne sich um einen gegnerischen Hilfskreuzer oder um einen Bewacher vor Australiens Küste handeln. Da diesem der Tanker unverdächtig erscheint, bleibt er unbehelligt. Am 19. X. 1940 gibt es außer verschiedenen anderen Ausfällen und Unklarheiten infolge der Belastungen durch die Fahrt durch die hohe Sturmsee Störungen an der Ruderanlage der *Passat,* die nach vielstündiger Arbeit mit Hilfe des norwegischen II. Ingenieurs behoben werden kann. Dazu Warning im KTB:

„Ohne Hilfe des norwegischen II. Ingenieurs, der an Bord eine Beschreibung der Telemotor-Ruderanlage fand, hätten wir das Hauptruder wahrscheinlich nicht reparieren können. Die uns zur Verfügung stehende Zeitreserve schmilzt durch Arbeiten an Maschine und Hilfsmaschine sowie schlechtes Wetter immer mehr zusammen."

Am 22. X. 1940 ist die *Passat* wieder voll betriebsklar. Auch andere Störungen und Schäden wurden beseitigt. Auf dem Weitermarsch tritt indessen nur eine geringe Besserung des Wetters ein. Noch immer steht eine grobe See in hoher, langer Dünung, die den Tanker, der viel Wasser an Deck nahm, stark rollen läßt. Das Mittagsbesteck vom 27. X. 1940 auf 44° 16′ S, 144° 24′ O vermerkt bei nunmehr steigendem Barometerstand und nachlassendem Sturm in der Rubrik Wetter und See: „Schwere See und sehr hohe SSW-Dünung. Das Schiff arbeitet noch stark in der See und nimmt Brecher über. Bei Sturm-, Hagel- und Schneeböen ist die Sicht mäßig."

Von hier ab gibt es zwei Darstellungen,

1. jene, die Überlebende der *Pinguin* in den ersten Jahren nach dem Krieg, als deutschen Historikern noch alle von den Alliierten erbeuteten Dokumente und Archive nicht zugänglich waren, dem Autor von [1, 2] berichteten und belegten, und
2. jene, die [3] später dem von den Engländern zurückgegebenen KTB der *Passat* entnommen hat.

Zu 1.: Die *Passat* legt ihre 1. Sperre im östlichen Teil der Bass-Straße und nimmt dann Kurs auf die Melbourne vorgelagerte Port Phillip Bay. Dabei wird das Schiff, als es Wilsons Promontory passiert, vom Leuchtfeuer Promontory angemorst. Die von der *Passat* geben sich als Tanker *Storstad* von Miri nach Melbourne aus (was ja nach den ursprünglichen Schiffspapieren auch stimmt) und bekommen „Gut-Reise"-Wünsche zurückgemorst. Vor der schmalen Einfahrt zur Port Phillip Bay vor Melbourne fällt die nächste Sperre. Danach wendet sich der Tanker nach Westen und läuft, um das Kap Otway herum, unter der australischen Südküste zur Kängeruh-Insel, wo nachts im Scheine der Leuchtfeuer von Kap Jervis und Kap Willougby Minen in die nach Adelaide führende „Backstairs Passage“ fallen. Überlebenden zufolge kommt es dort zu einer kritischen Begegnung mit einem australischen Bewacher, der im schneidigen Zerstörmanöver den fremden Tanker hart hinter dem Heck, bei dem die Minenausleger nicht mehr eingeholt werden konnten, umfahren will.

Nach 2. erledigt die *Passat* am 29. IX. 1940, zwischen 21.00 und 23,00, mit 30 Minen in zwei Feldern von je 25 und 5 Minen die 1. Minenaufgabe im Gebiet des Eingangs der Bank-Straße. In der Nacht zum 31. X. 1940 wird die 2. Minenaufgabe in der Osteinfahrt der Bass-Straße mit 40 Minen durchgeführt. Davon kommen zunächst drei Felder zu je 10 Minen zwischen Deal Island und Cliffy Island. Es herrscht lebhafter Schiffsverkehr. Dennoch werden in der dunklen Nacht bei niedriger Wolkendecke und durch Regen und Dunst bedingter schlechter Sicht die letzten 10 Minen südlich von Wilsons Promontory, Victoria, sehr nahe unter der Küste verlegt. Zehn Minuten später wird die *Passat* von Land aus mit einer Morselampe angerufen. Der Anruf wird (nach [3]) nicht beantwortet, „worauf die Signalisation ihre Bemühungen aufgibt, wohl unter Berücksichtigung der Erfahrung, daß Morseanrufe von Stationen, die bereits achteraus liegen, von Bord des betreffenden Schiffes wirklich leicht übersehen werden können“.

Wegen erneuten schlechten Wetters mit W-Winden in Stärke 9 und Böen in Stärke 10, mit sehr grober See und hoher Westdünung kann die 3. Minenaufgabe nur unter Abänderung des Wurfplanes erledigt werden. Die 3. Sperre wird nach [3] am 2. XI. 1940, 00.38, in der Westeinfahrt der Bass-Straße mit 40 Minen geworfen (nach [7] fielen die Minen dieser Sperre am 31. X. und 1. XI. 1940 in vier Feldern zu 20 – 15 – 5 – 5 auf der Höhe von Kap Otway, Victoria).

Die *Passat* lief nach Erledigung ihrer Aufgabe zunächst weit nach Süden ab, ging auf Westkurs und strebte dem vorgesehenen Treffpunkt mit der *Pinguin* im Quadrat JF 33 auf 31° 30′ S, 110° 30′ O entgegen.

10.1.5 Die Erfolge der »Passat«- und »Pinguin«-Sperren

Zu den bekanntgewordenen Verlusten durch die *Pinguin*/*Passat*-Sperren sind zu zählen:

1. Durch die *Passat*-Sperren

1.1 Am 7. XI. 1940 sank sechs Seemeilen östlich von Wilsons Promontory der 10 855 BRT große Frachtdampfer *Cambridge* (ex *Vogtland* [bei J. C. Tecklenborg, Wesermünde, erbaut]) nach einer Unterwasserexplosion (Mine). Von der 58 Mann starken Besatzung des auf der Fahrt von Melbourne nach Sydney befindlichen Schiffes konnten 57 gerettet werden.

1.2 Am 8. XI. 1940 lief sechs Seemeilen südlich von Kap Otway das von Adelaide kommende, nach Melbourne bestimmte, 5 883 BRT große US-amerikanische Motorschiff *City of Rayville,* Heimathafen Tampa, USA, auf eine Mine und sank in der darauffolgenden Nacht. Ein Mann kam ums Leben.
Die Bass-Straße wurde vorübergehend gesperrt, als vor dem South East Point durch die *Orara* und vor Kap Otway durch die Sloops *Warrego* und *Swan* Minen gefunden wurden. Erst am 14. XI. 1940 wurde die Straße für den Verkehr wieder freigegeben.

2. Durch die *Pinguin*-Sperren

2.1 Am 5. XII. 1940 ging der 1 052 BRT große Frachter *Nimbin* aus Sydney durch Minenexplosion auf 33° 15′ S, 151° 47′ O verloren, wobei sieben Mann umkamen.

2.2 Am 7. XII. 1940 lief im Spencer-Golf auf Position 35° 30′ S, 135° 25′ O der von Freemantle nach Adelaide bestimmte Londoner Frachter *Hertford* auf eine Mine. Er konnte jedoch nach Port Lincoln eingeschleppt werden.

2.3 Am 26. III. 1941 sank der aus Sydney stammende 287 BRT große Fischdampfer *Millimumul* ex *Gunner* ex *Temahani* nach einer Minenexplosion vor Newcastle. Sieben Mann der Besatzung kamen um.

Insgesamt hatte der Gegner durch die *Pinguin*/*Passat*-Minen 18 068 BRT an Schiffsraum verloren und zudem noch auf Tage hin den Schiffsverkehr durch die Bass-Straße sperren müssen. Robert Gill in seinem Dokumentarwerk „The Royal Australian Navy 1939–1942“ [7]: „. . . Die deutschen Hilfskreuzer entwickelten eine erschreckende Aktivität und erzielten beachtliche Erfolge . . .“

10.2 Walfänger »Pol IX« / Minenschiff »Adjutant«

10.2.1 Die Vorgeschichte

Als der Hilfskreuzer *Pinguin* am 14. I. 1941 in der Antarktis Teile der norwegischen Walfangflotte – und zwar Walfangmutterschiffe wie auch Walfangboote – aufbrachte und als Prisen ausrüstete, wurde dabei das auf der Position 57° 47′ S, 02° 30′ O gestellte Fangboot *Pol IX* vorgesehen, dem Hilfskreuzer zunächst als „Zweites Auge“ und später auch als Minenleger zu dienen. Unter dem Kommando von Leutnant z. S. K. F. Hemmer, dem Adjutanten Krüders, fand *Pol IX* unter dem neuen, beziehungsreichen Namen *Adjutant* die vorgesehene Verwendung.

Da die Praxis bewiesen hatte, daß ein Tanker bei seinem Einsatz als Minenschiff offenkundig weniger gefährdet war als ein normaler Frachter, in welchem vom Gegner eher ein feindlicher Hilfskreuzer vermutet werden konnte, wenn dieser schon unangemeldet in alliierte Küstengewässer eindrang, wollte er auch für ein neues und letztes Minenunternehmen wieder einen Tanker einsetzen. Bereits im Februar 1941 hatte Krüder bei der Skl. in Berlin angefragt, ob man ihm für eine der *Storstad*-Operationen ähnliche Minenunternehmung den vom Hilfskreuzer *Atlantis* am 2. II. 1941 im Indik aufgebrachten Prisentanker *Ketty Brövig* zur Verfügung stellen könnte, eine Idee der Zuweisung, die von Kapitän z. S. B. Rogge, dem Kommandanten der *Atlantis,* stammte. Krüders Plan war es, nach dem Umbau der *Ketty Brövig* in einen Minenleger – das Schiff war wie die *Storstad* in Norwegen beheimatet – damit in der Neumondperiode des April Minen vor Bombay und gleichzeitig mit der *Adjutant* Minen vor Karachi zu legen.

Hier bedarf es noch der Ergänzung, daß Karachi als Platz für eine Minenoperation bereits vor dem Auslaufen der *Pinguin* bei einer Besprechung zwischen Krüder und der Skl. zur Debatte gestanden hatte. Karachi bot sich dafür vor allem deswegen an, weil es, an einem der nordwestlichen Arme des Indusdeltas gelegen, durch dessen rasche Verschlickung und Versandung über flache Vorgewässer verfügt. Diese wiederum begünstigten ein Minenlegen in größerem Abstand von dem eigentlichen Hafen, der naturgemäß nur durch ein begrenztes Fahrwasser zu erreichen ist. Doch zurück zu dem *Ketty-Brövig*-Plan. Ein Zusammentreffen mit der *Atlantis*-Prise kam jedoch nicht zustande, da diese bereits am 2. II. 1941 auf 04° 30′ S, 50° 00′ O versenkt worden war. Auf dem Treffpunkt traf Krüder lediglich den von der *Atlantis* auf 26° 29′ N, 90° 16′ O aufgebrachten 8306 BRT großen Norweger-Tanker *Ole Jacob,* der ebenfalls auf die *Ketty Brövig* wartete.

Kapitän z. S. Krüder erbat nunmehr bei der Skl., daß man ihm vorübergehend diesen Tanker für die geplante Minenoperation zuweisen möge, was diese aber ablehnte, da dieser Tanker für dringende Versorgungsaufgaben benötigt würde. Eine dieser Aufgaben war die Versorgung des Hilfskreuzers *Orion,* die der Skl. besonders vordringlich schien, zumal die *Orion* wesentlich mehr an Heizöl benötigte, als es bei den anderen Hilfskreuzern der Fall war. Berlins Rat an Krüder „Sucht Gegnertanker" zwang diesen nunmehr, wollte er nicht von seinem Plan zurücktreten, sich nach einem Feindtanker umzusehen, den er jedoch nicht mehr im freien Indischen Ozean erwarten durfte.

Die Verhältnisse hatten sich – das war auch in Berlin bekannt – im Indischen Ozean seit dem halben Jahr, da die *Pinguin* westlich Australien Kreuzerkrieg führte, zum Nachteil der deutschen Handelsstörer entwickelt. Durch die Erfolge erst von *Schiff 16 (Atlantis),* dann durch *Schiff 33 (Pinguin),* dann wieder durch *Schiff 16* und im Februar 1941 auch des Schweren Kreuzers *Admiral Scheer* gezwungen, führte der Gegner nunmehr den gesamten Verkehr gebündelt und dicht unter den englischen Stützpunkten entlang. Außerdem hatte der Gegner seine eigenen wie auch die in seinen Diensten stehenden Schiffsführer zu wirksamen Gegenmaßnahmen verpflichtet, wozu unbedingte Funkmeldung (QQQQ bei Hilfskreuzern und RRRR bei Kriegsschiffen) und notfalls auch Artillerieeinsatz gehörten. Hilfskreuzer *Pinguin* stellte also die Minenoperation bis zum Aufbringen eines Gegnertankers zurück und arbeitete für die nächste Zeit mit dem Beischiff *Adjutant* als Aufklärer zusammen. (Weitere Einzelheiten dazu siehe diesbezügliches Schrifttum [1, 2, 3, 4].)

Im Rahmen dieser Operation kam es dazu, daß *Pinguin* am 28. IV. 1941 den britischen Frachtdampfer *Clan Buchanan* nicht lautlos versenken konnte. Zwar nahm die *Pinguin,* auf der man keine Reaktion auf die QQQQ-Meldung des Britentankers beobachtet hatte, am nächsten Tage auf 01° 30′ S, 62° 30′ O noch eine Ölversorgung der *Adjutant* vor, der tags zuvor ein morgens gesichteter Dampfer in einer Regenbö entwischt war, mußte dann aber an Hand weiterer (späterer) Funksprüche von Wiederholungen des Notrufes der *Clan Buchanan* festgestellt haben, daß die QQQQ-Meldung des am 28. IV. 1941 versenkten Frachters doch gehört worden war. Die Folge davon war, daß die langsamere *Adjutant* sofort zum Treffpunkt „Veilchen" beordert wurde.

Nach der Entlassung der *Adjutant* setzte Krüder seine Operationen alleine fort, wobei er Hoffnung hatte, einen aus dem Persischen Golf kommenden oder nach dort gehenden Tanker für die geplanten Minenaktionen unbeschädigt aufbringen zu können. Als er am Nachmittag des 6. V. 1941 die Verfolgung eines mit NNO-Kurs fahrenden Tankers aufnahm und diesen am 7. V. 1941 im Morgengrauen auf 08° N und 55° O aufzubringen versuchte, wurde er nach einer Anhaltesalve zum Wirkungsschießen gezwungen, da der Gegner – es handelte sich um den britischen Tanker *British Emperor* – die verräterische QQQQ-Meldung sowie Name, Uhrzeit und Position funkte. Einen Tag später wurde die *Pinguin,* die zwar sofort mit AK-Fahrt auf SO-Kurs abgelaufen war, vom britischen Schweren Kreuzer *Cornwall* gesichtet und nach einem harten, am Ende aber ungleichen Kampf auf 03° 30′ S und 57° 48′ O versenkt[21].

Wenden wir uns wieder dem Walfänger zu.

Kenntnis vom Ende ihres Mutterschiffes erhielten die Männer der auf dem Treffpunkt wartenden *Adjutant* durch das von der Skl. dorthin beorderte Versorgungsschiff *Alstertor.* Dieses sollte den Walfänger außerdem mit dem Notwendigsten ausrüsten, war doch inzwischen von der Skl. entschieden worden, die *Adjutant* dem Hilfskreuzer *Komet* zuzuweisen, dessen Kommandant, Konteradmiral R. Eyssen, am 11. V. 1941 ausdrücklich darum gebeten hatte. Eyssen war an der *Adjutant* weniger zur Verwendung als „Zweites Auge" interessiert, er sah in diesem Schiff in Anlehnung an die Krüdersche Idee, Feindschiffe – aufgebrachte Tanker vor allem – zu Minenschiffen umzubauen und einzusetzen, vielmehr eine Möglichkeit, mit dem Walfänger Minenoperationen durchzuführen, ohne dabei das eigene Schiff, die *Komet* also, zu gefährden. Da es sich hierbei um Operationen auf der südlichen Hemisphäre handelte, mußten mit dem Unternehmen Karachi (vorerst zumindest) auch die an Bord der *Adjutant* befindlichen nordgepolten TMB-Minen abgeschrieben bzw. abgegeben werden.

10.2.2 **»Adjutant«-Minen für Karachi**

Hier ist eine Rückblende angebracht.
Die *Adjutant* war von Krüder schon Wochen vorher als jederzeit einsatzbereites Hilfsminenschiff ausgerüstet worden. Vom Hilfskreuzer *Pinguin* hatte der Walfänger dafür eine Minenwurfeinrichtung eingebaut bekommen[22]. An Minen kamen damals aus den Beständen der *Pinguin* zwölf nordgepolte TMB an Bord. Bei einem Einsatz der Minen vor Karachi hoffte man auf der *Adjutant* wie auch auf dem HK *Pinguin* auf einen besonderen Erfolg, war doch Karachi das Ziel zu Truppentransportern umgebauter Passagierschiffe, die hier in einem bestimmten Rhythmus zur „Beladung" mit Hilfstruppen einliefen. An Bord der *Pinguin* glaubte man über den bordeigenen B-Dienst sogar in Erfahrung gebracht zu haben, daß zu den Truppentransportern auch die riesigen *Queen*-Schiffe zählten. Es kam nur darauf an, die Wurfzeit der Minen so zu berechnen, daß die (oder der) gegnerischen Truppentransporter das minenverseuchte Gebiet als erste Schiffe entweder einkommend oder auslaufend befuhren. Sollte die *Adjutant* bei dieser Unternehmung in Brennstoffschwierigkeiten geraten, hatte Kapitän z. S. Krüder vorgesehen, daß sich Leutnant z. S. Hemmer in Richtung zum Golf von Oman absetzen konnte, um sich mit seinen Männern in Persien internieren zu lassen.

10.2.3 **Die »Adjutant« wird Hilfsminenschiff des HK »Komet«**

Am 13. V. 1941 funkt die Skl., daß die *Alstertor* den Walfänger zum *Schiff 45,* dem Hilfskreuzer *Komet,* entsenden, vorher aber auch mit Brennstoff auffüllen solle. *Schiff 45* sei es anheimgestellt, das Fangboot bei einer sich durch eine längere Begleitung ergebenden brennstoffmäßigen Belastung zu versenken.
Die am 14. V. 1941 nach der Position KU 63[23] entlassene *Adjutant* tritt am 21. V. 1941 auf dem befohlenen Treffpunkt ein, wo sie bereits von der *Komet* erwartet wird. Eyssens anfängliche Absicht, die *Adjutant* zum Minenlegen vor Port Hobart in Tasmanien einzusetzen, ändert sich nach einem Gespräch mit Leutnant z. S. K. F. Hemmer. Nunmehr wird Neuseeland als Ziel der Minenoperation vorgesehen, wozu die *Komet* mit der *Adjutant* in das Gebiet östlich von Australien verlegen müssen. Auf diesem Anmarsch wird der Walfänger vornehmlich von der *Komet* geschleppt. Eyssen schreibt darüber Ende Mai 1941 ins KTB:
„Obwohl ich gegen Wind und See anschleppe, mache ich gut 6 sm und habe dabei für beide (Schiffe) nur 6,5 t Ölverbrauch. *Adjutant* liegt gut im Schlepp."
Inzwischen wird die *Adjutant* für die Neuseelandoperation ausgerüstet. Vor allem werden die zwölf nordgepolten TMB-Minen von Bord geholt, auf die *Komet* gebracht und durch 20 südgepolte TMB aus *Komet*-Beständen ersetzt. Ferner läßt Eyssen an Stelle der Harpunenkanone eine alte 6-cm-Anhaltekanone 1/18 auf der Back einbauen und mit 260 Schuß versehen. Dazu kommen zwei Zwo-Zentimeter-Flak mit 2000 Schuß, ein aus dem britischen Passagierschiff *Rangitane*[24] ausgebautes E-Meßgerät und eine Nebelanlage. Außerdem wird die *Adjutant* mit 50 t Wasser und mit Proviant für zwei Monate ausgerüstet.
Die Ausrüstung ist am 28. V. 1941 beendet, am gleichen Tage, da Eyssen dem Hilfsminenlegerkommandanten den schriftlichen Operationsbefehl übergibt. Kommandant der *Adjutant* ist ab jetzt der Adjutant von Eyssen, Oberleutnant W. Karsten, während Leutnant K. F. Hemmer nunmehr nur noch als NO[25] fungiert, praktisch aber für das Fahren des Schiffes voll verantwortlich bleibt, da Karsten in erster Linie Minenspezialist auf der *Komet* ist.
Das ist eine nicht glückliche Lösung.

10.2.4 **Der Operationsbefehl**

Der Operationsbefehl im Wortlaut lautet [6]:

Kommando *Schiff 45* — An Bord, den 28. V. 1941
B.Nr.GKdos 74/41

Geheime Kommandosache!
Operationsbefehl für *Adjutant*

1. Feindlage: Mit Luftaufklärung in Nähe der Küste bis zu 400 sm nach See zu ist zu rechnen.
   Kreuzer *Sydney* voraussichtlich in Perth. Voraussichtlich außer Perth alle übrigen australischen Seestreitkräfte in australisch-neuseeländischen Gewässern.

2. Minenlage: Außer den durch *Schiff 33* und *Schiff 36* gelegten Sperren nichts bekannt. Mit Überwachung der Häfen durch Küstenfahrzeuge und Patrouillen ist zu rechnen.
3. Absicht: *Schiff 45* geht zunächst mit *Adjutant* in Schlepp bis in Höhe südlich Neuseeland. Bei günstiger Wetterlage Minenaustausch. Südlich Neuseeland Entlassung zum Minenunternehmen nach Littleton und Wellington. Nach Erledigung Aufgabe Treffpunkt *Komet* Punkt „X" in 200° 400 sm ab. Treffpunktdaten richten sich nach Entlassung und werden noch entsprechend bestimmt. Dort erneute Ausrüstung, Empfang weiterer Befehle. Nach Erledigung Minenaufgabe auf Treffpunkt kommen, allen Fahrzeugen ausweichen, kein Kreuzerkrieg. Falls nach erledigter Minenaufgabe evtl. durch Flugzeuge entdeckt und Fühlung gehalten, dies durch FT melden, damit Treffpunkt evtl. verlegt werden kann.
4. FT: Laut Sonderbefehl.
5. Verhalten bei Zusammenstoß mit Gegner: Falls Trennung von *Komet* wegen Zusammenstoß mit Gegnern erforderlich ist, mit ökonomischster Fahrt (7 sm) auf Treffpunkt gehen. Dort zwei Tage warten. Falls bis dahin *Komet* nicht eintrifft, versuchen, japanische Inseln zu erreichen.
6. Verhalten bei Verlustfall: Bei Gefahr, in Feindeshand zu geraten, Boot rechtzeitig versenken, vorher Vernichtung des Operationsbefehls und sonstiger Geheimsachen.
   Falls in Gefangenschaft, bei Verhör aussagen, daß *Adjutant* zu untergegangenem HK *Pinguin* gehört. Keinesfalls darf bekanntwerden, daß *Adjutant* nunmehr mit HK *Komet* zusammenarbeitet.
   Bei Nichtantreffen *Komet* versuchen, japanischen Hafen (Atoll) zu erreichen. Sparsamster Öl- und Wasserverbrauch sowie genaueste Einteilung von Material und Proviant. gez. Eyssen

10.2.5 Die Minensperre I vor Port Lyttelton (Neuseeland)

Der Weitermarsch mit Generalkurs Ost verläuft nicht ohne Sorgen, da mehrfach die Schleppverbindungen brechen. Am 11. VI. 1941, als beide Schiffe auf 32° S, 121° W[26] stehen und die *Adjutant* nochmals Öl (30 t) erhalten hat, wird der Hilfsminenleger zur selbständigen Operation in der am 24. VI. 1941 beginnenden Neumondperiode entlassen. Der nächste zwischen *Komet* und *Adjutant* vereinbarte Treffpunkt liegt 3150 sm entfernt.
Auf dem Anmarschweg nach Neuseeland treten auf der *Adjutant* einige Maschinenstörungen auf, die aber mit Bordmitteln behoben werden können. Am 20. VI. 1941 kommt querab an Steuerbord Auckland Island in Sicht, und vier Tage später steht das Boot am Ausgangspunkt zur Aufgabe I. *Adjutant* dreht mit Kurs 267° auf Port Lyttelton. Die nun folgende Nacht ist sehr dunkel, Wind in Stärken 7 bis 8 erschweren die Operation, für die inzwischen die Minen klar zum Werfen gemacht worden sind. 21.30 wird das Leuchtfeuer von Godley Head ausgemacht, wenig später kommt auch das Flugrichtfeuer von Christchurch in Sicht. Bewacher werden keine beobachtet, und die Leuchtfeuer brennen friedensmäßig. Planmäßig werden zwischen 00.07 und 01.22 des 25. VI. 1941 alle zehn Minen geworfen. Die Marschfahrt dabei betrug 7 kn, die Wassertiefe liegt bei 16,5 bis 22 m.
Die *Adjutant* läuft daraufhin, von niemandem beobachtet, zunächst auf Kurs 50° ab, dreht 02.00 auf Kurs 70° und vermehrt die Marschgeschwindigkeit auf 10 kn. Dabei werden die Lichter eines von Südosten in Port Lyttelton einlaufenden Frachtschiffes ausgemacht.

10.2.6 Die Minensperre II vor Port Nicholsen (Wellington/Neuseeland)

Mit Beginn der Morgendämmerung steht die *Adjutant* etwa 60 sm von der Küste ab. Der Kommandant entscheidet, in dieser Küstennähe zu bleiben, um noch in der Nacht den Ausgangspunkt für die Minenaufgabe II zu erreichen, denn ein weiteres Ablaufen von der Küste hätte auch eine längere, wenn auch weniger risikoreiche Anfahrt bedeutet. Dieser Weg dagegen ist sogar so kurz, daß die *Adjutant* mit der Fahrt heruntergehen muß. So werden denn 16.15 die Maschinen für eine Fahrt von nur noch 7 kn gedrosselt. Auch der auf NNW kommende Wind hat nachgelassen. Er weht nur noch in Stärke 3, während die See ruhig bis nur wenig bewegt ist.
21.00 kommt das Feuer von Baring Island in Sicht und gegen 22.00 das von Pencarrow Head. Obschon der Hafen Port Nicholson wie jener von Lyttelton friedensmäßig beleuchtet ist, sorgt eine Scheinwerfersperre dafür, daß jedes einkommende Schiff beobachtet und geprüft werden kann. Außerdem werden (lt. [3] und KTB) an Backbord der an- und einlaufenden *Adjutant* drei Bewacher festgestellt, die indessen alle Toplaternen gesetzt haben[27].
Der Kommandant der *Adjutant,* Oberleutnant z. S. W. Karsten, nimmt die Beobachtung der drei als Bewacher angesprochenen Einheiten zum Anlaß, die Minen nicht, wie vorgesehen, bei 7 kn, sondern bei 14 kn Fahrt zu werfen, um nach dem Werfen unter dem Schutz von künstlichem Nebel sofort mit hoher Fahrt ablaufen zu können. Es ist 23.12, als die *Adjutant* vom Scheinwerfer von Baring Head erfaßt und kurz darauf angemorst wird. Um den Gegner zu täuschen und um Zeit zu gewinnen, gibt Hemmer, der das Schiff führt,

während sich Karstens um die Minen kümmert, einige bewußt unklare Buchstaben mit der Klappbuchs[28].
Als die *Adjutant* auf Kurs 12° an Baring Head vorbeieilt und schon jetzt, ohne die vorgesehene Anfangsposition erreicht zu haben, auf Wurfkurs dreht und mit dem Minenwerfen beginnt, ist die Folge des verfrühten Beginns, daß die ersten Minen in zu tiefes Wasser kommen, nämlich auf eine Tiefe bis über 30 m. Als das Scheinwerferlicht die *Adjutant* 23.20 zum vierten Male erfaßt, befiehlt Karsten die Inbetriebnahme der Nebelanlage, was nur eine Minute später, 23.21 genau, geschieht. Dabei fallen die restlichen vier Minen bereits im Schutz der künstlichen Nebelwand, allerdings unter geringer Abänderung des vorgesehenen Sperrkurses. 23.28 sind alle zehn Minen auf 26 bis 33 m Wassertiefe geworfen. 23.30 wird das Nebelgerät abgestellt; die *Adjutant* nimmt Kurs auf Baring Head. Inzwischen sucht der Scheinwerfer weiter in der Nebelwand, die noch immer zwischen dem deutschen Schiff und den als Bewacher angesprochenen Fahrzeugen steht, da sie der ablandige Wind hinter dem Hilfsminenleger hertreibt, der kurz hinter Baring Head auf Land zuhält und damit außer Sicht der Scheinwerferlichter kommt.
Während der Minenwurfaktion sind übrigens im Hafen ein Minensuchboot, eine torpedobootähnliche Einheit und vier Schnellboote beobachtet worden. Es gab von dort auch einen Morsesignalverkehr mit der Signalstation auf Beacon Hill.

10.2.7 Die »Adjutant« wird von der »Komet« versenkt · Keine Minenerfolge

Am 26. VI. 1941, gegen 01.00, läuft die *Adjutant* mit höchster Fahrt von der Küste ab. 01.30 geht das Schiff bei nunmehr 12 kn Marschfahrt auf Kurs 90°. 04.45 kommt es – man steht nach Kopplung etwa 70 sm von Wellington entfernt – zu einem erneuten Maschinenschaden, der sich mit Bordmitteln nicht mehr beheben läßt. Immerhin gelingt es Hemmer mit einem Maschinenobermaaten vom HK *Pinguin*, den Hochdruckzylinder der dreizylindrigen Dreifach-Expansionsmaschine so abzudichten, daß man wenigstens den Mittel- und Niederdruckteil in Betrieb nehmen kann. Daß das inzwischen an Oberdeck aufgebrachte kleine Notsegel an der nunmehrigen Acht-bis-neun-Knoten-Fahrt einen Anteil gehabt haben soll (wie in [3] nachzulesen ist), wird jeder Seemann schmunzelnd ins Reich der Legende verweisen. Immerhin: die acht bis neun Knoten sind mehr, als man bei allem Optimismus zu hoffen gewagt hat, aber zu wenig, um, wie beabsichtigt, pünktlich am 28. VI. 1941 auf dem mit der *Komet* vereinbarten Treffpunkt: Chatham-Inseln in 235° 200 sm Abstand[28a], zu sein. So kommt denn der Hilfskreuzer erst drei Tage später, am 1. VII., morgens 07.30, in Sicht, während umgekehrt die *Adjutant* von der *Komet* bereits 07.25 gesichtet wird. Da der *Komet*-Kommandant, Konteradmiral R. Eyssen, wegen der Maschinenschäden für den ehemaligen, sonst doch so seetüchtigen Walfänger keine Verwendung mehr sieht, werden alle verwertbaren Dinge – die Waffen und die Geräte vor allem – von dem Ex-Hilfsminenleger heruntergeholt und auf die *Komet* gebracht. Daraufhin wird die *Adjutant* ex *Pol IX* durch Artilleriefeuer des Hilfskreuzers, das gleichzeitig ein Übungsschießen für ein Passiergefecht auf 5200 m ist, beschossen. Sie erhält drei 15-cm- und mehrere 3,7-cm-Treffer und sinkt trotz der zusätzlich geöffneten Bodenventile sehr langsam. Der Untergang wird um 16.00 vermerkt. Einen Erfolg haben die *Adjutant*-Minensperren indessen nicht. Schiffsverluste durch die beiden Sperren sind jedenfalls nicht bekanntgeworden. Einzelheiten zum Thema sind insbesondere dem Buch von Konteradmiral R. Eyssen zu entnehmen [6].

10.3 Das Minenschiff »Doggerbank« ex »Speybank«

10.3.1 Der Umbau zum Minenschiff · Ausreise getarnt nur als Versorger

Nachdem die mit Prisen heimgebrachten KTB des am 9. V. 1941 im Indischen Ozean verlorengegangenen Hilfskreuzers *Pinguin* von der deutschen Skl. ausgewertet worden waren, erhärtete sich ein anderer, ähnlicher Plan, der den Kommandanten des Hilfskreuzers *Atlantis* (*Schiff 16* ex DDG-Hansa-Frachter *Goldenfels*) bereits bewegt hatte, als er am 31. I. 1941 nördlich von Madagaskar in der Nähe der Seyshellen den 5154 BRT großen britischen[29] Motorfrachter *Speybank* aufbrachte und wegen seiner wertvollen Rohstoffladung in die Heimat sandte, wo das Schiff am 12. V. 1941 in Bordeaux im besetzten Frankreich einkam. In seinem Bericht hatte Rogge betont (siehe Gibson [8]), daß die *Speybank* nicht nur typisch britisch wirke, sondern daß die Bank-Line siebzehn Schiffe besitze, die ihr in allen Details glichen, und drei weitere, die ihr sehr ähnlich seien. Außerhalb der europäischen Küstengewässer, wo alle britischen Schiffe im Konvoi führen, könnte sie bei Sichtung durch den Gegner jederzeit als eines dieser Bank-Schiffe posieren. Nur als *Speybank* natürlich nicht! Als Frachtschiff wäre sie hervorragend zur Versorgung von deutschen U-Booten und Hilfskreuzern in überseeischen Gewässern geeignet. Ihr typisch britisches Aussehen würde es ihr auch ermöglichen, tief in die feindlichen Seereviere vorzudringen und innerhalb oder unmittelbar außerhalb der Häfen Minen zu legen.
Ausgehend von dem Vorschlag Rogges und basierend

auf den Erfahrungen der *Passat* und der *Adjutant,* soll die *Speybank* unter dem neuen deutschen Bank-Namen *Doggerbank* nach den Vorstellungen der deutschen Skl. nicht nur als Versorgungsschiff für Hilfskreuzer, Blockadebrecher und in Seegebieten der südlichen Hemisphäre operierende U-Boote fungieren, sondern sie soll gleichzeitig auch als Minenschiff Verwendung finden. Für diesen Zweck wird das Schiff in der Gironde-Reparaturwerft umgebaut. Da es bei der *Doggerbank* an geeigneten Decksaufbauten fehlt, die sich wie bei Passagierschiffen bis in den hinteren Teil des Schiffes hinziehen (wie es die anderen, aus ehemaligen Passagierschiffen umgebauten Minenschiffe aufzuweisen hatten), bleibt nur der eine Weg, Laderäume als Lagerräume für die Minen herzurichten. Dafür kommen nur die achtern liegenden Laderäume 4 und 5 in Frage, in die nun ein auf eigens dafür eingebrachten Sandballast verlegtes Bohlendeck eingebaut wird. Außerdem wird im Laderaum 4 ein Aufzugschacht installiert, um die Minen mit dem bordeigenen Ladegeschirr sicher vom Kai in das Schiff zu bringen und vor allem auf See, wenn das Schiff im Seegang arbeitet, ungefährdet auf das achtere Oberdeck, dem Wurfdeck also, heraufzuholen, von wo sie, auf Schienen rollend, über das Heck über zwei aufschraubbare Wurfplatten in die See gestoßen werden sollen. Später, auf See, wird hier noch ein Tunnel aus Holzbrettern gefertigt, um die klar zum Werfen heraufgeholten Minen nach außen hin zu tarnen. Um die Tarnung vollständig zu machen, wird man den Brettertunnel auch noch mit Persenningen bedecken, so daß das Ganze einer üblichen Decksladung gleicht.
Als die als *Schiff 53* geführte *Doggerbank* am 21. I. 1942 aus der Gironde (La Pallice) ausläuft, hat sie der Besatzung gegenüber 280 Minen an Bord, die für die Versorgung von Hilfskreuzern und U-Booten bestimmt sein sollen. Lediglich Kapitän Paul Schneidewind wie auch der mit 30 Marinesoldaten vom Sperrwaffenkommando eingeschiffte Sperrwaffenoffizier, Oberleutnant z. S. Grützmacher, wissen unter der 108 Mann starken Besatzung darum, daß der Plan besteht, die EMC-Minen gegebenenfalls direkt zu werfen. Mit Schneidewind waren daher seitens der Skl. auch die verschiedensten Pläne besprochen worden. Zu welcher Zeitperiode und vor allem vor welchen Häfen die Minen gelegt werden könnten oder sollten, ist nicht festgelegt worden. Die *Doggerbank* hat lediglich sehr viele Seekarten von Hafenansteuerungen und Hafeneinfahrten möglicherweise in Frage kommender Ziele an Bord[30]. So nimmt denn, nachdem eine vorher eingeplante Versorgung von U-Booten und Hilfskreuzern abgesetzt worden war, das Minenschiffunternehmen der *Doggerbank* auch für die Besatzung offiziell erst mit dem 2. III. 1942 seinen Anfang, durch den Funkspruch der Skl. nämlich, daß die *Doggerbank* ab sofort nominell in den Verband der Kriegsmarine aufgenommen worden sei. An diesem Tage erhält die zivile Besatzung Armbinden mit dem Stempelaufdruck „Deutsche Wehrmacht", während sich die in Zivil an Bord gestiegenen Angehörigen des Sperrwaffenkommandos der Kriegsmarine nunmehr ihrer in den Seesäcken verstauten Uniformen bedienen können. Kapitän Schneidewind ist mit dem gleichen Tage zum Kapitänleutnant (S) ernannt worden und damit nicht mehr Kapitän eines Versorgungsschiffes, sondern Kommandant eines Minenschiffes geworden. Am 5. III. 1942 ergehen durch Funkspruch der Skl. die neuen Einsatzdirektiven an die *Doggerbank.* Danach hat das Schiff die als versiegelte Order vorliegende Weisung für die Minenunternehmungen KOPENHAGEN und KAIRO durchzuführen, und zwar mit KOPENHAGEN Minen unmittelbar vor Kapstadt und mit KAIRO Minen über die Agulhas Bank zu werfen.

10.3.2 Das Unternehmen KOPENHAGEN

Die *Doggerbank* läuft nunmehr direkt zum Kap der Guten Hoffnung und wird dabei, 100 sm westlich des Kaps, von einem südafrikanischen Flugzeug vom Typ Avro Anson gesichtet, das hier die Küstenüberwachung fliegt. Die *Doggerbank* gibt sich als ihr Schwesterschiff *Levernbank* zu erkennen und signalisiert auf Anfrage, auf dem Wege von New York nach Kapstadt zu stehen. Der Schiffsführung wird die Weiterfahrt ohne Auflagen gestattet. In der gleichen Nacht legt das Schiff sechs Felder Minen quer zu den Einfahrtswegen zum Hafen von Kapstadt, wobei die *Doggerbank* bis auf Nahsichtweite von Kapstadt heranoperiert. Schneidewind schreibt ins KTB:
„Die Luft war so klar, die Stadt so hell erleuchtet, die steilen Berge waren so klare Silhouetten gegen den Sternenhimmel, daß man bei einiger Phantasie die beleuchteten Straßen, die sich im weiten Bogen vor dem dunklen Hintergrund der Berge hinzogen, mit einer Perlenkette vergleichen konnte, die auf rotem Samt auf dem Busen einer Frau liegt."
Später fügt er noch hinzu:
„In der glasklaren Luft schien der Tafelberg so nah, daß man glaubte, ihn fast berühren zu können. Die Sichel des aufgehenden Mondes zeichnete mit ihrem matten Licht seine Silhouette an den dunklen Himmel."

10.3.3 Das Unternehmen KAIRO

Die *Doggerbank* dreht ab. Sie geht auf Kurs 130° nach Kap Agulhas. Und als um 04.00 die Sonne aufgeht, mögen einige südafrikanische Frühaufsteher die *Doggerbank* zwar beobachten, sie ist aber nur einer der vielen Frachter, die das Kap umrunden. Auch der 7000-t-Dampfer der Lampert & Holt Line, welcher der *Doggerbank* um die achte Morgenstunde entgegenkommt, passiert ohne Anruf oder irgendein Zeichen des Mißtrauens. 18.45 kommt ein Kriegsschiff auf. Es ist, wie sich herausstellt, der Leichte Kreuzer *Durban*, dem sich die *Doggerbank* auf dessen Anruf hin wieder als *Levernbank* ausgibt, während der Kreuzer selbst – in Erinnerung an den Fall *Sydney/Kormoran*[31] auf Abstand bleibt. In der beginnenden Nacht nach der Begegnung mit der *Durban* erreicht die *Doggerbank* die Agulhas Bank, wo versucht werden soll, mit 45 Minen die Sperre KAIRO auszulegen. Das Werfen wird aber abgestoppt, als die 15. Mine nach dem Werfen detoniert, da Gefahr besteht, daß die noch in der Nähe befindliche *Durban* die Explosion gehört haben und entsprechend reagieren könnte.

Am nächsten Tag wird die *Doggerbank* von dem britischen Hilfskreuzer *Cheshire* entdeckt. Das auf südöstlichem Kurs liegende Minenschiff gibt sich dieses Mal als *Inverbank* aus, die ebenfalls ein Schwesterschiff der *Speybank* ist. Auch in diesem Falle wird die *Doggerbank* als britisches Schiff anerkannt[32].

Zwei Tage später meldet ein Funker auf der britischen Frequenz von einem bei Kapstadt stehenden Schiff „SOS" und „Vom U-Boot torpediert". Schneidewind, der mit der *Doggerbank* nach Osten ausgewichen ist, meldet seinen ersten Erfolg und schlägt der Skl. für die nächsten Sperren die Hafeneinfahrten von Karachi und/oder Bombay vor. Die Skl. bestätigt am 18. III. 1942, lehnt Schneidewinds Pläne aber ab und schickt das Schiff auf Gegenkurs zur 750 sm nordöstlich der im Südatlantik gelegenen Inselgruppe Tristan de Cunha auf Warteposition. Am 9. IV. 1942 funkt die Skl., das Unternehmen KAIRO sei zu Ende zu führen. Nach dem Aufhieven und Klarlegen von 45 Kontaktminen[33] geht die *Doggerbank* am 11. IV. 1942 auf Ostkurs und beginnt am 16. IV. 1942, 17.10, 125 sm vom Kap Agulhas entfernt, mit dem Legen des 1. Feldes der Sperre KAIRO auf der 100-Faden-Linie, und zwar in Form von jeweils drei Minen mit einem Intervall von 60 s innerhalb der Dreierkette und 20 min bis zur nächsten. 19.43 wird das Werfen unterbrochen und erst 22.00 mit dem 2. Feld fortgesetzt. 24.00 steht die *Doggerbank* auf 25° 38′ S, 20° 36′ O. In 300° ist der Widerschein des großen Leuchtfeuers von Kap Agulhas deutlich zu sehen. Die *Doggerbank* ändert den Kurs auf 200° und beginnt 00.40 mit dem Legen des 3. Feldes. Das 4. Feld wird bis 03.43 und das 5. Feld zwischen 04.20 und 05.23 geworfen[34].

Die *Doggerbank* zieht sich auf Südwestkurs in den Südatlantik zurück, währenddessen der britische Konvoi WS 8 direkt auf die Sperre KAIRO zumarschiert.

Die Schäden, die dem Gegner durch die *Doggerbank*-Minen zugefügt werden, rechtfertigen den risikoreichen Einsatz: Am 16. III. 1942 läuft der 4534 BRT große holländische Nachschub- und Munitionsfrachter *Alcyone*, im Konvoi OS 19 fahrend, 18 sm vor Green Point auf eine Mine der KOPENHAGEN-Sperre, wobei man in Südafrika zu der Annahme neigt, daß die *Alcyone* das Opfer eines deutschen U-Bootes geworden sei. Erst als die *Trentbank* am 16. III. 1942 26 sm WNW von Green Point eine Wassersäule von einer Unterwasserexplosion meldet, am 17. III. 1942 von einem anderen Schiff eine Mine unter dem Wasserspiegel beobachtet und der Tanker *Mactra* mit seinem Minenabweiser eine Mine nach oben bringt, werden (am 20. III. 1942) südafrikanische Minensuchboote angesetzt. Dennoch läuft am 2. V. 1942 der 4558 BRT große Britenfrachter *Dalfram* auf eine der KOPENHAGEN-Minen. Das Schiff kann aber noch mit eigener Kraft in Kapstadt einlaufen. Am 4. V. 1942 erwischt es den holländischen Frachter *Mangkalihat*, und zwar unweit von der Position, wo die *Dalfram* auf eine Mine lief. Auch die *Mangkalihat* erreicht mit eigener Kraft den Hafen.

Auch die Sperre KAIRO (und zwar die zweite, nicht jene vom 13. III. 1942, die nie entdeckt wurde) fordert ihre Opfer. Auf eine dieser Minen läuft landseitig der 100-Faden-Linie das Führungsschiff der 1. Kolonne des von dem Clyde nach Durban bestimmten Konvois WS 18, HMS *Hecla*, auf. Das 10850 ts große Troßschiff[35] wird schwer beschädigt, kann sich aber, mit Toten und Verwundeten an Bord, unter Führung des Leichten Kreuzers *Gambia* mit eigener Kraft bis nach Simonstown bewegen. Daß die *Hecla* von einer Mine und nicht, wie zuerst vermutet, von einem U-Boot-Torpedo getroffen worden war, ergibt sich aus dem Abstand, den das zweite Opfer, das in der letzten Backbordkolonne fahrende, 6677 BRT große P & O-Schiff *Soudan*, von der *Hecla* hat, als es nach einer Detonation in einer schmutzig-weißen Wolke aus Dampf, Rauch und Wasser versinkt [8].

Die Minen machen dem Kommando im Südatlantik insofern zusätzlich große Schwierigkeiten und Sorgen, als außer den großen Truppentransportern, die in den WS-Konvois das Kap der Guten Hoffnung passieren, auch die *Queen Mary*, die *Queen Elizabeth* und die *Aquitania* im Mai die Kap-Route benutzen.

Die *Doggerbank* kehrt nach ihren Minenoperationen in den Südatlantik zurück. Die 55 EMF müssen laut Skl.-Befehl wegen eines Defekts an den Minen vernichtet werden (28. V. 1942 im Atlantik versenkt). Mitte Mai trifft die *Doggerbank* den Blockadebrecher *Dresden*. Am 21. VI. 1942 versorgt sie den Hilfskreuzer *Michel* auf 29° S, 19° W, übergibt die meisten ihrer Versorgungsgüter an die *Charlotte Schliemann* und nimmt 177 Gefangene an Bord, die vom *Michel* stammen. Sie läuft erst nach Batavia und macht am 19. VIII. 1942 in Yokohama (Japan) fest. Hier werden auf Befehl der Skl. auch die restlichen Minen (und Torpedos) gelöscht und der japanischen Marine übergeben. Das geschieht eigentlich gegen den Wunsch von P. Schneidewind, welcher der Skl. vorgeschlagen hatte, mit diesen und weiteren, in Japan noch zu übernehmenden 85 Minen während der Blockadebrecherfahrt Japan–Deutschland die Magellan-Straße zu verminen. Die *Doggerbank* wird, mit wertvollen Rohstoffen beladen, wieder ein „ziviles Schiff". Sie läuft am 17. XII. 1942 aus Yokohama aus, versorgt sich in Batavia erneut mit Treibstoff, kommt (weil der Weg um Südafrika abgekürzt werden konnte) einige Tage früher als von der Skl. mitgekoppelt im Nordatlantik an und wird, da deutschen U-Booten ein Angriff auf ein Schiff auf dem „Doggerbank-Weg" erst ab 15. III. 1943 verboten ist, am 3. III. 1943 von *U 43* versenkt. 16 Mann und der Bordhund überleben. Unter den Überlebenden im Rettungsboot ist auch Kapitän P. Schneidewind, außerdem wird ein Mann nach 26 Tagen auf 15° 31′ N, 51° 25′ W von dem spanischen Tanker *Compoamor* gerettet.

10.4 Nachtrag

Mehr oder weniger völlig unbekannt geblieben (selbst auch bei den Minenschiffen) waren der Mineneinsatz von *Schiff 11* und dem NDL-Dampfer *Ulm*, zwei Unternehmen, über die Dipl.-Ing. F. Bangert am 30. I. 1974 an Vizeadmiral a. D. Professor F. Ruge schrieb:

„*Schiff 11* war die estnische Prise *Hanonia* mit Holzladung, die bei der Stülckenwerft, Hbg., zum getarnten Minenleger umgebaut wurde. Die Holzladung wurde durch ein Gerüst ersetzt und wieder als Holzladung getarnt. Anfang März 1940 liefen wir aus Hamburg aus, übernahmen vor Cuxhacen 144 EMC und 146 Sprengbojen und liefen mit 6 Knoten unter estnischer Flagge bis in die Höhe von Antwerpen und warfen dann in der Nacht nördlich des englischen Sperrgebietes vor Dover eine weiträumige Verseuchung. Der Erfolg soll nach B-Dienstmeldungen sehr gut gewesen sein, so daß wir dasselbe noch mal machen sollten. Der Kommandant, Fregattenkapitän Betzendahl, Crew 11, weigerte sich jedoch, mit diesem müden Schlitten noch mal zu fahren. Wir suchten uns in Hamburg ein geeignetes Schiff und fanden den Bananendampfer *Ulm*, der nun in vier Tagen bei Stülcken wieder zum getarnten Minenleger umgebaut wurde. Hierbei wurden in das Heck zwei Klappen eingeschnitten, die nach innen zu öffnen waren, das Achterschiff wurde unter Deck zum Minendeck umgebaut. Selbst im Hafen war aus der Nähe nichts zu entdecken! Die zweite Unternehmung stieg im April und hatte das Ziel, den Schiffahrtsweg Dover–Themse (etwas weiter nördlich als bei der ersten Unternehmung) wieder mit EMC und Sprengbojen zu verseuchen. Wir stießen bei Nacht – diesmal als Norweger getarnt – durch das englische Sperrgebiet, das ostwärts der englischen Küste verlief, worin jedoch nach U-Boot-Beobachtungen munter Fischereifahrzeuge arbeiteten. Das Werfen der Minen auf dem Schiffahrtsweg war jedoch nicht möglich, da sich ausgerechnet zwei große Geleitzüge dort kreuzten, so daß die Minen auf einem Ausweichgebiet weiter ostwärts geworfen werden mußten. Diese Sperre wurde erst später entdeckt, als der Geleitweg wegen Verminung – anscheinend durch LM – gesperrt wurde und weiter nach Osten verlegt wurde.

Das *Schiff 11* wurde unter neuer Besatzung wieder als *Schiff 111* in Dienst gestellt. Es ist bei der Norwegenunternehmung m. W. durch Auflaufen auf einen Felsen gesunken. Die *Ulm* (*Schiff 11*) wurde später offiziell Minenschiff und ist m. W. später im Nordmeer gesunken."

[19a] Berücksichtigt und behandelt wurden hierbei lediglich in / oder für / Übersee umgebaute (in allen Fällen ehemalige feindliche oder ehemals in gegnerischen Diensten fahrende) Handelsschiffe, nicht aber die Hilfskreuzer selbst. Diese werden in dieser Arbeit wie alle anderen Kriegsschiffe, die irgendwann und irgendwo auch einmal für Mineneinsätze herangezogen worden sind, nicht behandelt, sofern nicht eine Nennung bzw. Behandlung wegen Parallelunternehlen der Minenschiffe selbst notwendig ist. Aus diesem Grunde wird auch nicht über die Minenoperationen des HSK *Atlantis* berichtet, dessen Unternehmen bekanntlich auch durch die Tatsache der wohl längsten Seereise in der Geschichte der Seefahrt hervorragt.

[20] Die Annahme einer von *Schiff 36* gelegten Sperre bei Kap Otway entsprach nicht den Tatsachen. Der Irrtum entstand durch ein verstümmeltes FT.

[21] Der Verfasser hat sich schon vor Jahren insbesondere in seinem Buch „Gespensterkreuzer *HK 33* (*Pinguin*)" ausgiebig mit der Frage auseinandergesetzt, ob der Verlust der *Pinguin* nicht dadurch hätte vermieden werden können, daß die Skl. den von Krüder erbetenen Versorgungstanker *Ole Jacob* zur vorübergehenden Verwendung als Minenschiff zur Verfügung gestellt hätte. Gespräche mit Beteiligten von der ehemaligen Skl. wie auch mit Konteradmiral a. D. (dem damaligen Fregattenkapitän) K. Weyher als dem Kommandanten des Hilfskreuzers *Orion* (für den die *Ole Jacob* insbesondere gedacht war) hinterließen den Eindruck, daß die Skl. aus ihrer Sicht und nach ihren Unterlagen gar keine andere Wahl hatte, als Krüder den Tanker *Ole Jacob* zu verweigern. Nach Auffassung der Skl. war der Hilfskreuzer *Orion* akut gefährdet, wenn er nicht auf den Versorgungstanker *Ole Jacob* hätte zurückgreifen können. Versorgungstanker im Indischen Ozean waren zur Zeit zu einer derartigen „Mangelware" geworden, daß die Skl. naturgemäß jedes zusätzliche Risiko für ein solches Schiff scheuen und ablehnen mußte. Außerdem war die Situation im Indischen Ozean, wie schon oben dargestellt, bedeutend risikoreicher geworden.

Die Hoffnung, den „ausgeliehenen" Tanker *Ole Jacob* nach der Minenoperation vor Bombay unbeschädigt für die Versorgungszwecke zurückzuerhalten, schien der fernen Skl. zu hypothetisch, um so mehr, als auch einige Hilfskreuzerkommandanten die Auffassung vertraten, daß der Feind auch einen verdächtigen Tanker sofort angreifen und vernichten würde; im Gegensatz zu Krüder, der argumentierte, daß der Gegner einen dem Typ nach alliierten oder neutralen Tanker nicht als ein Minenschiff ansprechen und auch nicht sofort zugreifen würde, sollte er ihm – wenn überhaupt –

verdächtig sein. Hintergründig mag bei der Ablehnung durch die Skl. auch die Erkenntnis eine Rolle gespielt haben, daß der materielle wie auch der personelle Aufwand (also Schiff und Minen einmal und Besatzungen zum anderen) solcher offensiven Minensperren in Übersee in keinem Verhältnis zu den erzielten Erfolgen stand. Gespräche mit ehemaligen Hilfskreuzerkommandanten haben dem Verfasser die Vermutung nur bestätigt.

22 Es ist falsch, wenn anderswo [3] vermerkt wird, daß die *Adjutant* die Minenwurfeinrichtung erst von der *Komet* erhielt.

23 Position nach der Geheimquadratkarte der deutschen Kriegsmarine.

24 16712 BRT, New Zealand Shipping Co., Plymouth, von *Komet* am 27. XI. 1940.

25 Nicht korrekt bei [3], wo Hemmer „nur" WO an Bord ist.

26 Laut KTB *Komet*, bei Hümmelchen dagegen 41° 46′ S, 122° 13′ W.

27 Es kann sich hierbei nur um Fischereifahrzeuge gehandelt haben, denn es ist kaum anzunehmen, daß Bewacher, also Einheiten im Kriegsdienst, die vorgeschriebenen Lichter setzen. K. F. Hemmer, heute Kaufmann in Düsseldorf, teilt diese Meinung.

28 Falsch bei [3], der sich wohl auf das KTB verließ, nach dem die *Adjutant* keine Antwort gab.

28a Falsch bei Hümmelchen [3], wo die Treffpunktposition mit 42° S, 173° W auf Neuseeland an Land liegt. Dasselbe gilt für die dort vermerkte Versenkungsposition.

29 Eigentümer der Bank-Linie: Reederei Messrs. Andrew Weir & Co. Ltd., London.

30 Warum die Seekriegsleitung sich einer solchen Flexibilität bediente, ist nachträglich nicht mehr in Erfahrung zu bringen.

31 Der australische Leichte Kreuzer *Sydney* wurde bei der Kontrolle des Hilfskreuzers *Kormoran* vor australischen Gewässern dadurch vernichtet, daß das Schiff in die Reichweite der Hilfskreuzerartillerie heranfuhr und bei der plötzlichen Enttarnung des als Handelsschiff getarnten Hilfskreuzers und dem raschen Salventakt der Hilfskreuzergeschütze sofort vernichtend getroffen wurde. Allerdings mußte auch der Hilfskreuzer, der ebenfalls Treffer davongetragen hatte, nach der Versenkung der *Sydney* aufgegeben werden.

32 Nach Gibson [8]: „Die *Chesirer* fuhr bei ihrem Zusammentreffen mit der *Doggerbank* als Truppentransporter, und Captain Bregg wollte wahrscheinlich nicht mehr Zeit vergeuden als unbedingt notwendig, da die rechtzeitige Ankunft seiner Truppen vielleicht die Entscheidung einer Schlacht herbeiführen konnte. Sicher waren jedoch die Hauptgründe für die Beurteilung des anderen Schiffes dessen typisch britisches Aussehen, das korrekte Erkennungszeichen, die geringe Geschwindigkeit und der freiwillige Kurswechsel auf ihn zu sowie das Fehlen jeglicher Berichte über die Anwesenheit verdächtiger Schiffe in der Nähe von Kapstadt."

33 45 nach [8], 80 in 6 Feldern nach [10].

34 Es fehlen die genauen Unterlagen über die Minenzahlen je Feld, lediglich für die Felder 3 und 4 sind sie bekannt: 3 = 9, 4 = 15 Minen.

35 Die *Helga* war ein bewaffnetes Zerstörerbegleitschiff, das 1938/39 bei John Brown am Clyde für 1,1 Mio. Pfund Sterling erbaut wurde.

36 1781 BRT, erbaut 1900, bei der Grangemouth Dockyard Co, Grangemouth für N. Lopato, Kuressaare.

10.5 Literatur zum Teil 10

[1] Brennecke, J.: Das große Abenteuer. Deutsche Hilfskreuzer 1939/45. Koehlers Verlagsgesellschaft, Biberach 1958

[2] Idem: Gespensterkreuzer *HK 33*. Hilfskreuzer *Pinguin* auf Kaperfahrt. Deutscher Seeverlag, Hamm 1953 (später Koehlers Verlagsgesellschaft), und als Taschenbuch im W. Heyne Verlag, München 1974

[3] Hümmelchen, G.: Handelsstörer. Handelskrieg deutscher Überwasserstreitkräfte im Zweiten Weltkrieg. Lehmanns Verlag, München 1967

[4] Roskill, S. W.: The War at Sea. Vol. I, II. London 1954/1956

[5] NN: Eastern Fleet Intelligence Summery: Tacties of German Raiders on Interception. Index No. 814 1st Edition A (January, 1943). C.O.I.S. E. F. Kilindi. 28th January, 1943, Secret

[6] Eyssen, R.: Kriegs-Tage-Buch *Komet*. Koehlers Verlagsgesellschaft, Jugenheim 1960

[7] Gill, G. H.: Royal Australian Navy 1939–1942. Canberra 1957. Australia in War of 1939–1945. Series 2: Navy, vol. I

[8] Gibson, Ch.: Das Schiff mit fünf Namen. Taschenbuch W. Heyne Verlag, München 1966

[9] Frank, W., und B. Rogge: *Schiff 16*. Die Kaperfahrt des Schweren Hilfskreuzers *Atlantis* in den sieben Weltmeeren. G. Stalling Verlag, Oldenburg 1955

[10] Rohwer, J., und G. Hümmelchen: Chronik des Seekrieges 1939–1945. G. Stalling Verlag, Oldenburg 1968

[11] Brennecke, J.: Schwarze Schiffe – Weite See. Die geheimnisvollen Fahrten deutscher Blockadebrecher. G. Stalling Verlag, Oldenburg 1958

[12] Dechow, F.-L.: Hilfskreuzer *Michel* – der letzte Korsar. Die Seekiste, 4 (1951)

[13] Idem: *Doggerbank* – ihr Weg, ihr Schicksal. Die Seekiste 6 (1951)

[14] Idem: Hilfskriegsschiff *Doggerbank*. A. Moewig Verlag, München 1955 (= SOS-Heftreihe: Schicksale deutscher Schiffe, Nr. 72)

[15] Gröner, E.: Die Schiffe der deutschen Kriegsmarine und Luftwaffe 1939–1945 und ihr Verbleib. J. F. Lehmanns Verlag, München 1954

[16] Detmers, Th.: *Kormoran*. Der Hilfskreuzer, der die *Sydney* versenkte. Koehlers Verlagsgesellschaft, Biberach 1959

11. »Unternehmen Rettung« der Kriegsmarine

11.1 Truppen- und Flüchtlingstransporte

An diesen Transporten, die über zwei Millionen Menschen vor dem Untergang oder dem Zugriff der Russen bewahrten, waren die Minenschiffe *Linz, Lothringen* und *Kaiser* unter vollem Einsatz beteiligt.

11.2 Das Minenschiff »Ostmark«

Von seinem Liegeplatz vor Saßnitz wird das Schiff am 26. I. 1945 nach Pillau befohlen, um von dort Flüchtlinge abzutransportieren. Es werden etwa 1500 Männer, Frauen und Kinder übernommen und in Swinemünde am 30. I. 1945 ausgeschifft. Auf der Überfahrt starb ein Säugling. Ein Kind wurde im Schiffslazarett zur Welt gebracht. Der jungen Mutter wurde von der Besatzung ein Sparkassenbuch geschenkt.

11.3 Das Minenschiff »Linz«

Nach Aufgabe der Sperrunternehmung NERO war das Minenschiff *Linz* in Kristiansand-Süd zurückgeblieben. Erst vom 1. bis 3. V. 1945 wird die Verlegung nach Kopenhagen befohlen. Von hier läuft das Schiff in der Zeit vom 4. bis 6. V. 1945 im schnellen Geleit mit dem Hilfskreuzer *Hansa,* den Zerstörern *Hans Lody, Friedrich Ihn, Karl Galster,* dem Torpedoboot *T 35* und noch weiteren Zerstörern und Torpedobooten zu der von den Russen abgeschnittenen Halbinsel Hela, um von hier Soldaten abzuholen. Innerhalb von fünf Stunden werden 4600 Soldaten mit Gepäck und zum Teil sogar mit Handwaffen übernommen. Im gleichen Verband wird am 6. V. 1945, 08.30, der Rückmarsch auf dem Wege nördlich von Bornholm angetreten. Die *Linz* ankert am 7. V. 1945 am Spätnachmittag im Südeingang zum Sund. Von hier führt der Marsch des stark überladenen und toplastigen Schiffes in der Zeit vom 8. bis 11. V. 1945 durch den Sund an Kopenhagen vorbei und von hier weiter durch das südliche Kattegat in den Kleinen Belt nach der Strander Bucht.
Die Ausschiffung der Soldaten erfolgt am 11. V. 1945. Danach muß die *Linz* auf Befehl der Engländer 2500 Ostflüchtlinge übernehmen, um sie ohne Geleit nach Flensburg zu bringen. Die Stadt Flensburg weigert sich jedoch, die Flüchtlinge aufzunehmen. Der Marsch geht daher am 21. V. 1945 weiter nach Eckernförde, und zwar wiederum ohne Geleit. Hier werden die Flüchtlinge in den Tagen vom 24. V. bis 3. VI. 1945 ausgeschifft.

11.4 Das Minenschiff »Lothringen«

1. Flüchtlingstransport

Unter dem Kommando von Korvettenkapitän z. V. Dr. K. Silex läuft die *Lothringen* am 31. I. 1945 aus Kopenhagen im Geleit aus und trifft am 2. II. 1945 in Pillau ein. Hier werden über 2000 Flüchtlinge eingeschifft und sicher nach Swinemünde gebracht. Wegen der sich häufenden Verluste bei den dicht unter der Küste entlangfahrenden Schiffen steuert der Kommandant von Pillau aus die schwedische Küste an und läuft somit in großem Bogen nach Swinemünde. Vor Saßnitz hat das Schiff am 3. II. 1945 einen britischen Tieffliegerangriff zu bestehen, obwohl das Oberdeck deutlich sichtbar dicht mit Zivilpersonen belegt ist. Erfreulicherweise gibt es weder Verluste noch Schäden. Am 4. II. 1945 wird Swinemünde erreicht. Zu vermerken ist noch, daß unterwegs mehrere alte Leute starben. Sie wurden nach einem Gebet, mit der Kriegsflagge bedeckt, der See übergeben. Ein Kind wurde vom Kommandanten notgetauft.
In Swinemünde kehrt die *Lothringen* zur Kriegsaufgabe zurück, das Schiff wird wieder mit Minen beladen.

2. Flüchtlingstransport

Vom 27. bis zum 29. IV. 1945 marschiert die *Lothringen* von Kopenhagen nach Hela, um Flüchtlinge abzuholen. Das Schiff übernimmt Flüchtlinge bis zur äußersten Kapazität und setzt sie am 1. V. 1945 wohlbehalten in Kopenhagen ab.

3. Flüchtlingstransport

Vom 1. zum 2. V. 1945 verlegt die *Lothringen* von Kopenhagen nach Swinemünde. Sie beteiligt sich hier am 3. V. 1945 mit ihrer Flak an der Abwehr angreifender Flugzeuge und schießt zwei der Feindmaschinen ab. Am 4. V. 1945 transportiert die *Lothringen* erneut und nunmehr zum drittenmal Flüchtlinge, und zwar in diesem Falle aus dem jetzt von den Sowjets bedrohten Swinemünde nach Kopenhagen.
Damit endet der Einsatz dieses Minenschiffes.
Die *Lothringen* wird nach Kriegsende Frankreich zurückgegeben.

11.5 Das Minenschiff »Kaiser«

Das Minenschiff *Kaiser,* das, wie berichtet, an das Sperrmittel-Erprobungs-Kommando als Erprobungsschiff abgegeben worden ist und zwischenzeitlich auch zu Minenunternehmungen herangezogen wurde, hat sich ebenfalls an den Flüchtlingstransporten beteiligt.

1. Flüchtlingstransport

Am 30. I. 1945 liegt das unter dem Kommando von Korvettenkapitän d. R. z. V. E. Biet stehende Minenschiff *Kaiser* in Pillau, um, wie vorgesehen, 750 Flüchtlinge zu übernehmen. Der Kommandant bringt aber angesichts der Notsituation 2230 Personen unter, womit das Schiff bis auf den letzten Platz belegt worden ist. Die meisten der Flüchtlinge waren schon 8 bis 10 Tage, noch dazu ohne Nahrungsmittel, unterwegs.
Nach dem Ablegen in Pillau wird Gotenhafen angelaufen, um Wasser und Proviant zu ergänzen. Danach erhält die *Kaiser* Saßnitz statt Swinemünde als Marschziel angewiesen, denn ein Einlaufen in Swinemünde ist wegen akuten Minenverdachts untersagt. Der Marsch nach Saßnitz wird vom 31. I. zum 1. II. 1945 durchgeführt. Der Kommandant wählt den Küstenweg, da ihm der Tiefwasserweg nicht zusagt. Es ist die Zeit, in der die *Wilhelm Gustloff* auf der Stolpebank von einem russischen U-Boot torpediert wurde und mit über 5000 Flüchtlingen versank. Die Ausschiffung in Saßnitz vollzieht sich vom 2. zum 3. II. 1945. Gerade jetzt wird an Bord ein Junge geboren. Der Schiffsarzt leistet Hilfe. Die Besatzung schenkt dem Kind im Rahmen einer Sammlung ein Sparkassenbuch mit 1553,– RM.

2. Flüchtlingstransport

Am 7. II. 1945 liegt die *Kaiser* in Neufahrwasser, um von hier Flüchtlinge abzuholen. Am 8. II. 1945 werden zur Überführung nach Saßnitz 2059 Personen eingeschifft, und zwar vorwiegend Mütter mit Kindern, die am 11. und 12. II. 1945 im Zielhafen an Land gesetzt werden können. Ein dritter Transport kann nicht mehr durchgeführt werden, da das Schiff wegen eines schweren Kesselschadens die Werft aufsuchen muß.

11.5.1 Der Verbleib der »Kaiser«

Die *Kaiser* bekommt die Seebeckwerft in Wesermünde zugewiesen und wird dort am 22. VIII. 1945 britische Beute. Das Schiff war nach dem Ersten Weltkrieg schon einmal in britische Hand gefallen und dann später, 1922, wieder an Deutschland verkauft worden. Auch dieses Mal behalten die Engländer die *Kaiser* nicht. Sie liefern das Schiff an die Russen aus, wo es als *Nekrosov* in Dienst kommt.

*

Mit dem 22. VIII. 1945, nachdem die *Kaiser*, die zwei Weltkriege im Einsatz überstand, britische Beute wurde, schließt die Geschichte der Minenschiffe 1939 bis 1945.

12. Die Minenschiffe 1939–1945

Diese vom Mitautor J. Brennecke im wesentlichen anhand der Edition von E. Gröner, „Die deutschen Kriegsschiffe 1815–1945“ [15, Teil 10], und unter Heranziehung der Unterlagen des Minenschiffspezialisten Kapitän z. S. a. D. K. von Kutzleben zusammengestellte Tabelle wurde von den Herausgebern des genannten Werkes, Dr. D. Jung, Berlin, und M. Maass, Hamburg, aufgrund neuer Auswertungen von Archivunterlagen ergänzt.

Dr. D. Jung und M. Maass erbaten folgenden Hinweis: Alle Abweichungen zu den bisher erschienenen Veröffentlichungen E. Gröners, die von uns bearbeitet wurden, sind nicht versehentlich entstanden, sondern geben den derzeitigen Stand unserer ständig weitergeführten Aktenauswertung im Bundesarchiv/Militärarchiv wieder. Sie treten also an die Stelle bisher gemachter Angaben.

Name	Jahr	Bauwerft	Eigner	BRT	t	L in m	B in m	Sh/Tg in m	Antrieb/Schrauben Kessel bzw. Diesel
Adjutant ex *Pol IX*	1937	Smith's Dock Co. Ltd. S. Bank Middlesboro (GB)	Hvalfangerselsk. „Polaris" A/S, Larvik (N)	354	./.	42,8/40,7	8,02	4,5/3,5	1 3zyl.-3fach-Expansions-Masch./1 1 WR.-Kessel 15,8 atü
Albona ex *RD 58* ex *MT 130*	1918	Ganz Danubius Porto Re/Fiume	Italienische Marine		121/ 113	31,8/29,4	6,52	2,1/1,4	2 2zyl.-2fach-Expansions-Masch./2 1 Yarrow-Kessel 13,5 atü
Brandenburg ex *Kita*	1936	Forges et Chantiers de la Méditerannée SA., La Seyne (F)	Chargeurs Réunis, Le Havre	3894	./.	101,7	15,00	7,9/5,7	2 Getriebe-Tu/1
Bulgaria	1894	Wigham Richardson & Co. Ltd., Newcastle (GB)	Soc. Commune Bulgare Warna (BU)	1108	./.	77,8/73,3	10,21	5,6/4,3	1 3zyl.-3fach-Expansions-Masch./1 2 Zyl.-Kessel 12 atü
Bremse Ersatz *Drache*	1930/31	Reichsmarinewerft Wilhelmshaven (D)	Deutsche Reichsmarine		1870/ 1435	103,6/97,0	9,50	12,9	8 MAN-8zyl.-2takt-Diesel/2
Brummer Ersatz *Hai*	1934/36	Deschimag, Bremen (D)	Deutsche Kriegsmarine		3010/ 2410	112,9/108,0	13,50	4,3/3,2	2 Satz Wagner-Tu/2 4 Wagner-Kessel 70 atü
Brummer	1931	Staatswerft, Horten (N)	Norwegische Kriegsmarine		1860/ 1596	97,30/92,50	11,50	7,2/4,0	2 Satz Laval-Tu./2 Sulzer 8zyl.-4takt Diesel/2 3 Wr-Kessel 20 atü
Cairo = HSK 6	1936	Germaniawerft, Kiel (D)	Atlas-Levante-Linie, Bremen	4778	11.000	133,2/125,2	17,30	7,8/7,2	1 MAN-7zyl.-2takt-Diesel/1
Cobra	1926	A.G. „Vulcan", Stettin (D)	Hamburg-Amerika Linie, Hamburg	2131	2760	87,5/82,40	12,22	6,2/3,0	2 Satz Getriebe-Tu/2 2 Marine-Kessel 14 atü
Cyrnos = SG 13	1929	A.G. „Weser", Bremen (D)	Cie. de Navigation Fraissinet, Marseille	2406	3230	94,30/89,30	12,52	7,1/5,2	2 MAN-6zyl.-2takt-Diesel/2
Dietrich von Bern ex *Mazara*	1934	Cantiere Naval Bacino, Palermo (I)	SA. di Navi „La Meridionale" Trapani	984	./.	./. /66,7	9,90	4,0/3,6	1 3zyl.-3fach-Expansions-Masch./1
Doggerbank ex *Speybank*	1926	Harland & Wolff, Ltd., Glasgow	Andrew Weir & Co., Glasgow	5154	./.	133,7/128,1	16,40	8,1/7,8	2 Harland & Wolff 6zyl.-4takt-Diesel/2
Drache ex *Zmaj*	1929	Deutsche Werft A.G., Hamburg, Reiherstieg (D)	Jugoslawische Kriegsmarine	2084	1870	81,70/76,0	13,7/ 12,95	/4,0	2 MAN-6zyl.-2takt-Diesel/2
Eissero	1904								Expansions-Masch.
Elsass ex *Côte d'Azur*	1930	Forges et Chantiers de la Méditerannée SA., Le Havre	SA. de Gérance et d'Armement, Le Havre	3047	3648	103,50/99,40	13,72	7,6/3,7	2 Satz Parsons-Getriebe-Tu/2, 4 Babcock-Wilcox-Kessel 17 atü
Fasana	1924	Cantiere di Castellamara di Stabia	Italienische Marine		590/ 530	66,32/58,59	9,75	/1,7	2 Fiat-Diesel/2
Gallipoli ex *G 31* ex *Hakata Maru* Nr. 8	1911	Hirao Zosen, Osaka	Italienische Marine		400	36,04/33,80	6,72	3,2/2,8	1 steh. 3zyl.-3fach-Expansions-Masch./1 1 Zyl.-Kessel
Glommen *Laugen*	1916	Akers Mekaniske Verksted. AIS Oslo	Norwegische Marine	230	380/ 335	43,3/41,9	8,45	1,9	1 steh. 3zyl.-3fach-Expansions-Masch./1 1 Kessel 14 atü
Grille	1934/35	Blohm + Voss, Hamburg Bau Nr. 500	Reichsmarine		3430/ 2560	135,0/ 115,0	13,5	3,4/4,2	2 Satz B&V-Getriebe-Tu/2 4 Kessel 80–85 atü
Hanonia	1900	Grangemouth Dockyard Co., Grangemouth	Nikolai Lopato, Kuressaare	1781		83,34	12,88	/5,2	1 steh. 3zyl.-3fach-Expansions-Masch./1
Hansestadt Danzig	1926	A.G. „Vulcan" Stettin, Bredow	Reichsverkehrsministerium, Stettin (NDL)	2431		/90,5	11,7	5,8/4,5	2 10zyl.-4takt-Vulcan-Diesel/2
Hansestadt Danzig ex *Peter Wessel*	1937	Aalborg Vaerft A/S, Aalborg	Norsk-Dansk Turistvaart A/S, Larvik	1415		72,55/68,0	13,0	4,9/4,4	2 7zyl.-2takt-Atlas-Diesel/2

PS	kn	See- aus- dauer	Bewaffnung/Minen			Besatzung	Sonstiges,Verbleib
1600 i	14		1 Boots-K-6 L/18 (260) 2 (Fl)-2 (2000)	/20	TMB	2/14	Walfangboot *Pol IX*. Prise HSK 5 *(Pinguin)* als *Adjutant* (10. II. 1941); Beischiff HSK 5; dann Hilfsminenschiff HSK 7 (*Komet*) ab 24. V. 1941; Minen vor Neuseeland; + selbst versenkt 1. VII. 1941
280 i	11		1 SK-7,6	/bis 20		27	ex italienisch; erbeutet am 10. IX. 1943; † 31. X. 1944 bei der Räumung Salonikis
	17			/200	M	200	ex französisches Fruchtschiff, 2 Decks + Shelterdeck; ab 18. XII. 1942 übernommen in Südfrankreich; ab 1. V. 1943 in Dienst in Marseille, † am 21. IX. 1943 auf 43°07′N, 09°58′O durch britisches U-Boot *Unseen*
1200 i	12						ex bulgarischer Frachter; Spardecker; ab Mai 1942 in Dienst; † 8. X. 1943 auf 36°46′N; 25°51′O durch britisches U-Boot *Unruly*
2600 w	29,1	8000/19	4 SK-12,7/8 (Fl)-2	/350	M	8/187	Artillerie-Schulschiff/Minenschiff; † am 6. IX. 1941 Mageröy-Fjord, Nordkap
10.150 w/ 10.000 w	23,1/ 20,0	2400/15	4 (Fl)-10,5 L/45; 2 (Fl)-8,8 später ersetzt durch 4(Fl)-10,5; 4 (Fl)-3,7	/450	M	10/205	Artillerie-Schulschiff/Minenschiff; † am 14. IX. 1940 im Kattegatt, britisches U-Boot *Sterlet*
6000 w + 1400 e	21,0	3000/14	4 SK-12,7 L/45 2 (Fl)-3,7/4 (Fl)-2	/280	M	168	norwegischer Minenleger *Olav Tryggvason*; erbeutet 9. IV. 1940 in Horten; ab 13. IV. 1940 zunächst als *Albatros*; ab Herbst 1940 als Minenschiff *Brummer*; schwer beschädigt durch Bomben in Dock V der DW am 3. IV. 1945, abgebrochen
3750 w	14	50.000/12	6 TK-15 L/48 (1800) 170 hm 2 (Fl)-3,7/4 (Fl)-2/2Tr-53,3/ 2 Arado Ar 231			11/310	Motorfrachter, 2 Decks, ab 25. II. 39 Eisbrecher und Handelsstörer Ostsee, Aug. 40 Minenschiff für *Seelöwe*; kein Einsatz; 21. IV. 41 zum Umbau zum HSK 6 = Schiff 23 = HK *Stier*; ab 9. XI. 41 fertig, 9. V. 42 ausgelaufen; † nach Gefecht mit US-Liberty-Schiff *Stephen Hopkins* am 27. IX. 42 östlich Bahia
3600 w	17	2180/17	2 (Fl)-8,8 (400) div. leichtere	/180	M		ex Seebäderschiff, 2 Decks; ab 26. VIII. 39 in Dienst, 27. VIII. 42 Werft Gusto, Schiedam, gekentert durch Bombentreffer, abgebrochen.
3300 e	15			/220	M		ex französisches Passagierschiff, 2 Decks + Shelterdeck; Beute in Frankreich als Wachschiff P 2; 1944 zeitweilig Minenschiff; 1945 zurückgegeben; 1966 abgebrochen.
				/120	M		2 Decks + Shelterdeck; September 1943 Beute in Italien, ab 3. IV. 1944 in Dienst, † am 12. VIII. 1944 Genua (44°24′N, 08°57′O) britische Fli-Bo; nach 1945 repariert, bis 1965 noch im Dienst.
2300 w	11	26.000/10	1 SK-10,5 L/45/4 (Fl)-2	/155 55 70	EMC EMF TMB		britischer Motorfrachter, 31. I. 1941 von HSK 2 aufgebracht, ab November 1941 Umbau zum Versorger und Minenschiff in Bordeaux, 21. I. 1942 ausgelaufen als Versorger für Schiff 10, 23, 28; April 1942 für 7 Tage Minenleger vor Kapstadt als Hilfskriegsschiff, 3. III. 1943 bei Rückkehr aus Japan † Mittelatlantik 29°10′N/34°10′W, deutsches U-Boot U 43
3260 w	15	4000	2 (Fl)-8,8 L/45/ 5 (Fl)-3,7/ 1 Hubschrauber /13 (Fl)-2	/120	EMC	7/38	2 Decks, 17. IV. 1941 Beute in Jugoslawien, 1941 Sicherungsschiff der Luftwaffe; ab 20. VIII. 1942 Minenschiff; 22. IX. 1944 explodiert nach Bombentreffer/Vathi-Bucht, Samos
							ex französiches Regierungsfahrzeug, 1943 Minenschiff, an Eigner zurück.
14.260 w/ 9.000 w	23,3/ 19,5	1500/ 19,5	2 (Fl)-10,5 1 (Fl)-3,7 /10 (Fl)-2 (später 16)	/280	M	10/208	ex französische Fähre, 2 Decks + Shelterdeck, als Wrack geborgen in Dünkirchen Januar 1941 Umbau; ab 18. X. 1942 Minenschiff, 3. I. 1945 ö. Samsø 55°43′N/10°90′O auf deutsche Mine gelaufen.
700 w	10	700/10	1 SK-7,6 (200)/4 (Fl)-2	/54	M		italienischer Minenleger, am 10. III. 1943 Beute in Italien, 20. IV. 1944 in Dienst, 2. V. 1945 vor Tagliamento selbst versenkt, von Italien geborgen, 1950 abgebrochen
339 i	10		2 SK-7,6			24	1911 japanischer Fischdampfer *Hakata Maru* Nr. 8, 1. II. 1917 italienische Marine, Kanonenboot G 31, 15. X. 1923 Minenleger *Gallipoli*; 13. IX. 1943 in Syros von KM übernommen als GA 79, 31. X. 1944 † bei Saloniki
170 i	9,5		2 SK-7,6 L/50	/50	M	39	ex norwegische Minenleger, April Beute in Norwegen; T-Depotschiffe, *Laugen* 1945 an Norwegen zurück; *Glommen* † 20. X. 1944 im Drontheimfjord durch Fli-Bo
26.400 w/ 22.000 w	26	9500/19	3 SK-12,7 L/45 (630) 4 (Fl)-3,7/4 (Fl)-2	/280	M	8/240	Staatsjacht und Aviso, Flottentender C; Längspant-Bänder Stahlbau; 95 (!)% geschweißt, ab 1939 Minenschiff; März 1942 außer Dienst, danach andere Verwendungen
1000 i	8						ex estnischer Frachter, 5. IV. 1940 Prise, als Schiff 111 in Dienst (U-Falle bei 1. V.-Fl.), ab 27. IV. 1940 Minenleger bei Hs-Fl. Bergen; 9. VII. 1942 Minenlager Sperrzeugamt Bergen; † Ostsee?
6400	20	2000/16	2 (Fl)-8,8/ 4 (Fl)-3,7/ 6 (Fl)-2	/360	M	10/200	Passagierschiff im Ostpreußendienst, 2 Decks + Shelterdeck; 30. VII. 1939 in Dienst, 9. VII. 1941 Ölandsund (56°12 N/16°17 O) auf schwedischer Minensperre gesunken, Wrack 1952 abgebrochen
2560 e	15,5	1200/15	2 (Fl)-3,7	/180	M		ex norwegisches Fährschiff, 2 Decks + Shelterdeck, August 1939 von Norwegen gekauft, Transporter, 12. XII. 1944 an F. d. M, 1. II. 1945 in Dienst als Minenschiff, kein Mineneinsatz, 1945 an Norwegen, *Peter Wessel;* 1968 italienisch *Jollyemme*

Name	Jahr	Bauwerft	Eigner	BRT	t	L in m	B in m	Sh/Tg in m	Antrieb/Schrauben Kessel bzw. Diesel
Irben *Otter* *Rhein*	1936 1934 1934	F. Schichau, Elbing Stettiner Oderwerke, Stettin	Deutsche Kriegsmarine	900	1158 1220 1252	56,7/53,3	10,38	5,2/4,4	1 4zyl.-2takt-Sulzer-Diesel/1 *Otter* ab 1941: 1 6zyl.-4takt-MWM-Diesel
Juminda ex *Betta Nr. 5*	1894	Cravero, Genua	Italienische Marine		475	41,7/	7,2	/2,6	1 steh. 2zyl.-2fach-Expansions-Masch./1, 1 Kessel atü
Kaiser	1905	A.G. „Vulcan", Stettin-Bredow	HAPAG	1912	1920	96,3/92,23	11,70	4,8/2,9	2 Satz AEG-Tu/2 2 Marine-Kessel 14 atü
Kamerun ex *Rauma*	1939	Nyland Mek. Verk, Oslo	Norwegische Marine		370/ 320	/51,0	7,01	/1,8	2 steh. 3zyl.-3fach-Expansions-Masch./2 1 Wr.-Kessel atü
Kehrwieder ex *Crotone*	1918	A.G. „Neptun", Rostock	Italienische Marine		570/ 525	59,30/56,00	7,40	3,3/2,3	2 steh. 3zyl.-3fach-Expansions-Masch./2 2 Marine-Kessel atü
Kiebitz ex *Ramb III*	1938	SA. Ansaldo Genua-Sestri-Ponente	Monopoli Azienda Nazionale Banane, Genua	3667	/5182	123,6/116,8	15,00	7,5/5,0	2 9zyl.-2takt-Fiat-Diesel/2
Königin Luise	1934	Howaldtswerke AG, Hamburg	HAPAG	2399	3373	93,50/87,98	12,80	6,5/3,6	2 6zyl.-2takt-MAN-Diesel/2
Kuckuck ex *Vittorio Locchi*	1943	Cantieri Nav. del Quarnaro, Fiume	Tirrenia SA. Nav., Neapel	3162	4570	111,3/104,0	15,2	6,6/6,4	2 8zyl.-2takt-Ansaldo-Diesel/2
Laurana ex ex *RD 59* ex *MT 131*	1919	Cantieri Danubius SA., Fiume-Porto Re	Italienische Marine		121/ 113	31,8/29,4	6,52	2,1/1,4	2 steh. 2zyl.-2fach-Expansions-Masch./2 1 Yarrow-Kessel 13,5 atü
Lauting	1934	Stettiner Oderwerke, Stettin	Deutsche Kriegsmarine	960	1253	56,7/53,3	10,41	5,2/4,4	1 4zyl.-2takt-Sluzer-Diesel/1
Linz	1940 1943	beg.: Danziger Werft, Danzig; fertig: Odense Staalskipsvaerft	NDL, Bremen	3374		104,2/98,5	13,92	8,1/6,9	1 6zyl.-2takt-MAN-Diesel/1
Lothringen ex *Londres*	1941	Forges et Chantiers de la Méditerrannée SA., Le Havre	Soc. Nationale de Chemins de Fer, Dieppe	2434	1975	94,50/93,60	12,10	7,1/3,2	2 Satz Parsons-Getr.-Tu/2 2 Penhoët-Wr.-Kessel 27 atü
Niedersachsen ex *Acqui* ex *Guyane*	1934	Burmeister & Wain, Kopenhagen	Cie Générale d'Armements Maritimes, Rouen	1794		/86,71	12,62	5,8/4,6	1 6zyl.-2takt-B&W-Diesel/1
Nymphe ex *La Nymphe* ex *M 42*	1916	Bremer Vulkan, Bremen-Vegesack	SA. des Bains de Mer et du Cercle des Etrangers de Monaco	452	525/ 480	58,41/56,10	7,30	3,3/2,3	2 steh. 3zyl.-3fach-Expansions-Masch./2 2 Marine-Kessel atü
Oldenburg ex *Garigliano*	1934	Cantiere del Tirreno, Riva Trigosa	Italienische Marine		1115/ 1050	/65,12	10,05	3,1/4,2	2 Fiat-Diesel/2
Ostmark ex *Côte d'Argent*	1932	Forges et Chantiers de la Méditeranneé SA., Le Havre	SA. de Gérance et d'Armement, Le Havre	3047	3648	103,50/99,40	13,72	7,6/3,7	2 Satz Parsons-Getriebe-Tu/2, 4 Babcock-Wilcox-Kessel 17 atü
Otranto ex *G 36* ex *Suniye Maru*	1911	Smith's Dockyard, Middlesborough	Italienische Marine		385/ 290	33,84/36,0	6,38	3,3/2,7	1 steh. 3zyl.-3fach-Expansions-Masch./1 1 Zyl.-Kessel
Otter siehe *Irben*									ab 1940: 1 MWM 6zyl.-4takt-Diesel
Passat ex *Storstad*	1926	Blythswood Sb. Co. Ltd., Glasgow	A. F. Klaveness & Co., Oslo	8998		148,7/143,8	18,95	10,8/8,9	2 6zyl.-4takt-Kincaid-Diesel/2
Pelikan ex *KT 18*	1943	Korneuburger Werft	Kriegsmarine	834	700	67,5/63,0	11,0	4,2/3,1	2 3fach-Expansions-Masch./2 3 Wr.-Kessel atü
Pommern ex *Belain D'Esnambuc*	1932	Frammes Mekaniske Verkstad, Sandefjord	Cie Générale Transatlantique, Le Havre	2956		102,7/98,32	14,14	/4,9	1 zyl.- takt-Diesel/1

PS	kn	See-ausdauer	Bewaffnung/Minen	Minen	(M)	Besatzung	Sonstiges, Verbleib
450	9,5	3000/9	4 (Fl)-2	/240	M		Minentransporter, I: 3. IV. 1945 Kiel-Mönckeberg nach Bombentreffer gesunken; O: 20. VI. 1944 vor Kirkomaansaari nach Bombentreffer gesunken, gehoben 1951, finnisch *M/S Anita*, 1956 schwedisch *Portos*, 1964 italienisch *Pupi*, 1966 italienisch *Lilion*; R: 1948 *M/S Klaus Leonhardt*, 1950 *Uhlenhorst*, 1964 abgebrochen
227 i	9,3	700/9	2 (Fl)-2	/80	M		italienisches Minenschiff, 9. IX. 1943 von KM übernommen, 20. IX. 1943 in Dienst, 23. X. 1943 westlich San Stefano von Schnellbooten torpediert
3000 w	16	2380/12	2 SK-8,8 (260) 2 (Fl)-3,7 / 8 (Fl)-2	/200	M	10.200 später 8.158	ex Bäderdampfer, 1914 Hilfsstreuminendampfer, 1919 britische Beute, 1922 Rückkauf, wieder Seebäderdienst, 28. VIII. 1939 wieder Minenschiff, 1. X. 1943 Versuchsschiff, 22. VIII. 1945 britische Beute, 1946 sowjetische Beute, *Nekrasow*, im April 1947 polnisch *Beniowski*, 1954 abgebrochen
900 i	15	1400/9	1 (Fl)-4 / 2 (Fl)-Mg			25	ex norwegischer Minenleger, 9. IV. 1940 beschädigt erbeutet, Horten, Wachboot NO 01 kein Mineneinsatz!! 1945 zurück an norwegische Marine
1850 i	~16	2000/14	1 SK-7,6 (200) / 4 (Fl)-2	/30	M	1/40	ex deutscher Minensucher M 120; am 9. III. 21 an Italien ausgeliefert, italienisches Minenräumboot *Abastro*, ab 1927 Minenleger *Crotone*; am 9. IX. 1929 deutsch besetzt; i. D. 26. II. 1944 als Minenschiff, April 1944 † im Arsenal La Spezia durch Bombentreffer, gehoben und abgebrochen
5000 w	20/17		2 Rak 20 (50) / 3 (Fl)-9 (600) 26 (Fl)-2	/250	M	3/64	ex italienisches Fruchtschiff, 2 Decks+Shelterdeck; 16. IX. 1943 deutsch, 15. II. 1944 in Dienst (ohne Kreiselkompaß); Restausrüstung erst nach 1. Einsatz übernommen, 5. XI. 1944 in Fiume nach Bombentreffer und Brand †, gehoben jugoslawische Staatsyacht *Galeb*
3600	16	4000/17	2 (Fl)-8,8 (400) / 1 (Fl)-3,7 (3000) / 2 (Fl)-2	/240	M	8/72	ex Seebäderschiff, 2 Decks+1 Shelterdeck; in Dienst als Minenschiff, 25. IX. 1941 vor Helsinki durch russische Mine gesunken
4375	14		2 (Fl)-7,6 / 4 (Fl)-2	/200	M	2/54	ex italienischer Frachter *Vittorio Locchi*, 1 Deck, 9. IX. 1943 auf der Helling in Fiume beschlagnahmt, 1944 in Dienst, † 5. XI. 1944 in Fiume durch britische Fli-Bo; nach dem Krieg gehoben und ab 1950 als jugoslawische *Locchi* in Dienst, 1951 *Ucka*
280 i	11		1 (Fl)-7,6 / 1 (Fl)-4	/bis 20	M	27	begonnen als k. u. k.-Minenleger MT 131, italienischer Fertigbau 1920 als italienischer Minenleger; 11. IX. 1943 in Venedig deutsch besetzt, 30. IX. 43 in Dienst gestellt. † 20. II. 1945 d. brit. Fliegerbombe
450	9,5		4 (Fl)-2	/300	M	4/39	Minentransporter, 2 Decks, 1961 *M/S Alnor*, 1969 griechisch *Kadiani*, 16. III. 1969 70 sm vor Flamborough Head (55°49'N, 02°07'O) gesunken
4800 e	16		2 (Fl)-10,5 / 2 (Fl)-3,7/14 (Fl)-2	/340	M		Frachtmotorschiff, 2 Decks; 27. VII. 1943 Sabotage auf dänische Werft, 21. VIII. 1943 zur KM, Januar 1944 als Minenschiff in Dienst, 8. VII. 1945 britisch *Empire Wansbeck*, 1962 griechisch *Esperos*
22000 w	24		2 (Fl)-8,8 L/45 (400) 2 (Fl)-3,7 (4000) 2 (Fl)-2 (4000) RAG	/240	M		ex französisches Fährschiff, 2 Decks+1 Shelterdeck; Juni 1940 Beute in Frankreich, 1943 Zielschiff, 24. VI. 1944 Umbau zum Minenschiff, 18. XI. 44 in Dienst, 17. XI. 1945 zurück an Frankreich, 1951 britisch *Londres*; 1963 griech. *Ionion II*, 1964 *Sofoklis Venizelos*, 14. IV. 1966 in Piräus ausgebrannt
2100 e	13		2 (Fl)-10,5 L/45 / 2 (Fl)-6,9 / 12 (Fl)-2	/260	M	5/169	als französisches Frachtschiff *Guyane* (ex Dora), 2 Decks, am 4. XII. an Italien, als *Acqui* in Dienst, 12. I. 1943 deutsch (3. G.-Flottille), 20. XII. 1943 Minenschiff *Niedersachsen*, 15. II. 44 vor Toulon von britischem U-Boot *Upstart* torpediert
1800 i	16,5	2000/14	2 (Fl)-2	/30	M	1/39	ex deutscher Minensucher aus dem Weltkrieg I; 1920 verkauft an Berliner Firma, 1923 NDL zum Dampf-Fährschiff umgebaut, neuer Name *Nymphe*, 1923 an Vicomte Le Gualès de Mezaubran, Nizza als *La Nymphe*, 1928 an SA. des Bains, 1939 französischer Minensucher AD 204, Mai 1944 Minenschiff *Nymphe* der KM (†) April 1945
600 w	9,5/		2 (Fl)-3,7 / 14 (Fl)-2	/144	M		ex italienischer Wassertanker (nave cisterna per aqua); 13. IX. 1943 deutsch übernommen, November 1943 in Dienst, 24. IV. 1945 in Genua selbst versenkt, †, bis 1952 wieder im Dienst, dann abgebrochen
14.000 w/ 5.000 w	23/ 19,5	1500/ 19,5	2 (Fl)-8,8 L/45 /14 (Fl)-2	/240	M	240	ex französische Fähre, 2 Decks + Shelterdeck, 30. VII. 19 Beute in Frankreich; Wohnschiff, Umbau, am 5. X. 1941 in Dienst, 21. IV. 1945 gesunken westl. Anholt durch Bombentreffer
544 i	9,5/ 7,0		2 SK-7,6			0/24	ex japanisch, 1916 von italienischer Marine gekauft, Kanonenboot G 36, 15. X. 23 Minenleger *Otranto*, 13. IX. 43 in Syros übernommen, Minenschiff Küstenschutzfl. *Attika*, † 31. X. 1944 bei der Räumung Salonikis
3100	11		1 (Fl)-10,5, Holzkanone, später 2 MG-C30, am Peilrahmen in Doppellaffette	/100	M	3/34	ex norwegischer Tanker, ab 7. X. 1940 Prise des HSK *Pinguin*, dann ab 12. X. 1940 als Hilfsminenschiff, ab 16. XI. 1940 als Spähschiff („Zweites Auge" der *Pinguin*), dann als Gefangenenschiff (627 Gefangene) nach La Pauillac (ein am 4. II. 1941)
2400 i	14,5	1250/-	1 SK-7,5 (250) / 1 (Fl)-3,7 (2000) / 2 (Fl)-2 (4000) / Mg usw.			4/49	Einsatz auch als Minenleger, versenkt 20. IX. 1944 durch britische Beaufighter bei Paros
3950	16		2 (Fl)	/235	M		ex französisches Fruchtschiff, am 16. XII. 1942 Beute in Frankreich; Umbau La Ciotat; am 1. V. 1943 in Dienst, † 5. X. 1943 östlich von San Remo auf 43°47'N, 07°51'O auf italienischer Minensperre

Name	Jahr	Bauwerft	Eigner	BRT	t	L in m	B in m	sh/Tg in m	Antrieb/Schrauben Kessel bzw. Diesel
Potestas ex *Ansaldo San Giorgio Secondo*	–1919	Ansaldo San Giorgio, La Spezia	Soc. Anon. Industria Armamento, Genua	5237		119,68	15,66	8,4/	1 8zyl.-2takt-Fiat-DM/1
Preußen	1926	Stettiner Oderwerke, Stettin	Reichsverkehrsministerium, Stettin	2529		93,60/90,40	11,69	6,0/3,8	2 10zyl.-4takt-MAN-Diesel/2
Roland	1927	J. C. Tecklenborg A.G. Wesermünde-G.	NDL, Bremen	2436		90,82/ 86,85	13,04	7,2/3,4	2 Getriebe-Tu/2 2 Marine-Kessel 16 atü
Romania	1904	Ateliers et Chantiers de la Loire, St. Nazaire	Servicul Maritime Romanul, Konstanza	3152		/108,7	12,73	8,4/	2 steh. 3zyl.-3fach-Expansions-Masch./2 2 Zylinder-Kessel 12,6 atü
Rhein siehe [illegible]rben									
Rovigno ex *RD 60* ex *MT 132*	1918	Ganz Danubius Porto Re, Fiume	Italienische Marine		113	29,4	6,5	/1,4	1 steh. 3zyl.-3fach-Expansions-Masch./1 1 Zylinder-Kessel
San Giorgio	1914	Stabilimento Tecnico, Trieste	Istria-Trieste Sa. di Navig., Trieste	364		57/ 53,14	7,46	3,5/2,5	1 steh. 3zyl.-3fach-Expansions-Masch./1 Kessel atü
Schwerin	1926	F. Schichau, Elbing	Deutsche Reichsbahn, Warnemünde	3133		107,2/ 101,8	18,00	6,0/4,2	2 steh. 3zyl.-3fach-Expansions-Masch./2 4 Kessel 14,5 atü
Skagerrak ex *Skagerak I*	1939	Aalborg Vaerft A/S., Aalborg	Christiansand D/S, Christiansand	1281		70,70/ 65,21	11,57	5,0/4,0	2 10zyl.-2takt-B&W.-Diesel/2
Stralsund ex *Deutschland*	1909	A.G. Vulcan, Stettin-Bredow	Deutsche Reichsbahn, Stettin	2972	4200	113,8/ 108,0	16,26	7,3/4,9	2 steh. 3zyl.-3fach-Expansions-Masch./2 4 Zylinder-Kessel 12 atü
Tannenberg	1935	Stettiner-Oderwerke, Stettin	Reichsverkehrsministerium Stettin	5504		129,6/ 121.3	15,54	8,3/7,6	2 Satz Wagner-Schichau-Getr. Tu/2 / 2 Marine-K. 70 atü
Togo	1938	Bremer Vulcan, Vegesack	Woermann-Linie, Hamburg	5042	12.700	134,0	17,9	8,1/7,9	1 doppeltwirk. 8zyl.-2takt-Diesel/1
Togo ex *Otra*	1939	Nylands Mek. Verkst., Oslo	Norwegische Marine		370/ 320	50,90	7,01	/1,8	2 steh. 3zyl.-3fach-Expansions-Masch./2 1 Wr.-Kessel atü
Tyr	1878	Christie, Nolet & De Kuijper, Delfshaven	Niederländische Marine		285/ 270	28,0	8,2	/2,5	2 2fach-Expansions-Masch./2 2 Zylinder-Kessel atü
Ulm = Schiff 11	1938	Danziger Werft, Danzig	NDL Bremen	3071		102,50/ 98,0	13,87	8,8/6,4	1 6zyl.-2takt-MAN-Diesel/1
Vallelunga	1923	SA. Ansaldo San Giorgio, Muggiano-La Spezia	Italienische Marine		970/ 916	56,24/ 52,51	9,00	3,4/3,0	2 steh. 3zyl.-3fach-Expansions-Masch./2 / 2 Thornycroft-Wr.-Kessel 15 atü
Westmark ex *Panigaglia*	1923	SA. Ansaldo San Giorgio, Muggiano-La Spezia	Italienische Marine		970/ 916	56,24/ 52,51	9,00	3,4/3,0	2 steh. 3zyl.-3fach-Expansions-Masch./2 / 2 Thornycroft-Wr.-Kessel 15 atü
Versailles	1919	Forges et Chantiers de la Méditerannée Le Havre	Soc. de Chemins de Fer de l'Etat Franc., Dieppe	2156		95,00/ 90,85	11,03	6,8/3,2	2 Satz Getriebe-Tu/2 2 Penhoët-Wr.-Kessel 15 atü
Wullenwever ex *Rouen* = Schiff 50	1912	Forges et Chantiers de la Méditerannée, Le Havre	Societé de Chemin de Fer de l'Etat Franc., Dieppe	1882		93,10/ 89,41	10,54	6,5/3,2	3 Satz Parsons-Tu/3 2 Wr.-Kessel 12 atü
Zeus ex *Francesco Morosini*	1928	Stabilimento Tecnico Triestino, Trieste	„Adriatica" SA. di Navig., Venedig	2423	3100	89,03/ 83,97	12,65	5,2/	2 6zyl.-2takt-Diesel/2
Für den Minenkrieg vorgesehen									
Barbara ex *St. Denis*	1908	John Brown & Co. Clydebank (GB)	London & North-Eastern-Railway, Harwich	2435	≈ 1900	104,5/ 100,9	13,16	5,4/3,7	3 Satz Parsons-Tu/3 2 Thornycroft-Kessel 14 atü
Le Gladiator	1933			1958					Diesel

PS	kn	See- aus- dauer	Bewaffnung, Minen			Besatzung	Sonstiges, Verbleib
							ex italienischer Frachter; 20.X.1943 Cattaro durch deutsche Küstenbatterie beschossen und aufgebracht, in Dienst als Minenschiff 26.II.1944
10.000 e 6.400 e	20/ 16	2900/16	2 (Fl)-8,8 L 45	/400	M	10/200	Passagierschiff im Ostpreußendienst, 2 Decks, 3.IX.1939 in Dienst, Verlust wie *Hansestadt Danzig*, Wrack 1953 abgebrochen
4850 w	18	2100/18	2 (Fl)-8,8 (400) 1 (Fl)-3,7/2 (Fl)-2	/	M		ex Seebäderschiff; 2 Decks+Shelterdeck; 23.VIII.39 in Dienst, † 21.IV.44 ~ Narva, 59°42,3'N, 27°30,9'O, durch Mine
	18		4 (Fl)-2	/80	M		ex rumänisches Passagierschiff; 2 Decks + Shelterdeck; März 1942 von Rumänien übernommen, erst als Lazarettschiff vorgesehen, ab 6.XII.1942 S-Boot-Begleitschiff; ab 3.XI.1943 Minenschiff im Schwarzen Meer, † 12.V.1944, russische Fliegerbomben
280 i	11		1 SK-	/bis 20	M	27	ex italienischer Minensucher *RD 60*; erbeutet 10.IX.1943; † 31.X.1944 bei Räumung Saloniki
	8		4 (Fl)-2	/18	M		ex italienisches Fährschiff; September 1943 als Beute übernommen; Januar 1944 in Dienst; † 12.II.1944 durch Strandung im Borasturm bei Punta della Mestre
4400 i	18	600/15,5	2 (Fl)-8,8 (400) 6 (Fl)-2	/280	M		Eisenbahnfähre; 2 Decks+Shelterdeck; 22.VIII.1940 in Dienst, kein Einsatz; 25.XI.1940 zurück in Trajektdienst; † 20.II.1944 im Hafen von Rostock durch brit. Fli-Bos.; ab 1948 in Warnemünde abgebrochen.
5000 w	18		4 (Fl)-2	/180	M		ex norwegisches Fährschiff *Skagerak I*; Mai 1940 deutsch übernommen; 17.VIII.1940 in Dienst für „Seelöwe", dann Minenschiff; † 20.I.1944 westlich Egeröy durch Lufttorpedo
5400 i	16		2 (Fl)-8,8 (400) / diverse leichtere Flak	/420	M		ex-Fährschiff *Sassnitz-Trelleborg*, am 4.VIII.1914 in Dienst als Hilfsminenstreudampfer Ostsee, 1918 zurück in den Trajektverkehr; 13.VIII.40 als Minenschiff für das Unternehmen „Seelöwe" (kein Mineneinsatz); 7.XI.1940 a.D. Stettin; zurück an Eigner; 1945 russische Beute [Gröner]
12.000 w	20	2000/20	3 SK-15 L/45 / 4 (Fl)-3,7 6 (Fl)-2	/460	M		Passagierschiff im Ostpreußendienst, 3 Decks; 2.IX.1939 in Dienst; August 1940 F.d.M.; † 9.VII.1941 auf schwedischer Minensperre Ölandsund
5100	16	36.000/10	bewaffnet erst nach Minenschiffeinsatz				ex Frachter; 2 Decks; ab 18.VIII.1940 Minenschiff für Seelöwe; 16.VI.1941 Umbau zum *HSK 10 Coronel*, Ausreise 31.I.1943 bis 27.II.1943; Fliegerbombenschäden in Dünkirchen, Rückkehr, dann Sperrbrecher; dann Nachtjagd-Leitschiff; 13.VIII.1945 britische Beute; 15.I.1946 an USA; 15.III.1946 an Norwegen unter verschiedenen Namen [Gröner] ab 1956 deutsch *Togo*, 1968 panam. *Lacasiella*
900 i	15	1400/9	1-7,6 / 2 (Fl)-2			23	ex norwegischer Minenleger, April 1940 Wachboot *Togo* = *NT 05*, später *NO 02*, 4.II.1942 *V 5908*, dann *V 6512*, 1945 US-Militärregierung, 1947 zurück an Norwegen.
120 i	7,5	1200/5	4 (Fl)-4 / 4 (Fl)-1,3	/30	M		ex niederländisches Küstenkanonenboot, Tender, Minenleger; 15.V. deutsch erbeutet; 1945 zurück, abgebrochen
3950	16	11.000/10	1 SK-10,5 / 4 (Fl)-1,3	/290	M	10/193	ex Fruchtschiff; 3 Decks; 18.III.1940 von Kriegsmarine übernommen; Umbau, 25.XI.1940 Totalbrand; 25.XI.1941 in Dienst; † 26.VIII.1942 östl. der Báreninsel durch die brit. Zerstörer *Marne, Martin* und *Onslaught*
1400 i	11	960/11	2 SK-10 L/47	/30	M		ex italienischer Transporter; 1 Deck + Quarterdeck; 16.IX.1943 vor Livorno von *Pommern* aufgebracht, zur Reparatur nach Genua, kein Einsatz; † 28.V.1944 Genua durch brit. Fli-Bo
1400 i	11	960/11	2 SK-10 L/47	/30	M		ex italienischer Transporter; 1 Deck + Quarterdeck; 16.IX.1943 durch *Pommern* bei Livorno aufgebracht und übernommen; September 1944 in Dienst, † 19.IV.1945 in La Spezia
	≈ 23		2 (Fl)-2	/200	M		ex französisches Fährschiff; 2 Decks; August 1940 deutsche Beute in Frankreich; 25.III.1942 in Dienst, bis 18.VII.1942 Sperr-Versuchskommando, 18.VII.1943 Wohnschiff; 1945 zurückgegeben, 1947/48 abgebrochen
9000 w	23		4 (Fl)-2	/	M	2/92	ex französisches Fährschiff *Rouen*; 30.VIII.1940 Beute in Frankreich; 24.III.1941 in Dienst; 1942 Maschinenhavarie; N.V.K.-Versuche; † 25.IV.43 in der Ostsee durch Mine; 1945 gehoben, zurückgegeben, 1946 abgebrochen
4200	14		2 SK-12 / 4 (Fl)-3,7 19 (Fl)-2	/240	M		ex italienisches Passagierschiff; 3 Decks; 18.IX.1943 deutsch übernommen in Piräus; † 30.X.44 im Golf von Saloniki durch britische Fli-Bos
9500 w	19			/		(60)	ex französisches Fährschiff; 2 Decks + Shelterdeck; ab 1.XI.1940 deutsch; Schiff 52 = *Skorpion* (Hilfskreuzer) vorgesehen als Minenschiff; Maschine untauglich; als Wohnschiff in Kiel verwendet
							ex französisches Regierungsfahrzeug; 1944 als Minenleger vorgesehen

Name	Jahr	Bauwerft	Eigner	BRT	t	L in m	B in m	Sh/Tg in m	Antrieb/Schrauben Kessel bzw. Diesel
Marienburg	1933	Stettiner Oderwerke, Stettin	Reichsverkehrsministerium Stettin	6200		138,0	18,5	8,1	2 Getriebe-Tu/2 2 Wr.-Kessel atü
Helgoland	1939	Lindenau, Memel	HAPAG	2947	3545	113/ 106,5	13,2	4,8/3,5	2 Satz AEG-Turbinen / 1 Diesel-Generator / 3500V / 1 AEG-Propeller EM/ 2 La Mont-Kessel / 2 Voith-Schneider-Prop.
A *C* *D, E, F*		Deschimag,Wesermünde Deutsche Werft, Hamb. Howaldtswerke, Hamb.	 Kriegsmarine Kriegsmarine	6380/ 5450	152,00	16,20	11,5/3,4		2 Turb./2 4 Wagner-Kessel 70 atü
Weitere für den Minenkrieg eingesetzte Einheiten (Boote)									
I *II* *III* *IV*	1942		Kriegsmarine Kriegsmarine Kriegsmarine Kriegsmarine						Diesel Diesel Diesel Diesel
KM 1 bis *KM 36*, als Transport- schiff diente *SS Süderau* (1453 ERT), als Beischiff *SS Rugard* (1358 ERT)	1942/43	Roland-Werft, Hemeling. Kriegermann, Berlin-Spandau Reinicke-Werft, Berlin-Spandau, R. Franz, Niederlehne, Engelbrecht, Berlin-Köpenick, Nordbjerg & Wedell, Kopenhagen	Kriegsmarine		19/16 in m²	15,95	3,50/3,21	1,10	2 BMW 6 V-12zyl.-Viertakt-Otto von je 550/650 PS, Marsch- u. Manövriermotor 1 Steudel-Otto 36 PSe, später dafür 1 Ford V8-Otto 90 PSe/2
MAL Typ II	1944	Krupp, Rheinhausen	Kriegsmarine		277/ 225	35,5	8,60	1,8/1,19	2 LKW-Diesel/2
MFP Typ AM *F 188, F 189,* *F 192–194,* *F 196,* *F 201–203* *F 256–258,* *F 264–267*	1942 1942 1942 1942 1942 1942 1942	188/189 Nederl.Sch. Amsterdam; 192/193 v.d. Giessen, Krimpen; 194, 196 Nederl. Dock. Amsterdam; 201/203 Haarlemsche Sch.; 256/258 de Biesbosch, Dordrecht; 264/266 de Merwede, Hardinxvelt 267 v. Duijvendijk, Lekkerkerk			220/	47,04	6,53	2,30/ 1,45/	3 LKW-Diesel/3
MFP Typ C 2 M *F 418–419,* *445–449,* *467*	1942	418–419 Schiffswerft Linz 445–449 Schiffswerft Linz 467 Schiffswerft Linz	Kriegsmarine		220/	47,04	6,53	2,30/1,45	3 LKW-Diesel/3
MFP Typ DM	(1942)	Planung, kein Umbau vom Typ *MFP D* zum *MFP DM*	Kriegsmarine		239	49,82	8,59	2,75/ 1,35	3 LKW-Diesel/3
MP I–II									
Flußminenschiffe									
Alexandra ex *Alexandria*	1887	Aron & Gollnow, Stettin	Jugoslawische Schiffahrts- gesellschaft JRB		90	28,00	4,76	1,4/0,8	2 Glühkopf-Motoren
Alzey ex *Sabac*	1914	Caesar Wollheim, Breslau	Jugoslawische Donau- flottille		90	31,01	7,01	/1,4	
Pruth									
Theresia Wallner ex *Antigoni* *Matsouki*	1912	Ganz-Danubius, Budapest	Josef Wallner, Deggendorf			32,10	6,30	2,5/1,8	2 3zyl.-2takt-Sulzer/2
Tronje ex *Sisak*	1908	Stettiner Oderwerke, Stettin	Jugoslawische Donau- flottille		90	35,97	5,94	/1,8	2 steh. 3zyl.-3fach- Expansions-Masch.
Xanten ex *Socrates*	1919	Stettiner Oderwerke, Stettin	Zuckerfabrik Danubiana, Giurgiu		257	43,00	6,00	2,3/1,8	2 steh. 3zyl.-3fach- Expansions-Masch./2 1 Marinekessel

PS	kn	See-aus-dauer	Bewaffnung, Minen			Besatzung	Sonstiges, Verbleib
8000 w	18			/300	M		Fährschiff, bis Kriegsende nicht fertiggestellt; Fertigbau Wismar 1953; russisch *Lensowjet*; ≈ 1965 *Abhazija*
4400 w	16	2000/16		/vorgesehen 320	M		ex Fährschiff; 2 Decks + Shelterdeck; 1939 als Minenschiff vorgesehen; da Voith-Schneider-Anlage defekt: Wohnschiff Cuxhaven; 1945 Wohnschiff 2. MRD, Cuxhaven; 18. III. 46 in Cuxhaven ausgebrannt, 1948 mit Gasmunition versenkt
40.000 w	28	3000/19	8 SK-10,5 8 (Fl)-3,7	/400	M	320	geplante Minenschiffe, Bau nicht begonnen
							Minenprähme; 1943: D 41 K bis D 44 K
1300 w	32	280/24	2 (Fl) Mg-1,5 (4000)	/4 TMB in Leichtmetallschächten hintereinander, dazu Schreckbomben u. Sprengbojen	M	8, später 6	Kleine Offensiv-Minenleger-Schnellboote für Küsten-, Fluß- und Seeeinsatz; später 1944 umgerüstet zu Küsten-Schnellbooten
250 e	8,0	790/8	2 SK-10,5 L/32 (400) 2 UK-3,7 L/30 (2000) vorgesehen: 1 RAG-8,6 (84) oder 80 t Ladung bzw. 200 Mann anstelle 2-10,5	/35	M	2/26	Der MAL-(Marine-Artillerie-Leichter)-Typ II, eingesetzt auf dem Peipus- und Ladogasee und an der Nordseeküste, konnte in Abwandlung auch als Sperrbrecher oder als Minenleger Verwendung finden. Minenleger-Ausführung: Einbau von zwei Minenschienen im Mittel- und Vorschiff mit gemeinsamer Abwurfbühne achtern. Vom MAL-Typ II wurden 84 Einheiten in Auftrag gegeben, 10 wurden abgeliefert und 64 sistiert. Spezielle Verwendungen als Minenleger sind nicht (mehr) nachzuweisen.
3x130 e	10,5/ 7,5		1 UK-7,5 (200) 1 (Fl)2-2 (2080) im Südraum 2 (Fl)2-2	/52	M	17–21 (Südraum)	Der MFP (Marine-Fähr-Prahm)-Typ AM war ein flachgehender Minenleger mit 2 Abwurfbühnen am Achtersteven und 2 Minenbahnen neben max. 25 t Ladung. (Er konnte auch zum Sturmboottransport Verwendung finden.)
3x130 e	10,5/ 7,5	501,5/ 10,5/ 1075/7,5	1 UK-7,5 (200) 1 (Fl)2-2 (2080) im Südraum 2 (Fl)2-2	/52	M		Ein aus dem MFP-Typ C2 (Ausführung wie A1, diente dem Transport von Tigerpanzern) entwickelter MFP als flachgehender Minenleger; 8 Einheiten in Dienst
375 e	10,3/ 7,3	480/10,3/ 1066/7,3	1 UK-8,8 L/35 (200) 2 (Fl) 2-2 (4100)	/34	M	21	Ein aus dem MFP-Typ D entwickelter (geplanter) flachgehender Minenleger mit 2 Abwurfbühnen achtern und 2 Minenbahnen
						1,34	Minenprähme; Herkunft und Verbleib zur Zeit nicht sicher nachzuweisen. Wahrscheinlich Übernahme aus der kaiserlichen Marine.
200 e							1887 Kaiseryacht *Alexandria*, Potsdam, 1922 jugoslawisches S/S *Alexandra*, 1929 M/tg *Alexandra*, März 1941 jugoslawische Marine, April 1941 † Save, 30 km nördlich Belgrad, 1942 von KM geborgen; 11. VIII. 1942 in Dienst; Wachschiff, Gruppe Eisernes Tor; 1945 US-Beute; 1948 jugoslawisch *Rudnik*; 1964 abgebrochen
360 i	8		2 (Fl)-2	/30	M		1914 S/tg *Joachim*, 1. IV. 1917 *Mosel*, BL, 1921 jugoslawische *Mostar*, 1921 Umbau Minentender *Avala*, 1936 umgenannt in *Sabac*, 6. IV. 1941 deutsche Beute; 29. IX. 1941 in Dienst Sicherungsgruppe Eisernes Tor, 1945/46 Wrack in Passau
			2 (Fl)-2				Donauschiff, † 14. IX. 1943 Mariupol, Schwarzes Meer; sehr zweifelhaft – bisher nicht identifizierbar!!
660 e			2 (Fl)-2 Wasserbomben	/30	M		1912 k. u. k. S/tg *Jozsef Lajos*, 1919 griechische *Antigoni Matsouki*, Februar 1940 angekauft *Theresia Wallner*, Umbau zum Motorzugschiff; 19. XII. 1941 übernommen als Flußminenschiff *Donau*; † 25. X. 1941 durch russische Mine w. Otschakov
350 i	11		2 (Fl)-2	/30	M		1908 S/tg *Venator*, Februar 1916 *Main*, 1921 jugoslawische *Sava*, 1921 Umbau Minentender *Triglav*, 1936 umgenannt in *Sisak*; in Dienst 21. XII. 1941, Flußminenschiff *Tronje*, Sicherungsgruppe Eisernes Tor, † 28. VIII. 1944 Donau km 1054, Pojojena, Mine.
600 i	14	640/14	2 (Fl)-2	/20	M		1919 kaiserliche Marine, Minensucher *FM 35*, 1919 rumänische *Socrates*, 2. X. 1941 für KM angekauft, Umbau in Linz, in Dienst 21. X. 1941 Minenschiff *Xanten*, 1942 U-Jäger *UJ 116*, 25. VIII. 1944 in Konstanza selbst versenkt

13. Schiffsnamen-Register[1]

[1] Bezieht sich nur auf die im Text erwähnten Schiffe.

14. Personen-Register

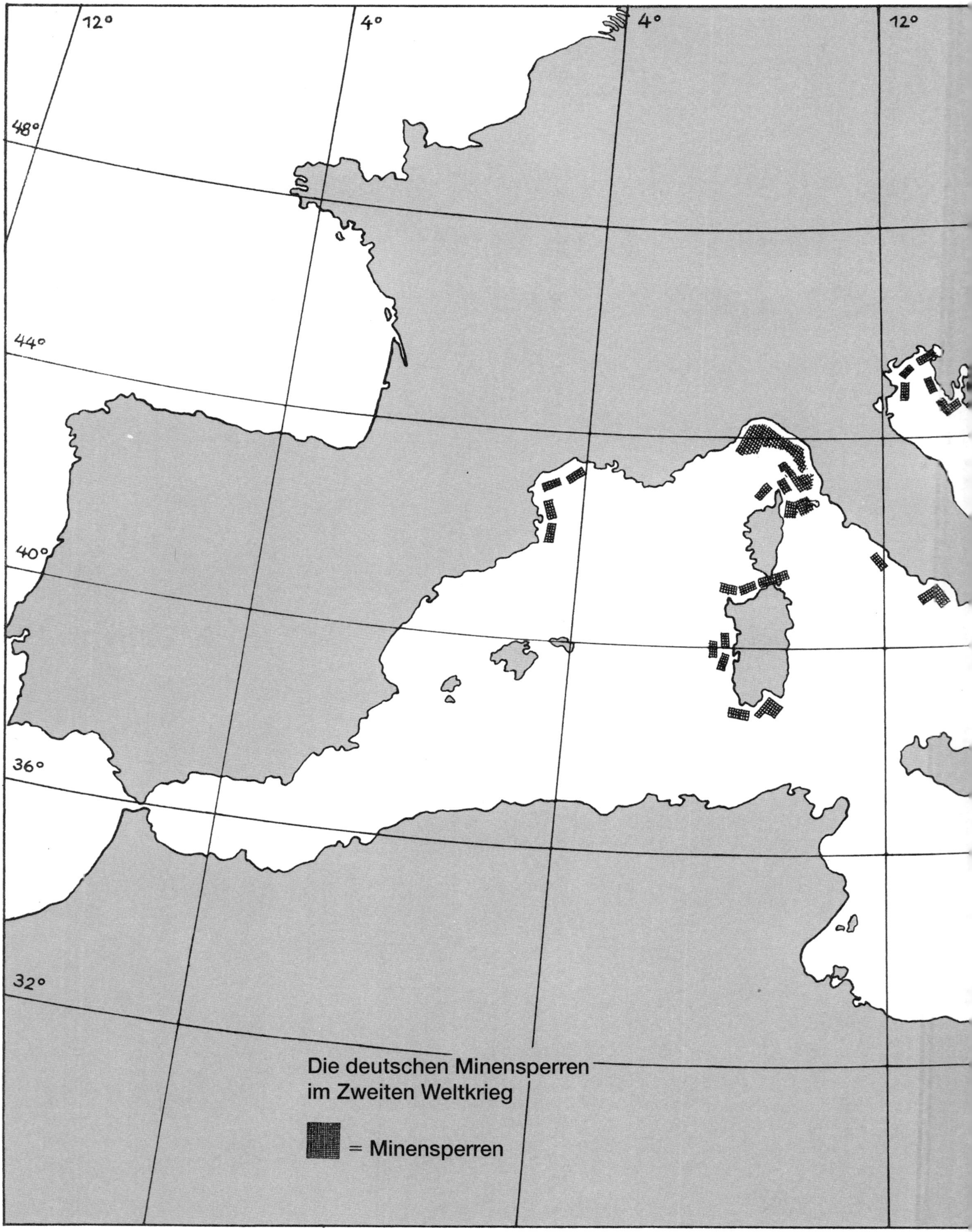
12°
4°
4°
12°
48°
44°
40°
36°
32°
Die deutschen Minensperren
im Zweiten Weltkrieg
= Minensperren